Vorwort

Dieses Lehr- und Arbeitsbuch erfüllt die Anforderungen der landesweiten Vorgaben für die **einjährige Berufsfachschule Wirtschaft in Niedersachsen** (BbS-VO).

Der ausgewählte berufsbezogene **Schwerpunkt Handel** bezieht sich auf die Rahmenlehrpläne der Ausbildungsberufe Kauffrau/-mann im Groß- und Außenhandel, Kauffrau/-mann im Einzelhandel und Verkäufer/-in.

Die Inhalte dieses Lehrwerkes und die zu erwerbenden Kompetenzen orientieren sich an den theoretischen und praktischen Kenntnissen des ersten Ausbildungsjahres der genannten Ausbildungsberufe.

In Anlehnung an die Lehrpläne für die Handelsberufe des dualen Systems sind die zu vermittelnden Kompetenzen in **acht Lernfelder** gegliedert:

1.	Ein Unternehmen im Handel gründen und führen
2.	Ein Unternehmen im Onlinehandel gründen und führen
3.	Ware disponieren, beschaffen und lagern
4.	Ein bedarfsgerechtes Sortiment gestalten, kalkulieren und kontrollieren
5.	Käuferverhalten analysieren und Marketingmaßnahmen entwickeln
6.	Kundenaufträge bearbeiten und die Auftragsabwicklung durchführen
7.	Personal beschaffen und einstellen
8.	Wertströme erfassen, dokumentieren, aufbereiten und auswerten

Für den Bildungsgang der **Berufseinstiegsklasse (BEK) Wirtschaft** können die Lernfelder entsprechend reduziert eingesetzt werden.

Um den Schülerinnen und Schülern die Lerninhalte zu veranschaulichen, werden bei der Erarbeitung sämtlicher Themen **zwei Modellunternehmen**, die „RAND OHG" und die „Center Warenhaus GmbH", zugrunde gelegt. Dies unterstützt die Anschauung und bietet einen Fundus an konkreten betriebswirtschaftlichen Handlungssituationen.

Das didaktische Prinzip der Handlungsorientierung sowie die Orientierung am Erfahrungshorizont der Schüler sind durchgehend verwirklicht worden.

Jede Unterrichtseinheit wird als Gliederungspunkt im Buch mit einer unternehmens- und fachtypischen **Handlungssituation** eingeleitet. Über Arbeitsaufträge werden die Schüler zur eigenständigen Lösung motiviert. Mit der verständlichen Darstellung und Erläuterung der **Sachinhalte** an Beispielen werden Hilfen zur Entwicklung eigener Lösungsvorschläge und damit zu einer identifizierenden Handlungsorientierung angeboten. Dabei verzichten die Autoren bewusst auf die Darstellung von Spezialkenntnissen. Stattdessen vermitteln sie betriebswirtschaftliche Zusammenhänge als Grundstruktur des Faches und beachten zudem das exemplarische Prinzip. Das Rechnungswesen wird als Informations-, Kontroll- und Steuerungssystem dargestellt und in den Dienst betriebswirtschaftlicher Problemlösungen gestellt. Jeder Abschnitt schließt mit einer **Zusammenfassung** der Lerninhalte und einem umfangreichen **Aufgabenteil** ab.

Die zahlreichen **Aufgaben** sind zur Wiederholung, vielseitigen Vertiefung und Anwendung des Gelernten geeignet. Insbesondere werden zu jeder Unterrichtseinheit Aufgaben angeboten, die für die Kompetenzkategorien der Sozialkompetenz und Selbstständigkeit herangezogen werden können, z. B. Referate, Materialsammlungen, kleine Projekte, Rollenspiele, kritische Reflexionen usw. Sie sind mit **Kompetenzquadraten** gekennzeichnet.

Mithilfe dieser Icons werden die Kompetenzen hervorgehoben, die in der jeweiligen Aufgabe im Vordergrund stehen oder besonders gefördert werden.

```
    Wissen ──────→  ⬛⬛  ←────── Fertigkeiten
Selbstständigkeit──→ ⬛⬛  ←────── Sozialkompetenz
```

Grundsätzlich haben die vier Kompetenzen eine feste Stellung im **Kompetenzquadrat**, der auch jeweils eine eigene Farbe zugeordnet wird. Kompetenzen, die in einer Aufgabe nicht den Schwerpunkt bilden oder nur am Rande gestreift werden, werden nicht farbig hinterlegt.

Zum Abschluss der Lernfelder werden **lernfeldübergreifende Aufgaben** angeboten, die sich auf den gesamten Lernstoff eines Lernfeldes beziehen. Im **Lehrerhandbuch** zum Lehrbuch (Bestellnummer 11608) sind alle Aufgaben ausführlich gelöst.

Zum Lehrbuch gibt es ein **Arbeitsheft** (Bestell-Nr. 11609). Hier werden die Handlungssituationen zu den jeweiligen Kapiteln des Lehrbuchs aufgegriffen (im Lehrbuch mit dem Icon  gekennzeichnet) und über zusätzliche Arbeitsaufträgen und methodische Hinweise, die einen handlungsorientierten Unterricht steuern, in **Lernsituationen** überführt. Die Lernsituationen unterstützen die Schüleraktivierung und berücksichtigen Formen des kooperativen Lernens.

Ein **Lehrerhandbuch** (Bestell-Nr. 11611) zum Arbeitsheft ergänzt das Arbeitsheft mit differenziert ausgearbeiteten **Lösungen** und enthält die Dokumentationen zu den Lernsituationen. Diese Dokumentationen stehen als Download unter BuchPlusWeb zur Verfügung und können für die **didaktische Jahresplanung** an den Schulen genutzt werden. Verlaufspläne über den Unterricht in den Lernsituationen dienen der Lehrkraft als Anregung.

Die Verfasser

Inhaltsverzeichnis

Vorwort 3

Lernfeld 1: Ein Unternehmen im Handel gründen und führen 8
1.1 Unternehmensgründung 8
1.1.1 Die RAND OHG als Modell für ein Großhandelsunternehmen beschreiben ... 8
1.1.2 Eine eigene Geschäftsidee entwickeln und die Gründung eines Unternehmens vorbereiten 19
1.1.3 Die handelsrechtlichen Rahmenbedingungen beschreiben 27
1.1.4 Die Wahl der Rechtsform als wesentliche Gründungsentscheidung nachvollziehen und vergleichen 33
1.1.5 Ideen präsentieren und Kommunikationsregeln einhalten 44
1.2 Unternehmensführung 50
1.2.1 Am Beispiel der RAND OHG das Konzept für eine Unternehmensorganisation nachvollziehen und bewerten 50
1.2.2 Aufgabenbereiche der Mitarbeiter nachvollziehen 55
1.2.3 Konzepte der Unternehmensführung vergleichen und die Center Warenhaus GmbH als weiteres Modellunternehmen kennenlernen 61

Lernfeld 2: Ein Unternehmen im Onlinehandel gründen und führen 69
2.1 Onlinehandel ist „Elektronischer Handel" 69
2.2 Vorteile und Nachteile des Onlinehandels 74
2.3 Die Teilnehmer des Onlinehandels 79
2.4 Sicherheit und Zahlungsverfahren beim Onlinehandel 83
2.5 Datenschutz und Fernabsatzrecht im Onlinehandel 89

Lernfeld 3: Ware disponieren, beschaffen und lagern 95
3.1 Beschaffungsmarktforschung und Beschaffungsplanung 95
3.1.1 Bestellmengen und -zeitpunkte festlegen und Bezugsquellenanalyse anwenden 95
3.1.2 Anfragen und Angebote bearbeiten und den Schriftverkehr durchführen .. 101
3.1.3 Inhalte des Angebots untersuchen 108
3.1.4 Rechnerische Grundlagen der Preisplanung anwenden 117
3.1.5 Angebotsvergleich strukturiert darstellen 129
3.2 Beschaffungsabwicklung und Logistik/Bestandsplanung, -führung und -kontrolle 132
3.2.1 Kaufverträge abschließen 132
3.2.2 Bestellungen und Auftragsbestätigung bearbeiten 135
3.2.3 Allgemeine Geschäftsbedingungen untersuchen 138
3.2.4 Wareneingangskontrolle vornehmen 142
3.2.5 Einfache Lagerkennziffern interpretieren 146
3.2.6 Den Zahlungsverkehr im Rahmen der Beschaffung anwenden 150
3.2.7 Kaufvertragsstörungen im Rahmen der Beschaffung bearbeiten 162
3.3 Leistungserbringung und innerbetriebliche Logistik 174
3.3.1 Wareneingänge prüfen und den Warenverkehr computergestützt aus Belegen erfassen 174
3.3.2 Sachgerechte Lagerung und Pflege der Waren erläutern 178

Lernfeld 4: Ein bedarfsgerechtes Sortiment gestalten, kalkulieren und kontrollieren ... 187
- 4.1 Leistungsprogrammplanung ... 187
- 4.1.1 Sortimentspolitik in einem Unternehmen beschreiben ... 187
- 4.1.2 Kriterien für eine ansprechende Warenpräsentation und Verkaufsraumgestaltung erarbeiten ... 189
- 4.1.3 Verkaufskalkulation anwenden ... 201
- 4.2 Leistungsentwicklung ... 212
- 4.2.1 Kennziffern des Warenverkehrs berechnen ... 212
- 4.2.2 Vorschläge für Sortimentsveränderungen unterbreiten ... 215

Lernfeld 5: Käuferverhalten analysieren und Marketingmaßnahmen entwickeln ... 222
- 5.1 Absatzmarktforschung ... 222
- 5.1.1 Kunden- und Wettbewerbsorientierung als Grundlage des Marketings verstehen ... 222
- 5.1.2 Methoden der Absatzmarktforschung vergleichen ... 226
- 5.2 Analyse, Einsatz und Kombination absatzpolitischer Instrumente ... 232
- 5.2.1 Konditionen- und Servicepolitik gestalten ... 232
- 5.2.2 Distributionspolitik zur Optimierung der Absatzwege einsetzen ... 235
- 5.2.3 Kommunikationspolitik zur Kundenerreichung anwenden ... 240

Lernfeld 6: Kundenaufträge bearbeiten und die Auftragsabwicklung durchführen ... 254
- 6.1 Verkaufs- und Reklamationsgespräche planen und durchführen ... 254
- 6.2 Rechtsgeschäfte, Willenserklärungen und Vertragsarten darstellen ... 268
- 6.3 Rechtssubjekte unterscheiden können ... 272
- 6.4 Rechtsobjekte unterscheiden können ... 277
- 6.5 Kundenaufträge logistisch abwickeln ... 280
- 6.6 Nicht-rechtzeitig-Zahlung als Störung des Kaufvertrages kennenlernen und das Mahnwesen bei Nicht-rechtzeitig-Zahlung anwenden ... 285

Lernfeld 7: Personal beschaffen und einstellen ... 293
- 7.1 Instrumente der Personalbestands- und Personalbedarfsplanung anwenden ... 293
- 7.2 Die Berufsausbildung im Dualen System beschreiben ... 297
- 7.3 Den Ausbildungsvertrag vor dem Hintergrund der gesetzlichen Rahmenbedingungen erklären ... 302
- 7.4 Beschaffungswege für das Personal nachvollziehen und ein Stellenangebot formulieren ... 307
- 7.5 Eine Bewerbung verfassen und beurteilen ... 312
- 7.6 Die Eignungsfeststellung planen und ein Vorstellungsgespräch nachvollziehen ... 315

Lernfeld 8: Wertströme erfassen, dokumentieren, aufbereiten und auswerten 320
8.1 Erfassung und Dokumentation von Wertströmen 320
8.1.1 Bestände durch Inventur ermitteln und in Inventar und Bilanz darstellen .. 320
8.1.2 Geschäftsfälle in einer ordnungsgemäßen Buchführung erfassen 333
8.1.3 Auf Erfolgskonten buchen und den Erfolg ermitteln 352
8.1.4 Die Umsatzsteuer bei Einkauf und Verkauf errechnen und buchen 362
8.1.5 Anlagen anschaffen und linear abschreiben 370
8.2 Aufbereitung und Auswertung von Wertströmen 379

Bildquellenverzeichnis 390

Gesetzesabkürzungen 391

Sachwortverzeichnis 392

Lernfeld 1: Ein Unternehmen im Handel gründen und führen

1.1 Unternehmensgründung

1.1.1 Die RAND OHG als Modell für ein Großhandelsunternehmen beschreiben

Sabine Sommer und Bülent Özdemir haben sich für den Besuch der Berufsfachschule Wirtschaft, Schwerpunkt Handelsberufe entschieden. An ihren vorherigen Schulen erwarb Sabine den Realschulabschluss und Bülent den Hauptschulabschluss. Nach der Einschulung und dem Kennenlernen ihrer neuen Mitschüler sitzen sie neugierig in der ersten Stunde des Unterrichts. Ihr Klassenlehrer, Herr Stein, erläutert den Unterricht bis zu den Herbstferien: „Im berufsbezogenen Bereich der Stundentafel stehen die Geschäftsprozesse im Mittelpunkt unserer Arbeit. Um diese Prozesse besser zu verstehen, werden wir sie uns am Beispiel der RAND OHG ansehen. Die RAND OHG ist ein mittelständisches Großhandelsunternehmen, das uns als Modellunternehmen im Unterricht begleiten wird. Anhand typischer Situationen dieses Unternehmens lernen Sie die wesentlichen Themen kennen, mit denen sich die Fächer des berufsbezogenen Bereichs beschäftigen. Sie erfahren so, wie wirtschaftliche Entscheidungen zustande kommen und welche Methoden eingesetzt werden, damit ein Unternehmen Erfolg hat. Betrachten Sie die RAND OHG als ‚Ihren Ausbildungsbetrieb', um wirtschaftliches Denken und Handeln zu erlernen."

„Das hört sich aber anspruchsvoll an", flüstert Bülent Sabine zu. „Psst", zischt Sabine, „es geht weiter."
Herr Stein geht durch die Reihen und verteilt die Lehrbücher. „Schlagen Sie das Buch einmal auf", ergänzt er, „auf den ersten Seiten erfahren Sie, wo die RAND OHG ihren Sitz hat, wie das Unternehmen aufgebaut ist, welche Abteilungen vorhanden sind und welche Menschen in diesem Unternehmen arbeiten", ergänzt Herr Stein. Den Mitarbeitern werden Sie in diesem Buch häufig begegnen. Sie beobachten sie in typischen betrieblichen Situationen. Sie finden auch einen Auszug aus dem Katalog der Waren, die von der RAND OHG vertrieben werden, sowie einen Auszug aus der Kunden- und Liefererdatei. Außerdem wird der Gesellschaftsvertrag der RAND OHG vorgestellt. Schließlich erfahren Sie, in welchen Verbänden die RAND OHG Mitglied ist.

All diese Informationen werde ich Ihnen nicht vortragen, sondern Sie sollen sich diese mithilfe Ihres Lehrbuches selbstständig erarbeiten."

Arbeitsauftrag
Bitte arbeiten Sie die folgenden Informationen über die RAND OHG sorgfältig durch und bearbeiten Sie im Anschluss die Aufgaben am Ende des Kapitels. Nutzen Sie zur Beantwortung der Fragen auch das Sachwortverzeichnis am Ende des Lehrbuches. Fassen Sie Ihre Ergebnisse so zusammen, dass Sie diese der Klasse präsentieren können.

■ Der Standort

→ LS

Die Büro- und Lagerräume der RAND OHG liegen in **26605 Aurich, Dieselstraße 10**. Hier hat das Unternehmen Lagerräume angemietet. Die Büroräume befinden sich in einem Nebengebäude, die Eigentum der RAND OHG sind.

Die Rand OHG in Aurich ist von Emden und Wilhelmshaven über die B210 zu erreichen, nach Leer führt die B72. Die nächstgelegenen Autobahnen sind die A31 ins Ruhrgebiet und die A28 nach Oldenburg, Bremen und über die A1 nach Hamburg. Das Industriegelände, auf dem sich die Lagerräume befinden, verfügt über einen Gleisanschluss, der bis auf das Betriebsgelände der RAND OHG führt.

Auf dem Betriebsgelände der RAND OHG befinden sich nur wenige Parkplätze für Mitarbeiter und Kunden, da die Geschäftsleitung ihre Mitarbeiter durch die Ausgabe von Jobtickets für den öffentlichen Personennahverkehr (ÖPNV) zu umweltbewusstem Verhalten anhalten möchte.

Lernfeld 1: Ein Unternehmen im Handel gründen und führen

■ Die Abteilungen (Auszug)

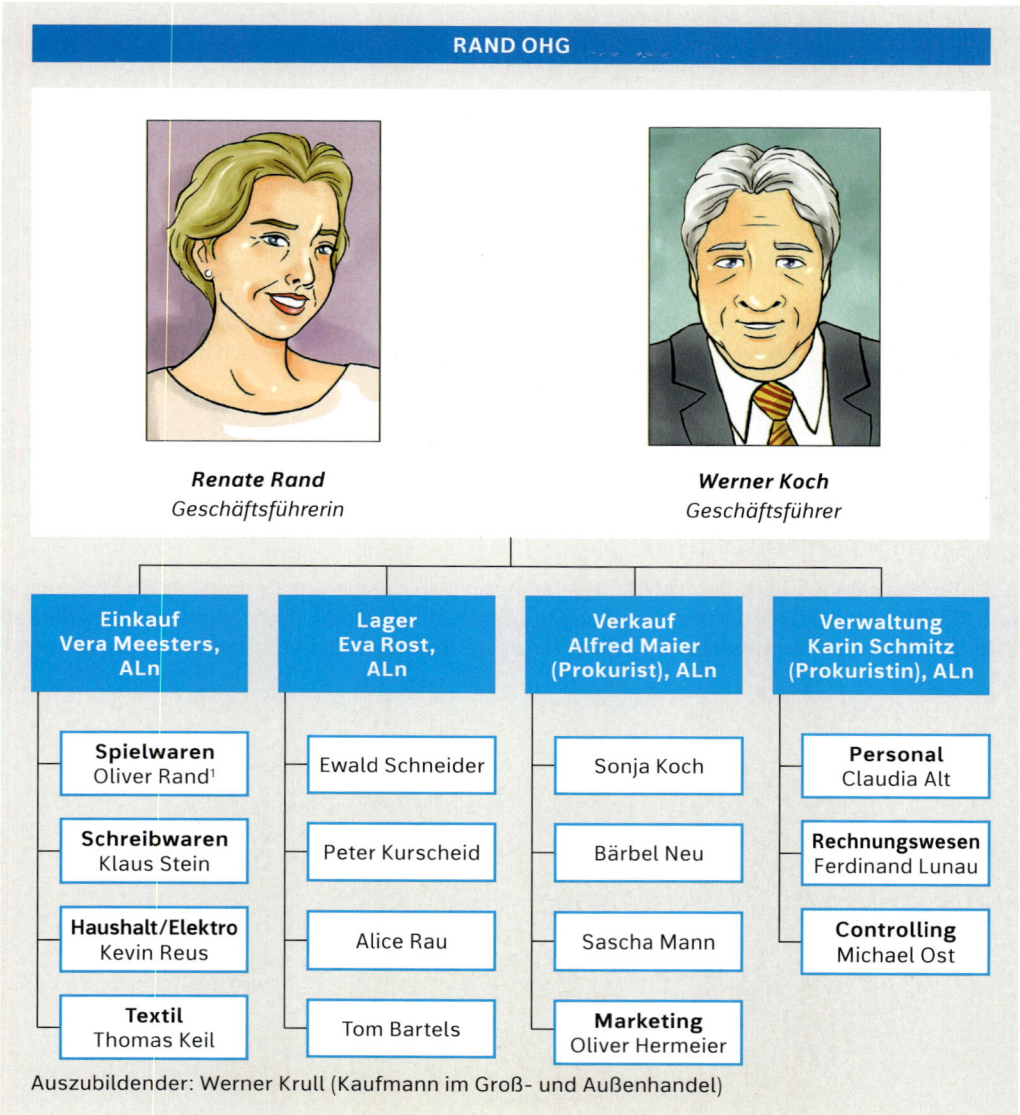

■ Die Verbände

Gemäß § 1 IHK-Gesetz ist die RAND OHG Mitglied in der **Industrie- und Handelskammer (IHK)**. Renate Rand ist Mitglied im Prüfungsausschuss für den Ausbildungsberuf Kaufmann/Kauffrau für Büromanagement und Kaufmann/Kauffrau im Einzelhandel der IHK. Das Unternehmen ist im **Großhandelsverband für den Wirtschaftsbereich Osnabrück-Emsland e. V.** organisiert, einige Mitarbeiter sind Mitglieder in der **Vereinten Dienstleistungsgewerkschaft ver.di**.

---

[1] Zum Ende des Jahres wechselt Oliver Rand als stellvertretender Abteilungsleiter Haushaltswaren/Elektro zu der Center Warenhaus GmbH.

Finanzamt und Krankenkasse

Zuständiges Finanzamt: Aurich
Steuer-Nr.: 2354/221/12345
Betriebs-Nr. für Sozialversicherung: 10020030
USt-IdNr.: DE117980570

Die Bankverbindungen

Die RAND OHG unterhält ein Konto bei folgendem Kreditinstitut:

Kreditinstitut	IBAN	BIC
Sparkasse Aurich-Norden	DE76 2835 0000 0142 0169 78	BRLADE21ANO

Telefon, Telefax, E-Mail und Internet

Telefon: 04941 4076-0
Telefax: 04941 4076-10
E-Mail: info@randohg.de
Internet: www.randohg.de

Das Sortiment

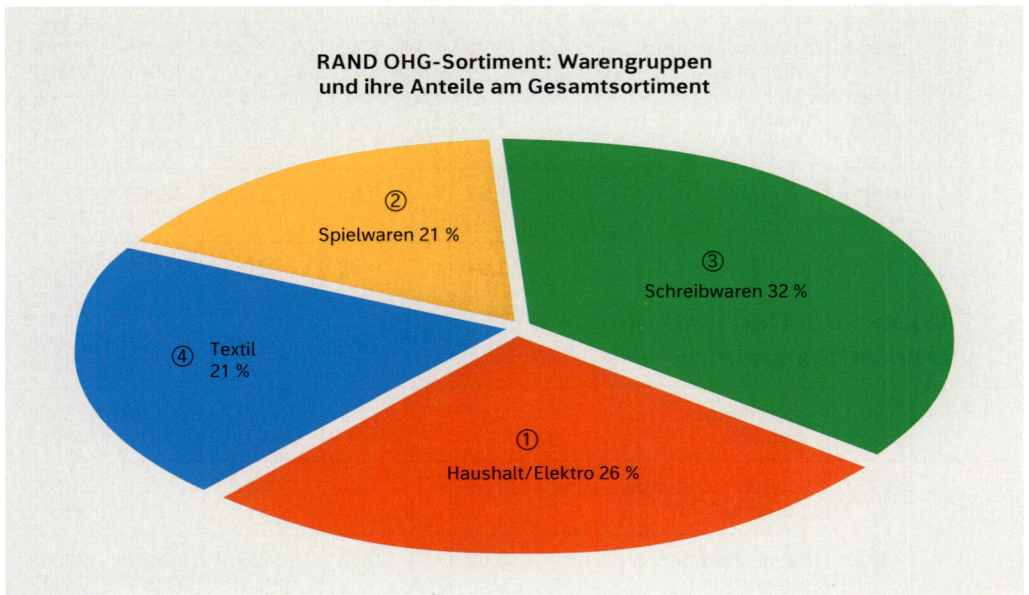

RAND OHG-Sortiment: Warengruppen und ihre Anteile am Gesamtsortiment

① Haushalt/Elektro 26 %
② Spielwaren 21 %
③ Schreibwaren 32 %
④ Textil 21 %

Lernfeld 1: Ein Unternehmen im Handel gründen und führen

Sortimentsliste (Einkauf) — RAND OHG

Waren-gruppe	Art.-Nr.	Artikel-bezeichnung	Netto-verkaufs-preis in €	Einkaufs-preis in €	Höchst-bestand St./Set	Lieferer Lieferer-Nr.	
1	0100	Kaffeemaschine „Milano"	29,09	11,25	2 500	71001 75011	71002 75012
1	0200	Gemüsereibe „Profi"	1,33	0,69	5 000	71003 75011	71004 75012
1	0300	Besteckgarnitur „Silence"	44,33	24,00	1 000	71003 75011	71004 75012
3	0401	Papiertischdecke „Sommerblume"	2,33	0,99	2 000	71003 75011	71004 75012
3	0402	Papiertischdecke „Party"	2,33	0,99	2 000	71003 75011	71004 75012
1	0500	Kerzenleuchter „Windlicht"	4,96	1,73	1 000	71003 75011	71004 75012
1	0600	Blumentöpfe „Ambiente"	18,32	8,50	1 250	71003 75011	71004 75012
2	0700	Spielesammlung „Klassiker"	13,79	6,40	3 000	72005 75011	72006 75012
2	0800	Stoffbär „Fynn"	4,92	1,90	600	72005 75011	72006 75012
2	0900	Puppe „Pia"	24,57	9,50	1 000	72005 75011	72006 75012
2	1000	Modellautos „Hot Motors"	1,94	0,68	2 000	72005 75011	72006 75012
3	1100	Schreibset „Duo"	6,76	3,40	1 500	73007 75011	73008 75012
3	1200	Schreibblock „Schule"	0,97	0,38	2 500	73007 75011	73008 75012
3	1300	Schreibtischlampe „Tolomio Profi"	10,56	4,90	500	71001 75011	71002 75012
3	1400	Kugelschreiber „Favorit"	0,92	0,43	4 000	73007 75011	73008 75012
4	1500	Tennissocken „Rafael"	4,57	2,05	3 000	74009 75011	74010 75012
4	1600	Polohemden „Martin"	6,79	3,15	6 000	74009 75011	74010 75012
4	1700	Damenbluse „Flower"	16,16	7,25	5 000	74009 75011	74010 75012
4	1800	Trainingsanzug „Team Spirit"	23,06	10,70	600	74009 75011	74010 75012

Sortimentsliste (Lager) — RAND OHG

Waren-gruppe	Art.-Nr.	Artikel-bezeichnung	Höchst-bestand St./Set	Melde-bestand St./Set	Inventurbestand am 31.03.	30.06.	...
1	0100	Kaffeemaschine „Milano"	2 500	100	380		
1	0200	Gemüsereibe „Profi"	5 000	200	1 000		
1	0300	Besteckgarnitur „Silence"	1 000	100	125		
3	0401	Papiertischdecke „Sommerblume"	2 000	150	600		
3	0402	Papiertischdecke „Party"	2 000	150	300		
1	0500	Kerzenleuchter „Windlicht"	1 000	350	480		
1	0600	Blumentöpfe „Ambiente"	1 250	150	250		
2	0700	Spielesammlung „Klassiker"	3 000	300	800		
2	0800	Stoffbär „Fynn"	600	80	120		
2	0900	Puppe „Pia"	1 000	50	75		
2	1000	Modellautos „Hot Motors"	2 000	250	660		
3	1100	Schreibset „Duo"	1 500	75	100		
3	1200	Schreibblock „Schule"	2 500	150	180		
3	1300	Schreibtischlampe „Tolomio Profi"	500	30	50		
3	1400	Kugelschreiber „Favorit"	4 000	250	400		
4	1500	Tennissocken „Rafael"	3 000	200	300		
4	1600	Polohemden „Martin"	6 000	500	900		
4	1700	Damenbluse „Flower"	5 000	500	700		
4	1800	Trainingsanzug „Team Spirit"	600	75	125		

Lernfeld 1: Ein Unternehmen im Handel gründen und führen

Sortiments- und Preisliste (Verkauf) — RAND OHG

Waren-gruppe	Art.-Nr.	Artikelbezeichnung	Netto-verkaufs-preis in €	Kundenrabatt in %		
				Gr. 1	Gr. 2	Gr. 3
1	0100	Kaffeemaschine „Milano", 10 Tass., Schwenkfilter 1 x 4, Aufnahmeleist. 700 Watt, Warmhalteplatte, 6 Monate Garantie	29,09	40	45	50
1	0200	Gemüsereibe „Profi", Allzweckreibe aus nichtrostendem Edelstahl	1,33	23	28	33
1	0300	Besteckgarnitur „Silence", hochwertige Garnitur aus Chrom-Nickel-Stahl, 24-tlg., spülmaschinenfest, in schwarzer Schatulle	44,33	20	25	30
3	0401	Papiertischdecke „Sommerblume", Blumenmotive auf gewachstem Papier	2,33	35	40	45
3	0402	Papiertischdecke „Party", verschiedene Farben auf gewachstem Papier	2,33	35	40	45
1	0500	Kerzenleuchter „Windlicht", nostalgischer Kerzenleuchter aus Messing mit einem Glaszylinder	4,96	45	50	55
1	0600	Blumentöpfe „Ambiente", Keramik weiß, 3er-Set, Durchmesser 8, 10 und 12 cm	18,32	30	35	40
2	0700	Spielesammlung „Klassiker", unterschiedlich sortierte Spielesammlungen mit je vier bekannten Gesellschaftsspielen im attraktiven Kunststoffkoffer	13,79	30	35	40
2	0800	Stoffbär „Fynn", Koalabär aus Plüsch, waschmaschinenfest bis 30 °C	4,92	40	45	50
2	0900	Puppe „Pia", Sprechpuppe mit Schlafaugen und kämmbaren Haaren, Körper Vinyl, Kleidung Polyester, Haare Kanekolon, vollwaschbar	24,57	40	45	50
2	1000	Modellautos „Hot Motors", vier unterschiedlich sortierte Metallautos in Pappschachteln mit Klarsichtfenster	1,94	45	50	55
3	1100	Schreibset „Duo", Druckkugelschreiber (Vierfarbstift) und Druckbleistift im Metallic-Design im Kunstlederetui	6,76	25	30	35
3	1200	Schreibblock „Schule", A4, 100 Blatt 80 g Papier, blanko mit Lösch- und Linienpapier	0,97	40	45	50
3	1300	Schreibtischlampe „Tolomio Profi", Lampenfuß und Reflektor aus Kunststoff, Schwenkarm aus Metall, in rot, weiß oder schwarz, 35 Watt Halogenbirne beigelegt	10,56	30	35	40
3	1400	Kugelschreiber „Favorit", mattschwarzer Drehkugelschreiber aus Kunststoff, mit schwarzer, blauer oder roter Mine	0,92	30	35	40

Sortiments- und Preisliste (Verkauf) — RAND OHG

Warengruppe	Art.-Nr.	Artikelbezeichnung	Nettoverkaufspreis in €	Kundenrabatt in %		
				Gr. 1	Gr. 2	Gr. 3
4	1500	Tennissocken „Rafael", Universalgröße, weiß mit blauen Stickapplikationen, 100 % Baumwolle	4,57	32	37	42
4	1600	Polohemden „Martin", Universalgröße, halber Arm, Farben sortiert, 65 % Polyester und 35 % Baumwolle	6,79	30	35	40
4	1700	Damenbluse „Flower", Universalgröße, 100 % Viskose	16,16	32	37	42
4	1800	Trainingsanzug „Team Spirit", Universalgröße, 70 % Polyester und 30 % Baumwolle, Jacke mit Reißverschluss, Hose mit zwei Taschen	23,06	30	35	40

■ Die Lieferer

Liefererverzeichnis — RAND OHG

Kreditor-Nr.	Name Anschrift	Telefon/Telefax E-Mail/Internet	Bank
Warengruppe Elektrohaushaltsgeräte			
	Hage AG Elektrogeräteherstellung Heerstraße 109 81247 München	089 118109 089 118106 info@hage-elektrogeraete.de www.hage-elektrogeraete.de	Deutsche Bank München IBAN DE66 7007 0010 0700 0090 18 BIC HASPDEHHXXX
K 71002	Robert Blusch GmbH Elektrogeräte Kablower Weg 18 12526 Berlin	030 381018 030 381020 info@blusch-elektrogeraete.de www.blusch-elektrogeraete.de	Postbank Berlin IBAN DE91 1001 0010 0810 1234 17 BIC PBNKDEFF100
Warengruppe Haushaltswaren			
K 71003	Pullmann KG Haushaltswaren Ruhrstraße 198 45219 Essen	0201 313198 0201 313190 info@pullmann-haushaltswaren.de www.pullmann-haushaltswaren.de	Postbank Dortmund IBAN DE92 4401 0046 0891 3259 87 BIC PBNKDEFF440
K 71004	HaWa AG Haushaltswaren Mainzer Landstraße 75 60329 Frankfurt am Main	069 62875 069 62879 info@hawa-haushaltswaren.de www.hawa-haushaltswaren.de	Commerzbank Frankfurt am Main IBAN DE97 5004 0000 0501 0578 20 BIC COBADEFFXXX
Warengruppe Spielwaren			
K 72005	Otto Meyer & Co. OHG Spielwarenfabrik Riethof 38 82418 Murnau	08841 811818 08841 811819 info@meyer-spielwaren.de www.meyer-spielwaren.de	Münchner Bank IBAN DE37 7019 0000 0701 0008 31 BIC GENODEF1M01

Lernfeld 1: Ein Unternehmen im Handel gründen und führen

Liefererverzeichnis — RAND OHG

Kreditor-Nr.	Name Anschrift	Telefon/Telefax E-Mail/Internet	Bank
K 72006	Spila GmbH Spielwaren Neuer Weg 27 26135 Oldenburg	0441 272929 0441 272930 info@spila-spielwaren.de www.spila-spielwaren.de	Landessparkasse Oldenburg IBAN DE74 2805 0100 0281 0092 72 BIC BRLADE21LZO
Warengruppe Schreibwaren			
K 73007	Drupa AG Schreibwarenherstellung Blumenweg 118 55595 Gutenberg	06706 155656 06706 155659 info@drupa.schreibwaren.de www.drupa.schreibwaren.de	Postbank Frankfurt am Main IBAN DE84 5001 0060 0811 8578 23 BIC PBNKDEFFXXX
K 73008	Karl Bunz e. K. Rheinstraße 25 35260 Stadtallendorf	06429 774021 06429 774029 info@bunz-schreibwaren.de www.bunz-schreibwaren.de	Postbank Hannover IBAN DE48 2501 0030 0042 3781 45 BIC PBNKDEFF250
Warengruppe Textilien			
K 74009	Stricker AG Textilherstellung Nelkenweg 5 44532 Lünen	02306 285460 02306 285470 info@stricker-textilherstellung.de www.stricker-textilherstellung.de	Sparkasse Lünen IBAN DE28 4415 2370 0441 0082 64 BIC WELADED1LUN
K 74010	Wollmann OHG Bachstraße 38 75180 Pforzheim	07231 202587 07231 202588 info@wollmann-textil.de www.wollmann-textil.de	SEB Pforzheim IBAN DE36 6661 0111 0100 1103 45 BIC ESSEDE5F666
Warengruppe Importeure (bieten Produkte aller 5 Warengruppen an)			
K 75011	Universa AG Import- und Exporthandelsgesellschaft Hafentor 8 20459 Hamburg	040 5213082 040 5213088 info@universa-import.de www.universa-import.de	Commerzbank Hamburg IBAN DE02 2004 0000 0100 4583 02 BIC COBADEFF920
Warengruppe Importeure (bieten Produkte aller 5 Warengruppen an)			
K 75012	Heinz Holland e. K. Weserweg 12 28279 Bremen	0421 3521428 0421 3521429 info@holland-import.de www.holland-import.de	Volksbank Bremen-Nord IBAN DE06 2919 0330 0345 0028 41 BIC GENODEF1HB2

1.1 Unternehmensgründung

■ Die Kunden

Kundenverzeichnis

Kunden-/ Debitor-Nr.	Name Anschrift	RG*	Telefon/Telefax E-Mail/Internet	Bank
D24001	Tempelmann GmbH & Co. KG Friedenstraße 18 45470 Mülheim an der Ruhr	2	0208 14323 0208 14343 info@tempelmann-muelheim.de www.tempelmann-muelheim.de	Postbank Dortmund IBAN DE39 4401 0046 0013 3444 39 BIC PBNKDEFF440
D24002	ARI Albert Richmann e. K. Viktoriastraße 3 45468 Mülheim an der Ruhr	3	0208 3334 0208 3343 info@ari-muehleim.de www.ari-muehleim.de	Stadtsparkasse Mülheim an der Ruhr IBAN DE48 3625 0000 0350 0043 34 BIC SPMHDE3EXXX
D24003	ARI Alfred Richmann e. K. Falkstraße 98 45147 Essen	3	0201 96358 0201 96360 info@ari-essen.de www.ari-essen.de	SEB Essen IBAN DE67 3601 0111 0360 0439 81 BIC ESSEDE5F360
D24004	EBEKA eG Grünewald-straße 12 47447 Moers	1	02841 21658 02841 21660 info@ebeka-moers.de www.ebeka-moers.de	Sparkasse am Niederrhein Moers IBAN DE33 3545 0000 1012 0773 00 BIC WELADED1MOR
D24005	Einkaufsgenos-senschaft ReWo eG Nelkenstraße 3 50733 Köln	1	0221 16532 0221 16533 info@einkaufsgenos senschaft-rewo.de www.einkaufsgenos senschaft-rewo.de	WGZ BANK AG Westdeutsche Genossenschafts-Zentralbank Düsseldorf IBAN DE28 3006 0010 0660 3331 11 BIC GENODEDDXXX
D24006	COLO AG Warenhaus Junoweg 55 44388 Dort-mund	1	0231 556470 0231 556480 info@colo-warenhaus.de www.colo-warenhaus.de	SEB Dortmund IBAN DE02 4401 0111 0440 0046 65 BIC ESSEDE5F440
D24007	Karlstadt AG Warenhaus Grabenacker 48 47228 Duisburg	2	0203 57739 0203 57740 info@karlstadt-warenhaus.de www.karlstadt-warenhaus.de	Deutsche Bank Duisburg IBAN DE87 3507 0030 0350 0041 48 BIC DEUTDEDB350
D24008	Center Waren-haus GmbH Emder Straße 125 26605 Aurich	1	04941 417118/19 04941 417120 info@center-warenhaus.de www.center-warenhaus.de	Deutsche Bank Aurich IBAN DE89 7007 0010 0002 5201 38 BIC DEUTDEDMMXXX

* RG = Rabattgruppe

Der Gesellschaftsvertrag

Gesellschaftsvertrag der RAND OHG

durch die Gesellschaftsversammlung am 2. Mai 20.. in 26605 Aurich, Dieselstraße 10, festgelegt:

§ 1 Die Firma der Gesellschaft lautet RAND OHG.

§ 2 Der Geschäftssitz der Gesellschaft ist in 26605 Aurich.

§ 3 Die Gesellschaft betreibt den Vertrieb von Handelswaren aller Art. Nach Möglichkeit sollen umweltverträgliche Waren berücksichtigt werden.

§ 4 Änderungen des Betriebszweckes und der Branche sind nur mit einer Dreiviertelmehrheit der Gesellschafter möglich. Die Gesellschaft kann andere Unternehmen gleicher oder ähnlicher Art übernehmen, vertreten und sich an solchen Unternehmen beteiligen. Sie kann auch Zweigniederlassungen gründen.

§ 5 Das Eigenkapital der Gesellschaft beträgt 300 000,00 €.

§ 6 Das Eigenkapital wird aufgebracht:

1. Gesellschafterin Renate Rand mit einer Einlage von 180 000,00 €.

2. Gesellschafter Werner Koch mit einer Einlage von 120 000,00 €.

Renate Rand bringt in das Unternehmen den Namen, das Vermögen und die Rechte der Renate Rand, Fachgroßhandlung für Randsortimente des Einzelhandels ein. Der Wert dieser Einlage beträgt 180 000,00 €. Werner Koch bringt 120 000,00 € bar in die Gesellschaft ein.

§ 7 Der Gewinn der Gesellschaft wird wie folgt verteilt: Jeder Gesellschafter hat Anspruch auf eine 4%ige Verzinsung seines Kapitalteils. Der verbleibende Restgewinn wird zu gleichen Teilen auf die beiden Gesellschafter verteilt und den jeweiligen Kapitalkonten zugeschrieben. Ein Verlust der Gesellschaft wird nach Köpfen verteilt und vom Kapitalkonto der Gesellschafter abgezogen.

§ 8 Ist nicht schon gesetzlich eine gerichtliche oder notarielle Beurkundung vorgeschrieben, müssen alle das Gesellschaftsverhältnis betreffenden Vereinbarungen der Gesellschafter untereinander schriftlich erfolgen. Mündliche Absprachen haben keine Gültigkeit.

§ 9 Jeder Gesellschafter kann aus wichtigem Grund seinen Austritt aus der Gesellschaft erklären. Der Austritt ist nur zum Ende eines Geschäftsjahres zulässig. Er hat durch Einschreibebrief mit einer Frist von sechs Monaten zu erfolgen. Kündigt ein Gesellschafter, so ist der andere Gesellschafter berechtigt, das Geschäft zu übernehmen und unter der bisherigen Firma fortzuführen.

§ 10 Stirbt ein Gesellschafter, so können seine Erben als Kommanditisten an seine Stelle treten.

§ 11 Das Entgelt für einen übertragenen Geschäftsanteil bestimmt sich nach dem von der Finanzbehörde zuletzt festgestellten Wert des Geschäftsanteils.

§ 12 Zuständiges Gericht für alle Streitigkeiten aus diesem Vertrag ist nur das Gericht am Sitz der Gesellschaft.

§ 13 Sollten einzelne Bestimmungen dieses Gesellschaftsvertrages unwirksam sein, so bleibt der Vertrag im Übrigen davon unberührt. In diesem Fall haben die Gesellschafter die ungültigen Bestimmungen durch Beschluss so umzuformen oder zu ergänzen, dass der mit der ungültigen Bestimmung beabsichtigte wirtschaftliche Zweck erreicht werden kann. Dasselbe gilt, wenn bei der Durchführung des Gesellschaftsvertrages eine ergänzungsbedürftige Lücke offenbar wird.

§ 14 Vorstehendes Protokoll wurde den Gesellschaftern vom Notar vorgelesen, von ihnen genehmigt und eigenhändig wie folgt gegengezeichnet:

Renate Rand   *Werner Koch*

Aufgaben

1 Sie haben die RAND OHG als Modellunternehmen kennengelernt. Setzen Sie sich in Arbeitsgruppen zusammen, tauschen Sie Ihre Eindrücke über die RAND OHG aus und formulieren Sie vor dem Hintergrund des Datenkranzes die Geschäftsidee der RAND OHG.

2 Erläutern Sie die betrieblichen Funktionsbereiche der RAND OHG anhand des Organigramms auf Lehrbuch S. 10.

3 Stellen Sie fest, welche Warengruppen von der RAND OHG angeboten werden, und beschreiben Sie jeweils zwei Produkte.

4 Stellen Sie fest, wer die Kunden der RAND OHG sind und woher sie kommen.

5 Beschreiben Sie die Produkte, die die RAND OHG von der DRUPA AG, Schreibwarenherstellung, bezieht.

6 Frau Rand und Herr Koch sind Inhaber der RAND OHG. Beide haben Kapital in das Unternehmen eingebracht. Stellen Sie anhand des Gesellschaftervertrages fest, wie hoch die jeweiligen Einlagen sind und über welches Eigenkapital die Unternehmung verfügt.

7 Stellen Sie fest, in welchen Verbänden die RAND OHG Mitglied ist.

8 Entwerfen Sie einen Briefbogen für die RAND OHG, auf dem folgende Angaben enthalten sein müssen: Name, Anschrift, Telefon, Fax, E-Mail, Bankverbindungen.

1.1.2 Eine eigene Geschäftsidee entwickeln und die Gründung eines Unternehmens vorbereiten

Oliver Rand, der Sohn der Geschäftsführerin der RAND OHG, ist unzufrieden. Vor sechs Jahren hat er die Prüfung zum Kaufmann im Einzelhandel abgeschlossen und seitdem erfolgreich in der Einkaufsabteilung der RAND OHG mitgearbeitet. Und immer noch nennen sie ihn „den Junior" und bei wichtigen Entscheidungen fragen sie seine Mutter, „ob das in Ordnung geht". In den letzten Jahren konnte er etwas sparen und er hat gemeinsam mit seiner Schwester eine kleine Erbschaft gemacht. Als er davon hört, dass im nahen Einkaufszentrum ein Ladenlokal günstig angeboten wird, kommt ihm der Gedanke, sich mit einem Einzelhandelsbetrieb selbstständig zu machen. Mit einem Schlag wäre er seine Sorgen los. Nicht mehr „der Junior", sondern sein eigener Chef!

> *Arbeitsaufträge*
> - *Überlegen Sie, welche Ziele Oliver Rand mit dem Schritt in die Selbstständigkeit verbinden könnte.*
> - *Diskutieren Sie, welche Voraussetzungen er erfüllen sollte, damit der Schritt in die Selbstständigkeit ein Erfolg wird.*
> - *Klären Sie mithilfe einer Internetrecherche, welche Schritte für eine Unternehmensgründung nötig sind, und stellen Sie diese in einer Checkliste zusammen.*

→ LS

Für einen kaufmännischen Mitarbeiter, der in seinem Unternehmen Karriere macht, stellt sich die Frage, ob er eine leitende Position als Angestellter anstrebt oder sich selbstständig macht. Fällt die Entscheidung für die Selbstständigkeit, ist eine **Geschäftsidee** zu entwickeln, es sollten die **Ziele der Unternehmung** geklärt werden, es sind die **Gründungsvoraussetzungen** zu prüfen und es müssen **Fördermöglichkeiten** recherchiert werden.

■ Die Geschäftsidee

Am Anfang jeder Existenzgründung steht eine **Geschäftsidee**. Die Idee, etwas anders, erfolgreicher, besser zu machen als der eigene Chef oder die zukünftigen Mitbewerber. Damit diese Idee Aussicht auf Erfolg hat, sollte der Existenzgründer zunächst sorgfältig seine unternehmerischen Ziele, das Vorliegen der Gründungsvoraussetzungen und etwaige Fördermöglichkeiten prüfen.

Beispiel Oliver Rand träumt davon, sich selbstständig zu machen. Seine Idee ist es, Ladenhüter aus dem Sortiment der RAND OHG preiswert anzubieten.

■ Die Ziele der Unternehmung

Wichtigstes Ziel jedes Unternehmers ist die langfristige Sicherung des größtmöglichen Gewinns (**Gewinnmaximum**). Daneben spielen aber auch andere Ziele, z. B. Unabhängigkeit, das Ansehen in der Öffentlichkeit oder die soziale Verantwortung eine Rolle. In einer marktwirtschaftlichen Wirtschaftsordnung ist jedoch ein langfristiger Gewinn für die Existenzsicherung des Unternehmers unabdingbar. Für den selbstständigen Kaufmann bedeutet der Gewinn:

- **Unternehmerlohn** für die geleistete Arbeit im Betrieb und damit Einkommen und Sicherung des Lebensunterhalts,
- **Kapitalverzinsung** für das eingebrachte Eigenkapital,
- **Risikoprämie** für die Möglichkeit des Scheiterns, z. B. durch ein Insolvenzverfahren des Unternehmens.

■ Die Gründungsvoraussetzungen

In der Bundesrepublik Deutschland herrscht gemäß Artikel 12 Absatz 2 Grundgesetz (GG) und § 1 Gewerbeordnung (GewO) der Grundsatz der **Gewerbefreiheit**.

> **§ 1 Abs. 1 GewO:** Der Betrieb eines Gewerbes ist jedermann gestattet, soweit nicht durch dieses Gesetz Ausnahmen oder Beschränkungen vorgeschrieben sind.

Die genannten Ausnahmen oder Beschränkungen dienen dem Schutz der Verbraucher. So gibt es Gesetze und Verordnungen, die den Verkauf von

- bestimmten Arzneimitteln,
- gefährlichen Gütern,
- Waffen,
- Pflanzenschutzmitteln

an besondere **Sachkundenachweise** oder Prüfungen der Zuverlässigkeit binden. Darüber hinaus ist es jedoch jedermann gestattet, ein Unternehmen zu gründen. Um ein Unternehmen erfolgreich führen zu können, sollte der zukünftige Kaufmann jedoch bestimmte **Voraussetzungen** erfüllen.

Persönliche Voraussetzungen
Die harten Anforderungen des Wettbewerbs erfordern u. a.

- eine gute Ausbildung
- umfassende Kenntnisse der Branche,
- Erfahrung in Kundenberatung,
- Kenntnis der einschlägigen Gesetze und Verordnungen,
- Nutzung neuer Techniken usw.
- Einsatzbereitschaft,
- Menschenkenntnis,
- Risikofreude,
- Führungsfähigkeit,
- Ideenreichtum,
- Rückendeckung durch den Partner.

Beispiel Oliver Rand erfüllt die wichtigsten persönlichen Voraussetzungen. Er verfügt über gute Warenkenntnisse, über Kenntnisse im Warenverkauf und der Betriebswirtschaftslehre. Als Mitarbeiter in der Verkaufsabteilung der RAND OHG hat er Führungsfähigkeit und Menschenkenntnis bewiesen.

Sachliche Voraussetzungen
Die Hauptschwierigkeiten bei der Neugründung liegen im Bereich der Beschaffung von Kapital, Personal und den anderen Betriebsfaktoren. Daneben spielen selbstverständlich auch Absatzprobleme eine Rolle.

Um die genannten Schwierigkeiten zu vermeiden, sollten folgende Fragen geklärt werden:

- **Marktchancen:** Für die Geschäftsidee muss der entsprechende **Bedarf** vorhanden sein, d. h., es müssen Marktlücken im Güter- und Dienstleistungsangebot der Mitbewerber bestehen, und Absatzchancen müssen vorhanden sein, d. h., die Konkurrenzsituation muss die Neugründung ermöglichen. Hier unterstützen Kreditinstitute, Kammern und Verbände gründungswillige Unternehmer durch Marktuntersuchungen.

Lernfeld 1: Ein Unternehmen im Handel gründen und führen

Beispiel Um die Marktchancen eines Einzelhandelsgeschäftes im Einkaufszentrum zu ermitteln, führt Oliver Rand ein Gespräch mit der Industrie- und Handelskammer. Nach einer ausführlichen Marktanalyse rät man ihm, das Sortiment auf den Bereich „Spielwaren" zu beschränken, da hier ein entsprechender Bedarf vorliege.

- **Geeigneter Standort:** Die Wahl des Standortes ist eine der wichtigsten Entscheidungen bei der Neugründung. Sie beeinflusst maßgeblich den Kundenkreis, den Umsatz und die Kosten des Unternehmens.
- **Leistungsfähige Lieferanten:** Es müssen Lieferanten gefunden werden, die den Bedarf des Unternehmens mengen- und qualitätsmäßig decken. Fragen der Einschaltung des Großhandels oder von Handelsvertretern, der Eintritt in einen Einkaufsverband oder die Notwendigkeit langfristiger Lieferantenbindungen sind zu klären.
- **Qualifiziertes und motiviertes Personal:** Die Beschaffung qualifizierten Personals und die langfristige Motivation der Mitarbeiter stellt bei vielen Unternehmen ein Problem dar. Darüber hinaus sind die Personalkosten und insbesondere die Lohnnebenkosten zu berücksichtigen.
- **Eine gesicherte Finanzierung:** Der Kapitalbedarf ist u.a. von der Betriebsgröße, der Betriebs- und Vertriebsform, dem Marketingkonzept und der Art der Ware abhängig.

Rechtliche Voraussetzungen

Wer ein Gewerbe betreiben will, muss **unbeschränkt geschäftsfähig sein** (vgl. S. 273 f.).

Das neu gegründete Einzelhandelsunternehmen muss bei einer Vielzahl von Institutionen **angemeldet** werden.

- Das staatliche **Amt für Gewerbeschutz** (Gewerbeaufsichtsamt) erteilt den **Gewerbeschein**, der für den Betrieb jedes Gewerbes erforderlich ist.
- Das **Finanzamt** erteilt die Steuer- und Sozialversicherungsnummer.
- Die **Berufsgenossenschaft** prüft die Einhaltung der Unfallverhütungsvorschriften.

- Die **Industrie- und Handelskammern** sind Körperschaften des öffentlichen Rechts, denen alle im Kammerbezirk tätigen Gewerbetreibenden als Pflichtmitglieder angehören. Aufgaben der Industrie- und Handelskammern sind die Wahrnehmung der Interessen der Mitglieder, die Förderung der Wirtschaft und die Förderung der Berufsausbildung. Die Industrie- und Handelskammer überwacht als „zuständige Stelle" die Ausbildung.
- Die **Krankenkasse** muss informiert werden, sofern Arbeitnehmer beschäftigt werden. Über die Krankenkasse werden die Beiträge zur Kranken-, Renten-, Pflege- und Arbeitslosenversicherung abgerechnet.
- Das **Handelsregister** ist das Verzeichnis aller Kaufleute im Amtsgerichtsbezirk (vgl. S. 29).
- Das **Gesundheitsamt** muss informiert werden, wenn Lebensmittel angeboten werden. In diesem Fall ist eine amtsärztliche Unbedenklichkeitsbescheinigung für die Mitarbeiter erforderlich.

■ Das Internet als Informationsquelle

Zum Thema „Existenzgründung" findet sich im Internet eine Vielzahl von Informationen. Gerade bei diesem Thema gibt es jedoch auch viele Seiten, die unvollständige und falsche Informationen enthalten oder gar betrügerische Absichten verfolgen. Um rasch an wirklich

1.1 Unternehmensgründung

brauchbare und seriöse Informationen zu kommen, ist daher eine **kompetente und gezielte Nutzung des Internets** wichtig.

Damit Sie sich im **World Wide Web** (www) bewegen („surfen") können, brauchen Sie neben der notwendigen Hardware und einem Internetprovider einen **Webbrowser**. „Mozilla Firefox" und „Internet Explorer" sind die derzeit bekanntesten. Beide Programme sind Webbrowser, die sich in Bedienung und Funktionsumfang recht ähnlich sind. Beispielhaft soll hier die **Internet-Explorer-Oberfläche** vorgestellt werden.

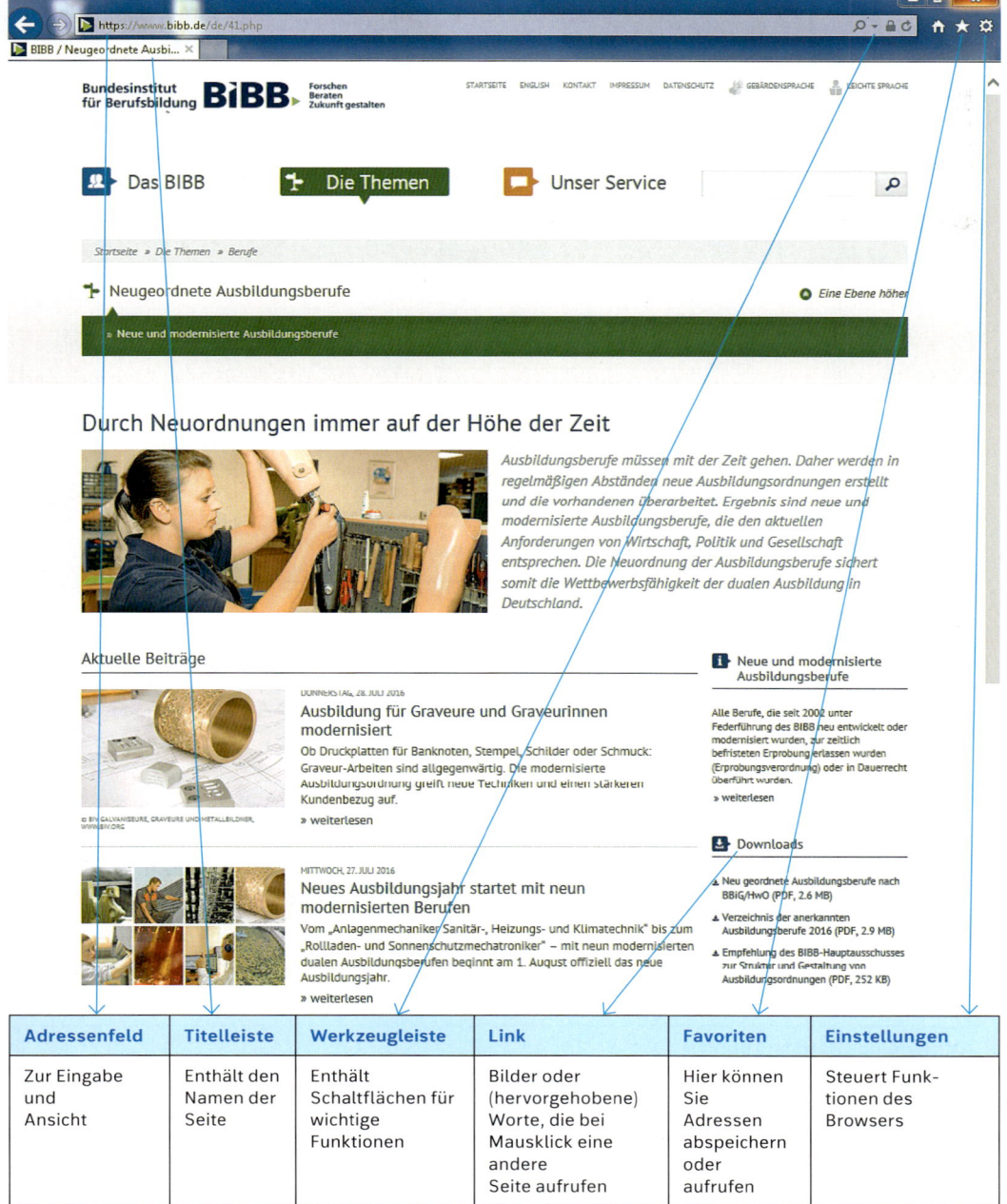

Adressenfeld	Titelleiste	Werkzeugleiste	Link	Favoriten	Einstellungen
Zur Eingabe und Ansicht	Enthält den Namen der Seite	Enthält Schaltflächen für wichtige Funktionen	Bilder oder (hervorgehobene) Worte, die bei Mausklick eine andere Seite aufrufen	Hier können Sie Adressen abspeichern oder aufrufen	Steuert Funktionen des Browsers

Lernfeld 1: Ein Unternehmen im Handel gründen und führen

Informationssuche mit Suchmaschinen

Suchmaschinen sind spezielle Systeme im Netz, die helfen, Informationen zu einem vom Benutzer bestimmten Stichwort zu finden. **Bekannte Suchmaschinen** sind:

Suchmaschine	Adresse	Suchmaschine	Adresse
Google	www.google.de	ixquick	www.ixquick.com
Bing	www.bing.com	Euroseek	www.euroseek.com

Alle Suchmaschinen sind ähnlich aufgebaut. Das folgende Beispiel zeigt Ihnen die Eingabemaske der Suchmaschine Google. Der eingegebene Suchbegriff ist „**Existenzgründung**".

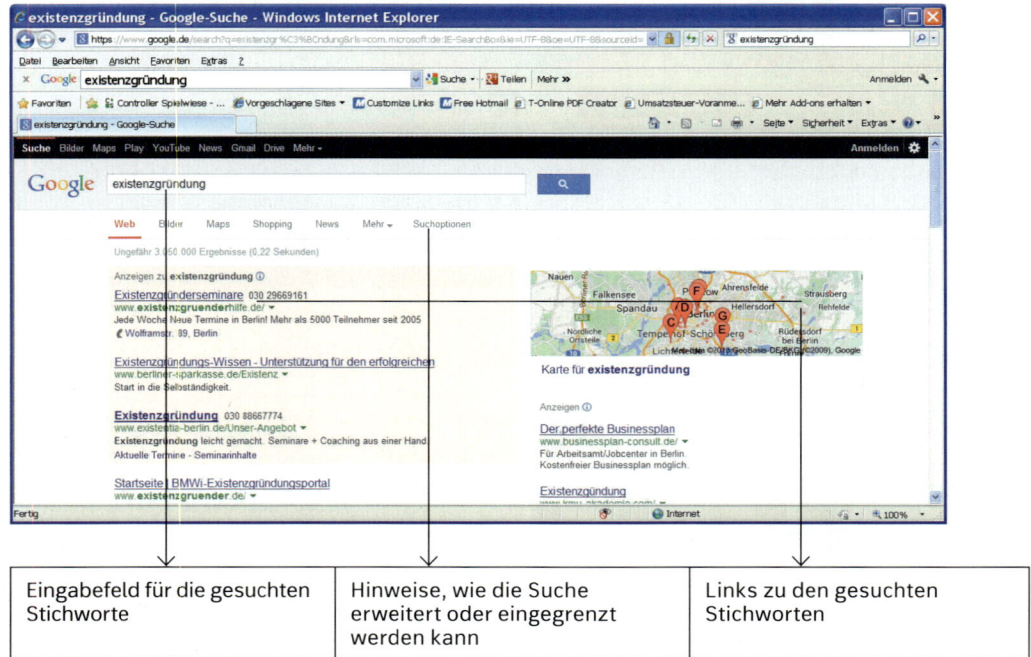

Eingabefeld für die gesuchten Stichworte	Hinweise, wie die Suche erweitert oder eingegrenzt werden kann	Links zu den gesuchten Stichworten

Informationsauswahl

Die Qualität und Glaubwürdigkeit von Informationen aus dem Internet sind überaus unterschiedlich. Nicht alle Internetseiten sind seriös und es gibt keine **Kontrollinstanz** für Veröffentlichungen. Man wird daher auch auf unbewusste oder bewusste Fehlinformationen treffen. Wie eine Seite in ihrer **Aufmachung** zu beurteilen ist, hängt vom jeweiligen Nutzer und dessen Interessen (z. B. nüchterne Informationen, Anschauung über Bilder, Unterhaltung über Animationen etc.) ab. Dennoch gibt es einige **Prüfkriterien**, anhand derer man die Seriosität einer Seite und damit auch die Glaubwürdigkeit und Güte der dort hinterlegten Informationen abschätzen kann:

Allgemeine Glaubwürdigkeit
- Wer betreibt die Seite/wer ist Autor/-in der Informationen?
- Handelt es sich um eine bekannte/renommierte Quelle, etwa eine angesehene Fachzeitschrift oder eine staatliche Institution?
  → Informationen dazu gibt es im (vorgeschriebenen) Impressum der Webseite.

Formale Kriterien	Inhaltliche Kriterien
– **Sorgfalt:** Rechtschreibefehler, Brüche im Schreibstil und/oder den Formatierungen sollte es nicht geben. – **Benutzerfreundlichkeit:** Ist es leicht, sich zu orientieren und auf den unterschiedlichen Ebenen einer Webseite zu navigieren? Ist die Navigation schnell oder wird sie durch unnötige Effekte oder Werbung gestört? – **Aktualität:** Webseiten sollten regelmäßig aktualisiert oder überarbeitet werden. – **Quellen:** Werden Informationen durch Quellenverweise, korrekte Zitierweise und/oder Links belegt?	– **Genauigkeit:** Sind die Informationen präzise und eindeutig? – **Umfang:** Sind die Informationen hinreichend oder bleiben viele wichtige Fragen offen? Gibt es eine Link-Sammlung? Werden weniger wichtige Aspekte zu umfänglich dargestellt? Eng damit zusammen hängt die Frage der … – **Zielgruppengerechtheit:** Wird deutlich, an wen sich das Informationsangebot richtet? Ist es entsprechend ausgerichtet – etwa in der Verwendung von Fachbegriffen, Sachlichkeit, Verständlichkeit?

Praxistip:
Informationen zur Existenzgründung finden Sie im Internet unter diesen Adressen:

- www.kfw.de/Existenz/Gründen
- http://www.mw.niedersachsen.de/startseite/themen/wirtschaft/existenzgruendungen/existenzgruendungen-unternehmensnachfolge-beratungsfoerderung-15974.html
- https://www.deutschland-startet.de/foerderprogramme-niedersachsen/

■ Fördermöglichkeiten im Rahmen der Existenzgründung

Für Kaufleute, die einen eigenen Betrieb gründen wollen, gibt es eine Vielzahl von Fördermöglichkeiten, die an allen erforderlichen Voraussetzungen der Existenzgründung ansetzen.

- **Förderung der persönlichen Voraussetzungen**
  Beispiel Seminare der Kammern (Industrie- und Handelskammer, Handwerkskammer) und der Kreditinstitute zu Themen wie Handelsrecht, Unternehmensrecht, Personalführung usw.

- **Förderung der sachlichen Voraussetzungen**
  Beispiel Zinsgünstige Darlehen für Existenzgründer, die durch die Kreditinstitute vermittelt werden.

- **Förderung der rechtlichen Voraussetzungen**
  Beispiel Seminare der Kammern zum Thema „Existenzgründung"

■ Vor- und Nachteile der Selbstständigkeit

Die Vor- und Nachteile einer Selbstständigkeit kann ein Kaufmann nur vor dem Hintergrund seiner konkreten persönlichen Situation beantworten.

Beispiele

Vorteile	Nachteile
– Eigene Ideen verwirklichen – Gewinnerwartung – Gesellschaftliches Ansehen – …	– Risiko des Scheiterns – Arbeitsbelastung – Verantwortung gegenüber Mitarbeitern – …

26 Lernfeld 1: Ein Unternehmen im Handel gründen und führen

Nachsitzen für Unternehmensgründer
Von je 100 Teilnehmern an der IHK-Gründungsberatung ...

- haben zu geringe kaufmännische Kenntnisse: **40**
- haben die Finanzierung ihres Start-Ups nicht gründlich durchdacht: **37**
- schätzen den möglichen Umsatz zu hoch ein: **36**
- haben sich zu wenig Gedanken zum Kundennutzen ihrer Geschäftsidee gemacht: **35**
- haben unklare Vorstellungen über ihre Kundenzielgruppe: **30**
- können ihre Produktidee nicht klar beschreiben: **26**
- haben unzureichende Fach-/Branchenkenntnisse: **23**

Grundlage: Erfahrungsberichte der IHK-Existenzgründungsberater aus den 79 Industrie- und Handelskammern
Quelle: DIHK   Stand 2015   Mehrfachnennungen   © Globus 11120

Eine eigene Geschäftsidee entwickeln und die Gründung eines Unternehmens vorbereiten

- Unternehmerische Ziele:
  Oberziel: langfristiges Gewinnmaximum
  Teilziele: Wachstum, Unabhängigkeit, Ansehen, soziale Verantwortung

-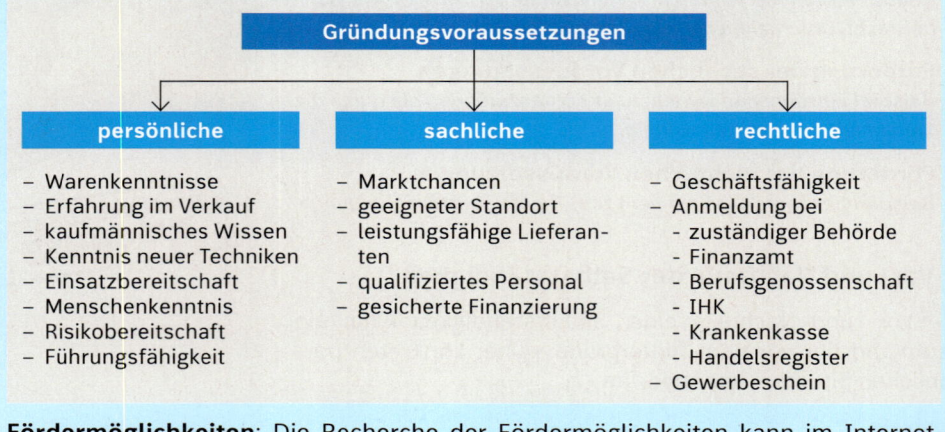

  Gründungsvoraussetzungen

persönliche	sachliche	rechtliche

– Warenkenntnisse
– Erfahrung im Verkauf
– kaufmännisches Wissen
– Kenntnis neuer Techniken
– Einsatzbereitschaft
– Menschenkenntnis
– Risikobereitschaft
– Führungsfähigkeit
	– Marktchancen
	– geeigneter Standort
	– leistungsfähige Lieferanten
	– qualifiziertes Personal
	– gesicherte Finanzierung
		– Geschäftsfähigkeit
		– Anmeldung bei
		  - zuständiger Behörde
		  - Finanzamt
		  - Berufsgenossenschaft
		  - IHK
		  - Krankenkasse
		  - Handelsregister
		– Gewerbeschein

- **Fördermöglichkeiten**: Die Recherche der Fördermöglichkeiten kann im Internet erfolgen.

Aufgaben

1 Fritz und Walter erben jeder 750 000,00 €. Fritz gründet ein Feinkostgeschäft, Walter legt das Kapital in festverzinslichen Wertpapieren mit einer Verzinsung von 3,5 % an. Nach einigen Jahren treffen sie sich wieder und stellen fest, dass Fritz einen durchschnittlichen Jah-

resgewinn von 100 000,00 € erwirtschaftet hat. Walter hingegen erhält jährlich 56 250,00 € Zinsen. Walter findet es ungerecht, dass sein Bruder fast die doppelte Rendite erzielt und schimpft auf die Unternehmer.
Nehmen Sie zu den Standpunkten der Brüder Stellung.

2 Nennen Sie sechs Stellen, bei denen ein neu gegründetes Unternehmen angemeldet werden muss.

3 Stellen Sie Vor- und Nachteile einer Existenzgründung am Beispiel eines Betriebes Ihrer Wahl gegenüber. Begründen Sie Ihre persönliche Entscheidung für oder gegen die Selbstständigkeit.

4 Entwickeln Sie eine begründete Geschäftsidee für ein Unternehmen Ihrer Wahl.

1.1.3 Die handelsrechtlichen Rahmenbedingungen beschreiben

Oliver Rand will den Schritt in die Selbstständigkeit wagen. Dabei will er kein Risiko eingehen. *„Ich will klein anfangen"*, sagt er zu seiner Freundin Sabine, *„in einem ersten Schritt werde ich die Ladenhüter der RAND OHG aus dem Sortiment Spielwaren zu Discountpreisen anbieten. Wenn das läuft, können wir weitersehen"*. *„Nenne den Laden doch ‚Internationales Discountzentrum'"*, schlägt Sabine vor, *„das lockt Kunden an."* Oliver ist skeptisch. Er plant alles gründlich und will sich erst einmal sachkundig machen, welche Vorschriften es bei der Wahl der Firma einer Unternehmung gibt und wie er erfahren kann, ob schon eine Firma gleichen Namens in Aurich existiert.

Arbeitsaufträge
- Stellen Sie fest, welche Regeln Oliver Rand bei der Wahl der Firma seines Einzelhandelsunternehmens beachten muss.
- Erläutern Sie, ob der Vorschlag von Sabine, das Unternehmen „Internationales Discountzentrum" zu nennen, zulässig ist.
- Einigen Sie sich auf eine zulässige Firma für Olivers Unternehmen.
- Fertigen Sie den Vordruck eines Handelsregisterauszuges an und nehmen Sie nach Erarbeitung des folgenden Kapitels die Eintragung vor.
- Vergleichen Sie den von Ihnen erstellten Handelsregisterauszug mit den Daten, die Sie im Internet unter www.unternehmensregister.de finden.

■ Die Firma

→ LS

Begriff der Firma
Umgangssprachlich werden die Begriffe Betrieb und Firma oft gleichgesetzt.

Beispiel Der Auszubildende Werner Krull sagt, er müsse nach der Berufsschule noch in die Firma.

Dabei ist der **Betrieb** der Ort der Leistungserstellung.

Lernfeld 1: Ein Unternehmen im Handel gründen und führen

Was im juristischen Sinne eine **Firma** ist, regelt das HGB:

> **§ 17 Abs. 1 HGB:** (1) Die Firma eines Kaufmanns ist der Name, unter dem er im Handel seine Geschäfte betreibt und die Unterschrift abgibt.

Die **Firma** besteht aus dem Firmenkern und dem Firmenzusatz.

Der **Firmenkern** beinhaltet den Gegenstand, den Namen des Unternehmens oder eine Fantasiebezeichnung.

Beispiele Hage AG Elektrogeräteherstellung; Donald Duck OHG

Der **Firmenzusatz** kann das Gesellschaftsverhältnis erklären, über Art und Umfang des Geschäftes Auskunft geben oder der Unterscheidung der Person oder des Geschäftes dienen. Er muss der Wahrheit entsprechen.

Beispiel Pullmann KG **Haushaltswaren**

> **§ 19 HGB:** (1) Die Firma muss, …, enthalten:
> 1. bei Einzelkaufleuten die Bezeichnung „eingetragener Kaufmann", „eingetragene Kauffrau" oder eine allgemein verständliche Abkürzung dieser Bezeichnung, insbesondere „e.K.", „e.Kfm." oder „e.Kffr.";
> 2. bei einer offenen Handelsgesellschaft die Bezeichnung „offene Handelsgesellschaft" oder eine allgemein verständliche Abkürzung dieser Bezeichnung;
> 3. bei einer Kommanditgesellschaft die Bezeichnung „Kommanditgesellschaft" oder eine allgemein verständliche Abkürzung dieser Bezeichnung.

Arten der Firma

- **Personenfirma:** Der Firmenkern besteht aus einem oder mehreren Namen und gegebenenfalls dem Vornamen.
  Beispiele Oliver Rand e.K., Karl Bunz e.K., Heinz Holland e.K., Otto Meyer & Co. OHG, Robert Blusch GmbH, RAND OHG
- **Sachfirma:** Der Firmenkern ist aus dem Gegenstand des Unternehmens abgeleitet.
  Beispiele Universa AG Import- und Exporthandelsgesellschaft, Kieswerke GmbH
- **Gemischte Firma:** Die Firma besteht aus Namen und Gegenstand des Unternehmens.
  Beispiele Spielwareneinzelhandel Oliver Rand e.K., Stricker AG Textilherstellung
- **Fantasiefirma:** Die Firma besteht aus einer Abkürzung oder einem Fantasienamen.
  Beispiele EBEKA eG, HaWa AG

Firmengrundsätze

Bei der Wahl der Firma muss der Kaufmann neben den Vorschriften, die sich auf die Unternehmensform beziehen, die **Firmengrundsätze** beachten.

Firmenwahrheit und Firmenklarheit
Bei einer Sachfirma muss der Gegenstand des Unternehmens den Tatsachen entsprechen (**Firmenwahrheit**). Firmenzusätze dürfen nicht zu einer Täuschung über die Art oder den Umfang des Geschäfts oder die Verhältnisse des Geschäftsinhabers Anlass geben (**Firmenklarheit**).

Beispiel Mit der Firma „Internationales Discountzentrum" verstößt Oliver Rand gegen den Grundsatz der Firmenwahrheit, da er nur in beschränktem Umfang und nur in der Stadt Aurich tätig ist.

Firmenausschließlichkeit
Ist eine Firma in das Handelsregister eingetragen, hat sie das ausschließliche Recht, diese Firma zu führen. Will sich ein Kaufmann gleichen Namens in dieses Handelsregister eintragen lassen, so muss er sich von der bereits eingetragenen Firma **deutlich unterscheiden**. Dies kann z. B. durch einen Firmenzusatz oder weitere Vornamen geschehen.

Beispiel *Die Firma „Oliver Rand e. K., Spielwareneinzelhandel" ist in das Handelsregister eingetragen. Ein Namensvetter von Oliver Rand, der ebenfalls ein Spielwareneinzelhandelsgeschäft gründen will, kann sich mit seinen beiden Vornamen als Tim Oliver Rand e. K., Spielwareneinzelhandel, in das Handelsregister eintragen lassen.*

Firmenbeständigkeit
Eine am Markt bekannte Firma kann einen großen Wert darstellen. Aus diesem Grund ermöglicht es der Gesetzgeber, die Firma bei einem Wechsel in der Person des Inhabers **fortzuführen**. Dies kann mit oder ohne einen das Nachfolgeverhältnis andeutenden Zusatz geschehen.

Beispiel *Wenn Oliver Rand den Spielwareneinzelhandel Theodor Becker erwirbt, sind folgende Firmen möglich:*
- *Oliver Rand e. K.*
- *Theodor Becker Nachfolger e. K.*
- *Oliver Rand e. K., vormals Theodor Becker e. K.*
- *Theodor Becker, Inhaber Oliver Rand e. K.*
- *Theodor Becker e. K.*

Firmenöffentlichkeit
Jeder Kaufmann ist verpflichtet, seine Firma am Ort der Niederlassung in das **Handelsregister** eintragen zu lassen, damit sich jedermann über die Rechtsverhältnisse informieren kann.

■ Das Handelsregister

Das Handelsregister ist ein **amtliches Verzeichnis aller Kaufleute**, das vom Registergericht (meist Amtsgericht) des Bezirks elektronisch geführt wird. Es soll die Öffentlichkeit über wichtige Sachverhalte und Rechtsverhältnisse der Kaufleute und Handelsgesellschaften unterrichten.

> § 9 Abs. 1 HGB: (1) Die Einsichtnahme des Handelsregisters sowie der zum Handelsregister eingereichten Dokumente ist jedem zu Informationszwecken gestattet.

Die Eintragungen in das Handelsregister erfolgen in **elektronischer Form** und werden im Unternehmensregister **veröffentlicht**.

Alle publikationspflichtigen Daten eines Unternehmens werden bundesweit zentral online in ein **Unternehmensregister** unter www.unternehmensregister.de eingestellt. Damit gibt es eine zentrale Internetadresse, unter der alle publikationspflichtigen Daten bereitstehen.

Gliederung des Handelsregisters
Das Handelsregister wird in **zwei Abteilungen** gegliedert:
- **Abteilung A** für Einzelkaufleute und Personengesellschaften, z. B. OHG, KG (vgl. S. 33 ff.)
- **Abteilung B** für Kapitalgesellschaften, z. B. GmbH (vgl. S. 39 ff.) und Aktiengesellschaft

Die Genossenschaften werden in ein spezielles **Genossenschaftsregister** eingetragen.

Inhalt des Handelsregisters

- **Inhalt** der Eintragung sind u. a.:
  - Firma und Ort der Niederlassung
  - Name des Inhabers oder der persönlich haftenden Gesellschafter
  - Art der Prokura
  - Namen von Prokuristen
  - Namen und Einlage von Kommanditisten

  Bei **Kapitalgesellschaften** werden zusätzlich eingetragen:
  - Gegenstand des Unternehmens
  - Höhe des Haftungskapitals
  - Datum des Gesellschaftsvertrages

- Die **Unterschriften der Zeichnungsberechtigten** sind beim Handelsregister zu hinterlegen.

  Beispiel Die Unterschriften der Prokuristen der RAND OHG, Karin Schmitz und Alfred Maier, sind beim Handelsregister in Aurich hinterlegt.

- Ebenfalls eingetragen wird z. B. die Auflösung des Unternehmens. **Löschungen** im Handelsregister erfolgen, indem Eintragungen rot unterstrichen werden.

Wirkung der Eintragung

Die **Wirkung** der Eintragung kann rechtsbezeugend (deklaratorisch) oder rechtserzeugend (konstitutiv) sein.

- **Deklaratorisch** bedeutet, dass die Rechtswirkung schon vor Eintragung eingetreten ist. So ist derjenige automatisch Kaufmann, der ein Handelsgewerbe nach § 1 HGB betreibt. Die Eintragung in das Handelsregister **bezeugt** diese Tatsache lediglich.

  Beispiel Zum Kaufmann wird die Pullmann KG mit Aufnahme eines Handelsgewerbes. Die Eintragung in das Handelsregister bezeugt diese Tatsache lediglich.

- **Konstitutiv** bedeutet, dass die Rechtswirkung erst mit der Eintragung in das Handelsregister eintritt. So wird der Kleingewerbetreibende oder die Kapitalgesellschaft erst im Moment der Eintragung Kaufmann i. S. des HGB. Die Eintragung **erzeugt** die Rechtswirkung.

  Beispiel Die Hage AG Elektrogeräteherstellung entstand als juristische Person im Moment der Eintragung in das Handelsregister.

Ist eine Tatsache eingetragen und bekannt gemacht, so muss ein Dritter sie gegen sich gelten lassen, auch wenn er sie nicht kannte (**Öffentlichkeitswirkung**).

Beispiel Helga Kowski ist Prokuristin der Hage AG Elektrogeräteherstellung. Wegen einer Unterschlagung wird ihr die Prokura entzogen und der Arbeitsvertrag wird fristlos gekündigt. Die Entziehung der Prokura wird im Handelsregister eingetragen und veröffentlicht. Eine Woche später kauft Frau Kowski im Namen der Hage AG bei der Auto-Becker GmbH einen Pkw der Oberklasse und verschwindet mit dem Fahrzeug. Da der Entzug der Prokura von Frau Kowski eingetragen und veröffentlicht war, kann die Auto-Becker GmbH die Forderung nicht gegen die Hage AG geltend machen.

Jeder Kaufmann sollte sorgfältig das **Unternehmensregister** lesen. Nur so kann er sicherstellen, dass er jederzeit über Veränderungen, z. B. bei der Haftung eines Kunden, informiert ist.

Beispiel

Amtsgericht **Aurich** — **HR A 202973**

Nr. der Eintragung	a) Firma b) Ort der Niederlassung (Sitz der Gesellschaft) c) Gegenstand des Unternehmens (bei juristischen Personen)	Grund- oder Stammkapital €	Vorstand Persönlich haftende Gesellschafter Geschäftsführer Abwickler	Prokura	Rechtsverhältnisse	a) Tag der Eintragung und Unterschrift b) Bemerkungen
1	2	3	4	5	6	7
1	a) RAND OHG b) 26605 Aurich c) Vertrieb von Handelswaren aller Art		Renate Rand, Werner Koch	Karin Schmitz, Alfred Maier	Offene Handelsgesellschaft Der Gesellschaftsvertrag ist am 2. Mai 20.. festgestellt. Die Gesellschaft wird durch die Gesellschafter in Alleinvertretungsbefugnis vertreten.	a) 2. Mai 20..

Zusammenfassung: Die handelsrechtlichen Rahmenbedingungen beschreiben

- **Firma**

Begriff	Arten	Grundsätze
– Die Firma eines Kaufmanns ist der **Name, unter dem er sein Handelsgewerbe betreibt** und die Unterschrift abgibt. – Einzelkaufleuten, Personengesellschaften und Kapitalgesellschaften ist die **freie Wahl einer aussagekräftigen, werbewirksamen Firma** gestattet, wenn diese unterscheidungskräftig ist, die Gesellschaftsverhältnisse offenlegt und nicht irreführend ist.	– **Personenfirma:** Firmenkern besteht aus Namen der/des Unternehmer/-s – **Sachfirma:** Firmenkern besteht aus Gegenstand des Unternehmens – **Gemischte Firma:** Firma besteht aus Namen und Gegenstand des Unternehmens – **Fantasiefirma:** Firma besteht aus Fantasienamen	– **Wahrheit:** bei Sachfirma muss Gegenstand des Unternehmens wahr sein – **Klarheit:** keine täuschenden Firmenzusätze – **Ausschließlichkeit:** eingetragene Firma hat ausschließlich das Recht, diese Firma zu führen – **Beständigkeit:** Fortführung des Namens der Firma bei Wechsel in der Person des Inhabers – **Öffentlichkeit:** Eintragung der Firma am Ort der Niederlassung in das Handelsregister

- **Handelsregister**

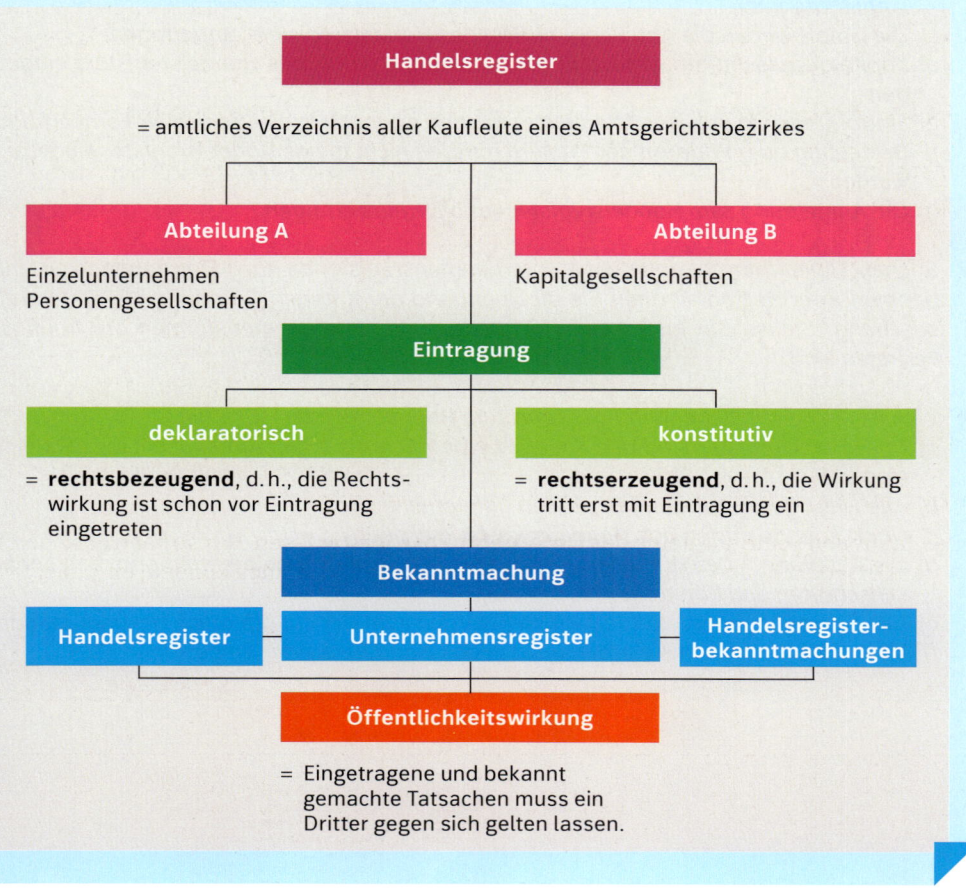

Aufgaben

1. Suchen Sie aus dem Branchenbuch oder dem Internet je drei Beispiele für eine Personen-, Sach-, gemischte Firma und Fantasiefirma heraus und stellen Sie diese in der Klasse vor.

2. Paul Serries will sich selbstständig machen. Er stellt fest, dass bereits eine Firma gleichen Namens im Handelsregister eingetragen ist. Erläutern Sie, was Paul Serries tun kann.

3. Der RAND OHG wird ein alteingesessenes Unternehmen zum Kauf angeboten. Erläutern sie, welche Überlegungen bei der Wahl der Firma angestellt werden sollten.

4. Erläutern Sie den Unterschied zwischen deklaratorischer und konstitutiver Wirkung einer Eintragung in das Handelsregister anhand je eines Beispiels.

5. Welche Rechtsfolgen hat die Öffentlichkeitswirkung des Handelsregisters? Erläutern Sie den Sachverhalt anhand eines Beispiels.

6. Prüfen und begründen Sie, ob die nachfolgenden Aussagen den gesetzlichen Vorschriften zum Handelsregister entsprechen.
   a) Das Handelsregister ist das Verzeichnis aller Kaufleute eines Amtsgerichtsbezirkes.
   b) In das Handelsregister dürfen nur Kaufleute bei Vorliegen eines berechtigten Interesses Einblick nehmen.
   c) Die GmbH wird in die Abteilung A (HRA) des Handelsregisters eingetragen.
   d) Kapitalgesellschaften werden in die Abteilung B (HRB) des Handelsregisters eingetragen.
   e) Eintragungen in das Handelsregister können nur noch in elektronischer Form erfolgen.
   f) Bestellung oder Widerruf der Prokura müssen nicht in das Handelsregister eingetragen werden.
   g) Die Anmeldung zum Handelsregister kann formlos erfolgen.

7. Suchen Sie im Internet unter www.unternehmensregister.de nach Eintragungen zu Unternehmen Ihrer Region. Ordnen Sie diese anhand der Kriterien Gründung, Veränderungen, Löschung. Stellen Sie fest, welche Branchen und Unternehmensformen am häufigsten vertreten sind.

8. Welche der unten stehenden Aussagen zum Handelsregister ist richtig?
   a) Im Handelsregister sind alle Kleingewerbetreibende eines Amtsgerichtsbezirks eingetragen.
   b) Alle wichtigen Eintragungen werden unterstrichen.
   c) Nur Kaufleute dürfen das Handelsregister einsehen.
   d) Die Abteilung A des Handelsregisters erfasst alle Einzelunternehmungen, Personengesellschaften und Kapitalgesellschaften.
   e) Alle Eintragungen im Handelsregister werden vom Gericht öffentlich bekannt gemacht.
   f) Kleingewerbetreibende werden nicht in das Handelsregister eingetragen.

1.1.4 Die Wahl der Rechtsform als wesentliche Gründungsentscheidung nachvollziehen und vergleichen

1.1.4.1 Die Einzelunternehmung

Oliver Rand holt sich Rat. Er hat sich mit dem Gründungsberater der Industrie- und Handelskammer verabredet und berichtet über seine Pläne. „Eine Geschäftsidee haben Sie mit ihrem Spielwarendiscounter ja bereits", stellt dieser fest, „als nächsten Schritt sollten Sie sich mit der Frage der geeigneten Rechtsform auseinandersetzen. Fragen der Kapitalaufbringung, der Geschäftsführung oder der Haftung beantworten sich daraus." „Ich will mein eigener Herr sein und Entscheidungen selbst treffen können. Das ist doch der Grund der Selbstständigkeit", erwidert Oliver spontan. „Dann kommt eigentlich nur eine Einzelunternehmung infrage", entgegnet der Gründungsberater. „Bevor Sie aber eine Entscheidung treffen, sollten Sie sich die Vor- und Nachteile dieser Unternehmensform genau ansehen. Danach sehen wir uns wieder."

Arbeitsaufträge
- *Fertigen Sie gemeinsam mit Ihren Mitschülern ein Plakat an. Stellen Sie dabei die Rechtsform der Einzelunternehmung anhand folgender Begriffe dar:*

Definition	
Gründung	
Firma	
Kapitalaufbringung	
Haftung	
Geschäftsführung und Vertretung	
Gewinnverteilung	
Verlustverteilung	

- *Stellen Sie in einer Liste die Vor- und Nachteile der Rechtsform der Einzelunternehmung gegenüber.*
- *Diskutieren Sie, ob die Einzelunternehmung die geeignete Rechtsform für die Pläne von Oliver Rand ist.*

- Das Einzelunternehmen wird von **einer Person** betrieben, die das Eigenkapital allein aufbringt.
- Die **Gründung** erfolgt formlos. Falls es sich um ein Handelsgewerbe nach § 1 HGB handelt und das Gewerbe in kaufmännischem Umfang betrieben wird, ist eine Eintragung in das Handelsregister erforderlich.

> **§ 18 HGB**: (1) Die Firma muss zur Kennzeichnung des Kaufmanns geeignet sein und Unterscheidungskraft besitzen.
> (2) Die Firma darf keine Angaben enthalten, die geeignet sind, über geschäftliche Verhältnisse, die für die angesprochenen Verkehrskreise wesentlich sind, irrezuführen. Im Verfahren vor dem Registergericht wird die Eignung zur Irreführung nur berücksichtigt, wenn sie ersichtlich ist.

Beispiel Spielwareneinzelhandel Oliver Rand e. K.

- Da der Einzelunternehmer als **alleiniger Eigenkapitalgeber** fungiert, ist die Eigenkapitalbasis durch das Vermögen des Unternehmers begrenzt. Eine Erweiterung des Eigenkapitals kann nur durch die Nichtentnahme erzielter Gewinne erfolgen. Diese Möglichkeit ist jedoch begrenzt, weil der Kaufmann aus dem Gewinn seines Betriebes die Kosten seiner persönlichen Lebensführung bestreiten muss, da er kein Gehalt bezieht.
- Unabhängig von den tatsächlichen wirtschaftlichen Verhältnissen wirkt sich die Beschränkung des Haftungskapitals auf das Vermögen **einer Person** nachteilig auf die Kreditwürdigkeit aus. Deshalb sind den Möglichkeiten der **Fremdkapitalbeschaffung** beim Einzelunternehmen enge Grenzen gesetzt.
- Der Einzelunternehmer **haftet** für die Verbindlichkeiten seines Unternehmens **allein und unbeschränkt**, d. h. mit seinem gesamten Geschäfts- und Privatvermögen.

Beispiel Der Einzelunternehmer Oliver Rand hat für die Gründung seines Spielwaren-Fachgeschäftes bei der Bank einen Kredit aufgenommen. Er haftet hierfür mit seinem gesamten Vermögen, d. h. auch mit seinem Privatvermögen.

- Der Einzelunternehmer ist alleiniger Inhaber, er hat infolgedessen auch alle Entscheidungsbefugnisse. Er hat das alleinige Recht, im Innenverhältnis die Geschäfte zu führen (**Geschäftsführungsbefugnis**) und das Unternehmen im Außenverhältnis gegenüber Dritten zu vertreten (**Vertretungsbefugnis**).
- Da der Einzelunternehmer alle Risiken allein übernimmt, steht ihm auch der gesamte **Gewinn** zu, andererseits trägt er auch alle **Verluste** allein.

Zusammenfassung: Die Einzelunternehmung

Definition	– Gewerbebetrieb, dessen Eigenkapital von einer Person aufgebracht wird
Gründung	– eine Person – Eintragung in das Handelsregister bei Handelsgewerbe mit kaufmännischem Umfang
Firma	– Personen-, Sach-, Fantasiefirma oder gemischte Firma und der Zusatz „eingetragener Kaufmann" (e. K./e. Kfm.) oder „eingetragene Kauffrau" (e. K./e. Kffr.)
Kapitalaufbringung	– durch den Einzelunternehmer
Haftung	– allein und unbeschränkt
Geschäftsführung und Vertretung	– allein durch den Einzelunternehmer
Gewinne und Verluste	– erhält bzw. trägt der Einzelunternehmer

Aufgaben

1 Beschreiben Sie die Rechtsform des Einzelunternehmens.

2 Der Einzelunternehmer Eberle ist zahlungsunfähig. Der Gläubiger Pfeiffer behauptet, Eberle hafte auch mit seinem Privatvermögen. Eberle selbst steht auf dem Standpunkt, Geschäfts- und Privatvermögen hätten nichts miteinander zu tun. Nehmen Sie zu diesen Behauptungen Stellung.

3 Stellen Sie fest, wer sich in Ihrer Klasse einmal selbstständig machen möchte, und diskutieren Sie die damit verbundenen Vor- und Nachteile.

4 Stellen Sie in einem Kurzreferat die Unternehmensform des Einzelunternehmens vor. Nutzen Sie Tafel, Overheadprojektor oder andere Medien zur Veranschaulichung.

1.1.4.2 Die offene Handelsgesellschaft (OHG) als Personengesellschaft

Oliver Rand kommt mit seiner Gegenüberstellung der Vor- und Nachteile zu einem weiterem Gespräch mit dem Gründungsberater der IHK. *„Der Vorteil, alle Entscheidungen allein treffen zu können, überzeugt zwar"*, sagt Oliver nachdenklich, *„aber ich trage natürlich auch die alleinige Verantwortung und muss das Kapital allein aufbringen." „Vielleicht sehen wir uns einmal die offene Handelsgesellschaft als Personengesellschaft an"*, schlägt der Gründungsberater vor. *„Auch hier sollten Sie zunächst die Vor- und Nachteile gegenüberstellen."*

Arbeitsaufträge
- Fertigen Sie gemeinsam mit Ihren Mitschülern ein Plakat an. Stellen Sie dabei die Rechtsform der offenen Handelsgesellschaft anhand der folgenden Begriffe dar:

Definition	
Gründung	
Firma	
Kapitalaufbringung	
Haftung	
Geschäftsführung und Vertretung	
Gewinnverteilung	
Verlustverteilung	

- Stellen Sie in einer Liste die Vor- und Nachteile der Rechtsform der offenen Handelsgesellschaft gegenüber.
- Diskutieren Sie, ob die offene Handelsgesellschaft die geeignete Rechtsform für die Pläne von Oliver Rand ist.

> **§ 105 Abs. 1 HGB:** Eine Gesellschaft, deren Zweck auf den Betrieb eines Handelsgewerbes unter gemeinschaftlicher Firma gerichtet ist, ist eine offene Handelsgesellschaft, wenn bei keinem der Gesellschafter die Haftung gegenüber den Gesellschaftsgläubigern beschränkt ist.

- Die **Gründung** der OHG ist formfrei, die Schriftform in Form eines Gesellschaftsvertrages ist jedoch üblich. Die Gesellschaft entsteht bei Kaufleuten i. S. des § 1 HGB mit Aufnahme der Tätigkeit, bei Kleingewerbetreibenden (z. B. Kioskbetreiber) und Kannkaufleuten (z. B. Landwirt mit Nebengewerbe) mit Handelsregistereintrag. Die Gesellschaft ist zur Eintragung in das Handelsregister anzumelden.

- Die **Firma** der OHG kann Personen-, Sach-, Fantasiefirma oder gemischte Firma sein. Sie muss die Bezeichnung „offene Handelsgesellschaft" oder eine verständliche Abkürzung dieser Bezeichnung enthalten.

  Beispiel Renate Rand und Werner Koch betreiben einen Großhandel in der Rechtsform einer OHG. Folgende Firmen sind möglich: Rand & Koch OHG, Koch & Rand OHG, RAND OHG, Koch OHG, Rand & Co. OHG, Koch & Co. OHG, KORA OHG.

- Ähnlich wie beim Einzelunternehmen kann die **Eigenkapitalbasis** durch Erhöhung der Kapitaleinlagen der Gesellschafter oder durch die Nichtentnahme von Gewinnen erfolgen. Darüber hinaus besteht die Möglichkeit der Aufnahme neuer Gesellschafter.

  Beispiel Die RAND OHG erzielt einen Jahresüberschuss von 60 000,00 €. Die Gesellschafter beschließen, den Gewinn zur Anschaffung eines Lieferwagens zu verwenden.

- Die Beschaffung von **Fremdkapital** ist leichter als beim Einzelunternehmen, da hier mindestens zwei Gesellschafter mit ihrem gesamten Vermögen haften und das Risiko der Gläubiger dadurch auf zwei Schuldner verteilt wird.

- Die Gesellschafter der OHG **haften** unbeschränkt, unmittelbar und solidarisch (gesamtschuldnerisch).
  - **Unbeschränkt** bedeutet, dass jeder Gesellschafter mit seinem gesamten Vermögen haftet. Es haftet also nicht nur das Gesellschaftsvermögen, sondern jeder Gesellschafter muss auch mit seinem Privatvermögen für die Schulden der OHG einstehen.
  - **Unmittelbar** bedeutet, dass sich ein Gläubiger an jeden beliebigen Gesellschafter wenden kann. Der Gesellschafter kann nicht verlangen, dass der Gläubiger zuerst gegen die anderen Gesellschafter auf Zahlung klagt.
  - **Solidarisch** (gesamtschuldnerisch) heißt, dass jeder Gesellschafter für die gesamten Schulden der OHG haftet. Er haftet also für die anderen Gesellschafter mit. Im Innenverhältnis hat der Gesellschafter selbstverständlich einen Ausgleichsanspruch, d. h., er kann von seinen Mitgesellschaftern deren Anteil an den Schulden verlangen.

  Ein in ein Einzelunternehmen oder eine OHG **eintretender Gesellschafter** haftet auch für die Verbindlichkeiten, die bei seinem Eintritt bereits bestehen. **Bei Austritt** haftet der Gesellschafter noch fünf Jahre für die bei seinem Austritt vorhandenen Verbindlichkeiten.

- Zur **Geschäftsführung** ist jeder OHG-Gesellschafter allein berechtigt und verpflichtet. Im Außenverhältnis kann jeder Gesellschafter die OHG wirksam vertreten (**Einzelvertretungsmacht**).

  Beispiel Herr Koch schafft für die OHG einen repräsentativen Geschäftswagen an. Als Frau Rand davon erfährt, kommt es zum Streit. Sie ist mit dem Kauf nicht einverstanden. Trotzdem ist der Kaufvertrag zwischen dem Autohaus und der OHG wirksam zustande gekommen, da jeder Gesellschafter die OHG wirksam vertreten kann.

Es besteht jedoch die Möglichkeit, dass ein oder mehrere Gesellschafter nur in Gemeinschaft zur Vertretung der OHG ermächtigt sein sollen (**Gesamtvertretungsmacht**). Diese Einschränkung ist jedoch nur wirksam, wenn sie in das Handelsregister eingetragen ist.

Beispiel Frau Rand und Herr Koch vereinbaren Gesamtvertretungsmacht und lassen dies in das Handelsregister eintragen. Beim Kauf eines neuen Kopierers müssen jetzt beide den Kaufvertrag unterschreiben.

- Ein Gesellschafter darf ohne Einwilligung seiner Partner weder im Handelszweig seiner Gesellschaft Geschäfte tätigen (**Handelsverbot**) noch sich an einer anderen Gesellschaft als persönlich haftender Gesellschafter beteiligen (**Wettbewerbsverbot**).

   Beispiel Herr Koch will sich an einem weiteren Großhandelsbetrieb als Gesellschafter beteiligen. Hierfür ist die Zustimmung der Gesellschafterin Frau Rand erforderlich.

- Der **Gewinn** der OHG wird gemäß Gesellschaftsvertrag verteilt. In der Regel bekommen die mitarbeitenden Gesellschafter zunächst ein Arbeitsentgelt (**Unternehmerlohn**). Danach werden die geleisteten Kapitaleinlagen in einer vereinbarten Höhe **verzinst**. Der verbleibende Rest kann „**nach Köpfen**" oder nach einem Schlüssel verteilt werden, der die unterschiedliche Höhe des mithaftenden Privatvermögens berücksichtigt. Wird zur Gewinnverteilung nichts vereinbart, gilt § 121 HGB. Danach steht jedem Gesellschafter zunächst ein Anteil in Höhe von 4 % seiner Kapitaleinlage zu. Der Rest wird nach Köpfen unter die Gesellschafter verteilt.

   Beispiel Der Gewinn der RAND OHG beträgt 65 000,00 €. Die Einlage von Frau Rand beläuft sich auf 180 000,00 €, die von Herrn Koch auf 120 000,00 €. Die Verteilung soll nach § 121 HGB erfolgen.

Gesellschafter	Kapital am Anfang des Jahres in €	4 % in €	Rest nach Köpfen in €	Gesamtgewinn in €
Rand	180 000,00	7 200,00	26 500,00	33 700,00
Koch	120 000,00	4 800,00	26 500,00	31 300,00
	300 000,00	12 000,00	53 000,00	65 000,00

Der Gewinn eines Gesellschafters wird seinem Kapitalanteil zugeschrieben. Jeder Gesellschafter ist berechtigt, vier Prozent seines Kapitalanteils pro Jahr **zu entnehmen**. Dies ist auch dann möglich, wenn die OHG Verluste macht.

- Die **Verluste** der OHG werden nach Köpfen verteilt und vom Kapitalkonto der Gesellschafter abgezogen. Vertragliche Abweichungen von dieser Regelung sind möglich.

   Beispiel Die RAND OHG macht im folgenden Jahr einen Verlust von 25 300,00 €. Jedem der Gesellschafter werden 12 650,00 € vom Kapitalkonto abgezogen.

- Eine **Kündigung** des Gesellschaftsvertrages ist mit einer Frist von sechs Monaten zum Ende des Geschäftsjahres möglich.

Zusammenfassung: Die offene Handelsgesellschaft (OHG) als Personengesellschaft

Definition	– Gesellschaft, deren Zweck auf den Betrieb eines gemeinsamen Handelsgewerbes gerichtet ist, wobei alle Gesellschafter unbeschränkt haften
Gründung	– mindestens zwei Personen – Gesellschaftsvertrag ist formfrei – die Gesellschaft ist zur Eintragung in das Handelsregister anzumelden
Firma	– Personen-, Sach-, Fantasiefirma oder gemischte Firma mit Zusatz „Offene Handelsgesellschaft (OHG)"
Kapitalaufbringung	– verbesserte Möglichkeiten der Fremdkapitalaufbringung durch Verbreiterung der Eigenkapitalbasis und Haftung
Haftung	– unbeschränkt – unmittelbar – solidarisch (gesamtschuldnerisch)
Geschäftsführung und Vertretung	– Jeder Gesellschafter ist berechtigt, allein die Geschäfte zu führen und die Gesellschaft im Außenverhältnis zu vertreten.
Gewinnverteilung	– Wenn nichts geregelt ist, dann gilt § 121 HGB, d.h. 4 % auf das eingesetzte Kapital, Rest nach Köpfen oder lt. Gesellschaftsvertrag.
Verlustverteilung	– nach Köpfen oder lt. Gesellschaftsvertrag

Aufgaben

1 Roland Rothe plant die Gründung einer Spedition in der Rechtsform einer OHG. Um Chancen und Risiken gegeneinander abzuwägen, bittet Herr Rothe seinen Steuerberater Schmitz um die Beantwortung der nachfolgenden Fragen:
a) Wo muss die Gesellschaft eingetragen bzw. angemeldet werden?
b) Wie haften die Gesellschafter?
c) Wie ist die gesetzliche Gewinnverteilung geregelt?
d) Warum wird der Gewinn der OHG nach Köpfen und in Form einer Kapitalverzinsung verteilt?
e) Roland Rothe will die OHG zusammen mit seinem Kompagnon Kotte betreiben. Nennen Sie fünf mögliche Firmen.
f) Stellen Sie in einer Tabelle Rechte und Pflichten der OHG-Gesellschafter gegenüber.
Helfen Sie Herrn Schmitz bei der Erledigung dieses Auftrages und stellen Sie die Ergebnisse in der Klasse vor.

2 Nach Eintragung der Rothe-OHG in das Handelsregister kauft Herr Rothe mehrere Pkw.
a) Erläutern Sie, ob Rothe das Geschäft für das Unternehmen wirksam abschließen konnte.
b) Welche Folgen hätte es gehabt, wenn Kotte dem Geschäft widersprochen hätte?
c) Erläutern Sie, ob Rothe sich an einer weiteren OHG als Gesellschafter beteiligen kann.
d) Kotte bekommt einen Lkw günstig angeboten. Er möchte dieses Geschäft auf eigene Rechnung machen. Ist dies zulässig, wenn Rothe dagegen ist?

e) Aufgrund von Unstimmigkeiten möchte Kotte die Gesellschaft verlassen. Er ist der Meinung, ab dem Tag der Auflösung des Gesellschaftsvertrages habe er mit den Verbindlichkeiten des Unternehmens nichts mehr zu tun. Erläutern Sie die Rechtslage.

3 Abweichend von der gesetzlichen Regelung vereinbaren die Gesellschafter die folgende Gewinnverteilung: „Die Verzinsung des eingesetzten Kapitals soll jeweils 2 % über dem Leitzinssatz des Geldmarktes vom 1. Dezember des jeweiligen Geschäftsjahres liegen. Der Rest wird nach Köpfen verteilt." Überlegen Sie, welche Gründe für diese Formulierung sprechen könnten.

4 A, B und C betreiben eine OHG. A hat 600 000,00 €, B 750 000,00 € und C 1 200 000,00 € in das Unternehmen eingebracht. Alle drei Gesellschafter arbeiten im Betrieb mit. Im letzten Geschäftsjahr wurde ein Gewinn in Höhe von 525 000,00 € erzielt.
a) Ermitteln Sie den Gewinnanteil der Gesellschafter nach § 121 HGB.
b) Erläutern Sie, warum es ungerecht wäre, wenn der Gewinn allein im Verhältnis der Kapitalanteile verteilt würde.
c) Warum wäre es ebenso ungerecht, wenn der Gewinn ausschließlich nach Köpfen verteilt würde?

1.1.4.3 Die Gesellschaft mit beschränkter Haftung (GmbH) als Kapitalgesellschaft

Wieder sitzen Oliver Rand und der Gründungsberater zusammen. „Die Vorstellung, Verantwortung und Risiko auf zwei Schultern zu verteilen, gefällt mir. Insbesondere die Halbierung des Risikos." „Nein, nein", entgegnet der Gründungsberater, „so ist das nicht gemeint, in der OHG haftet jeder solidarisch für die gesamten Schulden der Gesellschaft." „Kann man die Haftung nicht beschränken?", fragt Oliver. „Das geht nur bei einer GmbH, der Gesellschaft mit beschränkter Haftung", erwidert der Gründungsberater. „Vielleicht sehen wir uns auch hier einmal die Vor- und Nachteile an."

Arbeitsaufträge
- *Fertigen Sie gemeinsam mit Ihren Mitschülern ein Plakat an. Stellen Sie dabei die Rechtsform der GmbH anhand der folgenden Begriffe dar:*

Definition	
Gründung	
Firma	
Kapitalaufbringung	
Haftung	
Geschäftsführung und Vertretung	
Gewinnverteilung	
Verlustverteilung	

- *Stellen Sie in einer Liste die Vor- und Nachteile der Rechtsform der GmbH gegenüber.*
- *Diskutieren Sie, ob die GmbH die geeignete Rechtsform für die Pläne von Oliver Rand ist.*

- Die GmbH ist eine Handelsgesellschaft mit eigener Rechtspersönlichkeit (**juristische Person** vgl. S. 275f.), deren Gesellschafter mit ihrem Nennbetrag der Geschäftsanteile am Stammkapital der Gesellschaft beteiligt sind, ohne persönlich zu haften. Sie zählt zu den **Kapitalgesellschaften**.
- Bei Gründung einer GmbH ist eine Mindestzahl von **Gründern** nicht vorgeschrieben, auch eine Person allein kann eine GmbH gründen (Ein-Personen-GmbH). Diese kann auch eine juristische Person sein.

> **§ 1 GmbHG:** Gesellschaften mit beschränkter Haftung können nach Maßgabe der Bestimmungen dieses Gesetzes zu jedem gesetzlich zulässigen Zweck durch eine oder mehrere Personen errichtet werden.

Der Gesellschaftsvertrag (**Satzung**) bedarf der notariellen Beurkundung. Als juristische Person entsteht die GmbH erst mit Eintragung in das Handelsregister. Sie ist damit **Formkaufmann**. Für unkomplizierte Standardgründungen steht als Anlage zum GmbHG ein **Mustergesellschaftsvertrag** zur Verfügung. Wird dieser verwendet, ist eine notarielle Beurkundung nicht erforderlich. Es sind lediglich die Unterschriften der Gesellschafter zu beglaubigen. Ein **Muster der Handelsregisteranmeldung** steht als Anlage zum GmbHG ebenfalls zur Verfügung.

> **§ 11 Abs. 2 GmbHG:** Ist vor Eintragung im Namen der Gesellschaft gehandelt worden, so haften die Handelnden persönlich und solidarisch.

Beispiel *Oliver Rand will sein Fachgeschäft in der Rechtsform einer GmbH weiterführen. Er lässt von seinem Rechtsanwalt einen Gesellschaftsvertrag aufsetzen. Vor der Eintragung ins Handelsregister lässt er sein Geschäftslokal umbauen. Da die hiermit verbundenen Rechtsgeschäfte vor der Eintragung abgeschlossen wurden, haftet Oliver Rand hierfür persönlich und solidarisch.*

- Die **Firma** der GmbH kann Personen-, Sach-, Fantasiefirma oder gemischte Firma sein. Sie muss den Zusatz „Gesellschaft mit beschränkter Haftung" oder eine verständliche Abkürzung dieser Bezeichnung (GmbH) enthalten.

Beispiel *Oliver Rand könnte folgende Firmen wählen: Oliver Rand GmbH, Spielwaren-Fachgeschäft GmbH, SPIWA GmbH, Spielwaren GmbH Oliver Rand.*

- Anders als bei den Personengesellschaften ist bei der GmbH ein festes Gesellschaftskapital vorgeschrieben. Es wird **Stammkapital** genannt und beträgt mindestens 25 000,00 €. Die Einlage jedes einzelnen Gesellschafters ist der **Nennbetrag der Geschäftsanteile**. Er beträgt mindestens 1,00 €. Das Stammkapital kann in Geld oder Sachwerten aufgebracht werden. Existenzgründer, die wenig Eigenkapital benötigen, können die GmbH als **haftungsbeschränkte Unternehmergesellschaft** UG (haftungsbeschränkt) eintragen lassen. Diese kann ohne ein Mindeststammkapital gegründet werden. Die Gewinne dieser Einstiegsform werden jedoch einbehalten, bis das Mindestkapital von 25 000,00 € erreicht ist.

Beispiel *Oliver Rand hat bei Gründung der GmbH einen Geschäftswagen im Wert von 40 000,00 € eingebracht. Zudem hat er eine Einlage in Höhe von 50 000,00 € in bar geleistet.*

Die Erweiterung der Eigenkapitalbasis der GmbH ist durch **Nachschusszahlungen** der Gesellschafter möglich. Diese müssen jedoch ausdrücklich in der Satzung vorgesehen sein. Darüber hinaus besteht die Möglichkeit der Aufnahme neuer Gesellschafter, die durch ihre Einlagen das Stammkapital der GmbH erhöhen.

Infolge der Beschränkung der Haftung und der damit verbundenen geringen Kreditwürdigkeit der GmbH sind der **Fremdkapitalbeschaffung** enge Grenzen gesetzt. Dies führt dazu, dass in der Praxis Kredite häufig nur durch Sicherung aus dem Privatvermögen der Gesellschafter vergeben werden.

- Die **Haftung** der Gesellschafter der GmbH ist ausgeschlossen, es haftet ausschließlich die juristische Person.

  Beispiel Wird die Spielwaren GmbH Oliver Rand zahlungsunfähig, können sich die Gläubiger ausschließlich an die Gesellschaft wenden. Diese haftet mit ihrem gesamten Betriebsvermögen in Höhe von 90 000,00 €. Auf das Privatvermögen von Oliver Rand haben die Gläubiger keinen Zugriff.

- Die **Organe der GmbH** sind die Geschäftsführer, die Gesellschafterversammlung und ggf. der Aufsichtsrat.

  - Geschäftsführung und Vertretung der Gesellschaft obliegen den **Geschäftsführern**. In der Praxis sind dies gerade bei kleinen Unternehmen häufig die Gesellschafter, es können aber selbstverständlich auch dritte Personen sein. Die Art der Vertretungsbefugnis ist in das Handelsregister einzutragen und auf den Geschäftsbriefen der GmbH anzugeben.
  - Die **Gesellschafterversammlung** wird durch die Geschäftsführer einberufen und beschließt z. B. über
    - Jahresabschluss und Gewinnverwendung,
    - Bestellung, Entlastung und Abberufung der Geschäftsführer und
    - Bestellung von Prokuristen und Handlungsbevollmächtigten.

    Die Abstimmung erfolgt mit einfacher Mehrheit nach Geschäftsanteilen. Je 1,00 € eines Geschäftsanteils gewähren eine Stimme.

  - Der Gesellschaftsvertrag kann die Einrichtung eines **Aufsichtsrates** aus Vertretern der Arbeitnehmer und der Gesellschafter vorsehen. Seine Aufgaben sind die Überwachung der Geschäftsführer und die Prüfung von Jahresabschluss und Lagebericht. Für GmbHs mit mehr als 500 Arbeitnehmern ist die Einrichtung eines Aufsichtsrates durch das Betriebsverfassungsgesetz zwingend vorgesehen. Der Aufsichtsrat wird für vier Jahre gewählt.

- Der **Gewinn** der GmbH wird, wenn die Satzung nichts anderes vorsieht und die Gesellschafterversammlung dies beschließt, im Verhältnis der Geschäftsanteile verteilt. Bei **Verlusten** werden zunächst die Rücklagen aufgezehrt. Ist die Gesellschaft zahlungsunfähig oder ergibt sich bei Aufstellung der Bilanz, dass die Schulden nicht mehr durch das Vermögen der Gesellschaft gedeckt sind (**Überschuldung**), müssen die Geschäftsführer spätestens nach drei Wochen das **Insolvenzverfahren** beantragen.

- Eine **Pflichtprüfung und die Veröffentlichung** (Publizierung) von Jahresabschluss und Lagebericht sind für große GmbHs vorgeschrieben.

Zusammenfassung: Die Gesellschaft mit beschränkter Haftung (GmbH) als Kapitalgesellschaft

Definition	– Handelsgesellschaft mit eigener Rechtspersönlichkeit (juristische Person), deren Gesellschafter mit dem Nennbetrag ihrer Geschäftsanteile am Stammkapital der Gesellschaft beteiligt sind, ohne persönlich zu haften

Gründung	– Mindestzahl nicht vorgeschrieben – notarieller Gesellschaftsvertrag erforderlich – Handelsregistereintrag erforderlich
Firma	– Sach-, Personen-, Fantasiefirma oder gemischte Firma mit Zusatz GmbH
Kapitalaufbringung	– Stammkapital mindestens 25 000,00 € – Nennbetrag der Geschäftsanteile je Gesellschafter mindestens 1,00 € – Fremdkapitalbeschaffung durch Beschränkung der Haftung problematisch
Haftung	– Es haftet die juristische Person mit ihrem gesamten Vermögen.
Geschäftsführung und Vertretung	– durch die Geschäftsführer (Einzel- oder Gesamtgeschäftsführung möglich)
Beschließendes Organ	– Gesellschafterversammlung
Kontrollorgan	– gegebenenfalls Aufsichtsrat (ab 500 Arbeitnehmern)
Gewinnverteilung	– im Verhältnis der Geschäftsanteile
Verlustverteilung	– Aufzehrung von Rücklagen, bei Überschuldung Insolvenzverfahren

Aufgaben

1 Erläutern Sie die Unternehmensform der GmbH anhand der Merkmale
  – Gründung,
  – Firma,
  – Kapitalaufbringung,
  – Haftung,
  – Geschäftsführung und Vertretung,
  – Gewinn- und Verlustverteilung.

2 Erläutern Sie die grundsätzlichen Unterschiede zwischen einer OHG und einer GmbH.

3 Die Kaufleute Wolf und Walter wollen ein Büromöbel-Fachgeschäft in der Rechtsform einer GmbH gründen.
  a) Geben Sie an, welches Mindestkapital sie einbringen müssen.
  b) Walter möchte seinen Sohn als Gesellschafter mit einer geringen Einlage beteiligen. Erläutern Sie, ob es hierfür einen Mindestbetrag gibt.
  c) Die Kaufleute setzen den Gesellschaftsvertrag auf und unterschreiben alle. Welche weiteren Formvorschriften sind zu beachten?
  d) Nennen Sie drei Firmen, die diese GmbH führen könnte.
  e) Nach Unterschrift unter den Gesellschaftsvertrag, aber vor Eintragung in das Handelsregister, kauft Wolf im Namen der GmbH einen repräsentativen Geschäftswagen. Walter junior und senior sind nicht damit einverstanden. Prüfen Sie, ob Walter zur Zahlung herangezogen werden kann.
  f) Wolf und Walter senior werden zu Geschäftsführern bestimmt. Sie haben Einzelvertretungsmacht. Wolf mietet Geschäftsräume, ohne Walter zu fragen. Begründen Sie, ob der Mietvertrag gültig ist.

g) Erläutern Sie, wie die Ernennung der Geschäftsführer bekannt gemacht werden muss.
h) Das Stammkapital der GmbH entspricht dem gesetzlichen Mindestkapital. Wolf ist mit 15 000,00 €, Walter senior mit 9 500,00 € und sein Sohn mit dem Rest beteiligt. Erläutern Sie, wie viele Stimmen die drei in der Gesellschafterversammlung haben.
i) Im ersten Jahr macht die GmbH 40 000,00 € Gewinn. Wie wird der Gewinn verteilt, wenn in Gesellschafterversammlung und Satzung darüber nichts festgelegt wurde?

4 Welcher unternehmerische Vorteil spricht für die Gründung einer Einzelunternehmung?
a) Der Einzelunternehmer haftet nur mit seinem Geschäftsvermögen.
b) Der Einzelunternehmer hat als Einzelunternehmen immer steuerrechtliche Vorteile im Vergleich zu den Gesellschaftsunternehmen.
c) Der Einzelunternehmer hat als Einzelunternehmen immer eine höhere Kreditwürdigkeit als die Gesellschaftsunternehmen.
d) Der Einzelunternehmer kann seine Haftung auf bestimmte betriebliche Vermögensteile beschränken.
e) Der Einzelunternehmer ist in seiner Entscheidung über die Gewinnverwendung völlig frei.

5 Paul Schneider und Rolf Nettekoven wollen ein Fachgeschäft für Modelleisenbahnen gründen. Beide wollen aktiv im Unternehmen mitarbeiten. Paul Schneider will in das zu gründende Unternehmen 150 000,00 € Bargeld einbringen. Rolf Nettekoven bringt einen Lieferwagen im Wert von 30 000,00 € und ein ihm gehörendes Lagerhaus im Wert von 250 000,00 € in das Unternehmen ein. Sie sollen bei der Planung des zu gründenden Unternehmens mitwirken.
a) Welche persönlichen Voraussetzungen sollten Schneider und Nettekoven erfüllen, damit ihre Existenzgründung Aussicht auf Erfolg hat?
b) Fertigen Sie eine Liste der Sachverhalte an, über die sich die Partner vor Gründung des Unternehmens einigen sollten.
c) Machen Sie einen Vorschlag für eine geeignete Unternehmensform und begründen Sie Ihre Entscheidung.
d) Angenommen, die beiden Partner gründen eine OHG, welche Grundsätze müssen bei der Firmierung beachtet werden?
e) Erstellen Sie eine Liste der Institutionen, bei denen die OHG angemeldet werden muss.
f) Schneider und Nettekoven diskutieren über die Regelung der Gewinnverteilung. Die gesetzliche Regelung kommt für sie nicht infrage, da die Kapitalverzinsung nicht dem Marktzins entspricht. Machen Sie Vorschläge für eine entsprechende Vertragsklausel, die nicht laufend geändert werden muss.
g) Erläutern Sie die Regelung der Haftung bei der OHG.
h) Am Ende des ersten Geschäftsjahrs wird ein Reingewinn in Höhe von 124 000,00 € ausgewiesen. Verteilen Sie den Gewinn
1. nach der im HGB vorgesehenen Regel,
2. nach der von Ihnen vorgeschlagenen Regel.
i) Schneider und Nettekoven planen die Gründung weiterer Filialen. Um das Risiko zu beschränken, wollen sie die OHG in eine GmbH umwandeln. Stellen Sie Vor- und Nachteile der Personengesellschaften und der GmbH gegenüber.
j) Formulieren Sie einen Gesellschaftsvertrag. (Vgl. S. 18 Vertrag der RAND OHG.)
k) Erläutern Sie, ab wann die GmbH als juristische Person entsteht.
l) In der Gesellschafterversammlung kommt es zum Streit über die Einstellung eines Prokuristen. Schneider ist dafür, Nettekoven dagegen. Begründen Sie, wie in diesem Fall entschieden wird.

6 Oliver Rand hat sich hinsichtlich der Gründung seiner Unternehmung für die Rechtsform der GmbH entschieden. Lediglich die Aufbringung des erforderlichen Stammkapitals macht ihm noch Sorgen. Da macht ihn der Gründungsberater auf den § 5 a GmbHG aufmerksam.

§ 5 a Unternehmergesellschaft

(1) Eine Gesellschaft, die mit einem Stammkapital gegründet wird, das den Betrag des Mindeststammkapitals [...] unterschreitet, muss in der Firma [...] die Bezeichnung „Unternehmergesellschaft (haftungsbeschränkt)" oder „UG (haftungsbeschränkt)" führen.

„Die UG kann mit einem Startkapital von lediglich 1,00 € gegründet werden – deshalb wird sie auch umgangssprachlich als Mini-GmbH und 1-Euro-GmbH bezeichnet", führt er aus.

Diskutieren Sie, ob diese Variante für Oliver Rand infrage kommt und welche Vor- und Nachteile mit ihr verbunden sind.

1.1.5 Ideen präsentieren und Kommunikationsregeln einhalten

Oliver Rand hat viele Informationen für seine Unternehmensgründung eingeholt. Eine GmbH scheint ihm die richtige Rechtsform zu sein. Dennoch ist er immer noch unsicher, ob er den Schritt in die Selbstständigkeit überhaupt wagen soll. Der Gründungsberater der Industrie und Handelskammer lädt ihn daher zu einem Vortrag ein. Gehalten wird dieser von Berivan Yilmaz. Frau Yilmaz hat sich vor fünf Jahren mit einem kleinen Finger-Food-Kiosk selbstständig gemacht, war dann Geschäftsführerin einer GmbH, die insgesamt sieben solcher Kioske betrieb. Leider ging die GmbH aber dann in den Konkurs. „Frau Yilmaz kann sozusagen aus erster Hand berichten, welche Chancen und Risiken in der Selbstständigkeit liegen", meint der Gründungsberater. Oliver ist interessiert und freut sich schon auf den Vortrag.

Arbeitsauftrag
- *Interviewen Sie Existenzgründer aus Ihrem Familien- oder Bekanntenkreis zu deren Geschichte. Entwickeln Sie in kleinen Gruppen (max. 4 Personen) aus den Interviews Präsentationen zu den jeweiligen Unternehmensgründungen.*
Sollten Sie in der Klasse nicht genügend Interviews zusammenbekommen, erstellen Sie alternativ Präsentationen zu den Voraussetzungen sowie den Chancen und Risiken einer Existenzgründung.

Präsentationsvorbereitung

Jede Präsentation kann in drei Phasen gegliedert werden: → D

Einstieg → Hauptteil → Schluss

Jede dieser Phasen erfüllt wichtige Funktionen und muss daher gut geplant werden.

Jeder Mensch benötigt zu Beginn einer Präsentation ein wenig Zeit, um **Konzentration** aufzubauen. Außerdem ist es für den Zuhörer angenehm, wenn er weiß, mit wem er oder sie es zu tun hat und was inhaltlich von der Präsentation zu erwarten ist. Gelingt es dann noch, durch eine interessante **Leitfrage** oder eine lustige Bemerkung eine **positive Stimmung** und **Interesse** herzustellen, ist ein idealer Einstieg für die Zuhörer und die Präsentatoren geschaffen.

Wirkungsvoller Einstieg
„Interesse und Orientierung schaffen"
- sich selbst vorstellen
- Ziel der Präsentation
- Gliederung der Präsentation
- Sonstiges: z. B. zentrale Frage, Witz, Zitat

Beispiel Berivan Yilmaz beginnt ihren Vortrag mit einem Zitat von Marcel Aymé: *„Das größte Vergnügen im Leben besteht darin, Dinge zu tun, die man nach Meinung anderer Leute nicht fertig bringt." Diese Weisheit beschreibt treffend, warum sie die Existenzgründung gewagt hat. Sie glaubt, damit auch Interesse bei ihren Zuhörern zu wecken.*

Der **zielgerichteten Auswahl** der **Präsentationsinhalte** kommt eine Schlüsselstellung zu. Oftmals fällt es schwer, mühsam gesammeltes oder erarbeitetes Material in der Präsentation nicht einzusetzen. Dieser Verzicht ist jedoch nötig, um die **Aufnahmefähigkeit** der Zuhörer nicht zu überfordern. Stattdessen sollten **ausgewählte Inhalte** aufbereitet werden, damit dem Zuhörer ein klares Bild vermittelt wird und der Zusammenhang zwischen den Präsentationsteilen (= „roter Faden") deutlich bleibt.

Klarer Hauptteil
„Weniger ist mehr"
- Was sollte unbedingt gesagt werden?
- Was können wir weglassen?
- Wie können wir einen „roten Faden" behalten?
- Welche Medien brauchen wir?

Beispiel Berivan Yilmaz beschließt, die folgenden Inhalte zu präsentieren: *Die Geschäftsidee/Die wichtigsten Voraussetzungen für die Gründung des Unternehmens/Warum aus der Einzelunternehmung eine GmbH wurde/Warum die GmbH in den Konkurs ging.*

Damit die Zuhörer am Ende der Präsentation noch eine **Gedächtnisstütze** und den **Gesamtzusammenhang** verdeutlicht bekommen, empfiehlt sich zur Abrundung eine **Zusammenfassung** der wesentlichen Inhalte. Zudem können offene **Fragen**, die möglicherweise noch in der Zukunft geklärt werden sollen, angesprochen werden. So kann auch ein Gespräch in Gang kommen. Selbstverständlich können die Zuhörer auch dazu ermuntert werden, selbst Fragen zu stellen oder Kommentare zu geben. Schließlich ist es eine Geste des Anstandes, sich bei den Zuhörern für ihre Aufmerksamkeit zu bedanken.

Runder Schluss
„Eine gute Präsentation hat ein gutes Ende verdient"
- Zusammenfassung
- Offenen Fragen
- Weitere Vorhaben
- Zu einer Diskussion ermutigen
- Danken

Beispiel Berivan Yilmaz berichtet den Zuhörern über ihr Vorhaben, bald in das Catering-Geschäft einzusteigen und dort über eine professionelle Internetpräsenz Kunden zu gewinnen. Daraus ergibt sich eine Diskussion über die Chancen und Gefahren im Onlinehandel mit Lebensmitteln.

■ Tipps und Regeln für die Durchführung einer Präsentation

Jede Präsentation, und insbesondere die, die vor einem fremden Publikum stattfinden, sind eine Herausforderung bei der sich keiner von mehr oder weniger großer Nervosität und **„Lampenfieber"** freisprechen kann. Neben einer sorgfältigen Vorbereitung gilt es, bei der Durchführung der Präsentation einige Hinweise zu beachten, die für die Zuhörer und für die Vortragenden eine erhebliche **Entlastung** und damit eine **Entspannung** herbeiführen können.

Wirkungsvolle Eröffnung

Bereits vor der eigentlichen Eröffnung einer Präsentation kann man zu ihrem Gelingen beitragen indem man sich dem Anlass und der Zielgruppe **entsprechend kleidet.** Wichtig ist, sich in „seiner Haut" wohl zu fühlen.

Gerade wenn man zu mehreren präsentiert, ist es leicht, sich z. B. mit ein paar lustigen Bemerkungen vor einer Präsentation **positiv einzustimmen**. Aus einer **entspannten Stimmung** heraus gelingt eher ein **souveräner Start,** denn bekanntlich sind die ersten Sekunden eines Vortrags die schwersten. Daher wird auch empfohlen, zu Beginn eines Vortrages zunächst einmal **Blickkontakt** zu einem vertrauten und/oder sympathischen Menschen im Publikum aufzunehmen, bevor man dann den Blick schweifen lässt.

Schließlich gibt es einige „Selbstverständlichkeiten", auf die geachtet werden sollte:
- Die Präsentation beginnt pünktlich.
- Die Vortragenden tragen i. d. R. keine Kopfbedeckung.
- Die Vortragenden kauen keinen Kaugummi oder Ähnliches.

Gelungener Vortrag

Ein guter Vortrag ist sicher eine der wirkungsvollsten Unterstützungen bzw. eine entscheidende Voraussetzung für das Gelingen einer Präsentation. Selbst die interessantesten Inhalte und der geschickteste Medieneinsatz können nur dann zum Erfolg führen, wenn die Erläuterungen für das **Publikum angenehm und anregend** sind. Dies zu erreichen, ist eine anspruchsvolle Aufgabe, die jedoch durch Übung nicht nur von „Naturtalenten" bewältigt werden kann. Die Befolgung der folgenden **Tipps** kann die **Wirkung** eines Vortrages erheblich **steigern** und ist daher für Präsentationen hilfreich:

Vortragen

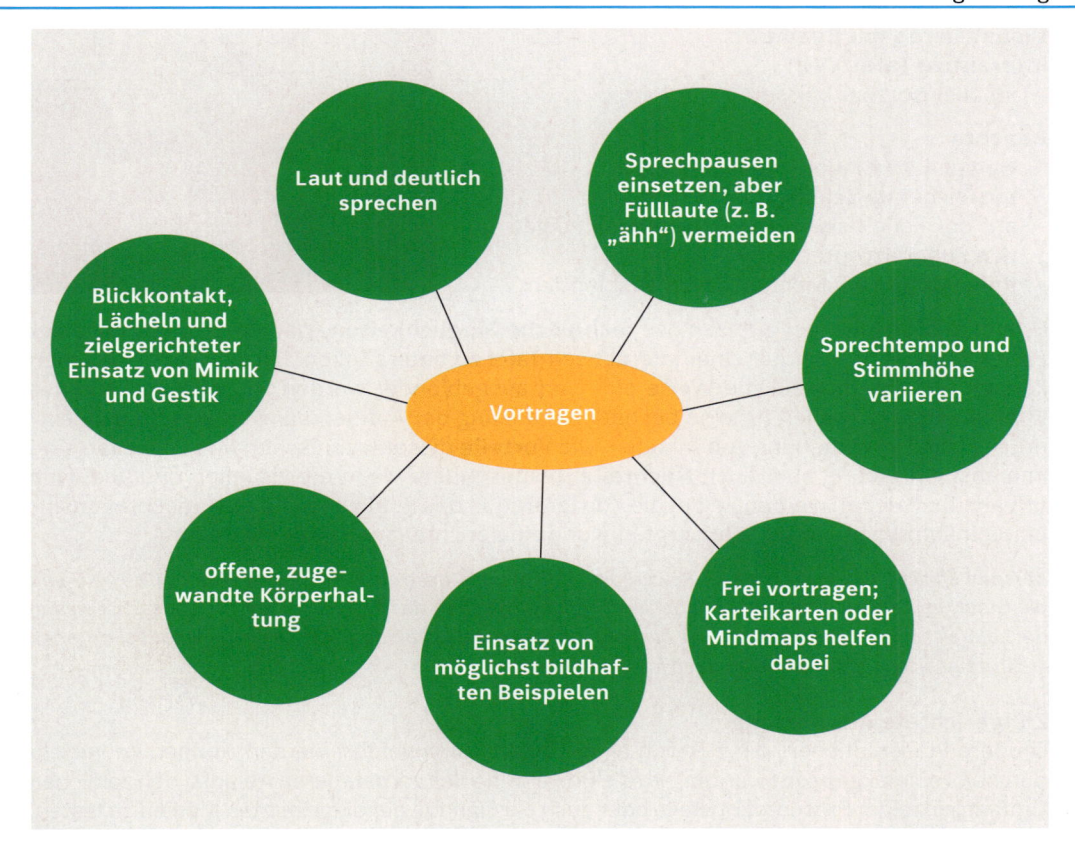

- Laut und deutlich sprechen
- Sprechpausen einsetzen, aber Fülllaute (z. B. „ähh") vermeiden
- Sprechtempo und Stimmhöhe variieren
- Frei vortragen; Karteikarten oder Mindmaps helfen dabei
- Einsatz von möglichst bildhaften Beispielen
- offene, zugewandte Körperhaltung
- Blickkontakt, Lächeln und zielgerichteter Einsatz von Mimik und Gestik

Beispiel Viele Redensarten wie: „Ein freundliches Gesicht schlägt man nicht", weisen auf den Effekt einer sympathischen Ausstrahlung hin.

Sinnvolle Visualisierung

Für Visualisierungen stehen eine **Vielzahl geeigneter Medien** zur Verfügung. Dadurch kommt der zielgerichteten **Auswahl** und dem professionellen **Einsatz** eines bestimmten Mediums eine Schlüsselstellung zu. Wird das falsche Medium eingesetzt oder werden „handwerkliche" Fehler bei dessen Einsatz gemacht, wird eine Präsentation nicht unterstützt, sondern gestört. Das gleiche gilt, wenn Visualisierungen derart übertrieben werden (**„Medienzauber"**), dass die eigentlichen Inhalte der Präsentation verblassen und die Zuhörer in ihrer Konzentration eher abgelenkt als unterstützt werden.

Die folgenden **Hinweise** sollen daher den richtigen Einsatz unterschiedlicher Medien vereinfachen. **Für alle** eingesetzten **Medien** gilt, dass der **Blickkontakt** zu den **Zuhörern** stets erhalten bleiben sollte. Wenn sich der/die Vortragende dem Medium zuwendet – sei es eine Projektionsfläche, ein Flipchart oder eine Pinnwand – ist er oder sie schlecht zu verstehen und verliert den Kontakt zum Publikum.

Bei Präsentationen mit einem **Overhead-Projektor** (OHP) und Transparentfolien, bei Präsentationen über einen **Beamer** und über eine interaktive Weißwandtafel (**interactive whiteboard**) besteht die Gefahr, dass sämtliche Informationen auf die Folien gebracht werden und der/die Vortragende letztlich den Inhalt einer hohen Zahl an Folien vorliest. Um eine solche sehr ermüdende „Folienflut" zu vermeiden, empfiehlt es sich, nur ausgewählte Inhalte in knapper Form darzustellen. Diese Informationen sollen das Zuhören erleichtern und dem oder der Vortragenden Stichworte vorgeben.

Lernfeld 1: Ein Unternehmen im Handel gründen und führen

**Visualisieren mit Beamer/
interaktive Tafel/OHP**
- ideal einsetzbar bei vielen Zuhörern

Beachte
- wenige Informationen auf eine Folie
- ausreichende Schriftgröße verwenden
- auf der Folie bzw. dem PC/Notebook zeigen, zu den Zuhörern sprechen
- Präsentation bei Nichtgebrauch ausblenden

Es gibt mittlerweile fast grenzenlose **technische Möglichkeiten**, Visualisierungen mit einer Projektionsfläche oder mit einer interaktiven Tafel zu unterstützen. Einzelne Informationen können auf unterschiedliche Weise ein- und ausgeblendet werden, visuelle und auditive Effekte sorgen zuweilen für eine besondere Lenkung der Aufmerksamkeit und für eine eindrucksvolle Hervorhebung von Inhalten. Die **Vorteile** dieser technischen Möglichkeiten sind immens. Oft gibt es aber auch **Nachteile**: Insbesondere wenn die visuellen und auditiven Effekte übertrieben werden, leidet die Konzentration des Publikums auf die Präsentationsinhalte. Insofern sollten sie sehr sorgfältig und zielgerichtet ausgewählt werden.

Beispiel *Emilio Lanzetti, Experte für PowerPoint, hält in der Klasse ein Referat zum Thema: „Die OHG und die GmbH im Vergleich" und zeigt dabei, welche Möglichkeiten das Programm hat. Die Klasse ist wegen der zahlreichen Effekte begeistert. Als die Lehrerin im Anschluss an das Referat einige inhaltliche Fragen stellt, zeigt sich, dass kaum jemand etwas gelernt hat.*

Zielgerichtete Auswertung

Größere Präsentationen, die z. B. von einer Gruppe durchgeführt werden, können im Vorfeld durchaus einmal **geprobt** werden, um die Bewährung des vorbereiteten Ablaufs, den zeitlichen Umfang einzelner Präsentationsteile oder auch die Eignung der eingesetzten Medien zu testen.

Unabhängig davon, ob Sie einen „Probelauf" oder den „Ernstfall" durchführen, sollten Sie jede Präsentation ausführlich auswerten, um sich **Stärken** bewusst zu machen und **Schwächen** in Zukunft zu vermeiden. Das folgende Beispiel zeigt mögliche Leitfragen für eine solche Auswertung:

Beispiel

Leitfragen	Bewertung in Schulnoten				
	1	2	3	4	5
– Wurde die Zielsetzung erreicht?					
– Hat sich der Ablauf bewährt?					
– Wie war die Güte der einzelnen Phasen?					
- Einstieg					
- Hauptteil					
- Schluss					
– Wie sicher haben die einzelnen Vortragenden gewirkt?					
- …					
- …					
- …					
– War die Abstimmung und gegenseitige Unterstützung zwischen den Vortragenden gelungen?					
– Haben sich die eingesetzten Medien bewährt?					

Damit eine Auswertung ergiebig verläuft, kann ein solcher Bewertungsbogen nur Ausgangspunkt für ein konkretes **Feedback** an den oder die Vortragenden sein. Das gilt bei allen Rückmeldungen, die das Verhalten oder die Leistungen thematisieren (z. B. bei Präsentationen vor der Klasse). Hier ist es sehr wichtig, dass **konstruktive** – also aufbauende – **Rückmeldungen** gegeben werden.

Jemanden zu belehren (z. B.: „Das musst du so und so machen, das ist doch ganz klar", „Ich mache das aber immer so und so …") oder gar zu beschimpfen, bringt dem Empfänger der Rückmeldung gar nichts. In solchen Fällen möchte der Feedbackgeber in aller Regel nicht unterstützen sondern sich selbst wichtig machen.

Das Feedback an die einzelnen Vortragenden sollte konstruktiven Feedback-Regeln folgen:

> *Grundregel: Jedes Feedback sollte positive Aspekte enthalten. Oft ist es sinnvoll, diese zu Beginn zu beschreiben.*

Beispiel *Du hast bei deiner Präsentation oft Blickkontakt zu verschiedenen Leuten aus der Klasse aufgenommen. Das fand ich sehr souverän.*

Für die Art und Weise, wie ein Feedback formuliert werden soll und wie ein Feedback-Nehmer reagieren sollte, gelten die folgenden Regeln:

Regeln für ein konstruktives Feedback:

Feedback geben
- Ich-Botschaften formulieren
- Feedback-Nehmer direkt ansprechen
- konkret beschreiben (statt werten)
- kurz (statt ausschweifend)

Beispiele
- Ich habe gesehen/gehört, dass du …
- Das wirkt auf mich …

Feedback nehmen
- nachfragen
- klären
- nicht rechtfertigen

Beispiele
- Kannst du das noch mal genauer beschreiben?
- Wann genau/Wie lange habe ich das gemacht?
- Wieso empfindest du das als Zeichen von …?

Präsentationen erfolgreich gestalten

- Für die erfolgreiche Gestaltung einer Präsentation kommt deren gründlicher **Vorbereitung** eine Schlüsselstellung zu.

- Die Beachtung bewährter **Tipps für die Durchführung einer Präsentation** kann Ihr „Lampenfieber" mildern und wesentlich zum Erfolg beitragen.

- Präsentationen sollten stets durch geeignete **Visualisierungen** angereichert werden. Dabei sollten die einzelnen **Präsentationsmedien** (Overheadprojektor, Flipchart, Pinnwand, Notebook und Beamer usw.) zielgerichtet ausgewählt und professionell genutzt werden.

- Jeder Präsentation sollte eine ausführliche **Auswertung** folgen. Nur auf diese Weise können Stärken und Schwächen genutzt und zukünftige Präsentationen verbessert werden.

- Ein konstruktives **Feedback** stärkt den Feedback-Nehmer und hilft ihm ganz konkret, sich zu verbessern.

Lernfeld 1: Ein Unternehmen im Handel gründen und führen

Aufgaben

1 Erläutern Sie die Bedeutung einer intensiven Vorbereitung von Präsentationen und beschreiben Sie deren Hauptbestandteile.

2 Stellen Sie vier Aspekte dar, mit denen die Wirkung eines Vortrages erhöht werden kann.

3 Erstellen Sie zum Thema „Visualisierung" eine Folie und halten Sie mit der Folie einen kleinen Vortrag zum Thema. Holen Sie sich dann ein Feedback zum Medieneinsatz von Ihren Mitschülern.

4 Erläutern Sie jeweils eine Regel zum Feedback-Geben und eine zum Feedback-Nehmen.

1.2 Unternehmensführung

1.2.1 Am Beispiel der RAND OHG das Konzept für eine Unternehmensorganisation nachvollziehen und bewerten

Die Entscheidung für die Wahl der Rechtsform ist gefallen. Um die Haftung zu beschränken, will Oliver Rand eine GmbH gründen. Als er dies dem Gründungsberater der Industrie- und Handelskammer mitteilt, hat dieser schon den nächsten Auftrag für ihn. *„Über die äußere Form des Unternehmens besteht ja jetzt Klarheit. Als nächsten Schritt müssen Sie sich Gedanken über den Aufbau des Unternehmens und die Arbeitsabläufe machen."*

Arbeitsauftrag
- *Erläutern Sie die Aufbauorganisation der RAND OHG.*
- *Diskutieren Sie alternative Organisationsformen und deren Vor- und Nachteile.*
- *Erarbeiten Sie einen Vorschlag für die Aufbauorganisation der Oliver Rand GmbH, Spielwareneinzelhandel.*
- *Erläutern Sie am Beispiel eines eingehenden Kundenauftrages, in welcher Abfolge dieser bearbeitet wird, und stellen Sie das Ergebnis in Form eines Schaubildes grafisch dar.*

→ LS

■ Aufbauorganisation

Um ein Unternehmen zu organisieren, muss zunächst im Rahmen der **Aufgabenanalyse** festgestellt werden, welche Aufgaben, Tätigkeiten und Arbeiten zu erledigen sind. Diese ergeben sich aus de **Zielen der Unternehmung**.

Dabei wird zunächst die Gesamtaufgabe in mögliche Teilaufgaben zerlegt. Diese **Aufgabenzerlegung** kann anhand folgender Kriterien erfolgen:

1.2 Unternehmensführung

- nach der **Verrichtung**:
  Die Aufgaben werden nach ihrer betrieblichen Funktion gegliedert.

  Beispiel *Die Aufgaben werden in die Bereiche Beschaffung, Absatz oder Personal zerlegt.*

- nach einzelnen **Objekten**:
  Die Aufgaben werden nach ihrer Zugehörigkeit zu einzelnen Objekten gegliedert. Objekte können z. B. Absatzgebiete sein.

  Beispiel *Aufgaben des Vertriebs werden in die Absatzregionen Norddeutschland und Süddeutschland gegliedert.*

- nach ihrem **Rang**:
  Die Aufgaben werden nach leitenden oder ausführenden Tätigkeiten (vgl. S. 56) unterteilt.

  Beispiel *Die Aufgaben werden nach den zugeordneten Leitungsbefugnissen gegliedert. So darf der Abteilungsleiter Einkauf der RAND OHG Verträge bis zu einer Größenordnung von 5 000,00 € ohne Rücksprache mit der Geschäftsleitung tätigen.*

In einem weiteren Schritt erfolgt nun die Bündelung der gebildeten Teilaufgaben zu **Stellen** (**Aufgabensynthese**). Die wesentlichen Merkmale einer Stelle werden dabei in der **Stellenbeschreibung** festlegt (vgl. S. 295).

Übernimmt der Inhaber einer Stelle Leitungsaufgaben für andere Stellen, so spricht man von einer **Instanz**.

Beispiel *Alfred Maier ist Abteilungsleiter Verkauf der RAND OHG. Er ist den Mitarbeitern seiner Abteilung gegenüber weisungsberechtigt. Im Sinne der Aufbauorganisation wird die Stelle von Alfred Maier als Instanz bezeichnet.*

Übergeordnete und die ihr untergeordneten Stellen können zu **Abteilungen** verbunden werden.

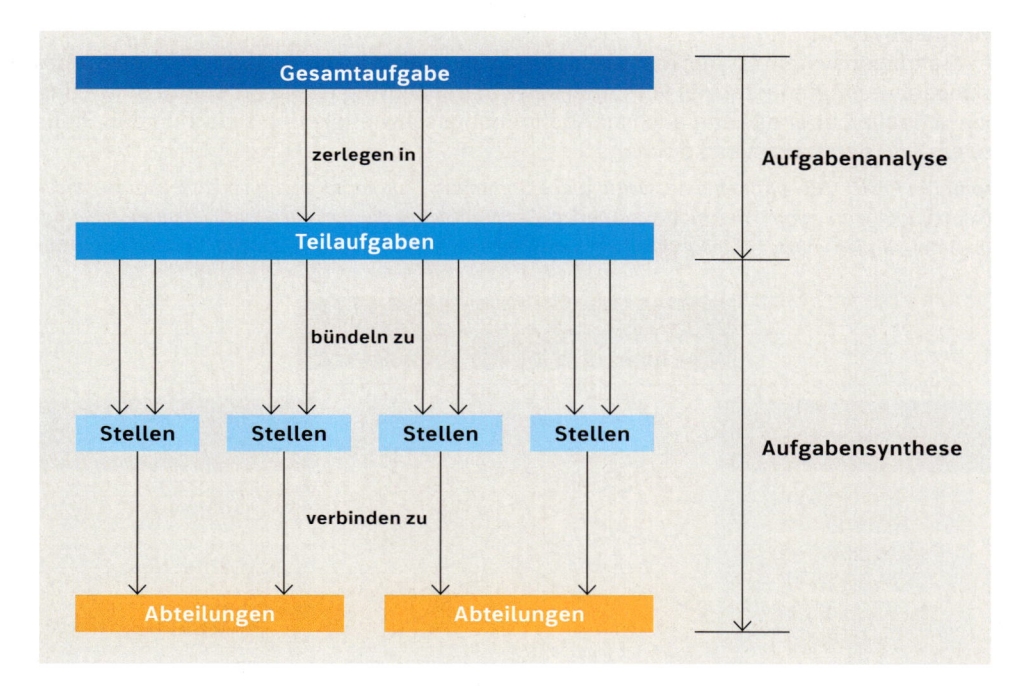

Je nach Anordnung der Instanzen, also der Stellen mit Entscheidungs- und Weisungsbefugnis, lassen sich die Formen der Aufbauorganisation als **Organigramm** darstellen.

Einliniensystem

Eine Stelle darf nur von der ihr übergeordneten Instanz Anweisungen erhalten. Keine Stelle kann so Anweisungen von zwei ihr übergeordneten Instanzen bekommen. Da eine Stelle nur von **einer** Instanz Anweisungen erhalten kann, wird diese Form der Aufbauorganisation auch als Einliniensystem bezeichnet.

Beispiel *Die Mitarbeiter aus der Abteilung Einkauf Oliver Rand, Klaus Stein, Kevin Reus und Thomas Keil, können nur von ihrer Abteilungsleiterin Vera Meesters Anweisungen erhalten, diese nur von der zuständigen Geschäftsführung, Renate Rand oder Werner Koch.*

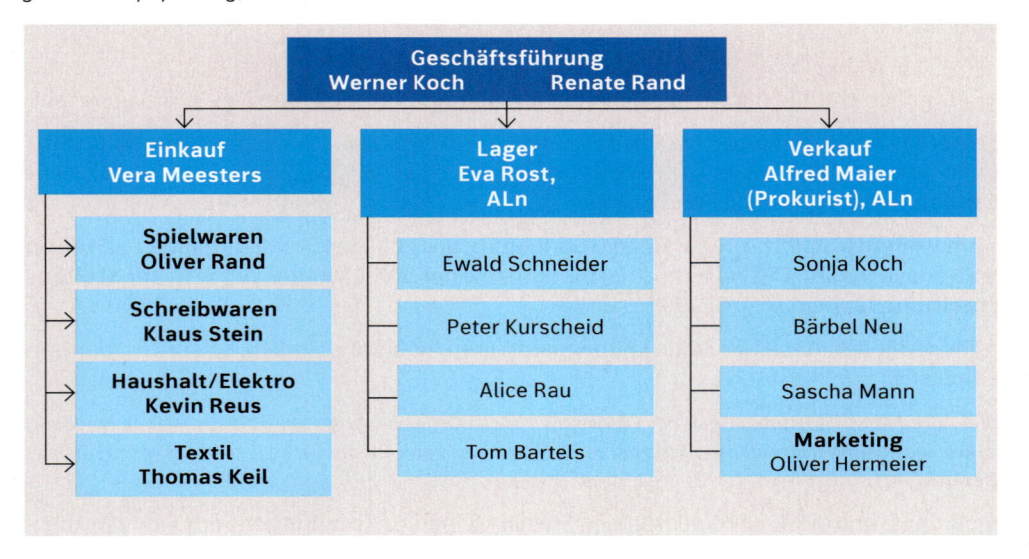

```
                    Geschäftsführung
                Werner Koch    Renate Rand
        ┌───────────────┼───────────────┐
     Einkauf           Lager          Verkauf
   Vera Meesters     Eva Rost,      Alfred Maier
                       ALn         (Prokurist), ALn
   ┌ Spielwaren    ┌ Ewald Schneider   ┌ Sonja Koch
   │ Oliver Rand   │                   │
   ├ Schreibwaren  ├ Peter Kurscheid   ├ Bärbel Neu
   │ Klaus Stein   │                   │
   ├ Haushalt/     ├ Alice Rau         ├ Sascha Mann
   │ Elektro       │                   │
   │ Kevin Reus    │                   ├ Marketing
   └ Textil        └ Tom Bartels         Oliver Hermeier
     Thomas Keil
```

Mehrliniensystem

Beim Mehrliniensystem ist der Instanzenweg nicht eindeutig. Einer Stelle können **mehrere** weisungsberechtigte Instanzen vorstehen. Der Instanzenweg ist kürzer und Abstimmungen gehen schneller, aber es kann auch zu Abstimmungsschwierigkeiten zwischen den Stelleninhabern und den Instanzen kommen.

Beispiel *Die RAND OHG prüft eine Ausweitung des Sortiments. Zur Vorbereitung sollen Einkaufs- und Verkaufsabteilung gemeinsam Vorschläge erarbeiten. Die Mitarbeiter der Einkaufs- und Verkaufsabteilung erhalten Anweisungen von der Abteilungsleiterin Vera Meesters und dem Abteilungsleiter Verkauf Alfred Maier.*

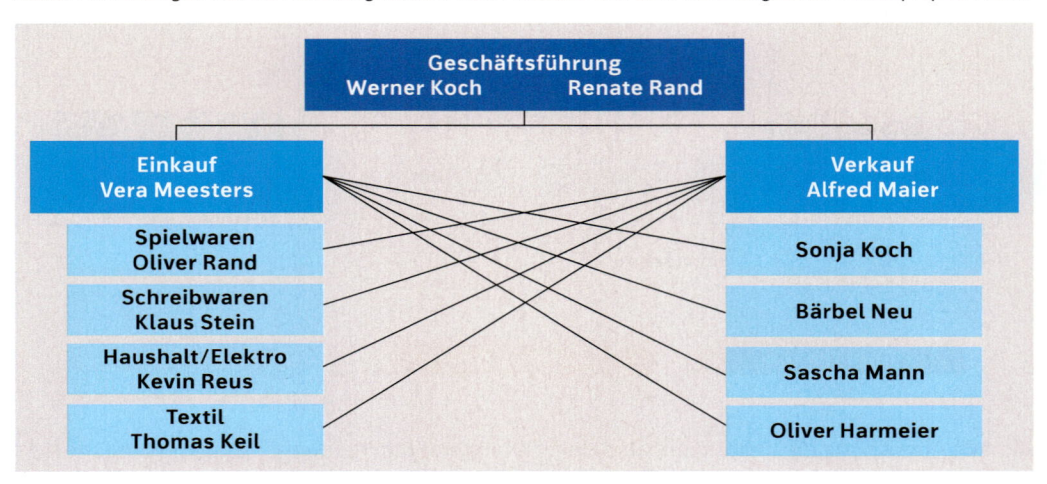

```
                    Geschäftsführung
                Werner Koch    Renate Rand
        ┌───────────────────────────────┐
     Einkauf                          Verkauf
   Vera Meesters                    Alfred Maier

    Spielwaren                        Sonja Koch
    Oliver Rand
    Schreibwaren                      Bärbel Neu
    Klaus Stein
    Haushalt/Elektro                  Sascha Mann
    Kevin Reus
    Textil                            Oliver Harmeier
    Thomas Keil
```
(Mitarbeiter der Einkaufs- und Verkaufsabteilung sind über Kreuz mit beiden Abteilungsleitern verbunden.)

Stabliniensystem

Beim Stabliniensystem werden einzelnen Instanzen **Stabsstellen** zugeordnet, die keinerlei Entscheidungs- oder Weisungskompetenzen haben. Die Inhaber der Stabsstellen unterstützen ihre Vorgesetzten bei der Entscheidungsfindung, indem sie hierfür notwendige vorbereitende Aufgaben erfüllen und Vorschläge unterbreiten. Die Entscheidung selbst trifft immer der Inhaber der Instanz, dem die Stabsstelle zugeordnet ist.

Beispiel Stefanie Heise ist die Datenschutzbeauftragte der RAND OHG. Sie ist den Geschäftsführern Renate Rand und Werner Koch als Stabsstelle zugeordnet, um diese zu entlasten und ihren Sachverstand einzubringen. Alle Entscheidungen, die den Datenschutz berühren, werden von ihr daraufhin untersucht, ob sie mit dem Datenschutz vereinbar sind. Diese Aufgabe wäre für Herrn Koch und Frau Rand viel zu arbeitsintensiv und zeitaufwendig. Die Entscheidungen treffen aber Herr Koch oder Frau Rand.

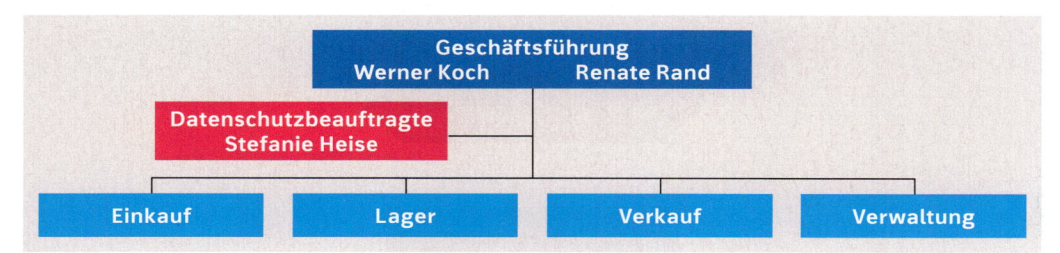

■ Ablauforganisation

Nachdem im Rahmen der Aufbauorganisation die Gesamtaufgabe der Unternehmung in einzelne Teilaufgaben zerlegt wurde, ist es Aufgabe der Ablauforganisation, diese Teilaufgaben in eine zielgerichtete Reihenfolge zu bringen. Zudem muss festgelegt werden, **wo** die Teilaufgaben zu bearbeiten sind (in welcher Abteilung), **wie** die Teilaufgaben zu erledigen sind und **wann** mit der Erledigung von Teilaufgaben begonnen werden muss. Die so beschriebenen betrieblichen Abläufe können mithilfe von Ablaufdiagrammen oder **ereignisgesteuerten Prozessketten (EPK)** dokumentiert werden.

Beispiel. Auszug aus der ereignisgesteuerten Prozesskette (EPK) zur Bearbeitung eines Kundenauftrages der RAND OHG:

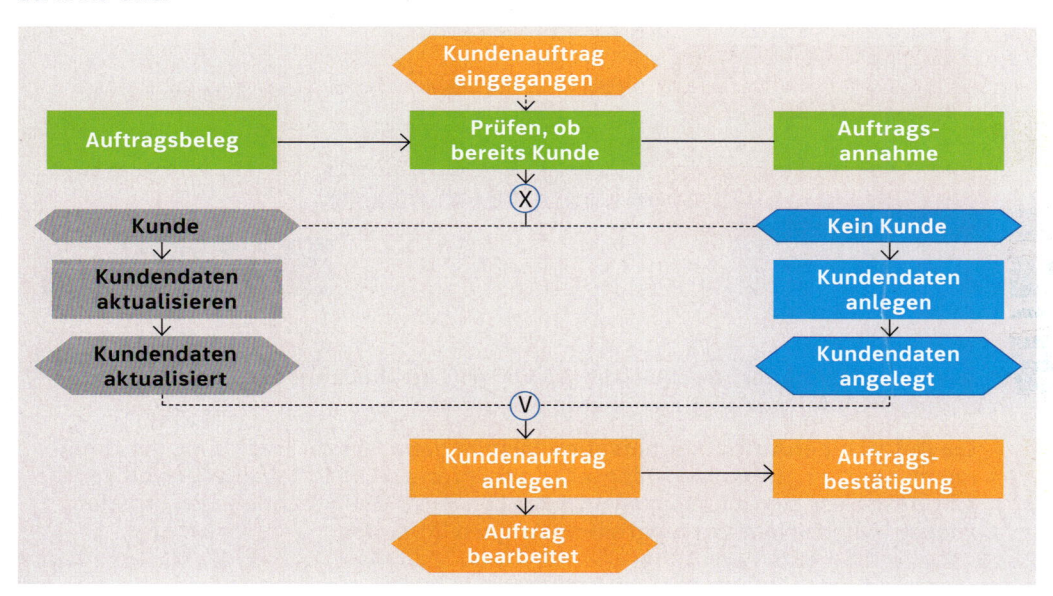

Lernfeld 1: Ein Unternehmen im Handel gründen und führen

Beispiel Ereignisgesteuerte Prozesskette (EPK) zur Angebotsbearbeitung

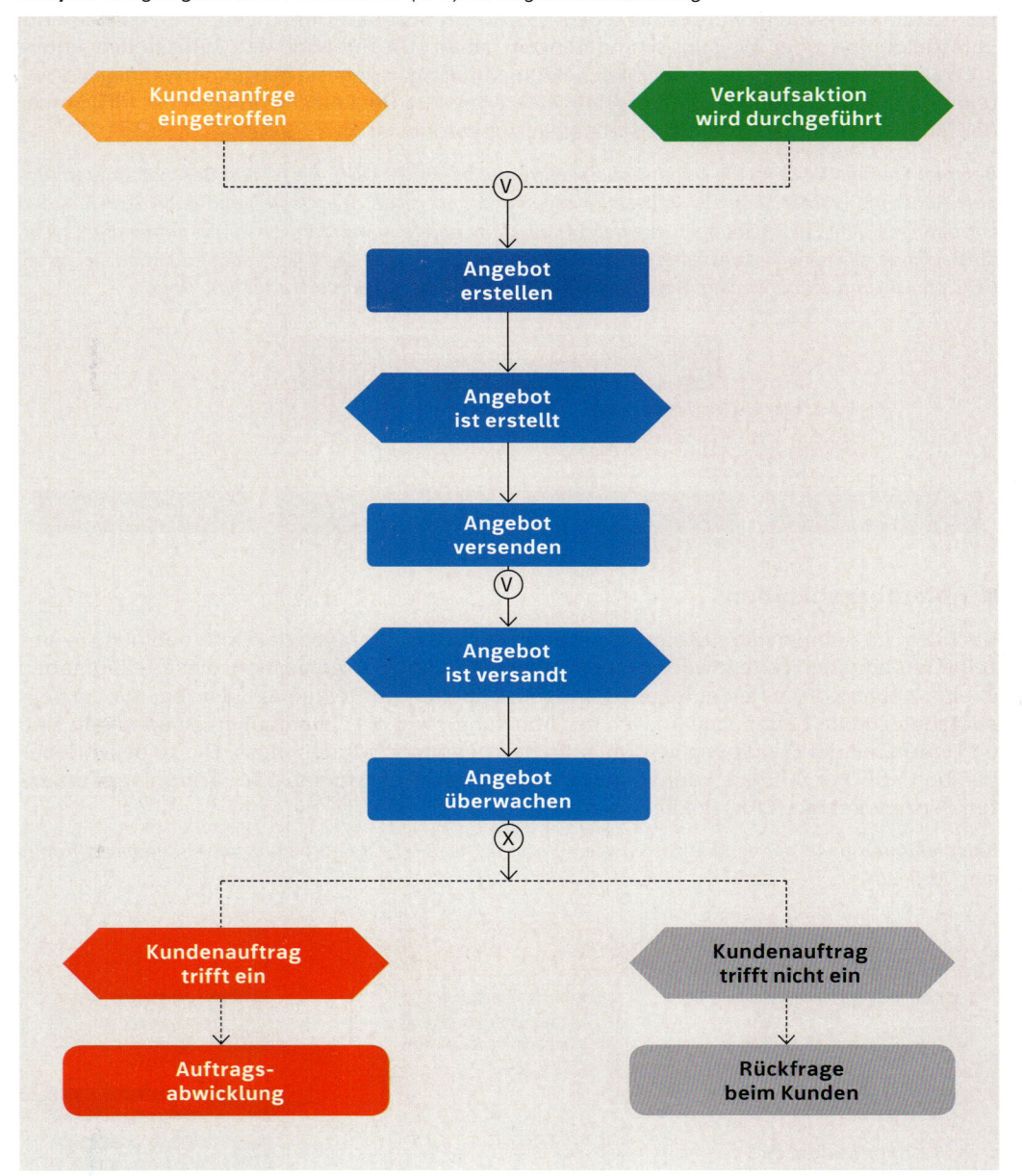

```
  Kundenanfrge                               Verkaufsaktion
   eingetroffen                              wird durchgeführt
         │                                           │
         └───────────────────( V )───────────────────┘
                               │
                               ▼
                          Angebot
                          erstellen
                               │
                               ▼
                          Angebot
                         ist erstellt
                               │
                               ▼
                          Angebot
                          versenden
                              (V)
                               │
                               ▼
                          Angebot
                         ist versandt
                               │
                               ▼
                          Angebot
                         überwachen
                              (X)
         ┌─────────────────────┴─────────────────────┐
         ▼                                           ▼
   Kundenauftrag                              Kundenauftrag
    trifft ein                               trifft nicht ein
         │                                           │
         ▼                                           ▼
     Auftrags-                                    Rückfrage
    abwicklung                                  beim Kunden
```

> **Zusammenfassung: Am Beispiel der RAND OHG das Konzept für eine Unternehmensorganisation nachvollziehen und bewerten**
>
> - Die Aufgabe der **Aufbauorganisation** besteht darin, die zur Erreichung der Unternehmensziele notwendigen Tätigkeiten und Prozesse so in Teilaufgaben zu zerlegen, dass diese sinnvoll zusammenwirken können. Die so beschriebenen Strukturen können mithilfe eines **Organigramms** dargestellt werden.

1.2 Unternehmensführung

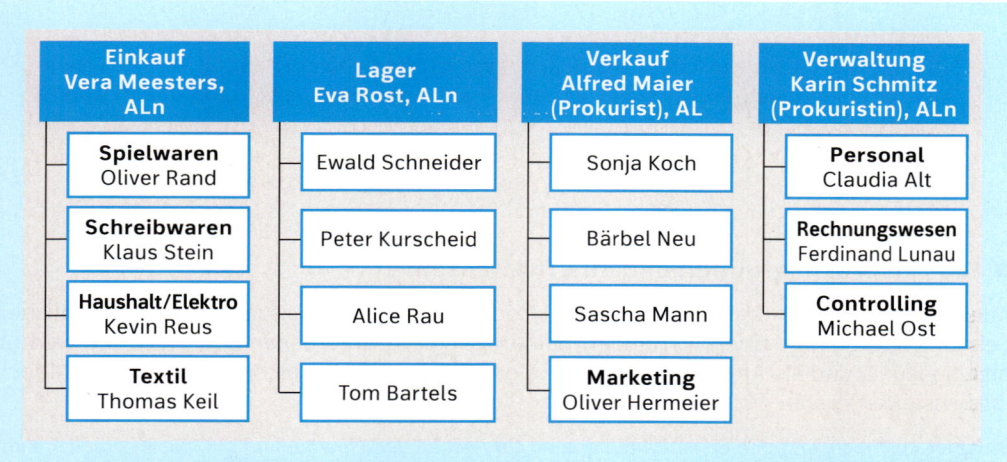

Einkauf Vera Meesters, ALn	Lager Eva Rost, ALn	Verkauf Alfred Maier (Prokurist), AL	Verwaltung Karin Schmitz (Prokuristin), ALn
Spielwaren Oliver Rand	Ewald Schneider	Sonja Koch	**Personal** Claudia Alt
Schreibwaren Klaus Stein	Peter Kurscheid	Bärbel Neu	**Rechnungswesen** Ferdinand Lunau
Haushalt/Elektro Kevin Reus	Alice Rau	Sascha Mann	**Controlling** Michael Ost
Textil Thomas Keil	Tom Bartels	**Marketing** Oliver Hermeier	

- Die **Ablauforganisation** legt fest, **wo** Teilaufgaben zu bearbeiten sind (in welcher Abteilung), **wie** die Teilaufgaben zu erledigen sind und **wann** mit der Erledigung von Teilaufgaben begonnen werden muss. Die so beschriebenen betrieblichen Abläufe können mithilfe von **ereignisgesteuerten Prozessketten** dargestellt werden.

Aufgaben

1 Stellen Sie die Vor- und Nachteile der verschiedenen Formen der Aufbauorganisation gegenüber.

2 Stefanie Heise ist Datenschutzbeauftragte der RAND OHG. Diskutieren Sie an diesem Beispiel die mit einer Stabstelle verbundenen Vor- und Nachteile.

3 Die Geschäftsführer der RAND OHG denken über eine Veränderung der Aufbauorganisation nach. Sie wollen dem Controlling mehr Raum geben und dies auch im Organigramm zum Ausdruck bringen. Machen Sie Vorschläge zu einer entsprechenden Veränderung des Organigramms und stellen Sie diese in der Klasse vor. Diskutieren Sie Unterschiede zwischen Ihrem Arbeitsergebnis und den Ergebnissen Ihrer Mitschüler.

4 Erstellen Sie eine ereignisgesteuerte Prozesskette zur Beschaffung eines Artikels bei der RAND OHG.

1.2.2 Aufgabenbereiche der Mitarbeiter nachvollziehen

Wie so oft in den vergangenen Wochen diskutiert Oliver Rand mit seiner Freundin Sabine über Olivers Zukunft als selbstständiger Kaufmann. „Um Ware einzukaufen, werde ich oft auf Messen in ganz Deutschland unterwegs sein", meint Oliver, „da kann ich den Laden doch nicht schließen!" „Natürlich nicht", entgegnet Sabine, „den führen deine Mitarbeiter weiter." „Und was ist mit dem Einkauf und den laufenden Bankgeschäften?", fragt Oliver. „Dafür musst du einem vertrauenswürdigen Mitarbeiter Vollmacht erteilen", meint Sabine.

Lernfeld 1: Ein Unternehmen im Handel gründen und führen

> *Arbeitsauftrag*
> - *Diskutieren Sie, welche Anspruchsgruppen an ein Unternehmenes es gibt, welche Interessen diese verfolgen und an welchen Stellen sich Interessen ergänzen oder im Konflikt zueinander stehen.*
> - *Stellen Sie fest, welche Vollmachten das HGB vorsieht, und machen Sie einen Vorschlag, welche Vollmacht für Olivers Einzelhandelsbetrieb angemessen wäre.*

■ Die Anspruchsgruppen und ihre Interessen

Alle Gruppen, die ein Interesse am Verlauf oder Ergebnis des Prozesses der betrieblichen Leistungserstellung haben, verbinden damit bestimmte Interessen und Ziele. Sie werden aus diesem Grund als Anspruchsgruppen oder **Stakeholder** bezeichnet (engl. stakeholder = interessierte Person).

Beispiel *Anspruchsgruppen an ein Unternehmen sind neben den Eigentümern z. B. die Mitarbeiter, Kunden, Lieferanten, Mitbewerber, Fremdkapitalgeber. Sie alle haben unterschiedliche Interessen und Ziele.*

Stakeholder	Ziele/Interessen
Eigentümer, Management, Aktionäre	Kapitalrentabilität, Einkommen, geringes Risiko, Mitsprache, Prestige, Einfluss, Verwirklichung…
Mitarbeiter	Einkommen, Arbeitsplatzsicherheit, gute Arbeitsbedingungen, sinnvolle Tätigkeit, Status, Prestige…
Fremdkapitalgeber	Verzinsung, Tilgung, sichere Anlage, Mitsprache…
Lieferanten	Zuverlässigkeit, hohe Preise, kurze Zahlungsziele, langfristige Zusammenarbeit…
Kunden	Günstige Preise, hohe Qualität, guter Service…
Mitbewerber	fairer Wettbewerb, ggf. Kooperation…
Staat, Behörden	Steuerzahlungen, sichere Arbeitsplätze, Umweltschutz, Sozialleistungen, Beachtung rechtlicher Vorgaben…
Öffentlichkeit, Bürgerinitiativen, Verbände, Parteien,	Gemeinwohl, Umweltschutz, Transparenz, Unterstützung auf kultureller, wissenschaftlicher oder sportlicher Ebene…

■ Die Führungsebenen im Unternehmen

Im Unternehmen wirken die Mitarbeiter auf unterschiedlichen Führungsebenen zusammen.

- Die oberste Führungsebene wird als **Top-Management** bezeichnet. Das Top-Management ist Träger unternehmerischer Entscheidungen. Es handelt sich dabei um die Eigentümer des Unternehmens oder von diesen angestellte Manager. Das Top-Management trifft Grundsatzentscheidungen, ist selbst an keine Weisungen gebunden und kann allen Mitarbeitern Anweisungen erteilen.

  Beispiele *Inhaber der RAND OHG, Geschäftsführer der Telmelmann GmbH & Co. KG, Vorstand der Durpa AG*

- Die mittlere Führungsebene wird als **Middle-Management** bezeichnet. Sie ist der Unternehmensspitze direkt unterstellt, nimmt Weisungen des obersten Managements entgegen und ist in ihrem jeweiligen Tätigkeitsbereich weisungsbefugt. Das Middle-Management setzt getroffene Grundsatzentscheidungen in seinem jeweiligen Zuständigkeitsbereich durch.

  Beispiele *Prokurist, Abteilungsleiter der RAND OHG*

1.2 Unternehmensführung

- Die untere Führungsebene ist das **Lower-Management**. Ihr sind keine Stellen mit Anordnungsbefugnis unterstellt. Sie ist für die Durchführung der von Top- und Middle-Management getroffenen Entscheidungen verantwortlich.

   Beispiel Sachbearbeiterin Sonja Koch aus der Verkaufsabteilung der RAND OHG

Bei der Einteilung des Managements in die drei Ebenen spricht man auch von einer **Management-Pyramide**.

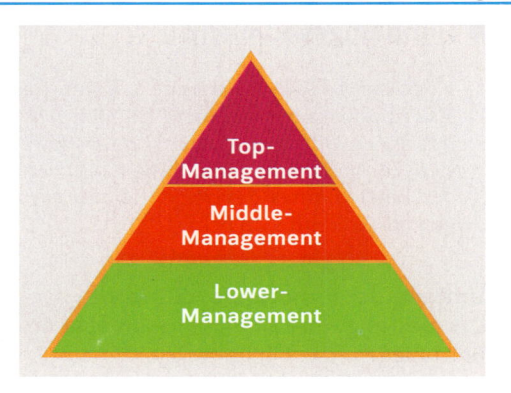

■ Der Unternehmer

Der **Unternehmer** ist der Leiter des Unternehmens. Bei Einzelunternehmen und Personengesellschaften bringt er das gesamte Kapital auf und trägt das Risiko allein. Der Unternehmer führt die Geschäfte (Geschäftsführung) und vertritt das Unternehmen nach außen (Vertretung).

Beispiel Klaus Oswald ist als Einzelunternehmer alleiniger Inhaber des Büromöbelgroßhandels Klaus Oswald e. K. Er ist für die Planung, Durchführung und Kontrolle aller Maßnahmen allein zuständig.

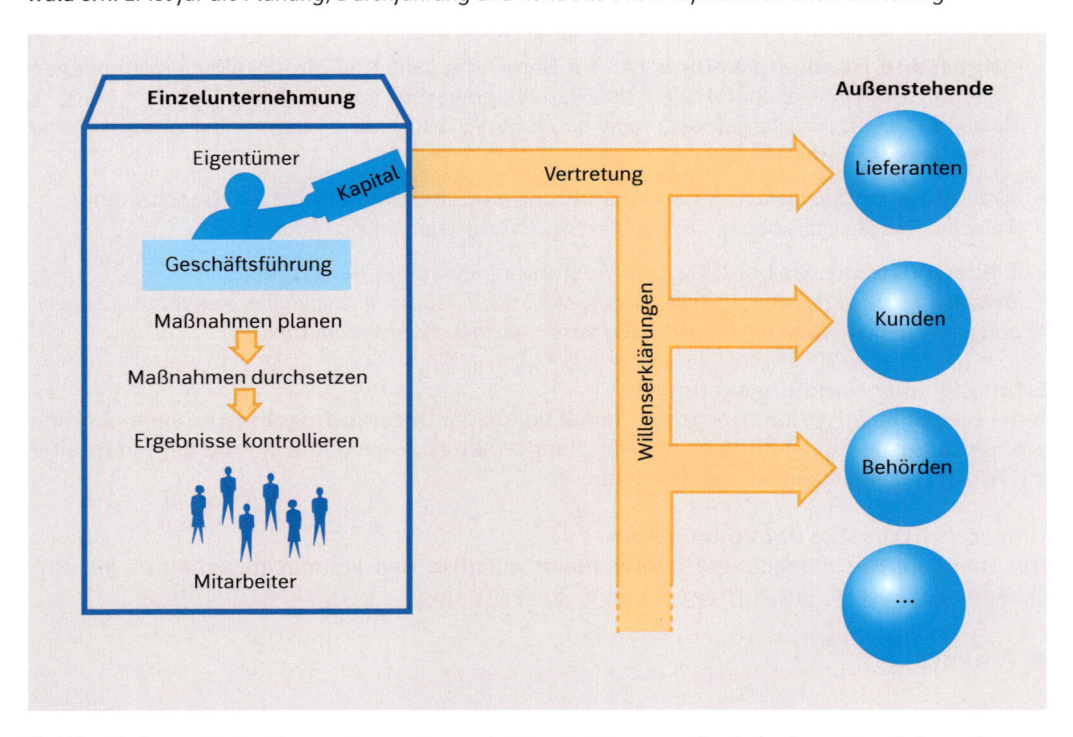

Bei Kapitalgesellschaften nehmen Angestellte als **Organe** die Aufgaben des Unternehmers wahr (Geschäftsführung und Vertretung). Kapital und Risiko werden hier von den Gesellschaftern und Anteilseignern (Aktionären) eingebracht und getragen.

Beispiel Die Universa AG ist ein Lieferant der RAND OHG. Vorstandsmitglieder der AG sind Dr. Gruber, Karl Schmidt und Franke Böse. Sie werden vom Aufsichtsrat kontrolliert und von der Hauptversammlung entlastet.

Der Unternehmer kann Mitarbeitern unterschiedlich weitreichende **Vollmachten** erteilen.

Lernfeld 1: Ein Unternehmen im Handel gründen und führen

■ Handlungsvollmacht

> **§ 54 Abs. 1 HGB**: Ist jemand [...] zum Betrieb eines Handelsgewerbes oder zur Vornahme einer bestimmten zu einem Handelsgewerbe gehörigen Art von Geschäften oder zur Vornahme einzelner zu einem Handelsgewerbe gehöriger Geschäfte ermächtigt, so erstreckt sich die Vollmacht (Handlungsvollmacht) auf alle Geschäfte und Rechtshandlungen, die der Betrieb eines derartigen Handelsgewerbes oder die Vornahme derartiger Geschäfte gewöhnlich mit sich bringt.

Umfang der Handlungsvollmacht

Der **Umfang** der Handlungsvollmacht erstreckt sich auf gewöhnliche Rechtsgeschäfte des Betriebes.

Der Handlungsbevollmächtigte ist **nicht befugt**:
- Grundstücke zu veräußern oder zu belasten,
- Grundstücke zu kaufen,
- Darlehen aufzunehmen,
- Prozesse im Namen des Unternehmens zu führen.

Handlungsvollmacht kann auch von einem Kleingewerbetreibenden (z. B. Kioskbetreiber) formlos, d. h. **schriftlich**, **mündlich** oder **stillschweigend**, erteilt werden. Sie wird nicht in das Handelsregister eingetragen.

Arten der Handlungsvollmacht

- **Allgemeine Handlungsvollmacht:** Sie berechtigt zur Ausführung aller gewöhnlichen Geschäfte, die im Geschäftszweig des Handelsgewerbes vorkommen.
  Beispiel Eva Rost, Abteilungsleiterin Lager bei der RAND OHG, stellt für die Inventur zwei Mitarbeiter für drei Tage zur Aushilfe ein.

- **Artvollmacht:** Sie berechtigt zur Ausführung einer bestimmten Art von Geschäften.
  Beispiel Frau Meesters bestellt bei der Hage AG 100 Kaffeeautomaten „Aromastar".

- **Einzelvollmacht:** Sie berechtigt zur Ausführung einzelner Rechtsgeschäfte.
  Beispiel Werner Krull, Auszubildender der RAND OHG, wird einmalig damit beauftragt, Überweisungsträger für die RAND OHG bei der Sparkasse Aurich-Norden einzureichen.

Erteilung einer Handlungsvollmacht

Jeder Bevollmächtigte kann innerhalb seiner Vollmacht **Untervollmachten** erteilen. So kann z. B. der Angestellte mit allgemeiner Handlungsvollmacht Artvollmacht und der Mitarbeiter mit Artvollmacht Einzelvollmacht erteilen.

Unterschriftzusätze der Vollmachten

Der Handlungsbevollmächtigte unterschreibt mit dem das Vollmachtsverhältnis ausdrückenden Zusatz **i. A.** (im Auftrag) oder **i. V.** (in Vertretung).

■ Prokura

> **§ 49 Abs. 1 HGB**: Die Prokura ermächtigt zu allen Arten von gerichtlichen und außergerichtlichen Geschäften und Rechtshandlungen, die der Betrieb eines Handelsgewerbes mit sich bringt.

Umfang der Prokura

Die Prokura ist die weitestreichende handelsrechtliche Vollmacht. Sie ermächtigt den Prokuristen als „zweites Ich" des Kaufmanns zu allen Rechtsgeschäften, die der Betrieb **irgendeines** Handelsgewerbes mit sich bringt.

Beispiel *Prokurist Pauli nutzt den Urlaub seines Chefs und wandelt die seit 150 Jahren bestehende Druckerei in einen Copy-Shop um. Als der Chef aus dem Urlaub zurückkommt, traut er seinen Augen nicht. Trotzdem sind alle in diesem Zusammenhang geschlossenen Verträge für das Unternehmen bindend.*

Besondere Vollmachten benötigt der Prokurist lediglich zum Verkauf und zur Belastung von Grundstücken.

Gesetzlich **verboten** ist ihm,
- die **Bilanz** und die **Steuererklärung** zu unterschreiben,
- Handelsregistereintragungen vornehmen zu lassen,
- Gesellschafter aufzunehmen,
- Prokura zu erteilen,
- das Geschäft zu verkaufen,
- das Insolvenzverfahren anzumelden.

Eine darüber hinausgehende Beschränkung der Prokura ist Dritten gegenüber **unwirksam**.

Arten der Prokura

- **Einzelprokura:** Hier darf der Prokurist alle genannten Rechtsgeschäfte allein abschließen.
- **Filialprokura:** Hier ist die Vollmacht auf eine Filiale beschränkt.
- **Gesamtprokura:** Hier dürfen nur zwei oder mehrere Prokuristen die Vollmacht gemeinsam ausüben.

Erteilung der Prokura

Nur der **Kaufmann** kann Prokura erteilen. Diese Erklärung sollte schriftlich abgefasst werden, da die Prokura in das **Handelsregister** eingetragen und die Unterschrift dort hinterlegt wird.

Im **Innenverhältnis** beginnt die Prokura mit der Erteilung. Im **Außenverhältnis** beginnt die Prokura, wenn ein Dritter Kenntnis davon hat oder wenn sie in das Handelsregister eingetragen und bekannt gemacht ist.

Unterschriftzusatz bei Prokura

Damit man im geschäftlichen Verkehr die Prokura erkennt, unterschreibt der Prokurist mit einem die Prokura kennzeichnenden Zusatz. Als üblich hat sich hier die Abkürzung **ppa.**, d. h. „per procura", durchgesetzt.

Zusammenfassung: Aufgabenbereiche der Mitarbeiter nachvollziehen

- Die Anspruchsgruppen an ein Unternehmen werden als **Stakeholder** bezeichnet.
- Das Management eines Unternehmens kann anhand seiner unterschiedlichen Aufgaben und Befugnisse in drei Ebenen unterteilt werden, man spricht hier von einer **Management-Pyramide**.
- Der **Unternehmer** ist der Leiter des Unternehmens. Er führt die Geschäfte. Bei Einzelunternehmen und Personengesellschaften bringt er das Kapital auf und trägt das Risiko allein.

- **Handlungsvollmacht**

Umfang	– ermächtigt zu Rechtsgeschäften, die der Betrieb eines Handelsgewerbes **gewöhnlich** mit sich bringt
Arten	– allgemeine Handlungsvollmacht (alle gewöhnlichen Geschäfte des Betriebes) – Artvollmacht (eine bestimmte Art von Rechtsgeschäften) – Einzelvollmacht (Ausführung eines Rechtsgeschäftes)
Erteilung	– schriftlich, mündlich, stillschweigend
Unterschrift	– in Vertretung (i. V.) – oder im Auftrag (i. A.)

- **Prokura**

Umfang	– ermächtigt zu allen Rechtsgeschäften, die der Betrieb **irgendeines** Handelsgewerbes mit sich bringt
Arten	– Einzelprokura (der Prokurist ist allein vertretungsbefugt) – Gesamtprokura (mehrere Prokuristen können nur gemeinsam handeln) – Filialprokura (Vertretung für eine Filiale)
Erteilung	– ausdrücklich schriftlich oder mündlich durch den Kaufmann – Eintragung in das Handelsregister
Unterschrift	– per procura (ppa.)

Aufgaben

1 Als der Auszubildende Werner Krull am Morgen in die Abteilung Allgemeine Verwaltung kommt, hat Frau Schmitz einen Auftrag für ihn. Das Faxpapier ist ausgegangen und auch Frau Meesters vom Einkauf hat keines mehr am Lager. Werner Krull soll jetzt schnell von einem nahen Bürofachgeschäft drei Rollen holen. Werner ist sauer und meint, er sei doch kein Laufbursche. „Aber dafür sind Sie jetzt Handlungsbevollmächtigter der RAND OHG", sagt Frau Meesters unter dem Gelächter der Kollegen. Werner Krull ist unsicher.
a) Will man sich über ihn lustig machen oder hat er wirklich eine Vollmacht?
b) Überlegen Sie sich, wie Sie sich an Werners Stelle verhalten hätten. Spielen Sie die Szene im Rollenspiel nach.

2 Der Unternehmer Schröder ernennt seinen langjährigen Mitarbeiter Wolf zum Prokuristen und lässt die Prokura im Handelsregister eintragen. Während sich Schröder im wohlverdienten Urlaub befindet, wird Wolf ein Grundstück angeboten, das sich hervorragend zur dringend notwendigen Erweiterung des Betriebsgeländes eignet. Wolf erwirbt das Grundstück für das Unternehmen Karl Schröder.
a) Erläutern Sie, ob der Kaufvertrag über das Grundstück rechtswirksam zustande gekommen ist.

b) Stellen Sie Handlungsvollmacht und Prokura in einer Übersicht gegenüber.
c) Während des Urlaubs seines Chefs trifft Wolf weitere Entscheidungen. Stellen Sie fest, welche Rechtshandlungen Wolf im Rahmen der Prokura tätigen durfte. Bitte begründen Sie Ihre Entscheidung.

1) Wolf ändert den Gegenstand des Unternehmens. Er wandelt das Sägewerk in ein Beratungsbüro für Holzbauten um.
2) Für das neue Beratungsbüro stellt Wolf fünf Ingenieure ein.
3) Wolf mietet neue Geschäftsräume in der Innenstadt an.
4) Zur Finanzierung der Umwandlung nimmt Wolf einen Kredit über 100 000,00 € auf.
5) Die Bank besteht zur Absicherung des Kredits auf der Eintragung einer Grundschuld. Wolf lässt diese in das Grundbuch eintragen.
6) Nach erfolgter Umwandlung des Unternehmens gewährt sich Wolf einen einwöchigen Urlaub. Er überträgt die Prokura für die Dauer seiner Abwesenheit auf seine Kollegin Schneider.

3 Erarbeiten Sie mithilfe der Gesetzestexte (Prokura §§ 48–53 HGB, Handlungsvollmacht § 54 HGB) die Unterschiede zwischen der allgemeinen Handlungsvollmacht und der Prokura.

1.2.3 Konzepte der Unternehmensführung vergleichen und die Center Warenhaus GmbH als weiteres Modellunternehmen kennenlernen

Der Betriebsberater der IHK trifft sich mit Oliver Rand zum Abschlussgespräch. „Ich bin mir immer noch nicht sicher, ob mir das Risiko einer Unternehmensgründung nicht zu groß ist. Darüber hinaus bin ich mir unklar, ob ich bereits über die nötigen Erfahrungen verfüge", sagt Oliver. „Über die Geschäftsidee, die Wahl der Rechtsform und die Unternehmensorganisation haben wir ja bereits gesprochen", erwidert der Betriebsberater. „Mein Vorschlag ist, dass Sie sich abschließend über den Führungsstil Gedanken machen, den Sie umsetzen wollen. Dann haben Sie das gesamte Konzept Ihrer Existenzgründung vor Augen und können abschließend die Entscheidung für oder gegen die Selbstständigkeit treffen." Oliver ist einverstanden, berichtet aber auch über ein attraktives Angebot der Center Warenhaus GmbH, einem Lieferanten der RAND OHG. Hier hat man ihm die Stelle eines stellvertretenden Abteilungsleiters angeboten. „Eins nach dem anderen!", bremst der Betriebsberater. „Ich empfehle Ihnen zu den Konzepten der Unternehmensführung den Besuch eines Seminars unserer Weiterbildungsabteilung. Parallel dazu können Sie sich ja über die Center Warenhaus GmbH informieren. Ich habe da einen hervorragenden Internetauftritt der Center Warenhaus GmbH gesehen. Und danach treffen Sie Ihre Entscheidung!"

Lernfeld 1: Ein Unternehmen im Handel gründen und führen

> *Arbeitsauftrag*
> - *Erläutern Sie die unterschiedlichen Führungsstile und stellen Sie deren Vor- und Nachteile gegenüber.*
> - *Stellen Sie fest, welche Führungstechniken es gibt. Können Sie das Verhalten Ihrer Lehrkräfte unterschiedlichen Führungstechniken zuordnen?*
> - *Sie kennen Oliver Rand und seine Beweggründe mittlerweile ziemlich genau. Sehen Sie sich die Center Warenhaus GmbH an und treffen Sie für Oliver Rand eine Entscheidung für den Verbleib in der RAND OHG, den Schritt in die Selbstständigkeit oder den Wechsel zur Center Warenhaus GmbH.*

→ LS Der Bereich der Führung in der Unternehmung erstreckt sich auf das Unternehmen als Ganzes (**Unternehmensführung**) und auf die Beschäftigten (**Personalführung**).

→ P
■ Unternehmensführung

Die **Unternehmensführung** betrifft die Gestaltung des Aufbaus eines Unternehmens und die Arbeitsabläufe. Sie drückt sich in der gewählten **Aufbau- und Ablauforganisation** aus (vgl. S. 50 ff.).

■ Personalführung

Die **Personalführung** beschäftigt sich mit der Führung der Beschäftigten. Das Führungsverhalten zur Durchsetzung der Ziele der Unternehmung kann in zwei Grundmuster eingeteilt werden:

- Der **autoritative Führungsstil** ist durch Abstand und Höherstellung des Vorgesetzten gekennzeichnet. Der Vorgesetzte entscheidet und ordnet an, er schätzt den disziplinierten und willigen Mitarbeiter.

- Der **kooperative Führungsstil** ist durch Nähe und Gleichstellung von Vorgesetzten und nachgeordneten Beschäftigten gekennzeichnet. Die Vorgesetzten formulieren das Problem, übertragen die Entscheidung innerhalb bestimmter Grenzen an die Beschäftigten und fungieren als Koordinator nach innen und außen. Als Mitarbeiter wird die selbstständige Persönlichkeit geschätzt, deren Handeln durch Einsicht und Verantwortung gegenüber dem Unternehmen gekennzeichnet ist.

- Die Wahl des Führungsstils hängt vom grundsätzlichen Verhältnis der Unternehmensleitung zu den Beschäftigten ab. Bei der Umsetzung der Führungsstile kann sich die Unternehmensleitung folgender **Führungstechniken** bedienen:

    - **Management by Exception** (Führung durch Regelung bei Ausnahmen)
      Hier greift der Vorgesetzte nur in Ausnahmefällen in das Betriebsgeschehen ein. Er beschränkt sich auf eine Abweichungskontrolle von den gesetzten Zielen.
      Beispiel *Jeder Einkaufssachbearbeiter der RAND OHG darf Einzelbestellungen bis 5 000,00 € ohne Rücksprache tätigen.*

– **Management by Delegation** (Führung durch Delegation)
  Kompetenzen und Verantwortlichkeiten werden auf die Mitarbeiter übertragen. Entscheidungen können innerhalb des gesteckten Rahmens durch die Beschäftigten selbstständig getroffen werden.
  Beispiel Die Gruppenleiter im Vertrieb dürfen Rabatte mit dem Kunden frei vereinbaren.

– **Management by Objectives** (Führung durch Zielvereinbarung)
  Der Weg zur Erreichung der vereinbarten Ziele wird gemeinsam mit den Mitarbeitern festgelegt.
  Beispiel Ein Vertriebsmitarbeiter, der für die RAND OHG tätig ist, muss einen vorgegebenen Jahresumsatz von 150 000,00 € erreichen.

■ Die Center Warenhaus GmbH

Beispiel Oliver Rand recherchiert im Internet zur Center Warenhaus GmbH. Er findet dabei auf der Homepage der Center Warenhaus GmbH eine Vielzahl von Informationen.

Lernfeld 1: Ein Unternehmen im Handel gründen und führen

Organigramm der Center Warenhaus GmbH

Assistent der GL	Geschäftsleitung	Umweltbeauftragter
Sven Braun	Kerstin Sommer, Thomas Becker	Hermann Hohn

Einkauf	Lager	Verkauf/Marketing	Verwaltung
Hanne Bauer Aln	Gerd Rubens Al	Oliver Lehnert Al	Claudia Ahlemann Aln

Textil, Sport Hanne Bauer **Schuhe, Lederwaren** Nicole Wiedemann Sn **Schreibwaren, Bücher, Spielwaren, Uhren, Schmuck** Eva Bilstein Sn **Lebensmittel** Renate Öztürk Sn **Haushaltswaren, Elektro** Klaus Berger S	**Zentrallager** Peter Baldus S – Warenannahme – Auszeichnung **Fuhrpark** Holger Hübner S	**Textil/Sport** Elena Gutowski Sn – HK – DOB – KiKo – Wäsche – Sport – Gardinen **Schuhe, Lederwaren** Helga Kowski Sn **Onlineshop** Simone Reck Sn	**Parfümerie** Yvonne Berg Sn **Elektro** Helmut Winkler S – Weiße Ware – Braune Ware – Lampen – Zubehör **Lebensmittel** Peter Pade S – Non-Food – Getränkemarkt – Spirituosen – Fleisch, Käse – Obst, Gemüse – Konserven – Tiefkühlkost	**Schreibwaren, Bücher** Anna Monberg Sn **Haushaltswaren** Claudia Rosen Sn **Spielwaren** Edith Mauser Sn **Uhren, Schmuck** Edith Schiefen Sn	**Personal** Maria Meys Sn **Rechnungswesen** Werner Schmick S – Kassenabrechnung – Finanzbuchhaltung – Rechnungsprüfung – Kostenrechnung – Statistik **Organisation, Datenverarbeitung** Hartmut Groll S **Hausdienst** Dieter Nahnsen

Dekoration Vera Hausberg	**Reklamation** Otto Schaaf	**Hausdetektiv** Helmut Meyer

Betriebsrat: Sieben Mitglieder, Vorsitzender Herr Peter Pade, Stellv. Frau Helga Kowski
Jugendvertreter: Petra Jäger, Stellvertreter: Marc Cremer

Al = Abteilungsleiter　　GL = Geschäftsleitung　　S = Substitut
Aln = Abteilungsleiterin　　HK = Herrenkonfektion　　Sn = Substitutin
DOB = Damenoberbekleidung　　KIKO = Kinderkonfektion

Liste der Auszubildenden der Center Warenhaus GmbH

Kaufmann/Kauffrau im Einzelhandel	Verkäufer/-in	Gestalter/-in für visuelles Marketing	Kauffrau/Kaufmann für Büromanagement
Petra Jäger Sabine Freund Marc Cremer	Ali Rezwani Petra Breuer Bodo Stamm	Gaby Dohm Silvia Meiser	Birgit Moll	Nicole Höver

1.2 Unternehmensführung 65

Wegweiser durch das Center Warenhaus (Erdgeschoss)

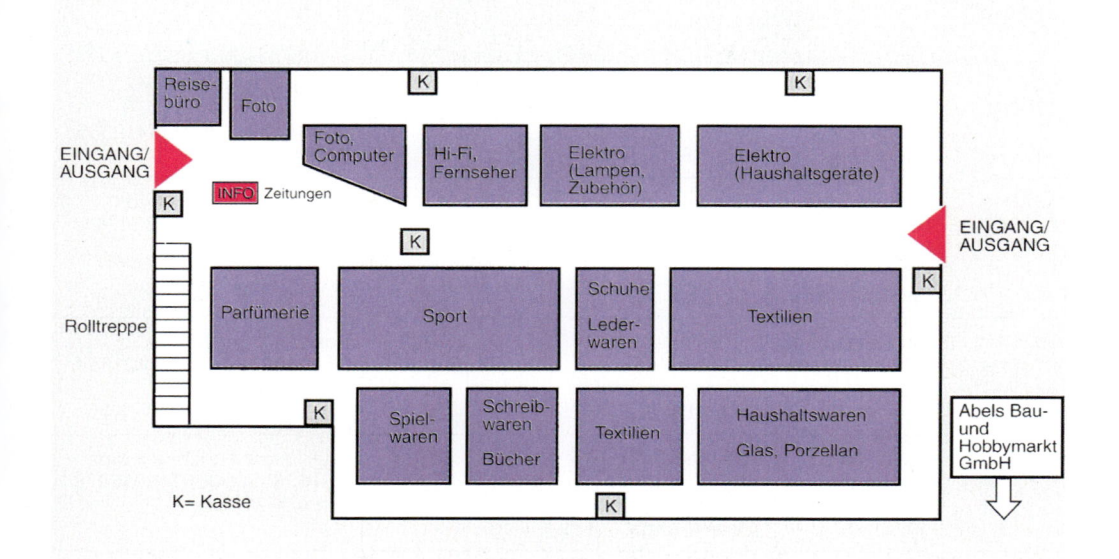

- Reisebüro
- Foto
- Foto, Computer
- Hi-Fi, Fernseher
- Elektro (Lampen, Zubehör)
- Elektro (Haushaltsgeräte)
- INFO Zeitungen
- Parfümerie
- Sport
- Schuhe, Lederwaren
- Textilien
- Spielwaren
- Schreibwaren, Bücher
- Textilien
- Haushaltswaren, Glas, Porzellan
- Abels Bau- und Hobbymarkt GmbH
- EINGANG/AUSGANG (links und rechts)
- Rolltreppe
- K = Kasse

Wegweiser durch das Center Warenhaus (Basement)

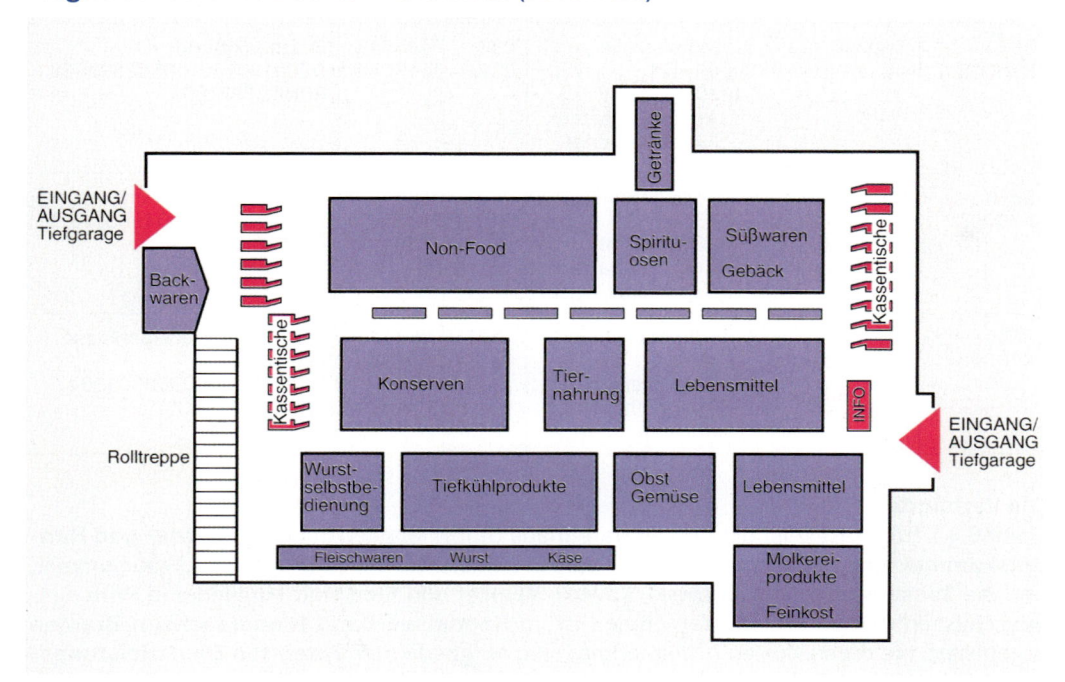

- EINGANG/AUSGANG Tiefgarage
- Backwaren
- Kassentische
- Non-Food
- Getränke
- Spirituosen
- Süßwaren / Gebäck
- Konserven
- Tiernahrung
- Lebensmittel
- Wurstselbstbedienung
- Tiefkühlprodukte
- Obst Gemüse
- Lebensmittel
- Fleischwaren / Wurst / Käse
- Molkereiprodukte / Feinkost
- INFO
- EINGANG/AUSGANG Tiefgarage
- Rolltreppe

Lernfeld 1: Ein Unternehmen im Handel gründen und führen

Die Hauptlieferer

Liefererdatei der Center Warenhaus GmbH (Auszug)				
Lieferer-/ Kreditor-Nr.	Name	Anschrift	Telefon/Fax	Bank IBAN BIC
5681 K70001	Bürobedarfs-großhandel Schneider & Co. KG	Laarstraße 19 58636 Iserlohn Ansprechpartner: Herr Solf	02371 342311 02371 342315	Commerzbank Iserlohn DE49445400220871112365 COBADEFF445
5677 K70002	Lederwarenfabrik Bernd Lüghausen e. K. Fabrikation von Lederbekleidung	Im Talacker 18 47829 Krefeld Ansprechpartner: Frau Sudhoff	02151 417118 02151 985410	Commerzbank Krefeld DE78320400240546387657 COBADEFF320
5621 K70003	Porzellanmanufaktur Latschenreuther GmbH	Lessingstraße 44 01662 Meißen Ansprechpartner: Herr Lukas	03521 511225 03521 511289	Postbank Berlin DE09100100100223421654 PBNKDEFF100
5680 K 70004	RAND OHG	Dieselstraße 10 26605 Aurich Ansprechpartner: Frau Rand	04941 40760 04941 40761	Sparkasse Aurich-Norden DE76283500000142016978 BRLADE21ANO
5610 K70005	Lebensmittelgroßhandel Westkauf KG	Quarzstraße 98 51371 Leverkusen Ansprechpartner: Herr Oswald	0214 763499 0214 763434	SEB Leverkusen DE82370101110354624453 ESSEDE5F372
5666 K70006	Textil AG	Münzstraße 89–121 10178 Berlin Ansprechpartner: Frau Demming	030 445546 030 445548	Postbank Berlin DE09100100100543399988 PBNKDEFF100
5620 K70007	Sportex GmbH & Co. KG Sportartikelherstellung	Volksparkstraße 23–43 22525 Hamburg Ansprechpartner: Herr Inanci	040 1843467 040 1843154	Commerzbank Hamburg DE73200400000456321675 COBADEHHXXX
5669 K70008	Elektro Bader KG Elektrogeräte	Fabrikstraße 10–34 04129 Leipzig Ansprechpartner: Herr Wiemann	0341 554645 0341 554849	Stadt- und Kreissparkasse Leipzig DE36250000350004334 WELADE8LXXX

Die Verbände

Gemäß § 1 IHK-Gesetz ist die Center Warenhaus GmbH Mitglied in der **Industrie- und Handelskammer** für Ostfriesland und Papenburg in Emden. Die Geschäftsführerin, Frau Sommer, und die Substituten Pade, Gutowski, Kowski, Winkler und Berg sind Mitglieder in Prüfungsausschüssen der IHK. Das Unternehmen ist im **Handelsverband Niedersachsen-Bremen** organisiert, die organisierten Arbeitnehmer sind Mitglieder der **Vereinten Dienstleistungsgewerkschaft ver.di**.

Der Betriebsrat und die Jugend- und Auszubildendenvertretung

Vorsitzender des Betriebsrates der Center Warenhaus GmbH ist **Peter Pade**, seine Stellvertreterin ist Helga Kowski. Jugend- und Auszubildendenvertreterin ist **Petra Jäger**, Stellvertreter ist Marc Cremer.

Die Bankverbindungen	
Kreditinstitut	IBAN BIC
Deutsche Bank Aurich	DE89700700100002520138 DEUTDEDMMXXX
Sparkasse Aurich-Norden	DE24283500000054666504 BRLADE21ANO

Zusammenfassung Konzepte der Unternehmensführung vergleichen und die Center Warenhaus GmbH als weiteres Modellunternehmen kennenlernen

- **Führung der Unternehmung**

Unternehmensführung	Personalführung
Aufbauorganisation – wird durch das **Organigramm** dargestellt	**Führungsstile** – Der **autoritative** Führungsstil ist durch Abstand und Höherstellung des Vorgesetzten gekennzeichnet. – Der **kooperative** Führungsstil ist durch Nähe und Gleichstellung von Vorgesetzten und Mitarbeitern gekennzeichnet.
Ablauforganisation – legt fest, **wo** Teilaufgaben zu bearbeiten sind, **wie** die Teilaufgaben zu erledigen sind und **wann** mit der Erledigung von Teilaufgaben begonnen werden muss.	**Führungstechniken** – **Management by Exception** (Führung durch Regelung bei Ausnahmen) – **Management by Delegation** (Führung durch Delegation) – **Management by Objectives** (Führung durch Zielvereinbarung)

- **Die Center Warenhaus GmbH**
  Bei der Center Warenhaus GmbH handelt es sich um ein **Warenhaus mit Vollsortiment**.

Aufgaben

1 Erläutern Sie die Führungsstile anhand des Unterrichts Ihrer Lehrerinnen und Lehrer. Begründen Sie Ihre jeweilige Entscheidung.

2 Bei der Umsetzung der Führungsstile bedient sich die Unternehmensleitung der Führungstechniken. Beschreiben Sie diese und stellen Sie Vor- und Nachteile gegenüber.

3 Stellen Sie fest, welche Führungstechniken mit welchen Führungsstilen harmonieren.

Wiederholung zu Lernfeld 1: Ein Unternehmen gründen und führen

1 Welche der Aussagen über das Handelsregister sind zutreffend?
   a) Das Handelsregister ist das Verzeichnis aller Kaufleute eines Amtsgerichtsbezirkes.
   b) Die OHG wird in Abteilung B eingetragen.
   c) Eintragungen in das Handelsregister können nur noch in elektronischer Form erfolgen.
   d) Nur Kaufleute können das Handelsregister einsehen.

2 Stellen Sie fest, welche der Begriffe auf welche der Aussagen zutreffen.
   1. Personengesellschaften, 2. Kapitalgesellschaften
   a) haften nur mit dem Gesellschaftsvermögen,
   b) zahlen keine Körperschaftssteuer.

3 Stellen Sie fest, welche der Aussagen sich auf eine
   1. Einzelunternehmung, 2. OHG oder 3. GmbH
   beziehen.
   a) Jeder Gesellschafter ist ermächtigt, die Gesellschaft allein zu vertreten.
   b) Jeder Gesellschafter ist zur Geschäftsführung verpflichtet.
   c) Das gesetzlich vorgeschriebene Mindestkapital wird als Stammkapital bezeichnet.
   d) Das Mindestkapital beträgt 25 000,00 €.
   e) Das Unternehmen kann auch von einer Person allein gegründet werden, die unbeschränkt haftet.

4 Welche der Aussagen über die OHG sind zutreffend?
   a) Ein Gesellschafter darf ohne Einwilligung der anderen Gesellschafter im Handelszweig der eigenen Gesellschaft keine Geschäfte auf eigene Rechnung abschließen.
   b) Ein ausscheidender Gesellschafter haftet noch fünf Jahre für alle vor seinem Ausscheiden begründeten Schulden.
   c) Die Firma besteht nur aus dem Namen und mindestens einem ausgeschriebenen Vornamen der Vollhafter.
   d) Die Kündigung eines Gesellschafters kann mit einer Frist von sechs Monaten zum Schluss des Geschäftsjahres erfolgen.
   e) Die gesetzliche Gewinnverteilung lautet „5 % auf das eingesetzte Kapital, Rest nach Köpfen".
   f) Es ist kein gesetzlich vorgeschriebenes Mindestkapital erforderlich.

5 Ziehen Sie aufgrund des Organigramms der RAND OHG (vgl. S. 10) Schlüsse auf das Konzept der Unternehmensführung.

6 Die Herren Müller, Klein und Bauer gründen eine OHG. Unter welcher Firma können sie ihre Geschäfte führen?
   a) Müller, Klein & Bauer   c) Müller & Bauer OHG
   b) Müller und Klein   d) Bauer, Klein & Co. OHG

7 Nennen Sie jeweils zwei Beispiele für Ziele, die sich gegenseitig ergänzen (Zielharmonie), und für Ziele, die in Konkurrenz zueinander stehen (Zielkonflikt). Geben Sie an, mit welchen Maßnahmen die Zielkonflikte gelöst werden können.

8 Erstellen Sie eine Liste von ökologischen Zielen für die RAND OHG und einen Katalog von Maßnahmen, diese Ziele zu verfolgen.

Lernfeld 2: Ein Unternehmen im Onlinehandel gründen und führen

2.1 Onlinehandel ist „Elektronischer Handel"

Oliver Rand hat sich gegen die Selbstständigkeit entschieden und die Stelle als stellvertretender Leiter der Abteilung Elektro/Haushaltswaren bei der Center Warenhaus GmbH angenommen. In seiner Freizeit ist er leidenschaftlicher Longboard-Fahrer, jede freie Minute verbringt er auf dem Board. Er baut seine Boards selbst, da er im Handel keine findet, die ihm robust und stylisch genug sind. Die Räder und Achsen kauft er über das Internet in den USA.

Die Bretter stellt er selbst aus alten Schultischen her. Durch das ungewöhnliche Baumaterial entsteht ein einzigartiges und zugleich auffälliges Board.

Dies entgeht auch der Longboard-Szene nicht. Schnell kommen Anfragen von Interessenten, die ebenfalls so ein cooles Board haben wollen. Nachdem sich Oliver die Genehmigung der Geschäftsleitung der Center Warenhaus GmbH eingeholt hat, beginnt er nach Feierabend mit dem Verkauf der Boards. Der Verkauf läuft sehr gut an, dies bemerkt auch sein Freund Marek.

Marek: *„Mensch, Oliver, du hattest die Idee des Jahrtausends! Du machst aus Sperrmüll Longboards, die jeder haben will und dich in der Produktion praktisch nichts kosten. Das klingt nach einem genialen Geschäftsmodell."*

Oliver: *„Das stimmt, die Produktion läuft super und der Verkauf lohnt sich richtig. Ich habe praktisch jedem in meinem Bekanntenkreis bereits ein Longboard verkauft."*

Marek: *„Dann musst du deinen Kundenkreis erweitern, es gibt noch viele Longboard-Fahrer in Deutschland."*

Oliver: *„Das stimmt, aber wie soll ich die erreichen?"*

Marek: *„Nutze den Onlinehandel, hier kannst du unkompliziert und superschnell alle Longboard-Fahrer im Internet ansprechen. Heute kauft man doch sowieso fast alles online."*

Oliver: *„Stimmt, einfacher und schneller kann es wohl nicht gehen. Jetzt muss ich mich nur noch schlau machen, wie das mit dem Onlinehandel funktioniert."*

Arbeitsaufträge
- *Oliver Rand informiert sich über die Möglichkeiten des Onlinehandels. Erläutern Sie, warum viele Teilbereiche des Onlinehandels mit dem Buchstaben „E" beginnen.*
- *Auf den ersten Blick hat Oliver den Eindruck, dass E-Business und E-Commerce dasselbe sind. Stellen Sie fest, ob Oliver mit seinem Eindruck richtig liegt.*
- *Diskutieren Sie, welche Gründe bei Oliver Rands Geschäftsidee für den Onlinehandel sprechen könnten.*

Lernfeld 2: Ein Unternehmen im Onlinehandel gründen und führen

■ Der Onlinehandel als Bestandteil des Electronic Business

Der **Onlinehandel** wird auch elektronischer Handel, Internethandel oder E-Commerce genannt. Damit sind alle **Ein- und Verkaufsvorgänge mittels Internet** gemeint. Im weiteren Sinne ist der Onlinehandel jede Art von geschäftlichen Transaktionen mittels elektronischer Kommunikationstechniken. Dies beinhaltet die Leistungsanbahnung, die Leistungsvereinbarung und die Leistungserbringung.

Beispiel Die Center Warenhaus GmbH betreibt unter www.center-warenhaus.de einen Onlineshop. Hier können sich Kunden über das Unternehmen zu Öffnungszeiten, Kontaktdaten, Serviceangebote, Sonderangebote und anderem informieren sowie alle Waren des Sortiments beziehen.

■ Begriffserklärung – das „E" im E-Business

Der Buchstabe „E" am Anfang der Fachbegriffe steht jeweils für das Wort „**Elektronik**" oder englisch „**electronic**". Das Wort Elektronik wiederum setzt sich aus den Worten Elektron und Technik zusammen, es deutet also auf die elektronisch-technische Lösung der jeweiligen Bereiche hin.

Die Bestandteile des Electronic Business

Der Onlinehandel (E-Commerce) ist ein Teilbereich des **E-Business**. Unter E-Business (Electronic Business) werden alle Möglichkeiten zusammengefasst, bei denen digitale Informationstechnologien über das Internet kaufmännische Prozesse unterstützen. Dies beinhaltet die Bereiche der Leistungsanbahnung, der Leistungsvereinbarung und der Leistungserbringung. Es geht beim E-Business also nicht nur um den Handel über das Internet, sondern um alle geschäftlichen Einsatzzwecke. Die zentralen Elemente sind dabei die **Information**, die **Transaktion** und die **Kommunikation**.

Beispiel Oliver Rand denkt darüber nach, seine Boards über eine eigene Website im Internet anzubieten (**Information**). Die Kunden haben die Möglichkeit, Boards zu bestellen (**Transaktion**) und mit dem Onlinehandel in Kontakt zu treten (**Kommunikation**).

Den Schwerpunkt des Electronic Business (**E-Business**) bildet der Onlinehandel (**E-Commerce**), welcher für den Handel eine stetig wachsende Bedeutung hat. Weitere Elemente des E-Business sind die elektronische Beschaffung (**E-Procurement**), der Verkauf von Produkten und Dienstleistungen (**E-Shop**) und der Handel über digitale Netzwerke (**E-Marketplace**). Im weiteren Sinne gehören zudem die Unternehmenskooperation (**E-Company**) und die elektronischen Kontaktnetzwerke (**E-Community**) dazu.

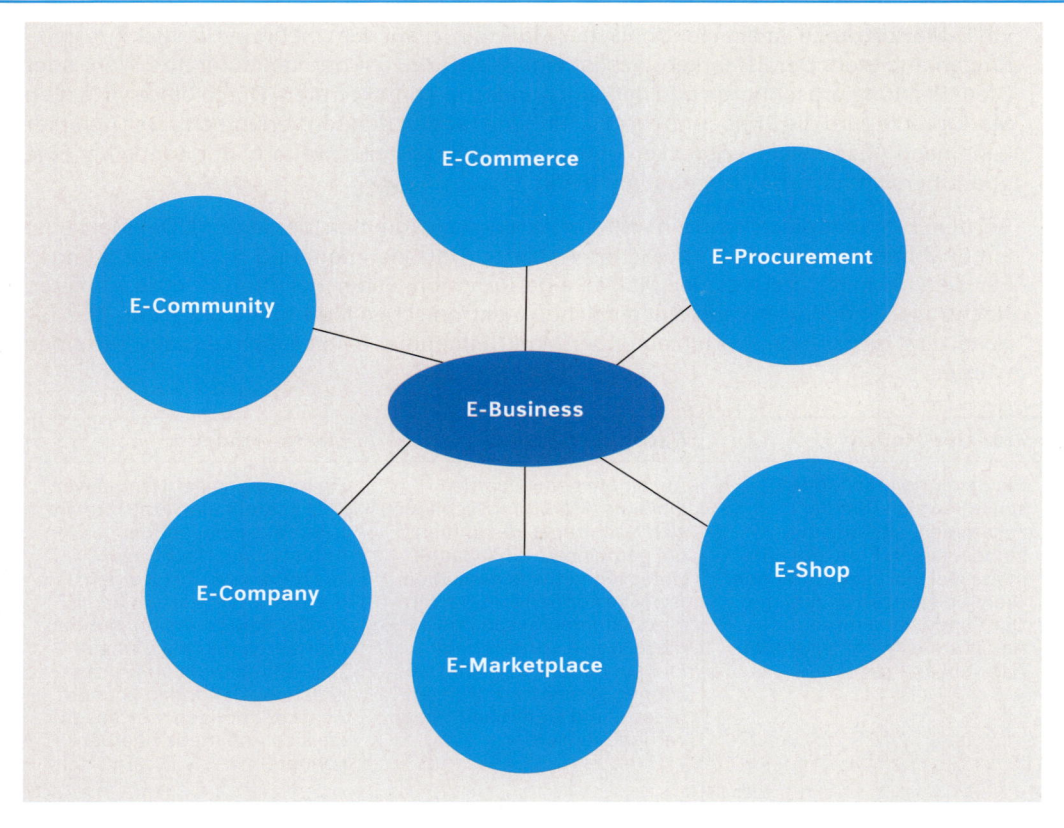

2.1 Onlinehandel ist „Elektronischer Handel"

Diagramm: E-Business im Zentrum, umgeben von E-Commerce, E-Procurement, E-Shop, E-Marketplace, E-Company, E-Community

- **E-Commerce:** Die elektronische Abwicklung des Handels durch Datenübertragung zwischen Anbietern und Abnehmern.

    Beispiel Die RAND OHG bestellt Waren bei einem Lieferanten per Internet.

- **E-Procurement** ist die Beschaffung von Gütern und Dienstleistungen durch Nutzung des Internets oder anderer Informations- und Kommunikationssysteme, zum Beispiel von **ERP-Systemen**. Der Begriff **ERP** steht für **E**nterprise **R**esource **P**laning und bezieht sich auf Softwarelösungen, die für die Planung und Verwaltung der Ressourcen eines Unternehmens entwickelt worden sind. Die vorhandenen Ressourcen eines Unternehmens in Form von Kapital, Betriebsmittel und Personal werden mithilfe der verschiedenen Softwareelemente eines ERP-Systems gesteuert, kontrolliert und koordiniert. Das ERP-System des Einzelhändlers kommuniziert über das Internet direkt mit dem ERP-System des Lieferanten. Bestellungen werden automatisiert und damit vereinfacht und beschleunigt.

    Beispiel Die Center Warenhaus GmbH nutzt ein ERP-System. Dieses ERP-System kennt alle Lieferanten und Artikel. Werden nun Artikel verkauft, so registriert das ERP-System dies. Ist der Meldebestand erreicht, bestellt das ERP-System automatisch beim Lieferanten die benötigte Menge nach. Auf diese Weise werden keine Nachbestellungen vergessen und den Mitarbeitern wird zeitaufwändige Arbeit abgenommen.

- **E-Shop, Webshop oder Onlineshop** benennen die Internetpräsenz eines Händlers, auf der er seine Waren auf diesem Weg zum Kauf anbietet.

    Beispiel Die Center Warenhaus GmbH bietet ihre Produkte auf der eigenen Internetseite in einem E-Shop an. Kunden können über das Internet auf das gesamte Sortiment zugreifen und die Waren bestellen. Zudem können Vorbestellungen vorgenommen und Zusatzleistungen über den E-Shop geordert werden. Im E-Shop kann der Kunde den Kauf von der Anbahnung bis zum Abschluss durchführen.

Lernfeld 2: Ein Unternehmen im Onlinehandel gründen und führen

- Ein **E-Marketplace** ist ein elektronischer Marktplatz, auf dem mehrere Händler ihre Leistungen anbieten. Der E-Marketplace ist eine Plattform, auf der Verkäufer ihre Ware oder Dienstleistung präsentieren und mit dem Kunden in Kontakt treten. Durch diese virtuellen Marktplätze wird die Preis- und Produktfindung für den Kunden vereinfacht. Der Anbieter kann neue Absatzwege entdecken und seinen Marktanteil erweitern, der Kunde hat eine gute Übersicht über das Angebot am Markt.

  Bei dem E-Marketplace kann ein weiterer Akteur dazukommen, der **Makler**. Der Makler ist ein unabhängiger Vermittler zwischen Anbieter (Unternehmen) und Nachfrager (Kunde). Für sein Vermitteln erhält der Makler eine Provision. Jeder der drei Akteure Anbieter, Nachfrager und Makler kann einen solchen elektronischen Marktplatz betreiben. Die Tabelle zeigt die Gründe, warum einer der Marktteilnehmer einen E-Marketplace betreiben würde.

Anbieter-Modell	Nachfrager-Modell	Makler-Modell
Bei dem Anbieter-Modell schließen sich Händler zusammen, um auf einer gemeinsamen Plattform ihre meist gleichartigen Güter oder Dienstleistungen anzubieten. Der Kunde hat eine zentrale Anlaufstelle mit einer großen Auswahl an Produkten.	Auf einem gemeinsamen Einkaufs-Marktplatz schließen sich Nachfrager zusammen, um gemeinsam einzukaufen. Unternehmen aus derselben Branche können ihre Nachfrage zusammenfassen und auf diese Weise Vorteile beim Einkauf nutzen. Zum Beispiel können gemeinsam Mengenrabatte und Lieferkonditionen verhandelt werden.	Ein unabhängiger Handelsvermittler stellt eine Plattform im Internet bereit, auf der Anbieter und Nachfrager zusammengeführt werden. Für die Vermittlung erhält der Makler eine Provision. Kunden profitieren durch die Angebotsvielfalt und den Preisvergleich. Auch Kunden können Ausschreibungen starten, auf die sich Anbieter bewerben können.
Beispiel opodo.de	**Beispiel** pharmaplace.de	**Beispiel** my-hammer.de, shopping24.de, immobilienscout24.de, booking.com, moebel.de

- **E-Company:** Schließen sich **Unternehmen** zusammen und läuft die Kooperation vorwiegend über innovative Informations- und Kommunikationstechniken, so wird von einer E-Company gesprochen. Häufig entstehen auf diese Weise virtuelle Unternehmen, deren vorwiegender Zweck es ist, Informationen zu sammeln, zu speichern und aufzubereiten.

  Beispiel *Unternehmen mit den gleichen Interessen schließen sich zusammen und tauschen Daten aus. Dies ist häufig bei der Forschung und Entwicklung oder bei der Erhebung von Kundendaten der Fall. Diese Daten werden ausgewertet und aufbereitet, um sie wiederum an andere Unternehmen zu verkaufen. Da dritte Unternehmen bereit sind, für diese Daten zu zahlen, haben die Daten einen Wert. Folglich hat auch die E-Company einen Wert, z.B. manager-magazin.de, guenstiger.de .*

- **E-Community:** Schließen sich **Personen oder Personengruppen** zusammen und läuft die Kooperation über innovative Informations- und Kommunikationstechniken, so wird von einer E-Community gesprochen. Über diesen Kontakt werden inhaltliche oder personenbezogene Informationen ausgetauscht. Dadurch kommt der Kontakt von einander bisher unbekannten Personen zustande und bestehende Kontakte werden gepflegt und verwaltet.

  Beispiel *Am bekanntesten sind die E-Communitys der Sozialen Netzwerke wie Facebook, StudiVZ, MySpace, Snapchat, Whatsapp. Es gibt aber darüber hinaus auch viele andere Netzgemeinschaften, die sich zum Beispiel in Foren austauschen. Typische Themen sind Freizeit, Haushalt oder auch Reisen.*

2.1 Onlinehandel ist „Elektronischer Handel" 73

■ Die Ziele des Onlinehandels

Ein Hauptziel des Onlinehandels ist, den **Marktanteil zu vergrößern**. Dies gelingt fernab vom klassischen Modell des Einzelhandels, da sich Unternehmen unabhängig von Ort, Zeit und Raum über den Onlinehandel individuell auf die Bedürfnisse der Kunden einstellen können.

Beispiel Durch die Eröffnung eines Onlineshops hätte Oliver Rand die Möglichkeit, seine Boards deutschlandweit und sogar weltweit anzubieten.

Ein weiteres Ziel des Onlinehandels ist die **Kostenoptimierung**. Da die Produkte im Onlinehandel nur gelagert und ausgeliefert werden müssen, entfallen Kosten für Verkaufspersonal oder Verkaufsräumlichkeiten. Bei dem direkten Verkauf vom Hersteller an den Kunden fallen nur noch Kosten für die Bearbeitung und Abwicklung der Aufträge an.

Beispiel Für Oliver Rand entfallen die Kosten für ein Ladenlokal. Er kann seine Produkte zu Hause lagern, z. B. in der Garage; und von dort aus versenden.

Durch den E-Commerce ist es auch regional tätigen Unternehmen möglich, sich auf **überregionalen** und sogar **internationalen Märkten** zu etablieren. Elektronische Medien sind die Voraussetzung, um auf einfache Art Kontakt zu ausländischen Unternehmen, Zulieferern oder Investoren herzustellen.

Beispiel Oliver Rand weiß, das Longboards in den USA sehr beliebt sind. Er diskutiert mit seinem Freund Marek, ob er die Webseite auch in Englisch online stellt. Dadurch verspricht er sich einen deutlich größeren Kundenkreis, da er seine Longboards so auch im englischsprachigen Raum vermarkten kann.

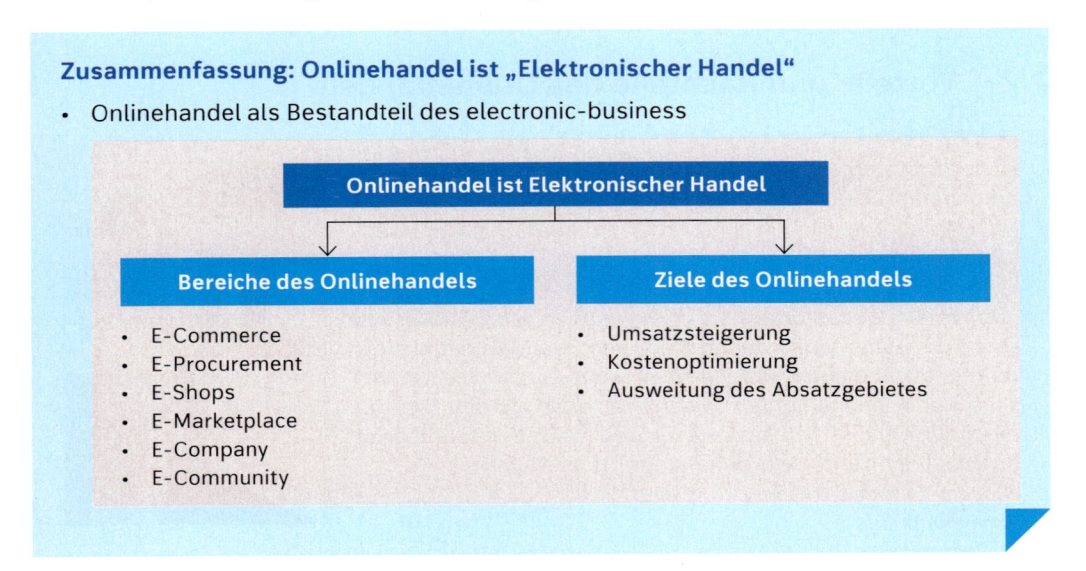

Zusammenfassung: Onlinehandel ist „Elektronischer Handel"

- Onlinehandel als Bestandteil des electronic-business

Onlinehandel ist Elektronischer Handel

Bereiche des Onlinehandels
- E-Commerce
- E-Procurement
- E-Shops
- E-Marketplace
- E-Company
- E-Community

Ziele des Onlinehandels
- Umsatzsteigerung
- Kostenoptimierung
- Ausweitung des Absatzgebietes

Aufgaben

1. Sie haben die Geschäftsidee von Oliver Rand und sein Produkt kennengelernt. Setzen Sie sich in Arbeitsgruppen zusammen. Tauschen Sie sich über Ihre Eindrücke zu der Vertriebsidee aus. Legen Sie sich gemeinsam auf eine elektronische Vertriebsmethode für Oliver Rand fest und begründen Sie diese.

2. Wägen Sie ab, ob die Vorteile des Onlinehandels in Olivers Situation zum Tragen kommen.

3. Nennen Sie den zutreffenden Fachbegriff, wenn Oliver seine Longboards über …
   - … eine eigene Internetseite mit Bestell- und Bezahlfunktion anbietet.
   - … einen digitalen Marktplatz anbietet, auf dem Sportartikel verschiedener Hersteller vertrieben werden.
   - … Facebook anbietet und hier Bestellungen entgegennimmt.
   - … durch Ebay-Kleinanzeigen anbietet.
   - … ein spezielles Internetforum für Skate- und Longboardfahrer anbietet.

   a) Erläutern Sie, welche Chancen sich für Oliver Rand ergeben, wenn er E-Communitys für sein Unternehmen nutzt.
   b) Erläutern Sie die Gemeinsamkeiten und den Unterschied zwischen Onlinehandel und E-Commerce.

4. Erstellen Sie eine tabellarische Gegenüberstellung, welche Vorteile es hätte, wenn Oliver seine Longboards
   a) in einem eigenen Onlineshop oder
   b) in einem Electronic Marketplace anbieten würde.

2.2 Vorteile und Nachteile des Onlinehandels

Oliver Rand ärgert sich, denn oft muss er erleben, dass er ein ausführliches Verkaufsgespräch geführt hat und die Kunden sehr zufrieden sind, aber trotzdem nicht kaufen. Vielfach hört er:

„Danke für die ausführlichen Informationen, ich bestelle das Gerät dann über das Internet bei Ihnen." Sein Abteilungsleiter muntert ihn auf: „Ist doch egal, ob die Kunden hier im Geschäft oder online kaufen, wichtig ist, dass wir den Umsatz machen!" Oliver Rand hat Zweifel, ob die Kunden tatsächlich auch bei der Center Warenhaus GmbH bestellen.

Arbeitsaufträge
- Sammeln Sie in Ihrer Klasse Erfahrungen mit Onlinekäufen und halten Sie die Ergebnisse stichwortartig fest.
- Bilden Sie zwei Arbeitsgruppen, in denen Sie Argumente zu beiden Thesen zusammenstellen.
  1. These: „Onlineshopping unterstützt den Einzelhandel."
  2. These: „Onlineshopping ist eine Gefahr für den Einzelhandel."
- Führen Sie anschließend in der Klasse eine Podiumsdiskussion zu diesem Thema durch.

2.2 Vorteile und Nachteile des Onlinehandels

Die **Vorteile** des Onlinehandels gegenüber den klassischen Verkaufswegen kennt heute (fast) jeder aus eigener Erfahrung. Für den **Kunden** bietet das Internet ein scheinbar unendliches Angebot von Waren, die mit nur wenigen Mausklicks gefunden werden können. Bequem von zu Hause über Waren recherchiert und diese unmittelbar bestellt werden. Für den **Handel** ermöglicht das Internet den schnellen und kostengünstigen Zutritt auf einen „weltweiten" Markt.

Für Kunden wie Lieferanten stehen den Vorteilen aber auch **Nachteile** gegenüber, die sorgfältig abgewogen werden müssen.

Vorteile	Nachteile
Neue Kunden/Erschließung neuer Märkte	Know-how erforderlich
Zeitunabhängigkeit	Wettbewerbs-/Preisdruck
Ortsunabhängigkeit	Kannibalisierungseffekte drohen
Günstige Verkaufsfläche …	Kosten für Onlineshop …

■ Vorteile für den Handel

- **Gewinnung neuer Kunden, Erschließen neuer Märkte:** Langjährig bestehende Einzelhandelsunternehmen sowie ein neu gegründetes **Startup**, das ist ein innovatives, neu gegründetes Unternehmen, eröffnen sich durch den Verkauf im Internet neue Kundengruppen und neue Märkte. Selbstverständlich kann ein Einzelhändler seine Waren auch parallel im Ladengeschäft und im Internet anbieten. Dies setzt jedoch ein abgestimmtes Marketing voraus.

- **Zeitunabhängigkeit:** Ladengeschäfte haben Öffnungszeiten innerhalb gesetzlicher Grenzen. Zu diesen Zeiten muss Personal im Geschäft sein und dem Kunden für den Verkauf zur Verfügung stehen. Diese Zwänge kennt der Onlinehandel nicht, der Verkauf findet an 24 Stunden des Tages und an sieben Tagen in der Woche statt, Verkaufspersonal und ein Geschäftslokal sind nicht nötig, Beratung wird durch interaktive Präsentation ersetzt und eventuell durch eine Hotline ergänzt.

- **Ortsunabhängigkeit:** Praktisch nirgendwo können so viele Menschen in kurzer Zeit erreicht werden wie im Internet. Die Produkte werden so Kunden auf der ganzen Welt angeboten, ein Ladengeschäft hingegen hat nur ein begrenztes Einzugsgebiet. Auch die Abwicklung auf der Seite des Verkäufers ist ortsunabhängig, so kann der Verkäufer seinen Standort jederzeit verlegen, ohne dadurch Kunden zu verlieren.

- **Schaffung günstiger Verkaufsfläche:** Im Gegensatz zu einem Ladengeschäft in der Stadt, bei dem Miete, Einrichtung, Personal und vieles Weitere bezahlt werden muss, ist die Errichtung eines Onlineshops mit geringeren Kosten verbunden. Eine „stationäre" Verkaufsfläche ist nicht erforderlich.

- **Günstige Werbung durch eigene Webseite:** Ein Onlineshop stellt eine günstige Form der Werbung dar, denn über die Internetpräsenz können viele Produktinformationen hochwertig aufbereitet dargestellt werden. Auch die Breite des Sortiments und weitere Unternehmensleistungen können kostengünstig über eine Webseite kommuniziert werden.

- **Kosteneinsparung und Rationalisierung:** Der Vertrieb über das Internet erweitert den Kundenkreis und kann so die Verkaufsmengen erhöhen. Das kann zu Kosteneinsparungen führen, da zum Beispiel beim Einkauf größere Mengen geordert werden können.

- **Beschleunigung der Bestellvorgänge und Prozesse:** Durch den Einsatz des Onlineshops werden viele Bestandteile des Vertriebs wie Beratung, Bezahlungs- und Versandabwicklung automatisiert. Diese Automatisierung beschleunigt die Verkäufe, da beliebig viele Kunden gleichzeitig abgewickelt werden können. Zudem übernimmt die Shop-Software standardisierte Prozesse, sodass eine Entlastung des Personals erfolgt, z. B. automatischer Versand der Bestellbestätigung, Zahlungserinnerung, Versandbestätigung, Belehrungen.

- **Abgrenzung von Mitbewerbern:** Durch die Wahl neuer Vertriebswege können sich Unternehmen von ihren Mitbewerbern abgrenzen. Aufgrund des neuen Vertriebswegs ergeben sich auch neue Möglichkeiten der Serviceangebote. So können den Kunden neue Zahlungswege, Finanzierungsmöglichkeiten oder Verbundgeschäfte angeboten werden. Auch die Warenpräsentation kann individuell gestaltet werden.

■ Nachteile für den Handel

- **Umfassendes Know-how erforderlich:** Um einen Onlineshop aufzubauen und zu betreiben, muss der Einzelhändler über eine Vielzahl von Kompetenzen verfügen. Denn für den professionellen Betrieb eines Onlineshops ist das Wissen einer Reihe von beruflichen Experten wie Programmierern, Fotografen oder Rechtsberatern erforderlich. Zwar gibt es viele Unterstützungsmaßnahmen, wie vorgefertigte Shopsysteme und Dienstleister, diese decken aber oft nicht alle Teilbereiche ab, die zum Aufbau und Betrieb eines Onlineshops erforderlich sind.

- **Wettbewerbsdruck, Preisdruck:** Durch den Verkauf im Internet erhält der Verkäufer nicht nur einen sehr großen Kundenkreis, sondern auch eine unüberschaubare Anzahl von („weltweiten") Mitbewerbern. Gegenüber diesen muss sich der Verkäufer behaupten, zum Beispiel durch eine aggressive Preispolitik oder besondere Service- und Dienstleistungsangebote. Darüber hinaus liegt vollkommene Preistransparenz vor, da über entsprechende Suchmaschinen alle Preise für einen Artikel verglichen werden können.

2.2 Vorteile und Nachteile des Onlinehandels

- **Kannibalisierungseffekte:** Entschließt sich ein Einzelhändler, seine Produkte zusätzlich zu seinem Ladengeschäft auch im Internet anzubieten, so besteht die Gefahr der Kannibalisierung. Da die Konkurrenz im Internet größer ist, wird potenziell auch der Preisdruck größer, folglich muss der Händler hier einen geringeren Preis ansetzen. Wenn dieser Preis unter dem Verkaufspreis im Ladengeschäft liegt, muss er den geringeren Preis auch im stationären Handel anbieten und entzieht sich einen Teil seiner Gewinnmarge. Bietet er im stationären Handel nicht den niedrigeren Preis an, wird er dort Umsatz zugunsten seines Onlinehandels einbüßen.

- **Kosten für einen Onlineshop:** Neben den Kosten für die Inbetriebnahme des Onlineshops ergeben sich auch Unterhalts- und Betriebskosten. Zu diesen Kosten zählen insbesondere der Server, der Service des Softwareanbieters, die Produktion oder der Kauf von professionellen Produktbildern und Beschreibungen. Ganz erhebliche Kostenfaktoren sind auch die Suchmaschinenoptimierung und die Werbung für den Onlineshop.

- **Retouren, Probleme mit Versandmodalitäten:** Kunden im Onlinehandel kaufen aufgrund von Produktbildern, Beschreibungen und Kundenrezensionen. Dabei haben die Kunden nicht die Möglichkeit, die Ware in die Hand zu nehmen und sich einen persönlichen Eindruck zu verschaffen. Dies hat zur Folge, dass es im Onlinehandel eine hohe Zahl von Rücksendungen (**Retouren**) gibt. Die Kosten für den Rückversand und die Abwicklung der Rücksendungen sind im Rahmen der Kalkulation zu berücksichtigen.

■ Vorteile für den Kunden

- **Bequemer Einkauf:** Einen Onlineshop kann man bequem mit Computer, Handy oder Tablet besuchen. Hierfür muss der Kunde weder sein Haus noch sein Sofa verlassen. Durch schnelle Versandmethoden wird gekaufte Ware oft bereits am Folgetag zugestellt.

- **Direkter und barrierefreier Einkauf:** Besonders Personengruppen, welche einen größeren Anfahrtsweg oder eine eingeschränkte Bewegungsfreiheit haben, wie Menschen mit körperlichen Einschränkungen, Personen ohne eigene Beförderungsmittel, können ihre Beschaffungsvorgänge durch den Einkauf über das Internet problemlos vornehmen. Sie sind nicht auf den persönlichen Besuch des Ladenlokals angewiesen, sodass die Bestellungen andernorts abgegeben werden können.

- **Unbegrenzte Öffnungszeiten:** Im Internet gibt es keine Öffnungszeiten. Kunden können an 7 Tagen in der Woche 24 Stunden am Tag Waren suchen, vergleichen und bestellen.

- **Preistransparenz:** Um Preise zu vergleichen, muss der Kunde nicht von einem Laden zum anderen gehen, sondern es können mit wenigen Klicks die Preise mehrerer Onlineshops verglichen werden. Über Preisvergleichsportale können sich Anbieter mit niedrigen Preisen effektiv von Konkurrenten abheben. Dies kommt Händlern zu Gute, die sich über besonders niedrige Preise absetzen können.

- **Produktauswahl:** Die Anzahl der Onlineshops ist geradezu unüberschaubar groß, ebenso die Anzahl der angebotenen Artikel. Praktisch jedes Produkt von jedem Hersteller in jeder Ausführung kann online bestellt werden.

■ Nachteile für den Kunden

- **Warenprüfung entfällt:** Die Ware kann im Onlinehandel nicht angefasst, nicht ausprobiert und auch nicht anprobiert werden. Das ist besonders bei Kleidung ein Nachteil, denn diese soll am eigenen Körper gut aussehen, bequem sein und auch andere Eigenschaften erfüllen. Diese Prüfung kann erst nach Erhalt der Ware erfolgen.

Lernfeld 2: Ein Unternehmen im Onlinehandel gründen und führen

- **Lieferzeiten:** Große Onlinehändler haben sehr schnelle Versandwege entwickelt, die Waren sind oft schon am Werktag nach der Bestellung beim Kunden. Dies trifft nicht auf alle Shops zu, so sind die Lieferzeiten sehr unterschiedlich. Durchschnittlich liegt die Lieferzeit bei etwa 3 bis 6 Werktagen, je nach Standort des Händlers auch länger.

- **Versandkosten:** Die Versandkosten sind in der Regel von Faktoren wie Größe, Gewicht und Wert der Ware abhängig. Auch die Entfernung zwischen Händler und Kunde spielt eine Rolle, so ist zum Beispiel ein internationaler Versand erheblich teurer als ein nationaler Versand. Zwar bieten inzwischen viele Händler einen kostenlosen Versand ab einem bestimmten Mindestbestellwert an, doch auch in diesen Fällen trägt der Kunde die Versandkosten. Denn die Kosten für den Versand sind bereits bei der Kalkulation der Ware berücksichtigt.

- **Mindestbestellwert:** Viele Onlineshops liefern erst ab einem bestimmten Mindestbestellwert aus, sodass der Kunde verleitet wird, mehr zu kaufen als ursprünglich geplant war.

- **Einkaufserlebnis:** Viele Menschen haben Freude am persönlichen Kontakt mit dem Verkäufer und der Möglichkeit, die Waren anfassen oder ausprobieren zu können. Dieses Shoppingerlebnis kann der Onlinehandel nicht bieten.

Zusammenfassung: Vorteile und Nachteile des Onlinehandels

	Für den Kunden	Für den Handel
Vorteile	• bequem von zu Hause oder vom Betrieb aus erreichbar • keine Fahrten nötig • Lieferung frei Haus • permanente Öffnungszeiten • große Auswahl, rasche Suche nach Waren durch shopeigene Suchmaschinen • umfangreiches Angebot • einfache Preisvergleiche	• weltweites Absatzgebiet • keine Ladenöffnungszeiten • Erweiterung des Kundenkreises • aufwändige Warenpräsentationen und Ladeneinrichtungen entfallen • direkte und warenbezogene Werbung für Kunden, da sie Daten hinterlassen • Kostenersparnis beim Verkaufspersonal • Automatisierung des Verkaufs- und Zahlungsverkehrs
Nachteile	• keine Prüfung der Ware möglich • Zeitverlust durch Lieferzeiten • Zurückhaltung aufgrund der Sicherheit des Zahlungsvorgangs • Versandkosten und ggf. Mindestbestellwerte • Einkaufserlebnis entfällt	• hohe Anzahl von Mitbewerbern • ggf. Kannibalisierungseffekte • notwendige Anfangsinvestitionen • hohe Unsicherheit • Retouren • Versandprobleme (Verlust, Beschädigung der Ware)

Aufgaben

1 Oliver Rand ist von den vielen Vorteilen begeistert, die der Onlineverkauf bietet. Leider übersieht er aber die zahlreichen Nachteile. Erstellen Sie für Oliver Rand eine Tabelle mit Vor- und Nachteilen.

2 Erläutern Sie, welche Chancen Oliver Rand beim Verkauf seiner Longboards über das Internet wahrnehmen kann und welche Probleme auftreten können.

3 Ein Hauptproblem des Onlinehandels ist das fehlende „Shoppingerlebnis". Sammeln Sie fünf Ideen, wie auch der Onlinekauf zu einem Einkaufserlebnis werden kann.

4 Entscheiden Sie, ob die Situation eher ein Vorteil für den Käufer oder den Verkäufer ist.
   a) Oliver nutzt eine Preissuchmaschine um den günstigsten Preis zu ermitteln.
   b) Die Center Warenhaus GmbH konnte durch den eigenen Onlineshop ihren Umsatz um 20 % erhöhen.
   c) Oliver muss für den Verkauf seiner Longboards kein Ladenlokal anmieten und kann die Ladenmiete sparen.
   d) Immer wieder lassen sich Kunden in den Fachabteilungen der Center Warenhaus GmbH beraten, kaufen dann aber kostengünstiger über das Internet.
   e) Nach einer Bestellung über den Onlineshop hat die Center Warenhaus GmbH die E-Mail-Adressen der Kunden und kann an diese Newsletter versenden.
   f) Oliver kauft Bauteile für seine Longboards im Onlineshop eines amerikanischen Händlers, die Lieferung erfolgt per Paketdienst.
   g) Marek möchte sich einen neuen 65 Zoll-Flachbild-Fernseher kaufen und vorher die technischen Daten der größten Anbieter in Ruhe vergleichen.

2.3 Die Teilnehmer des Onlinehandels

Oliver Rand ist sich inzwischen sicher, dass das Internet das ideale Medium für den Verkauf seiner Longboards ist. Da er das Projekt professionell angehen will, lässt er sich durch einen Webdesigner beraten. Der Berater verwendet im Erstgespräch eine Vielzahl von Fachbegriffen. So ist von „Consumern" oder dem „B2B-Business" die Rede. Oliver lässt sich nichts anmerken. Zu Hause versucht er die Begriffe zu klären.

Arbeitsaufträge
- *Überlegen Sie gemeinsam in der Klasse, warum diese zunächst unverständlichen Abkürzungen in der Praxis verwendet werden.*
- *Klären Sie, warum es sinnvoll sein könnte, die Teilnehmer im Onlinehandel zu Gruppen zusammenzufassen.*
- *Erläutern Sie, warum die sogenannte „B2C-Konstellation" für Oliver Rand die Wichtigste sein könnte.*

■ Die Teilnehmer im Onlinehandel

In der Fachsprache werden **drei Teilnehmergruppen** unterschieden:

- **Consumer** = **C** vom englischen Begriff für Kunde
- **Business** = **B** vom englischen Begriff Unternehmen
- **Administration** = **A** vom englischen Begriff für öffentliche Verwaltung, z. B. Behörden, Institutionen

Die Einteilung in diese drei Teilnehmergruppen ist für die Unterscheidung der jeweiligen Geschäftsbeziehung hilfreich, da die rechtlichen Grundlagen für die unterschiedlichen Gruppen verschieden sind. So gelten unterschiedliche rechtliche Regelungen für den Handel zwischen Unternehmen (Business to Business, **B2B**), zwischen Unternehmen und Privatpersonen (Business to Consumer, **B2C**) und zwischen Unternehmen und öffentlichen Institutionen (Business to Administration, **B2A**). Die Zahl 2 wird two gesprochen und steht für **to**.

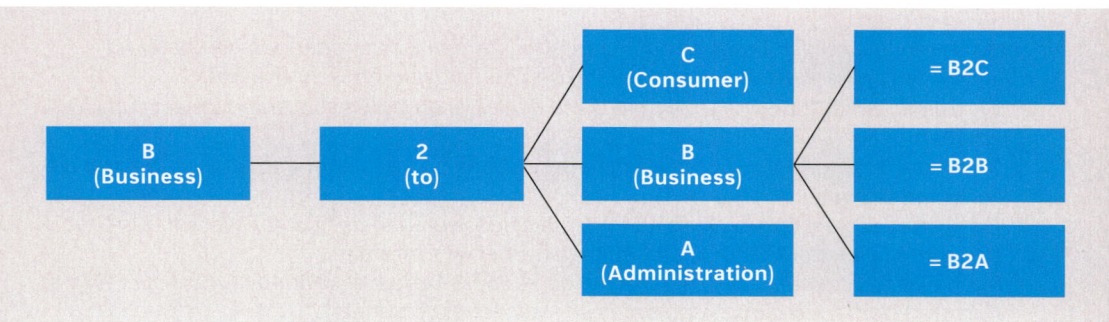

Lernfeld 2: Ein Unternehmen im Onlinehandel gründen und führen

```
B (Business) ── 2 (to) ──┬── C (Consumer)      = B2C
                         ├── B (Business)       = B2B
                         └── A (Administration) = B2A
```

- **B2C – Business to Consumer**
  Die Teilnehmer sind Unternehmen und Endkunden oder Endverbraucher.

  Beispiel Oliver Rand (Consumer) bestellt ein Buch bei Amazon (Business).

- **B2B – Business to Business**
  Diese Geschäftsbeziehung läuft hier zwischen zwei Unternehmen ab.

  Beispiel Oliver Rand bestellt für seinen Onlinehandel (Business) Rollen bei einem Händler in den USA (Business)

- **B2A – Business to Administration**
  bezeichnet eine Geschäftsbeziehung zwischen einem Unternehmen und einer öffentlichen Behörde.

  Beispiel Die Center Warenhaus GmbH (Business) gibt die Umsatzsteuervoranmeldung beim Finanzamt (Administration) elektronisch ab.

Grundsätzlich können **alle Teilnehmer** zugleich Anbieter und Nachfrager sein, auch Privatpersonen (Consumer) können an Privatpersonen (Consumer) verkaufen oder von diesen kaufen usw. Die Tabelle zeigt alle möglichen Kombinationen mit je einem Beispiel.

Anbieter der Leistung	Nachfrager der Leistung		
	Consumer	**Business**	**Administration**
Consumer	Consumer-to-Consumer	Consumer-to-Business	Consumer-to-Administration
	Beispiel Kleinanzeigenmarkt im Internet	*Beispiel* Ein Student bietet seine Programmierkenntnisse auf Honorarbasis Unternehmen an.	*Beispiel* Eine Privatperson gibt ihre Steuererklärung online ab.
Business	Business-to-Consumer	Consumer-to-Business	Consumer-to-Administration
	Beispiel Ein Kunde bestellt in einem Onlineshop.	*Beispiel* Ein Einzelhändler kauft beim Großhändler ein.	*Beispiel* Ein Unternehmen gibt Steuererklärungen online ab.
Administration	Administration-to-Consumer	Administration-to-Business	Administration-to-Administration
	Beispiel Beantragung eines neuen Personalausweises oder Anmeldung der Sperrmüll-Abholung	*Beispiel* Eine Behörde schreibt den Bau einer neuen Straße online über sein Portal aus.	*Beispiel* Daten- und Güterhandel zwischen öffentlichen Institutionen, aber keine Verwaltungstätigkeiten

Die Abwicklung eines Kaufs im B2C-Handel

Die Abwicklung eines Kaufs im B2C-Handel lässt sich in vier Phasen unterteilen.

- In der Phase der **Informationen** stellt der Händler die Informationen zur Ware bereit und erleichtert so die Suche nach dem Produkt. Die Information sollte eine gute Präsentation der Waren mit Artikelbeschreibungen, Produktbildern, Anwendungshinweisen usw. beinhalten. Eine Suchfunktion sollte die automatische Suche über einen Suchbegriff in allen Produktkategorien des Händlers ermöglichen.

    Beispiel Da ein Kunde die Ware nicht anfassen, prüfen und ausprobieren kann, müssen die vom Onlinehändler bereitgestellten Informationen dieses Problem ausgleichen. Daher werden aussagekräftige Informationen und gute Produktbilder benötigt.

- In der Phase, der **Vereinbarung**, findet der Kunde das Produkt und bereitet die Kaufentscheidung vor. In dieser Phase kann der Händler Zusatz- und Serviceleistungen anbieten.

    Beispiel Ein Kunde kauft ein neues Smartphone. Ihm wird eine Versicherung für selbst verursachte Schäden angeboten, z. B. gegen Feuchtigkeit oder bei Sturz.

- In der Phase der **Abwicklung** erhält der Händler die Zahlung und versendet die Ware. Erfolgreiche Händler zeichnet eine einfache und zeitlich kurze Abwicklungsphase aus.

    Beispiele
    - *Bei der Kaufabwicklung gibt ein Kunde seine Arbeitsstelle als alternative Lieferadresse an.*
    - *Bei dem Abschluss des Bestellvorgangs kann der Kunde die Option „als Geschenk" auswählen und die bestellte Ware geht als Geschenk verpackt und ohne Rechnung an den Geschenkempfänger.*
    - *Als Versandmethode kann der eilige Kunde die Express-Zustellung auswählen und erhält die Ware bereits am Folgetag.*

- In der **After-Sales-Phase** findet die Betreuung des Kunden nach dem Kauf statt, dies beinhaltet die Rücknahme von Waren (Falschbestellungen, defekte Ware, Unzufriedenheit mit dem Produkt oder der Abwicklung), Serviceleistungen und das Kunden-Feedback. Insbesondere ein veröffentlichtes Kunden-Feedback vermittelt anderen Kunden Vertrauen. Auch wenn der Händler selbst keine Feedbackfunktion anbietet, so gibt es im Internet zahlreiche Möglichkeiten (Soziale Medien, Foren, Verbraucherseiten), die Kaufabwicklung zu bewerten. Daher nehmen erfolgreiche Händler Kundenrückmeldungen ernst und nutzen diese zur fortlaufenden Qualitätssicherung.

    Beispiel Ein Onlinehändler bietet die kostenlose Rücksendung von Waren an. Unabhängig vom Rückgabegrund werden die Kosten für jede Rücksendung übernommen und die Waren werden über den gesetzlichen Zeitraum hinaus zurückgenommen.

Zusammenfassung: Die Teilnehmer des Onlinehandels

- Im Onlinehandel werden die Teilnehmer in folgende Gruppen gegliedert:
    - Kunden = **Consumer**
    - Unternehmen = **Business**
    - Öffentliche Stellen = **Administration**
- Die wichtigsten Teilnehmer-Konstellationen im Onlinehandel sind:
    - Business to Consumer (**B2C**),
    - Business to Business (**B2B**),
    - Business to Administration (**B2A**).
    - Weitere Konstellationen sind: C2A, C2B, C2C und A2A, A2B, A2C

Lernfeld 2: Ein Unternehmen im Onlinehandel gründen und führen

- Die Abwicklung eines Kaufs im B2C-Geschäft erfolgt in **vier Phasen:**
  - **Information:** Produktpräsentation und Produktsuche
  - **Vereinbarung:** Kauf von Waren und ggf. Zusatzleistungen
  - **Abwicklung:** Zahlungs- und Lieferungsabwicklung
  - **After-Sale:** Rücknahme von Waren, Serviceleistungen und Kunden-Feedback

Aufgaben

1 Ordnen Sie den Situationen die Anbieter- und Nachfrager-Konstellationen zu: C2A, C2B, C2C, B2A, B2B, B2C, A2A, A2B, A2C
   a) Die Center Warenhaus GmbH bietet ihr gesamtes Sortiment im eigenen Onlineshop zum Verkauf an.
   b) Die Center Warenhaus GmbH bestellt über eine Beschaffungssoftware Waren bei ihrem Lieferanten, der Sportex GmbH & Co. KG.
   c) Alina bewirbt sich über die Internetseite des Center Warenhaus GmbH auf eine ausgeschriebene Praktikumsstelle.
   d) Das Center Warenhaus GmbH versendet einen monatlichen Newsletter an seine Kunden aus der Region.
   e) Der Lieferer Robert Blusch GmbH informiert die Center Warenhaus GmbH über die neuesten Entwicklungen im Bereich Smart Home und Entertainment per Videostream.
   f) Herr Lunau, Leiter des Rechnungswesens in der Center Warenhaus GmbH, übermittelt die Umsatzsteuervoranmeldung online an das Finanzamt.
   g) Frau Alt aus der Personalabteilung erhält die neusten Unfallverhütungsvorschriften per E-Mail vom Gewerbeaufsichtsamt.
   h) Oliver Rand bietet über ebay-Kleinanzeigen sein altes Fahrrad zum Verkauf an.
   i) Eine Berufsschule schreibt die Einrichtung eines neuen Computerraums über das Internet aus.
   j) Damit neben der Center-Warenhaus GmbH ein neues Wohngebiet entstehen kann, arbeiten die Stadt Aurich und das Bauamt der Stadt über das Internet zusammen.

2 Nennen Sie drei Gründe für die Unterscheidung der Teilnehmer zwischen C2, B2 und A2.

3 Begründen Sie die Aussage, dass die B2-Sparte die wichtigste im Onlinehandel wäre.

4 Stellen in den Beispielen Sie fest, in welcher Phase der Kaufabwicklung die Situationen stattfinden.
   a) Oliver Rand benötigt für sein neu gegründetes Unternehmen ein neues Handy, im Onlineshop wird ihm ergänzend die passende Schutzhülle angeboten.
   b) Da das Handy in einer falschen Farbe geliefert wurde, möchte Oliver es zurückgeben. Der Händler stellt über seine Onlineplattform einen Rücksende-Aufkleber bereit. Oliver erhält den Kaufpreis, die Versandkosten zurück und zusätzlich einen Gutschein über 10 % als Entschuldigung.
   c) Begeistert über den tollen Service bewertet Oliver den Service im Internet mit „sehr gut".
   d) Auf der Suche nach einem passenderen Gerät sucht Oliver ein anderes Handy, hierfür gibt er die technischen Anforderungen, z. B. wasserdicht, stoßfest, in ein Suchfeld ein.
   e) Nachdem Oliver sich für ein Gerät entschieden hat, bietet der Onlineshop ihm ein Bundle aus Handy und Lederschutzhülle zu einem reduzierten Preis an.
   f) Oliver legt das Handy und die Schutzhülle in den virtuellen Warenkorb und überprüft diesen. Aus der letzten Bestellung hat er einen Gutschein, diesen löst er im entsprechenden Feld ein und erhält einen Rabatt. Der neue Preis wird bereits im Warenkorb angezeigt.
   g) Über den Onlineshop des Verkäufers kann Oliver stets den aktuellen Bearbeitungsstand seiner Bestellung einsehen. Hier erhält er auch Versandinformationen und kann die voraussichtliche Lieferung abschätzen.

2.4 Sicherheit und Zahlungsverfahren beim Onlinehandel

Oliver Rand recherchiert im Internet zum Thema Sicherheit und Zahlungsverfahren im Onlinehandel. Er möchte bei dem Verkauf seiner Longboards viele Kunden ansprechen, aber zugleich auch ein geringes Risiko eingehen. Bei der Suche nach Informationen zum Thema Zahlungsverhalten im Onlinehandel findet er eine Grafik.

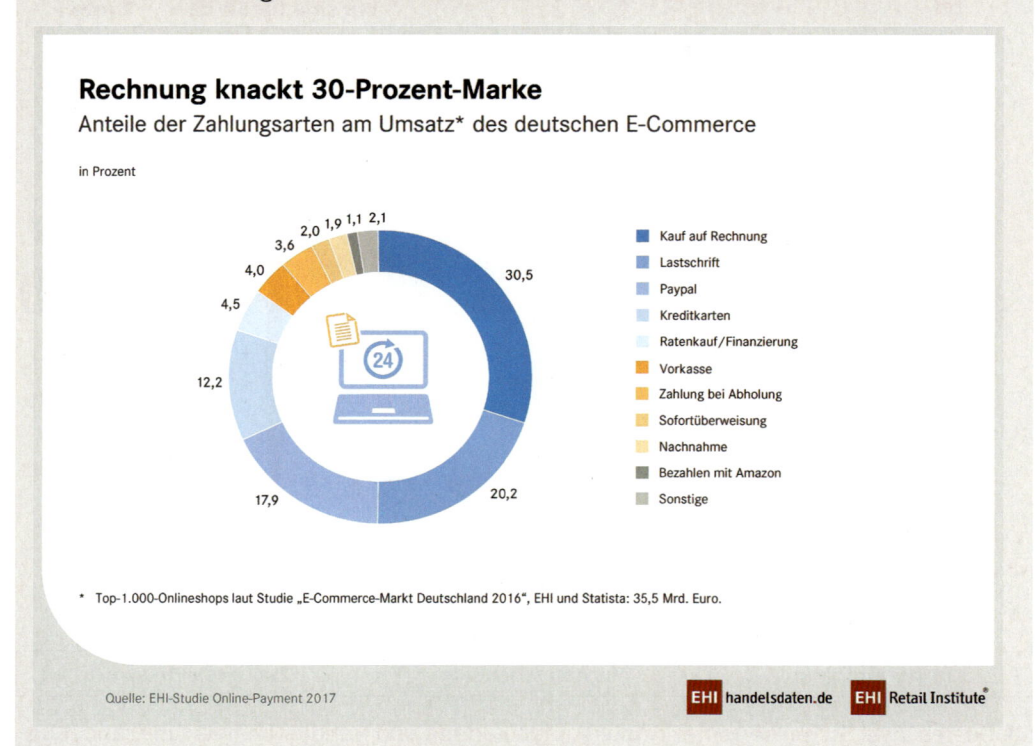

Rechnung knackt 30-Prozent-Marke
Anteile der Zahlungsarten am Umsatz* des deutschen E-Commerce

in Prozent

- Kauf auf Rechnung: 30,5
- Lastschrift: 20,2
- Paypal: 17,9
- Kreditkarten: 12,2
- Ratenkauf/Finanzierung: 4,5
- Vorkasse: 4,0
- Zahlung bei Abholung: 3,6
- Sofortüberweisung: 2,0
- Nachnahme: 1,9
- Bezahlen mit Amazon: 1,1
- Sonstige: 2,1

* Top-1.000-Onlineshops laut Studie „E-Commerce-Markt Deutschland 2016", EHI und Statista: 35,5 Mrd. Euro.

Quelle: EHI-Studie Online-Payment 2017

EHI handelsdaten.de   EHI Retail Institute®

Die Grafik zeigt die Verbreitung der von den Käufern gewählten Zahlungsmethoden.

Arbeitsaufträge
- *Finden Sie Gründe, warum die beliebteste Zahlungsart der Kauf auf Rechnung ist.*
- *Erstellen Sie eine Rangliste der in der Klasse am häufigsten genutzten Zahlungsarten im Onlinehandel. Leiten Sie aus dieser Rangfolge die Gründe ab, warum sich Ihre Mitschüler für eine bestimmte Zahlungsart entschieden haben.*

■ Sicherheit im Onlinehandel

Der Onlinehandel ist mit Gefahren und Risiken verbunden. Was beim Einkaufen in der Innenstadt der Taschendieb, ist im Onlinehandel der Datendieb. Aber auch unseriöse Anbieter stellen eine Gefahr für Kunden dar. Um den Einkauf im Internet sicherer zu machen, können eine Vielzahl von **Maßnahmen** von Seiten der Kunden und der Händler ergriffen werden. Diese sollen sicherstellen, dass Onlinekunden mit einem hohen Maß an Sicherheit einkaufen können und Onlinehändler ihr Geld bekommen.

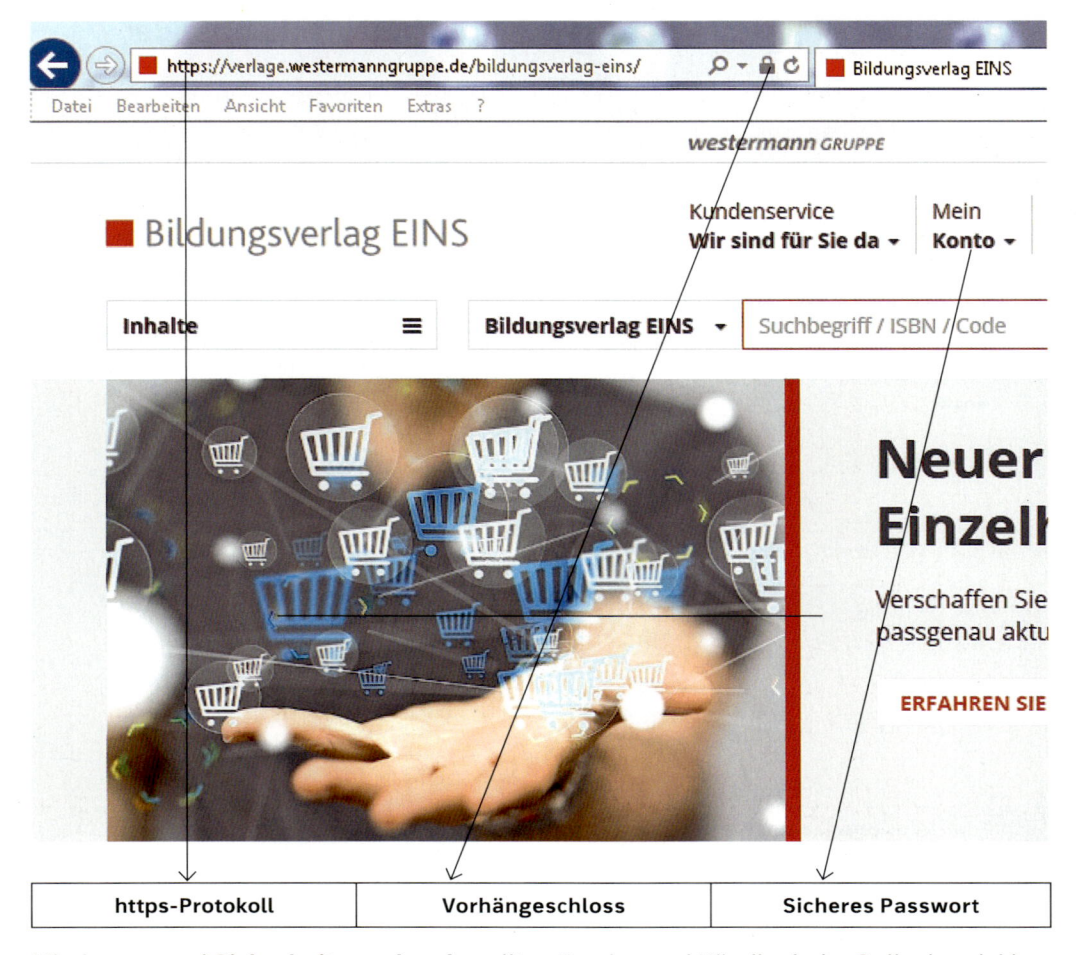

Lernfeld 2: Ein Unternehmen im Onlinehandel gründen und führen

| https-Protokoll | Vorhängeschloss | Sicheres Passwort |

Mindesten zwei **Sicherheitsmerkmale** sollten Kunden und Händler beim Onlinehandel beachten:

- **Shops mit Sicherheitsprotokoll nutzen**
  Onlineshops mit Sicherheitsprotokoll sind am **Vorhängeschloss** und am Eintrag *https* (HyperText Transfer Protocol Secure) zu erkennen. Diese Shops haben ein **SSL-Zertifikat** (**S**ecure **S**ocket **L**ayer), das eine sicher verschlüsselte Datenübertragung und den Zertifikat-Inhaber neben dem grünen Schloss-Symbol anzeigt. Dies hat den Vorteil, dass die Datenübertragung abhörsicher und die Daten der Kunden geschützt sind. Nur bei diesen Shops sollten Sie vertrauliche Daten wie Kreditkarten- oder Kontonummern eingeben.

- **Sicheres Passwort wählen**
  Damit nicht unberechtigt auf Ihr Kundenkonto zugegriffen wird, muss ein sicheres Passwort vergeben werden. Sichere Passwörter bestehen aus mindestens **8 Zeichen in Groß- und Kleinbuchstaben, Sonderzeichen und Zahlen**. Geburtstage und Initialen des eigenen Namens sind unsicher, weil leicht zu erraten.

2.4 Sicherheit und Zahlungsverfahren beim Onlinehandel

Praxistipp
Mit der **Satzmethode** lassen sich schwierige Passwörter einfach erzeugen und merken. Nehmen Sie einen einprägsamen Satz aus einem Film, Buch oder einer Redewendung. Notieren Sie die Anfangsbuchstaben der jeweiligen Wörter. Darüber hinaus können noch Buchstaben durch Sonderzeichen oder Zahlen ersetzt werden, z. B. S durch $ oder 5, i durch ! oder 1, E durch 3.

Beispiel Der Satz „Reden ist Silber, Schweigen ist Gold" ergibt „RiSSiG". Wenn Sie i durch ! und S durch $ ersetzen, wird daraus „R!$$!G". „Vor Gott und der See sind alle Menschen gleich" ergibt „VGud$$aMg".

■ Gütesiegel für Onlineshops

Onlinegütesiegel sind ein Indiz für einen seriös arbeitenden Shop, der auch häufig kundenfreundlichere Regelungen (z. B. ein erweitertes Widerrufsrecht) hat, als das Gesetz dies vorgibt. Wer sich auf die Gütesiegel verlässt, erhält aber keine Garantie, dass bei seinem Onlineeinkauf alles glatt geht. Allerdings bieten **Trusted Shops** über einen Versicherungspartner eine **Geld-zurück-Garantie**. Wer per Vorkasse bezahlt und keine Ware erhält, bekommt das Geld ebenfalls zurück. Eine Garantie sind diese Siegel leider nicht, denn auch diese wurden bereits gefälscht, um Kunden in falscher Sicherheit zu wiegen.

■ Zahlungsverfahren in Onlinehandel

Die Zahlungsabwicklung gehört zu den wichtigsten Funktionen eines Onlineshops. Das Diagramm zeigt den **typischen Ablauf** beim Onlinekauf.

1.
- Der Kunde besucht den Onlineshop des Verkäufers, er sieht sich auf der Internetseite nach dem gewünschten Artikel um. Gegebenenfalls nutzt er die **Suchfunktion** des Onlineshops, um schneller den Artikel zu finden.

2.
- Hat der Kunde die gesuchte Ware gefunden, so legt er diese in den **virtuellen Warenkorb**. Gegebenenfalls sucht der Kunde nach weiteren Artikeln und fügt diese ebenfalls dem Warenkorb hinzu.

3.
- Sobald die gewünschten Artikel im Warenkorb sind, **überprüft der Kunde den Warenkorb**. Hier kann er die einzelnen Posten prüfen und gegebenenfalls die Anzahl der zu bestellenden Waren ändern.

4.
- Um den Bestellprozess fortzusetzen wird der Kunde aufgefordert, **Informationen einzugeben**. Der Händler benötigt zum Beispiel die **Rechnungs- und Lieferadresse** sowie **Versandkonditionen** (z. B. Versandart, Versandversicherung, gewünschter Paketdienst).
- Unter Umständen können an dieser Stelle Rabatt-Codes eingegeben werden.

5.
- Im nächsten Schritt wählt der Kunde die Art der **Bezahlung** und gibt die benötigten Daten, ein (Kreditkarten oder Kontodaten).
- Unter Umständen können an dieser Stelle Gutschein-Codes (z. B. aus Geschenkkarten) eingegeben werden.

6.
- Um die Bestellung rechtsverbindlich abzuschließen bestätigt der Kunde **die Allgemeinen Geschäftsbedingungen** des Händlers und klickt auf **den Button „Zahlungspflichtig bestellen"**.

Lernfeld 2: Ein Unternehmen im Onlinehandel gründen und führen

Die **Zahlung** bildet den Abschluss des Onlinekaufs. Der Käufer hat häufig Angst die Ware nicht zu bekommen und der Verkäufer befürchtet sein Geld nicht zu erhalten. Diese beiderseitige Unsicherheit galt lange als großer Nachteil des Onlinehandel.

Beispiel *Oliver Rand kauft neue Achsen für seine Longboards in den USA. Er kennt den Verkäufer nicht. Da er die Ware aus Zeit- und Kostengründen nicht selbst in den USA abholen kann, bleibt ihm nichts anderes übrig, als dem Verkäufer das Geld zu senden und auf die Lieferung zu hoffen.*

Inzwischen wurden neue und **sichere Zahlungssysteme** wie das **E-Payment** entwickelt, um diese Unsicherheit auszugleichen.

■ Die wichtigsten Zahlungsarten im Überblick

Zahlungsart	Beschreibung
Vorkasse, Überweisung	Nach Abgabe der Bestellung im Onlineshop erhält der Kunde eine Zahlungsaufforderung. Erst wenn der Rechnungsbetrag vom Käufer überwiesen und beim Verkäufer eingegangen ist, wird die Ware versendet. Der Kunde muss dem Händler vertrauen, daher ist diese Zahlungsart nur bei seriösen Lieferanten anzuwenden. Bei Problemen mit dem Lieferanten hat der Kunde sehr große Schwierigkeiten, seine Zahlung zurückzuerhalten. Daher ist diese Zahlungsmethode für den Käufer unsicher. Der Verkäufer wiederum erhält die Zahlung zuverlässig und versendet erst, wenn er den gesamten Rechnungsbetrag erhalten hat.
Rechnung	Bei dieser Zahlungsweise bezahlt der Kunde nur die Ware, die er tatsächlich erhalten hat. Auch hat er vor der Zahlung die Gelegenheit, die Ware sorgfältig zu untersuchen. Zudem werden keinerlei Daten in unsicherer Form übermittelt, sodass auch in dieser Hinsicht keinerlei Missbrauch zu befürchten ist. Diese Zahlungsweise ist also für den Kunden die sicherste Zahlungsart.
Kreditkarte	Die Zahlung mittels **Kreditkarte** gilt als eine der bequemsten Möglichkeit des Bezahlens im Internet. Die Zahlung wird einfach und schnell abgewickelt, der Kunde spart sich den Weg zur Bank oder andere Mühen. Aber Vorsicht ist geboten, denn diese Zahlungsart ist nicht frei von Gefahren. Kreditkarteninformationen sind sensible Daten, die Gefahr eines Missbrauchs ist groß. Kreditkarteninformationen sollten deshalb in jedem Fall nur verschlüsselt mittels SSL übermittelt werden. Die Herausgabe der PIN (Personal Identification Number) im Internet ist zu vermeiden.
Nachnahme	Bei der **Nachnahme** ist der Käufer zur Vorleistung verpflichtet, denn er muss die Ware beim Zusteller bezahlen, bevor sie ausgehändigt wird. Er kann sie vor der Übergabe nicht untersuchen. Damit geht er das Risiko ein, dass er etwas erhält und bezahlt, was entweder fehlerhaft ist oder nicht dem entspricht, was er bestellt hat. Ist dies der Fall, muss er sich selbst darum kümmern, den Kaufpreis vom Verkäufer zurückzuerhalten.
Lastschrift, Bankeinzug	Bei dem **Lastschriftverfahren** erlaubt der Kunde dem Händler, den Rechnungsbetrag vom Konto des Kunden einzuziehen. Der Kunde kann die Abbuchung von seinem Konto innerhalb von sechs Wochen ohne Angabe von Gründen widerrufen. Sollte das Konto des Kunden nicht gedeckt sein, so erfolgt eine Rücklastschrift. Das bedeutet, das Geld kann nicht vom Konto des Kunden abgebucht werden und eine Gebühr von ca. zehn Euro fällt an. Diese Gebühr wird in der Regel dem Kunden auferlegt. Der Kunde muss seine Kontoauszüge laufend überprüfen, um sicher zu gehen, dass keine unerlaubten Lastschriften erfolgen. Außerdem muss er seinen Kontostand laufend überprüfen, damit ausreichend Deckung für eine etwaige Lastschrift gegeben ist.

2.4 Sicherheit und Zahlungsverfahren beim Onlinehandel

E-Payment (PayPal)	**E-Payment** steht für ein elektronisches Zahlungssystem. Der bekannteste Anbieter ist das amerikanische Unternehmen **PayPal**. Kunden können mit wenigen Klicks Geld an einen Shop oder eine andere Person senden. Dabei gibt PayPal keine Konto- oder Kreditkartendaten an den Shop weiter und ist dadurch für den Kunden sehr sicher. Der zu zahlende Betrag wird vom Bankkonto, der Kreditkarte oder vom Guthaben auf dem PayPal Konto abgebucht. Außerdem bietet PayPal einen Käuferschutz und ergreift umfangreiche Maßnahmen zur Betrugsvorbeugung. In der Summe ist PayPal das sicherste Zahlungsmittel für Kunden und Händler.
GiroPay, Paydirekt	Die Verfahren **GiroPay** und **Paydirekt** werden von Banken und Sparkassen angeboten. Der Käufer erhält vom Verkäufer im Onlineshop eine vorausgefüllte Überweisung, welche er über sein Onlinebanking ausführt. Dies ist für den Kunden sicher, da seine Kontodaten nicht an den Verkäufer weitergegeben werden. Der Verkäufer übernimmt die Provisionen für diese Zahlungsart und erhält im Gegenzug eine Zahlungsgarantie. Die Sofortüberweisung unterscheidet sich, weil die Kontodaten einem Dritten als technischen Dienstleister genannt werden, was Banken und Sparkassen per AGB verbieten.
Prepaidkarte, Paysafecard	Bei der Zahlung per **Prepaidkarte** kauft der Kunde zunächst per Vorkasse eine Plastikkarte mit einem Guthaben. Diese werden in der Regel im Kiosk oder in Tankstellen verkauft. Prepaid-Karten sind oft auch parallel als Telefonkarte nutzbar. Der Kunde kauft zum Beispiel eine 25-Euro-Prepaidkarte im Kiosk. Auf der Karte befindet sich ein Code, den er bei der Zahlung eingibt. Über den individuellen Code wird der zu zahlende Betrag, z. B. 25,00 €, an den Verkäufer übermittelt. Eventuelles Restguthaben nach der Zahlung kann im Internet abgefragt werden. Diese Zahlungsmethode ist anonym und stellt daher ein Risiko für Käufer und Verkäufer dar. Der Verkäufer kann nicht sichergehen, aus welcher Quelle die Karte stammt, zum Beispiel aus einem Diebstahl. Der Käufer übermittelt das Geld anonym und kann es bei Problemen nicht zurückfordern. Im Zweifelsfall bleibt sogar der Zahlungsempfänger anonym.
Geldhandy	Der Kunde erhält vom Verkäufer eine Telefonnummer, die er anrufen muss. Bei dem Anruf erhält der Kunde einen Code, den er im Internet eingibt. Durch die Eingabe der übermittelten Ziffern wird die Höhe der Abbuchung bestätigt. Die Abrechnung des Zahlungsbetrags erfolgt später **über die Mobilfunkrechnung**. Bei dieser Methode ist der Ausgabebetrag begrenzt, des Weiteren bieten nicht alle Telekommunikationsanbieter diesen Service an, z. B. nicht bei Prepaid-Handys.
Bargeldtransfer	Der größte Anbieter von **Bargeldtransfer** ist das amerikanische Unternehmen Western Union. Mit dieser Zahlungsmethode kann Geld weltweit transferiert werden. Da bei dieser Zahlungsmethode kein Identitätsnachweis notwendig ist, ist diese Zahlungsmethode die mit Abstand gefährlichste im Internethandel. Kriminelle nutzen häufig den Geldtransferdienst, um anonym Geld von ihren Opfern zu erhalten. Einmal versandtes Geld kann nicht mehr identifiziert und auch nicht mehr zurückverlangt werden. Von der Nutzung dieser Zahlungsdienste ist abzuraten.

Neben den genannten Zahlungsverfahren gibt es zahlreiche weitere, wie das Electronic-Cash-Verfahren, die Geldkarte, Skrill (ehemals Moneybookers), Wirecard, Sofortüberweisung, WEB.Cent, BitCoins, MicroMoney und viele weitere mehr. **Die Thematik der elektronischen Zahlungsmittel ist schnelllebiger und laufender Entwicklung ausgesetzt**, daher sind zukünftig zahlreiche weitere Zahlungsanbieter zu erwarten.

Lernfeld 2: Ein Unternehmen im Onlinehandel gründen und führen

Zusammenfassung Sicherheit und Zahlungsverfahren beim Onlinehandel

- Sichere Onlineshops mit **Datenverschlüsselung** sind zu erkennen an:
  - Sicherheitsprotokoll (grünes Schloss-Symbol)
  - SSL-Zertifikat (https-Protokoll)
- **Sicheres Passwort** für das Kundenkonten verwenden
- Es ist wichtig auf ein **Onlinegütesiegel** zu achten (z. B. Trusted Shops, TÜV)
- Das **Risiko** und die Risikoverteilung ist abhängig von der Zahlungsmethode.

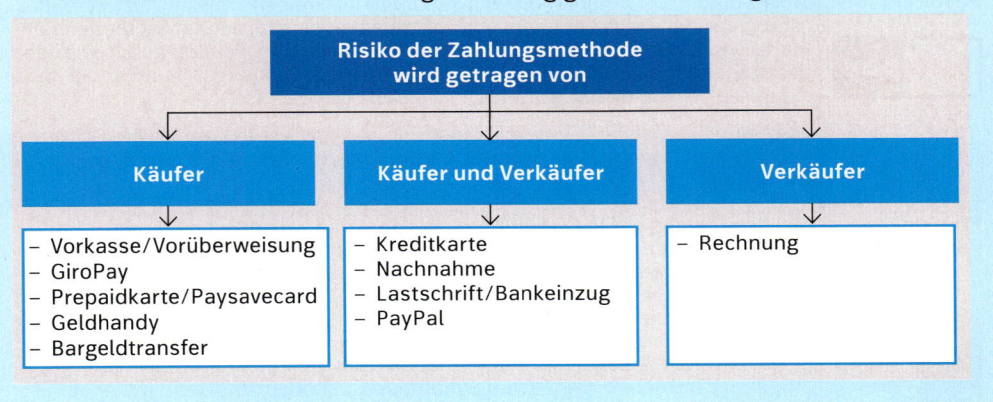

Risiko der Zahlungsmethode wird getragen von

Käufer	Käufer und Verkäufer	Verkäufer
– Vorkasse/Vorüberweisung – GiroPay – Prepaidkarte/Paysavecard – Geldhandy – Bargeldtransfer	– Kreditkarte – Nachnahme – Lastschrift/Bankeinzug – PayPal	– Rechnung

Aufgaben

1 Onlineshopping und analoges Shopping:
a) Erstellen Sie gemeinsam eine Tabelle, die den typischen Einkauf im Onlineshop (siehe die sechs Phasen des Onlineshoppings) und im Ladenlokal gegenüberstellt.

Phase	Onlineshopping	Einkauf im Ladenlokal
1.	Kunde besucht Internetseite des Händlers.	Kunde fährt zu Ladenlokal und betritt dieses. Er sieht sich um.
2.	Kunde legt per „Mausklick" Waren in den virtuellen Warenkorb.	Kunde legt die Ware in den Einkaufswagen oder seine Einkaufstasche.
3.	…	…
…		

b) Bei der Liste sind Ihnen vielleicht zahlreiche Parallelen aufgefallen. Ist dies ein Zufall oder gibt es einen Grund, warum der Ablauf ähnlich oder sogar identisch ist?

2 Erläutern Sie, anhand welcher Merkmale Sie erkennen können, ob die Datenübertragung bei der Bestellung im Internet verschlüsselt übertragen wird.

3 Nennen Sie das sicherste Zahlungsverfahren für
a) den Käufer,
b) den Verkäufer.
Begründen Sie Ihre Antworten.

4 Erläutern Sie, um welche Zahlungsart es sich handelt.
  a) Sie kaufen im Kiosk eine Telefonkarte, mit der Sie auch bezahlen können.
  b) Sie rufen eine Telefonnummer an und erhalten einen Code, mit dem Sie den Kauf bezahlen. Später wird der Betrag Ihrer Mobilfunkrechnung belastet.
  c) Sie bestellen ein Paar Schuhe und bezahlen den Kaufpreis in bar beim Fahrer des Paketdienstes.
  d) Nach Abschluss des Onlineshoppings werden Sie automatisch zu dem Onlinebanking-Portal Ihrer Bank weitergeleitet. Hier finden Sie den bereits ausgefüllten Überweisungsträger vor.
  e) Sie geben bei dem Bestellvorgang Ihre Kontodaten an und der Händler bucht mit Ihrer Erlaubnis automatisch den Rechnungsbetrag von Ihrem Konto ab.

5 Ordnen Sie den Wünschen die richtige Zahlungsart zu.
  a) Sie möchten einen Einkauf mit Bargeld bezahlen.
  b) Sie möchten die Ware erhalten und testen, bevor Sie die Bezahlung vornehmen.
  c) Sie wollen möglichst anonym bleiben.
  d) Sie möchten eine schnelle Kaufabwicklung und bei Problemen einen neutralen Ansprechpartner, der bei Nichtlieferung Ihr Geld zurückerstattet.

2.5 Datenschutz und Fernabsatzrecht im Onlinehandel

Oliver Rand legt großen Wert auf den korrekten Umgang mit seinen Kunden und die Einhaltung aller Vorschriften. Daher ist der Datenschutz für ihn ein wichtiges Thema. Oliver erfährt, dass neben dem Datenschutzgesetz auch das Fernabsatzrecht eine Rolle spielen soll. Um sich seinen Kunden gegenüber korrekt verhalten zu können, beschließt Oliver sich diese Rechtsgrundlagen genau anzusehen.

Arbeitsaufträge
– *Erläutern Sie, warum der Datenschutz eine immer größere Rolle spielt. Bringen Sie in diesem Zusammenhang Beispiele aus ihren eigenen Erfahrungen.*
– *Sammeln Sie in Partnerarbeit Beispiele, was mit Ihren persönlichen Daten in den Händen Krimineller geschehen könnte.*
– *Die Weitergabe Ihrer persönlichen Daten an andere Unternehmen ist nur in Ausnahmefällen erlaubt. Erstellen Sie eine Liste dieser Ausnahmefälle.*
– *Diskutieren Sie, warum das Rückgaberecht im Onlinehandel von großer Bedeutung ist und welche Folgen ein Missbrauch des Rückgaberechts für den Onlinehändler haben kann.*

■ Datenschutz im Onlinehandel

Das **Bundesdatenschutzgesetz** (BDSG) verfolgt das Ziel, personenbezogene Daten natürlicher Personen gegen Missbrauch zu schützen. Jeder soll selbst über seine Daten bestimmen dürfen, der Fachbegriff hierfür lautet **Informationelle Selbstbestimmung**. Er ist europaweit in Art. 8 der Charta der Grundrechte der Europäischen Union (**EU-Grundrechtecharta**) geregelt.

Im Rahmen des Datenschutzes muss der Onlinehändler klären,

- **welche Daten gespeichert** werden dürfen,
- **wie lange Daten gespeichert** werden dürfen und ob und wenn ja
- **wann Daten an Dritte weitergegeben** werden dürfen.

Welche Daten dürfen gespeichert werden?

Nach § 3a BDSG sollen personenbezogene Daten in möglichst geringem Umfang erfasst und verarbeitet werden (Grundsatz der Datenvermeidung, Datensparsamkeit und Zweckbindung).

> **§ 3a BDSG Datenvermeidung und Datensparsamkeit**
> Die Erhebung, Verarbeitung und Nutzung personenbezogener Daten und die Auswahl und Gestaltung von Datenverarbeitungssystemen sind an dem Ziel auszurichten, so wenig personenbezogene Daten wie möglich zu erheben, zu verarbeiten oder zu nutzen. [...]

Das bedeutet, dass Unternehmen **so wenige Daten wie möglich speichern** sollen. Daten dürfen folglich nur erhoben werden, wenn diese für den Zweck, z. B. eine Bestellung in einem Onlineshop, unmittelbar benötigt werden.

Beispiel Ein Kunde bestellt im Onlineshop der Center Warenhaus GmbH eine DVD und muss im Bestellprozess seine persönlichen Daten eingeben. Der Onlineshop darf hierbei **nur notwendige Daten** wie die Lieferadresse oder die Kontonummer abfragen. Es dürfen also nur Daten abgefragt werden, die unmittelbar für die Abwicklung des Bestellvorgangs notwendig sind. Neben der Lieferadresse und den Zahlungsdaten kann das zum Beispiel das Geburtsdatum sein. Das Geburtsdatum wird benötigt, um die Geschäftsfähigkeit eines Kunden und sein Mindestalter beim Erwerb einiger Produkte zu prüfen. Zu diesen Produkten gehören zum Beispiel Filme und Software mit FSK-Freigabe, Alkohol oder Waffen.

Wie lange dürfen die Daten gespeichert werden?

Die personenbezogenen Daten dürfen nur so lange gespeichert werden, wie dies für **den erhobenen Zweck notwendig** ist. Beim Onlinehandel ist der Zweck typischerweise die Abwicklung eines Kaufvertrags. Ist der Zweck erfüllt, müssen die Daten gelöscht werden.

Beispiel Ein Kunde hat bei der Bestellung seine Adresse angegeben. Nach der erfolgreichen Auslieferung der Ware müsste die Adresse des Kunden gelöscht werden.

In der Praxis geschieht die Speicherung der Daten oft deutlich länger oder sogar dauerhaft, da die persönlichen Daten **für zukünftige Aufträge** vorgehalten werden. Die Verkäufer speichern die Adresse dann für den Zweck der dauerhaften Kundenbeziehung und nicht nur für diesen einen Auftrag.

Beispiel Ist ein Kunde mit dem Service und den Waren eines Händlers zufrieden, so wird er wahrscheinlich erneut bestellen. Muss dieser Kunde nun immer wieder seine persönlichen Daten neu eingeben, so kann er dies als lästig und unangenehm empfinden. Um das Einkaufserlebnis nicht zu trüben, werden die Kundendaten für Folgeaufträge gespeichert.

Ist der Kunde mit dieser Speicherung jedoch nicht einverstanden, hat er das **Recht auf Löschen** oder **Sperren der Daten**. Wurden Kundendaten falsch angelegt, hat der Kunde ein **Recht auf Berichtigung** der Daten. Sperren, Löschen und Berichtigen sind immer sinnvoll, wenn keine zukünftigen Geschäftsbeziehungen zu erwarten sind oder Dritte aus falschen Daten nachteilige Schlüsse ziehen, z. B. Bonität falsch einschätzen.

2.5 Datenschutz und Fernabsatzrecht im Onlinehandel

Beispiel Oft fühlen sich Kunden von Unternehmen durch Werbung gestört. Regelmäßige Newsletter oder Werbebriefe werden nicht gewünscht. Der sicherste Weg, um sich vor dieser Werbung zu schützen ist, die Kundendaten löschen zu lassen. Dies kann der Kunde selbst über den Onlineshop des Händlers veranlassen oder formlos, z. B. per E-Mail, vom Händler erledigen lassen.

Wann dürfen Daten an Dritte weitergegeben werden?

Die Weitergabe von personenbezogenen Daten an andere Unternehmen ist nur erlaubt, **wenn die Daten für die Vertragserfüllung Dritter erforderlich sind**. Ein Onlineshop darf also Daten weitergeben, wenn dies für die Ausführung des Auftrags erforderlich ist.

Beispiel Im Onlineshop der Center Warenhaus GmbH wird ein Fernseher bestellt und der Kunde wählt die Option „mit Lieferung". Wird nun der Fernseher von einem Paketdienst ausgeliefert, so benötigt der Paketdienst die Adresse des Kunden für die Auslieferung. In diesem Fall dürfen die notwendigen personenbezogenen Daten an den Paketdienst weitergegeben werden.

■ Fernabsatzrecht im Onlinehandel

Zum Schutz der **Verbraucher** gibt es für Verträge, die **außerhalb von Geschäftsräumen**, z. B. an Haustüren, geschlossen werden, und für **Fernabsatzverträge** ein **Widerrufsrecht**. Dieses Recht ist in § 355 des Bürgerlichen Gesetzbuches (BGB) geregelt.

Jede natürliche Person, die Waren oder Dienstleistungen **für sich privat kauft**, ist ein Verbraucher. Eine natürliche Person ist jeder von Geburt an (vgl. S. 272 ff.). Das Fernabsatzrecht gilt nicht, wenn Waren oder Dienstleistungen für gewerbliche Zwecke, also zwischen Unternehmen (B2B) gehandelt werden.

Beispiel Oliver Rand kauft für seine Mutter einen Strauß Blumen zum Muttertag. Er bestellt die Blumen auf der Internetseite bei einem großen Floristik-Unternehmen. Die Lieferung erfolgt per Paketdienst. Für den Blumenkauf gilt das Fernabsatzrecht.

Immer dann, wenn ein Kaufvertrag **nicht in den Geschäftsräumen des Unternehmens** abgeschlossen wird, wurde der Vertrag „außerhalb von Geschäftsräumen" abgeschlossen. Das trifft beispielsweise auf Außendienstmitarbeiter oder Vertreter zu, die Waren oder Dienstleistungen an Haus- und Wohnungstüren verkaufen. In diesen Situationen könnte sich ein Kunde unter Druck gesetzt fühlen oder durch das Auftreten der Anbieter überrascht werden. Auch hat der Kunde in solchen Situationen keine Möglichkeit einen Preisvergleich durchzuführen, daher gilt für ihn das Widerrufsrecht.

Beispiele
- In der Auricher Innenstadt bietet ein Mitarbeiter der örtlichen Zeitung preisgünstige Abonnements an. Zu Hause fällt dem Kunden auf, dass er gar kein Interesse an den Zeitungen hat.
- Beim Surfen im Internet bestellt Oliver Rand für seine Freundin einen hochwertig präsentierten Pullover. Als die Lieferung eintrifft, kann die Qualität des Kleidungsstückes nicht überzeugen.

Das Fernabsatzgesetz

Von Fernabsatzverträgen wird gesprochen, wenn der Vertrag zwischen dem Käufer und dem Verkäufer **ausschließlich über Fernkommunikationsmittel** abgeschlossen wurde. Beispiele für die Fernkommunikationsmittel sind das Telefon, das Handy und das Internet. Folglich gelten alle im Onlinehandel abgeschlossenen Verträge als Fernabsatzverträge, da der Vertrag hier über das Internet abgeschlossen wurde.

Beispiel Marek kauft in einem Onlineshop einen neuen Computer.

Lernfeld 2: Ein Unternehmen im Onlinehandel gründen und führen

■ Widerrufsrecht im Onlinehandel

Widerruft ein Verbraucher einen Vertrag, so wird dieser **rechtlich vollständig rückgängig** gemacht, sodass alle Verpflichtungen und Rechte aus dem Vertrag nicht mehr gelten. Die Übermittlung des Widerrufs ist nicht an eine bestimmte Form gebunden, somit kann der Vertrag per Telefon, Fax, E-Mail etc. widerrufen werden. Wichtig ist aber, dass der Widerruf eindeutig ist, sodass der Verkäufer diesen nicht missverstehen kann.

Jedem Kunden stehen **14 Tage Widerrufsrecht** zu, der Verkäufer muss den Käufer auf dieses Recht mit einer **Belehrung** hinweisen. Ab der Zustellung der Belehrung beginnt die 14-tägige Widerrufsfrist. Wird der Kunde nicht auf sein Widerrufsrecht hingewiesen oder ist die Belehrung fehlerhaft, so kann der Widerruf noch innerhalb von 12 Monaten und zwei Wochen nach dem Kauf erfolgen.

Nach § 312g BGB sind einige Waren und Dienstleistungen **vom Widerrufsrecht ausgeschlossen:**

- individuell hergestellte Waren
- Lebensmittel und verderbliche Waren
- Hygieneartikel
- versiegelte Waren, wie Computersoftware, Ton- oder Videoaufnahmen
- Zeitungen, Zeitschriften oder Illustrierte
- Dienstleistungen – z. B. bei Finanzgeschäften, Transportaufträgen oder Hotelbuchungen
- Wett- oder Lotteriedienstleistungen

Die Kosten für die Rücksendung trägt

- bei **fehlerfreier Ware** der **Käufer**. Die Kosten für den Versand zum Kunden und die Ware werden dagegen vom Verkäufer erstattet. In der Praxis übernehmen viele Verkäufer auch die Kosten für den Rückversand, dies ist allerdings eine freiwillige Serviceleistung der Händler.

Beispiel Oliver Rand kauft eine Jacke für 59 Euro. Es fallen 6 Euro Versandkosten an. Oliver gefällt die Jacke nicht, sendet sie zurück. Ihm werden die Kosten für die Jacke und die Versandkosten erstattet (65 Euro). Das Porto für den Rückversand zum Händler muss Oliver selbst bezahlen.

- Bei **fehlerhafter Ware** oder falls die Ware **nicht der Beschreibung entspricht**, muss der **Verkäufer** für die Kosten der Rücksendung aufkommen.

Beispiele
- *Der gelieferte Artikel hat eine andere Farbe oder Ausstattung als in der Beschreibung im Onlineshop.*
- *Ein neuer Computer ist bei der ersten Inbetriebnahme defekt.*

Zusammenfassung Datenschutz und Fernabsatzrecht im Onlinehandel

- **Datenschutz**

Einwilligung	– Ohne Zustimmung dürfen keine persönlichen Daten gespeichert werden. – Zweck, Art und Umfang der gespeicherten Daten müssen ersichtlich sein (hierzu finden sich oft Hinweise in den AGBs des Händlers). – Die Weitergabe der Daten darf nur mit ausdrücklicher Erlaubnis erfolgen.
Zweckbindung	– Personenbezogene Daten dürfen nur für die bei der Erhebung bestimmten Zwecke verarbeitet werden, z. B. Abwicklung einer Onlinebestellung.

2.5 Datenschutz und Fernabsatzrecht im Onlinehandel

Auskunft	– Kunden haben das Recht zu erfahren, welche Daten über sie gespeichert wurden, woher diese Daten kommen, zu welchem Zweck sie gespeichert wurden und an wen sie weitergegeben wurden.
Berichtigung, Löschung oder Sperrung	– Ein Kunde hat das Recht auf Löschung oder Sperrung seiner Daten. – Falsche Daten müssen korrigiert werden.

- **Fernabsatzrecht**
  - Fernabsatzverträge sind alle Verträge, die außerhalb von Geschäftsräumen abgeschlossen werden.
  - Das Fernabsatzrecht dient dem Schutz der Verbraucher.
  - Verbraucher ist jede natürliche Person, die Waren für sich kauft.

- **Widerrufsrecht**
  - Der Widerruf löst alle Rechte und Pflichten aus dem Vertrag auf.
  - Das Widerrufsrecht besteht 14 Tage ab Belehrung.
  - Bestimmte Waren sind vom Widerruf ausgeschlossen.
  - Die Kosten der Rücksendung trägt
    - bei fehlerfreier Ware der Käufer,
    - bei fehlerhafter Ware der Verkäufer,
    - bei falsch beschriebener Ware der Verkäufer.

Aufgaben

1 Stellen Sie in Partnerarbeit eine Liste der Stellen oder Institutionen zusammen, die Daten von Ihnen gespeichert haben können.

2 Erläutern Sie den Begriff „Informationelle Selbstbestimmung".

3 In diesem Kapitel haben Sie von Ihrem Recht auf Löschung Ihrer Daten erfahren. Warum ist es nicht möglich, bei Behörden wie dem Finanzamt dieses Recht einzufordern?

4 Sehen Sie sich die §§ 322d und 355 BGB an und beantworten Sie die Fragen:
 a) Innerhalb von wie vielen Tagen kann ein Verbraucher einen Fernabsatzvertrag widerrufen?
 b) Wann beginnt diese Frist zu laufen?
 c) Unter welchen Umständen verlängert sich die Widerrufsfrist?

5 Beurteilen Sie die Situationen und geben Sie an, ob ein Recht auf Rückgabe besteht. Begründen Sie, wer die Kosten einer Rücksendung tragen müsste.
 a) Ein Kunde der Center Warenhaus GmbH kauft einen Bildschirm für 29 Euro im Onlineshop, testet diesen zu Hause eine Woche und gibt ihn ohne Angabe von Gründen zurück.
 b) Ein Kunde der Center Warenhaus GmbH kauft einen Schreibtisch für 229 Euro im Onlineshop, testet diesen zu Hause eine Woche und gibt ihn zurück. Ihn stört, dass im Shop die Farbe der Tischbeine als schwarz angegeben waren, der gelieferte Schreibtisch aber beigefarbene Tischbeine hat.
 c) Oliver Rand füllt eine Anmeldung zum kostenlosen Lesen eines Wirtschafts-Newsletters aus. Laut Newsletter-Anmeldung kann er den Newsletter sechs Monate ohne Verpflichtungen lesen. Bereits nach wenigen Ausgaben verliert Oliver das Interesse an dem Angebot. Im siebten Monat erhält er überraschend eine Rechnung für die nächsten sechs Monate des Newsletters.

d) Herr Koch plant ein Sommerfest, hierfür bestellt er auf Amazon einen sehr großen Grill. Diesen nutzt er, um auf dem Sommerfest 200 Gäste zu bewirten. Direkt nach dem Sommerfest, innerhalb der Rückgabefrist, sendet Herr Koch den Grill zurück zu Amazon. Er teilt dem Onlineversandhaus mit, dass er von dem Grill nicht überzeugt sei, außerdem solle Amazon ihm die hohen Versandkosten erstatten.

Wiederholung zu Lernfeld 2: Ein Unternehmen im Onlinehandel gründen und führen

1 Erstellen Sie eine Mindmap in der Sie die wichtigsten Aspekte des Onlinehandels zusammenfassen.

2 Ein Händler betreibt einen E-Shop und überlegt seine Waren zusätzlich auf einem E-Marketplace anzubieten. Stellen Sie die Vor- und Nachteile dieser Überlegung gegenüber.

3 Der Händler entscheidet sich gegen den Verkauf auf einem E-Marketplace. Stattdessen möchte er vermehrt in E-Communitys werben.
a) Erklären Sie den Begriff „E-Community" in eigenen Worten.
b) Listen Sie alle E-Communitys auf, in denen Sie angemeldet sind.

4 Für einen Onlinehändler kann es sinnvoll sein, von B2C ins das B2B-Geschäftsmodell zu wechseln.
a) Erklären Sie worum es dabei geht.
b) Nennen Sie Gründe für den Wechsel.

5 Sicherheit im Onlinehandel ist für den Verkäufer und den Käufer gleichermaßen wichtig.
a) Erklären Sie, warum es wichtig ist vertrauliche Daten (z. B. Kreditkarten- und Kontonummern) verschlüsselt zu übertragen.
b) An welcher Stelle kann ein Internetseiten-Besucher erkennen, ob der Onlineshop die Daten verschlüsselt überträgt?
c) Wenden Sie die Satzmethode an und erstellen Sie ein besonders sicheres Passwort. Schreiben Sie auch den ursprünglichen Satz, aus dem Sie Ihr Passwort generiert haben, auf.

6 Am Abschluss jedes Onlinekaufs steht die Zahlung. Ermitteln Sie je zwei Zahlungsverfahren, die
a) für den Verkäufer die höchste Sicherheit bieten und
b) für den Käufer die höchste Sicherheit bieten.

7 Beurteilen Sie warum viele Verkäufer, trotz des hohen Risikos, Zahlungsmethoden wie „Kauf auf Rechnung" anbieten.

8 Sie melden sich für ein kostenloses Onlinespiel an. Hierfür müssen Sie einen eigenen Zugang (Account) anlegen. Neben der Eingabe eines Nutzernamens und eines Passworts, werden Sie aufgefordert weitere Daten einzugeben. Es gibt Eingabefelder mit Fragen zu den Namen der Eltern, dessen Berufen und Geburtsdaten.
a) Diskutieren Sie gemeinsam welchen Zweck diese Aufforderung zur Dateneingabe haben könnte und ob Sie diese Informationen eingeben sollten.
b) Gegen welche drei Grundsätze nach § 3a BDSG verstößt diese Aufforderung zur Dateneingabe?
c) Sie spielen das Onlinespiel und verlieren nach einer gewissen Zeit das Interesse. Sie melden sich bei dem Spiel ab und löschen Ihr Profil endgültig. Wie lange darf der Anbieter des Spiels Ihre Daten speichern?
d) Dürfen Ihre eingegebenen Daten ohne weiteres an Dritte (andere Unternehmen) weitergegeben werden?

Lernfeld 3: Ware disponieren, beschaffen und lagern

3.1 Beschaffungsmarktforschung und Beschaffungsplanung

3.1.1 Bestellmengen und -zeitpunkte festlegen und Bezugsquellenanalyse anwenden

In der RAND OHG findet eine Besprechung der Geschäftsleitung mit dem Einkauf und dem Verkauf statt. Auch der Auszubildende Werner Krull nimmt an dieser Besprechung teil. Es wird heftig darüber diskutiert, welche Artikel für die Warengruppe „Textil" für das nächste Jahr bestellt werden sollen. Alle Teilnehmer haben einen Berg von Listen und Tabellen vor sich und führen Berechnungen durch, bisweilen werden auf dem Computer Daten der vergangenen Jahre abgerufen. Werner Krull denkt sich: *„Was wollen die nur mit den alten Zahlen vom laufenden Geschäftsjahr? Es sollen doch Waren für das nächste Jahr bestellt werden! Da nutzen uns doch die Umsatzzahlen der Vergangenheit überhaupt nichts."* Frau RAND sagt zu den Teilnehmern: „Wir sollten überlegen, ob wir nicht Jeanshosen in unser Sortiment aufnehmen. Die Kunden fragen zunehmend nach dieser Ware. Frau Meesters, finden Sie doch bitte bis Montag heraus, wo wir Jeans zu akzeptablen Preisen beschaffen können. Untersuchen Sie zudem, wie viele Jeans wir im kommenden Geschäftsjahr absetzen könnten!"

Arbeitsaufträge
- *Stellen Sie fest, ob es sinnvoll ist, Verkaufsdaten der Vormonate bei der Beschaffungsplanung zu verwenden.*
- *Überprüfen Sie, wie festgestellt werden kann, welche Mengen bei neuen Waren zu beschaffen sind und bei welchen Lieferern diese Waren beschafft werden können.*
- *Untersuchen Sie, wie oft eine Ware in einem Geschäftsjahr beschafft werden sollte.*
- *Erläutern Sie die Möglichkeiten der Bezugsquellenanalyse.*

Zur Beschaffungsmarktforschung (vgl. S. 99) gehören alle Tätigkeiten, die sich auf die **Beschaffung von Waren** beziehen, um die Kundenwünsche bezüglich Warenauswahl, Qualität, Preis usw. zu erfüllen. Grundlage des Beschaffungsmarketings sind die Informationen über die Wünsche und Ansprüche der Kunden. Die **Aufgabe der Beschaffungsplanung** ist es, die richtige Ware in der erforderlichen Menge und Qualität zum richtigen Zeitpunkt und zum günstigsten Preis beim richtigen Lieferer einzukaufen. Die Beschaffungsplanung beinhaltet somit die **Bedarfsermittlung** der Waren und die **Bezugsquellenermittlung**.

→ LS

Lernfeld 3: Ware disponieren, beschaffen und lagern

■ Bedarfsermittlung

Grundlage der Beschaffung sind die **Informationen über die Wünsche und Ansprüche der potenziellen Abnehmer (Kunden)**. Für einen Handelsbetrieb ergeben sich somit folgende Fragen:

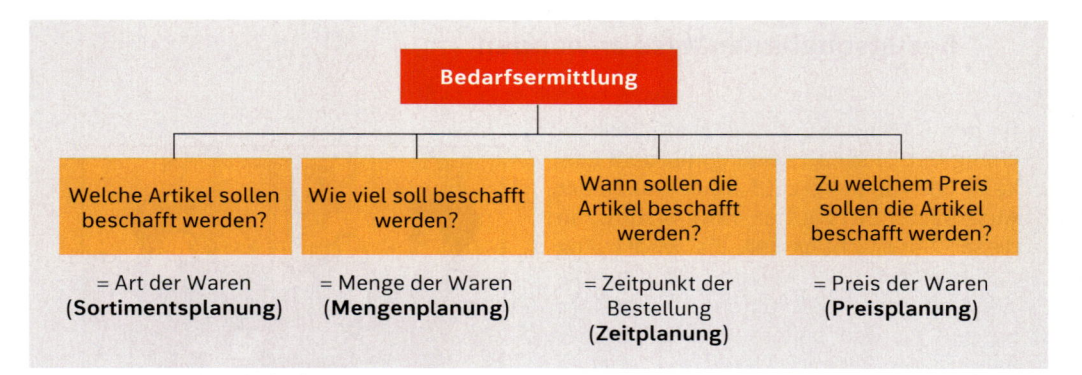

	Bedarfsermittlung		
Welche Artikel sollen beschafft werden?	Wie viel soll beschafft werden?	Wann sollen die Artikel beschafft werden?	Zu welchem Preis sollen die Artikel beschafft werden?
= Art der Waren (**Sortimentsplanung**)	= Menge der Waren (**Mengenplanung**)	= Zeitpunkt der Bestellung (**Zeitplanung**)	= Preis der Waren (**Preisplanung**)

Beschaffungsplanung als Sortimentsplanung (Art der Waren)

Grundsätzlich sollen nur Waren beschafft werden, die auch verkauft werden können (vgl. S. 99). Was eingekauft werden soll, lässt sich oft nicht genau vorhersagen. Als Unterlagen für die Sortimentsplanung können die Erfahrungen und Absatzstatistiken der vergangenen Jahre herangezogen werden. Bei neuen Waren sollte ein Handelsunternehmen vorsichtig disponieren, da Vorhersagen über die Zukunftsentwicklung nicht ohne Risiko sind. Bei der Bedarfsermittlung der zu beschaffenden Waren spielt heute auch das berühmte „Fingerspitzengefühl" eine wichtige Rolle. Entscheidungen im Beschaffungsbereich beziehen sich immer auf die **Zukunft**.

Beispiele
- *Im Spielwarenhandel werden fast acht Monate vor der Hauptumsatzzeit (Weihnachten) Waren geordert.*
- *Die Sommermode wird im Textilhandel spätestens im Herbst des Vorjahres bestellt.*

Warenbeschaffungen dienen dazu, den Kunden ein optimales Sortiment zu präsentieren und dem Handelsunternehmen einen angemessenen Gewinn zu sichern. Um den Bedarf zu ermitteln, ist es notwendig, die **Trends (Entwicklungen) des Absatzmarktes** genau zu untersuchen. Diese **Marktdaten** beeinflussen die Bedarfsermittlung.

Beispiel Die RAND OHG erkennt durch Untersuchung des Absatzmarktes, dass die Kunden eine steigende Vorliebe für hochwertige Spielwaren zeigen. Sie wird für ihren Betrieb prüfen, welchen Bedarf die Kunden des Einzelhandels für diese Ware haben.

Andererseits bieten aber auch die bisherigen Verkaufszahlen eines Artikels oder einer Warengruppe in einem Handelsbetrieb wichtige Grundlagen für Beschaffungsentscheidungen. Eine systematische Auswertung dieser Daten nennt man **Verkaufsdatenanalyse**.

Beispiel In der RAND OHG wird die Warengruppe „Spielwaren" untersucht. Hierzu werden die Verkaufszahlen der Waren betrachtet. Diese Informationen sind durch ein computergestütztes Warenwirtschaftssystem leicht und bei Bedarf artikelgenau zu erhalten.

3.1 Beschaffungsmarktforschung und Beschaffungsplanung

Spielwaren – Preisgruppen-Analyse nach Quartalen und Absatzzahlen in Tausend €

Waren-gruppe	Preis-gruppe	1. Quartal		2. Quartal		3. Quartal		4. Quartal	
		lfd. Jahr	Vor-jahr	lfd. Jahr	Vor-jahr	lfd. Jahr	Vor-jahr	lfd. Jahr	Vor-jahr
2	untere	154	165	112	151	82	139	74	150
2	mittlere	175	153	183	161	191	177	202	181
2	gehobene	67	45	88	56	101	65	112	69

Aus diesen Zahlen ist ersichtlich, dass die Kunden vermehrt Spielwaren der gehobenen Preisklasse nachfragen, während preiswerte Spielwaren eine sinkende Tendenz zeigen. Ein Trend ist also klar zu erkennen. Offensichtlich haben sich die Verbraucherwünsche gewandelt. Diese Information ist für die Sortimentsgestaltung und somit für die Beschaffung sehr wichtig. Wenn sich der Trend fortsetzt, sollten künftig mehr hochpreisige Spielwaren geordert werden, um den Kunden in diesem Marktsegment mehr Auswahl zu bieten.

Beschaffungsplanung als Mengenplanung

Der erforderliche Bedarf der zu beschaffenden Warenmenge kann anhand der im Unternehmen vorhandenen Ein- und Verkaufsstatistiken der Vergangenheit ermittelt werden. Allerdings sind hierbei künftige Entwicklungen, Trends und Veränderungen des Kundenverhaltens zu berücksichtigen. Diese Informationen werden im Rahmen der Beschaffungsmarktforschung beschafft. Ziel der Mengenplanung ist die Ermittlung der kostengünstigsten Bestellmenge (**optimale Bestellmenge**). Ein Handelsbetrieb hat bei der Ermittlung der Beschaffungsmengen zwei Alternativen:

- Beschaffung großer Mengen in großen Zeitabständen
- Beschaffung kleiner Mengen in kleinen Zeitabständen

Größere Bestellmengen binden viel Kapital und verursachen hohe Lagerkosten, sie ermöglichen andererseits das Ausnutzen von Preis- und Kostenvorteilen (Rabatte, Einsparung von Transportkosten usw.). **Kleinere Bestellmengen** binden wenig Kapital und führen zu niedrigen Lagerkosten. Sie verursachen aber meist höhere Beschaffungskosten.

Unter **Bestellkosten** oder **Beschaffungskosten** werden alle Sach- und Personalkosten verstanden, die durch eine Bestellung (Beschaffung) von Waren verursacht werden. Hierzu zählen die Kosten für die Anfragen, Angebotsvergleiche, Vertragsverhandlungen usw.

Beschaffungskosten und Lagerkosten entwickeln sich gegenläufig. Je häufiger nachbestellt wird, desto geringer sind der Lagerbestand und die Lagerkosten. Je seltener aber für den gleichen Warenbedarf bestellt wird, desto geringer sind die Beschaffungskosten. Die Bestellmenge, bei der die Summe der Lagerkosten und der Beschaffungskosten so klein wie möglich ist (Minimum der Kosten), heißt **optimale Bestellmenge**. Hieraus lässt sich die **optimale Bestellhäufigkeit** bestimmen.

Beispiel In der RAND OHG wird ein neues Schreibset ins Sortiment aufgenommen. Die Verkaufsabteilung ist sicher, dass in einem Jahr mindestens 20000 Schreibsets verkauft werden können. Herr Maier ist Einkäufer, aus Erfahrung weiß er, dass je Schreibset mit etwa 0,25 € Lagerkosten zu rechnen ist. Jede Bestellung verursacht etwa 50,00 € Beschaffungskosten. Er will die optimale Bestellmenge und -häufigkeit ermitteln. Die benötigte Warenmenge für ein Jahr (20000 Schreibsets) kann er entweder auf einmal oder monatlich (12-mal im Jahr) bestellen. Um die Bestell- und Lagerkosten zu ermitteln, erstellt er eine Tabelle. Er rechnet für jede Anzahl der Bestellungen (von 1 bis 12) die Bestellmenge, den durchschnittlichen Lagerbestand, die Lagerkosten, die Bestellkosten und die Gesamtkosten aus. Dabei bedient er sich seines Computers, um Zeit zu sparen.

Lernfeld 3: Ware disponieren, beschaffen und lagern

Anzahl der Bestellungen	Bestellmenge in Stück	Ø Lagerbestand in Stück (= Bestellmenge : 2)	Ø Lagerkosten in €	Bestellkosten in €	Gesamtkosten in €
1	20 000	10 000	2 500,00	50,00	2 550,00
2	10 000	5 000	1 250,00	100,00	1 350,00
3	6 667	3 333	833,00	150,00	983,00
4	5 000	2 500	625,00	200,00	825,00
5	4 000	2 000	500,00	250,00	750,00
6	3 333	1 666	416,00	300,00	716,00
7	2 857	1 428	357,00	350,00	707,00
8	2 500	1 250	312,00	400,00	712,00
9	2 222	1 111	277,00	450,00	727,00
10	2 000	1 000	250,00	500,00	750,00
11	1 818	909	227,00	550,00	777,00
12	1 667	833	208,00	600,00	808,00

Formeln	Beispiel für 5 Bestellungen
Bestellmenge = $\frac{\text{Jahresbedarf}}{\text{Anzahl der Bestellungen}}$ **Lagerkosten** = Ø Lagerbestand·Lagerkst./St. in € **Bestellkosten** = Anzahl der Bestellungen · Bestellkosten/Bestellung in € **Gesamtkosten** = Lagerkosten + Bestellkosten	$\frac{20000 \text{ Stück}}{5}$ = 4 000 Stück 2 000 · 0,25 € = 500,00 € 5 · 50,00 € = 250,00 € 500,00 € + 250,00 € = 750,00 €

Die geringsten Gesamtkosten (707,00 €) ergeben sich bei 7 Bestellungen im Jahr (357,00 € Lagerkosten und 350,00 € Bestellkosten). Unter diesen Bedingungen wäre es am wirtschaftlichsten, wenn 7-mal im Jahr eine Menge von 2 857 Schreibsets bestellt würde. Wenn im Jahr 7-mal bestellt werden soll, lassen sich die Bestelltermine (Bestellzeitpunkte) bestimmen.

Beschaffungsplanung als Zeitplanung

Der Zeitpunkt für eine Warenbestellung hängt von vielen Faktoren ab. Grundlage für die Entscheidung über den **Bestellzeitpunkt** ist der Termin, zu dem die Ware im Unternehmen zur Verfügung stehen muss. Von diesem Termin aus muss rückwärts gerechnet werden. Zu berücksichtigen sind:

- **Bestelldauer innerhalb des Hauses** (die Zeit von der Bedarfsermittlung, z. B. im Lager bei Standardartikeln, über die Bedarfsmeldung an die Beschaffungsabteilung, ggf. Angebotseinholung und -auswertung bei neuen Artikeln bis zum Schreiben und Versand der Bestellung),

- **Bearbeitung der Bestellung beim Lieferer** (Zeit für den Beförderungsweg der Bestellung, Posteingang und -bearbeitung beim Lieferer, Auftragsprüfung, ggf. Produktionszeit, Verpacken der Ware usw.),
- **Lieferzeit** (Versand der Ware durch Deutsche Post AG, Deutsche Bahn AG, Spediteur usw.),
- **Warenannahme, -prüfung und -lagerung** (beim Besteller).

Ferner ist bei der Festlegung des Bestellzeitpunktes die **Lagerfähigkeit** von Waren zu berücksichtigen (Verderb, Schwund, Modewechsel usw.), ebenso die freie **Lagerkapazität** beim Eintreffen der Ware (wichtig bei Saisonware). Bei Waren, die auf dem Beschaffungsmarkt häufigen **Preisänderungen** unterliegen, ist es ratsam, zu Zeiten niedriger Preise zu bestellen und die Ware vorübergehend einzulagern. Allerdings müssen die Preisvorteile gegen die höheren Lagerkosten und die längere Kapitalbindung abgewogen werden.

Beschaffungsplanung als Preisplanung
Eine Grundregel im kaufmännischen Leben lautet: „Im günstigen Einkauf liegt der halbe Gewinn". Günstige Einkaufspreise fördern die Wettbewerbsfähigkeit eines Unternehmens und erhöhen infolgedessen den Gewinn eines Handelsunternehmens. Es gilt somit, den preislich günstigsten Lieferer zu ermitteln. Dabei ist aber darauf zu achten, dass nicht immer der Anbieter mit dem niedrigsten Preis auch der günstigste Anbieter ist. Weitere Gesichtspunkte wie Lieferungs- und Zahlungsbedingungen, Zuverlässigkeit, Liefertermin sowie ökologische Gesichtspunkte müssen in die Entscheidung einbezogen werden (vgl. S. 130).

■ Bezugsquellenanalyse

Der Ermittlung und Auswahl der Lieferer kommt eine entscheidende Bedeutung zu. Von ihr hängt die Kostensituation des Unternehmens ab. Um **Bezugsquellen** (Lieferer) für benötigte Waren zu erhalten, stehen dem Händler interne (innerbetriebliche) und externe (außerbetriebliche) Informationsmöglichkeiten der **Beschaffungsmarktforschung** zur Verfügung.

Interne Informationsquellen
Informationen von eigenen Lieferern werden meist gesammelt. Je nach Größe, Informationsbedarf und Organisationsgrad eines Betriebes sind diese Daten in Dateien, Ordnern, Listen usw. aufbewahrt. Zunehmend werden aber die Möglichkeiten einer computergestützten Datensammlung und -auswertung genutzt. In einer Liefererdatei bzw. Angebotsdatei werden alle Angaben über bestehende Lieferer mit Namen, Anschrift, Sortiment, Preisen, Konditionen und Unterlagen von Vertreterbesuchen gespeichert. Die Bezugsquelleninformationen können nach bestimmten Merkmalen erfasst und abgerufen oder geändert werden. So stehen bei Bedarf gezielt Bezugsquellen zur Verfügung.

Beispiel In der RAND OHG fallen die Stammlieferer für Haushaltswaren aus. Kurzfristig muss Ware bestellt werden, um die Kundennachfrage zu decken. Vera Meesters ist Einkaufsdisponentin. An ihrem Computer ruft sie die Lieferer- und Angebotsdatei auf. Sie gibt als Suchkriterium „Haushaltswaren" ein. Sofort erscheint eine Liste auf dem Bildschirm, die alle Haushaltswarenlieferer zeigt, bei denen bereits einmal Ware bestellt wurde. Zusätzlich erscheinen Daten von Lieferern, die bisher nur Angebote abgegeben haben. Nun kann Frau Meesters kurzfristig (Telefon, Fax, E-Mail) nachfragen, ob und zu welchen Bedingungen geliefert werden kann.

Externe Informationsquellen
Liegen intern keine Informationen über Bezugsquellen vor, so muss man sich betriebsfremder Quellen bedienen, die aber nicht immer kostenlos sind. Wenn ein Unternehmer ein Unternehmen gründet oder wenn er ein völlig neues Produkt in ein vorhandenes Sortiment aufnehmen möchte, kann er selten auf interne Informationsquellen zurückgreifen. Er bedient sich betriebsfremder Quellen. Hierzu gibt es viele Möglichkeiten:

Lernfeld 3: Ware disponieren, beschaffen und lagern

Beispiele
- *Auswerten von Anzeigen in Fachzeitschriften*
- *Besuch von Messen, Ausstellungen*
- *Gespräche mit Handelsvertretern oder Reisenden*
- *Bezugsquellennachweise, Branchenadressbücher, Messekataloge, Gelbe Seiten*
- *Informationen von Banken, Fachverbänden, Industrie- und Handelskammern*
- *Datenbanken von Kreditinstituten, Kammern, öffentliche Datenbanken, im Internet, Datenbanken von Lieferern*
  (Auf diese elektronischen Daten kann der Unternehmer am eigenen Computer über Datenleitungen selbst zugreifen. Er kann diese Datenanalyse aber auch in Auftrag geben, z. B. an Banken oder spezielle Unternehmen, die Datenbanken betreuen.)

Alle Informationsquellen müssen sorgfältig ausgewertet werden. Sind **Bezugsquellen** bekannt, können gezielt Angebote, Warenproben, Muster usw. angefordert werden. Die Angebote werden verglichen und eine Bestellung der Ware kann erfolgen.

Eine besondere Stellung bei externen Informationsquellen nehmen **Datenbanken** ein. Zunehmend lösen sie herkömmliche Printmedien wie Adressbücher ab. Ein Interessent für bestimmte Lieferer oder Waren kann am eigenen Computer per **Onlinerecherche** auf diese Datensammlungen direkt zugreifen. Er kann diese Datenrecherche aber auch bei Banken oder speziellen Datenbankbetreibern (Informationsbroker) gegen Honorar in Auftrag geben (**Offlinerecherche**). Alle Informationsquellen müssen sorgfältig ausgewertet werden. Sind Bezugsquellen bekannt, können gezielt Angebote, Warenproben, Muster usw. angefordert werden.

Zusammenfassung: Bestellmengen und -zeitpunkte festlegen und Bezugsquellenanalyse anwenden

- **Ziel der Beschaffung** ist die wirtschaftliche und kundenorientierte Warenbeschaffung.
- Die **Bedarfsermittlung** zur Beschaffung von Waren stützt sich u. a. auf die Untersuchung der Verkaufsdaten eines Unternehmens.
- Durch **Verkaufsdatenanalysen** können Trends des Kundenverhaltens erkannt werden.
- **Größere Bestellmengen** binden viel Kapital und verursachen hohe Lagerkosten, kleinere Bestellmengen verursachen höhere Beschaffungskosten.
- Die **optimale Bestellmenge** liegt im Minimum der Gesamtkosten aus Lager- und Beschaffungskosten.
- Der **Bestellzeitpunkt** hängt davon ab, wann die bestellte Ware im Verkauf benötigt wird.
- Zur **Bezugsquellenanalyse (Beschaffungsmarktforschung)** bedient sich ein Unternehmen innerbetrieblicher (Lieferer-, Angebotsdatei, Unterlagen von Vertreterbesuchen) und außerbetrieblicher Informationen (Messen, Fachzeitschriften, Verbände, spezielle Datenbanken, Adressenverzeichnisse).

Aufgaben

1 Erläutern Sie die Aufgaben der Beschaffungsplanung.

2 Geben Sie an einem Beispiel für die RAND OHG an, welche Fragen im Rahmen der Bedarfsermittlung zu klären sind.

3 Beschreiben Sie, welche Bedeutung eine Verkaufsdatenanalyse im Rahmen der Beschaffung hat.

4 Von einem Artikel werden in der RAND OHG jährlich 20 000 Stück benötigt. Je Stück fallen 0,15 € Lagerkosten an, jede Bestellung verursacht 52,00 € Beschaffungskosten. Bestimmen Sie die optimale Bestellmenge und die optimale Bestellhäufigkeit. Erstellen Sie hierzu eine Tabelle und berechnen Sie die einzelnen Kosten für 1, 2, 3, … 12 Bestellungen.

5 Die RAND OHG will einen neuen Artikel in ihr Sortiment aufnehmen. Erläutern Sie, wie geeignete Lieferer für diesen Artikel ermittelt werden können.

6 Eine alte Kaufmannsweisheit besagt: „Im Einkauf liegt der halbe Gewinn!" Erläutern Sie diese Aussage.

3.1.2 Anfragen und Angebote bearbeiten und den Schriftverkehr durchführen

Die RAND OHG holt von verschiedenen Unternehmen schriftliche Angebote für Damenblusen ein. Sie erhält auch ein Angebot der Wollmann OHG. Unter dem Angebot dieses Unternehmens steht u. a.: „Lieferung solange der Vorrat reicht". Die RAND OHG bestellt einen Tag nach Erhalt des Angebots per Brief 2 000 Damenblusen. Nach einer Woche erhält sie von der Wollmann OHG folgende Nachricht: „Leider müssen wir Ihnen mitteilen, dass unser gesamter Lagerbestand an Blusen bereits verkauft worden ist." Vera Meesters, Leiterin der Einkaufsabteilung der RAND OHG, ruft empört bei der Wollmann OHG an und verlangt die Lieferung der bestellten Waren.

Arbeitsaufträge
- *Stellen Sie fest, welche rechtliche Bedeutung ein Angebot für den Anbietenden hat.*
- *Überprüfen Sie, ob die RAND OHG Anspruch auf Lieferung der bestellten Waren hat.*
- *Erläutern Sie Freizeichnungsklauseln.*

■ Die Anfrage

Bevor ein Kunde einen Kaufvertrag mit einem Lieferer abschließt, informiert er sich über **Preis, Qualität, Mengeneinheiten usw.** eines oder mehrerer Artikel. Diese **Anfrage** ist für Kunden und Lieferer unverbindlich, d. h. ohne rechtliche Wirkung. Die **Anfrage** ist **formfrei**. Sie kann schriftlich, mündlich, telefonisch oder fernschriftlich (Fax, Onlinedienste, Internet) erfolgen.

Durch den **elektronischen Datenaustausch (EDI = Electronic Data Interchange)** von Computer zu Computer können Anfragen zwischen Kunden und Lieferern usw. über das Internet schnell und rationell abgewickelt werden.

Mit der Anfrage können neue Geschäftsbeziehungen angebahnt oder bekannte Lieferer zur Abgabe eines Angebotes aufgefordert werden.

- **Allgemeine Anfrage:** Bittet ein Kunde nur um einen Katalog, eine Preisliste, ein Warenmuster oder um einen Vertreterbesuch, spricht man von einer allgemeinen Anfrage.

Lernfeld 3: Ware disponieren, beschaffen und lagern

- **Bestimmte Anfrage:** Ein Kunde will vom Verkäufer konkrete Angaben über bestimmte Waren und Konditionen (Liefer- und Zahlungsbedingungen) erhalten, so z. B. Angaben über Güte (Qualität und Beschaffenheit) der Produkte, Mindestabnahmemengen, Preis, Lieferzeit.

■ Das Angebot

Ein **Angebot** ist eine an eine **bestimmte Person gerichtete Willenserklärung** (vgl. S. 132), mit der der Anbietende zu erkennen gibt, dass er bestimmte Waren zu bestimmten Bedingungen liefern will. Das Angebot unterliegt ebenso wie die Anfrage **keinen Formvorschriften**. Es kann mündlich, schriftlich, telefonisch oder fernschriftlich abgegeben werden. Zur Vermeidung von Irrtümern sollte immer die Schriftform gewählt werden.

Ein **Angebot** ist nur dann **rechtsverbindlich**, wenn es an **eine bestimmte Person gerichtet ist (§ 145 BGB)**. Das **Ausstellen von Waren** in Schaufenstern, Automaten, Verkaufsräumen, ebenso das **Anpreisen von Waren** in Prospekten, Katalogen, Postwurfsendungen und Anzeigen in Zeitungen sind im rechtlichen Sinne kein Angebot, sondern eine an die Allgemeinheit gerichtete **Anpreisung**. Diese beinhalten lediglich die **Aufforderung an den Kunden, selbst einen Antrag** an den Verkäufer zu richten.

Bindung an das Angebot

Grundsätzlich sind alle Angebote verbindlich. Will der Verkäufer die Bindung des Angebots einschränken oder ausschließen, so nimmt er in sein Angebot **Freizeichnungsklauseln** auf:

Freizeichnungsklauseln	verbindlich	unverbindlich
– solange Vorrat reicht – freibleibend – ohne Gewähr, ohne Obligo – Preise freibleibend – Lieferzeit freibleibend	Preis, Lieferzeit – – Lieferzeit, Menge Preis, Menge	Menge alles alles Preis Lieferzeit

Beispiel *AGB der RAND OHG „1. Vertragsschluss: Unsere Angebote sind freibleibend." (vgl. S. 138)*

Beinhaltet ein **schriftliches Angebot** keine Freizeichnungsklauseln, so ist der Anbietende so lange an sein Angebot gebunden, **wie er unter verkehrsüblichen Umständen mit einer Antwort rechnen kann**, d. h., der Kunde muss auf dem gleichen oder einem schnelleren Weg antworten. Zu berücksichtigen sind hierbei die Beförderungsdauer des Angebots, eine angemessene Überlegungsfrist des Kunden und die Beförderungsdauer der Bestellung.

Beispiele
- *Angebot per Brief: zweimal Postweg in vier Tagen (vom Anbieter zum Empfänger und zurück), ein Tag Bearbeitung, Gültigkeitsdauer höchstens fünf Tage*
- *Angebot per E-Mail: ein Tag*

Bei einem **mündlichen Angebot** ist der Anbietende **während des Verkaufsgesprächs** an sein Angebot gebunden. Nach Beendigung des Gesprächs ist das mündliche Angebot erloschen. Angebote während eines Telefongespräches gelten ebenfalls nur für die Dauer des Gesprächs.

Der Lieferer ist nicht mehr an sein Angebot gebunden, wenn

- **das Angebot vom Kunden abgeändert wurde,**
  Beispiel *Statt zu 3,00 €/Stück bestellt der Kunde zu 2,80 €/Stück.*
- **das Angebot vom Lieferer rechtzeitig widerrufen wurde;** der Widerruf muss aber spätestens gleichzeitig mit dem Angebot beim Kunden eintreffen,
  Beispiel *Ein Angebot wurde brieflich an den Kunden gesandt; nach einem Tag will der Verkäufer aufgrund eines Irrtums widerrufen; es empfiehlt sich ein Widerruf per Telefon oder Fax, damit der Widerruf spätestens mit dem Brief eintrifft.*

- **zu spät vom Kunden bestellt wurde,**
  Beispiel Ein Kunde bestellt nach einem brieflichen Angebot ohne Fristsetzung erst nach zwei Wochen.
- **der Kunde das Angebot ablehnt.**

Zusendung unbestellter Ware

Erhält ein **Kaufmann** unbestellte Waren eines Lieferers (zweiseitiger Handelskauf, vgl. S. 134), dann liegt ein Angebot des Lieferers vor. Es ist zu überprüfen, ob bereits zwischen dem Lieferer und dem Käufer Geschäftsbeziehungen bestehen.

Unterhält ein Kaufmann mit einem Lieferer bisher noch **keine Geschäftsbeziehungen**, dann gilt sein **Schweigen** bei Zusendung unbestellter Ware als **Ablehnung des Angebots**. Der Kaufmann ist nur verpflichtet, die unbestellte Ware eine angemessene Zeit aufzubewahren, nicht aber, sie zurückzuschicken.

Sendet ein Lieferer einem Kaufmann, mit dem er **bereits Geschäftsbeziehungen** pflegt, unbestellte Waren zu, und war das Zusenden unbestellter Ware bisher üblich (Handelsbrauch) zwischen den Vertragspartnern, dann gilt das **Stillschweigen** des Kaufmanns als **Annahme des Angebots**. Will der Kaufmann das Angebot nicht annehmen, so ist er verpflichtet, dem Lieferer **unverzüglich** eine Nachricht zukommen zu lassen (§ 362 HGB).

Beispiel Die RAND OHG erhält von der Wollmann OHG, die die RAND OHG seit vielen Jahren beliefert, einen Sonderposten Tennissocken zugesandt, ohne dass dieser bestellt worden war. Unterlässt es die RAND OHG, dem Lieferer unverzüglich Nachricht darüber zu geben, dass sie die Warenlieferung nicht haben möchte, dann muss die RAND OHG die Waren behalten.

Wenn ein Verkäufer einer **Privatperson** (einseitiger Handelskauf, vgl. S. 133) unbestellte Ware zusendet, gilt das **Schweigen** der Privatperson als **Ablehnung**. Die Privatperson ist weder zur Aufbewahrung der Waren, noch zu deren Rücksendung verpflichtet. Wurde die unbestellte Ware als Nachnahme versandt, und nimmt die Privatperson diese an, kommt ein Kaufvertrag zustande.

Beispiel Eine Versandbuchhandlung sendet Sonja Koch unbestellt ein Buch zum Vorzugspreis von 49,00 €. Sonja ist nicht verpflichtet, das Buch zu bezahlen. Sie muss das Buch auch nicht zurücksenden. Sonja darf die Ware wie ein Eigentümer nutzen oder sie wegwerfen.

■ Schriftverkehr

Für die Gestaltung von Geschäftsbriefen, zu denen auch Angebote zählen, gelten die **„Schreib- und Gestaltungsregeln für die Textverarbeitung"** nach **DIN 5008**. Diese Norm legt nicht fest, was zu schreiben ist, sondern wie ein vorgegebener Inhalt dargestellt werden soll. Die DIN 5008 enthält auch Hinweise, die für den privaten Schriftverkehr von Bedeutung sind.

Beispiel Auf der S. 104 finden Sie einen Brief, anhand dessen die wichtigsten Regeln erläutert werden.

❶ Der **Briefkopf** ist bei Geschäftsbriefen vorgedruckt. Er dient der Werbung und enthält meist Firma und Branche des Unternehmens oder den Absender.

❷ Oberhalb des Anschriftfeldes befindet sich als Wiederholung des Absenders das Feld für die **postalische Rücksendeangabe**. Sie ist ebenfalls vorgedruckt und erspart bei Verwendung von Fensterhüllen eine zusätzliche Absenderangabe auf der Briefhülle.

❸ Das **Anschriftfeld** besteht aus neun Zeilen. Es wird im obigen Musterbrief folgendermaßen aufgeteilt:
  1. Zeile: Leerzeile
  2. Zeile: Leerzeile
  3. Zeile: Leerzeile
  4. Zeile: Empfängerbezeichnung
  5. Zeile: Empfängerbezeichnung

Lernfeld 3: Ware disponieren, beschaffen und lagern

6. Zeile: Straße mit Hausnummer oder Postfach
7. Zeile: Postleitzahl und Bestimmungsort
8. Zeile: Bestimmungsland
9. Zeile: Leerzeile

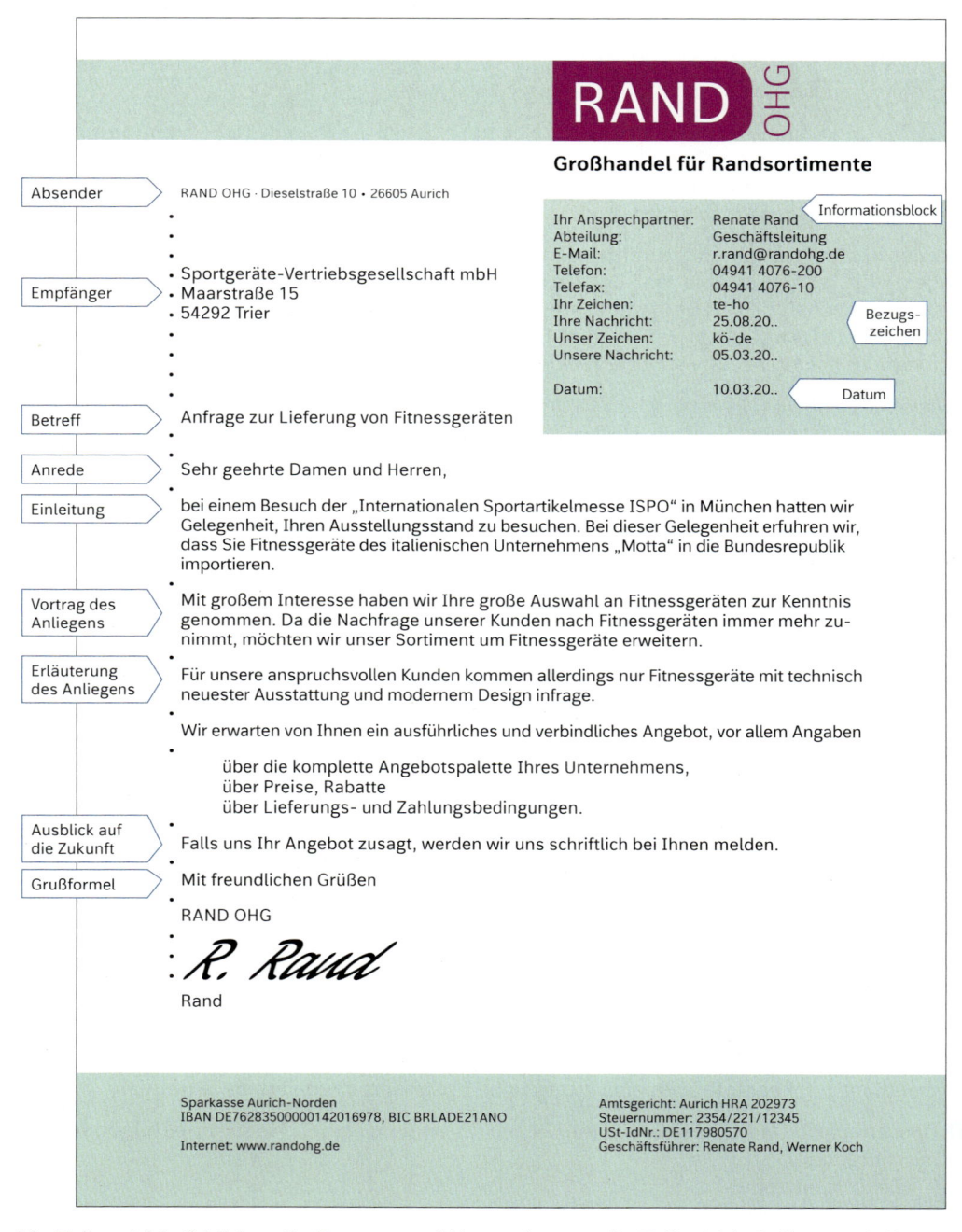

RAND OHG

Großhandel für Randsortimente

Absender: RAND OHG · Dieselstraße 10 · 26605 Aurich

Empfänger:
- Sportgeräte-Vertriebsgesellschaft mbH
- Maarstraße 15
- 54292 Trier

Informationsblock:
Ihr Ansprechpartner:	Renate Rand
Abteilung:	Geschäftsleitung
E-Mail:	r.rand@randohg.de
Telefon:	04941 4076-200
Telefax:	04941 4076-10

Bezugszeichen:
Ihr Zeichen:	te-ho
Ihre Nachricht:	25.08.20..
Unser Zeichen:	kö-de
Unsere Nachricht:	05.03.20..

Datum: 10.03.20..

Betreff: Anfrage zur Lieferung von Fitnessgeräten

Anrede: Sehr geehrte Damen und Herren,

Einleitung: bei einem Besuch der „Internationalen Sportartikelmesse ISPO" in München hatten wir Gelegenheit, Ihren Ausstellungsstand zu besuchen. Bei dieser Gelegenheit erfuhren wir, dass Sie Fitnessgeräte des italienischen Unternehmens „Motta" in die Bundesrepublik importieren.

Vortrag des Anliegens: Mit großem Interesse haben wir Ihre große Auswahl an Fitnessgeräten zur Kenntnis genommen. Da die Nachfrage unserer Kunden nach Fitnessgeräten immer mehr zunimmt, möchten wir unser Sortiment um Fitnessgeräte erweitern.

Erläuterung des Anliegens: Für unsere anspruchsvollen Kunden kommen allerdings nur Fitnessgeräte mit technisch neuester Ausstattung und modernem Design infrage.

Wir erwarten von Ihnen ein ausführliches und verbindliches Angebot, vor allem Angaben

- über die komplette Angebotspalette Ihres Unternehmens,
- über Preise, Rabatte
- über Lieferungs- und Zahlungsbedingungen.

Ausblick auf die Zukunft: Falls uns Ihr Angebot zusagt, werden wir uns schriftlich bei Ihnen melden.

Grußformel: Mit freundlichen Grüßen

RAND OHG

R. Rand

Rand

Sparkasse Aurich-Norden
IBAN DE76283500000142016978, BIC BRLADE21ANO
Internet: www.randohg.de

Amtsgericht: Aurich HRA 202973
Steuernummer: 2354/221/12345
USt-IdNr.: DE117980570
Geschäftsführer: Renate Rand, Werner Koch

Die Zeilen 1 bis 3 bilden die Zusatz- und Vermerkzone, die Zeile 4 bis 9 die Anschriftzone. Zusätze und Vermerke können Vorausverfügungen (z. B. Nicht nachsenden), Produkte (z. B. Einschreiben) und elektronische Freimachungsvermerke sein. Die Angabe der **Sendungsart** ist von der Deutschen Post AG vorgeschrieben. **Versendungsformen** sind „Einschreiben", „Express-Brief" „Nachnahme", „Rückschein", „Vorausverfügung", „Eigenhändig".

Beispiele

Express-Brief	Einschreiben
RAND OHG	Herstadt Warenhaus GmbH
Dieselstraße 10	Brunostr. 45
26605 Aurich	45889 Gelsenkirchen

Bei der **Empfängerbezeichnung** unterscheiden wir Personenanschriften und Anschriften von Unternehmen.

Personenanschriften beginnen immer mit der Anrede „Herr" oder „Frau". Funktions-, Berufs- oder Amtsbezeichnungen, z. B. Bürgermeister, Studienrat oder Direktor, sind neben die Anrede „Herrn" oder „Frau" zu schreiben. Akademische Grade, wie Dr., Diplom-Kaufmann oder Diplom-Psychologe, stehen vor dem Namen. Die Empfängerbezeichnung soll sinnvoll auf die dritte und vierte Zeile des Anschriftenfeldes aufgeteilt werden.

Beispiele

Herrn Bürgermeister	Herrn Oberstudienrat
Adolf Grimme	Dipl.-Hdl. Wolfgang Wilke

Bei **Anschriften von Unternehmen** wird das Wort „Firma" nur verwendet, wenn aus der Empfängerbezeichnung nicht zu ersehen ist, dass es sich um ein Unternehmen handelt. Handelt es sich um umfangreiche Anschriften, müssen sie sinnvoll auf mehrere Zeilen verteilt werden.

Beispiele

Herstadt Warenhaus GmbH	Eisenwarenhandlung
Brunostr. 45	Klaus Klein e. K.
45889 Gelsenkirchen	Herrn Wolf
	Postfach 1220
	95448 Bayreuth

❹ Die Bezugszeichen stehen in der Bezugszeichenzeile oder alternativ in einem Informationsblock rechts neben dem Feld für die Anschrift des Empfängers. Dieses ist die modernere Form. **Bezugszeichen** haben die Aufgabe, den kaufmännischen Schriftverkehr zu erleichtern. Die Gestaltung der Bezugszeichen unterliegt innerbetrieblichen Regelungen. Sie enthalten i. d. R. folgende Angaben:

Ihr Zeichen, Ihre Nachricht: Hier wird auf ein Schreiben des Empfängers Bezug genommen.

Beispiel Die RAND OHG schreibt an die Herstadt Warenhaus GmbH am 27. August 20.. unter dem Zeichen ma-ne. Wenn die Herstadt Warenhaus GmbH auf dieses Schreiben antwortet, setzt sie ein:
Ihr Zeichen: ma-ne
Ihre Nachricht: 27.08.20..
In der RAND OHG weiß man jetzt sofort, wer den Brief geschrieben hat und wann dies war.

Unser Zeichen, Unsere Nachricht: Unter „Unser Zeichen" wird i. d. R. das Diktatzeichen des Verfassers und das Zeichen des Büromitarbeiters angegeben. Die Art der Abkürzung wird innerbetrieblich geregelt. Unter „Unsere Nachricht" wird auf das Datum des letzten Schreibens Bezug genommen.

Beispiel Herr Maier diktiert einen Brief, geschrieben wird er von Frau Bärbel Neu. Das Zeichen lautet ma-ne. Unter „Unsere Nachricht:" kann auf das Datum eines früheren Briefes Bezug genommen werden.

Durchwahlnummer oder Telefon: Vorwahlnummer und Telefonnummer werden in zwei Blöcke gegliedert.

Beispiele 089 6970441 oder 0203 44536-90

Datum: Das Datum kann in numerischer und alphanumerischer Schreibweise geschrieben werden, die Jahreszahl vierstellig.

Bei der numerischen Schreibweise erfolgt die Angabe des Datums in Ziffern. Hier sollten Tag und Monat stets zweistellig angegeben werden. Das Datum kann in der Reihenfolge Tag, Monat, Jahr oder in der in Europa üblichen Reihenfolge Jahr, Monat, Tag angegeben werden.

Beispiele 06.09.20.. oder 01.12.20.., 20..-09-06 oder 20..-12-01

Bei der **alphanumerischen** Schreibweise erfolgt die Angabe des Monats in Buchstaben. Tag und Jahr werden in Ziffern geschrieben. Der Tag sollte hier einstellig, die Jahreszahl vierstellig geschrieben werden.

Beispiel 6. September 20.. oder 1. Dezember 20..

❺ Der **Betreff** ist eine kurz gefasste Angabe des Briefinhalts. Er dient der schnelleren Bearbeitung, da man den Brief bereits aufgrund der Angabe im Betreff an die zuständige Abteilung weiterleiten kann. Der Betreff steht zwei Leerzeilen unter der Bezugszeichenzeile und endet ohne Satzzeichen. Der Wortlaut des Betreffs darf durch Fettschrift und/oder Farbe hervorgehoben werden.

Beispiel Angebot von Spielwaren

❻ **Die Anrede** steht zwei Leerzeilen unter dem Betreff. Sie kann mit einem Komma abschließen. Ist der Briefempfänger persönlich bekannt, sollte die Anrede eine Namensnennung enthalten. Ist der Empfänger nicht bekannt, lautet die Anrede: Sehr geehrte Damen und Herren,

Beispiele Sehr geehrter Herr Lughausen,   Sehr geehrte Frau Straub,

❼ Eine Leerzeile nach der Anrede beginnt der **Brieftext**. Wenn eine Gliederung erforderlich ist, hat diese durch Absätze zu erfolgen. Nach jedem Absatz folgt eine Leerzeile.

❽ Zum **Briefschluss** gehören die Grußformel, die Bezeichnung des Unternehmens, die maschinenschriftliche Angabe des Unterzeichners sowie ggf. ein Anlagenvermerk.

Die **Grußformel** ist durch eine Leerzeile vom übrigen Text getrennt.

Nach einer Leerzeile folgt der **Name des Unternehmens**. Längere Angaben können über mehrere Zeilen aufgeteilt werden.

In der Regel erfolgt drei Leerzeilen nach dem Namen des Unternehmens die maschinenschriftliche **Namenswiedergabe des Unterzeichners**.

Beispiele

Mit freundlichen Grüßen   Mit freundlichen Grüßen

•   •

RAND OHG   RAND OHG

•   •

i. A.   •

•   •

Meesters   Rand

Im **Anlagenvermerk** gibt der Absender Auskunft, ob dem Schreiben Anlagen beigefügt sind. Der Anlagenvermerk beginnt i. d. R. eine Leerzeile nach der Namenswiedergabe.

Beispiele

Anlage	*Anlage*	*2 Anlagen*
Textilmuster	1 Fragebogen	Rechnungskopie Nr. 44
		Rechnungskopie Nr. 61

Zusammenfassung: Anfragen und Angebote bearbeiten und den Schriftverkehr durchführen

- Durch eine **Anfrage** kann sich ein Kunde Informationsmaterial über bestimmte Waren beschaffen.
  - Bei der **unbestimmten Anfrage** bittet der Kunde um einen Katalog, einen Vertreterbesuch, eine Preisliste oder ein Muster.
  - Bei der **bestimmten Anfrage** will der Kunde konkrete Informationen zu bestimmten Artikeln, z. B. Menge, Preise, Liefer- und Zahlungsbedingungen, Lieferzeit usw.
  - Jede **Anfrage** ist **formfrei und rechtlich unverbindlich**.

- **Schriftverkehr**
  Für die Gestaltung von Geschäftsbriefen gelten die „Schreib- und Gestaltungsregeln für die Textverarbeitung" nach **DIN 5008**.
  Ein Geschäftsbrief enthält i. d. R. folgende Gliederungspunkte:
  - **Absender**
  - **Empfänger**
  - **Bezugszeichen**
  - **Ort, Datum**
  - **Betreff**
  - **Anrede**
  - **Einleitung**
  - **Vortrag und Begründung des Anliegens**
  - **Ausblick auf die Zukunft**
  - **Grußformel**
  - evtl. **Anlagen-/Verteilvermerk**

- Ein **Angebot** ist eine verbindliche Willenserklärung, Waren zu den angegebenen Bedingungen zu verkaufen. **Anpreisungen** sind rechtlich unverbindlich.

	Angebot	Anpreisung
Zielgruppe	eine bestimmte Person	die Allgemeinheit
Form	schriftlich mündlich	Katalog, Prospekte Postwurfsendung Zeitungsanzeige Schaufenster
Rechtliche Bedeutung	Antrag	Aufforderung zur Abgabe eines Angebotes
Rechtsfolge	verbindlich	unverbindlich

- **Mündliche und telefonische Angebote** sind verbindlich, solange das Gespräch dauert (= Angebote unter Anwesenden).
- **Schriftliche Angebote** sind so lange verbindlich, wie der Anbieter unter verkehrsüblichen Umständen mit einer Antwort rechnen kann (= Angebote unter Abwesenden).
- Durch **Freizeichnungsklauseln** werden Angebote ganz oder teilweise unverbindlich.
- Bei **Zusendung unbestellter Ware** gilt Schweigen als Ablehnung. Ausnahme: Der Empfänger ist Kaufmann und steht mit dem Absender in ständiger Geschäftsbeziehung.

Lernfeld 3: Ware disponieren, beschaffen und lagern

Aufgaben

1 Beschreiben Sie den Zweck einer Anfrage.

2 Die RAND OHG erhält von der EBEKA eG eine schriftliche Anfrage bezüglich Damenblusen und Trainingsanzügen. Der Kunde äußert in seinem Schreiben konkrete Vorstellungen über die Anzahl, Farbe, Größe der Waren. Außerdem bittet er um einen Vertreterbesuch.
a) Um welche Art der Anfrage handelt es sich?
b) Geben Sie an, ob die Anfrage für den Kunden eine rechtliche Bedeutung hat.
c) Welche Inhaltspunkte sollte das Antwortschreiben der RAND OHG haben?
d) Schreiben Sie für die RAND OHG das Angebot an die EBEKA eG.

3 Erläutern Sie an einem Beispiel, wie sich die allgemeine und die bestimmte Anfrage unterscheiden.

4 Beschreiben Sie anhand von Beispielen, wie lange ein Lieferer an sein schriftliches Angebot gebunden ist.

5 Erläutern Sie, welche Möglichkeiten ein Lieferer hat, die Bindung an ein Angebot einzuschränken oder auszuschließen.

6 Erläutern Sie folgende Freizeichnungsklauseln:
a) solange Vorrat reicht   c) ohne Obligo
b) Preis freibleibend   d) freibleibend

7 Schreiben Sie für die RAND OHG eine Anfrage an die Pullmann KG (vgl. S. 15) Haushaltswaren mit der Bitte um Kataloge.

3.1.3 Inhalte des Angebots untersuchen

Die RAND OHG hat mit der Wollmann OHG einen Kaufvertrag über die Lieferung von 2000 Damenblusen abgeschlossen. Der Lieferer verspricht, die bestellte Ware am nächsten Tag zu liefern, ohne dass dieses schriftlich festgehalten wird. Ebenfalls wurden keine vertraglichen Vereinbarungen bezüglich der Transport- und Verpackungskosten getroffen. Da der für die Auslieferung zuständige Fahrer erkrankt, kann die Ware erst eine Woche später ausgeliefert werden.

Arbeitsaufträge
– Stellen Sie fest, ob die RAND OHG die sofortige Lieferung der Ware verlangen kann.
– Überprüfen Sie, wer die Transport- und Verpackungskosten zu tragen hat.
– Geben Sie an, welcher Ort bei Streitigkeiten bezüglich der Transportkosten der Gerichtsstand wäre.

Es gibt keine gesetzlichen Vorschriften über den **Inhalt des Angebotes**. Dieser sollte jedoch alle wesentlichen Bestimmungen enthalten, die zur reibungslosen Erfüllung des Kaufvertrages erforderlich sind.

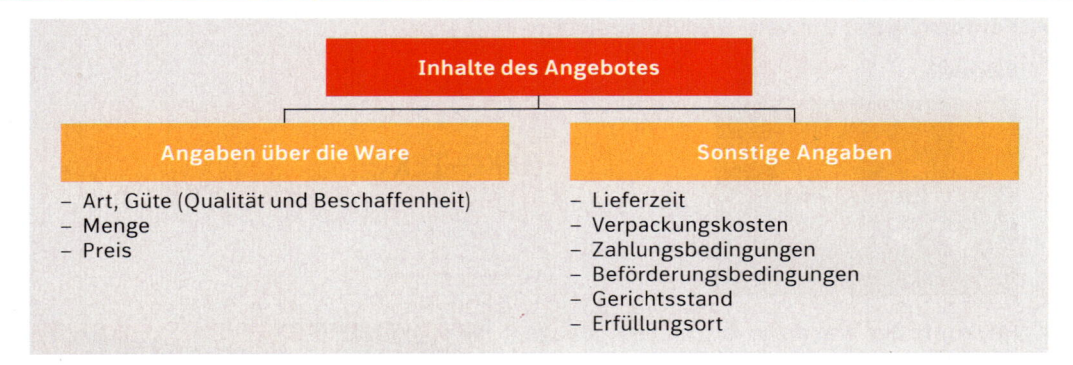

Inhalte des Angebotes

Angaben über die Ware
- Art, Güte (Qualität und Beschaffenheit)
- Menge
- Preis

Sonstige Angaben
- Lieferzeit
- Verpackungskosten
- Zahlungsbedingungen
- Beförderungsbedingungen
- Gerichtsstand
- Erfüllungsort

Um nicht alle Inhaltspunkte immer wieder neu aushandeln zu müssen, verwenden die Lieferer oft vorgedruckte „Allgemeine Geschäftsbedingungen" (AGB vgl. S. 138). Wenn weder in den AGB noch im Kaufvertrag Regelungen zu bestimmten Einzelheiten getroffen worden sind, gelten die Bestimmungen des BGB und HGB.

■ Art der Ware

Die **Art der Ware** wird durch **handelsübliche Bezeichnungen festgelegt**.

Beispiele Kaffeemaschine „Milano", Gemüsereibe „Profi", Spielesammlung „Klassiker", Stoffbär „Fynn", Kugelschreiber „Favorit"

■ Güte der Ware

Gesetzliche Regelung: Sind **im Angebot des Lieferers keine Angaben** über die **Güte der Ware** gemacht worden, so ist bei Lieferung die **Ware in mittlerer** Güte zu liefern (§ 243 BGB).

Die **Güte (Qualität und Beschaffenheit) einer Ware wird bestimmt durch:**

- **Muster und Proben**

  Beispiele Stoffbezüge, Tapeten, Papier (Muster), Wein, Waschmittel (Proben)

- **Güteklassen zur Angabe von Warenqualitäten**. Sie geben Auskunft über die **Handelsklassen** (I. Wahl, II. Wahl, DIN-Normen, Auslese), über **Typen** (Weizenmehl Type 405) und **Standards** (Faserlänge von Baumwolle).

- **Marken (Markengesetz)**

  > § 1 Geschützte Marken und sonstige Kennzeichen.
  >
  > Nach diesem Gesetz werden geschützt:
  > 1. Marken,
  > 2. geschäftliche Bezeichnungen,
  > 3. geographische Herkunftsangaben.

Beispiele

Postbank – Eine Bank fürs Leben., schauma, RAND OHG, DEICHMANN, Persil

- **Konformitäts-, Umwelt- und Gütezeichen**

    Beispiele

- **Herkunft der Ware**, die durch das Anbaugebiet oder Herstellungsland gekennzeichnet ist (Markengesetz)

    Beispiele Wein von der Mosel, Holz aus Finnland

- **Jahrgang der Ware**

    Beispiele Antiquitäten, Whiskey, Wein

- **Zusammensetzung der Ware**

    Beispiele Bestandteile bei Farben und Lacken, Fettanteile in Käse und Wurst, Silbergehalt bei Essbestecken.

■ Menge der Ware

Gesetzliche Regelung: Enthält das Angebot keine Mengenangabe, die sich auf einen bestimmten Preis bezieht, dann gilt es für jede handelsübliche Menge.

Die **Menge einer Ware** wird in **gesetzlichen Maßeinheiten** (m, m², l, hl, kg), **in Stückzahlen oder in handelsüblichen Mengeneinheiten** (Stück, Dutzend, Sack, Fass, Kiste, Karton, Ballen, Ries) angegeben.

■ Preis der Ware

Der **Preis einer Ware** bezieht sich entweder **auf eine handelsübliche Mengeneinheit oder eine bestimmte Gesamtmenge**. Von entscheidender Bedeutung für die Beurteilung der Vorteilhaftigkeit eines Angebotspreises ist die Berücksichtigung der **Preisnachlässe**.

■ Lieferzeit

Gesetzliche Regelung: Ist im Kaufvertrag keine Regelung über den Zeitpunkt der Lieferung vereinbart worden, **kann der Käufer sofortige Lieferung** verlangen und der Verkäufer muss sofort liefern (§ 271 BGB). Diese gesetzliche Regelung wird als Tages- oder Sofortkauf bezeichnet.

Wenn der Käufer eine Ware verlangt, die nicht vorrätig ist, muss eine **vertragliche Regelung** über die Lieferzeit vereinbart werden. Hierbei hat der Käufer zwei Möglichkeiten:

- **Terminkauf: Lieferung innerhalb einer bestimmten Frist** (z. B. Lieferung innerhalb von 90 Tagen) oder zu einem bestimmten Zeitpunkt (Termin)

    Beispiele Lieferung am 15. März 20.., Lieferung bis 30. Juni 20..

- **Fixkauf: Lieferung zu einem kalendermäßig festgelegten Zeitpunkt**, wobei die Klauseln „fest", „fix", „genau", „exakt" angegeben werden müssen

    Beispiel Lieferung am 15. März 20.. fix

3.1 Beschaffungsmarktforschung und Beschaffungsplanung

- **Kauf auf Abruf:** Bei diesem Kauf wird der Zeitpunkt der Lieferung bei Abschluss des Kaufvertrages nicht festgelegt, er ist in das Ermessen des Käufers gestellt. Bei Bedarf ruft der Käufer die Ware ab, die als Ganzes oder in Teilmengen geliefert werden kann. Hieraus ergeben sich für den Käufer folgende **Vorteile**:
  - geringere Lagerkosten
  - Lieferung frischer Waren
  - Ausnutzung von Rabatt durch den Kauf einer großen Menge

  Beispiel Die EBEKA eG hat mit der RAND OHG einen Kaufvertrag über 1 000 Stoffbären „Knuddel" abgeschlossen. Durch die große Bestellung konnte der EBEKA eG ein Mengenrabatt von 40 % gewährt werden. Da die Lagerkapazität bei der EBEKA eG momentan erschöpft ist, wird mit der RAND OHG vereinbart, dass die Stoffbären in Teilmengen abgerufen werden können.

■ Verpackungskosten

Gesetzliche Regelung: Ist über die Berechnung der **Verpackungskosten** zwischen dem Verkäufer und dem Käufer nichts vereinbart worden, **trägt der Käufer die Kosten der Versandverpackung** (§ 448 BGB, § 380 HGB). Das **Gewicht der Versandverpackung** wird als **Tara** (= Verpackungsgewicht) bezeichnet. Man unterscheidet zwischen **tatsächlicher Tara** (wirkliches Gewicht der Verpackung) und **handelsüblicher Tara**. Als handelsübliche Tara wird je nach Ware ein bestimmter Prozentsatz des Bruttogewichts festgesetzt. Zieht man vom Bruttogewicht Tara ab, erhält man das Nettogewicht:

	Bruttogewicht	(Ware und Verpackung = Rohgewicht oder Gesamtgewicht)
–	Tara	(Verpackungsgewicht)
=	**Nettogewicht**	**(Reingewicht der Ware)**

Vertraglich kann zwischen Lieferer und Käufer Folgendes vereinbart werden:

- **Reingewicht einschließlich Verpackung**: Die Verpackungskosten sind im Preis enthalten, die **Verpackung wird nicht berechnet**. Der Verkäufer trägt die Verpackungskosten.

  Beispiele Elektrogeräte, Fotokopierpapier

- **Reingewicht ausschließlich Verpackung:** Die **Verpackungskosten** werden **zusätzlich** berechnet (gesetzliche Regelung), der Käufer trägt die Verpackungskosten. Die Verpackung kann
  - **Eigentum des Käufers** werden oder
  - vom Lieferer dem Käufer **leihweise** überlassen werden. Bei Rückgabe schreibt der Lieferer die Verpackungskosten ganz oder teilweise gut.

  Beispiele Holzpaletten, faltbare Alubehälter, Getränkekästen

- **Rohgewicht einschließlich Verpackung (brutto für netto = bfn = b/n):** Die Verpackung wird wie Ware berechnet, die Verpackung geht in das Eigentum des Käufers über, der Käufer zahlt die Verpackung.

  Beispiele Obst und Gemüse in Kisten und Kartons, Schrauben und Nägel in Kartons

■ Zahlungsbedingungen

Gesetzliche Regelung: Geldschulden sind **Bringschulden** (§ 270f. BGB), d.h., der Käufer trägt die Kosten und die Gefahr der Geldübermittlung bis zum Verkäufer. Folglich muss der Käufer die Kosten der Zahlung (z.B. Überweisungsentgelte) tragen. Nach einem Urteil des

Europäischen Gerichtshofs hat die Zahlung des Schuldners so zu erfolgen, dass sie spätestens am Fälligkeitstag auf dem Konto des Gläubigers erfolgt ist. Ferner sieht die gesetzliche Regelung **sofortige Bezahlung der Ware bei Lieferung** vor (§ 433 II BGB).

Beispiele Ware gegen Geld, Zug um Zug, netto Kasse, gegen bar, sofort

Folgende **vertraglichen Zahlungsbedingungen** können vereinbart werden:

- **Vorauszahlung:** Der Lieferer verlangt bei neuen oder schlecht zahlenden Kunden einen Teil des Rechnungsbetrages oder den gesamten Rechnungsbetrag im Voraus.

    Beispiele Zahlung im Voraus, Lieferung gegen Vorkasse, Zahlung bei Vertragsabschluss/Bestellung

- **Zahlung mit Zahlungsziel** (Ziel- oder Kreditkauf): Der Lieferer gewährt dem Käufer einen kurzfristigen Kredit.

    Beispiele Zahlung innerhalb von 14 Tagen mit 3 % Skonto oder in 30 Tagen netto Kasse (vgl. AGB der RAND OHG „4. Zahlungsbedingungen", S. 127), Zahlung in einem Monat

■ Beförderungsbedingungen

Gesetzliche Regelung: Warenschulden sind **Holschulden** (§ 447 I BGB), danach trägt der **Käufer beim Versendungskauf alle entstehenden Beförderungskosten ab der Versandstation**. Die Kosten bis zur Versandstation (z. B. Bahnhof oder Poststelle des Verkäufers) und die Wiege- und Messkosten bei der Verladung trägt der Verkäufer. Diese Regelung gilt immer, wenn es sich um einen **Versendungskauf** handelt, d. h., Käufer und Verkäufer haben ihren Geschäftssitz an unterschiedlichen Orten.

Vertragliche Regelung: Die Vertragspartner können die gesetzliche Regelung durch vertragliche Regelungen abändern, diese müssen aber im Kaufvertrag vereinbart werden. Unabhängig von der vertraglichen Regelung wird der Verkäufer die anteiligen Beförderungskosten, die er übernimmt, in seine Verkaufspreise einkalkulieren, sodass der Käufer über den Bezugs-/Einstandspreis in jedem Fall die vom Verkäufer übernommenen Beförderungskosten trägt. Die vertragliche Regelung der Beförderungskosten ist demnach nur eine Maßnahme im Rahmen der Preispolitik.

Je nach Versandart können unterschiedliche Versandkosten anfallen:

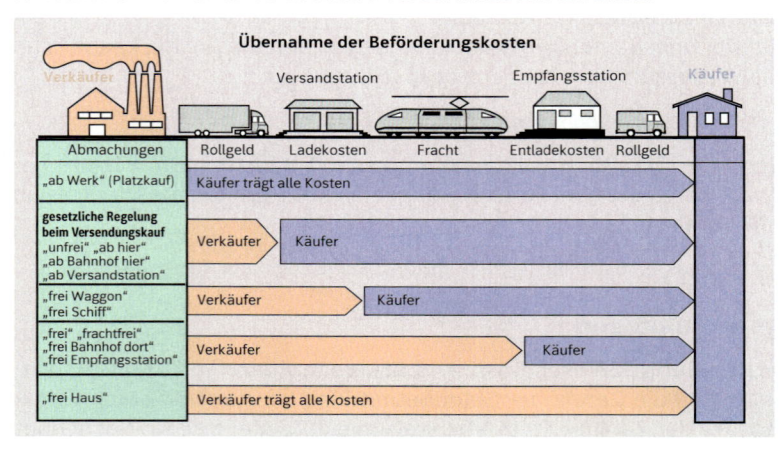

Übernahme der Beförderungskosten

Abmachungen	Rollgeld	Ladekosten	Fracht	Entladekosten	Rollgeld
„ab Werk" (Platzkauf)	Käufer trägt alle Kosten				
gesetzliche Regelung beim Versendungskauf „unfrei" „ab hier" „ab Bahnhof hier" „ab Versandstation"	Verkäufer	Käufer			
„frei Waggon" „frei Schiff"	Verkäufer		Käufer		
„frei" „frachtfrei" „frei Bahnhof dort" „frei Empfangsstation"	Verkäufer			Käufer	
„frei Haus"	Verkäufer trägt alle Kosten				

3.1 Beschaffungsmarktforschung und Beschaffungsplanung

■ Erfüllungsort

Es ist der Ort, an dem die Vertragspartner ihre Leistungen zu erfüllen haben (§ 269 BGB).

Gesetzliche Regelung

- Der Erfüllungsort für die **Warenlieferung** ist der **Wohn- oder Geschäftssitz des Verkäufers**. Die Gefahr, dass Ware durch Beschädigung, Verderb, Verlust oder Vernichtung beeinträchtigt wird, geht am Erfüllungsort auf den Käufer über. Somit bestimmt der Erfüllungsort den Gefahrenübergang (vgl. AGB der RAND OHG „3. Gefahrenübergang", S. 138).

  Beispiel Bei der Auslieferung einer Ladung Haushaltswaren von der Pullmann KG an die RAND OHG verunglückt der Lkw des Spediteurs ohne Verschulden des Lkw-Fahrers, wobei die Waren zerstört werden. Es war keine vom Gesetz abweichende vertragliche Regelung getroffen worden, d.h., der Erfüllungsort ist der Geschäftssitz des Verkäufers. Obwohl die Ware nicht geliefert wird, kann der Lieferer von der RAND OHG trotzdem die Zahlung des Kaufpreises verlangen. Das Transportrisiko kann jedoch durch eine Transportversicherung abgedeckt werden.

  Liegt bei der Warenlieferung an den Käufer bei Beschädigung oder Verlust einer Ware ein Verschulden des Verkäufers oder eines Frachtführers vor, hat der Schuldige den Schaden zu tragen (**Verschuldensprinzip**). Ein Verschulden liegt vor, wenn der Verkäufer oder sein Erfüllungsgehilfe vorsätzlich oder fahrlässig handelt.

  Beispiel Eine Warenlieferung wird wegen mangelhafter Verpackung beschädigt.

  Darüber hinaus gelten folgende Bestimmungen:

  - **Der Käufer holt die Ware ab:** Mit der Übergabe der Ware an den Käufer oder seinen Erfüllungsgehilfen geht die Gefahr auf den Käufer über.

    Beispiel In den Allgemeinen Geschäftsbedingungen der RAND OHG steht: „3. Gefahrenübergang: Der Käufer trägt die Gefahr der Lieferung ab unserem Auslieferungslager."

  - **Die Ware wird auf Verlangen des Käufers versandt** (Schickschuld): Die Gefahr geht mit der Auslieferung an den Frachtführer auf den Käufer über.

  Beim **Platzkauf**, d.h., Käufer und Verkäufer haben ihren Geschäftssitz am selben Wohnort, geht die Gefahr mit der Übergabe der verkauften Waren an den Käufer über.

- Der Erfüllungsort für die **Zahlung** ist der **Wohnsitz des Käufers**, da der Käufer an diesem Ort das Geld bereitzustellen bzw. zugunsten des Gläubigers aufzugeben hat. Da **Geldschulden Bringschulden** sind, hat der Käufer auf seine Gefahr und Kosten das Geld an den Wohn- oder Geschäftssitz des Verkäufers zu schicken. Der Erfüllungsort dient nur noch dem Nachweis, dass das Geld rechtzeitig bereitgestellt wurde.

  Beispiel Der Käufer lässt dem Lieferer das Geld durch das Kreditinstitut überweisen, dem Lieferer geht das Geld aber nicht zu. Der Lieferer kann weiterhin auf Zahlung bestehen, der Käufer kann aber das Kreditinstitut haftbar machen.

Vertragliche Regelung

Im Kaufvertrag kann zwischen dem Käufer und dem Verkäufer ein vom Gesetz abweichender Erfüllungsort vereinbart werden. Dieser kann der Ort des Käufers, des Verkäufers oder ein anderer Ort sein.

Lernfeld 3: Ware disponieren, beschaffen und lagern

■ Gerichtsstand

Gesetzliche Regelung: Bei Streitigkeiten zwischen dem Käufer und dem Verkäufer ist das Gericht zuständig, in dessen Bereich der Erfüllungsort liegt. Da der Erfüllungsort der Wohn- oder Geschäftssitz des Schuldners ist, befindet sich **der Gerichtsstand grundsätzlich an dem für den Wohn- bzw. Geschäftssitz des für den jeweiligen Schuldner zuständigen Amts- bzw. Landgerichts** (Amtsgericht bis zu 5 000,00 € Streitwert, Landgericht bei über 5 000,00 € Streitwert).

- **Der Sitz des Verkäufers** ist der Gerichtsstand für Streitigkeiten aus der Lieferung (**Warenschuld**).
- **Der Sitz des Käufers** ist der Gerichtsstand für Streitigkeiten um die Bezahlung (**Geldschuld**).

Beispiel Die ReWo eG in Köln erhält von der RAND OHG in Aurich eine Warenlieferung. Der gesetzliche Gerichtsstand für Streitigkeiten aus der Lieferung ist Aurich, für die Streitigkeiten um die Zahlung Köln.

Vertragliche Regelung: Abweichungen von der gesetzlichen Regelung sind **nur beim zweiseitigen Handelskauf (beide Vertragspartner sind Kaufleute) möglich**. In der Praxis wird meistens der Geschäftssitz des Lieferers als Gerichtsstand für beide Vertragspartner vereinbart.

Beispiel In den AGB der RAND OHG ist Folgendes festgelegt: „8. Gerichtsstand: Für Verträge mit Kaufleuten wird als Gerichtsstand Aurich vereinbart" (vgl. S. 139).

Zusammenfassung: Inhalte des Angebots untersuchen

- Es gibt **keine konkreten gesetzlichen Vorschriften über den Inhalt** eines Kaufvertrages.
- Ist im Kaufvertrag eine bestimmte Einzelheit nicht angegeben, dann gelten die **Vorschriften des BGB oder HGB**.
- Enthält der Kaufvertrag keine Angaben über die Güte der Ware, muss der Verkäufer **Waren mittlerer Güte liefern**.
- Die **Art einer Ware** wird durch handelsübliche Bezeichnungen bestimmt.
- Die **Güte einer Ware** wird bestimmt durch Muster und Proben, Güteklassen, Marken und Gütezeichen, Herkunft, Zusammensetzung und Jahrgang.
- Die **Menge der Ware** wird in gesetzlichen Maßeinheiten, in Stückzahlen oder in handelsüblichen Bezeichnungen angegeben.
- Der **Preis der Ware** bezieht sich auf eine handelsübliche Mengeneinheit oder eine bestimmte Gesamtmenge.
- Enthält ein Kaufvertrag **keine Aussage zur Lieferzeit**, dann muss der Verkäufer **sofort liefern**.
- Vertraglich kann im Kaufvertrag ein **Terminkauf** (Lieferung innerhalb einer bestimmten Frist oder zu einem bestimmten Zeitpunkt) oder ein **Fixkauf** (Lieferung zu einem genau festgelegten Zeitpunkt, Klauseln: fix, fest, genau) vereinbart werden.

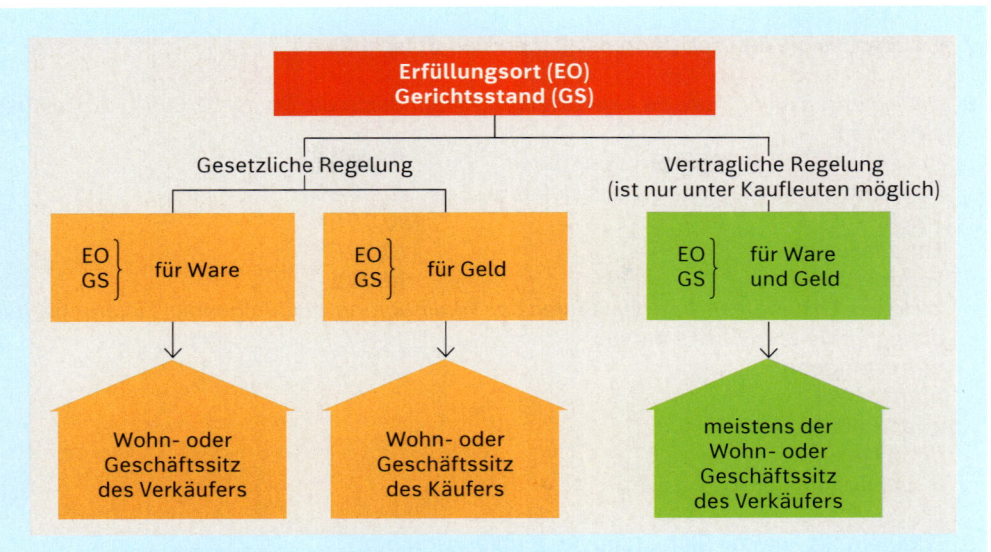

3.1 Beschaffungsmarktforschung und Beschaffungsplanung

```
                    Erfüllungsort (EO)
                    Gerichtsstand (GS)
           ┌──────────────────┴──────────────────┐
    Gesetzliche Regelung              Vertragliche Regelung
                                   (ist nur unter Kaufleuten möglich)
    ┌──────────┬──────────┐                      │
  EO⎫           EO⎫                            EO⎫
  GS⎭ für Ware  GS⎭ für Geld                   GS⎭ für Ware und Geld
    ↓            ↓                               ↓
  Wohn- oder   Wohn- oder                     meistens der
  Geschäftssitz Geschäftssitz                 Wohn- oder
  des Verkäufers des Käufers                  Geschäftssitz
                                              des Verkäufers
```

- Beim **Kauf auf Abruf** wird die Ware auf Anweisung des Käufers ganz oder in Teilmengen später geliefert.
- Wenn im Kaufvertrag **keine Regelung über die Verpackung** getroffen wurde, muss der Käufer die Kosten der Verpackung tragen.
- **Geldschulden sind Bringschulden**, d. h., der Käufer muss unverzüglich und auf seine Kosten das Geld an den Verkäufer schicken.
- **Warenschulden sind Holschulden**, d. h., der Käufer trägt alle entstehenden Beförderungskosten ab der Versandstation (Klauseln: unfrei, ab hier, ab Bahnhof hier) = gesetzliche Regelung.
- **Erfüllungsort** ist der Ort, an dem die Vertragspartner ihre Pflichten erfüllen.
- **Gerichtsstand** ist der Ort, an dem bei Streitigkeiten aus dem Kaufvertrag verhandelt wird.

Aufgaben

1 Erläutern Sie an Beispielen den Unterschied zwischen Güte-, Umweltzeichen und Marken.

2 Geben Sie die gesetzlichen Regelungen für den Fall an, dass im Angebot keine Angaben zu der angebotenen Menge und der Güte der Ware gemacht wurden.

3 Beschreiben Sie, worin der Unterschied zwischen einem Fix- und einem Terminkauf besteht.

4 Erläutern Sie die Aussage: „Geldschulden sind Bringschulden".

5 Erläutern Sie die Klausel: „Zug um Zug".

6 Die Lieferungsbedingung lautet „frachtfrei". Die Fracht beträgt 40,00 €, die Hausfracht für die An- und Abfuhr je 10,00 €. Ermitteln Sie, wie viel Euro der Käufer für den Transport bezahlen muss.

Lernfeld 3: Ware disponieren, beschaffen und lagern

7 Erklären Sie die Klausel: „Warenschulden sind Holschulden".

8 Die Lieferung einer Ware an einen Kunden erfolgt durch die Deutsche Bahn AG. An Kosten entstehen:

Hausfracht (Rollgeld) am Ort des Käufers	10,00 €
Hausfracht (Rollgeld) am Ort des Lieferers	10,00 €
Fracht	180,00 €
Entladekosten	10,00 €
Verladekosten	10,00 €

Welchen Kostenanteil hat der Käufer bei Vereinbarung nachfolgender Lieferungsbedingungen jeweils zu übernehmen?
a) frei Waggon
b) frachtfrei
c) ab Bahnhof hier
d) ab hier
e) frei Bahnhof dort

9 Erläutern Sie, welche Bedeutung der Erfüllungsort hat.

10 Geben Sie an, was man unter Gerichtsstand versteht und wo sich der Gerichtsstand
a) für Warenschulden,
b) für Geldschulden befindet.

11 Beschreiben Sie die Vorteile für den Käufer aus dem Kauf auf Abruf.

12 Sie finden in einem Angebot eines Verkäufers die Angabe „brutto für netto". Wie werden die Kosten für die Verpackung berechnet?
a) Die Verpackung bleibt unberechnet.
b) Die Verpackung wird wie Ware berechnet.
c) Die Verpackung muss zurückgesandt werden, ein Abnutzungsentgelt wird berechnet.
d) Die Verpackung wird leihweise überlassen.
e) Der Verkäufer zahlt die Kosten der Verpackung.
f) Die Verpackung wird gesondert in Rechnung gestellt.

13 Die RAND OHG überlegt, welche Konditionen sie in folgenden Situationen mit nachfolgenden Kunden vereinbaren soll:
a) Die Otto Schmal & Söhne KG, ein neuer, unbekannter Kunde, bestellt Waren für 92 000,00 €.
b) Die Stammkundin Müller GmbH tätigt eine Bestellung über 345 000,00 €.
c) Der Bürofachhandel Herbert Blank e. K. hat in diesem Geschäftsjahr noch vier offene Posten.
Der Kunde tätigt eine neue Bestellung über 46 000,00 €.
d) Ein neuer Kunde tätigt eine Bestellung über 345,00 €.
Begründen Sie unter Zuhilfenahme der AGB der RAND OHG, welche Vereinbarungen die RAND OHG mit diesem Kunden treffen sollte.

14 Beschaffen Sie sich die Lieferungs- und Zahlungsbedingungen mehrerer Unternehmen.
a) Stellen Sie diese Ihren Mitschülern in geeigneter Weise vor.
b) Vergleichen Sie die Lieferungs- und Zahlungsbedingungen dieser Unternehmen und suchen Sie nach Gründen für die unterschiedlichen Bedingungen.

3.1.4 Rechnerische Grundlagen der Preisplanung anwenden

3.1.4.1 Prozentrechnen

Die RAND OHG begleicht zwei Rechnungen unter Abzug von Skonto innerhalb von 20 Tagen.

1. Rechnung: Rechnungsbetrag 3 200,00 €, Skonto 96,00 €
2. Rechnung: Rechnungsbetrag 8 800,00 €, Skonto 220,00 €

Vera Meesters, Abteilungsleiterin Einkauf, bittet Werner Krull, den Skontoabzug in Prozent für jede Rechnung zu ermitteln.

Arbeitsaufträge
- *Ermitteln Sie, bei welchem Rechnungsbetrag prozentual ein höherer Skonto abgezogen wurde.*
- *Ermitteln Sie den Skontobetrag, wenn der Skonto jeweils nur 2 % beträgt.*

Das **Prozentrechnen** ist eine Hundertrechnung, d. h., man nimmt bei ihr die Zahl 100 als Vergleichs- oder Bezugsgröße, z. B. 3 % = drei von hundert (lateinisch pro centum) oder $^3/_{100}$. Es ist üblich, für Prozent abgekürzt v. H. „vom Hundert", meistens jedoch % zu schreiben.

Bei der **Promillerechnung** ist die Vergleichszahl 1 000 (v. T. = vom Tausend – lateinisch pro mille – oder ‰).

Die Regeln der Prozentrechnung sind auf die Promillerechnung zu übertragen, so sind z. B. 3 ‰ = drei von tausend oder $^3/_{1000}$.

■ Größen der Prozentrechnung

Mithilfe der **Prozentrechnung** werden gegebene absolute Zahlen vergleichbar gemacht. Bei der Prozentrechnung wird mit drei Größen gerechnet: Prozentsatz, Grundwert und Prozentwert.

Grundwert	Prozentwert (bzw. Promillewert)	Prozentsatz (bzw. Promillesatz)
der Wert, der mit der Vergleichszahl 100 (bzw. 1 000) verglichen wird. Er entspricht immer 100 % (bzw. 1 000 ‰).	Bruchteil vom Grundwert, er ergibt sich durch Bezug des Prozentsatzes (Promillesatzes) auf den Grundwert.	gibt die Anzahl der Anteile von 100 (bzw. 1 000) an.

Zwei Größen müssen immer gegeben sein, um die dritte Größe mithilfe des Dreisatzes berechnen zu können.

■ Berechnen des Prozentsatzes

Der Prozentsatz gibt an, wie viel Teile auf hundert entfallen. Um den Prozentsatz berechnen zu können, müssen der Grundwert und der Prozentwert gegeben sein.

Lernfeld 3: Ware disponieren, beschaffen und lagern

Beispiel vgl. Handlungssituation S. 117
Lösung

	1. Rechnung	2. Rechnung	
① Bedingungssatz:	3 200,00 € = 100 %	8 800,00 € = 100 %	**Grundwert**
② Fragesatz:	96,00 € = x %	220,00 € = x %	**Prozentwert**
③ Bruchsatz:	$x = \dfrac{100 \cdot 96}{3200} = \underline{3\%}$	$x = \dfrac{100 \cdot 200}{8800} = \underline{2,5\%}$	**Prozentsatz**

Beim 1. Rechnungsbetrag wurde ein höherer Skonto (3 %) als beim 2. Rechnungsbetrag (2,5 %) abgezogen.

Hieraus lässt sich folgende Formel für die Berechnung des Prozentsatzes ableiten:

$$\text{Prozentsatz} = \frac{100 \cdot \text{Prozentwert}}{\text{Grundwert}} \quad \text{oder} \quad \frac{\text{Prozentwert}}{1\,\%\ \text{des Grundwertes}}$$

In der Promillerechnung lautet die Formel:

$$\text{Promillesatz} = \frac{1\,000 \cdot \text{Promillewert}}{\text{Grundwert}} \quad \text{oder} \quad \frac{\text{Promillewert}}{1\,‰\ \text{des Grundwertes}}$$

Lösungsweg

① Stellen Sie den Bedingungssatz auf, wobei der Grundwert in Prozent (= 100 %) bzw. in Promille (1 000 ‰) immer rechts steht.

② Bilden Sie den Fragesatz, wobei der Prozentsatz (bzw. Promillesatz) als gesuchte Größe x rechts steht.

③ Stellen Sie den Bruchsatz auf, wobei Sie die oben stehenden Formeln zur Berechnung des Prozent- bzw. Promillesatzes anwenden können.

■ Berechnen des Prozentwertes

Um den Prozentwert berechnen zu können, müssen der Grundwert und der Prozentsatz gegeben sein. Der Grundwert ist mit 100 % anzusetzen.

Beispiel Die RAND OHG überweist an die Robert Blusch GmbH eine Eingangsrechnung über 46 000,00 € innerhalb von 14 Tagen unter Abzug von 2 % Skonto. Ermitteln Sie den Skonto in €.
Lösung

Bedingungssatz:	100 % =	46 000,00 €	
Fragesatz:	2 % =	x	
Bruchsatz:	x =	$\dfrac{2 \cdot 46\,000}{100}$	x = 920,00 €

Der Skonto beträgt 920,00 €.

Hieraus lässt sich folgende Formel für die Berechnung des Prozentwertes ableiten:

$$\text{Prozentsatz} = \frac{\text{Grundwert} \cdot \text{Prozentsatz}}{100} \quad \text{oder} \quad 1\,\%\ \text{des Grundwertes} \cdot \text{Prozentsatz}$$

In der Promillerechnung lautet die Formel:

$$\text{Promillewert} = \frac{\text{Grundwert} \cdot \text{Promillesatz}}{1\,000} \quad \text{oder} \quad 1\,‰\ \text{des Grundwertes} \cdot \text{Promillesatz}$$

Lösungsweg

① Stellen Sie den Bedingungssatz auf, wobei der Grundwert (€, m, kg usw.) immer rechts steht.

② Bilden Sie den Fragesatz, wobei der Prozentwert (bzw. Promillewert) = x rechts steht.

② Stellen Sie den Bruchsatz auf, wobei Sie die oben stehenden Formeln (vgl. S. 118) zur Berechnung des Prozent- bzw. Promillewertes anwenden können.

Ausnutzen von Rechenvorteilen mithilfe von bequemen Prozentsätzen

Manche Prozentsätze erlauben es, dass mit bequemen Teilern gerechnet werden kann. Ist der Prozentsatz ein **bequemer Teiler** von 100, so ist er auch der gleiche bequeme Teiler des Grundwertes.

Beispiel Die Verbindlichkeiten gegenüber Banken, die bei der RAND OHG bisher 100 000,00 € betragen haben, sollen im kommenden Jahr um 20 % gesenkt werden. Um wie viel Euro sollen die Verbindlichkeiten gegenüber Banken damit reduziert werden?

Lösung mit der Formel des Prozentwertes

$$\text{Prozentwert} = \frac{\text{Grundwert} \cdot \text{Prozentsatz}}{100}$$

$$x = \frac{100\,000 \cdot 20}{100}$$

$$x = \underline{20\,000{,}00\,€}$$

Lösung mit dem bequemen Teiler

20 % sind $\frac{20}{100} = \frac{1}{5}$

Damit ergibt sich, dass 20 % fünfmal in hundert enthalten sind. Folglich kann man auch rechnen:

$100\,000 : 5 = \underline{20\,000{,}00\,€}$

Hieraus kann man auch die Formel ableiten:

> **Prozentwert** = Grundwert : bequemer Teiler

> *Die bequemen Prozentsätze führen zu einer Vereinfachung der Rechnung, indem man den Grundwert durch den bequemen Teiler dividiert.*

Folgende Prozentsätze ergeben u. a. bequeme Teiler:

Prozentsatz		bequemer Teiler		Prozentsatz		bequemer Teiler	
1 %	2½ %	100	40	6¼ %	16⅔ %	16	6
1¼ %	3⅓ %	80	30	6⅔ %	20 %	15	5
1⅓ %	4 %	75	25	8⅓ %	25 %	12	4
1⅔ %	4⅙ %	60	24	10 %	33⅓ %	10	3
2 %	5 %	50	20	12½ %	50 %	8	2

■ Berechnen des Grundwertes

Der Grundwert entspricht immer 100 %. Er ist der Wert, auf den man sich beim Prozentrechnen bezieht. Um den Grundwert berechnen zu können, müssen der Prozentsatz und der Prozentwert bekannt sein.

Beispiel Ermitteln Sie den Rechnungsbetrag, wenn der Skonto 3 % = 1 246,80 € beträgt.

Lösung

Bedingungssatz: 3 % (Prozentsatz) = 1 246,80 €   (Prozentwert)
Fragesatz: 100 % = x   (Grundwert)

Bruchsatz: $x = \dfrac{1\,246{,}80 \cdot 100}{3}$ $x = \underline{41\,560{,}00\,€}$

Hieraus lässt sich folgende Formel für die Berechnung des Grundwertes ableiten:

> **Grundwert** = $\dfrac{\text{Prozentwert} \cdot 100}{\text{Prozentsatz}}$

Lernfeld 3: Ware disponieren, beschaffen und lagern

In der Promillerechnung lautet die Formel:

$$\text{Grundwert} = \frac{\text{Promillewert} \cdot 1000}{\text{Promillesatz}}$$

Lösungsweg

① Stellen Sie den Bedingungssatz auf, wobei der Prozentwert (bzw. Promillewert) rechts steht.

② Bilden Sie den Fragesatz, wobei der gesuchte Grundwert (x) rechts steht.

③ Stellen Sie den Bruchsatz auf, wobei Sie die oben stehenden Formeln zur Berechnung des Grundwertes anwenden können.

Zusammenfassung: Prozentrechnen

- Beim Prozentrechnen werden absolute Zahlen durch **Bezug auf 100** vergleichbar gemacht.
- **Größen der Prozentrechnung**

Prozentsatz	Prozentwert	Grundwert
gibt die Anzahl der Anteile von 100 an.	ergibt sich durch den Bezug des Prozentsatzes auf den Grundwert.	ist immer 100 %.
$\text{Prozentsatz} = \dfrac{100 \cdot \text{Prozentwert}}{\text{Grundwert}}$	$\text{Prozentwert} = \dfrac{\text{Grundwert} \cdot \text{Prozentsatz}}{100}$	$\text{Grundwert} = \dfrac{\text{Prozentwert} \cdot 100}{\text{Prozentsatz}}$

Aufgaben

1 In einem Großhandelsbetrieb werden die Preise für Textilien herabgesetzt:
Um wie viel Prozent wurden die Preise herabgesetzt?

Artikel	Alter Preis in €	Neuer Preis in €
Pullover	82,00	59,00
Herrenanzüge	368,00	198,00
Sweatshirts	29,00	17,00
Schlafanzüge	58,80	37,90
Herrenhemden	49,00	29,00

2 Wie viel Prozent betrug der Preisnachlass, den ein Einzelhandelsgeschäft von einem Großhändler gewährt bekommt:

Artikel	Listenpreis in €	Preisnachlass in €
Damenhalbschuh	69,00	19,00
Sandalette	58,00	15,00
Herrenlackschuh	84,00	24,00
Kinderschuh	49,00	7,50

3 Der Rechnungspreis eines Personalcomputers beträgt 3 500,00 €, der Barzahlungspreis nach Abzug von Skonto 3 395,00 €.
Wie viel Prozent Skonto sind abgezogen worden?

4 Ein Großhandelsbetrieb zählt für folgende Versicherungen nachfolgende Prämien:

	Versicherungssumme	Jahresprämie
a) Glasversicherung	10 000,00 €	180,00 €
b) Hausratversicherung	80 000,00 €	112,00 €
c) Feuerversicherung	197 000,00 €	137,90 €

5 Ein Großhändler gewährt einem Einzelhandelsgeschäft für fehlerhafte Ware einen Nachlass über 15 %. Der Rechnungsbetrag belief sich auf 690,00 €.
Wie viel Euro sind zu überweisen?

6 Berechnen Sie den Prozentwert:
a) 3 % von 6 145,20 €
b) 8 % von 8 448,00 €
c) 17 % von 16 983,00 €
d) 25 % von 10 750,00 €
e) $6^{2}/_{3}$ % von 3 150,00 €
f) $8^{1}/_{3}$ % von 4 152,00 €

7 Berechnen Sie den Promillewert:
a) 3 ‰ von 750,00 €   b) 5 ‰ von 2 950,00 €   c) 8 ‰ von 968,00 €

8 Die Zahlungsbedingungen auf einer Rechnung über 2 664,00 € lauten: „Zahlbar innerhalb 14 Tagen mit 3 % Skonto oder in 30 Tagen netto Kasse".
Wie viel Euro Skonto dürfen in Abzug gebracht werden?

9 Ein Kunde überweist der RAND OHG eine Ausgangsrechnung über den Rechnungsbetrag von 5 355,00 €, wobei der Kunde vom Rechnungsbetrag 3 % Skonto abgezogen hat. Ermitteln Sie
a) den Überweisungsbetrag,
b) die im Rechnungsbetrag enthaltene Umsatzsteuer, wenn der Umsatzsteuersatz 19 % beträgt.

10 Wie hoch ist die Versicherungssumme, wenn nachstehende Prämien gezahlt werden:

Pämie in €	Prämiensatz	Prämie in €	Prämiensatz
a) 91,10	0,4 ‰	c) 54,20	0,8 ‰
b) 145,50	1,5 ‰	d) 291,50	2,65 ‰

11 Wie hoch ist der Rechnungsbetrag, wenn der Skonto
a) 1,5 % = 49,00 €,
b) $2^{1}/_{4}$ % = 22,23 €,
c) 3 % = 124,68 €,
d) 2 % = 31,96 €,
e) 2,5 % = 176,63 €,
f) $^{3}/_{4}$ % = 6,00 €   betrug?

12 Am Jahresende erhält ein Händler von seinem Lieferer einen Bonus von 2 800,00 €. Das entspricht 4 % seiner Warenbezüge in diesem Jahr. Für wie viel Euro hatte der Händler in diesem Jahr eingekauft?

3.1.4.2 Bezugskalkulation

Die RAND OHG benötigt diverse Waren von der Robert Blusch GmbH, Elektrogeräteherstellung. Aus diesem Grunde bestellt die RAND OHG bei diesem Lieferer Waren. Zwei Tage nach der Lieferung der bestellten Waren erhält die RAND OHG folgende Rechnung:

Robert Blusch GmbH
Elektrohaushaltsgeräte

Robert Blusch GmbH, Kablower Weg 18, 12526 Berlin

Robert Blusch GmbH
Kablower Weg 18
12526 Berlin

Telefon: 030 381018
Telefax: 030 381020
E-Mail: info@blusch-elektrogeraete.de
www.blusch-elektrogeraete.de

Bank: Postbank Berlin
IBAN: DE91 1001 0010 0810 1234 17
BIC: PBNKDEFF100

RAND OHG
Dieselstraße 10
26605 Aurich

RECHNUNG/AUFTRAGSBESTÄTIGUNG
Bei Zahlung / Rücksendung/Gutschrift unbedingt angeben

Rechnungs-Nr.	Datum	Kunden-Nr.
242495	14.08.20..	928454

Pos.	Artikel-Nr.	Artikelbezeichnung	Menge in Stück	Bruttogewicht in kg	Einzelpreis in €	Gesamtpreis in €
1	0100	Kaffeemaschine „Milano"	400	100	11,25	4 500,00
2	1300	Schreibtischlampe „Schwenkarm"	800	164	4,90	3 920,00
						8 420,00
		+ Verpackung (5 Collicos)				72,00
		+ Fracht				60,00
		+ Versicherung				168,40
		Warenwert einschl. Verpackung, Fracht und Versicherung				8 720,40
					19 % Umsatzsteuer	1 656,88
	Vielen Dank für Ihren Auftrag.				**Rechnungsbetrag**	**10 377,28**

Die Lieferung erfolgte zu den umseitigen Verkaufs- und Lieferungsbedingungen (AGB). Die Lieferung bleibt bis zur vollständigen Bezahlung unser Eigentum. Erfüllungsort und Gerichtsstand ist für beide Teile Berlin. Zahlbar innerhalb von 30 Tagen ohne Abzug oder innerhalb 8 Tagen abzüglich 2 % Skonto.

USt-IdNr.: DE940321100   Steuernummer: 136/8050/7429
Amtsgericht: Berlin HRB 3856

Herr Lunau, Abteilungsleiter Rechnungswesen, beauftragt den Auszubildenden Werner Krull festzustellen, wie viel jeweils eine Kaffeemaschine und eine Schreibtischlampe die RAND OHG tatsächlich kostet. Werner denkt: *„Was soll ich denn noch rechnen, es steht doch auf der Rechnung, was jeweils ein Stück kostet!"*

Arbeitsaufträge
– Überprüfen Sie, ob Werner mit seiner Ansicht recht hat.
– Ermitteln Sie den Zieleinkaufspreis für einen Kaffeeautomaten und eine Schreibtischlampe.
– Ermitteln Sie den Bezugs-/Einstandspreis für einen Kaffeeautomaten und eine Schreibtischlampe.

3.1 Beschaffungsmarktforschung und Beschaffungsplanung

Kalkulieren heißt, Preise zu berechnen. Unternehmen müssen wissen, zu welchem **Bezugspreis (Einstandspreis)** sie ihre Waren einkaufen (**Bezugskalkulation**), weil diese Werte Grundlage für die Bemessung des Verkaufspreises sind.

Zur Ermittlung des **Bezugspreises** (Einstandspreises) von Handelswaren benutzt man folgendes **Kalkulationsschema**:

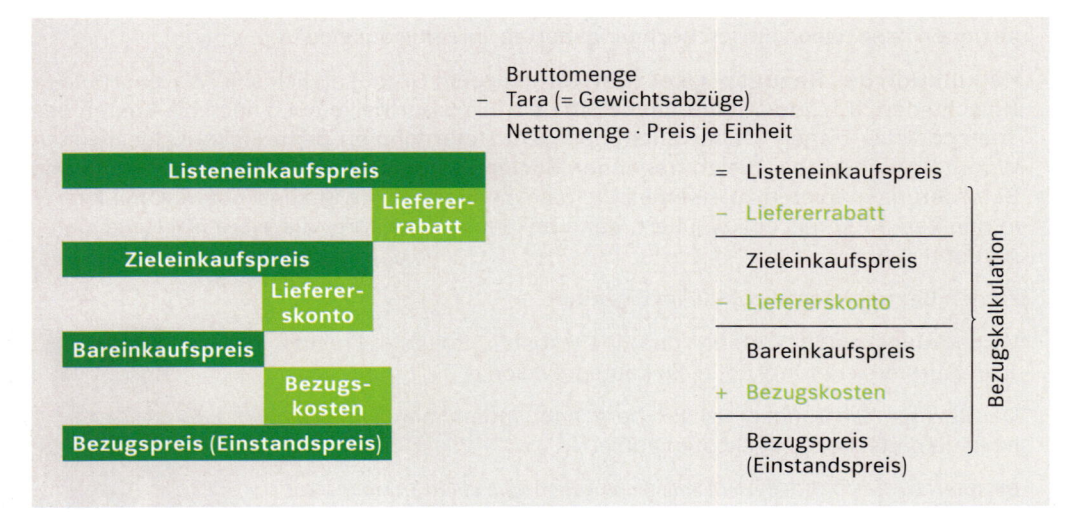

```
                              Bruttomenge
                            – Tara (= Gewichtsabzüge)
                              Nettomenge · Preis je Einheit

   Listeneinkaufspreis        = Listeneinkaufspreis
              Lieferer-
              rabatt          – Liefererrabatt
   Zieleinkaufspreis            Zieleinkaufspreis     ⎫
              Lieferer-                                ⎪
              skonto          – Liefererskonto         ⎬ Bezugskalkulation
   Bareinkaufspreis             Bareinkaufspreis       ⎪
              Bezugs-                                  ⎪
              kosten          + Bezugskosten           ⎭
   Bezugspreis (Einstandspreis) Bezugspreis
                                (Einstandspreis)
```

Die für den Bezug von Ware infrage kommenden Lieferer haben i. d. R. unterschiedliche Preise. Um Angebote miteinander vergleichen zu können, müssen ihre Preise vergleichbar gemacht werden. Es muss der Bezugs- oder Einstandspreis für jede Ware ermittelt werden (vgl. S. 124, 130).

In der **Bezugskalkulation** geht man vom **Listeneinkaufspreis** (= Preis, den der Lieferer lt. Preisliste verlangt) aus. Bei der Bezugskalkulation werden die einzelnen Mengen- und Wertabzüge (Rabatt, Skonto) stufenweise berechnet.

Die **Umsatzsteuer**, die der Lieferer in Rechnung stellt, geht nicht in die Kalkulation ein, weil sie vom Unternehmen als absetzbare Vorsteuer gegenüber dem Finanzamt geltend gemacht werden kann. Sie ist somit kein Kostenbestandteil.

■ Die einfache Bezugskalkulation

Bei der einfachen **Bezugskalkulation** wird nur eine Ware bezogen. Die Bezugskosten fallen nur für diese Ware an.

Kalkulation des Bareinkaufspreises

Um den Bareinkaufspreis ermitteln zu können, muss ein Unternehmen die Nettomenge (Bruttomenge – Tara) und den Listeneinkaufspreis errechnen, aus dem man durch Abzug von Liefererrabatt und Liefererskonto den Bareinkaufspreis ermittelt. Zur Ermittlung des Bareinkaufspreises sind je nach Vereinbarung mit dem Lieferer **Gewichts-** und **Preisabzüge** zu berücksichtigen.

- **Gewichtsabzüge:** Bei der Gewichtsermittlung ist zwischen dem **Brutto-** oder **Rohgewicht** (Ware mit Verpackung), **Tara** oder **Verpackungsgewicht** und **Netto-** oder **Reingewicht** (Ware ohne Verpackung) zu unterscheiden (vgl. S. 111).

- **Nachlässe:** Bei den Nachlässen unterscheidet man zwischen **Rabatt (Preisnachlass)** und **Skonto (Nachlass auf den Rechnungsbetrag für vorzeitige Zahlung)**.

Lernfeld 3: Ware disponieren, beschaffen und lagern

- **Ermittlung des Bareinkaufspreises:** Ziel dieser Einkaufskalkulation ist die Ermittlung des Bareinkaufspreises, also des Preises, den der Käufer am Ort des Verkäufers tatsächlich zu zahlen hat. Der Bareinkaufspreis ergibt sich aus dem Listeneinkaufspreis, vermindert um Rabatt und Skonto.

  Bei der Ermittlung des Bareinkaufspreises ist zuerst der Rabatt vom Listeneinkaufspreis zu subtrahieren, denn der vom Lieferer gewährte Rabatt beeinflusst den Einkaufspreis. Danach wird vom Zieleinkaufspreis der Skonto berechnet, den das Unternehmen dann abziehen kann, wenn es den Rechnungsbetrag vorzeitig ausgleicht.

- **Kalkulation des Bezugspreises (Einstandspreis):** Grundsätzlich sind Warenschulden Holschulden, d.h., der Käufer hat neben dem Transportrisiko auch noch die Kosten des Transports zu tragen. Daher entstehen dem Unternehmen beim Einkauf der meisten Waren Bezugskosten. Die zu tragenden Bezugskosten sind aus der Rechnung und den Beförderungspapieren zu ersehen. Vielfach sind jedoch die Bezugskosten vom Lieferer in den Verkaufspreis einkalkuliert, dann bekommt der Käufer die Ware frei Haus angeboten.

  Zu den **Bezugskosten** zählen im Einzelnen:

  Verpackungskosten, Verlade- und Wiegekosten, Rollgeld, Fracht, Transportversicherung, Zölle, Einkaufsprovision.

  Der Bezugs-/Einstandspreis wird berechnet, indem man zum Bareinkaufspreis die Bezugskosten addiert.

  Beispiel Die RAND OHG bezieht eine Warensendung mit dem Bruttogewicht von 320 kg. Die Tara beträgt 2,5 %, der Listeneinkaufspreis 7,32 € je kg. Der Lieferer gewährt 5 % Rabatt und 2 % Skonto. Die Fracht beträgt 91,20 €, das Rollgeld 11,20 €. Für Verpackung werden 26,74 € berechnet. Berechnen Sie den Bezugspreis (Einstandspreis) für die gesamte Lieferung und je kg.

  Lösung

  ① Bruttogewicht 320 kg
   − Tara 2,5 % 8 kg
     Nettogewicht 312 kg · 7,32 € = 2 283,84 €
     Listeneinkaufspreis   2 283,84 €
   − Liefererrabatt 5 %   114,19 €
     Zieleinkaufspreis   2 169,65 €
   − Liefererskonto 2 %   43,39 €
  ② Bareinkaufspreis   2 126,26 €
   + Bezugskosten
     Fracht   91,20 €
     Rollgeld   11,20 €
     Verpackung   26,74 €   129,14 €
  ③ Bezugspreis (Einstandspreis) der Lieferung   2 255,40 €
  ④ 2 255,40 € : 312 kg = _7,23 €_

  Der Bezugs-/Einstandspreis beträgt _7,23 € je kg_.

  Rechenweg

  ① Stellen Sie das Kalkulationsschema auf.
    Berechnen Sie
  ② das Nettogewicht, indem Sie vom Bruttogewicht die Tara abziehen,
  ③ den Listeneinkaufspreis: Nettogewicht · Preis je Einheit,
  ④ den Zieleinkaufspreis, indem Sie den Liefererrabatt vom Listeneinkaufspreis abziehen,
  ⑤ den Bareinkaufspreis der Lieferung, indem Sie den Liefererskonto vom Zieleinkaufspreis abziehen,

⑥ den Bezugspreis (Einstandspreis) der Lieferung, indem Sie die Bezugskosten ermitteln und zum Bareinkaufspreis addieren,
⑦ den Bezugspreis (Einstandspreis) je Einheit, indem Sie den Bezugs-/Einstandspreis der Lieferung durch die Nettomenge dividieren.

	A	B	C	D	E	F	G
1	Bezugskalkulation (Angebotsvergleich)						
2	Beim Angebotsvergleich werden die Daten verschiedener Lieferer verglichen, um das						
3	preisgünstigste Angebot zu ermitteln.						
4		Spila GmbH		Spielwaren GmbH		Otto Meyer & Co. OHG	
5	Kalkulationsschema						
6		%	€	%	€	%	€
7	Listeneinkaufspreis		200,00		196,00		215,00
8	– Liefererrabatt	15,0	30,00	10,0	19,40	25,0	53,75
9	= Zieleinkaufspreis		170,00		174,60		161,25
10	– Liefererskonto	2,0	3,40	2,0	3,49	0,0	0,00
11	= Bareinkaufspreis		166,60		171,11		161,25
12	+ Bezugsposten		2,00		0,00		5,00
13	= Bezugspreis		168,60		171,11		166,25
14							
15	Der Block B7:C13 wurde mit Eingaben und Formeln erstellt und anschließend auf die Blocks						
16	D7:E13 bzw. F7:C13 kopiert. Bei Bedarf sind weitere Lieferer durch Kopieren in zusätzlichen						
17	Spalten zu berücksichtigen.						
18	Eingaben in C7, E7, G7, B8, D8, F8, B10, D10, F10, C12, E12, G12.						
19	Ausgabe in C8 durch die Formel =C7*B8/100, in C9 durch die Formel =C7-C8, in C10 durch die						
20	Formel = C9*B10/100						
21	Ausgabe in C11 durch die Formel =C9-C10 in C13 durch die Formel =C11+C12						

■ Die zusammengesetzte Bezugskalkulation (Verteilung von Wert- und Gewichtsspesen)

Bei der zusammengesetzten Bezugskalkulation werden mehrere Waren in einer Sendung bezogen.

Beim Bezug mehrerer Waren in einer Sendung werden dem Unternehmen **Bezugskosten** in Rechnung gestellt, die dann auf die einzelnen Waren zu verteilen sind, um den Bezugs-/Einstandspreis je Ware zu ermitteln.

Die Bezugskosten unterteilt man hierbei nach der Berechnungs- und Verteilungsgrundlage in **Gewichtsspesen** (Fracht, Verladekosten, Rollgeld) und **Wertspesen** (Versicherungen, Bankspesen, Wertzölle, Provisionen).

- *Unter Gewichtsspesen versteht man alle Bezugskosten, die nach dem Bruttogewicht der einzelnen Waren verteilt werden.*
- *Zu den Wertspesen zählt man solche Bezugskosten, die nach dem Wert (= Zieleinkaufspreis) der einzelnen Waren verteilt werden.*
- *Grundlage für die Verteilung der Gewichtsspesen ist das Bruttogewicht, während die Wertspesen nach dem Wert der einzelnen Waren verteilt werden.*

Beispiel Die RAND OHG bezieht in einer Lieferung der Robert Blusch GmbH zwei verschiedene Waren in einer Sendung:
Ware I, 160 Stück, Bruttogewicht 160 kg, 5 % Tara, Listeneinkaufspreis 420,00 €
Ware II, 140 Stück, Bruttogewicht 140 kg, 5 % Tara, Listeneinkaufspreis 360,00 €
Die Robert Blusch GmbH gewährt 10 % Rabatt und 3 % Skonto. An Bezugskosten für diese Warenlieferung entstehen für Fracht 22,00 €, Rollgeld 8,00 € und Transportversicherung 13,00 €.

Lernfeld 3: Ware disponieren, beschaffen und lagern

Berechnen Sie den Bezugs-/Einstandspreis für jede Ware und je kg.
a) Wie viele Bezugsspesen entfallen auf jede Ware?
b) Wie viel Euro kostet 1 Stück von jeder Ware einschließlich Bezugsspesen?

Lösung a) *Verteilung der Wert- und Gewichtsspesen*

①	Gewichtsspesen				Wertspesen			
	Brutto-gewicht in kg	Anteile (Vertei-lungs-schlüs-sel) ②	Wert je Anteil in €	Anteil insge-samt in € ⑤	Zielein-kaufs-preis in €	Anteile (Vertei-lungs-schlüs-sel) ②	Wert je Anteil in €	Anteil insge-samt in € ⑤
I	160	8	2,00	16,00	378,00	7	1,00	7,00
II	140	7	2,00	14,00	324,00	6	1,00	6,00
		③ 15	=	⑥ 30,00		③ 13	=	⑥ 30,00
		1	=	x		1	=	x
	④	x	=	2,00	④	x	=	1,00

Rechenweg

Gewichtsspesen	Lösungsweg	Wertspesen
Verteilungsgrundlage: die Gesamtgewichte (Brutto-gewichte) der Waren	① Stellen Sie die Verteilungstabelle auf.	Verteilungsgrundlage: die Zieleinkaufspreise der Waren (Listeneinkaufspreis – Rabatt)
Kürzung der Gewichte, z. B. 160 : 20 = 8 140 : 20 = 7	② Ermitteln Sie den Verteilungsschlüssel.	Kürzung der Zieleinkaufsprei-se der Warengruppe, z. B. 378 : 54 = 7 324 : 54 = 6

Danach stimmen die Lösungswege für Gewichts- und Wertspesen überein.
③ Ermitteln Sie die Summe der Anteile.
④ Ermitteln Sie den Wert je Anteil, indem Sie die Verteilungssumme durch die Summe der Anteile dividieren.
⑤ Ermitteln Sie den Spesenanteil von jeder Ware, indem Sie die Anteile mit dem Wert je Anteil multiplizieren.
⑥ Führen Sie die Kontrolle durch, indem Sie die Spesenanteile jeder Ware addieren.

Lösung b) *Berechnung der Bezugspreise (Einstandspreise)*

		Ware I	Ware II
	Listeneinkaufspreis – Rabatt 10 %	420,00 € 42,00 €	360,00 € 36,00 €
	Zieleinkaufspreis – Skonto 3 %	378,00 € 11,34 €	324,00 € 9,72 €
②	Bareinkaufspreis + Gewichtsspesen + Wertspesen	366,66 € 16,00 € 7,00 €	314,28 € 14,00 € 6,00 €
③	Bezugspreis (Einstandspreis) der Waren insgesamt	389,66 €	334,28 €
④	Bezugspreis (Einstandspreis) je Stück	389,66 : 152 = <u>2,56 €</u>	334,28 : 133 = <u>2,51 €</u>

Der Bezugspreis (Einstandspreis) je Stück der Ware I beträgt 2,56 € und der Ware II 2,51 €.

3.1 Beschaffungsmarktforschung und Beschaffungsplanung

Rechenweg

a) Stellen Sie das Kalkulationsschema auf.
b) Berechnen Sie den Bareinkaufspreis mit den angegebenen Prozentsätzen.
c) Berechnen Sie den Bezugspreis (Einstandspreis) der Lieferung, indem Sie die anteiligen Bezugskosten zum Bareinkaufspreis addieren.
d) Berechnen Sie den Bezugspreis (Einstandspreis) je Einheit, indem Sie den Bezugs-/Einstandspreis der Lieferung durch die Nettomenge dividieren.

Zusammenfassung: Bezugskalkulation

Einfache Bezugskalkulation	Schema zur Ermittlung des Bezugs- oder Einstandspreises	Zusammengesetzte Bezugskalkulation
– Bezugskosten entfallen auf einen Artikel. – Bezugskosten: Verpackungs-, Verlade-, Wiegekosten, Rollgeld, Fracht, Transportversicherung, Zölle, Einkaufsprovision	Listeneinkaufspreis – Rabatt Zieleinkaufspreis – Skonto Bareinkaufspreis + Bezugskosten = Bezugs-/Einstandspreis	– Bezugskosten entfallen auf mehrere Artikel. – Nach der Kostenverursachung sind die Bezugskosten in Wert- und Gewichtsspesen zu unterteilen. – Wertspesen werden entsprechend dem Wert der Ware verteilt. – Gewichtsspesen werden nach dem Gewicht der Ware verteilt.

Aufgaben

1 Eine Warensendung hat ein Rohgewicht von 2 500 kg. Die Tara beträgt 246 kg. Der Listeneinkaufspreis beträgt 0,70 € je kg des Nettogewichtes. Der Lieferer gewährt 12,5 % Rabatt und 2 % Skonto. Die Bezugskosten betragen 5,00 € je 100 kg.
Berechnen Sie den Bezugs-/Einstandspreis für die gesamte Lieferung und je kg.

2 Ein Großhändler bezieht eine Ware im Bruttogewicht von 1 060 kg. Die Verpackung wiegt 75 kg. Der Lieferer berechnet 2,85 € je kg Nettogewicht und gewährt 10 % Rabatt und 3 % Skonto. Die Fracht beträgt 5,20 € für 100 kg.
Berechnen Sie den Bezugs-/Einstandspreis für die Warensendung und je kg.

3 Der Listeneinkaufspreis einer Ware beträgt 700,00 €, der Zieleinkaufspreis 560,00 €, der Bezugs-/Einstandspreis einschließlich 30,00 € Bezugskosten 578,80 €.
Berechnen Sie
a) den Rabatt in Prozent,
b) den Bareinkaufspreis in Euro,
c) den Skonto in Prozent.

4 Der Zieleinkaufspreis einer Ware beträgt nach Abzug von 5 % Rabatt 13 300,00 €. Außerdem werden dem Großhändler 2 % Skonto gewährt und 1 766,00 € Bezugskosten berechnet. Berechnen Sie
a) den Listeneinkaufspreis,
b) den Bareinkaufspreis,
c) den Bezugs- oder Einstandspreis.

Lernfeld 3: Ware disponieren, beschaffen und lagern

5 Beim Einkauf einer Ware erhielt ein Großhändler 12,5 % Mengenrabatt; das entsprach 17,50 €. Darüber hinaus zog der Großhändler 2,5 % Skonto ab. Ermitteln Sie
a) den Listeneinkaufspreis,
b) den Zieleinkaufspreis,
c) den Bareinkaufspreis.

6 Ein Großhändler bezieht 320 Stück einer Ware zum Listeneinkaufspreis von 5,00 € je Stück. Der Lieferer gewährt 20 % Rabatt. Da der Großhändler innerhalb von zehn Tagen zahlt, zieht er 2,5 % Skonto ab. Der Bezugspreis (Einstandspreis) für die gesamte Sendung beträgt 1 300,00 €.
a) Wie viel Euro beträgt der Zieleinkaufspreis für die Sendung?
b) Wie viel Euro beträgt der Bareinkaufspreis für die Sendung?
c) Wie viel Cent Bezugskosten entfallen auf ein Stück der Ware?

7 Ein Großhändler will 150 Stück eines Artikels einkaufen. Er erhält folgende Angebote:

Angebot	Preis je Stück	Zahlungsbedingungen	Rabatt	Frachtkosten
1	260,00 €	2 % Skonto bei Zahlung innerhalb von zehn Tagen, 30 Tage ohne Abzug	–	frei Haus
2	268,00 €	30 Tage Ziel	4 % bei Abnahme von mindestens 100 Stück	frei Haus
3	256,00 €	2,5 % Skonto bei Zahlung innerhalb von zehn Tagen, 30 Tage ohne Abzug	–	2,00 € je Stück

Ermitteln Sie den Bezugs- oder Einstandspreis je Stück netto unter Ausnutzung des Skontos für diese drei Angebote.

8 Die Schneider Bauwaren OHG bezieht in einer Warensendung:
Ware I, brutto 3 500 kg, Tara 4 %, zu 700,00 € je 100 kg netto
Ware II, brutto 1 500 kg, Tara 4 %, zu 900,00 € je 100 kg netto
Der Lieferer gewährt 25 % Sonderrabatt und 2,5 % Skonto. Die Gewichtsspesen betragen 250,00 € und die Wertspesen 266,00 €.
Über wie viel Euro lautet der Bezugs- oder Einstandspreis für ein kg jeder Ware?

9 Ein Gemüsegroßhändler erhält in einer Warenlieferung zwei Sorten Obst:
Sorte I 300 kg, Kilopreis 1,50 €
Sorte II 225 kg, Kilopreis 1,20 €
Die Frachtkosten betragen 300,00 €, das Rollgeld 109,50 €, die Einkaufsprovision 57,60 €.
Der Lieferer gewährt 2 % Skonto.
Berechnen Sie den Bezugs- oder Einstandspreis jeder Sorte insgesamt und je kg.

10 Ein Großhändler erhält drei Sorten Waren in einer Warenlieferung:
Sorte I 250 Stück zu 13,00 €/Stück, brutto 600 kg
Sorte II 400 Stück zu 22,00 €/Stück, brutto 1 500 kg
Sorte III 600 Stück zu 30,00 €/Stück, brutto 5 400 kg
Der Lieferer gewährt 20 % Treuerabatt und 2,5 % Skonto. Die Transportversicherung beträgt 404,00 €, die Maklerprovision 197,00 €, die Frachtkosten belaufen sich auf 225,00 €.
Berechnen Sie den Bezugs- oder Einstandspreis für jede Sorte insgesamt und je Stück.

3.1.5 Angebotsvergleich strukturiert darstellen

Oliver Rand legt Frau Meesters folgende Übersicht für Polohemden vor, von denen 6 000 Stück benötigt werden:

Lieferer	Wollmann OHG	Stricker AG	Schmitt & Co. KG
Listeneinkaufspreis je 10000 Stück	63 000,00 €	60 000,00 €	62 000,00 €
Rabatt	12 %	12 %	20 %
Skonto	2 %	3 %	3 %
Lieferzeit	10 Tage	20 Tage	15 Tage
Lieferbedingungen	ab Werk	frei Haus	unfrei
Verpackungsrücknahme	ja	ja	nein
Mindestabnahme in Stück	6 000	6 000	7 500
Qualität	Baumwolle	Baumwolle	Polyacryl

Das Rollgeld für die An- und Abfuhr beträgt je 20,00 €, die Fracht 100,00 €. Oliver Rand schlägt vor, die Ware beim Lieferer Schmitt & Co. KG zu bestellen. Frau Meesters widerspricht ihm energisch.

Arbeitsaufträge
- *Überlegen Sie, welche Gründe Frau Meesters haben könnte, Oliver Rand zu widersprechen.*
- *Erläutern Sie, welche Gesichtspunkte bei einem Angebotsvergleich zu berücksichtigen sind.*

Die Beschaffungsabteilung eines Handelsunternehmens hat i. d. R. mehrere Angebote unterschiedlicher Lieferer zur Auswahl. Der zuständige Einkäufer hat die Aufgabe, denjenigen Anbieter aus den vorhandenen auszuwählen, der das für das Unternehmen günstigste Angebot abgibt. Zu diesem Zweck führt er einen **Angebotsvergleich** durch. Dabei achtet der Einkäufer nicht nur auf Qualität, Preise, Mindestbestellmengen, Lieferbedingungen, Liefertermine, sondern auch auf die Zuverlässigkeit, den Service und die Kreditgewährung des Lieferers und ökologische Gesichtspunkte.

- **Qualitätsvergleich:** Nicht das preiswerteste Angebot ist automatisch das beste. Es sind die Ansprüche des Unternehmens, die Ansprüche, die sich aus der Ware ergeben, und die Ansprüche der Kunden zu berücksichtigen.

  Beispiel Die Lieferer Wollmann OHG und Stricker AG Textilherstellung haben eine bessere Qualität als der Lieferer Schmitt & Co. KG angeboten.

- **Preisvergleich/Mindestbestellmengen/Lieferbedingungen:** Die angebotenen Preise sind auf eine einheitliche Basis zu bringen, wobei die gewährten Preisnachlässe (Rabatte, Bonus) und Skonto zu berücksichtigen sind. Ebenfalls sind die Bezugskosten (Fracht, Rollgeld sowie Mindestbestellmengen) zu berücksichtigen.

Beispiel In der RAND OHG werden folgende Bezugs-/Einstandspreise für Polohemden ermittelt:

Lieferer	Wollmann OHG		Stricker AG		Schmitt & Co. KG	
Stückzahl (Mindestbestellmenge)		6 000		6 000		7 500
Preis je Stück		6,30 €		6,00 €		6,20 €
Listeneinkaufspreis – Rabatt	12 %	37 800,00 € 4 536,00 €	12 %	36 000,00 € 4 320,00 €	20 %	46 500,00 € 9 300,00 €
Zieleinkaufspreis – Skonto	2 %	33 264,00 € 665,28 €	3 %	31 680,00 € 950,40 €	3 %	37 200,00 € 1 116,00 €
Bareinkaufspreis + Bezugskosten		32 598,72 € 140,00 €		30 729,60 € –		36 084,00 € 120,00 €
Bezugs-/Einstandspreis insgesamt Bezugs-/Einstandspreis je Stück		32 738,72 € 5,46 €		30 729,60 € 5,12 €		36 204,00 € 4,83 €

Wäre nur der Preis ausschlaggebend, hätte Lieferer Schmitt & Co. KG das günstigste Angebot abgegeben.

- **Terminvergleich:** Insbesondere, wenn die schnelle Belieferung eine große Rolle spielt, ist die Lieferzeit ein wesentliches Kriterium für die Auswahl des Lieferers. Dies ist dann besonders wichtig, wenn Waren für bestimmte Saisongeschäfte (z. B. Weihnachten, Ostern, Karneval) eingekauft werden.

- **Zuverlässigkeit des Lieferers:** Wenn bestimmte Lieferer in der Vergangenheit unzuverlässig gearbeitet haben, sollte auch dieser Aspekt berücksichtigt werden. Umgekehrt kann besonders zuverlässigen Lieferern selbst bei geringfügig höheren Preisen der Vorzug gegeben werden.

- **Kreditgewährung:** Einige Lieferer bieten großzügige Zahlungsziele an, sodass selbst bei höheren Bezugs-/Einstandspreisen diesem Lieferer ein Auftrag erteilt werden kann, da bei Ausnutzung des Zahlungszieles der für die Bezahlung des Rechnungsbetrages erforderliche Geldbetrag kurzfristig anderweitig zur Verfügung steht.

- **Service des Lieferers:** Der Service kann ein entscheidendes Auswahlkriterium für die Wahl des Lieferers sein.

    Beispiele Ersatzteilgarantie, Rücknahme von Verpackungsmaterial, Kulanz

- **Ökologische Gesichtspunkte:** Sie treten in zunehmendem Maße in den Vordergrund. So sollten Transport- und Verpackungsgesichtspunkte und die sich aus der bei der Herstellung oder Verwendung von Produkten ergebenden Umweltbelastungen unter diesem Aspekt beachtet werden.

3.1 Beschaffungsmarktforschung und Beschaffungsplanung

Beispiel Die RAND OHG bezieht einen Großteil ihrer Waren per Bahntransport, um die umweltschädigenden Belastungen des Güterkraftverkehrs zu vermeiden. Ebenfalls vereinbart sie mit allen Lieferern eine recyclinggerechte Entsorgung der Verpackungen. Bei der Auswahl von Lieferern werden solche bevorzugt, die umweltverträgliche Produktionsverfahren einsetzen und schadstoffarme Materialien liefern.

> **Zusammenfassung: Angebotsvergleich strukturiert darstellen**
> - Um das günstigste Angebot für eine Ware zu ermitteln, werden die **Angebote mehrerer Lieferer miteinander verglichen**.
> - Unternehmen vergleichen dabei Preise, Preisabzüge, Mindestbestellmengen, Bezugskosten, Lieferzeit, Qualität der Ware, Zuverlässigkeit des Lieferers, Kreditgewährung und ökologische Gesichtspunkte.

Aufgaben

1 Die RAND OHG will von einem bestimmten Artikel 400 Stück bestellen. Hierzu liegen ihr drei Angebote vor. Geben Sie an, für welchen Lieferer sich die RAND OHG entscheiden sollte, und begründen Sie Ihre Antwort.
Rollgeld für die An- und Abfuhr je 30,00 € und für die Fracht 180,00 €.
  1. **Angebot:** 3,00 €/Stück einschließlich Verpackung, unfrei, 15 % Rabatt bei Abnahme von mindestens 300 Stück, Lieferung sofort, Zahlung innerhalb von 10 Tagen mit 2 % Skonto oder in 30 Tagen netto Kasse
  2. **Angebot:** 2,80 €/Stück zuzüglich 0,10 €/Stück für Verpackung, frachtfrei, 10 % Mengenrabatt, Lieferung in 14 Tagen, Zahlung innerhalb von 14 Tagen mit 3 % Skonto oder in 40 Tagen netto Kasse
  3. **Angebot:** 2,70 €/Stück einschließlich Verpackung, ab Werk, 5 % Wiederverkäuferrabatt, Lieferung in 8 Tagen, Zahlung sofort netto Kasse

2 Ein Großhändler benötigt 1 200 Stück einer Ware. Es liegen drei Angebote verschiedener Lieferer vor. Ermitteln Sie den günstigsten Lieferer (Begründung).
Angebot Lieferer Klein: Karton mit 12 Stück zu 78,00 € einschließlich Verpackung, Mengenrabatt ab 5 Kartons 4 %, ab 10 Kartons 10 %, ab 20 Kartons 15 %, Beförderungskosten 2 % vom Warenwert (LEP), Lieferzeit 8 Tage, Zahlungsbedingung: 2 % Skonto bei Zahlung innerhalb von 8 Tagen oder 30 Tage netto Kasse
Angebot Lieferer Stefer: Karton mit 6 Stück zu 36,00 €, Verpackung 0,20 € je Karton, Mengenrabatt 10 %, frei Haus, Lieferzeit 3 Tage, Zahlungsbedingung: 3 % Skonto bei Zahlung innerhalb von 10 Tagen oder 40 Tage netto Kasse
Angebot Lieferer Schmitt-Blass: Stück 5,50 €, Verpackungskosten 0,40 € je Stück, ab Werk (Rollgeld für An- und Abfuhr je 30,00 €, Fracht 80,00 €), Lieferzeit: 1 Tag, Zahlungsbedingung: 2 % Skonto bei Zahlung innerhalb von 8 Tagen oder 20 Tage netto Kasse

3 Begründen Sie, warum unter Umständen ein Großhändler einen Lieferer bevorzugt, der höhere Bezugs-/Einstandspreise als andere Lieferer hat.

4 Einer Einkaufsabteilung liegen mehrere Angebote für einen Artikel vor. Es sind zu berücksichtigen: Anfuhrkosten 10,00 €, Frachtkosten 20,00 €, Zufuhrkosten 15,00 €.
Angebot A: Listeneinkaufspreis 92,50 €, Lieferung frei dort, bei Zahlung innerhalb von 10 Tagen 2 % Skonto, 5 % Rabatt.
Angebot B: Listeneinkaufspreis 84,00 €, Lieferung ab Werk, zahlbar innerhalb von 10 Tagen.
Angebot C: Listeneinkaufspreis 75,00 €, Lieferung ab hier, Zahlung innerhalb von 10 Tagen.
Ermitteln Sie den jeweiligen Bezugs-/Einstandspreis unter Berücksichtigung der angegebenen Konditionen.

3.2 Beschaffungsabwicklung und Logistik/Bestandsplanung, -führung und -kontrolle

3.2.1 Kaufverträge abschließen

Werner Krull sitzt aufgeregt am Schreibtisch. Er hat einen potenziellen Lieferer für Kugelschreiber, die Skribo Pencil AG, ermittelt. Diese bietet Kugelschreiber für 0,30 €/Stück bei einer Mindestabnahme von 50000 Stück an. Telefonisch vereinbart er mit dem zuständigen Disponenten der AG die Lieferung von 50000 Kugelschreibern. „Jetzt habe ich für die RAND OHG ein tolles Geschäft gemacht", sagt Werner zu Frau Rand, „bisher mussten wir für Kugelschreiber 0,43 € je Stück im Einkauf bezahlen, ich habe gerade 50000 Stück für 0,30 € je Stück telefonisch bestellt." „Das darf doch nicht wahr sein", stöhnt Frau Rand. „Wir haben doch bisher nur 30000 Kugelschreiber pro Jahr verkauft, was sollen wir denn mit den 20000 überzähligen Stiften machen?" „Das ist doch kein Problem", sagt Werner, „dann rufe ich schnell bei der Skribo Pencil AG an und sage denen, dass wir die Kugelschreiber nicht brauchen. Es ist ja ohnehin kein Kaufvertrag zustande gekommen, da ich noch nicht schriftlich bestellt habe."

Arbeitsaufträge
- *Überprüfen Sie, ob Werner Krull für die RAND OHG einen Kaufvertrag abgeschlossen hat.*
- *Stellen Sie fest, welche Pflichten sich aus einem Kaufvertrag für einen Käufer und einen Verkäufer ergeben und wie diese Pflichten erfüllt werden können.*

■ Zustandekommen des Kaufvertrages

Der Kaufvertrag (§ 433ff. BGB) des Verkäufers mit dem Käufer kommt durch **zwei übereinstimmende Willenserklärungen** zustande. Die Willenserklärung zum Abschluss eines Kaufvertrages kann schriftlich, fernschriftlich, mündlich oder fernmündlich abgegeben werden. Dabei kann die Initiative zum Abschluss des Kaufvertrages (**Antrag**) sowohl vom Verkäufer als auch vom Käufer ausgehen. Die Zustimmung zum Kaufvertrag erfolgt durch die **Annahme** des Käufers bzw. des Verkäufers. Folgende Möglichkeiten des Zustandekommens eines Kaufvertrages sind denkbar:

- **Der Verkäufer macht den Antrag:**

1. Willenserklärung = Antrag	Bei Übereinstimmung = Kaufvertrag	2. Willenserklärung = Annahme
Verkäufer: Angebot von Kugelschreibern		**Käufer:** Bestellung von Kugelschreibern

3.2 Beschaffungsabwicklung und Logistik/Bestandsplanung, -führung und -kontrolle

Der Kaufvertrag kommt zustande, wenn die **Bestellung (Annahme) des Käufers** inhaltlich mit dem **Angebot (Antrag) des Verkäufers** übereinstimmt.

- **Der Käufer macht den Antrag:**

```
1. Willenserklärung          Bei                    2. Willenserklärung
   = Antrag              Übereinstim-                  = Annahme
                            mung
Käufer: Bestellung           =                     Verkäufer: Bestel-
von Kugelschreibern      Kaufvertrag                  lungsannahme
```

Der Kaufvertrag kommt zustande, wenn der Verkäufer (**Annahme**) die Bestellung des Käufers (**Antrag**) annimmt.

■ Verpflichtungs- und Erfüllungsgeschäft

Aus dem Kaufvertrag entstehen für die Vertragsparteien Pflichten und Rechte. Mit dem Vertragsabschluss (**Verpflichtungsgeschäft**) verpflichten sich die Vertragsparteien, den Vertrag zu erfüllen (**Erfüllungsgeschäft**). Die Pflichten des Verkäufers entsprechen den Rechten des Käufers und umgekehrt.

Pflichten des Verkäufers	Pflichten des Käufers
– Übergabe und Übereignung der mangelfreien Ware zur rechten Zeit und am rechten Ort – Annahme des Kaufpreises	– Annahme der ordnungsgemäß gelieferten Ware – rechtzeitige Zahlung des vereinbarten Kaufpreises

Die Vertragspartner können den Kaufvertrag erfüllen, indem sie ihren jeweiligen Verpflichtungen nachkommen. Zeitlich können zwischen dem Abschluss (**Verpflichtungsgeschäft**) und der Erfüllung (**Erfüllungsgeschäft**) des Kaufvertrages oft mehrere Wochen oder Monate liegen.

Beispiel Die RAND OHG bestellt bei der Pullmann KG 1 000 Gemüsereiben, die erst in acht Wochen lieferbar sind. Nach acht Wochen liefert die Pullmann KG die bestellten Gemüsereiben, die RAND OHG zahlt bei Lieferung. Die **Verpflichtung** *beider Vertragspartner entstand beim Abschluss des Kaufvertrages, der Vertrag wurde von der Pullmann KG durch die rechtzeitige und mangelfreie Lieferung und die Annahme des Kaufpreises und von der RAND OHG durch die Annahme der bestellten Gemüsereiben und rechtzeitige Bezahlung* **erfüllt***.*

■ Unterscheidung nach der rechtlichen Stellung der Vertragspartner

- **Bürgerlicher Kauf:** Wenn zwei Privatpersonen einen Kaufvertrag abschließen, spricht man von einem bürgerlichen Kauf. Es gilt das BGB.

  Beispiel Sonja Koch verkauft ihrer Freundin Nadine einen gebrauchten MP3-Player.

- **Handelskauf**: Wenn ein **Vertragspartner** als **Kaufmann** handelt, liegt ein **einseitiger Handelskauf** vor. Es gelten das HGB (Handelsgesetzbuch) für den Kaufmann und das BGB für den Privatmann. Unter einem **Verbrauchsgüterkauf** versteht man einen Kaufvertrag über den Kauf einer beweglichen Sache zwischen einem Unternehmer und einem Verbraucher. Für den Verbrauchsgüterkauf gelten grundsätzlich die Vorschriften des allgemeinen Kaufrechts im BGB (§ 433 ff. BGB). Um den Verbraucher zusätzlich zu schützen, wurden für den Verbrauchsgüterkauf einige **Spezialvorschriften** erlassen (§ 474 ff. BGB).

Lernfeld 3: Ware disponieren, beschaffen und lagern

Beispiele
- Die Auszubildende Beate Klar kauft in der Center Warenhaus GmbH einen neuen DVD-Player (Verbrauchsgüterkauf).
- Ein Antiquitätenhändler kauft von einem Privatmann einen alten Schrank (einseitiger Handelskauf).

Wenn beide Vertragspartner Kaufleute sind und im Rahmen ihres Handelsgewerbes Kaufverträge abschließen, liegt ein **zweiseitiger Handelskauf** vor. Es gelten die Bestimmungen des BGB und des HGB.

Beispiel Die Tempelmann GmbH & Co. KG bestellt bei der RAND OHG, Aurich, 5000 Paar Tennissocken

Zusammenfassung: Kaufverträge abschließen

- Der **Kaufvertrag** kommt durch **übereinstimmende Willenserklärungen** von zwei oder mehr Personen zustande (**Antrag und Annahme**).

Der Verkäufer verpflichtet sich,	Der Käufer verpflichtet sich,
rechtzeitig und mangelfrei zu liefern und dem Käufer das Eigentum an der Ware zu verschaffen.	die ordnungsgemäß gelieferte Ware anzunehmen und den Kaufpreis rechtzeitig zu zahlen.

- Beide **Vertragspartner** müssen ihre **Pflichten erfüllen**.
- **Nach der rechtlichen Stellung der Vertragspartner** unterscheidet man bürgerlichen Kauf, einseitigen und zweiseitigen Handelskauf.
- Beim **Verbrauchsgüterkauf** ist der Verkäufer Kaufmann und der der Käufer ein Privatmann.

Aufgaben

1. Erläutern Sie, wodurch sich Verpflichtungs- und Erfüllungsgeschäft unterscheiden.

2. Erklären Sie anhand von drei Beispielen, wie Verpflichtungs- und Erfüllungsgeschäft zeitlich auseinanderfallen können.

3. Welche der nachfolgenden Maßnahmen
   1. führen zum Abschluss des Kaufvertrages,
   2. gehören zur Erfüllung des Kaufvertrages?
   a) fristgemäße Bezahlung
   b) Bestellung
   c) Auftragsbestätigung
   d) Eigentumsübertragung
   e) fristgemäße Annahme der Ware
   f) ordnungsgemäße Lieferung

4. Beschreiben Sie, wie ein Kaufvertrag zwischen einem Verkäufer und einem Käufer zustande kommt.

5. Erläutern Sie an je einem Beispiel, wodurch ein bürgerlicher Kauf, einseitiger und zweiseitiger Handelskauf gekennzeichnet sind.

3.2.2 Bestellungen und Auftragsbestätigung bearbeiten

Die ReWo eG schickt aufgrund eines Angebotes vom 1. April 20.. mit nachfolgendem Schreiben der RAND OHG folgende Bestellung:

ReWo eG, Nelkenstraße 3 , 50733 Köln

RAND OHG
Dieselstraße 10
26605 Aurich

Ihr Ansprechpartner:	Herr Kaminski
Abteilung:	Beschaffung
E-Mail:	info@einkaufsgenossenschaft-rewo.de
Telefon:	0221 16532-280
Telefax:	0221 16533-12
Ihr Zeichen,	me-ra
Ihre Nachricht:	01.04.20..
Unser Zeichen:	ka-wu
unsere Nachricht:	10.03.20..
Datum:	20.04.20..

Bestellung

Sehr geehrte Damen und Herren,

aufgrund Ihres Angebotes vom 1. April 20.. bestellen wir hiermit

400 Puppen „Pia", Artikel 0900	24,57 €/Stück
300 Stoffbären „Fynn", Artikel 0800	4,92 €/Stück

einschließlich Verpackung, abzüglich 20 % Rabatt.

Die Lieferung soll bis zum 20. Mai 20.. unfrei erfolgen.

Unsere Zahlung wird innerhalb von 30 Tagen oder innerhalb von 14 Tagen unter Abzug von 3 % Skonto ab Rechnungserhalt geleistet.

Wir erwarten Ihre termingerechte Lieferung.

Mit freundlichen Grüßen

ReWo eG

i. A. *Kaminski*

Kaminski
Abteilungsleiter Beschaffung

Nach einer Woche erhält die ReWo eG eine briefliche Antwort der RAND OHG, in der diese erklärt, sie könne die bestellten Waren nur noch zu einem um 10 % höheren Preis liefern, da die Zulieferer die Preise erhöht hätten.

Arbeitsaufträge
- *Begründen Sie, ob die ReWo eG auf einer Lieferung zu den alten Preisen bestehen kann.*
- *Überprüfen Sie, welche rechtliche Wirkung eine am 23. April an die ReWo eG abgesandte Auftragsbestätigung für die RAND OHG hätte.*

■ Bestellung

Die **Bestellung** ist eine **Willenserklärung des Käufers, eine bestimmte Ware zu den im Angebot angegebenen Bedingungen zu kaufen**. Die Bestellung kann durch den Käufer schriftlich, fernschriftlich, mündlich oder telefonisch abgegeben werden, sie ist an keine Formvorschriften gebunden und für den Bestellenden immer verbindlich.

Die Bestellung soll folgende **Angaben** enthalten:

- Art und Güte (Qualität und Beschaffenheit) der Waren
- Menge
- Preis und Preisnachlässe
- Liefer- und Zahlungsbedingungen
- Lieferzeit

Wird in der Bestellung auf ein ausführliches Angebot Bezug genommen, ist die Wiederholung aller Angaben nicht erforderlich, es reicht dann die genaue Angabe der Ware (z. B. Artikelnummer), der Bestellmenge und des Preises der Ware.

Ein Besteller kann eine **Bestellung widerrufen**, wenn er dem Lieferer eine entsprechende Nachricht vor oder spätestens gleichzeitig mit der Bestellung zukommen lässt.

Beispiel Die ReWo eG hat in ihrer brieflichen Bestellung 100 Stück statt 10 Stück angegeben. Nach einem Tag bemerkt ein Mitarbeiter der ReWo eG den Irrtum und ruft die RAND OHG sofort an, um die Bestellung zu widerrufen. In der Regel dauert die Zustellung eines Briefes etwa zwei bis drei Tage, somit hat die ReWo eG rechtzeitig vor Eintreffen der Bestellung widerrufen.

■ Auftragsbestätigung (Bestellungsannahme)

Ein Lieferer kann die Bestellung des Käufers mündlich, fernmündlich, schriftlich oder fernschriftlich bestätigen. Die **Auftragsbestätigung (Bestellungsannahme)** ist eine Willenserklärung des Lieferers, mit der er sich bereit erklärt, die bestellte Ware zu den angegebenen Bedingungen zu liefern.

Die Auftragsbestätigung kann für das **Zustandekommen eines Kaufvertrages** in folgenden Fällen **erforderlich** sein:

- **Der Bestellung ist kein Angebot vorausgegangen.**

    Beispiel Die ReWo eG bestellt bei der RAND OHG 2 000 Spielesammlungen „Joker", ohne dass der ReWo eG ein Angebot vorlag. Der Kaufvertrag kommt mit der Bestellungsannahme zustande.

    Bei sofortiger Lieferung kann auf eine Bestellungsannahme verzichtet werden, in diesem Fall gilt die Lieferung als Annahme der Bestellung.

- **Die Bestellung weicht vom Angebot ab.**

    Beispiel Die ReWo eG bestellt 200 Schreibtischlampen „Schwenkarm" zu 10,50 €/Stück, das Angebot der RAND OHG lautete über 10,56 €/Stück. Erst durch eine Bestellungsannahme über 10,50 €/Stück kommt der Kaufvertrag zustande.

- **Das Angebot des Lieferers ist freibleibend.**

    Beispiel Die ReWo eG bestellt aufgrund eines Angebotes der RAND OHG, in dem die Klausel „Preise freibleibend" vermerkt war. Erst durch die Bestellungsannahme kommt der Kaufvertrag zustande.

- **Die Bindungsfrist an das Angebot ist abgelaufen.**

    Beispiel Die ReWo eG bestellt bei der RAND OHG aufgrund eines Faxangebotes nach einer Woche einen Sonderposten Spielesammlungen. Erst durch die Bestellungsannahme kommt der Kaufvertrag zustande.

Zusammenfassung: Bestellungen und Auftragsbestätigung bearbeiten

- Die Bestellung ist die **Willenserklärung des Käufers, bestimmte Waren zu bestimmten Bedingungen zu kaufen**.
- Die Bestellung ist an **keine Formvorschrift** gebunden und kann **schriftlich, fernschriftlich, mündlich oder telefonisch** erteilt werden.

- Die Bestellung sollte möglichst alle Bedingungen eines Angebotes enthalten, **mindestens jedoch Warenart, Menge, Preis**.
- Der **Widerruf der Bestellung** muss **spätestens gleichzeitig mit der Bestellung** beim Lieferer eintreffen.
- Die **Bestellungsannahme (Auftragsbestätigung) ist in folgenden Fällen erforderlich**, damit ein **Kaufvertrag zustande kommt**: Abweichende Bestellung, Bestellung ohne vorliegendes Angebot oder aufgrund eines freibleibenden Angebots, abgelaufene Bindungsfrist an das Angebot.

Aufgaben

1 In welchen der nachfolgenden Fälle ist eine Bestellungsannahme (Auftragsbestätigung) für das Zustandekommen des Kaufvertrages erforderlich?
 a) Der Lieferer macht der RAND OHG ein telefonisches Angebot. Die RAND OHG bestellt einen Tag später schriftlich zu den telefonisch vereinbarten Bedingungen.
 b) Der Lieferer macht der RAND OHG ein freibleibendes Angebot per Brief. Die RAND OHG bestellt zu den angegebenen Bedingungen per Telefax.
 c) Der Lieferer bietet der RAND OHG einen Artikel zu 6,80 €/Stück an. Die RAND OHG bestellt termingerecht zu 6,60 €/Stück.
 d) Die RAND OHG bestellt aufgrund eines brieflichen Angebotes des Lieferers sofort nach Erhalt des Briefes telefonisch zu den angegebenen Bedingungen.

2 Die RAND OHG hat irrtümlich eine falsche Bestellung per Brief aufgegeben. Erläutern Sie, wie die RAND OHG sich verhalten soll, um die falsche Bestellung zu widerrufen.

3 Welche Angaben sollte eine Bestellung beinhalten, wenn die RAND OHG
 a) aufgrund eines ausführlichen Angebotes,
 b) ohne Vorliegen eines Angebotes bestellt?

4 Erläutern Sie, welche rechtliche Bedeutung eine Bestellung hat.

5 Geben Sie an, in welcher Form die RAND OHG eine Bestellung abgeben kann.

6 Entwerfen Sie für die RAND OHG am PC eine Auftragsbestätigung und einen Bestellvordruck.

7 Schreiben Sie unter Berücksichtigung der folgenden Angaben einen unterschriftsreifen Brief für den Einzelhandelsbetrieb.
 Absender: Center Warenhaus GmbH
 Empfänger: Carl Kähne KG, Herstellung von Feinkost, Hauptstr. 66–80, 12159 Berlin
 Vorgang: Renate Öztürk, Einkäuferin der Center Warenhaus GmbH, hat von der ANUGA-Messe in Köln einen Katalog der Carl Kähne KG mitgenommen. Anhand des Kataloges und der beiliegenden Preisliste bestellt die Center Warenhaus GmbH folgende Waren:

60 Karton à 12 × 670 g Dillschnitten	zu 25,20 €/Karton
30 Karton à 12 × 320 g Silberzwiebeln	zu 10,60 €/Karton
70 Karton à 12 × 520 g Gläser Rote Bete	zu 22,80 €/Karton
80 Karton à 12 × 650 g Salz-Dill-Gurken	zu 32,40 €/Karton

Die Lieferungs- und Zahlungsbedingungen werden der Preisliste entnommen. Lieferzeit: 14 Tage

3.2.3 Allgemeine Geschäftsbedingungen untersuchen

Die RAND OHG hat der EBEKA eG, Grünewaldstraße 12, 47447 Moers, ein Angebot für 2 000 Kaffeemaschinen „Milano" zu einem Verkaufspreis von 29,09 € je Stück abzüglich 40 % Rabatt zugesandt. Die EBEKA eG bestellt daraufhin am 20. Februar 20.. 2 000 Kaffeemaschinen. Aufgrund von Lieferschwierigkeiten der Hage AG kann die RAND OHG die bestellte Ware nicht wie vereinbart am 5. März 20.. an die EBEKA eG liefern. Daher will die EBEKA eG am 8. März 20.. telefonisch vom Vertrag zurücktreten. Der Verkaufsleiter der RAND OHG, Alfred Maier, weist den Einkäufer der EBEKA eG auf die Allgemeinen Geschäftsbedingungen (AGB) der RAND OHG hin, die bei Vertragsabschluss zugrunde gelegt worden sind. In den AGB steht: *„2. Lieferfristen: Bei Lieferverzögerungen kann der Käufer vom Vertrag nur dann zurücktreten, wenn die Lieferung auch innerhalb von zwei Wochen ohne rechtfertigenden Grund nicht erfolgt ... Dauert diese Beeinträchtigung länger als zwei Wochen, so kann jeder Vertragsteil schriftlich mit einwöchiger Frist vom Vertrag zurücktreten."*

Arbeitsaufträge
- Überprüfen Sie anhand der AGB der RAND OHG, ob die EBEKA eG berechtigt ist, vom Vertrag zurückzutreten.
- Stellen Sie fest, welche weiteren Regelungen die AGB der RAND OHG enthalten.

Im Geschäftsleben wird täglich eine Vielzahl von Verträgen abgeschlossen. Zur Vereinfachung bedient man sich **vorgedruckter Vertragsformulare**. Die in diesen vorgedruckten Verträgen aufgeführten Bedingungen, das **„Kleingedruckte"**, bezeichnet man als **Allgemeine Geschäftsbedingungen (AGB)**.

Allgemeine Geschäftsbedingungen (AGB) der RAND OHG

Die nachstehenden Bedingungen liegen allen unseren Lieferungen zugrunde, soweit nicht im Einzelfalle etwas anderes schriftlich vereinbart wurde. Sie gelten als vom Käufer angenommen, und zwar auch für zukünftige Lieferungen, wenn dieser nicht unverzüglich schriftlich widerspricht. Abweichende Bedingungen des Käufers gelten nur bei schriftlicher Bestätigung durch uns.

1. Vertragsschluss
Unsere Angebote sind freibleibend. Ein Vertrag kommt erst mit der Annahme einer Bestellung und nur insoweit zustande, als wir dies schriftlich bestätigen, oder durch Ausführung dieser Bestellung. Mündliche Nebenabreden oder nachträgliche Vertragsänderungen bedürfen zu ihrer Wirksamkeit unserer schriftlichen Bestätigung.

2. Lieferfristen
Bei Lieferverzögerungen kann der Käufer vom Vertrag nur dann zurücktreten, wenn die Lieferung auch innerhalb von zwei Wochen ohne rechtfertigenden Grund nicht erfolgt. Höhere Gewalt oder sonstige unverschuldete Beeinträchtigungen unserer Liefermöglichkeiten und Nichtlieferung durch den Vorlieferer verlängert die Lieferfristen entsprechend. Dauert diese Beeinträchtigung länger als zwei Wochen, so kann jeder Vertragsteil schriftlich mit einwöchiger Frist vom Vertrag zurücktreten. Weitergehende Ansprüche jeder Art, auch Schadenersatz statt der Leistung, sind ausgeschlossen.

3. Gefahrenübergang
Der Käufer trägt die Gefahr der Lieferung ab unserem Auslieferungslager. Wird die Lieferung auf dem Transport oder beim Käufer – aus welchen Gründen auch immer – beschädigt, zerstört oder gestohlen, so sind Ersatzansprüche mit Ausnahme der durch Versicherungen abgedeckten Risiken ausgeschlossen. Die Verpflichtung des Käufers zur Bezahlung des Kaufpreises in voller Höhe bleibt bestehen. Verzögert sich der Versand infolge von Umständen, die wir nicht zu vertreten haben, so geht die Gefahr vom Tage der Versandbereitschaft ab auf den Käufer über.

4. Zahlungsbedingungen
Unsere Rechnungen sind innerhalb von 14 Tagen unter Abzug von 3% Skonto oder innerhalb von 30 Tagen ohne Abzug ab Rechnungsdatum zur Zahlung fällig. Eine Skontierung ist ausgeschlossen, wenn aus früheren Lieferungen noch fällige Beträge offen stehen. Eingehende Zahlungen werden zur Tilgung der jeweils ältesten Schuld verwendet. Wir sind im Falle des Zahlungsverzuges berechtigt, 8% Zinsen über dem jeweiligen Basiszinssatz zu verlangen. Gerät der Käufer mit der Zahlung in Verzug oder wird über sein Vermögen ein Insolvenzverfahren beantragt, so sind sämtliche Forderungen zur Zahlung fällig.

5. Eigentumsvorbehalt
Die Ware bleibt bis zur vollständigen Bezahlung aller Forderungen aus der Geschäftsverbindung, auch aus früheren Lieferungen, unser Eigentum. Der Käufer ist berechtigt, die unter Eigentumsvorbehalt stehende Ware im normalen Geschäftsbetrieb weiterzuveräußern, und zwar ebenfalls nur unter Eigentumsvorbehalt. Der Käufer tritt seine Rechte aus der Weiterveräußerung bereits heute unwiderruflich an uns ab, insbesondere die Rechte auf Erlös und aus Eigentumsvorbehalt gegenüber seinen Abnehmern. Im Falle der Veräußerung tritt an die Stelle der Ware deren Erlös, der gesondert zu verwahren ist. Auch für den Fall der Beschädigung, Zerstörung oder des Diebstahls unserer Ware tritt an deren Stelle eine Forderung aus Versicherungsverträgen oder eine Forderung gegenüber Dritten.

6. Beanstandungen
Beanstandungen unserer Waren werden nur anerkannt, wenn sie unverzüglich und bei erkennbaren Mängeln spätestens sieben Tage nach Auslieferung uns gegenüber schriftlich unter Angabe der Gründe geltend gemacht werden. Beanstandete Ware ist gesondert und ordnungsgemäß zu lagern, bis wir sie überprüft haben. Eine Rücksendung der Ware darf nur erfolgen, falls wir dies verlangen. Bei begründeten Rügen sind wir verpflichtet, Ersatz zu liefern. Andere Ansprüche jeder Art, vor allem Schadenersatz statt der Leistung, werden ausgeschlossen. Ist die Ersatzlieferung nicht möglich oder sind zwei Versuche der Ersatzlieferung fehlgeschlagen, so leben die Rechte des Käufers auf Rücktritt vom Vertrag oder Minderung wieder auf. Schadensersatzansprüche wegen Verzug der Nachbesserung werden ausgeschlossen; der Käufer kann jedoch in einem solchen Fall vom Vertrag zurücktreten. Bei verspäteter Rüge sind Ansprüche jeder Art ausgeschlossen. Ansprüche aus Abweichungen in Art und Umfang der Lieferung werden nur anerkannt, wenn sie sofort bei Empfang der Ware festgestellt und auf der Empfangsquittung vermerkt werden. Auch in diesem Fall hat der Käufer lediglich die im vorigen Absatz festgestellten Ansprüche. Art und Gestaltung unserer Packungen behalten wir uns vor.

7. Schadenersatz
Sonstige Schadenersatzansprüche des Käufers aus Verletzungen von Pflichten bei Vertragsverhandlungen, positiven Vertragsverletzungen, unerlaubter Handlung usw. werden außer bei vorsätzlichem oder grob fahrlässigem Handeln durch uns, unsere gesetzlichen Vertreter oder Erfüllungsgehilfen ausgeschlossen. Wir haften in keinem Fall für Mangelfolgeschäden.

8. Gerichtsstand
Für Verträge mit Kaufleuten wird als Gerichtsstand Aurich vereinbart. Im Übrigen gilt der gesetzliche Gerichtsstand.

9. Teilunwirksamkeit
Sollten eine oder mehrere Bestimmungen dieser AGB unwirksam sein, so bleibt die Wirksamkeit der AGB im Übrigen hiervon unberührt.

Die Bestimmungen der AGB können vom BGB abweichen. Hieraus ergibt sich ein **Interessenkonflikt** zwischen den **Interessen des Verkäufers** (Zeit-, Kostenersparnis und Besserstellung, als es das BGB vorsieht) und den **Interessen des Käufers**. Um zu verhindern, dass der Käufer unangemessen benachteiligt wird, hat der Gesetzgeber im BGB die Gestaltung rechtsgeschäftlicher Schuldverhältnisse durch Allgemeine Geschäftsbedingungen (§ 305 ff. BGB) erlassen. Die meisten Bestimmungen zu den AGB im BGB gelten für einseitige Handelsgeschäfte, einige auch für zweiseitige Handelsgeschäfte:

Lernfeld 3: Ware disponieren, beschaffen und lagern

■ Wirksamkeit von Klauseln bei ein- und zweiseitigen Handelsgeschäften

- **Überraschende Klauseln (§ 305 c BGB):** Enthalten die AGB überraschende Klauseln, mit denen der Käufer nicht zu rechnen braucht, sind diese unwirksam.

  Beispiel In den AGB der „Bürogeräte GmbH" ist eine Klausel enthalten, dass der Käufer eines Faxgerätes in den ersten zwei Jahren verpflichtet ist, das Faxpapier bei der Bürogeräte GmbH zu kaufen. Diese Klausel ist so überraschend, dass sie nicht Bestandteil des Vertrages wird.

- **Vorrang von persönlichen Absprachen (§ 305 b BGB):** Persönliche Absprachen zwischen dem Verkäufer und dem Käufer haben Vorrang vor den AGB.

  Beispiel Als Liefertermin für einen Lkw wurde zwischen dem Verkäufer und der RAND OHG schriftlich der 1. Oktober vereinbart. In den AGB steht jedoch, dass Liefertermine grundsätzlich unverbindlich sind. Als Liefertermin gilt der 1. Oktober, da persönliche Absprachen Vorrang vor den AGB haben.

- **Rechtsfolgen bei Unwirksamkeit der AGB (§ 306 BGB):** Sind einzelne Teile der AGB unwirksam, so bleibt der Vertrag bestehen. Der Inhalt des Vertrages richtet sich dann nach den gesetzlichen Vorschriften. Diese sind meistens die Bestimmungen des BGB.

- **Generalklausel und Klauselverbote (§ 308 f. BGB):** Bestimmungen in den AGB sind unwirksam, wenn sie den Vertragspartner entgegen dem Gebot von Treu und Glauben unangemessen benachteiligen.

  Beispiel Ein Möbelhersteller liefert für den Besprechungsraum der RAND OHG eine Ledergarnitur nicht wie vereinbart in Schwarz, sondern in Braun. In den AGB steht: „Modelländerungen vorbehalten". Die RAND OHG muss aber nur Änderungen hinnehmen, die technisch unvermeidbar oder völlig belanglos sind, so können z. B. Lederbezüge nicht immer in völlig gleichem Farbton hergestellt werden. Eine Ledergarnitur, die in Schwarz bestellt wurde, kann folglich nicht in Braun geliefert werden. Der Verkäufer verstößt gegen das Gebot von Treu und Glauben.

■ Wirksamkeit von Klauseln bei einseitigen Handelsgeschäften

- **Einbeziehung in den Vertrag (§ 305 BGB):** Die AGB werden nur dann Bestandteil des Vertrages, wenn der Käufer
  - vor Vertragsabschluss ausdrücklich auf die AGB hingewiesen wird, dieses kann durch einen deutlich sichtbaren Aushang am Orte des Vertragsabschlusses (Geschäftsräume des Unternehmens) oder durch einen persönlichen Hinweis des Verkäufers geschehen,
  - vom Inhalt der AGB Kenntnis nehmen kann,
  - sein Einverständnis zu den AGB gegeben hat.

  Beispiel Die RAND OHG verkauft einem Kunden eine Kaffeemaschine. Der Verkäufer hatte den Kunden nicht auf die AGB hingewiesen, in denen steht: „Bei einem Mangel einer Ware hat der Käufer nur das Recht auf Ersatzlieferung." Diese sind auf der Rückseite der Kassenquittung aufgedruckt. Bringt der Kunde die Kaffeemaschine aufgrund eines nicht zu behebenden Materialfehlers zurück, gelten die Bestimmungen des BGB, d. h., der Käufer kann z. B. sein Geld zurückverlangen.

- **Verbotene und damit unwirksame Klauseln in Kaufverträgen bei einseitigen Handelsgeschäften sind**
  - nachträgliche kurzfristige Preiserhöhung (binnen vier Monaten nach Vertragsabschluss),
  - Verkürzung der gesetzlichen Sachmängelhaftungsfristen (vgl. S. 163),
  - Rücktrittsvorbehalte des Verkäufers (der Verkäufer behält sich vor, die versprochene Leistung zu ändern oder von ihr abzuweichen) und unangemessen lange Lieferfristen,
  - Ausschluss der Haftung des Verkäufers bei grobem Verschulden,
  - Ausschluss von Reklamationsrechten (Der Lieferer darf die gesetzlichen Sachmängelhaftungsrechte des Käufers nicht ausschließen. Der Käufer muss mindestens ein Recht auf Nachbesserung oder Ersatzlieferung behalten, vgl. S. 164),
  - Beschneidung von Kundenrechten bei verspäteter Lieferung.

Diese Klauseln finden keine Anwendung bei zweiseitigen Handelskäufen, da Kaufleute die Probleme und Nachteile, die in diesen AGB des Vertragspartners stecken, erkennen und sich entsprechend wehren können.

> **Zusammenfassung: Allgemeine Geschäftsbedingungen untersuchen**
> - In den AGB legt ein Kaufmann die **grundsätzliche Ausgestaltung der Verträge** für seine Lieferungen fest.
> - Durch § 305 ff. BGB zu den Allgemeinen Geschäftsbedingungen wird ein Käufer vor unseriösen AGB geschützt.
> - Grundsätzlich **haben persönliche Absprachen Vorrang** vor den AGB.
> - Klauseln, die den Käufer entgegen dem **Grundsatz von Treu und Glauben** unangemessen benachteiligen, sind unwirksam.
> - Wenn AGB unwirksam werden, richtet sich der Inhalt des Vertrages nach den **gesetzlichen Vorschriften** des BGB.

Aufgaben

1. Begründen Sie, warum die RAND OHG ihre Allgemeinen Geschäftsbedingungen bereits vorformuliert hat.

2. Erläutern Sie, unter welchen Voraussetzungen bei einseitigen Handelsgeschäften die Allgemeinen Geschäftsbedingungen Bestandteil des Vertrages werden.

3. Erklären Sie, warum persönliche Absprachen Vorrang vor den Allgemeinen Geschäftsbedingungen haben.

4. Begründen Sie in den folgenden Fällen, ob § 305 ff. BGB verletzt wurde.
    a) Beim Kauf einer Hi-Fi-Anlage in einem Einzelhandelsgeschäft verkürzt der Verkäufer in den AGB die Sachmängelhaftungsfrist auf einen Monat.
    b) Zwei Wochen nach Vertragsabschluss teilt der Verkäufer dem Kunden mit, dass die bestellte Ware sich aufgrund einer Preiserhöhung um 20 % verteuert.
    c) In den AGB steht: „Die Lieferfrist beträgt mindestens sechs Wochen". Der Verkäufer hat dem Kunden schriftlich zugesichert: Lieferung in drei Wochen. Welche Lieferfrist ist für den Verkäufer verbindlich?
    d) In den AGB steht: „Die gelieferten Waren bleiben bis zur vollständigen Bezahlung des Kaufpreises Eigentum des Verkäufers."

5. Die RAND OHG hat mit der Bürodesign GmbH am 1. Juni einen Kaufvertrag über die Lieferung zweier Verkaufstheken abgeschlossen.
    a) Die Lieferung sollte in sechs Wochen erfolgen. Geliefert wird aber erst am 15. Oktober. Aus dem Rechnungsbeleg geht hervor, dass der Preis inzwischen um 10 % gestiegen ist. Überprüfen Sie, ob die Bürodesign GmbH einen um 10 % höheren Preis verlangen kann.
    b) Nachdem die Verkaufstheken aufgestellt worden sind, stellt die RAND OHG fest, dass der Farbton geringfügig heller als beim Ausstellungsstück ist. Muss die RAND OHG die geringfügige Farbabweichung akzeptieren? (Begründung)

6. Erläutern Sie anhand von Beispielen
    a) Klauseln aus dem BGB zu den AGB, die bei ein- und zweiseitigen Handelsgeschäften gelten,
    b) Klauseln aus dem BGB zu den AGB, die nur bei einseitigen Handelsgeschäften gelten.

Lernfeld 3: Ware disponieren, beschaffen und lagern

3.2.4 Wareneingangskontrolle vornehmen

Der Auszubildende Werner Krull wird bei der RAND OHG seit einer Woche in der Warenannahme im Lager eingesetzt. Kurz vor Geschäftsschluss kommt ein Frachtführer des Lieferers HAGE AG und liefert drei Paletten mit Elektrogeräten. Damit Werner rechtzeitig nach Hause kommt, lässt er die drei Paletten in einer Ecke des Lagers stehen. Am nächsten Morgen hat er die Warenlieferung schon vergessen. Zwei Tage später sieht Kevin Reus, der Gruppenleiter Elektro, die Kartons. Er fordert Werner auf, die Waren unverzüglich auszupacken und zu überprüfen. Bei der Überprüfung der Waren stellt sich heraus, dass in drei Kartons mehrere Artikel beschädigt sind und sich in einem Karton nicht bestellte Artikel befinden. Herr Reus ist wütend auf Werner: *„Einem zukünftigen Großhandelskaufmann darf so etwas nicht passieren."* Werner entschuldigt sich damit, dass er wegen Arbeitsbelastung noch nicht dazu gekommen sei, die Kartons zu prüfen. Außerdem könnten die festgestellten Mängel jetzt auch noch beim Lieferer gerügt werden.

Arbeitsaufträge
- *Stellen Sie fest, innerhalb welcher Frist eingehende Waren geprüft werden müssen.*
- *Erstellen Sie einen Ablaufplan aller Aufgaben bei der Warenannahme.*

→ LS

Bestellte Waren werden dem Handelsunternehmen meist durch die Deutsche Post AG, die Deutsche Bahn AG, Paketzustelldienste oder Speditionen zugestellt. Damit das Handelsunternehmen nicht seine **Rechte aus Reklamationen** (Mängelrüge) beim Lieferer verliert, müssen bei der Warenannahme **Prüfungen** vorgenommen werden.

■ Äußere Prüfung der Warensendung

In Anwesenheit des Frachtführers muss vom Käufer **sofort**, d. h. ohne jede Verzögerung, geprüft werden, ob

- die Anschriften des Absenders und des Empfängers auf dem Lieferschein zutreffend sind,
- die Waren bestellt waren (Vergleich von Frachtbrief/Lieferschein und Bestellung),
- die Verpackung Beschädigungen aufweist und
- die Anzahl und das Gewicht der Versandstücke (Colli) mit dem **Frachtbrief/Lieferschein und der Bestellung** übereinstimmen.

Absender *Hage AG* *Heerstr. 109* *81247 München*	Ihre Bestellung vom *20.01.20..*
	Ihre Bestell-Nr./-Abtlg. *1760*
Empfänger *RAND OHG* *Dieselstraße 10* *26605 Aurich*	Versandart *Frachtgut TEDEX GmbH*
	Frei/Unfrei *Unfrei*
	Gepackt am von *22.01.20..* *Wolf*
	Kontrolle *Müller*

Frachtbrief/Lieferschein Nr. 486   Datum 23.01.20..

Menge	Artikel	Nr.
100	Aktenvernichter Fellowes PS50	289934
30	Mixer Quirl	289958
20	Kaffeemaschinen Milano	289967

Waren angenommen

Werner Krull

Vermerke des Absenders (bitte nicht durchschreiben)

Die gelieferte Ware bleibt bis zur vollständigen Bezahlung Eigentum des Lieferanten.

Falls sich bei der sofortigen Prüfung Beanstandungen ergeben, erstellt der Käufer eine **Tatbestandsaufnahme (Schadensprotokoll)** in Gegenwart des Frachtführers. Hierin werden die Mängel schriftlich erfasst und vom Frachtführer durch seine Unterschrift bestätigt. Der Käufer erklärt, dass er die Waren nur „unter Vorbehalt" annimmt, er behält sich also weitere rechtliche Schritte gegen den Lieferer vor. Der **Empfang** der Ware wird auf den **Warenbegleitpapieren** bestätigt.

Nach der äußeren Prüfung der Warensendung erfolgt eine Benachrichtigung an den Einkauf über die erfolgte Lieferung.

Lernfeld 3: Ware disponieren, beschaffen und lagern

RAND OHG

Großhandel für Randsortimente

Schadensprotokoll

Wareneingang

Lieferer:
Hage AG
Elektrogeräteherstellung
Heerstr. 109
81247 München

Fehlermeldung

Ware	Best.-Nr.	gelieferte Anzahl	fehlerhafte Anzahl	Beanstandung
Aktenvernichter Fellowes PS 50	289934	97	3	3 Stück wurden zu wenig geliefert.
Mixer Quirl	289958	30	3	Kartons sind eingedrückt.
Kaffeemaschinen Milano	289967	20	20	Statt Milano wurde Senator geliefert.

Unterschrift Frachtführer: *Menne*

erstellt: *Krull*   geprüft: *Meesters*   Datum: 23.01.20..

Sparkasse Aurich-Norden
IBAN DE76283500000142016978
BIC BRLADE21ANO

Ihr Ansprechpartner: Eva Rost
Abteilung: Lager
E-Mail: e.rost@randohg.de
Internet: www.randohg.de
Anschrift: Dieselstraße 10
26605 Aurich

Telefon: 04941 4076-0
Telefax: 04941 4076-10
Datum: 10.03.20..
Amtsgericht: Aurich HRA 202973
Steuernummer: 2354/221/12345
USt-IdNr.: DE117980570
Geschäftsführer: Renate Rand, Werner Koch

Beispiel Bei der Warenannahme bei der RAND OHG werden beschädigte oder fehlende Kartons sofort beim Frachtführer reklamiert. Durch die Überprüfung der Lieferanschrift wird vermieden, dass Irrläufer (Empfänger ist z. B. eine andere Filiale) angenommen werden.

■ Innere (inhaltliche) Prüfung der Warensendung

Bei der Überprüfung des Inhaltes der Sendung geht es darum, festzustellen, ob Artikel, Mengen, Art und Güte der Warensendung in Ordnung sind. Hierzu ist es erforderlich, verpackte Waren auszupacken. Die Prüfung kann bei umfangreichen Lieferungen **auch stichprobenartig** erfolgen. Sie ist **unverzüglich** vorzunehmen, d. h., der Käufer darf die Warenprüfung nicht schuldhaft verzögern, sondern er muss die Ware zum nächstmöglichen Zeitpunkt auf mögliche Mängel prüfen, sonst verliert er seine Rechte aus der Mängelrüge.

Beispiel Bei der RAND OHG wird eine Lieferung von vier Kartons Haushaltsgeräte am Dienstag um 17:15 Uhr angeliefert. Die sofortige Warenprüfung in Gegenwart des Frachtführers ergibt keine Beanstandungen. Aufgrund eines Versehens eines Mitarbeiters werden die Waren erst vier Tage später ausgepackt und im Einzelnen geprüft. Die Prüfung der Ware wurde von der RAND OHG mit schuldhafter Verzögerung durchgeführt, sie handelte somit nicht unverzüglich.

■ Wareneingangsbuch

In vielen Handelsunternehmen wird ein **Wareneingangsbuch** geführt. Hierin werden alle Wareneingänge mit Datum, Lieferer, Transporteur, Warenart, -menge usw. festgehalten. Außerdem wird die Einkaufsabteilung über den Wareneingang informiert, die dann die Begleichung der Rechnung (betriebliches Rechnungswesen) einleitet. Wurde die Ware ordnungsgemäß ohne Mängel geliefert, so ist sie nach einem **Lagerplan** im Lager einzuräumen.

Zusammenfassung: Wareneingangskontrolle vornehmen

- Bei der **Warenannahme** muss die gelieferte Ware geprüft werden, damit das Handelsunternehmen nicht die Rechte aus Reklamationen (Mängelrüge) beim Lieferer verliert. Es wird geprüft:

sofort in Anwesenheit des Transporteurs	unverzüglich
Berechtigung der Lieferung Zustand der Verpackung Zahl der Versandstücke	Art Qualität Beschaffenheit der Ware.
Bei Beanstandungen: Tatbestandsaufnahme (Schadensprotokoll)	**Bei Beanstandungen:** Mängelrüge

Aufgaben

1 Die RAND OHG erhält per Lkw eine Lieferung mit 20 Tonnen Ware, verpackt in 2 500 Kartons. Reicht es aus, wenn bei der Warenannahme stichprobenartig die Verpackung untersucht wird? Begründen Sie Ihre Antwort.

2 Begründen Sie, weshalb bei Warenlieferung auf Verpackungsschäden geachtet werden muss.

3 Erklären Sie den Begriff „unverzüglich" anhand eines Beispiels.

4 Erläutern Sie, welche Kontrollen beim Wareneingang in Anwesenheit des Transporteurs durchgeführt werden müssen.

5 Erläutern Sie, wie sich ein Großhändler verhalten soll, der bei der Warenannahme Beanstandungen hat.

6 Auf welche Weise prüfen Sie die Qualität von 500 eingetroffenen Jacken?
   1. Durch den Vergleich einer gelieferten Jacke mit der Probelieferung.
   2. Es ist ein gesetzliches Prüfungsverfahren anzuwenden.
   3. Bei Massenprodukten findet keine Prüfung statt.
   4. Durch Stichprobenprüfung der gelieferten Jacken.
   5. Ein einziges Stück muss geprüft werden.

7 Erläutern Sie, was man unter der inneren und der äußeren Prüfung einer Warensendung versteht.

3.2.5 Einfache Lagerkennziffern interpretieren

> Der Auszubildende Werner Krull liest einen Bericht von Frau Rost über die Lagerbestände der Warengruppe Haushalt/Elektro der RAND OHG. Hierin ist u.a. folgende Aufstellung enthalten:
>
> | Warengruppe: Haushalt/Elektro | | | | |
> |---|---|---|---|---|
> | Artikel-nummer: | Artikelbezeichnung | Melde-bestand | Höchst-bestand | prozentualer Anteil an der Lagerfläche |
> | 0100 | Kaffeeautomat „Aromastar" | 100 | 2 500 | 16 |
> | 0200 | Gemüsereibe „Schnibbelfix" | 200 | 5 000 | 5 |
> | 0300 | Besteckgarnitur „Tischfein" | 100 | 1 000 | 7 |
>
> Werner Krull überlegt, warum die RAND OHG Melde- und Höchstbestände für einzelne Artikel festlegt.
>
> *Arbeitsaufträge*
> - *Erklären Sie die Bedeutung von Melde- und Höchstbestand in einem Großhandelsbetrieb.*
> - *Erläutern Sie die Möglichkeiten der Ermittlung des durchschnittlichen Lagerbestandes.*

■ Lagerbestandsdaten

Die Lagervorräte in einem Handelsunternehmen müssen systematisch kontrolliert werden. Um die Lagerkosten zu senken, ist es notwendig,

- **die Lagerbestände so klein wie möglich zu halten**, das führt zu geringeren Kapital-, Sach- und Personalkosten und zu einem geringeren Lagerrisiko,

- die **Lagerbestände möglichst schnell zu verkaufen**, damit gebundenes Kapital freigesetzt wird.

Die Kontrolle des Lagerbestandes kann durch Stichtagsinventur erfolgen oder durch Fortschreibung in Listen (permanente Inventur), Büchern usw. In der Regel werden Computerprogramme eingesetzt, um die Lagerbestände zu überwachen (**Lagerbuchhaltung**).

Die Lagerkontrolle hat die Aufgabe, für jeden einzelnen Artikel den aktuellen Bestand festzustellen, um Nachbestellungen rechtzeitig durchzuführen, die Verkaufsbereitschaft zu gewährleisten und Überbestände zu erkennen. Für Waren, die hohe Bestände aufweisen, müssen Maßnahmen ergriffen werden, um die Vorräte zu senken. Zur Bestandsüberwachung werden im Lagerwesen **Lagerkennziffern(-zahlen)** verwendet. Diese Zahlen ermöglichen für alle Artikel genaue Aussagen über eine wirtschaftliche Vorratshaltung.

Höchstbestand

Jedes Lager hat eine begrenzte Lagerkapazität, die nicht beliebig veränderbar ist. Somit kann in einem Lager nur eine beschränkte Anzahl von Gütern gelagert werden (**technischer Höchstbestand**). Ebenso beschränkt das Kapital, das zur Vorratshaltung zur Verfügung steht, die Menge der Lagergüter (**wirtschaftlicher Höchstbestand**).

Mindestbestand

Der Mindestbestand wird häufig auch **„eiserne Reserve"** oder **„eiserner Bestand"** genannt. Er soll die Verkaufsbereitschaft sichern, wenn durch unvorhersehbare Ereignisse der

3.2 Beschaffungsabwicklung und Logistik / Bestandsplanung, -führung und -kontrolle

Vorrat nicht ausreicht, um die Nachfrage der Kunden zu decken. Dies ist z. B. der Fall, wenn die Beschaffung und Lieferung der Ware länger dauert als geplant (Streiks, schlechte Witterungs- und Verkehrsverhältnisse usw.). Auch kann der Warenabsatz höher sein als geplant. In diesem Fall muss aus Erfahrungswerten eine Reserve gebildet werden.

Beispiel Aufgrund eines Streiks bei einem Lieferer erhält die RAND OHG sechs Tage keine Ware. Da die RAND OHG aber für diese Artikel einen Mindestbestand von 80 Stück unterhält, ist sie trotzdem lieferbereit.

Meldebestand

Von der Bestellung einer Ware bis zu ihrem Eintreffen im Lager vergeht eine bestimmte Zeit (Lieferzeit, Transportweg, Zeit für die Warenprüfung usw.). Während dieser Zeit muss aber der Verkauf weitergehen. Daher wird bereits bestellt, wenn der Mindestbestand noch nicht erreicht ist. Der Lagerbestand, bei dem nachbestellt werden muss, um die Lieferzeit zu überbrücken, heißt Meldebestand.

Beispiel Die RAND OHG verkauft täglich 50 Spielesammlungen „Klassiker". Die Lieferzeit beträgt zwei Tage. Der Mindestbestand wurde auf 200 Stück festgelegt. Bei welchem Lagerbestand sollte die RAND OHG nachbestellen?

In zwei Tagen verkauft die RAND OHG zweimal 50 = 100 Spielesammlungen. Hierzu wird der Mindestbestand addiert, 100 + 200 = 300 Stück. Dies ist der Meldebestand für den Artikel. Wenn dieser Bestand erreicht ist, sollte sofort nachbestellt werden.

> **Meldebestand** = (Tagesabsatz · Lieferzeit) + Mindestbestand

Wenn die Ware angeliefert wird, ist meist der wirtschaftliche Höchstbestand erreicht.

Er ist mit folgender Formel zu berechnen:

> **Höchstbestand** = Mindestbestand + Bestellmenge

Beispiel Die Spielesammlung „Klassiker" wird immer in Einheiten zu 100 geliefert. Es werden jedes Mal 2 800 Spielesammlungen nachbestellt. Somit ist der Höchstbestand 200 + 2 800 = 3 000 Spielesammlungen.

Durchschnittlicher Lagerbestand

Der durchschnittliche Lagerbestand wird einerseits benutzt, um die Höhe der durchschnittlichen Kapitalbindung und damit den Zinsverlust während der Lagerdauer zu erfassen und andererseits, um die Abdeckung notwendiger Risiken (Feuer, Diebstahl) durch Versicherungen festzulegen.

Beispiel Die RAND OHG hat ihr Warenlager mit dem Wert des durchschnittlichen Lagerbestandes gegen Feuer versichert.

Während eines Jahres ergeben sich für die Artikel meist täglich oder stündlich verschiedene Lagerbestände durch Verkauf und Einkauf (Lagerab- und -zugänge). Zur Übersicht und zur leichteren Kontrolle werden deshalb Mittelwerte (Durchschnittswerte) berechnet. Der durchschnittliche Lagerbestand (**DLB**) eines Artikels gibt an, wie hoch der Vorratsbestand in Stück oder in Euro in einem bestimmten Zeitraum im Durchschnitt ist.

Beispiel In der Haushalts-/Elektro-Abteilung der RAND OHG soll der DLB für die Kaffeemaschine „Milano" ermittelt werden. Frau Rost ist mit dieser Aufgabe betraut. Der Jahresanfangsbestand an Kaffeemaschinen beträgt 380 Stück, der Jahresendbestand (lt. Inventur) beträgt 600 Stück.

Lernfeld 3: Ware disponieren, beschaffen und lagern

$$DLB = \frac{380 + 600}{2} = \frac{980}{2} = \underline{490 \text{ Stück}}$$

Durchschnittlicher Lagerbestand bei Jahresinventur $= \dfrac{\text{Anfangsbestand} + \text{Endbestand}}{2}$

Der durchschnittliche Lagerbestand kann auch als Wertkennziffer in Euro ausgerechnet werden, indem die Mengen mit ihren Bezugs- oder Einstandspreisen multipliziert werden. Die Genauigkeit der Kennziffer „DLB" hängt bei größeren Schwankungen der Bestände davon ab, wie viele Bestände in die Berechnung eingehen.

Beispiel Frau Rost möchte den DLB genauer berechnen. Sie nimmt zusätzlich zu dem Jahresanfangsbestand noch 4 Quartalsbestände (Vierteljahreswerte) in ihre Berechnung auf.

Jahresanfangsbestand: 380 Stück
Bestand am Ende des 1. Quartals: 1 460 Stück
Bestand am Ende des 2. Quartals: 1 900 Stück
Bestand am Ende des 3. Quartals: 2 200 Stück
Bestand am Ende des 4. Quartals: 600 Stück
(Jahresendbestand)

$$DLB = \frac{380 + 1\,460 + 1\,900 + 2\,200 + 600}{5} = \frac{6\,540}{5} = \underline{1\,308 \text{ Stück}}$$

Durchschnittlicher Lagerbestand mit Quartalsendbeständen $= \dfrac{\text{Anfangsbestand} + 4 \text{ Quartalsendbestände}}{5}$

Die gleiche Berechnung kann ebenfalls mit Eurobeträgen gemacht werden. Einen noch genaueren DLB erhält man, wenn zusätzlich zu dem Jahresanfangsbestand noch die zwölf Monatsinventurwerte hinzugenommen werden. So stehen 13 Werte zur Verfügung.

Beispiel Frau Rost ermittelt den DLB aufgrund der Monatsbestände.
Jahresanfangsbestand: 380 Stück
Monatsendbestände:

Januar:	500	April:	800	Juli:	1 400	Oktober:	1 600
Februar:	1 620	Mai:	2 500	August:	200	November:	1 090
März:	1 460	Juni:	1 900	September:	2 200	Dezember:	600

$$DLB = \frac{380 + 500 + 1\,620 + 1\,460 + 800 + 2\,500 + 1\,900 + 1\,400 + 200 + 2\,200 + 1\,600 + 1\,090 + 600}{13} = \frac{16\,250}{13} = \underline{1\,250 \text{ Stück}}$$

Durchschnittlich befanden sich also 1 250 Kaffeemaschinen auf Lager. Wenn jede Kaffeemaschine durchschnittlich einen Bezugspreis/Einstandspreis von 11,25 € hat, so waren durchschnittlich 14 062,50 € Kapital gebunden.

Durchschnittlicher Lagerbestand mit Monatsendbeständen $= \dfrac{\text{Anfangsbestand} + 12 \text{ Monatsendbestände}}{13}$

Durch den Einsatz computergestützter Warenwirtschaftssysteme ist es möglich, zu jedem beliebigen Zeitpunkt den aktuellen Lagerbestand zu ermitteln. Diese genauen Zahlenwerte ermöglichen ein gezieltes Steuern der Bestände, um Lagerkosten zu senken.

Zusammenfassung: Einfache Lagerkennziffern interpretieren

- Lagerbestandsdaten werden benötigt, um eine **wirtschaftliche Lagerführung** zu sichern.
- **Mindestbestand:** Reserve, um Verkaufsbereitschaft zu sichern
- **Höchstbestand:** Technischer HB = absolute Obergrenze, Lager ist vollständig gefüllt. Wirtschaftlicher HB = Bestand, bis zu dem ein Artikel unter wirtschaftlichen Gesichtspunkten höchstens gelagert wird
- **Meldebestand:** Bestand, bei dem Ware nachbestellt werden muss, um die Lieferzeit zu überbrücken. MB = (Tagesabsatz · Lieferzeit) + Mindestbestand
- **Durchschnittlicher Lagerbestand:**

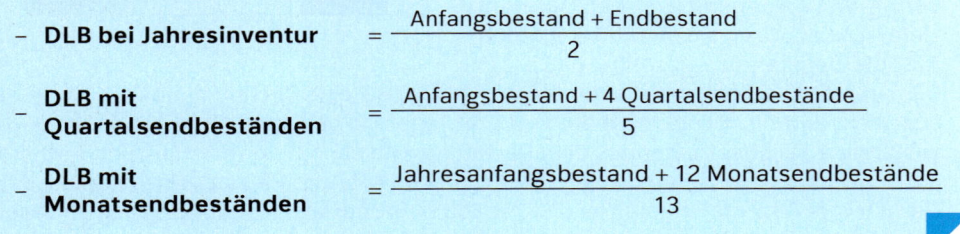

  - DLB bei Jahresinventur $= \dfrac{\text{Anfangsbestand} + \text{Endbestand}}{2}$

  - DLB mit Quartalsendbeständen $= \dfrac{\text{Anfangsbestand} + 4 \text{ Quartalsendbestände}}{5}$

  - DLB mit Monatsendbeständen $= \dfrac{\text{Jahresanfangsbestand} + 12 \text{ Monatsendbestände}}{13}$

Aufgaben

1 Erläutern Sie, welchen Zweck ein Mindestbestand (eiserne Reserve) in einem Handelsunternehmen hat.

2 Von einer Ware werden im Durchschnitt täglich 15 Stück verkauft. Die Lieferzeit beträgt sechs Verkaufstage, der Mindestbestand beträgt 85 Stück. Wie hoch ist der Meldebestand?

3 In einem Handelsbetrieb werden für einen Artikel folgende Inventurbestände ausgewiesen:
Anfangbestand 1. Januar: 200, Endbestand = EB

EB 31. Januar:	185	EB 31. Mai:	290	EB 30. September:	265
EB 28. Februar:	270	EB 30. Juni:	315	EB 31. Oktober:	295
EB 31. März:	315	EB 31. Juli:	275	EB 30. November:	310
EB 30. April:	295	EB 31. August:	281	EB 31. Dezember:	240

a) Berechnen Sie den durchschnittlichen Lagerbestand mit Anfangs- und Endbestand.
b) Berechnen Sie den durchschnittlichen Lagerbestand mit den Quartals- und Monatsendbeständen.
c) Erläutern Sie, weshalb sich je nach benutzter Formel Unterschiede für den durchschnittlichen Lagerbestand ergeben.

4 Der durchschnittliche Tagesabsatz eines Artikels beträgt bei einem Großhändler 60 Stück. Die Beschaffungszeit beträgt 14 Tage.
a) Bei welchem Lagerbestand muss der Großhändler bestellen, damit er bis zum Eintreffen der ware lieferfähig ist?
b) Nach der Bestellung erfährt der Großhändler, dass sich die Lieferung um acht Tage verzögert. Der Großhändler hält einen Mindesbestand von 360 Stück. Wie viele Tage wird er nicht verkaufsbereit sein.
c) Wie viel Stück muss der Mindestbestand betragen, wenn künftig die Lieferzeit immer 22 Tage beträgt?

3.2.6 Den Zahlungsverkehr im Rahmen der Beschaffung anwenden

Am Freitagnachmittag erscheint gegen 16:30 Uhr bei der RAND OHG der Auslieferungsfahrer eines Reinigungsunternehmens und liefert Putzmittel im Wert von 345,00 € ab. Er verlangt sofortige Barzahlung. Alice Rau, die an diesem Tag für die Warenannahme zuständige Mitarbeiterin der RAND OHG, ist mit ihren Gedanken schon im Wochenende. Deshalb zahlt sie ohne weitere Rückfrage den geforderten Betrag. Alice vermerkt lediglich auf dem Lieferschein, dass sie 345,00 € an den Auslieferungsfahrer gezahlt hat. Am Dienstag der nächsten Woche erhält die RAND OHG eine Rechnung über 345,00 € mit der Aufforderung, diese innerhalb von acht Tagen zu bezahlen. Ferdinand Lunau, der zuständige Sachbearbeiter aus dem Rechnungswesen, hat den Vermerk von Alice Rau auf dem Lieferschein bemerkt. Nach Rücksprache mit Alice Rau stellt sich heraus, dass sie sich vom Auslieferungsfahrer den gezahlten Barbetrag nicht hat bestätigen lassen.

Arbeitsaufträge
- Überprüfen Sie, wie die RAND OHG diese Situation hätte vermeiden können.
- Erläutern Sie die Bargeldzahlung, die halbbare Zahlung und die bargeldlose Zahlung und stellen Sie diese in einem Lernplakat dar.

Zahlungen werden entweder mit **Bargeld** (Banknoten, Münzen), **Buch- oder Giralgeld** (= alle Guthaben oder Kredite bei Geldinstituten, über die jederzeit frei verfügt werden kann) oder **Geldersatzmitteln** (girocard, Kreditkarte) vorgenommen.

■ **Bar(geld)zahlung**

Kennzeichen der Bar(geld)zahlung ist, dass **sowohl der Schuldner als auch der Gläubiger Bargeld in die Hand bekommen**.

Die Bargeldzahlung spielt in der Praxis des Großhandels keine Rolle.

Im Alltagsleben ist bei Kaufverträgen im Einzelhandel und bei Geschäften unter Nichtkaufleuten die sofortige Barzahlung üblich. Meistens handelt es sich hier nur um geringe Beträge. Der Käufer erhält die **Waren gegen sofortige Zahlung (Zug-um-Zug-Geschäft)**.

Ist der Schuldner nicht in der Lage, einem Gläubiger einen bestimmten Betrag selbst zu übermitteln, kann er dies durch einen **Boten** besorgen lassen.

Als Beweis für die Zahlung erhält der Schuldner eine **Quittung**. Als Quittung gelten der **Kassenzettel, Kassenbon einer Computerkasse oder besondere Quittungsvordrucke**. Liegt der Rechnungspreis über 150,00 €, so ist ein Kaufmann aus umsatzsteuerrechtlichen Gründen verpflichtet, die Umsatzsteuer gesondert auszuweisen (UStG).

3.2 Beschaffungsabwicklung und Logistik/Bestandsplanung, -führung und -kontrolle

Der Gläubiger ist auf Verlangen des Schuldners zur Ausstellung der Quittung verpflichtet. Mit der Quittung bestätigt der Gläubiger dem Schuldner, dass er den geforderten Betrag erhalten hat. Der Quittungsvermerk kann auch auf der Rechnung angebracht werden.

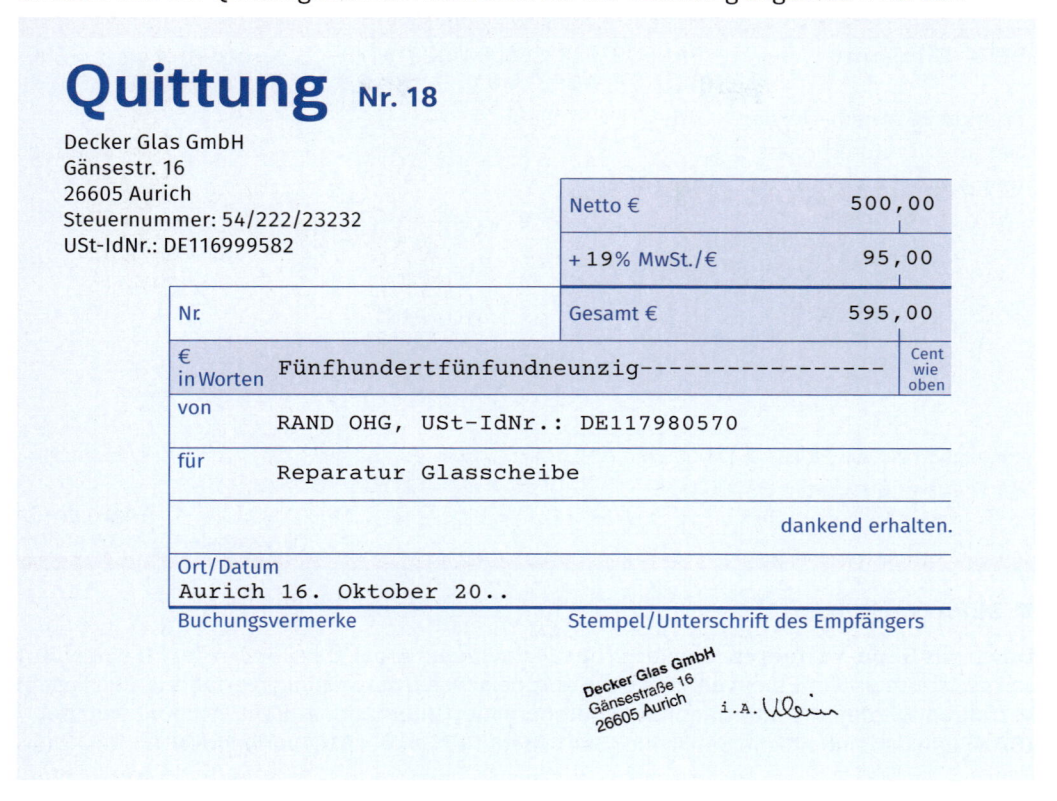

Quittung Nr. 18

Decker Glas GmbH
Gänsestr. 16
26605 Aurich
Steuernummer: 54/222/23232
USt-IdNr.: DE116999582

Netto €	500,00
+ 19 % MwSt./€	95,00
Gesamt €	595,00

Nr.

€ in Worten: Fünfhundertfünfundneunzig------------------ Cent wie oben

von: RAND OHG, USt-IdNr.: DE117980570

für: Reparatur Glasscheibe

dankend erhalten.

Ort/Datum: Aurich 16. Oktober 20..

Buchungsvermerke   Stempel/Unterschrift des Empfängers

Decker Glas GmbH
Gänsestraße 16
26605 Aurich   i.A. Klein

■ Halbbare Zahlung

Bei der halbbaren Zahlung ist es notwendig, dass entweder der Schuldner oder der Gläubiger ein Girokonto bei einem **Geldinstitut** besitzt. Diese **Geldinstitute** sind die **Träger des Zahlungsverkehrs**.

Die Eröffnung eines Kontos bei einem Geldinstitut

Zur Eröffnung von Girokonten sind bei den Geldinstituten **Antragsvordrucke** erhältlich. Neben natürlichen Personen können auch juristische Personen Konten bei einem Geldinstitut eröffnen. Für die Kontoeröffnung muss ein Antragsteller das 18. Lebensjahr vollendet haben und geschäftsfähig (vgl. S. 274) sein. Der Kontoinhaber wird über Zahlungsvorgänge und den Kontostand durch einen **Kontoauszug** unterrichtet, den der Kontoinhaber bei einem Kreditinstitut mit der Kundenkarte maschinell erstellen oder sich zuschicken lassen kann.

In der Regel darf ein Kontoinhaber sein Konto bis zu einem bestimmten Betrag überziehen (= **Dispositionskredit** bei privaten Kunden, **Kontokorrentkredit** bei gewerblichen Kunden), wobei die Höhe des Überziehungskredites mit dem Kreditinstitut vereinbart werden muss.

Auf dem Kontoauszug werden alle Zahlungseingänge (Zahlungen gehen zugunsten des Kontoinhabers ein = +) eingetragen und alle Zahlungsausgänge (Zahlungsaufträge werden zulasten des Kontos ausgeführt = –). Zudem sind der alte und der neue Kontostand und der Tag des Auszugsdatums vermerkt. Wenn ein Konto ein Guthaben aufweist, liegt ein Guthaben (+) vor. Ist das Konto überzogen, liegt eine Überziehung des Kontos (–) vor.

Lernfeld 3: Ware disponieren, beschaffen und lagern

Beispiel Das Konto der RAND OHG weist am 28. Dezember ein Guthaben (+) von 90 401,28 € aus. Der letzte Kontoauszug vom 21. Dezember wies ein Guthaben (+) von 67 903,76 € aus.

SEPA-Girokonto	IBAN: DE76283500000142016978		Kontoauszug	250
	BIC: BRLADE21ANO		Blatt	1
Sparkasse Aurich-Norden	UST-ID DE117980570			
Datum	Erläuterungen			Betrag
Kontostand in € am 21.12.20.., Auszug Nr. 249				67 903,76+
27.12.	Gutschrift COLO AG WARENHAUS, DORTMUND, KD-NR. D24006	Wert: 27.12.20.. AR 128, V. 30.11.20..		23 200,00+
27.12.	Überweisung TELEKOM BUCHHALTUNG, ESSEN	Wert: 04.01.20.. 9436286887, V. 10.12.20..		702,48–
Kontostand in € am 28.12.20.., 11:30 Uhr				90 401,28+
Ihr Dispositionskredit 80 000,00 €				
				RAND OHG Dieselstraße 10, 26605 Aurich

■ SEPA-Verfahren

Durch das **Sepa-Verfahren** (Single European Payments Area), das 2008 in der EU eingeführt wurde, startet in der EU ein einheitliches europäisches Überweisungsverfahren. Bei diesem Verfahren werden die internationale Kontonummer (International Bank Account Number = **IBAN**) und der einheitliche Bankcode (Bank Identifier Code = **BIC**) verwendet.

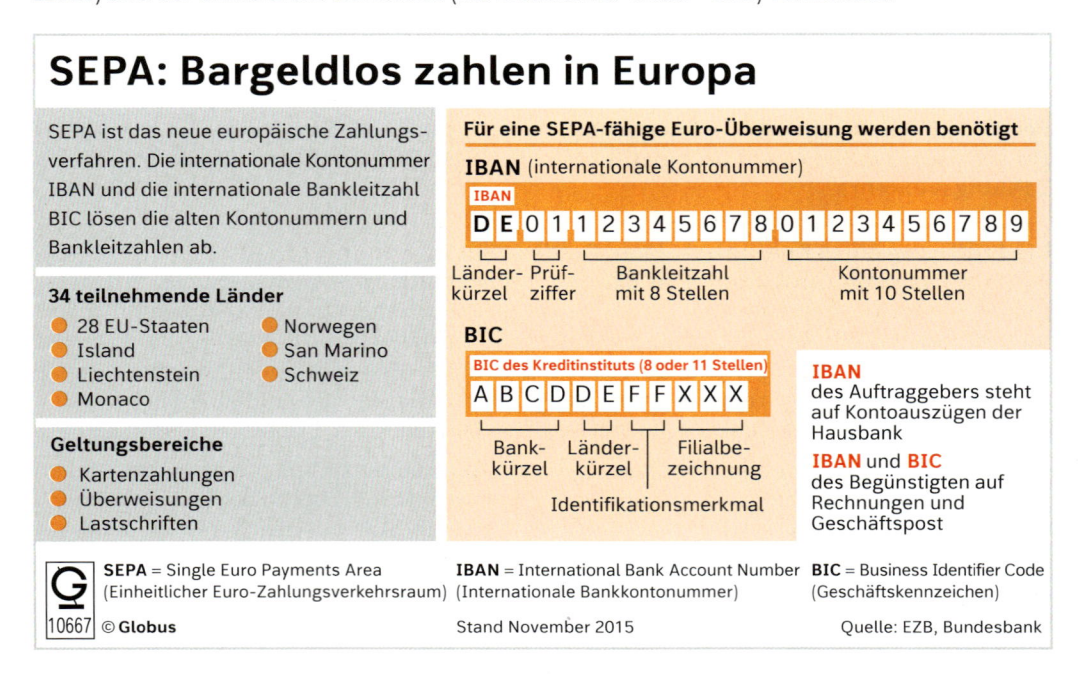

SEPA: Bargeldlos zahlen in Europa

SEPA ist das neue europäische Zahlungsverfahren. Die internationale Kontonummer IBAN und die internationale Bankleitzahl BIC lösen die alten Kontonummern und Bankleitzahlen ab.

34 teilnehmende Länder
- 28 EU-Staaten
- Island
- Liechtenstein
- Monaco
- Norwegen
- San Marino
- Schweiz

Geltungsbereiche
- Kartenzahlungen
- Überweisungen
- Lastschriften

Für eine SEPA-fähige Euro-Überweisung werden benötigt

IBAN (internationale Kontonummer)

IBAN: D E 0 1 1 2 3 4 5 6 7 8 0 1 2 3 4 5 6 7 8 9

Länderkürzel – Prüfziffer – Bankleitzahl mit 8 Stellen – Kontonummer mit 10 Stellen

BIC

BIC des Kreditinstituts (8 oder 11 Stellen)
A B C D D E F F X X X

Bankkürzel – Länderkürzel – Filialbezeichnung

Identifikationsmerkmal

IBAN des Auftraggebers steht auf Kontoauszügen der Hausbank

IBAN und BIC des Begünstigten auf Rechnungen und Geschäftspost

SEPA = Single Euro Payments Area (Einheitlicher Euro-Zahlungsverkehrsraum)
IBAN = International Bank Account Number (Internationale Bankkontonummer)
BIC = Business Identifier Code (Geschäftskennzeichen)

© Globus   Stand November 2015   Quelle: EZB, Bundesbank

■ Zahlschein

Hat der Gläubiger ein Konto bei einem Kreditinstitut, kann der Schuldner mit einem Zahlschein zahlen. Der Schuldner zahlt das Geld bar bei einem Kreditinstitut ein. Zusätzlich entrichtet er ein Entgelt. Dem Gläubiger wird der entsprechende Betrag auf seinem Girokonto gutgeschrieben. Mit Zahlscheinen können Beträge in beliebiger Höhe übertragen werden, wobei die Kosten der Zahlung vom Schuldner zu tragen sind.

Häufig werden dem Schuldner vom Gläubiger vorgedruckte Zahlscheine zugesandt, auf denen bereits Name, IBAN-Nummer, Geldinstitut des Gläubigers und Überweisungsbetrag eingetragen wurden.

Der Zahlschein besteht aus zwei **Bestandteilen:**
1. **Gutschrift (Zahlschein)** = Beleg des Geldinstitutes (Original)
2. **Zahler-Quittung** = Beleg für Einzahler (Kopie)

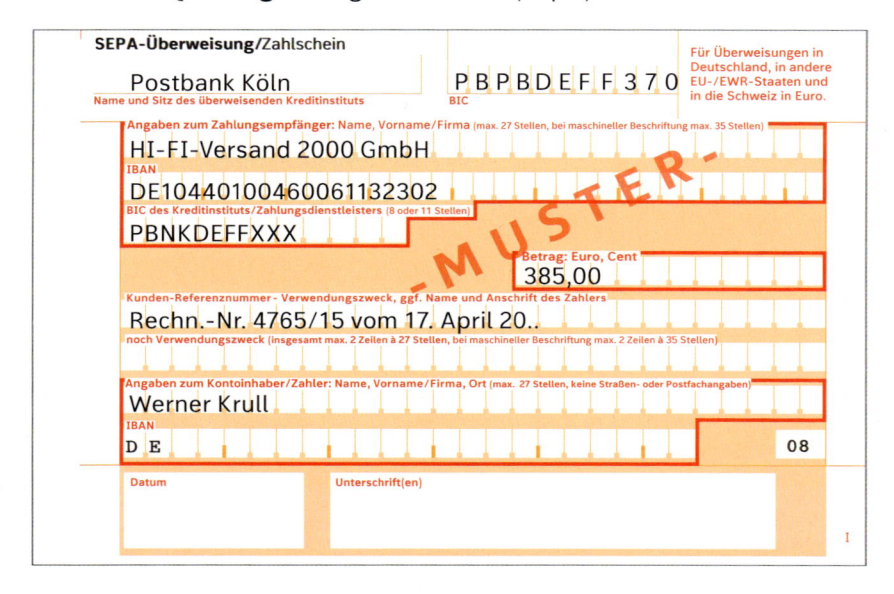

Lernfeld 3: Ware disponieren, beschaffen und lagern

■ Bargeldlose Bezahlung

Der bargeldlose Zahlungsverkehr setzt voraus, dass **Schuldner und Gläubiger über ein Konto bei einem Geldinstitut verfügen**. Der Schuldner kann von seinem Konto einen Betrag abbuchen lassen, der dann dem Gläubiger auf seinem Konto gutgeschrieben wird. Für bargeldlose Zahlungen werden verwendet:
- Banküberweisung
- Zahlungsvereinfachungen
- „Plastikgeld"

Banküberweisung

Mit einer Banküberweisung **kann ein Schuldner von seinem Konto einen Geldbetrag auf ein anderes Konto bei jedem Geldinstitut überweisen lassen**. Der Auftrag wird dem Geldinstitut durch das Ausfüllen und die Abgabe eines Überweisungsvordrucks erteilt. Dieses ist ein i. d. R. zweiteiliger Vordrucksatz, den jeder Kontoinhaber von seinem Geldinstitut erhält. Der Vordruck wird im Durchschreibeverfahren ausgefüllt.

Ein Schuldner kann eine Überweisung auch mit dem kombinierten Formblatt **„Zahlschein/Überweisung"** (vgl. S. 153) tätigen. Diese Vordrucke werden oft zusammen mit Rechnungen versandt, wobei bereits alle Angaben des Gläubigers (Name, IBAN-Nummer, bezogene Bank, Überweisungsbetrag, Verwendungszweck) aufgedruckt sein können. Für den Schuldner ergibt sich dadurch eine **Arbeitserleichterung**.

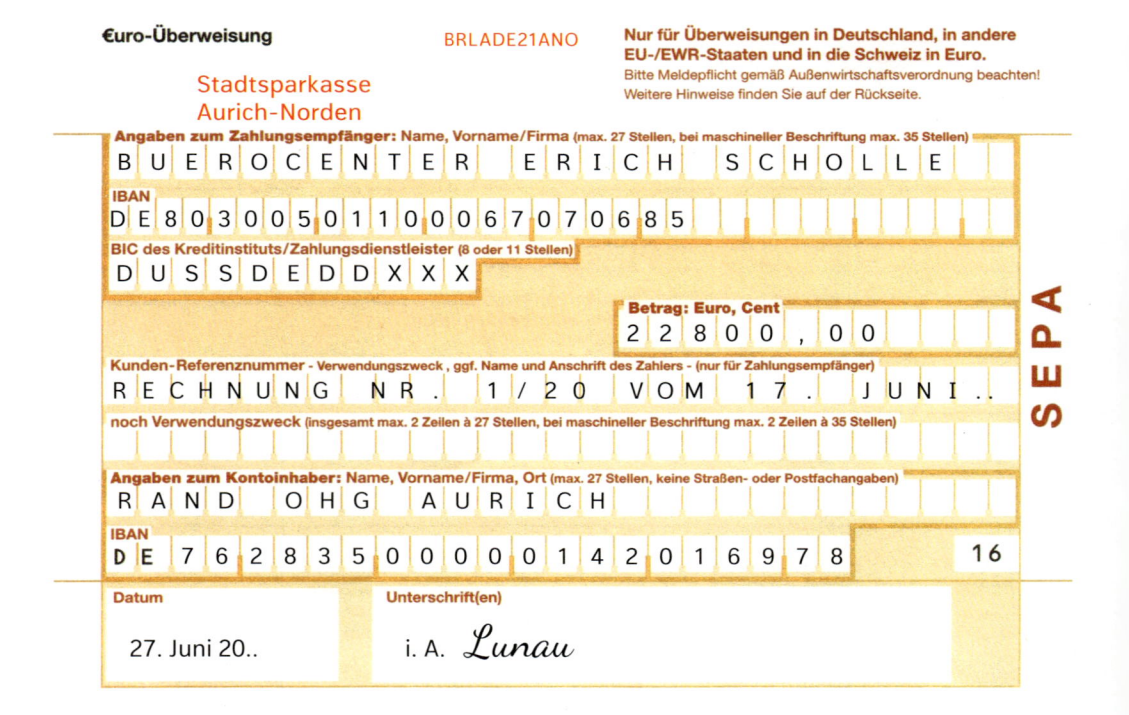

€uro-Überweisung — BRLADE21ANO — Nur für Überweisungen in Deutschland, in andere EU-/EWR-Staaten und in die Schweiz in Euro. Bitte Meldepflicht gemäß Außenwirtschaftsverordnung beachten! Weitere Hinweise finden Sie auf der Rückseite.

Stadtsparkasse Aurich-Norden

Angaben zum Zahlungsempfänger: BUEROCENTER ERICH SCHOLLE
IBAN: DE80 3005 0110 0067 0706 85
BIC: DUSSDEDDXXX
Betrag: 22 800,00
Verwendungszweck: RECHNUNG NR. 1/20 VOM 17. JUNI
Angaben zum Kontoinhaber: RAND OHG AURICH
IBAN: DE76 2835 0000 0142 0169 78   16
Datum: 27. Juni 20..
Unterschrift: i. A. Lunau

SEPA

■ Zahlungsvereinfachungen

Im Rahmen der bargeldlosen Zahlung können einige Zahlungsvereinfachungen, die dem Schuldner Arbeitserleichterungen bringen oder die den Überweisungsvorgang beschleunigen, genutzt werden. Hierzu zählen der Dauerauftrag, das Lastschriftverfahren, Onlinebezahldienste und der Einsatz von Plastikgeld.

Dauerauftrag

Mit einem Dauerauftrag beauftragt ein Kontoinhaber sein Kreditinstitut, **regelmäßig zu einem bestimmten Zeitpunkt einen gleichbleibenden Betrag zulasten seines Kontos auf das Konto des Gläubigers zu überweisen**.

Beispiele Miete, Versicherungsbeiträge, Tilgungsraten bei Darlehen, Ratenzahlungen

Nach der Auftragserteilung durch den Kontoinhaber stellt das Geldinstitut regelmäßig die Buchungsbelege aus. Ein Dauerauftrag behält seine Gültigkeit bis zum schriftlichen Widerruf durch den Kontoinhaber.

Lastschriftverfahren

Bei regelmäßig wiederkehrenden Zahlungen in gleicher oder unterschiedlicher Höhe kann ein Kontoinhaber den Gläubiger ermächtigen, bis auf Widerruf **zu unterschiedlichen Terminen Beträge von seinem Konto abbuchen zu lassen**.

Beispiele Telefon-, Strom-, Wasserrechnung, Grundsteuer

Dazu kann der Kontoinhaber dem Gläubiger eine **Einzugsermächtigung (= Einzugsermächtigungsverfahren)** erteilen. Bei diesem Verfahren **ermächtigt der Kontoinhaber** den Gläubiger, **seine Forderung vom Konto des Kontoinhabers einzuziehen**. Sollte der Gläubiger das Konto des Kontoinhabers ungerechtfertigt belasten, dann kann der Kontoinhaber der Kontobelastung innerhalb von acht Wochen widersprechen. Der belastete Betrag wird dann wieder gutgeschrieben.

Beispiel Die RAND OHG hat der Stadt Aurich eine Einzugsermächtigung für die Grundsteuerabgaben erteilt. Aufgrund eines Fehlers in der Rechnungsabteilung der Stadt Aurich wird das Konto der RAND OHG statt mit 245,16 € mit 2 451,60 € belastet. Die RAND OHG kann bei ihrem Geldinstitut der Lastschrift widersprechen, der Betrag wird ihrem Konto wieder gutgeschrieben.

Für eine Einzugsermächtigung muss der Kontoinhaber ein **Mandat** erteilen, in dem er schriftlich den Zahlungsempfänger ermächtigt und seiner Bank den Auftrag erteilt, den Anspruch einzulösen. Der Empfänger des Geldes muss dem Zahlungspflichtigen zudem mit einer 14-Tages-Frist vorher mitteilen, welchen Betrag er einziehen will, damit der Kontoinhaber sein Konto rechtzeitig auffüllen kann. Ferner muss der Zahlungsempfänger die Bank des Zahlungspflichtigen fünf Tage vor dem Einzug informieren. Jeder Zahlungsempfänger benötigt eine EU-weite Kennung, die **SEPA-Gläubigeridentifikation**. Diese kann über die Webseite der Deutschen Bundesbank beantragt werden. Sollte der Gläubiger das Konto des Kontoinhabers ungerechtfertigt belasten, kann dieser der Kontobelastung innerhalb von acht Wochen widersprechen.

■ „Plastikgeld"

Der Begriff „Plastikgeld" stammt daher, dass der Käufer bei der Bezahlung statt Bargeld eine kleine Kunststoffkarte vorlegt, auf der bestimmte Daten eingetragen sind, z. B. Name, IBAN-Nummer, Kunden-Nummer usw. Diese Daten können entweder direkt lesbar sein, d. h., sie sind in einer normalen Schrift auf der Karte aufgetragen, oder nur mit der Hilfe bestimmter Lesegeräte zu erkennen. Die Karten haben entweder auf ihrer Rückseite einen Magnetstreifen oder auf der Vorderseite einen Chip, in dem alle wesentlichen Daten gespeichert sind.

Kreditkarten

Kreditkarten werden von Kreditkartenorganisationen Personen mit einem bestimmten Mindestjahreseinkommen oder Unternehmen gegen Zahlung eines Jahresentgelts angeboten. Häufig ist in diesem Betrag auch eine Versicherungsleistung, z. B. eine Unfallversicherung, eingeschlossen. Sie können in allen Vertragsunternehmen, z. B. Hotels, Restaurants, Reisebüros, Mietwagenunternehmen usw., von den Kunden benutzt werden. Der Kunde ist somit stets zahlungsfähig, ohne ständig Bargeld mit sich führen zu müssen. Kreditkarten gelten meist im Inland und im Ausland. Die bedeutendsten Kreditkartenorganisationen sind „American Express" und „VISA". Marktführer in Deutschland ist die „MasterCard".

Kreditkarten können von ihren Inhabern wie Bargeld benutzt werden. Bei den meisten Geldinstituten kann man sich gegen Vorlage der Kreditkarte Bargeld auszahlen lassen. Bei Verlust oder Diebstahl der Kreditkarte ist die herausgebende Organisation sofort zu benachrichtigen, sie sperrt die Karte dann international. Der Inhaber haftet meist nur für einen bestimmten Betrag.

Die **Abwicklung eines Kreditkartengeschäfts** vollzieht sich folgendermaßen:

- Der Kreditkarteninhaber legt dem Vertragsunternehmen seine Kreditkarte vor und unterschreibt einen Leistungsbeleg.
- Das Vertragsunternehmen setzt sich elektronisch mit der Kreditkartenorganisation in Verbindung, die dann feststellt, ob die Karte gesperrt ist und ob sich die Zahlung im Verfügungsrahmen des Kunden bewegt. Wenn alles in Ordnung ist, wird die Zahlung genehmigt (Autorisierung der Zahlung).
- Das Vertragsunternehmen sendet den unterschriebenen Leistungsbeleg an die Kreditkartenorganisation zur Abrechnung.
- Die Kreditkartenorganisation überweist nach etwa einem Monat dem Vertragsunternehmen aufgrund des Leistungsbeleges einen Betrag, der um die Umsatzprovision (etwa 1 % bis 1,5 %) verringert ist.
- Die Kreditkartenorganisation schickt dem Karteninhaber monatlich eine genaue Sammelrechnung über die fälligen Zahlungen und belastet im Wege des Lastschriftverfahrens das Konto des Kreditkarteninhabers.

Kundenkarten

Kundenkarten werden von einigen Einzel- und Großhändlern sowie Dienstleistungsunternehmen an Kunden kostenlos ausgegeben. Der Kunde muss hierzu auf einem Antragsformular einige persönliche Angaben machen. Mit der Kundenkarte sollen die Kunden an das Unternehmen gebunden werden. Um Kunden zu veranlassen, sich die Kundenkarten zu besorgen oder die App downzuloaden, erhalten Kunden z. B. einen Bonus von 1 % bis 3 % auf alle getätigten Umsätze nach Ablauf eines bestimmten Zeitraumes oder exklusive Coupons, Angebote und weitere Services. Einige Kundenkarten mit Zahlungsfunktion können beim jeweiligen Unternehmen wie Kreditkarten verwendet werden.

Beispiele Digitale Kundenkarte auf dem Smartphone (PAYBACK-App), ADAC-Kundenkarte, Lufthansa-Card

Ablauf eines Einkaufes bei einer App mit Zahlungsfunktion: Statt Bargeld zur Begleichung seiner Rechnung anzunehmen, zeigt der Kunde an der Kasse seine App mit PAY-Funktion vor. Diese ist wie eine girocard mit PIN gesichert. Die Zahlungssumme wird dann automatisch z. B. als Lastschrift vom Konto des Kunden abgebucht.

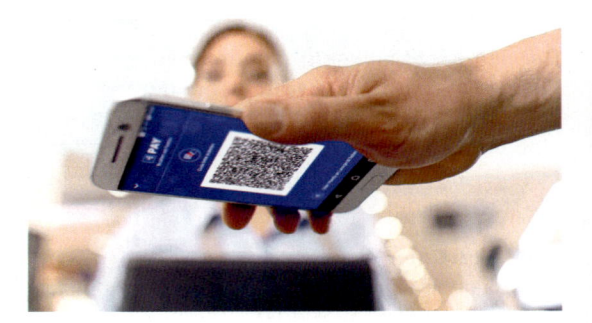

Electronic-Banking-Systeme

- **girocard-System (Point-of-Sale-Banking):** Bei diesem System handelt es sich um eine Form des Electronic Banking. Die Geldinstitute haben ein einfaches und sicheres Zahlungsverfahren eingeführt, das allen Beteiligten spürbare Vorteile bringen soll. Kern dieses Systems ist die girocard. Fast jeder Haushalt verfügt in Deutschland über diese Karte.

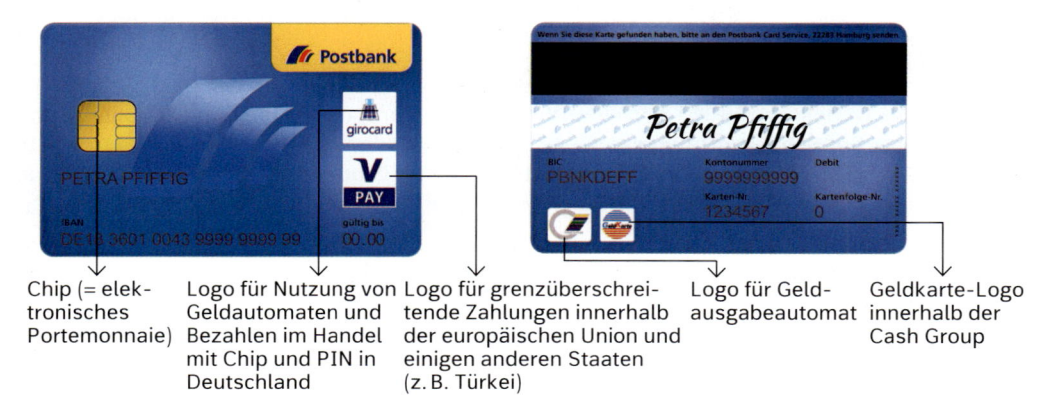

Chip (= elektronisches Portemonnaie)

Logo für Nutzung von Geldautomaten und Bezahlen im Handel mit Chip und PIN in Deutschland

Logo für grenzüberschreitende Zahlungen innerhalb der europäischen Union und einigen anderen Staaten (z. B. Türkei)

Logo für Geldausgabeautomat

Geldkarte-Logo innerhalb der Cash Group

Eine girocard enthält verschiedene Daten, einige davon sind sichtbar (Vorderseite), z. B. Name des Kunden, IBAN- und Karten-Nr. Andere Daten sind nicht direkt lesbar. Sie sind codiert auf dem Magnetstreifen (Rückseite) oder in einem Chip (Vorderseite) gespeichert und können nur von einem Lesegerät erfasst werden.

GIROCARD-SYSTEM

KUNDENSEITE
1. Ermittlung des Kaufbetrags durch das Kassenpersonal
2. Anzeige des Kaufbetrags
3. Bestätigung des Kaufbetrags durch den Kunden
4. Kunde steckt Karte in den Kartenleser
5. Eingabe der persönlichen Geheimzahl (PIN)

AUTORISIERUNGSSTELLE
6. Autorisierungsstelle prüft Kartensperre und finanzielle Verfügungsmöglichkeiten
7. Positivmeldung -Zahlung erfolgt-
8. Kunde erhält seinen Kassenbon
9. Summierte Gutschriften pro Tag auf das Konto des Händlers bei seiner Bank
10. Die Transaktion wird auf dem Girokonto belastet

HÄNDLERSEITE

Damit die girocard nicht von Unbefugten benutzt werden kann, wird jedem girocard-Besitzer von seiner Bank eine persönliche Geheimzahl mitgeteilt. Sie gilt als „**P**ersönliche **I**dentifikations-**N**ummer", daher wird sie auch häufig nur **PIN** genannt. Die PIN-Nr. ist **nicht** auf dem Magnetstreifen gespeichert, sondern wird jedes Mal neu aus einer komplizierten, verschlüsselten Kombination aus BIC, IBAN-Nr. und Karten-Nr. berechnet und mit der Eingabe des Kunden verglichen.

Die Grundidee des girocard-Systems besteht darin, am **POS (Point of Sale = Verkaufsort)**, also direkt beim Zahlungsempfänger (Gläubiger), ein Gerät aufzustellen, das die Daten einer girocard lesen und verarbeiten kann. Für Gläubiger und Karteninhaber sieht ein Zahlungsvorgang so aus, als ob durch Einschieben der girocard in den Kartenleser und PIN-Eingabe der Kaufbetrag vom Bankkonto des Karteninhabers direkt auf das Girokonto des Gläubigers umgebucht wird. In Wirklichkeit zieht der Gläubiger seine Forderungen aus den girocard-Umsätzen beleglos über sein Kreditinstitut ein. Der Verkäufer hat bei diesem System eine Zahlungsgarantie.

Im Rahmen des Electronic Banking können mit einer girocard und der Eingabe einer persönlichen Geheimzahl (PIN) an Geldautomaten Barbeträge im Inland und auch im Ausland außerhalb der Schalteröffnungszeiten abgehoben werden oder es kann an elektronischen Kassen von Tankstellen, Einzelhandelsbetrieben, Hotels oder Restaurants gezahlt werden. Im Ausland wird dafür meist ein Co-Branding auf der Karte genutzt, z. B. Maestro oder V-Pay.

- Sogenannte **Chipkarten (Geldkarten, „intelligente Karten")** sind Karten mit einem eingebauten Mikrochip, auf dem Informationen gespeichert sind. So kann er als wesentliche Information ein bestimmtes **Guthaben** des Karteninhabers enthalten. Der Schuldner steckt die Karte in das Lesegerät ein. Der zu zahlende Betrag wird erfasst und dem Gläubiger später von der Bank gutgeschrieben. Im gleichen Moment wird auf dem Mikrochip das Guthaben des Karteninhabers um den Rechnungsbetrag verringert (**elektronisches Portemonnaie** = Geldbörsenfunktion). Ist das Guthaben verbraucht, kann der Karteninhaber von seinem Girokonto einen neuen Betrag auf die Chipkarte (bis 200,00 €) umbuchen lassen. Dieser Umbuchungsvorgang kann auch an Geldautomaten vorgenommen werden. Mithilfe der GeldKarte können z. B. auch Park- und Fahrkartenautomaten benutzt werden, sofern die GeldKarte als Bezahlfunktion angeboten wird.

- **Die GeldKarte (Prepaid-Funktion auf dem Chip) hat folgende Vorteile:**
    - Sie bietet ein hohes Maß an Sicherheit, da beim Bezahlen nicht auf das Konto sondern nur auf das Prepaid-Guthaben zugegriffen wird. Zudem können nur bei der deutschen Kreditwirtschaft registrierte Akzeptanzstellen/Händler GeldKarte-Zahlungen empfangen.

    - Da stets aus dem Prepaid-Guthaben bezahlt wird, ist bei einer GeldKarte-Zahlung keine Unterschrift und keine PIN-Eingabe nötig. Auch auf eine Onlineverbindung kann beim Bezahlen verzichtet werden. Das alles beschleunigt zudem den Bezahlvorgang.

    - Zudem sind die Entgelte für Zahlungsgarantie (0,2% abgerundet auf volle Centbeträge) für den Händler bei GeldKarte-Zahlungen sehr günstig. Für Beträge unter 5 Euro fallen damit keine Entgelte für die Zahlungsgarantie an.

    - Mit neuen girocards wird insbesondere das Bezahlen von kleineren Beträgen bis 25,00 € erheblich vereinfacht. Diese Karten sind zusätzlich mit einer Technologie zum **kontaktlosen Bezahlen** ausgestattet. Diese Technologie erlaubt Transaktionen aus der vorgeladenen elektronischen Börse (GeldKarte), ohne dass die Karte in das Terminal gesteckt werden muss. Zum Auslösen der Transaktion genügt es, die Karte sehr nah an ein registriertes Bezahlterminal heranzuführen. Hierfür ist weder die Eingabe einer PIN noch eine Unterschrift notwendig. Die Akzeptanzstellen, an denen die Karte kontaktlos eingesetzt werden kann, erkennt man an dem „girogo"-Zeichen.

3.2 Beschaffungsabwicklung und Logistik/Bestandsplanung, -führung und -kontrolle

- Unter **Homebanking** (Onlinebanking) versteht man die elektronische Kontoführung durch Nutzung von Onlinediensten. Der Kontoinhaber kann über das Internet mithilfe eines PC und entsprechender Software Kontoinformationen abrufen, z. B. Umsätze, Salden, oder Zahlungsaufträge erteilen.

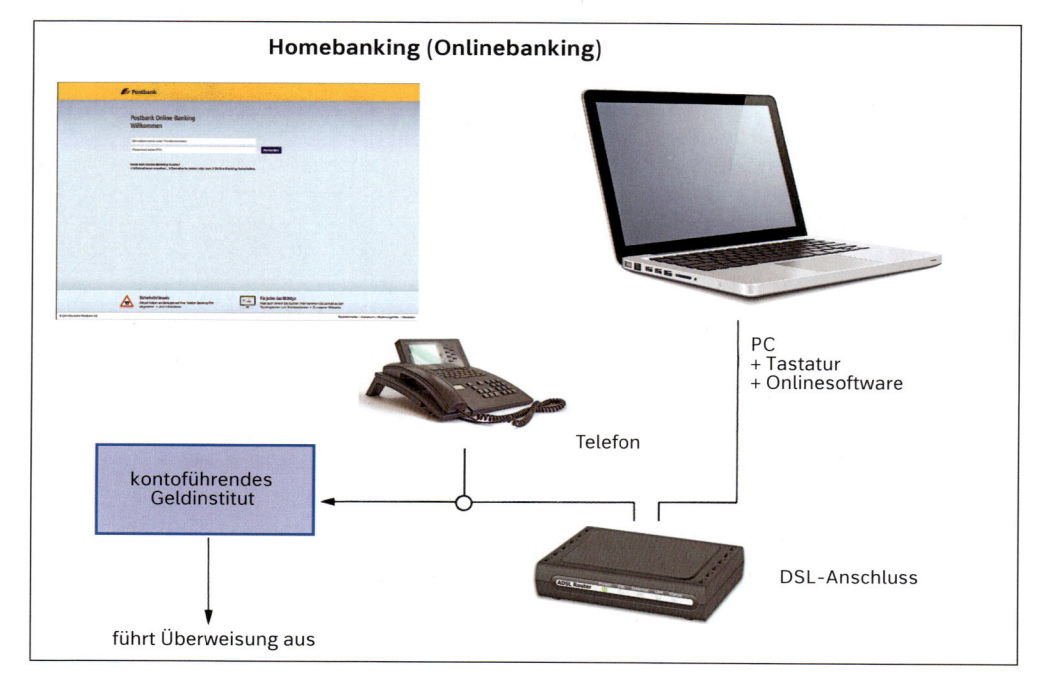

Homebanking (Onlinebanking)

PC
+ Tastatur
+ Onlinesoftware

Telefon

kontoführendes Geldinstitut

DSL-Anschluss

führt Überweisung aus

Ablauf des Onlinebankings:

1. Der Kunde akzeptiert die Nutzungsbedingungen des Onlinedienstes einmalig mit seiner Unterschrift bei der Kontoeröffnung.
2. Der Kunde geht ins Internet, ruft die Homepage seiner Bank auf und wählt dort den Menüpunkt „Onlinebanking".
3. Der Kunde gibt seine Kunden-ID oder seine Kontonummer sowie seine PIN (**persönliche Identifikationsnummer**) ein, welche ihm den Zugriff auf sein Onlinekonto ermöglicht.
4. Der Kunde kann die Transaktionen auf seinem Konto ansehen, Überweisungen in Auftrag geben, Daueraufträge einrichten usw. Jede von ihm ausgeführte Transaktion muss der Kunde legitimieren. Mögliche Verfahren sind u. a. kostenlose mTAN (mobile Transaktionsnummer), chipTAN comfort oder chipTAN manuell, Signaturverfahren. Bei den Signaturverfahren kann der Kunde entweder seinen Fingerabdruck (Touch-ID-Technologie) oder sein Passwort nutzen.
5. Der Kunde loggt sich aus dem Onlinebanking aus, seine Aufträge werden vom Geldinstitut bearbeitet.

Trotz aller Sicherheitsmaßnahmen besteht bei der Internetnutzung immer ein bestimmtes **Risiko**, dass Internetkriminelle an persönliche Daten gelangen und diese missbrauchen. Eine PIN sollte niemals auf der Festplatte eines Rechners abgespeichert werden (Schutz vor Hackern), ferner sollten E-Mails vor allem mit Anhängen fragwürdiger Herkunft nicht geöffnet werden (Schutz vor Sabotage). Die TAN sollte erst dann eingetragen werden, wenn sie für die Überweisung benötigt wird (Schutz vor Missbrauch).

Die zurzeit sicherste Lösung besteht beim Onlinebanking in der Nutzung einer **HBCI-Karte** (Homebanking Computer Interface) mit einem Chipkartenleser, der die sichere PIN-

Eingabe unterstützt. Bei diesem Verfahren kann weder der Schlüssel der Karte von Dritten ausgelesen werden noch ist das Belauschen der PIN-Eingabe möglich.

- **Telefonbanking:** Eine weitere neue Entwicklung des Zahlungsverkehrs stellt der Telefon-Service der Geldinstitute dar. Mit einer persönlichen Telefon-Geheimzahl hat jeder Kontoinhaber zu jeder Zeit und von jedem Ort aus Zugriff auf sein Konto. Der Kontoinhaber kann
  - seinen Kontostand abfragen,
  - zusätzliche schriftliche Kontoauszüge anfordern,
  - Überweisungen veranlassen,
  - Daueraufträge einrichten, ändern, löschen,
  - Zahlungsvordrucke bestellen.

■ Zahlung mit dem Smartphone (E-Payment)

Um mit dem Smartphone bezahlen zu können, muss der Kunde sich zuerst die jeweilige Unternehmens-App auf sein Smartphone herunterladen. Dann muss er sich für die neuen Funktionen registrieren lassen. Dazu gehört, dass er seine Kontodaten übermitteln muss, da vom Bankkonto des Kunden das Geld anschließend per Lastschrift abgebucht wird. Der Kunde wählt dann eine vierstellige Geheimzahl aus (PIN). An der Kasse tippt er die PIN in sein Smartphone und bekommt dann einen Barcode auf sein Display, den er an einen Scanner hält. Damit ist der Zahlvorgang abgeschlossen. Den Kassenzettel erhält der Kunde in digitaler Form auf sein Smartphone aufgespielt. Aus Sicherheitsgründen ist der ausgegebene Barcode nur fünf Minuten lang gültig und der Maximalbetrag pro Kunde auf einen bestimmten Eurobetrag pro Woche beschränkt.

■ Internetkauf und Onlinebezahldienste (E-Payment)

Werden Waren im Internet gekauft, können verschiedene Onlinebezahldienste in Anspruch genommen werden (Paypal, Moneybookers, Giropay u. a.).

Beispiel Bei Paypal muss der Nutzer sich mit seinen Daten anmelden und mit seiner gewünschten Zahlungsart (Kreditkarte oder Bankverbindung) registrieren. Über den Bezahlbutton kommt man in die Log-in-Seite und bestätigt den Kauf. Dann bekommt der Händler die Bestätigung und er kann das vom Kunden gewünschte Produkt verschicken. Paypal bietet zudem einen Käuferschutz. Innerhalb von 45 Tagen kann sich der Käufer beschweren und das Geld fließt bei einer berechtigten Reklamation zurück.

Zusammenfassung: Den Zahlungsverkehr im Rahmen der Beschaffung anwenden

- **Zahlungsmittel** sind Geld (Bargeld, Buchgeld) und Geldersatzmittel (girocard, Kreditkarte).

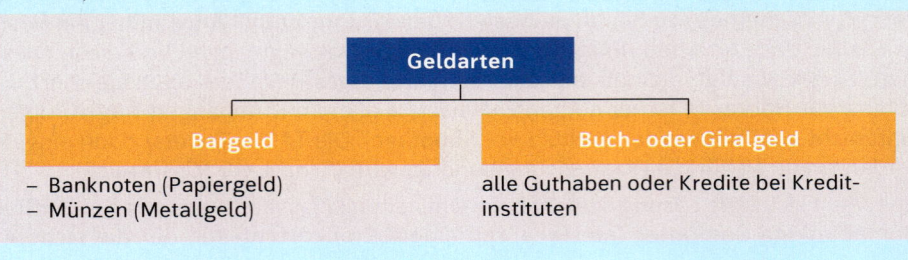

Geldarten

Bargeld	Buch- oder Giralgeld
– Banknoten (Papiergeld) – Münzen (Metallgeld)	alle Guthaben oder Kredite bei Kreditinstituten

3.2 Beschaffungsabwicklung und Logistik/Bestandsplanung, -führung und -kontrolle

- Kennzeichen der Bar(geld)zahlung ist, dass **sowohl der Schuldner als auch der Gläubiger Bargeld in Händen haben**.
- Bei **persönlicher sofortiger Zahlung (Zug-um-Zug-Geschäft)** erhält ein Kunde die Ware nur gegen sofortige Zahlung. Der Kunde (Zahler) erhält über die Zahlung eine **Quittung**.
- Die **halbbare Zahlung ist dadurch gekennzeichnet**, dass entweder der Schuldner oder der Gläubiger ein Girokonto bei einem Kreditinstitut haben muss.
- Mit einem **Zahlschein** kann ein Schuldner, der über kein eigenes Konto verfügt, Geld bar bei einem Kreditinstitut einzahlen. Dem Gläubiger wird der Betrag auf seinem Konto gutgeschrieben.
- Voraussetzung für den bargeldlosen Zahlungsverkehr ist, dass **sowohl der Schuldner als auch der Gläubiger ein Konto haben**.
- Bei der Banküberweisung findet eine **Umbuchung vom Konto des Schuldners auf das Konto des Gläubigers statt**.
- Der **Dauerauftrag** wird bei regelmäßig wiederkehrenden Zahlungen in gleicher Höhe genutzt.
- Das **Lastschriftverfahren** wird durchgeführt als **Einzugsermächtigung** (= schriftliche Vollmacht des Kontoinhabers an den Gläubiger). Der Kontoinhaber muss dem Empfänger ein Mandat und seiner Bank einen Auftrag erteilen, den Anspruch einzulösen. Der Gläubiger muss dem Kontoinhaber 14 Tage und der Bank des Zahlungspflichtigen fünf Tage vorher mitteilen, welchen Betrag er einziehen will.
- **Kreditkarten:** Kreditkartenunternehmen geben gegen Entgelt Karten aus, mit denen Kunden bei allen Vertragsunternehmen (Hotels, Handelsbetriebe, Restaurants usw.) bargeldlos bezahlen können.
- **Kundenkarten:** Handelsunternehmen sowie Dienstleistungsunternehmen geben an bestimmte Kunden Karten aus, mit denen diese bei ihnen bargeldlos und auf Kredit einkaufen können.

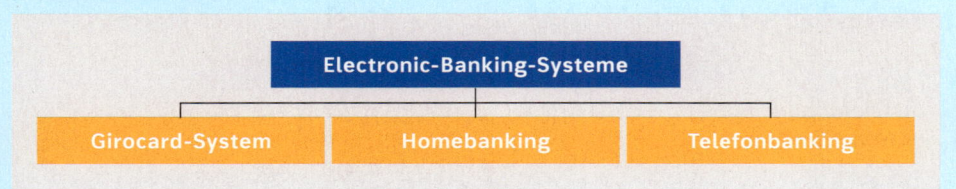

-
    ```
    Electronic-Banking-Systeme
    ├── Girocard-System
    ├── Homebanking
    └── Telefonbanking
    ```

- **girocard-System:** Bei einem Zahlungsempfänger befindet sich ein Gerät, das die Daten einer girocard lesen kann. Hierdurch wird die Kontendeckung beim Kunden überprüft und eine Zahlung vom Konto des Kunden auf das Konto des Gläubigers eingeleitet.
- **Chipkarte (Geldkarte):** Der Kontoinhaber kann die Karte an einem Ladeterminal des Kreditinstitutes zulasten seines Girokontos mit einer Geldsumme aufladen und an Geldkartenterminals (z. B. Fahrkartenautomat) bezahlen.
- **Homebanking:** Elektronische Kontoführung durch Nutzung von Onlinediensten.
- **Telefonbanking:** Telefonischer Zugriff des Kontoinhabers auf sein Konto.
- Beim Kauf von Waren im Internet können Onlinebezahldienste in Anspruch genommen werden.

Lernfeld 3: Ware disponieren, beschaffen und lagern

Aufgaben

1. Erklären Sie Bargeld und Buchgeld.

2. Beschreiben Sie, wodurch die Bar(geld)zahlung gekennzeichnet ist.

3. Der Auszubildende Werner Krull verkauft am 10. Januar 20.. an die Arbeitskollegin Eva Rost eine gebrauchte Hi-Fi-Anlage für 450,00 €. Eva Rost zahlt bei der Übergabe der Hi-Fi-Anlage den Geldbetrag bar. Erstellen Sie die entsprechende Quittung (weitere Daten nach eigener Wahl).

4. Erläutern Sie, welche Daten die RAND OHG dem Kontoauszug auf S. 152 entnehmen kann.

5. Beschreiben Sie die Unterschiede zwischen halbbarer und bargeldloser Zahlung.

6. In welchen Fällen würden Sie einen Dauerauftrag oder eine Einzugsermächtigung vornehmen? Geben Sie jeweils drei Beispiele an.

7. Stellen Sie in einer Liste die Vor- und Nachteile von Kundenkarten für Handelsunternehmen sowie Dienstleistungsunternehmen zusammen. Denken Sie dabei an zusätzliche Kosten, zusätzliche Verwaltungsarbeit, Risiken für die Kartengeber usw. Berücksichtigen Sie die Gewinnung und Erhaltung von Stammkunden.

8. Stellen Sie listenförmig die Vor- und Nachteile von Kreditkarten für deren Benutzer zusammen.

9. a) Erläutern Sie den Ablauf eines Zahlungsvorganges mithilfe von Chipkarten.
   b) Geben Sie an, welche Vorteile sich für Chipkarteninhaber aus der Nutzung einer Chipkarte ergeben.

10. Beurteilen Sie das Girocard-System im Vergleich zu Einkäufen mit Kundenkarten und Kreditkarten aus der Sicht eines Kunden und diskutieren Sie dies in der Klasse.

11. Erläutern Sie
    a) Telefonbanking,
    b) Homebanking.

3.2.7 Kaufvertragsstörungen im Rahmen der Beschaffung bearbeiten

3.2.7.1 Schlechtleistung (mangelhafte Lieferung)

Die RAND OHG erhält von der Wollmann OHG in Pforzheim am Nachmittag des 9. August eine Warenlieferung. Infolge von Arbeitsüberlastung in der Warenannahme prüft Frau Rost nur die Menge der gelieferten Ware. Der Inhalt der gelieferten Kartons wird erst am nächsten Tag überprüft. Dabei stellt sich heraus, dass statt der bestellten 6000 Paar Tennissocken aus Baumwolle (Naturfaser) Tennissocken aus Acryl (Chemiefaser) geliefert worden sind. Ferner weisen 50 Polohemden Webfehler auf, sodass sie nur mit Preisabschlägen verkauft werden können. Außerdem wurden 500 Trainingsanzüge „Team Spirit" statt 500

Damenblusen „Flower" geliefert. Frau Rost ruft sofort nach Entdeckung der Mängel beim Hersteller an und rügt die fehlerhafte Lieferung. Die Wollmann OHG lehnt die Rücknahme der falsch bzw. mangelhaft gelieferten Ware mit der Begründung ab, die RAND OHG hätte die Lieferung unverzüglich nach Erhalt überprüfen müssen.

Arbeitsaufträge
– *Stellen Sie fest, ob die RAND OHG ihren Prüf- und Rügepflichten nachgekommen ist und welche Mängelarten im vorliegenden Fall vorliegen.*
– *Prüfen Sie, ob die RAND OHG einen Anspruch gegen die Wollmann OHG geltend machen kann.*

■ Prüfungs- und Rügepflicht des Käufers

Der Verkäufer ist verpflichtet, bestellte Ware mangelfrei zu liefern. Nicht immer jedoch ist eine Warenlieferung einwandfrei. Die Ware kann Mängel aufweisen, die entweder der Lieferer zu verantworten hat oder die durch den Frachtführer (Spediteur, Deutsche Bahn AG, Private Paketdienste) verursacht wurden. Damit ein Handelsunternehmen nicht das Recht auf Reklamation verliert, müssen beim Wareneingang verschiedene Prüfungen vorgenommen werden.

Bei Feststellung von Mängeln muss der Käufer dem Lieferer eine **Mängelrüge** (§ 433 ff. BGB) zukommen lassen. Für die Mängelrüge gibt es keine bestimmte Formvorschrift. Aus **Beweissicherungsgründen** ist die Schriftform sinnvoll. In der Mängelrüge sollten die festgestellten Mängel so genau wie möglich beschrieben werden.

Beim **zweiseitigen Handelskauf** (§ 377 HGB, d. h., Verkäufer und Käufer sind beide Kaufleute, vgl. S. 134) müssen vom Käufer **offene Mängel unverzüglich, versteckte Mängel unverzüglich nach Entdeckung, spätestens vor Ablauf von zwei Jahren** gerügt werden. **Arglistig verschwiegene Mängel** müssen **unverzüglich nach Entdeckung innerhalb von drei Jahren** gerügt werden. Kommt der Käufer seinen Rügepflichten nicht termingerecht nach, verliert er alle Rechte aus der mangelhaften Warenlieferung gegen den Lieferer. Der Käufer ist verpflichtet, die mangelhafte Ware auf Kosten des Lieferers sorgfältig aufzubewahren.

Beispiel AGB der RAND OHG „6. Beanstandungen" (vgl. S. 139).

Beim **einseitigen Handelskauf** (§ 474 BGB, d. h., der Verkäufer ist Kaufmann und der Käufer ist Privatmann, vgl. S. 133) hat der Käufer bei Neuwaren bei offenen und versteckten Mängeln **zwei Jahre Zeit**, seine Mängelrüge zu erteilen. Für gebrauchte Produkte beläuft sich die Sachmängelhaftungsfrist bei einem Kauf zwischen einem Kaufmann und einem Privatmann auf ein Jahr.

Bei Mängeln, die nach mehr als sechs Monaten zum ersten Mal auftauchen, muss der Käufer bei einem **Verbrauchsgüterkauf** gegebenenfalls mithilfe von Sachverständigen belegen, dass die Mängel schon bei der Warenübergabe vorhanden waren (**Beweislastumkehr**).

■ Mängelarten

Eine Warenlieferung kann Sach- oder Rechtsmängel aufweisen. Zu den **Sachmängeln** zählen:

- **Mangel in der Menge (Quantitätsmangel):** Es wird zu viel oder zu wenig Ware geliefert.

    *Beispiel Statt der bestellten 1 000 Tennissocken liefert die Wollmann OHG 900 Tennissocken (**Zuweniglieferung**).*

- **Mangel in der Art (Falschlieferung):** Es wird eine andere Ware als die bestellte geliefert.

    Beispiele Statt Damenblusen werden Trainingsanzüge geliefert; statt Möbeln in Eiche werden Möbel in Buche geliefert.

- **Mangel durch fehlerhafte Ware, Montagefehler oder mangelhafte Montageanleitungen:** Die Ware kann möglicherweise zwar verwendet werden, ihr fehlt aber eine bestimmte oder zugesicherte Eigenschaft, die vertraglich vereinbart war. Hierzu zählen auch fehlerhafte Bedienungsanleitungen (IKEA-Klausel) oder Mängel, weil die vereinbarte Montage vom Verkäufer unsachgemäß ausgeführt wurde (**Montagefehler**).

  Beispiele
  - *Gelieferte Kaffeeautomaten haben defekte Ein-/Ausschalter; Schreibtischlampen sind verkratzt.*
  - *Der Verkäufer liefert ein Holzregal, das beim Kunden aufgebaut wird. Der Monteur bohrt zusätzliche Löcher in das Regal mit dem Ergebnis, dass das Regal schief steht.*

- **Mangel durch falsche Werbeversprechungen oder durch falsche Kennzeichnungen:** Es fehlen der Ware Eigenschaften, die in einer Werbeaussage oder durch Kennzeichnung versprochen wurden.

  Beispiel Die RAND OHG kauft aufgrund einer Werbebroschüre eines Autoherstellers einen Geschäftswagen, der lt. Prospekt nur fünf Liter Kraftstoff pro 100 km verbrauchen soll. In Wirklichkeit braucht der Pkw aber acht Liter.

Ein **Rechtsmangel** liegt vor, wenn die zu verkaufende Sache durch Rechte anderer belastet ist.

Beispiel Auf dem Flohmarkt verkauft ein Händler fabrikneue Bürostühle, die gestohlen worden sind.

Hinsichtlich der **Erkennbarkeit der Mängel** kann folgende Einteilung vorgenommen werden:

- **Offener Mangel:** Er ist bei der Prüfung der Ware sofort erkennbar.

  Beispiel Eine Schreibtischlampe hat einen Kratzer; Blumentöpfe haben Risse.

- **Versteckter Mangel:** Er ist nicht gleich erkennbar, sondern zeigt sich erst später.

  Beispiel Kaffeeautomaten haben defekte Heizplatten; in der Spielesammlung „Klassiker" fehlt ein Zubehörteil.

- **Arglistig verschwiegener Mangel:** Er ist dem Verkäufer bekannt, wird aber bewusst von ihm verschwiegen.

  Beispiel Verkauf eines als unfallfrei deklarierten unfallfreien Pkw, der aber bereits einen Unfall hatte.

■ Rechte des Käufers aus der Schlechtleistung (gesetzliche Sachmängelhaftungsansprüche, § 433 ff. BGB)

Der Käufer kann **aus der Mängelrüge zuerst nur das Recht auf Nacherfüllung** geltend machen:

- **wahlweise Ersatzlieferung oder Nachbesserung (= Nacherfüllung):** Der Kaufvertrag bleibt bestehen, der Käufer besteht auf der Lieferung mangelfreier Ware. Das Recht der Ersatzlieferung ist nur beim Gattungskauf (vertretbare Ware) möglich. Der Käufer wird dieses Recht wählen, wenn der Kauf besonders günstig oder der Verkäufer bisher besonders zuverlässig war. Eine Nachbesserung gilt nach dem erfolglosen zweiten Versuch als fehlgeschlagen.

RAND OHG · Dieselstraße 10, 26605 Aurich

Ihr Ansprechpartner:	Meesters
Abteilung:	Einkauf
E-Mail:	v.meesters@randohg.de
Telefon:	04941 4076-604
Telefax:	04941 4076-10
Ihr Zeichen:	bi-so
Ihre Nachricht:	11.07.20..
Unser Zeichen:	ra-ro
Unsere Nachricht:	10.07.20..
Datum:	10.08.20..

Wollmann OHG
Bachstraße 38
75180 Pforzheim

Mängelrüge zu Ihrer Lieferung vom 9. August 20..

Sehr geehrte Damen und Herren,

wir haben Ihre Lieferung fristgerecht am 9. August 20.. erhalten.

Bei der unverzüglichen Überprüfung der Sendung stellten wir allerdings folgende Mängel fest:

1. Statt 6 000 Paar Tennissocken aus Baumwolle lieferten Sie uns Tennissocken aus Acryl.
2. Von 500 Polohemden weisen 50 Webfehler auf.
3. Statt 500 Damenblusen „Flower" wurden 500 Trainingsanzüge „Team Spirit" geliefert.

Zur Regelung dieser Mängel machen wir Ihnen folgenden Vorschlag:

1. Liefern Sie uns bitte umgehend die bestellten Tennissocken aus Baumwolle. Für die falsch gelieferten Tennissocken haben wir keine Verwendung, deshalb werden wir sie Ihrem Auslieferungsfahrer bei der nächsten Lieferung mitgeben.
2. Für die 50 Polohemden mit Webfehlern verlangen wir Ersatzlieferung oder einen Nachlass in Höhe von 40 % auf den Zieleinkaufspreis, falls Sie keine Ersatzlieferung tätigen können.
3. Die 500 Trainingsanzüge können wir an einen Kunden weiterverkaufen. Allerdings benötigen wir nach wie vor die 500 bestellten Damenblusen.

Trotz dieser mangelhaften Lieferung hoffen wir weiterhin auf gute und korrekte Geschäftsbeziehungen.

Mit freundlichem Gruß

RAND OHG

i. A. Meesters

Meesters

Gelingt die Nacherfüllung nicht, hat der Käufer **wahlweise folgende Rechte**, wobei dem Verkäufer vorher eine angemessene Frist zur Leistung oder Nacherfüllung einzuräumen ist:

- **Minderung des Kaufpreises = Preisnachlass:** Der Kaufvertrag bleibt bestehen. Der Verkäufer mindert den ursprünglichen Verkaufspreis um einen angemessenen Betrag. Allerdings ist eine Vereinbarung zwischen Verkäufer und Käufer über die Minderung erforderlich. Der Käufer wird dieses Recht in Anspruch nehmen, wenn die Gebrauchsfähigkeit der Ware nicht wesentlich beeinträchtigt ist.

- **Rücktritt vom Kaufvertrag:** Der Kaufvertrag wird aufgelöst, d. h., der Käufer tritt vom Kaufvertrag zurück und bekommt sein Geld zurück. Der Käufer wird insbesondere dann vom Vertrag zurücktreten, wenn er die gleiche Ware bei einem anderem Lieferer preiswerter beschaffen kann.

- **Rücktritt vom Vertrag und Schadenersatz statt der Leistung:** Anspruch auf Schadenersatz besteht nur, wenn auch ein Schaden nachgewiesen werden kann und den Verkäufer ein Verschulden (grobe Fahrlässigkeit, Vorsatz) trifft.

Bei **unerheblichen Mängeln** hat der Käufer nur ein Recht auf Nacherfüllung oder Minderung, jedoch nicht auf Rücktritt und/oder Schadenersatz statt Leistung. Der Verkäufer kann ebenfalls Nachbesserung und/oder Neulieferung verweigern, wenn unverhältnismäßig hohe Kosten anfallen würden.

Der Verkäufer haftet dafür, wenn eine Sache nicht hält, was die Werbung verspricht, die Ware gilt dann als mangelhaft. Zudem haftet der Verkäufer für Angaben des Herstellers und für falsche Montage- oder Gebrauchsanleitungen.

Ein **Käufer hat keine Ansprüche** gegen den Lieferer, wenn
- der Käufer beim Abschluss des Kaufvertrages von dem Mangel gewusst hat,
- die Ware auf einer öffentlichen Versteigerung.

Der Unternehmer, der eine neu hergestellte mangelhafte Sache von einem Verbraucher zurücknehmen oder eine Preisminderung gewähren musste, kann die Rechte gegen seinen eigenen Lieferer geltend machen (**Unternehmerrückgriff**, § 437 BGB). Er muss allerdings eine Nachfrist setzen. Zudem kann er den Ersatz der Aufwendungen für eine Nichterfüllung verlangen (§ 478 BGB). Entsprechendes gilt auch für die anderen Lieferer in der Lieferkette.

■ Garantie und Kulanz

Während der zweijährigen Sachmängelhaftungspflicht hat der Käufer zuerst nur das Recht auf Nacherfüllung. Laut Gesetz sind zwei Nachbesserungsversuche des Verkäufers zulässig. Die Zeit, die der Verkäufer für die Nachbesserungsversuche benötigt, verlängert den Sachmängelhaftungsanspruch des Kunden.

Beispiel *Ein Kunde bringt einen Monat nach Kaufvertragsabschluss eine defekte Kaffeemaschine zur Center Warenhaus GmbH. Für die Reparatur und eine weitere Reparatur nach zwei Monaten benötigt der Hersteller, die Hage AG Elektrogeräteherstellung, insgesamt acht Wochen. Die gesetzliche Sachmängelhaftungsfrist von zwei Jahren verlängert sich somit um acht Wochen.*

Gelingen aber weder die Nachbesserung noch die Ersatzlieferung, dann kann der Kunde Rücktritt vom Vertrag oder Minderung verlangen.

Häufig wird die gesetzliche Sachmängelhaftungsfrist von zwei Jahren durch eine **Garantie des Herstellers** auf mehrere Jahre erweitert. Die **Garantie des Herstellers muss ausdrücklich** zwischen dem Verkäufer und dem Kunden **im Kaufvertrag vereinbart werden**, wobei Inhalt, Umfang und Garantiefrist geregelt werden. Wird eine Garantie angeboten, hat der Käufer innerhalb der zweijährigen gesetzlichen Sachmängelhaftungspflicht das Wahlrecht, ob er bei Auftreten eines Mangels seine Rechte aus der Garantie oder aus der gesetzlichen Sachmängelhaftung in Anspruch nimmt. Die Garantie sieht meistens nur vor, dass der Kunde die Beseitigung des Mangels verlangen kann, jedoch nicht vom Vertrag zurücktreten kann. Ist der Verkäufer nicht in der Lage, den Mangel zu beseitigen, hat der Käufer per Gesetz ein Rücktrittsrecht.

Verkäufer gewähren häufig ihren Kunden, wenn die Sachmängelhaftungsfrist abgelaufen ist, aus **Kulanzgründen** die Rechte aus der Mängelrüge, obwohl sie gesetzlich dazu nicht verpflichtet sind. Auf diese Weise erhofft sich das Unternehmen Wettbewerbsvorteile gegenüber der Konkurrenz und eine Bindung des Kunden an das eigene Unternehmen.

Zusammenfassung: Schlechtleistung (mangelhafte Lieferung)

Pflichten des Käufers	zweiseitiger Handelskauf	einseitiger Handelskauf und bürgerlicher Kauf
– **Prüfpflicht**	unverzüglich	keine gesetzliche Regelung
– **Rügepflicht** Feststellung von		
- **offenen**	unverzüglich	innerhalb von zwei Jahren
- **versteckten**	unverzüglich nach Entdeckung innerhalb von zwei Jahren	innerhalb von zwei Jahren
- **arglistig verschwiegenen Mängeln**	unverzüglich nach Entdeckung innerhalb von drei Jahren	innerhalb von drei Jahren
– **Aufbewahrungspflicht**	sorgfältige Aufbewahrung	keine Aufbewahrungspflicht
– **Mängelarten**	**Sachmängel** – Mangel in der Menge (Quantitätsmangel) – Mangel in der Art (Falschlieferung) – Mangel durch fehlerhafte Ware, Montagefehler oder mangelhafte Montageanleitungen – Mangel durch falsche Werbeversprechungen und falsche Kennzeichnungen **Rechtsmängel** (Sache ist durch Rechte anderer belastet)	

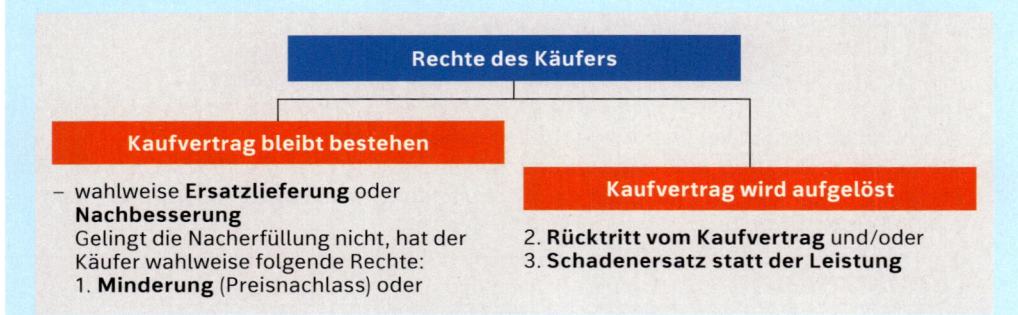

Rechte des Käufers

Kaufvertrag bleibt bestehen
- wahlweise **Ersatzlieferung** oder **Nachbesserung**
Gelingt die Nacherfüllung nicht, hat der Käufer wahlweise folgende Rechte:
1. **Minderung** (Preisnachlass) oder

Kaufvertrag wird aufgelöst
2. **Rücktritt vom Kaufvertrag** und/oder
3. **Schadenersatz statt der Leistung**

- **Unternehmerrückgriff:** Jeder Unternehmer, der aufgrund einer Mängelrüge seinen Kunden eine Preisminderung geben oder von seinen Kunden neu hergestellte mangelhafte Waren zurücknehmen musste, kann diese Rechte gegen seinen eigenen Lieferer geltend machen.
- Eine über die gesetzliche Sachmängelhaftungspflicht hinausgehende **Garantie** berechtigt grundsätzlich nur zur Reparatur.
- Im Rahmen der **Kulanz** gewähren Verkäufer dem Käufer Rechte, ohne dazu gesetzlich verpflichtet zu sein.

Lernfeld 3: Ware disponieren, beschaffen und lagern

Aufgaben

1 Bei der Überprüfung eingehender Lieferungen stellt ein Zuliefergroßhändler für Büromöbelhersteller folgende Mängel an der Ware fest:
1. 2 000 Stahlrohre wurden statt in der Länge von 55 cm in der Länge von 45 cm geliefert.
2. 50 m Bezugsstoffe für Bürostühle weisen Verschmutzungen auf.
3. Statt 10 m Bezugsstoffe wurden 12 m geliefert.
4. Statt mit Holzfurnier beschichtete Spanplatten wurden kunststoffbeschichtete geliefert.
5. 20 Schlösser für Schubladen haben defekte Schließzylinder.
a) Geben Sie an, welche Mängelarten vorliegen.
b) Erläutern Sie, welche Rechte der Großhändler in Anspruch nehmen sollte.

2 Wählen Sie drei Produkte aus dem Sortiment der RAND OHG aus und erläutern Sie anhand dieser Artikel offene, versteckte und arglistig verschwiegene Mängel.

3 Nennen Sie die Prüf- und Rügefristen beim ein- und zweiseitigen Handelskauf bei
a) offenen Mängeln, b) versteckten Mängeln, c) arglistig verschwiegenen Mängeln.

4 Erläutern Sie an einem Beispiel den Unterschied zwischen Garantie und Kulanz.

5 Führen Sie den Schriftverkehr anhand folgender Daten.
a) Am 15. August 20.. trifft bei der RAND OHG eine Sendung Spielwaren ein, die am 17. Juli 20.. bei der Spila GmbH bestellt worden war.
Bei der unverzüglichen Überprüfung durch die Warenannahme wurden folgende Mängel festgestellt:
1. Bei 10 Stoffbären „Fynn" fehlte je ein Glasauge.
2. Statt 300 Puppen „Pia" wurden 300 Puppen „Eva" geliefert.
3. Statt 500 Spielesammlungen „Klassiker" wurden 600 Stück geliefert.
Die Puppen „Eva" können noch verkauft werden; die Stoffbären sind unverkäuflich, die 100 zusätzlichen Spielesammlungen sollen behalten werden.
b) Am 26. März 20.. trifft eine Sendung der Wollmann OHG bei der RAND OHG ein. Frau Meesters erhält von Frau Rost, die die Warensendung unverzüglich überprüfte, nachfolgende Fehlermeldung:

Fehlermeldung Sachbearbeiter: Rost   Datum: 20..-03-26

Artikelnummer:	Benennung	gelieferte Stücke	Stückpreis in €	fehlerhafte Stücke	Beanstandung
1500	Tennissocken „Rafael"	400	2,05	80	Statt Tennissocken aus Baumwolle wurden Tennissocken aus Acryl geliefert.
1800	Trainingsanzug „Team Spirit"	30	10,70	2	Trainingsanzüge haben defekte Reißverschlüsse.
1700	Damenblusen „Flower"	180	7,25	20	Statt 200 wurden nur 180 geliefert.

Folgende Sachmängelhaftungsansprüche werden geltend gemacht:
1. Tennissocken: Ersatzlieferung
2. Trainingsanzug: Minderung des Kaufpreises
3. Damenblusen: Nachlieferung
Schreiben Sie die Briefe für die RAND OHG.

3.2.7.2 Nicht-rechtzeitig-Lieferung (Lieferungsverzug)

> Die RAND OHG hat am 20. Januar bei der Drupa AG Schreibwarenherstellung 10 000 Schreibblöcke „Schule" bestellt. Als Lieferfrist wurde vier Wochen nach dem Eingang der Bestellung vereinbart. Am 28. Februar stellt die RAND OHG fest, dass die bestellten Schreibblöcke noch nicht eingetroffen sind. Bei einer telefonischen Rückfrage bei der Drupa AG erfährt Frau Meesters, dass die Schreibblöcke aufgrund einer produktionsbedingten Störung erst in drei Wochen geliefert werden können. Frau Meesters besteht auf der sofortigen Lieferung und teilt dieses dem Lieferer telefonisch und schriftlich mit.
>
> *Arbeitsaufträge*
> - *Stellen Sie die Voraussetzungen für einen Lieferungsverzug fest.*
> - *Begründen Sie, welches Recht die RAND OHG im vorliegenden Fall in Anspruch nehmen sollte.*

■ Voraussetzungen des Lieferungsverzuges

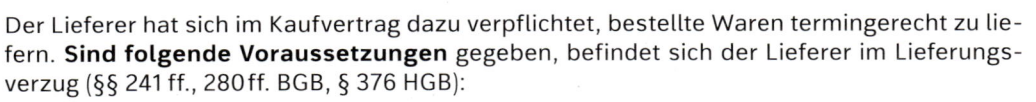

→ LS

Der Lieferer hat sich im Kaufvertrag dazu verpflichtet, bestellte Waren termingerecht zu liefern. **Sind folgende Voraussetzungen** gegeben, befindet sich der Lieferer im Lieferungsverzug (§§ 241 ff., 280 ff. BGB, § 376 HGB):

Fälligkeit der Lieferung

- Ist der Liefertermin **kalendermäßig nicht genau festgelegt**, muss die Lieferung beim Verkäufer durch den Käufer **angemahnt** werden.

    Beispiele Lieferung ab Mitte Februar, Lieferung ab Anfang August, Lieferung frühestens 20. März

    Erst durch die Mahnung des Käufers mit kalendermäßiger Bestimmung des Lieferungsverzuges gerät der Lieferer in Verzug.

- Ist der Liefertermin **kalendermäßig genau vereinbart** worden (= Terminkauf), so ist **keine Mahnung** des Käufers erforderlich.

    Beispiele Lieferung am 12. Juni 20.., Lieferung zwischen dem 5. und 8. Januar 20.., Lieferung 30. März 20.. fix.

Eine **Mahnung ist auch nicht erforderlich**

- bei **Selbstinverzugsetzung**, wenn der Verkäufer ausdrücklich erklärt, dass er nicht liefern kann oder will, oder
- bei einem **Zweckkauf**, wenn der Käufer kein Interesse mehr an der Lieferung hat, da der Zweck des Kaufs durch die verspätete Lieferung weggefallen ist, oder

    Beispiel Lieferung von Weihnachtsartikeln nach Weihnachten

- bei **eilbedürftigen Pflichten**.

    Beispiel Reparatur bei Wasserrohrbruch

Verschulden des Lieferers

Ein Verschulden des Lieferers liegt vor, wenn der Lieferer oder sein Erfüllungsgehilfe **vorsätzlich oder fahrlässig** gehandelt haben.

Beispiel Die Drupa AG hat eine Bestellung der RAND OHG erhalten. Der Sachbearbeiter der Drupa AG vergisst die Bestellung und dadurch versäumt der Lieferer den vereinbarten Liefertermin (Fahrlässigkeit).

Ist die Ursache für die verspätete Lieferung auf höhere Gewalt zurückzuführen, gerät der Lieferer nicht in Lieferungsverzug.

Beispiele *Brand, Sturm, Krieg, Erdbeben, Hochwasser, Streik*

■ Rechte des Käufers beim Lieferungsverzug

Aus dem Lieferungsverzug ergeben sich für den Käufer unterschiedliche Rechte. Welches Recht der Käufer in Anspruch nehmen kann, hängt davon ab, ob er dem Lieferer eine **angemessene Nachfrist** setzt oder nicht. Eine Nachfrist ist dann angemessen, wenn der Lieferer die Möglichkeit hat, die Lieferung nachzuholen, ohne die Ware selbst beschaffen oder anfertigen zu müssen.

RAND OHG

Großhandel für Randsortimente

RAND OHG · Dieselstraße 10 · 26605 Aurich

Einschreiben
Drupa AG
Schreibwarenherstellung
Blumenweg 118
55595 Gutenberg

Ihr Ansprechpartner:	Meesters
Abteilung:	Einkauf
E-Mail:	v.meesters@randohg.de
Telefon:	04941 4076-604
Telefax:	04941 4076-10
Ihr Zeichen:	pa-do
Ihre Nachricht:	23.01.20..
Unser Zeichen:	me-ra
Unsere Nachricht:	30.01.20..
Datum:	23.02.20..

Nicht-rechtzeitig-Lieferung

Sehr geehrte Damen und Herren,

am 20. Januar 20.. haben wir bei Ihnen 10 000 Schreibblöcke „Schule" bestellt.
In Ihrer Auftragsbestätigung vom 23. Januar 20.. hatten Sie uns eine Lieferung für den 22. Januar 20.. zugesagt. Leider haben wir bisher keine Lieferung von Ihnen erhalten.

Wir benötigen die Schreibblöcke dringend, da wir Bestellungen von Kunden vorliegen haben. Daher vordern wir Sie auf, uns die Schreibblöcke bis zum 13. März 20.. zu liefern.

Sollten Sie unserer Forderung nicht nachkommen, sehen wir uns gezwungen, den Auftrag an ein anderes Unternehmen zu vergeben. Einen evtl. höheren Einkaufspreis werden wir Ihnen bei Vornahme des Deckungskaufs in Rechnung stellen.

Wir hoffen, dass Sie Ihrer Lieferverpflichtung nachkommen werden.

Mit freundlichen Grüßen

RAND OHG

i. A. *Meesters*

Meesters

3.2 Beschaffungsabwicklung und Logistik/Bestandsplanung, -führung und -kontrolle

- **Ohne Nachfristsetzung** hat der Käufer das Recht,
  - **die Lieferung zu verlangen** oder
  - **die Lieferung und Schadenersatz wegen verspäteter Lieferung (= Verzögerungsschaden) zu verlangen.**

  Beispiel Durch die verspätete Lieferung der Drupa AG wird einem Kunden der RAND OHG eine Lieferung mit sechs Wochen Verspätung zugestellt. Es wird eine Konventionalstrafe in Höhe von 20 000,00 € fällig. Die RAND OHG verlangt vom Lieferer neben der bestellten Ware Schadenersatz wegen verspäteter Lieferung.

- **Nach Ablauf einer Nachfristsetzung** hat der Käufer das Recht,
  - **die Lieferung abzulehnen und vom Vertrag zurückzutreten** und/oder

    Beispiel Die gleiche Ware ist bei einem anderen Lieferer inzwischen günstiger beschaffbar.

  - **Schadenersatz statt der Leistung (= Nichterfüllungsschaden) zu verlangen.** Für die Inanspruchnahme dieses Rechts ist ein Verschulden des Verkäufers erforderlich.

Die **Nachfristsetzung entfällt** beim

- Selbstinverzugsetzen des Lieferers,
- Zweckkauf,
- Fixkauf (beim zweiseitigen Handelskauf, vgl. S. 134).

Anstelle des Schadenersatzes statt der Leistung kann der Käufer den **Ersatz vergeblicher Aufwendungen** nach § 284 BGB verlangen. Hierzu zählen solche Aufwendungen, die der Käufer im Vertrauen darauf, die Kaufsache tatsächlich zu erhalten, gemacht hatte.

Beispiel Ein Käufer hat zur Finanzierung des beim Lieferer bestellten Kaufgegenstandes einen Kredit bei seiner Bank aufgenommen. Da er den bestellten Gegenstand vom Lieferer nicht erhält, sind die entstandenen Finanzierungskosten vergeblich gewesen. Der Käufer kann vom Verkäufer den Ersatz seiner vergeblichen Aufwendungen verlangen.

Beim **Fixkauf** (§ 376 HGB) gerät der Lieferer automatisch mit Überschreiten des Liefertermins in Verzug. In diesem Fall hat der Käufer **ohne Nachfristsetzung die Rechte**,

- sofort vom Vertrag zurückzutreten oder
- auf der Lieferung zu bestehen (der Käufer muss dieses aber dem Lieferer unverzüglich mitteilen) oder
- Schadenersatz statt der Leistung zu verlangen (Verschulden des Verkäufers ist aber erforderlich).

Im Falle des Schadenersatzes bereitet die Ermittlung des Schadens oft Schwierigkeiten. Verlangt ein Käufer von seinem Lieferer Schadenersatz statt der Leistung, so muss er dem Lieferer den Schaden durch eine **Schadensberechnung** nachweisen. Hierbei werden zwei Formen der Schadensberechnung unterschieden:

- **Tatsächlicher (konkreter) Schaden:** Der Käufer nimmt für die nicht gelieferte Ware einen anderweitigen Einkauf (**Deckungskauf**) vor, d. h., er kauft die Ware bei einem anderen Lieferer. Hierbei kann sich der Schaden aus dem Mehrpreis für die beim Deckungskauf gekauften Waren ergeben.

Lernfeld 3: Ware disponieren, beschaffen und lagern

- **Angenommener (abstrakter) Schaden:** Der zu ersetzende Schaden umfasst auch den **entgangenen Gewinn**, der unter normalen Umständen erwartet worden wäre. Er lässt sich nicht ohne Weiteres ermitteln, so z. B. kann ein Käufer nur schwer beweisen, wie viel Gewinn er gemacht hätte, wenn er die bestellten, aber nicht gelieferten Waren termingerecht erhalten hätte, da er nicht nachweisen kann, wie viel er dann tatsächlich verkauft hätte. Um diese Problematik der Schadensermittlung zu vermeiden, werden zwischen dem Käufer und dem Lieferer **Konventionalstrafen (Vertragsstrafen)** vereinbart, die der Lieferer im Verzugsfall zahlen muss, selbst wenn der Schaden geringer ist.

Beispiel Die RAND OHG hat die bestellten Schreibblöcke trotz Nachfristsetzung von der Drupa AG nicht termingerecht erhalten. Aufgrund dessen verzögert sich die Lieferung der Schreibblöcke an die Kunden der RAND OHG. Ein Schaden könnte darin bestehen, dass einige Kunder der RAND OHG aufgrund der Lieferverzögerung vom Kaufvertrag zurücktreten. Dieser Schaden und der damit entgangene Gewinn kann aber nur schwer konkret nachgewiesen werden, deswegen vereinbart die RAND OHG mit dem Lieferer eine Konventionalstrafe.

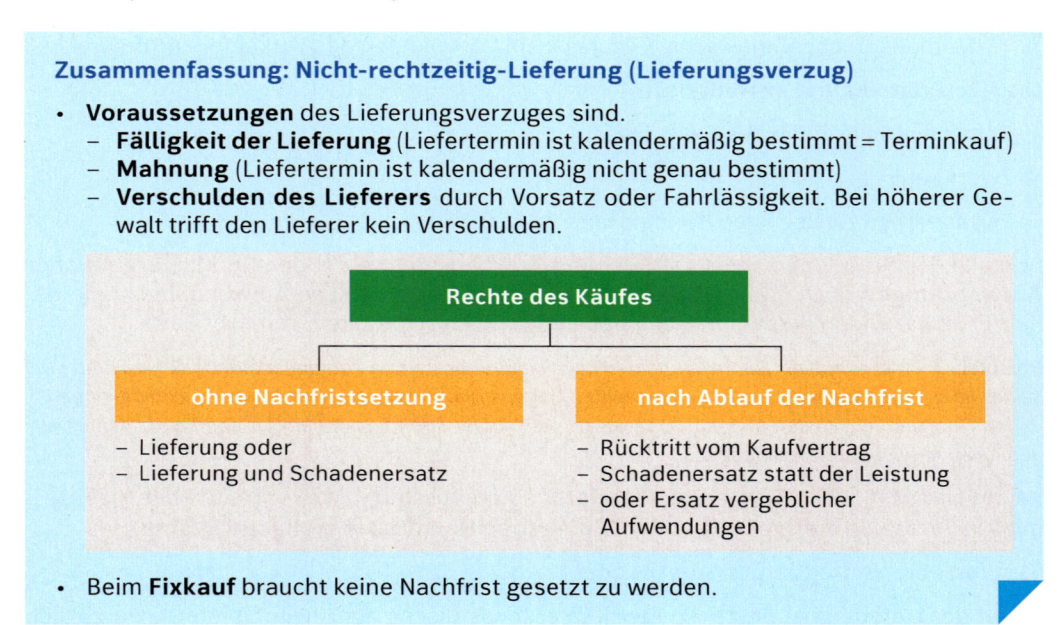

Zusammenfassung: Nicht-rechtzeitig-Lieferung (Lieferungsverzug)

- **Voraussetzungen** des Lieferungsverzuges sind.
  - **Fälligkeit der Lieferung** (Liefertermin ist kalendermäßig bestimmt = Terminkauf)
  - **Mahnung** (Liefertermin ist kalendermäßig nicht genau bestimmt)
  - **Verschulden des Lieferers** durch Vorsatz oder Fahrlässigkeit. Bei höherer Gewalt trifft den Lieferer kein Verschulden.

Rechte des Käufes

ohne Nachfristsetzung
- Lieferung oder
- Lieferung und Schadenersatz

nach Ablauf der Nachfrist
- Rücktritt vom Kaufvertrag
- Schadenersatz statt der Leistung
- oder Ersatz vergeblicher Aufwendungen

- Beim **Fixkauf** braucht keine Nachfrist gesetzt zu werden.

Aufgaben

1 Als Liefertermin wurde in einem Kaufvertrag über Gattungsware der 14. Juni 20.. vereinbart. Die Lieferung trifft aber zu diesem Termin nicht ein.
  a) Erläutern Sie, wann der Lieferungsverzug eingetreten ist.
  b) Beschreiben Sie, welche Rechte der Käufer in Anspruch nehmen kann.

2 Erläutern Sie
  a) Selbstinverzugsetzung
  b) Zweckkauf

3 Geben Sie an, wann der Verkäufer bei folgenden Lieferterminen in Verzug gerät.
  a) bis 10. Januar 20..
  b) 13. Juni 20.. fix
  c) lieferbar ab Mai
  d) am 16. Dezember 20..
  e) im Laufe des Dezembers ohne Obligo
  f) heute in drei Wochen

4 Ein Süßwarengroßhändler hat bei einem Lieferer 50 Tonnen Kakaopulver bestellt. Als Liefertermin wurde ab Mitte Juni zugesagt. Durch ein Versehen beim Kakaolieferer ist die Bestellung abhanden gekommen, es erfolgt keine Lieferung bis zum 28. Juni 20...
a) Prüfen Sie, ob sich der Lieferer im Verzug befindet.
b) Welches Recht wird der Süßwarengroßhändler bei einem Lieferungsverzug geltend machen, wenn
   – die Preise inzwischen gefallen sind,
   – die Preise inzwischen gestiegen sind,
   – nachweisbar ein Schaden entstanden ist?

5 Schriftverkehr: Schreiben Sie anhand nachfolgender Angaben jeweils einen Brief:
a) Der Elektrogroßhändler Rudolf Meis, Magdeburger Straße 16, 19063 Schwerin, hatte am 10. Februar 20.. beim Hi-Fi-Hersteller Schwarz KG, Wiesbadener Straße 16–20, 70372 Stuttgart, 30 Hi-Fi-Kompaktanlagen „Vison 2000" bestellt. Der Hi-Fi-Hersteller schickte am 16. Februar eine Auftragsbestätigung. Als Liefertermin wurde Mitte März vereinbart. Am 29. März 20.. ist die Ware noch nicht beim Großhändler eingetroffen.
b) Die RAND OHG hat am 26. März 20.. bei der Wollmann OHG 2000 Polohemden „Martin" bestellt. Die Lieferung ist bis zum 15. Mai 20.. zugesagt. Am 20. Mai 20.. ist die Lieferung immer nocht nicht eingetroffen. Ein anderer Lieferer bietet die gleichen Polohemden zu einem günstigeren Preis an.

Lernfeld 3: Ware disponieren, beschaffen und lagern

3.3 Leistungserbringung und innerbetriebliche Logistik

3.3.1 Wareneingänge prüfen und den Warenverkehr computergestützt aus Belegen erfassen

Oliver Rand hat veranlasst, dass in der Haushalts-/Elektroabteilung der Center Warenhaus GmbH die Hi-Fi-Anlagen auf dem vorgesehenen Lagerplatz abgestellt werden. Danach legt er den Lieferschein des Spediteurs in den Ablagekorb auf seinen Schreibtisch. Zwei Stunden später erscheint Herr Berger und fragt: „Warum haben Sie noch nicht veranlasst, dass die Daten des Lieferscheins in den Rechner eingegeben werden?" Oliver, der aufgrund der letzten Kritik von Herrn Berger noch ein bisschen verunsichert ist, antwortet: „Das hat mir keiner gesagt, aber ich werde es gleich nachholen." Gleichzeitig denkt er: „Woher weiß der Berger, dass ich das noch nicht gemacht habe?"

Arbeitsaufträge
- Erläuten Sie, welche Arbeiten bei einem computergestützten Warenwirtschaftssystem beim Eingang von Waren erledigt werden müssen.
- Beschreiben Sie die computergestützte Lagerbestandsführung.
- Erläutern Sie den computergestützten Warenausgang.

■ Wareneingang

Im Warenwirtschaftsprogramm werden beim Wareneingang nach der Wareneingangsprüfung alle anfallenden Informationen (Daten) erfasst.

Beispiele Art und Menge der Ware, Lieferer, Differenzen zwischen Bestellung und Lieferschein

Durch die Erfassung der Wareneingangsdaten wird zudem die gesetzliche Vorschrift erfüllt, ein Wareneingangsbuch (vgl. S. 145) zu führen. Ferner gibt das **Warenwirtschaftssystem (WWS)** Auskunft darüber, ob die vereinbarten Liefertermine eingehalten und die Waren mangelfrei geliefert wurden. Die Warenwirtschaftsprogramme bieten oft eine zweistufige Erfassung an:

- Der Wareneingang wird **anhand der Lieferung und des Lieferscheins erfasst**.
- Der Wareneingang wird **anhand der Eingangsrechnung erfasst**.

Im Warenwirtschaftsprogramm wird der Wareneingang nach Vorliegen des Lieferscheins oder der Eingangsrechnung durch die Eingabe des Artikelcodes (EAN-/GTIN-Nummer, betriebsspezifische Artikelnummer) erfasst. Nur Abweichungen zwischen Bestellung und Lieferung werden dabei gesondert erfasst. Die Erfassung des Wareneingangs im WWS hat **folgende Auswirkungen**:

3.3 Leistungserbringung und innerbetriebliche Logistik

- Der Lagerbestand des Artikels wird in der **Artikelstammdatei** und in der **Bestandsliste** automatisch erhöht.
- Die Warenveränderung wird im **Wareneingangserfassungsprotokoll** aufgeführt und anschließend wird ein **Wareneingangsschein** ausgedruckt.
- Nach Erfassung und Kontrolle der Eingangsrechnung werden die Daten ins **Wareneingangsbuch** übernommen und an die Finanzbuchhaltung übergeben. Anschließend wird die noch offene Bestellung gelöscht.

Beispiel Wareneingangsbuch des Center Warenhaus GmbH

Wareneingangsbuch

Center Warenhaus GmbH   Monat September   Seite 34

Lfd. Nr.	Lie-fer-tag	Namen und Ort des Lieferanten	Warenart	Rech-nungs-betrag (einschl. Vor-steuer)	Waren-wert (ohne Vor-steuer)	Neben-kosten: Ver-packung, Fracht (ohne Vor-steuer)	Vorsteuer lt. Rech-nung	Abzüge: Be-rich-ti-gung	Skonto, Nach-lässe, Rück-sen-dungen €	Rechnung bezahlt am
1	2	3	4	5	6	7	8	9	10	
1	1.	Computec GmbH & Co. KG	Taschenrechner	43 226,75	36 325,00	54,00	6 912,01	–	–	43 226,75	15. 09.
2	3.	Flamingowerke AG	Kaffeemaschinen	2 606,10	2 190,00	15,00	418,95	–	–	2 606,10	17. 09.
3	6.	Elektro Bader KG	Hi-Fi-Anlagen	2 298,84	1 931,80	80,00	382,24	–	–	–	–
4	7.	Bürotec GmbH	Faxgeräte	9 906,75	8 325,00	333,00	1 645,02	–	–	–	–
5											
6											
7											
8											
9											

Eine laufende **Terminüberwachung** der offenen Bestellungen sichert einen geordneten Betriebsablauf beim Wareneingang und beim Warenabsatz. Das Warenwirtschaftsprogramm überwacht hierbei mithilfe der **Bestellrückstandsliste** die erteilten Bestellungen terminlich. Diese Liste enthält eine nach Lieferanten geordnete Übersicht aller Bestellungen sowie alle wichtigen Bestelldaten. In bestimmten Abständen werden Listen ausgedruckt, die alle überfälligen Lieferungen ausweisen. Der zuständige Sachbearbeiter kann sofort veranlassen, dass an die entsprechenden Lieferanten Rückstandsmeldungen zur Erinnerung versandt werden.

Beispiel In der Center Warenhaus GmbH wird einmal pro Woche eine Liste aller überfälligen Lieferungen ausgedruckt. Per Fax werden anschließend die Lieferer durch die Verkaufsleiter (Hanne Bauer, Nicole Wiedemann, Eva Bilstein, Renate Öztürk, Klaus Berger) auf die ausstehenden Lieferungen hingewiesen.

Center Warenhaus GmbH						Datum 20.09.20.. Seite 1	
Liefe-rung	Lieferer Bestell-Nr. Bestell-Dat.	Artikel-Nr.	Artikelbe-zeichnung/ Zusatz	Bestell-menge	Liefer-termin	Zuständiger Sachbear-beiter	
1	5670 0182104 05.09.	6005670 182104	DVD Rohlinge	5 000	15.09.	Frau Quirl	
2	5670 0184993 07.09.	6005670 184993	Computerspiele	200	15.09.	Herr Ozyurt	

Lernfeld 3: Ware disponieren, beschaffen und lagern

■ Lagerplatzverwaltung

In den meisten Warenwirtschaftsprogrammen ist das **Modul „Lagerplatzverwaltung"** enthalten. Dieses Modul steuert die Lagerplatzänderungen und gibt Auskunft über die aktuelle Lagerbewegung sowie die Kapazitätsauslastung des Lagers. Bei der Festlegung der **Lagerplätze** (**Lagerplatzanordnung**) werden artikelbezogene Einlagerungsgesichtspunkte wie Art, Wert, Zugriffshäufigkeit des Artikels usw. berücksichtigt. Aus den **Lagerplatzdaten** (vorhandene Lagerfläche) und der **Lagerbewegungsdatei** freie und belegte Lagerplätze) kann der **optimale Lagerplatz** ermittelt und zugewiesen werden.

Beispiel Vollautomatische Steuerung des Hochregallagers bei der Center Warenhaus GmbH

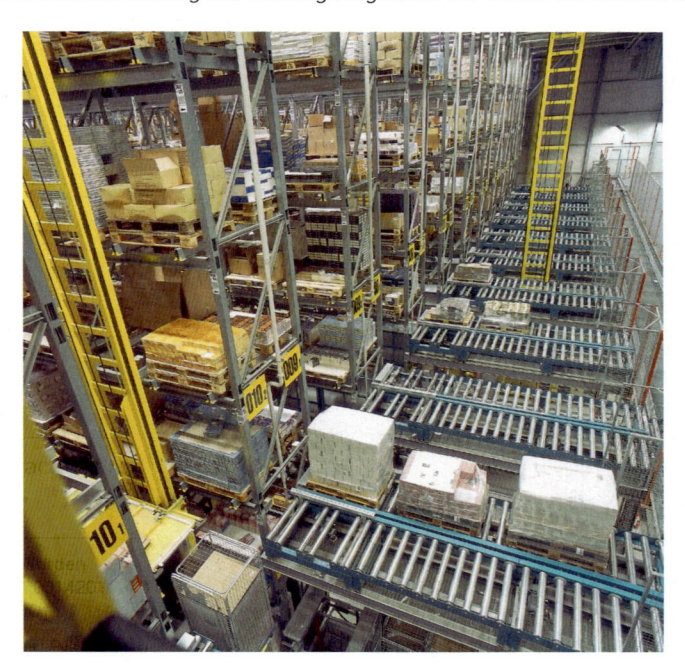

Computergestützte Lagerbestandsführung

Durch die artikelgenaue Erfassung aller Ein- und Ausgangsdaten im Warenwirtschaftsprogramm erfolgt im Handel eine **artikelgenaue Bestandsführung**. Zur Lagerbestandsführung zählen
- die Erfassung der Warenzugänge (Lagerbestand erhöht sich, Bestellbestand verringert sich),
- die Erfassung der Warenabgänge durch Warenverkäufe,
- die Erfassung der Retouren (Warenrückgaben von Kunden),
- die Inventur (vgl. S. 320) zum Vergleich der Soll- und Ist-Bestände im Lager.

Computergestützter Warenausgang aus dem Lager

Beim computergestützten Warenausgang ist zu unterscheiden, ob die Ware aus dem Reservelager direkt an den Kunden geliefert oder übergeben wird oder ob die Ware in den Verkaufsraum gebracht wird.

- **Wird die Ware direkt an den Kunden ausgeliefert**, erfolgt die Abwicklung des Kundenauftrags im Reservelager und die erforderliche Erstellung der Lieferscheine wird über das Warenwirtschaftsprogramm gesteuert und kontrolliert.

    Beispiel Die Center Warenhaus GmbH liefert eine bestellte Waschmaschine direkt an den Kunden. Bei der Auslagerung der Waschmaschine werden durch das Warenwirtschaftsprogramm alle erforderlichen Daten für den Lieferschein (Art und Menge der Ware, Name und Adresse des Kunden, Liefertermin), die Rechnung, die erforderliche Verpackung und das Verladen vorgegeben.

- **Wird die Ware im Reservelager an den Kunden direkt übergeben**, muss der Kunde den Kassenbeleg vorlegen. Kunden sollten grundsätzlich keinen Zugang zum Reservelager haben, daher sollte die Übergabe der Waren an einer Warenausgabestelle getätigt werden. Der Kunde quittiert den Empfang der Ware.

  Beispiel Große und sperrige Waren werden in der Center Warenhaus GmbH immer an der Laderampe an einer speziell für Kunden gekennzeichneten Stelle ausgegeben.

- **Wird die Ware aus dem Reservelager in den Verkaufsraum gebracht**, um die Verkaufsregale wieder aufzufüllen, muss der zuständige Verkäufer einen Warenentnahmeschein ausfüllen und quittieren; diese Daten müssen im Warenwirtschaftssystem erfasst werden, damit der Bestand im Reservelager aktualisiert wird.

Einige Waren erfordern im Handel aufgrund ihrer Größe, ihres Gewichtes oder ihrer Menge die Zustellung dieser Waren zum Kunden.

Beispiele Möbel, Waschmaschinen, Wäschetrockner, Fernsehgeräte

---

Zusammenfassung: Wareneingänge prüfen und den Warenverkehr computergestützt aus Belegen erfassen

- **Computergestützte(r) Wareneingang und Lagerplatzverwaltung** steuern die Erfassung des Wareneingangs, die Lagerplatzänderungen und geben Auskunft über die aktuelle Lagerbewegung.

- Mithilfe der Lagerplatzdaten, der Lagerbelegungsdatei und der Verkaufsdaten wird **der optimale Lagerplatz** für einen Artikel bestimmt.

- Mithilfe der **computergestützten Lagerbestandsführung** werden alle Warenbewegungen vollständig erfasst und fortgeschrieben.

- Mithilfe des Warenwirtschaftsprogramms können alle **Arbeiten bei einer Inventur** vom Druck der Inventuraufnahmelisten über das Erfassen der Bestände durch den Einsatz von Barcodelesern und die Korrektur der buchmäßigen Bestände (Soll-Bestände) bis zum Druck einer Inventurliste erledigt werden.

Aufgaben

1 Erläutern Sie, welche Aufgaben das Warenwirtschaftsprogramm beim Wareneingang und bei der Lagerplatzverwaltung erfüllen kann.

2 Erklären Sie die Vorteile einer computergestützten Lagerbestandsführung
   a) bei der Dokumentation der Warenbewegungen,
   b) bei der Durchführung der Inventur.

3 Beschreiben Sie die Inhalte eines Wareneingangsbuchs.

4 Stellen Sie fest, wie eine Eingangsrechnung in einem Unternehmen überprüft wird.

5 Erläutern Sie die verschiedenen Möglichkeiten des computergestützten Warenausgangs aus dem Lager.

3.3.2 Sachgerechte Lagerung und Pflege der Waren erläutern

Renate Rand, Werner und Sonja Koch haben sich zu einer Besprechung mit Frau Rost zusammengesetzt. Thema ist der Neubau einer Lagerhalle, da der vorhandene Lagerraum sich als zu klein erwiesen hat. Sonja Koch plädiert dafür, kein neues Lager zu bauen, sondern die Waren in kürzeren Abständen und in kleineren Mengen zu bestellen. Somit wäre kein Neubau erforderlich, da der vorhandene Lagerraum dann für die geringere Warenmenge ausreichen würde. „Und was machst du, wenn ein Lieferer uns ein günstiges Angebot macht, und wir können aufgrund fehlenden Lagerraums keine Waren bestellen?", erwidert Werner Koch, „stell dir vor, einer unserer Kunden benötigt dringend einen bestimmten Artikel, dann müssen wir erst mit dem Lieferer verhandeln, dass dieser möglichst schnell die Waren liefert. Wenn wir aber die Waren vorrätig haben, dann ..." „Moment mal", fährt Renate Rand dazwischen, „typisch junge Leute, erst reden, dann denken. Natürlich brauchen wir ein neues Lager, aber wir sollten uns jetzt Gedanken darüber machen, wie wir dieses Lager gestalten wollen."

Arbeitsaufträge
- *Erläutern Sie die Aufgaben der Lagerhaltung.*
- *Beschreiben Sie die verschiedenen Lagerarten.*
- *Geben Sie an, welche Anforderungen ein Lager erfüllen muss.*

■ Aufgaben der Lagerhaltung

Ein Großhändler kann auf ein Vorratslager nicht verzichten, denn er weiß niemals genau, welche Waren in welcher Menge seine Kunden nachfragen. Das Lager in einem Handelsunternehmen gleicht Unterschiede zwischen Warenbeschaffung und Warenverkauf aus. Dabei erfüllt es verschiedene Aufgaben:

- **Ausnutzung von Preisvorteilen:** Häufig gewähren Lieferer dem Kunden Mengenrabatte, wenn größere Mengen bestellt werden. Ferner können sich bei größeren Mengen die Bezugskosten (Transport usw.) verringern.

    Beispiel Die RAND OHG verkauft täglich rund 300 Schreibblöcke „Schule" A4. Die RAND OHG kann sie zu folgenden Bedingungen einkaufen: bis 1 000 Stück 0,38 €/Stück, bis 2 000 Stück 0,34 €/Stück, größere Mengen 0,30 €/Stück, ab 2 000 Stück erfolgt die Lieferung frei Haus, für kleinere Mengen werden je Lieferung 12,00 € Versandkosten berechnet.

    Bei steigenden Preisen für eine Ware kann der Großhändler durch einen Vorratskauf günstige Einkaufspreise wahrnehmen.

    Beispiel Ein Lebensmittelgroßhändler bestellt einen größeren Posten Kaffee und lagert ihn, weil abzusehen ist, dass der Kaffeepreis im nächsten Monat steigen wird.

- **Sicherung der Verkaufsbereitschaft:** Die Lagerhaltung sichert dem Großhändler einen gleichmäßigen kundengerechten Warenverkauf, wenn die Lieferung der Ware Schwankungen oder Verzögerungen ausgesetzt ist, z. B. durch unregelmäßige Ernten, lange Liefer- und Produktionszeiten, Streiks, Verkehrsstörungen usw. Schwankungen des Verkaufs und der Beschaffung von Waren können aus modischen oder saisonbedingten Gründen auftreten.

Beispiel *Modische Sommertextilien werden vom Großhändler bereits im Herbst des Vorjahres bestellt. Sie werden meist am Anfang des Jahres geliefert und können dadurch im Frühjahr, wenn die Nachfrage einsetzt, angeboten werden.*

Umformung, Veredelung: Im Lager eines Großhändlers wird die Ware häufig erst verkaufsfähig gemacht. Hier wird umgepackt, sortiert, gemischt usw. Ferner wird die Ware für den Kunden in bedarfsgerechte Mengen portioniert. Einige Waren benötigen eine bestimmte Reifezeit, um in den Verkauf zu kommen. Die Reifung erfolgt im Lager.

Beispiele
- *In einem Lebensmittelgroßhandel erhält die Frischfleischabteilung am Donnerstag u. a. 45 Schweinehälften, hieraus müssen kundengerechte Portionen erstellt werden* **(Umformung)**.
- *In einem Textilgroßhandel werden 18 000 Paar Tennissocken angeliefert. Im Lager müssen sie nach Größe und Farbe sortiert werden.*
- *Im Lebensmittelgroßhandel wird durch die Lagerung die Qualität einiger Waren verbessert, insbesondere bei Wein, Käse und Obst wie Bananen und Kiwis* **(Veredelung)**.

■ Lagerarten

Im Einzel- und Großhandel gibt es verschiedene Lagerarten. Sie unterscheiden sich nach Branche oder Größe. Die Lagerarten können hinsichtlich der gelagerten Güter in **Warenlager** (für die Verkaufswaren) und **Zusatzlager** (für Verpackung usw.) eingeteilt werden.

Warenlager

- **Warenlager im Großhandel:** Großhandelsbetriebe benötigen i. d. R. große Warenlager, da sie die Waren in großen Mengen an Industrie-, Handwerks- oder Einzelhandelsbetriebe verkaufen. Die meisten Großhandelsbetriebe lagern ihre Waren in eigenen Lagern **(Eigenlager)**. Bei Bedarf kann geeignete Lagerfläche bei selbstständigen Lagerhaltern auch angemietet werden **(Fremdlager)**. Fremdlager sind insbesondere dann zweckmäßig, wenn die eigene Lagerkapazität nicht ausreicht oder Waren bis zur Schaffung eigener Lagerräume zwischenzulagern sind.

  Beispiel Die RAND OHG hat ein Warenlager in der Völklinger Straße in Aurich angemietet.

- **Warenlager im Einzelhandel:**
  - **Verkaufslager:** Im Einzelhandel wird der **Verkaufsraum** gleichzeitig **als Vorratslager** genutzt. Die Waren werden nach kundengerechten Gesichtspunkten präsentiert und werbewirksam ausgestellt.
  - **Reservelager:** Das Reservelager dient im Einzelhandel dem schnellen Auffüllen der Bestände im Verkaufsraum.

Häufig befindet es sich unmittelbar neben dem Verkaufsraum, um Transportwege und -zeiten zu sparen. Hier wird auch die Warenannahme abgewickelt, die Ware ausgepackt, ausgezeichnet usw. Die Kunden haben zum Reservelager keinen Zutritt.

Große Handelsunternehmen mit mehreren Filialen unterhalten noch großflächige **Außenlager**, die aus Kostengründen in verkehrsgünstigen Stadtrandlagen angelegt werden. Hier lagern oft Waren für mehrere Filialen. Die Außenlager sind häufig Zentrallager, von denen die Filialen eines Gebietes beliefert werden. Die Lieferanten bringen die Waren zum Zentrallager, die dann an die einzelnen Filialen in den angeforderten Mengen verteilt werden.

Zusatzlager
Neben dem Warenlager benötigen Handelsunternehmen noch besondere Räume und Flächen für die Lagerung von Verpackungsmaterial und Transporthilfsmittel, welche bei der Warenanlieferung anfallen und nicht sofort entsorgt werden können, z. B. Lager für Europaletten, Kisten, Kartons u. Ä.

■ Lagergrundsätze und Arbeiten im Lager

Ein Lager muss so **organisiert sein**, dass alle notwendigen Arbeiten schnell und reibungslos erledigt werden können. Sehr häufig benötigte Artikel sollten in der Nähe des Verkaufsraumes gelagert werden, um die Auffüllarbeiten in den Verkaufsregalen zu beschleunigen. Es gilt der Grundsatz, dass **Transportwege und -zeiten möglichst gering** bleiben sollen. Die Mitarbeiter, die Zugang zum Lager haben und im Lager arbeiten, müssen über die einzelnen Lagerarbeiten entsprechend informiert sein.

Damit die Aufgaben des Lagers im Handel erfüllt werden können, muss ein Lager bestimmten Anforderungen genügen. Diese Anforderungen sind zwar von Branche, Betriebsform und -größe abhängig, doch lassen sich auch allgemeine Grundsätze festlegen.

- **Warengerechte Lagerung:** Einige Waren haben bestimmte Eigenschaften, auf die bei ihrer Lagerung besonders Rücksicht genommen werden muss. Die Lagerbedingungen müssen den Erfordernissen der Ware angepasst werden, sonst kann es zu kostspieligen Warenverlusten kommen.

  Beispiele
  - **Belüftung:** *Holz, Bücher, Papierwaren, Textilien, Tabakwaren u. a. bedürfen gut durchlüfteter Lagerräume.*
  - **Licht:** *Bestimmte Nahrungsmittel und einige Textilien sind lichtempfindlich, sie dürfen keinen starken Lichtquellen ausgesetzt sein.*
  - **Temperatur:** *Einige Lebensmittel müssen kühl gelagert werden, bei Tiefkühlkost darf auf keinen Fall die Kühlkette unterbrochen werden; einige Waren (Farben, Lacke, Filme, DVDs usw.) dürfen nicht zu kalt gelagert werden.*
  - **Luftfeuchtigkeit:** *Papierwaren, Metallwaren, Holz- und Lederwaren benötigen eine bestimmte Luftfeuchtigkeit.*
  - **Staubschutz:** *Unverpackte Ware muss vor Staub geschützt werden (Bekleidung, einige Lebensmittel).*
  - **Schädlingsbefall:** *Motten bei Textilien, Schimmel bei Lebensmitteln, Holzwurm bei Möbeln usw. Es müssen geeignete Maßnahmen zum Schutz der Waren ergriffen werden.*

  Jede Ware muss nach ihren Eigenarten im Lager geschützt werden, um Verderb und Beschädigungen zu vermeiden.

- **Geräumigkeit:** Im Handel werden im Lager häufig noch zusätzliche Arbeiten erledigt. Die Ware wird angenommen, aus- und umgepackt, gewogen usw. Hierzu muss genügend Platz vorhanden sein, damit durch Umräumarbeiten nicht zusätzlich Zeit benötigt wird und zusätzliche Kosten verursacht werden. Die Artikel müssen mühelos aus den Regalen entnommen und transportiert werden können. Es muss auch genügend Platz für unvorhergesehene Warenlagerungen vorhanden sein, z. B. für einen günstigen Großeinkauf. Ist ein Lager nicht groß genug, so können keine maschinellen Hilfen, wie Gabelstapler, Hubwagen usw., eingesetzt werden. Nicht nur die Fläche, sondern auch die Höhe eines Lagers ist wichtig. So können bei geeigneten Regalsystemen (Hochlager) Lagerflächen vergrößert werden.

- **Übersichtlichkeit:** Ein Lager muss so gestaltet sein, dass benötigte Ware schnell und ohne Verwechslung gefunden werden kann. Dies wird bereits durch eine systematische planvolle Wareneinlagerung erreicht. Für jedes Lager wird ein geeigneter Plan entworfen, nach dem die Ware eingelagert wird. Jeder Artikel hat also einen festen Platz. Das Lager wird in übersichtliche Zonen gegliedert, jede Warengruppe erhält einen eigenen Bereich. Dies ermöglicht auch eine zügige Bestandskontrolle und die Inventurarbeiten. Es gilt meist der Grundsatz **„first in – first out (fifo)"**, d. h., neue Ware wird hinter der alten einsortiert. Damit wird vermieden, dass alte Ware noch mehr veraltet und unverkäuflich wird.

- **Sachgerechte Einrichtung von Lagern:** Art und Umfang der Lagerausstattung müssen zweckmäßig sein. Die Lagerarbeiten müssen reibungslos ablaufen. Hierzu ist eine sinnvolle Lagerausstattung erforderlich. Sie hängt wesentlich von Art und Menge der Ware ab. Zur Lagerausstattung gehören alle Hilfsmittel, die der Aufbewahrung, der Pflege, dem Auffinden und dem Transport der Ware dienen. Hierzu gehören Regale, Ständer, Leitern, Transportkörbe, Hebemaschinen (z. B. Gabelstapler) usw. Aber auch Beleuchtung, Heizung, Klimaanlage, Kühltruhen sowie Alarm- und Feuerschutzanlagen gehören zur Lagerausstattung.

- **Sicherheit (Berücksichtigung von Vorschriften zur Lagerhaltung):** Im Lager eines Handelsbetriebes ist häufig ein großer Teil des Betriebskapitals gebunden. Durch entsprechende Maßnahmen muss sichergestellt werden, dass die Risiken des Verlustes durch **Brand und Diebstahl** gemindert werden (Feuer-, Diebstahlversicherungen). Die Brandgefahr wird verringert, wenn von allen Mitarbeitern die Brandschutzvorschriften

Lernfeld 3: Ware disponieren, beschaffen und lagern

genau eingehalten werden (Rauchverbot, Schließen von Brandschutztüren usw.). Die Mitarbeiter müssen mit diesen Vorschriften vertraut gemacht werden, und die Unternehmensleitung muss über die Beachtung der Vorschriften wachen. Zusätzlich sollten Feuerlöscher, Rauchmelder und Sprinkleranlagen installiert werden. Die Gefahr von Einbrüchen und Diebstählen im Lager kann durch Vorrichtungen wie Stahltüren, Sicherheitsschlösser und Zugangsberechtigungen gemindert werden.

Ein wichtiger Aspekt ist der **Unfallschutz** im Lager, insbesondere im Umgang mit technischen Geräten (Gabelstapler, Hubwagen, Leitern). Hierbei müssen die Vorschriften des Arbeits- und Gesundheitsschutzes unbedingt eingehalten werden. Die Berufsgenossenschaften haben entsprechende Vorschriften erlassen, sie müssen für die Mitarbeiter deutlich sichtbar aushängen.

Sicherheitszeichen am Arbeitsplatz			
Verbotszeichen Feuer, offenes Licht und Rauchen verboten	**Gebotszeichen** Sicherheitshelm tragen	**Warnzeichen** Warnung vor gefährlicher elektrischer Spannung	**Rettungszeichen** Richtungsangaben zur ersten Hilfe

- **Grundsätze zur Warenpflege:** Die gelagerten Güter sind Vermögenswerte. Um Beschädigungen und Verderb zu vermeiden, müssen sie gepflegt werden. Die Warenpflege umfasst neben der warengerechten Lagerung (vgl. S. 180) alle Arbeiten, um die Waren in einen verkaufsfähigen Zustand zu versetzen und zu erhalten.

   Beispiel Aufbügeln von Kleidungsstücken; Aussortieren verdorbener Ware (bei Obst, Gemüse usw.); Aussortieren von Lebensmitteln, deren Verfallsdatum überschritten ist; Reinigen, Entstauben von unverpackter Ware; Polieren von Bestecken, Schmuck, Glasware usw.

- **Umweltschutz im Lager:** Bei der Lagerung von Waren sind immer auch ökologische Aspekte zu berücksichtigen. Hierzu zählen z. B. sparsamer Umgang mit Energie und die Berücksichtigung der Prinzipien „Vermeiden von Abfällen geht vor Entsorgung" und „Wiederverwerten geht vor Entsorgen".

   Beispiele Einsatz von Mehrwegverpackungen, Heizungsanlagen mit hohem Wirkungsgrad, Aufstellung von Containern für Papier, Glas und Kunststoffe.

Zusammenfassung: Sachgerechte Lagerung und Pflege der Waren erläutern

- **Aufgaben der Lagerhaltung**
  Ein Lager ist der Ort, an dem Ware auf Vorrat aufbewahrt wird, es hat folgende Aufgaben:
  - Ausnutzung von Preis- und Kostenvorteilen
  - Sicherung der Verkaufsbereitschaft bei Lieferstörungen
  - Umformung (bedarfsgerechte Verkaufsmengen, -packungen)
  - Veredelung (Reifezeit bei Lebensmitteln)

- **Lagerarten**
  - **Warenlager:** Waren werden für den Verkauf gelagert.
  - **Zusatzlager:** Lager für Verpackungen, Dekorationen, Leergut usw.
  - **Eigenlager:** Lager gehört dem Großhändler.
  - **Fremdlager:** Lagerraum ist angemietet (z. T. nur kurzfristig).
  - **Zusatzlager:** Lagerung von Verpackungsmaterial, Transporthilfsmitteln

- **Lagergrundsätze und Arbeiten im Lager**
  - **Warengerechte Lagerung:** Berücksichtigung der Wirkungen von Licht, Temperatur, Feuchtigkeit, Staubbildung usw.
  - **Geräumigkeit:** Transportwege und Arbeitsflächen sind zu berücksichtigen.
  - **Übersichtlichkeit:** Lagerplan einhalten, kurze Lagerwege, alte Ware vor neuer Ware lagern (first in – first out = fifo).
  - **Lagerausstattung:** Regale, Ständer, Leiter, Körbe, Hubwagen, Gabelstapler.
  - **Sicherheit:** Einbruch-, Diebstahl-, Brand-, Unfallschutz.
  - **Warenpflege:** Waren verkaufsfähig erhalten; Beschädigungen, Verderb usw. vermeiden.
  - **Umweltschutz:** Berücksichtigung von ökologischen Aspekten im Lager.

Aufgaben

1 Erläutern Sie die Aufgaben der Lagerhaltung in einem Handelsbetrieb.

2 Beschreiben Sie die Unterschiede zwischen
   a) Verkaufs- und Reservelager,
   b) Eigen- und Fremdlager.

3 Die RAND OHG möchte eine Filiale in Dortmund errichten. Geben Sie an, woran bei der Planung des Lagers in dieser Filiale gedacht werden muss.

4 Bilden Sie je zwei Beispiele für die Umformung und Veredelung von Waren im Lager.

5 Die RAND OHG unterhält ein Lager, das einen Grundriss von 20 x 40 m hat. Erstellen Sie für dieses Lager einen Lagerplan, indem Sie die Waren des Sortiments in diesem Lager verteilen.

6 Lagerräume und -flächen sind teuer, warum sollte ein Lager trotzdem geräumig sein?

7 Welche besonderen Anforderungen an die Lagerhaltung stellen folgende Waren?
   a) Konserven
   b) Frischfleisch
   c) Korbwaren
   d) Metallwaren
   e) Backwaren
   f) Tuche
   g) Anzüge, Mäntel, Kleider
   h) Fotoartikel
   i) Holz
   j) Papierwaren
   k) Lederwaren
   l) Elektrogeräte

8 Erklären Sie den Grundsatz „first in – first out" und erläutern Sie, wie dieser Grundsatz bei der Einlagerung berücksichtigt werden kann.

Wiederholung zu Lernfeld 3: Ware disponieren, beschaffen und lagern

1 Die RAND OHG sendet der COLO AG Warenhaus, mit der sie seit langem gute Geschäftsbeziehungen pflegt, unaufgefordert einen günstigen Posten Waren zu. Die COLO AG Warenhaus reagiert nicht auf diese Warenlieferung.
   a) Beurteilen Sie, ob ein Kaufvertrag zustande gekommen ist.
   b) Begründen Sie, ob sich die Sachlage ändert, wenn bisher keine Geschäftsbeziehungen zwischen der RAND OHG und der COLO AG Warenhaus bestanden haben.

Lernfeld 3: Ware disponieren, beschaffen und lagern

2 Die RAND OHG hat bei der Stricker AG Textilherstellung schriftlich Textilien bestellt. Nach einer Woche bemerkt die RAND OHG, dass die falschen Textilien bestellt wurden. Daher widerruft sie per Fax die Bestellung. Die Stricker AG Textilherstellung reagiert aber nicht auf diesen Widerruf. Nach drei weiteren Tagen liefert das Textilunternehmen die Ware.
   a) Begründen Sie, ob ein Kaufvertrag zwischen der RAND OHG und der Stricker AG Textilherstellung zustande gekommen ist.
   b) Welche Auswirkung hat der Widerruf der RAND OHG auf den Kaufvertrag? (Begründung)
   c) Wie ist die Rechtslage, wenn die RAND OHG einen Tag nach der brieflichen Bestellung per Fax widerrufen hätte?

3 Die RAND OHG in Aurich liefert an die COLO AG Warenhaus in Dortmund Waren im Rechnungsbetrag von 62 000,00 €. Unterwegs verunglückt der mit der Lieferung beauftragte Spediteur ohne dessen Verschulden. Die Ware wird vollständig zerstört. Erläutern Sie die Rechtslage, wenn
   a) über den Erfüllungsort keine Vereinbarung getroffen wurde,
   b) der Geschäftssitz der COLO AG Warenhaus als Erfüllungsort vertraglich festgelegt wurde,
   c) über den Gerichtsstand keine Vereinbarung getroffen wurde.

4 a) Schreiben Sie nachfolgende Bestellung.
   Absender: RAND OHG, Dieselstraße 10, 26605 Aurich
   Empfänger: Universa AG Import- und Exporthandelsgesellschaft, Hafentor 8, 20459 Hamburg
   Vorgang: Die RAND OHG bestellt aufgrund eines vorausgegangenen Angebots bei der Universa AG Import- und Exporthandelsgesellschaft
               3 000 Papiertischdecken „Sommerblume"   zu   0,99 €/Stück
               1 000 Papiertischdecken „Party"   zu   0,99 €/Stück
               4 000 Schreibblöcke „Schule" DIN A4   zu   0,38 €/Stück
              10 000 Kugelschreiber „Favorit"   zu   0,43 €/Stück
   Lieferzeit: Zwei Wochen, Zahlungsbedingungen: 30 Tage nach Rechnungserhalt oder innerhalb 14 Tagen mit Abzug von 2 % Skonto.
   b) Schreiben Sie unter Berücksichtigung der folgenden Angaben einen unterschriftsreifen Brief für den Großhandelsbetrieb.
   Absender: RAND OHG, Dieselstraße 10, 26605 Aurich
   Empfänger: Sportgeräte-Vertriebsgesellschaft mbH, Maarstraße 15, 54292 Trier
   Vorgang: Die RAND OHG möchte ihr Sortiment um Fitnessgeräte erweitern. Hierzu fordert sie einen Katalog mit Preisliste und die Liefer- und Zahlungsbedingungen der Sportgeräte-Vertriebsgesellschaft mbH an.

5 Sie sind Mitarbeiter im Rechnungswesen der RAND OHG. Die RAND OHG hat täglich eine Vielzahl von Zahlungsvorgängen auszuführen. Sie unterhält je ein Konto bei der Sparkasse Aurich-Norden und Deutschen Bank Aurich. Eine betriebsinterne Regelung besagt, dass die Zahlungen möglichst bargeldlos und kostengünstig vorgenommen werden sollen.
   a) Geben Sie an, welche Vorteile der bargeldlose Zahlungsverkehr für die RAND OHG hat.
   b) Begründen Sie, welche Zahlungsart Sie in den folgenden Fällen für die RAND OHG vornehmen würden:
      – Zahlung der Gas-, Strom- und Wasserrechnung
      – Zahlung der Gewerbesteuer
      – Monatsmiete für gemietete Lagerhalle, Vermieter hat ein Konto bei der Deutschen Bank Aurich
      – Gehälter und Ausbildungsvergütung für die sieben Mitarbeiter und einen Auszubildenden, alle Mitarbeiter haben ein Bankkonto

3.3 Leistungserbringung und innerbetriebliche Logistik

c) Einige Kunden der RAND OHG zahlen mit Kreditkarte. Erläutern Sie die Zahlungsabwicklung mit Kreditkarte.

6 Die RAND OHG erhält am 16. März 20.. die Anfrage eines neuen Kunden, der Lebensmitteleinzelhandelskette Boese & Söhne OHG. Diese bittet um ein Angebot für Schreibwaren, insbesondere möchten Boese & Söhne nähere Informationen über Schreibsets, Schreibblocks und Kugelschreiber erhalten.
  a) Erklären Sie die rechtliche Bedeutung der Anfrage von der Boese & Söhne OHG.
  b) Die RAND OHG sendet am 18. März folgendes Angebot per Brief an die Boese & Söhne OHG:
  – Schreibset „Duo", Druckkugelschreiber und Druckbleistift, lieferbar zum Preis von 6,76 € je Set, Mindestbestellmenge 200 Stück
  – Schreibblock „Schule" A4, lieferbar zum Preis von 0,97 €, Mindestbestellmenge 500 Stück
  – Kugelschreiber „Favorit", lieferbar zum Preis von 0,92 €, Mindestbestellmenge 2 000 Stück

  Die Lieferung erfolgt unfrei. Unsere Rechnungen sind innerhalb von 14 Tagen unter Abzug von 3 % Skonto oder innerhalb von 30 Tagen ohne Abzug ab Rechnungsdatum zur Zahlung fällig.
  1. Untersuchen Sie, ob dieses Schreiben für die RAND OHG eine verbindliche Wirkung besitzt.
  2. Erklären Sie, wie sich die Beförderungskosten aufgrund dieses Schreibens verteilen.
  3. Nennen Sie die noch fehlenden Inhaltspunkte, die für den Kaufvertrag von Bedeutung sein können, und erklären Sie deren gesetzliche Regelung.
  4. Erläutern Sie, warum die RAND OHG jeweils Mindestbestellmengen vorschreibt.
  c) Die Boese & Söhne OHG bestellt am 29. März 1 000 Schreibblocks, 3 000 Kugelschreiber und 800 Schreibsets.
  1. Begründen Sie, ob die RAND OHG zur Lieferung verpflichtet ist.
  2. Erläutern Sie, durch welche Maßnahmen die RAND OHG zum Ausdruck bringen kann, dass sie die Bestellung annimmt.
  3. Beschreiben Sie, wie Käufer und Verkäufer den Kaufvertrag erfüllen.

7 Errechnen Sie die in nachfolgendem Kalkulationsschema fehlenden Werte:
Kalkulationsschema:

Listeneinkaufspreis	€	a) Wie viel Euro beträgt der Listeneinkaufspreis?
– 10 % Rabatt	50,00 €	b) wie viel Euro beträgt der Zieleinkaufspreis?
Zieleinkaufspreis	€	c) wie viel Euro beträgt der Bareinkaufspreis?
– 2,5 % Skonto	€	d) wie viel Euro beträgt der Bezugspreis (Einstandspreis)?
Bareinkaufspreis	€	
+ Bezugskosten	30,00 €	
Bezugspreis (Einstandspreis)	€	

8 Stellen Sie fest, ob folgende Klauseln die Verbindlichkeit eines Angebotes
  1. einschränken, 2. ausschließen, 3. nicht beeinflussen.
  a) Preise gelten bis 31. Dezember d. J.
  b) Solange der Vorrat reicht
  c) Freibleibend
  d) Lieferung frei Haus
  e) Lieferzeit freibleibend
  f) Lieferung gegen Vorauszahlung

9 Ein Hersteller bietet der RAND OHG Taschenkalender zum Preis von 7,80 € je Stück an. Das Angebot erfolgt schriftlich per Brief und geht am 15. Oktober bei der RAND OHG ein. Bei welcher der folgenden Bestellungen ist ein Kaufvertrag zustande gekommen?

a) Die RAND OHG bestellt am 18. Oktober schriftlich 60 Taschenkalender zum Angebotspreis.

b) Die RAND OHG bestellt am 16. Oktober schriftlich 100 Taschenkalender zum Preis von 7,02 € je Stück. Sie gibt bei der Bestellung an, dass sie in Anbetracht der großen Bestellmenge 10 % Mengenrabatt verlangt.

c) Die RAND OHG bestellt am 16. Oktober telefonisch 60 Taschenkalender zum Angebotspreis und bestätigt das Telefonat am 28. Oktober schriftlich.

d) Die RAND OHG bestellt am 18. Oktober telefonisch 50 Taschenkalender zum Angebotspreis. Eine schriftliche Bestätigung erfolgt nicht.

e) Die RAND OHG bestellt am 16. Oktober schriftlich 50 Taschenkalender zum Angebotspreis. Der Lieferer hatte sein Angebot jedoch widerrufen, bevor es bei der RAND OHG eintraf.

Lernfeld 4: Ein bedarfsgerechtes Sortiment gestalten, kalkulieren und kontrollieren

4.1 Leistungsprogrammplanung

4.1.1 Sortimentspolitik in einem Unternehmen beschreiben

Die Geschäftsleitung der RAND OHG hat entschieden, sich auf die Warengruppen Spielwaren, Schreibwaren und Haushalt/Elektro zu spezialisieren. Die bisherigen Artikel dieser Gruppen sollen weiterhin angeboten werden, jedoch zusätzlich neue Artikel angeboten werden, die ökologischen Anforderungen besonders entsprechen. Damit soll dem steigenden Umweltbewusstsein der Kunden entgegengekommen werden. Herr Koch sagt: „Wir werden unser Sortiment noch weiter auf unsere Kunden zuschneiden, denn nur so können wir zukünftig mit unserem Warenangebot erfolgreich sein."

Arbeitsaufträge
- *Interpretieren Sie diese Aussage von Herrn Koch.*
- *Beschreiben Sie die Sortimentsgestaltung in Groß- und Einzelhandelsunternehmen.*

Handelsunternehmen (Groß- und Einzelhandel) entwickeln i.d.R. keine eigenen Produkte, sie beschaffen Ware, um sie unverändert an ihre Kunden zu verkaufen. Die Gesamtheit der angebotenen Waren wird als **Sortiment** bezeichnet. Ein Sortiment besteht aus verschiedenen Warenbereichen (Textilien, Elektrogeräte, Möbel, Lebensmittel usw.). Die **Sorte** ist die kleinste Einheit des Sortiments. Sorten, die sich nur nach Farbe, Größe, Gewicht unterscheiden, werden zu **Artikeln** zusammengefasst. Waren für einen bestimmten Verwendungsbereich bilden eine **Warengruppe**.

➔ LS

Beispiel Bei der RAND OHG bilden die Artikel Tennissocken, Polohemden, Damenblusen und Trainingsanzüge die Warengruppe Textil.

■ Sortimentspyramide

Der **Sortimentsaufbau** eines Handelsunternehmens gleicht einer Pyramide.

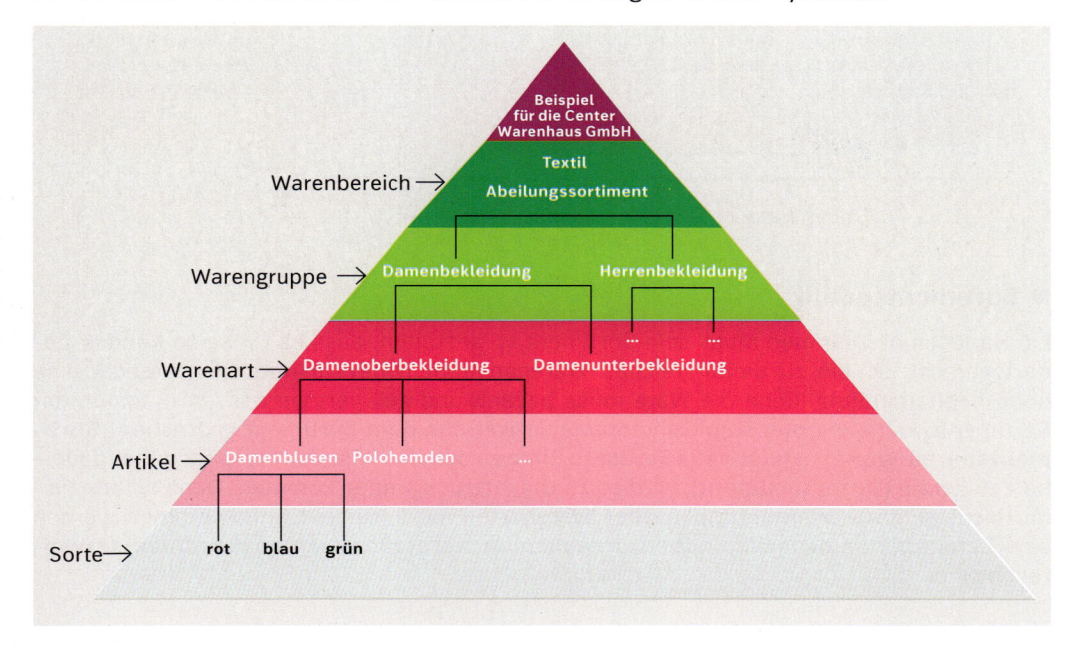

Lernfeld 4: Ein bedarfsgerechtes Sortiment gestalten, kalkulieren und kontrollieren

■ Sortimentsumfang

Er wird danach bemessen, wie viele Artikel und Warengruppen angeboten werden.

Begriffe	Erläuterungen
Sortimentstiefe	
– flaches Sortiment	wenige Artikel einer Warengruppe: z. B. in einem Supermarkt werden nur drei verschiedene Kugelschreiber angeboten (= kleine Auswahl)
– tiefes Sortiment	viele Artikel einer Warengruppe: z. B. in der Center Warenhaus GmbH werden 70 verschiedene Kugelschreiber angeboten (= große Auswahl)
Sortimentsbreite	
– schmales Sortiment	nur eine oder wenige Warenbereiche: z. B. Fachgeschäft für Herrenausstattung, Fachmarkt für Gartenbedarf
– breites Sortiment	viele Warenbereiche: z. B. Center Warenhaus GmbH mit Textilien, Lebensmitteln, Elektrogeräten, Parfümerie, Fotoartikeln usw. oder RAND OHG mit vier Warengruppen

■ Sortimentsaufbau

Ein Handelsunternehmen unterscheidet zwischen Kern-, Rand-, Rahmen-, Probe- und Auslaufsortiment.

Beispiel

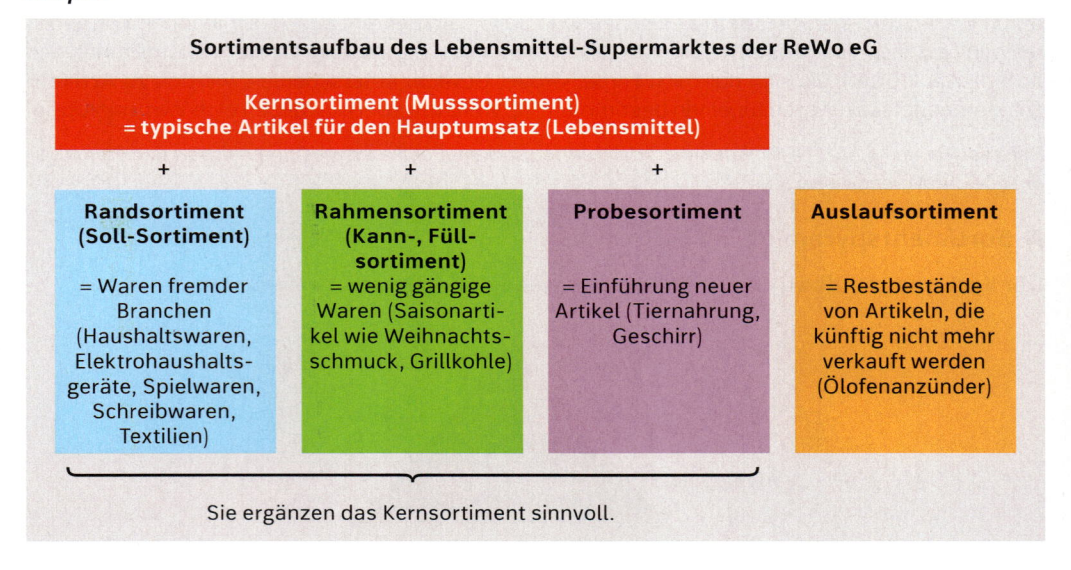

Sortimentsaufbau des Lebensmittel-Supermarktes der ReWo eG

Kernsortiment (Musssortiment)
= typische Artikel für den Hauptumsatz (Lebensmittel)

+ + +

Randsortiment (Soll-Sortiment)
= Waren fremder Branchen (Haushaltswaren, Elektrohaushaltsgeräte, Spielwaren, Schreibwaren, Textilien)

Rahmensortiment (Kann-, Füllsortiment)
= wenig gängige Waren (Saisonartikel wie Weihnachtsschmuck, Grillkohle)

Probesortiment
= Einführung neuer Artikel (Tiernahrung, Geschirr)

Auslaufsortiment
= Restbestände von Artikeln, die künftig nicht mehr verkauft werden (Ölofenanzünder)

Sie ergänzen das Kernsortiment sinnvoll.

■ Sortimentspolitik

Ein Handelsunternehmen muss sein Sortiment so gestalten, dass es für seine Kunden bedarfsgerecht ist. Ein zu umfangreiches Warenangebot (**Übersortiment**) verursacht eine hohe Kapitalbindung, denn die Ware muss bezahlt und gelagert werden. Im Rahmen der Sortimentspolitik werden somit unrentable Artikel aus dem Sortiment gestrichen (**Sortimentsbereinigung**), um für neue Produkte Platz zu schaffen. Ist das Warenangebot dauerhaft zu gering (**Untersortiment**), wird es zu Umsatzrückgängen kommen. Dann sollten bisher nicht geführte Warengruppen oder Warenarten ins Sortiment aufgenommen werden bzw. bereits vorhandene Warenarten um weitere Artikel ergänzt werden (**Sortimentserweiterung**).

Zusammenfassung: Sortimentspolitik in einem Unternehmen beschreiben

- **Sortimentspolitik:** Gestaltung eines kundengerechten Sortiments in einem Handelsunternehmen mit dem Ziel, Umsatz und Gewinn zu halten bzw. zu vergrößern
- **Sortimentspyramide:** Unterteilung des Sortiments in Warenbereich, Warengruppe, Warenart, Artikel, Sorte
- **Sortimentsumfang:**
  - breit = viele Warenbereiche
  - schmal = eine oder wenige Warenbereiche
  - tief = viele Artikel einer Warengruppe
  - flach = wenige Artikel einer Warengruppe
- **Sortimentsaufbau:** Kern-, Rand-, Rahmen-, Probe- und Auslaufsortiment
- **Sortimentspolitik:** Vermeidung von Über- und Untersortiment durch Sortimentsbereinigung

Aufgaben

1 Geben Sie aus Ihrer persönlichen Erfahrung Beispiele für breite und schmale sowie flache und tiefe Sortimente bei Einzelhandelsunternehmen an.

2 a) Erläutern Sie, weshalb ein Handelsunternehmen sowohl Über- als auch Untersortimente vermeiden muss.
  b) Geben Sie an, welche Hilfen hierzu die Marktforschung bietet.

3 Begründen Sie, warum das Sortiment eines Handelsunternehmen nicht über viele Jahre unverändert bleiben kann.

4 Beschreiben Sie das Kern- und Randsortiment eines Einzelunternehmens aus Ihrer Region.

5 Erstellen Sie die Sortimentspyramide der Center Warenhaus GmbH für die Elektroabteilung.

4.1.2 Kriterien für eine ansprechende Warenpräsentation und Verkaufsraumgestaltung erarbeiten

Oliver Rand hat sein Vorhaben, ein eigenes Einzelhandelsunternehmen zu gründen, in die Zukunft verschoben. Er möchte erst einmal Praxiserfahrung im Einzelhandel sammeln und hat das Angebot angenommen, die stellvertretende Leitung der Abteilung Elektro/Haushaltswaren in der Center Warenhaus GmbH übernehmen. Dort arbeitet er seit einigen Monaten mit viel Engagement und Erfolg. Die Geschäftsführung ist sehr zufrieden mit seiner Arbeit und beauftragt ihn zunehmend mit verantwortungsvollen Aufgaben. Oliver Rand und der Geschäftsleiter Herr Becker unterhalten sich in einem Mitarbeitergespräch über zukünftige Aufgabenbereiche.

Herr Becker: „Herr Rand, wir möchten in einigen Wochen mit der Erweiterung und Modernisierung der Verkaufsfläche in Ihrer Elektroabteilung starten. Dafür müssten Vorschläge für die Verkaufsraumgestaltung sowie die Warenpräsentation entwickelt werden. Diese sollen Ende nächster Woche der Geschäftsleitung und den Abteilungsleitern präsentiert werden. Wir würden Ihnen gerne diese Aufgabe übertragen, die 25 x 20 qm große Verkaufsfläche neu zu gestalten."

Oliver Rand ist begeistert und stolz, dass die Geschäftsleitung ihm eine solch wichtige Aufgabe anvertraut. Schließlich ist ihm klar, dass seine Vorschläge für den Erfolg der zukünftig modernisierten und vergrößerten Elektroabteilung von großer Bedeutung sind. Er nimmt die Aufgabe gerne an und macht sich sofort an die Arbeit.

Arbeitsaufträge
- *Erstellen Sie ein Mindmap zu den Grundsätzen der Warenplatzierung und -präsentation.*
- *Entwickeln Sie einen Vorschlag zur Gestaltung der neuen Verkaufsfläche im Center Warenhaus. Wählen Sie sich dazu einen Warenbereich aus der Elektroabteilung und gestalten Sie für diesen Bereich auf 20 qm beispielhaft den Verkaufsraum und die Warenpräsentation.*
- *Präsentieren Sie Ihre Ergebnisse.*

→ LS

■ Grundsätze der Warenplatzierung und -präsentation beachten

Der Einzelhandel bietet ein abwechslungsreiches Erscheinungsbild. Es gibt beispielsweise den Discounter, das Fachgeschäft oder das Warenhaus. Jede dieser Betriebsformen versucht ihren Verkaufsraum und die Präsentation der Ware entsprechend ihrer Zielsetzungen optimal zu gestalten. Alle diese unterschiedlichen Konzepte haben zum Ziel.

- unterschiedliche Käuferschichten anzusprechen,
- mithilfe einer interessanten Warenplatzierung und -präsentation das Sortiment vorzustellen
- und den Verkauf von Ware zu fördern.

Warenplatzierung	Warenpräsentation
Wo?	Wie?
Unter **Warenplatzierung** versteht man die Anordnung der Waren in Verkaufsraum und Warenträgern (z. B. Regal), also **wo** genau den Kunden die Artikel angeboten werden. Eine erfolgreiche Warenplatzierung berücksichtigt z. B. die unterschiedlich verkaufsstarken Bereiche in Geschäft und Regal, das Preisniveau der Artikel, den Saison- oder Aktionscharakter der Ware, den Verwendungszusammenhang und die Eigenschaften der Ware wie Größe, Gewicht oder Frischebedarf.	Die **Warenpräsentation** umfasst alle Maßnahmen, die sich auf die Warendarbietung im Geschäft beziehen, also die Art und Weise, **wie** das Sortiment den Kunden nahegebracht wird. Ziel ist es, mithilfe von attraktiven Warenanordnungen den Kunden emotional anzusprechen und **Kaufimpulse** auszulösen. Dazu nutzt der Einzelhändler vielfältige Möglichkeiten wie z. B. den zielgerichteten Einsatz von Licht, besonderen Warenträgern, Dekorationsmaterial und vieles mehr.

4.1 Leistungsprogrammplanung

Warenplatzierung	Warenpräsentation
Wo?	Wie?
Beispiel zur Warenplatzierung Aktionsware oder Artikel, deren Verkauf besonderes angekurbelt werden soll, werden in den Hauptgängen des Verkaufsraumes oder im Kassenbereich angeboten	**Beispiel** zur Warenpräsentation Ausgewählte Laden- oder Regalflächen werden mit Artikeln zu bestimmten Themen bestückt, z. B. „Alles für den Urlaub" mit MP3-Player, E-Book, Fotoapparat, tragbarem DVD-Player und Speicherkarten.
Warenplatzierung und **Warenpräsentation** arbeiten Hand in Hand. Werden beide zielgerichtet eingesetzt, regen sie den Kunden zum Kauf an und sind ein sehr wichtiges Mittel, um den Umsatz zu steigern.	

Sauberkeit und Ordnung

Eine positive Einkaufsatmosphäre wird nicht nur durch eine ansprechende Warenplatzierung und -präsentation erzielt. Insbesondere **die Sauberkeit und die Ordnung im Verkaufsraum spielen** eine in diesem Zusammenhang wichtige Rolle. Kunden registrieren sehr aufmerksam, wenn **Ladenzonen**, **Warenträger** oder gar die **Ware** selbst verschmutzt sind. Auch das Versäumnis des Verkaufspersonals, leere Regale wieder aufzufüllen, schafft beim Kunden keinen guten Eindruck. Das grundsätzliche Gebot von Sauberkeit und Ordnung gilt dabei für **alle Branchen** gleichermaßen.

Praxistipp: Ein guter Mitarbeiter sieht die Arbeit und geht mit offenen Augen durchs Geschäft! Er sorgt dabei stets für Sauberkeit und Ordnung!

Beispiele Verstaubte Fernsehgeräte, dreckige Regale, unsaubere Bodenbeläge oder beschädigte Verpackungen bei einem Mitbewerber aus der Elektronikbranche in der Kölner Innenstadt wirken abstoßend und beeinflussen das Kaufverhalten des Kunden negativ. Auch Verkaufsflächen, die dauerhaft als Vorratsraum genutzt werden, helfen nicht, den Kunden zum Kauf zu „verführen".

Übersichtlichkeit

In Einzelhandelsunternehmen wird eine Platzierungsordnung der Ware angestrebt, die sowohl für **Kunden** als auch für **Mitarbeiter** möglichst optimale Voraussetzungen bietet. Man möchte Verkaufsmitarbeitern überflüssige Wege z. B. bei der Regalbeschickung ersparen und den Verkaufsraum für den Kunden übersichtlich gestalten.

Für Kunden bietet sich an, die Waren im **Verwendungszusammenhang** zu platzieren, z. B. „Alles für den Hobbyfotografen".

Damit die Kunden die Ware leicht und bequem finden und erreichen können, hat der Handel **Leitsysteme** entwickelt, die ihnen helfen, sich möglichst selbstständig im Verkaufsraum zurechtzufinden. In größeren Geschäften mit mehreren Abteilungen oder Etagen sind Hinweisschilder auf Sortimentsbereiche notwendig, die den Kunden helfen sollen, sich zurechtzufinden.

Beispiel In der Elektronikabteilung der Center Warenhaus GmbH sind die unterschiedlichen Warenbereiche, z. B. „Computer/Bürotechnik", mit Hinweisschildern auf Sichthöhe der Kunden versehen, um den Kunden die Orientierung auf der Verkaufsfläche zu erleichtern.

Rettungswege
Flucht- oder **Rettungswege** müssen gekennzeichnet und möglichst kurz sein. Ihre Anordnung und Ausführung sind betriebsabhängig und richten sich auch nach der durchschnittlich anwesenden Zahl von Personen.

Sie sind vorgeschrieben, um Mitarbeitern und Kunden bei drohender Gefahr den Weg ins Freie oder in einen gesicherten Bereich über einen **Notausgang** zu ermöglichen. Sie müssen mit dem Begriff **Notausgang** oder mit einem **Piktogramm** (**Rettungszeichen**) gekennzeichnet sein, oft in Verbindung mit einer **Notbeleuchtung**.

Die Warenpräsentation ist abhängig von der Betriebsform eines Einzelhandelsunternehmens und der damit verbundenen Verkaufsform.

Notbeleuchtung   *Kennzeichnung*   *Piktogramm*

■ Angepasste Warenpräsentation nach Vertriebs- und Verkaufsform

Discounter
Discounter sind eine Form des **Selbstbedienungseinzelhandels**, die man stark in der Lebensmittel-, Textil- und Elektrobranche findet. Die Warenpräsentation zielt auf hohe **Funktionalität** und **Zweckmäßigkeit** ab. Eine **übersichtliche** und **einfache Struktur** bietet dem Kunden eine **gute Orientierung**, die einen raschen Einkauf erleichtert. Die Gestaltung des Verkaufsraumes unterstützt schnelle Auffüllarbeiten, die aufgrund der hohen **Umschlagshäufigkeit** der Warenbestände notwendig sind.

Beispiel Im Lebensmitteldiscounter ARI, einem Kunden der RAND OHG, müssen die Molkereiprodukte im Kühlregal durchschnittlich fünfmal täglich aufgefüllt werden. Für den Transport der Ware mit dem Rollcontainer benötigen die Mitarbeiter in den Gängen des Discounters ausreichenden Platz.

Fachmarkt
In einem Fachmarkt werden großflächig Waren aus dem mittleren bis niedrigen Preissegment angeboten. Mögliche Verkaufsformen sind das Vorwahl- und Selbstbedienungssystem. Eine übersichtliche Warenpräsentation und klare Kundenleitsysteme erleichtern es dem Kunden im Fachmarkt, die gesuchte Ware zu finden und eine Vorauswahl zu treffen. Durch aufwendige Präsentationen und verkaufspsychologisch optimierte Platzierungen wird das Interesse des Kunden angeregt. Fachmärkte grenzen sich vom Fachdiscounter durch ein **Beratungs- und Serviceangebot** ab.

4.1 Leistungsprogrammplanung

Beispiel Im Mars Elektrofachmarkt e.K. hat sich die Geschäftsleitung für ein System entschieden, mit dessen Hilfe sich Kunden selbstständig Titel von Musik-CDs anhören können.

Warenhaus

Das Warenhaus ist in seiner Verkaufsform auf **Vorwahl** und **Bedienung** ausgerichtet. Es bietet dem Kunden, auf einer Verkaufsfläche von mindestens 4000 qm, fast alle Waren des kurz-, mittel- und langfristigen Bedarfs. Die Auswahl der Ladengestaltungselemente, Wand- und Bodenbeläge, Decken- und Beleuchtungssysteme muss zusammenpassen und gemeinsam mit den ausgewählten Warenträgern und Ladenbauelementen ein **„einheitliches Ganzes"** ergeben. Die Warenpräsentation sollte dabei so gestaltet sein, dass die angebotenen Artikel betont und deren Wertigkeiten deutlich werden. Der freie Zugang zur Ware soll die Kunden auf die Artikel aufmerksam machen und dazu führen, dass sie darauf zugehen, sie anfassen, sie probieren und letztendlich kaufen.

Beispiel In der Elektro-Abteilung des Center Warenhauses werden in einem „HiFi-Studio" hochwertige Musikanlagen und Heimkino-Systeme präsentiert, um dem Kunden ein echtes Klangerlebnis zu verschaffen.

■ Warenpräsentation im Verkaufsraum

Entscheidungen über die **optimale Platzierung der Ware** im Verkaufsraum basieren auf der Frage, wo die Ware am sinnvollsten präsentiert werden sollte. Dabei ist zu beachten, dass die Warenplatzierung einen sehr großen **Einfluss auf die Umsatzhöhe** hat. Darum werden Entscheidungen zur Platzierung auf der Grundlage von Erkenntnissen zum Einkaufsverhalten getroffen.

Kundenlauf

Wichtige Aussagen zur Platzierung der Ware bieten Kundenlaufstudien, die sich mit der Bewegung von Kunden in Verkaufsräumen befassen:

- Der **Eingangsbereich** wird von Fachleuten als **„Rennstrecke"** bezeichnet, weil Kunden beim Betreten des Geschäftes eine hohe Gehgeschwindigkeit aufweisen. Dadurch haben sie in diesem Bereich zu wenig Zeit, um sich mit der Ware zu beschäftigen.
- Die **Laufrichtung** der meisten Kunden verläuft **gegen den Uhrzeigersinn**. Dies führt dazu, dass sie sich oft an den Außenwänden entlang bewegen.
- Mehr als drei Viertel der Kunden sind rechtsorientiert. Sie **gehen** auf der rechten Seite des Ganges, sie **blicken** und **greifen** bevorzugt **nach rechts**. Das bedeutet, dass rechte Platzierungseinheiten besonders stark beachtet werden.
- **Lange Gänge erhöhen** die **Begehungsgeschwindigkeit; Gangkreuzungen bremsen** wiederum.
- Die Kunden sind bestrebt, den Verkaufsraum auf dem kürzesten Weg zu durchqueren, deshalb werden **Ecken ausgespart**.
- **Helle Ladenbereiche** wirken auf Kunden **anziehend**, dunkle Bereiche werden gemieden.
- **Mittelgänge** oder Mittelräume werden oft **weniger frequentiert**, weil sie nicht in Laufrichtung liegen.

Lernfeld 4: Ein bedarfsgerechtes Sortiment gestalten, kalkulieren und kontrollieren

- Im **Kassenbereich** wird der Kundenlauf oft durch **Wartezeiten** gebremst.
- Warenplatzierung an Wänden, auf welche die Kunden zulaufen, die **Auflaufflächen**, werden **stark beachtet**.
- Auf **zu breiten Gängen erhöhen** die Kunden ihre **Laufgeschwindigkeit** und blicken in ihren Einkaufswagen.

Verkaufsintensive Zonen					
Gang-kreuzungen	Präsentationsflächen rechts vom Kundenlauf	Außengänge/ rechts liegende Wege	Kassenzone	Zonen um Rolltreppen	Auflaufflächen und Kopfseiten von Gondeln
Verkaufsschwache Zonen					
Mittelgänge und -räume	Präsentationsflächen links vom Kundenlauf	Ladenecken	Eingangszone	Lange und breite Gänge	Dunkle Ladenbereiche

Platzierungsstrategien

Beispiel *Im Einkaufszentrum in dem sich auch die Center Warenhaus GmbH befindet, wurde die durchschnittliche Ladenverweildauer von Kunden gemessen.*

	Lebensmitteldiscount Schlegel KG	Mars Elektrofachmarkt e. K.	Center Warenhaus GmbH
Durchschnittliche Verweildauer	8,2 min	12,7 min	25,85 min

Der Einzelhändler muss Strategien entwickeln, wie er z. B. verkaufsschwache Zonen aufwertet oder welche Artikel in den verkaufsintensiven Bereichen platziert werden sollten. Im Mittelpunkt steht dabei die Aufgabe, den **Kundenstrom** zu **verlangsamen** und zu **lenken**. So sollen die Anzahl der **Warenkontakte** und damit die **Ladenverweildauer erhöht** werden.

Platzierungsstrategien	
Verkaufsintensive Bereiche	**Maßnahmen**
Präsentationsflächen – rechts vom Kundenlauf – Außengänge – rechts liegende Wege – Auflaufflächen	Gut kalkulierte Artikel und Impulsartikel werden platziert. Alternativ können absatzschwache Artikel („Penner") angeboten werden, um deren Abverkauf zu steigern.
Zonen im Bereich von Treppen, Rolltreppen und Aufzügen	Hier werden Impulsartikel, Artikel aus dem Niedrigpreissegment oder Sonderangebote platziert. Aktions- und Sonderplatzierungen sind ebenfalls möglich.
Gangkreuzungen	Sinnvolle Nutzungsmöglichkeiten sind: Aktionsplatzierung, Zweitplatzierung von Magnetartikeln und Impulsartikeln.
Kassenzone	Die Platzierung von Impulsartikeln und Artikeln der niedrigen Preiskategorie ist empfehlenswert.

4.1 Leistungsprogrammplanung

Platzierungsstrategien	
Verkaufsschwache Bereiche	**Maßnahmen**
Eingangsbereich	Um den Kundenstrom im Eingangsbereich zu bremsen, werden „Stopper" eingesetzt. Beispiele Drehkreuze, Erfrischungsstände, Sonderplatzierungen und absatzstarke, visuell interessante Abteilungen (z. B. Handys).
Hintere Ladenbereiche, Ecken	Die Zonen werden durch Suchartikel, Aktionsplatzierungen, Sonderangebote, Faszinationspunkte aufgewertet.
Mittelgänge, -räume	Die Kundenfrequenz wird durch visuelle Anreize erhöht. *Beispiele* erhöhte Fokuspunkte, Platzierung von Suchartikeln, Aktionsplatzierung, Sonderangebote.
Dunkle Ladenbereiche	Durch den Einsatz von Licht, hellen Farben, auffälligen Warenpräsentationen wird Aufmerksamkeit erregt.
zu lange Gänge	Regale werden quer angeordnet.
zu breite Gänge	Es wird eine Gangbreite von ca. 2 m hergestellt.

Kundenleitsysteme
Die bisher aufgeführten Maßnahmen werden oftmals durch **„Kundenleitsysteme"** ergänzt. Zielsetzung ist es, den Kunden durch **gestalterische Elemente** mit einer Vielzahl von Warenkontakten durch den Laden zu führen. Die Intensität der Kundenführung hängt dabei von der Bedienungsform sowie von den räumlichen Vorgaben ab. Kunden werden in einem großflächigen Selbstbedienungsgeschäft wesentlich stärker geführt als Kunden in Fachgeschäften mit hoher Beratungsintensität.

Gezielte Wegeführung lenkt den Kunden

Arenaprinzip
Eine wichtige Strategie – vor allem in **Fachgeschäften** und **Fachmärkten** – ist das **Arenaprinzip**. Verkaufsräume werden wie eine Arena aufgebaut: Hohe Präsentationsflächen an den Wänden, die dann zum mittleren Raum hin flacher werden. Sie ermöglichen dem Kunden, über die terrassenförmige Anordnung der Warenträger **große Flächen** mit Warenangeboten zu **überblicken**.

Lernfeld 4: Ein bedarfsgerechtes Sortiment gestalten, kalkulieren und kontrollieren

Anordnung der Warenträger

Im Hinblick auf die Verteilung der Warenträger im Verkaufsraum kann der Einzelhändler zwischen folgenden Möglichkeiten wählen:

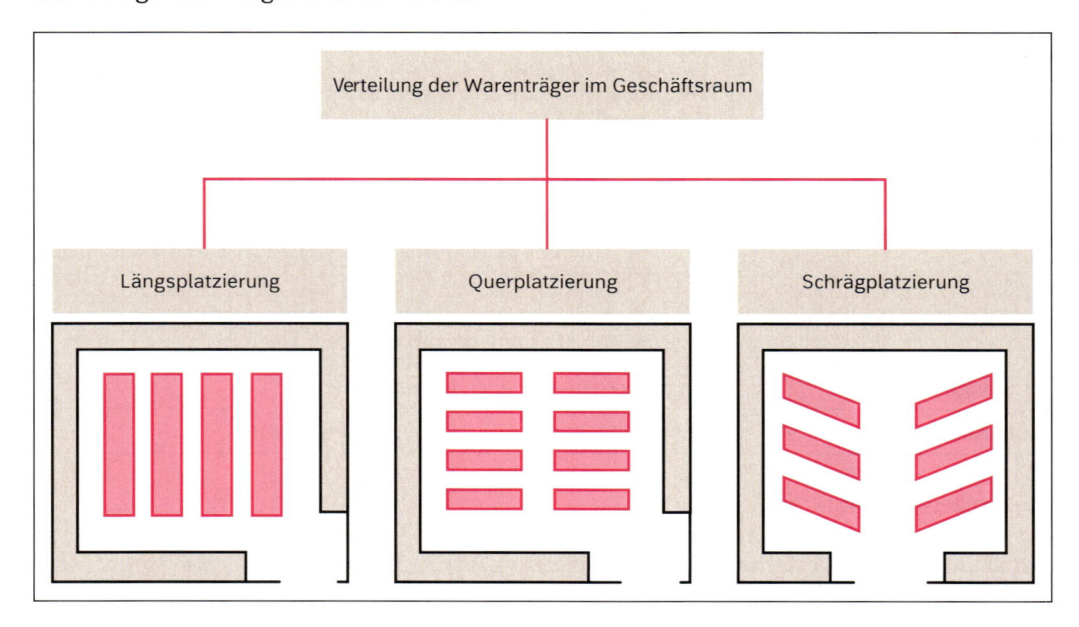

```
                    Verteilung der Warenträger im Geschäftsraum
                    ┌───────────────┼───────────────┐
              Längsplatzierung   Querplatzierung   Schrägplatzierung
```

Die **Längsplatzierung** ermöglicht dem Einzelhändler eine **optimale Raumausnutzung**, in der die Kunden an langen Warenträgern vorbeigeführt werden. In dieser Platzierungsform kann das Geschäft vom Verkaufspersonal gut überblickt werden. Das hilft auch Diebstähle zu verhindern.

In der **Querplatzierung** sind die Warenträger wesentlich kürzer gehalten. Sie erzeugt eine **übersichtliche Warenpräsentation** und bietet viele Möglichkeiten zur Platzierung von **Impulsartikeln**. Die Querplatzierung wirkt auf den Kunden interessanter als die Längsplatzierung und führt zu einer **höheren Verweildauer**.

Die **Schrägplatzierung** wirkt auf den Kunden aufgelockert und anregend. Sie bietet zahlreiche Möglichkeiten für die Platzierung von Impulsartikeln und lädt ein, die Gänge zu betreten. So wird der Nachteil einer geringeren Raumnutzung oft ausgeglichen.

Beispiel *In vielen Geschäften aus der Textilbranche sind die Warenträger im 45-Grad-Winkel zur Kundenführung ausgerichtet. Dadurch entstehen z. B. an der Kopfseite der Regale Fokuspunkte, die mit Impulsartikeln dekoriert werden.*

■ Platzierung in Warenträgern

Neben der Präsentation und Platzierung der Ware im Verkaufsraum spielt die Platzierung in den Warenträgern beim Verkauf von Waren im Einzelhandel eine wichtige Rolle.

Grundlagen

Die am häufigsten genutzten Warenträger sind **Regale**. Es gibt sie in zahlreichen Varianten und Ausführungen. Jede Form der Regalplatzierung ist nur dann **dauerhaft verkaufswirksam**, wenn die allgemeinen Platzierungsregeln beachtet werden:

Das Einmaleins der Regalpräsentation

- Achten Sie stets auf **Ordnung und Sauberkeit**. Vom Kunden verursachte Unordnung muss regelmäßig aufgeräumt werden!
- Bieten Sie nur **unbeschädigte Ware** an und sortieren Sie beschädigte Ware sofort aus!
- Pflegen Sie die angebotene Ware, dies gilt besonders für Frischware, damit diese verkaufsattraktiv bleibt.
- Platzieren Sie das **Packungsbild** bzw. die visuell ansprechende Seite nach vorne, in die Sichtrichtung der Kunden.
- Achten Sie darauf, dass die Kunden die Ware ungehindert entnehmen können und lassen Sie evtl. **Grifflücken** zwischen den Waren!
- Wenn Ware abverkauft wurde, **ziehen** Sie die verbliebenen **Artikel nach vorne**, damit sie gesehen werden und sich ein einheitliches Regalbild ergibt.
- **Füllen Sie** Lücken in den Warenträgern möglichst schnell **nach**.
- Räumen Sie **neu gelieferte** Artikel immer **hinter die vorhandenen**, noch nicht verkauften Artikel.
- Halten Sie beim Nachfüllen Ihre **Platzierungsstruktur** ein, damit sich die Kunden nicht immer neu orientieren müssen.
- Die Preisangabenverordnung verlangt eine vollständige **Preisauszeichnung**.
- Die **Hinweis- und Preisschilder** an den Warenträgern müssen mit der ausgestellten Ware übereinstimmen.

Die Planung der Belegung von Regalen mit Ware ist eine sehr anspruchsvolle und nicht immer leicht zu lösende Aufgabe. In der Praxis müssen Wünsche und daraus entstehende Idealbilder der Warenpräsentation mit dem Machbaren und Möglichen in Übereinstimmung gebracht werden. Deshalb verlangt eine verkaufswirksame Warenpräsentation neben einer guten Planung auch immer wieder ein gewisses Improvisationstalent und Kreativität.

Dabei sind folgende Fragen zu klären:

- **Welche Artikel** müssen eingeräumt werden?
- **Wie viele Artikel** sind es insgesamt?
- Wie viel **Regalfläche** wird benötigt?
- Welche **Ladenbauelemente** werden benötigt?
- Welche besonderen **Ziele** sollen verfolgt werden?
- Welche Artikel sollen **besonders herausgestellt** werden?
- Wie können die Artikel präsentiert werden, sodass sie **optisch zusammenpassen** und den **Kunden ansprechen**?

Praxistipp: Für die übersichtliche Gestaltung der Regale ist es in den meisten Fällen hilfreich, eine Skizze anzufertigen, auf der die geplante Platzierung zu erkennen ist.

Lernfeld 4: Ein bedarfsgerechtes Sortiment gestalten, kalkulieren und kontrollieren

Die Wahrnehmung des Regals durch den Kunden

Eine wichtige Grundlage für die Regalbelegung ist die **visuelle Erfassung der Regalebenen**. Da Menschen ein **eingeschränktes Sichtfeld** („Taucherbrilleneffekt") haben, wird ihre Wahrnehmung in der **Höhe** und in der **Breite** begrenzt. Sie nehmen unbewusst vorrangig nur das wahr, was sie ohne Mühe erkennen können.

Darstellung der Sichthöhe	Darstellung der Sichtbreite
30°, 165 cm, verkaufsintensiver Regalbereich, 120 cm, 100 cm Abstand zum Regal	30°, Regalmitte 100 cm, 100 cm Abstand zum Regal
Die beste visuelle Wahrnehmung der Regalebenen (vertikale Ebene) hat der Kunde in **Sichthöhe**. Diese variiert mit der Körpergröße des Kunden. Für die meisten Kunden liegt die **„Sichtzone"** in einer Höhe von **120–165 cm**. Die Sichtzone stellt bezüglich der Platzierungshöhe daher die **umsatzstärkste Regalzone** dar.	Neben den vertikalen kommt es durch das Blickverhalten der Kunden auch zu **horizontalen Regalwertigkeiten**. Weil Kunden die Ware mit einem ca. 100 cm breiten horizontalen Blickfeld suchen, sollte sich der Warenblock im Regal auf maximal einen Meter erstrecken, wobei er aber durchaus schmaler gehalten werden kann. Die Blickrichtung des Kunden bewegt sich dabei fast immer von der Mitte auf die rechte Seite des Regals.

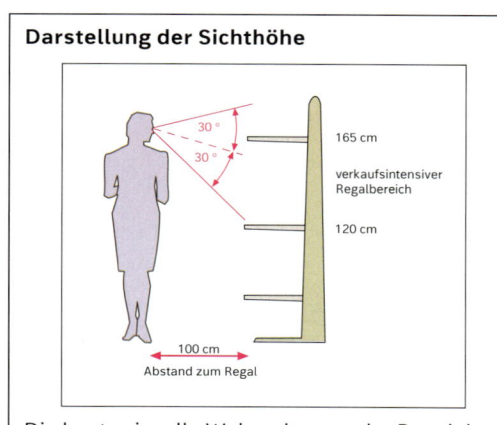

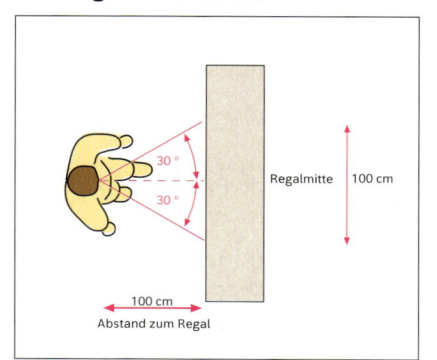

Aus den dargestellten Erkenntnissen zum vertikalen Blickverhalten ergeben sich im Hinblick auf die Verkaufsaktivität folgende Regalzonen:

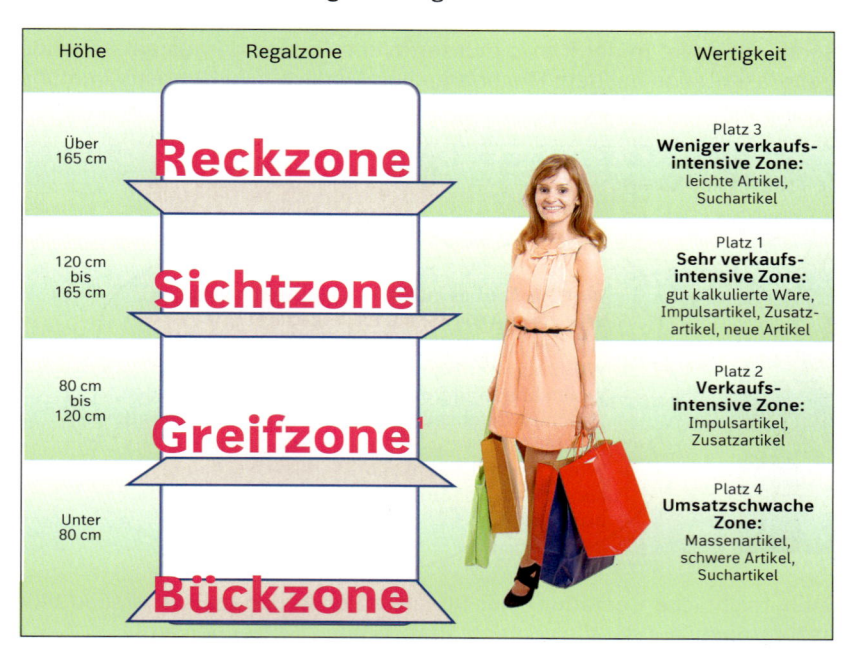

Höhe	Regalzone	Wertigkeit
Über 165 cm	**Reckzone**	Platz 3 **Weniger verkaufsintensive Zone:** leichte Artikel, Suchartikel
120 cm bis 165 cm	**Sichtzone**	Platz 1 **Sehr verkaufsintensive Zone:** gut kalkulierte Ware, Impulsartikel, Zusatzartikel, neue Artikel
80 cm bis 120 cm	**Greifzone**	Platz 2 **Verkaufsintensive Zone:** Impulsartikel, Zusatzartikel
Unter 80 cm	**Bückzone**	Platz 4 **Umsatzschwache Zone:** Massenartikel, schwere Artikel, Suchartikel

4.1 Leistungsprogrammplanung

Beispiel In der Elektroabteilung der Center Warenhaus GmbH wurden die folgenden Zahlen ermittelt: Ware, die von der Sichtzone in die Greifzone verlagert wurde, verlor 20 % des Umsatzes; legte man sie in die Bückzone, nahm der Umsatz um 30 % ab.

Auf Regalhöhen mit Reckzonen wird auf der Verkaufsfläche verschiedenen Branchen z. B. in Elektrofachmärkten verzichtet, damit der Kunde jederzeit einen Überblick über die gesamte Verkaufsfläche hat.

Für die horizontale Wertigkeit im Verkaufsregal ergeben sich folgende Erkenntnisse:

Horizontale Wertigkeit		
Linke Regalseite	**Regalmitte**	**Rechte Regalseite**
Platz 3 Umsatzschwache Zone	**Platz 1** Sehr verkaufsintensive Zone	**Platz 2** Verkaufsintensive Zone

Die Konsequenz aus der obigen Darstellung ist, dass die **linke Regalseite** für Kunden mit **attraktiven Waren** aufgewertet werden sollte, damit diese das gesamte Warenangebot wahrnehmen.

Zusammenfassung: Kriterien für eine ansprechende Warenpräsentation und Verkaufsraumgestaltung erarbeiten

- Der **Verkaufsraum** und die **Präsentation der Ware** müssen **kundenorientiert** aufeinander abgestimmt werden.
- **Warenplatzierung** beschäftigt sich mit der Frage, wo die Artikel platziert werden.
- **Warenpräsentation** beschäftigt sich mit der Frage, wie das Sortiment präsentiert wird.
- **Sauberkeit** und **Ordnung** sind in allen Branchen einzuhalten.
- Übersichtliche Warenanordnung erspart dem **Personal** unnötige Wege und verschafft den **Kunden** einen Überblick über das Sortiment
- **Rettungswege** und **Notausgänge** müssen immer frei zugänglich sein.
- Die Warenpräsentation orientiert sich stark an der jeweiligen **Betriebs- und Verkaufsform**.
- Ausgangspunkt für Entscheidungen zur Warenplatzierung im Verkaufsraum sind **verkaufsintensive** und **verkaufsschwache** Zonen. Diese ergeben sich aus dem Kundenlauf.
- **Platzierungsstrategien** befassen sich mit Maßnahmen, die verkaufsschwache Zonen aufwerten und die Wirkung von verkaufsintensiven Zonen nutzen.

Lernfeld 4: Ein bedarfsgerechtes Sortiment gestalten, kalkulieren und kontrollieren

- **Kundenleitsysteme** haben das Ziel, den Kunden mit einer **hohen Zahl** von **Warenkontakten** durch das Geschäft zu **führen**.
- Für die Verteilung der Warenträger im Verkaufsraum gibt es drei Grundtypen: **Längsplatzierung**, **Querplatzierung** und **Schrägplatzierung**.
- Die Wertigkeit der Regalzonen wird durch das **Blickverhalten der Kunden** bestimmt.
- In der **vertikalen Regalwertigkeit** ist die **Sichtzone** am verkaufsintensivsten, in der **Horizontalen** ist die **Regalmitte** am umsatzstärksten.

Aufgaben

1 Erklären Sie den Unterschied zwischen Warenplatzierung und -präsentation. Finden Sie je zwei anschauliche Beispiele aus der Praxis.

2 Nennen Sie Grundsätze, nach denen in Einzelhandelsbetrieben Ware platziert wird, und erläutern Sie diese.

3 Sammeln Sie je zwei kennzeichnende Merkmale der Warenpräsentation für die Betriebsformen: 1. Discounter   2. Fachmarkt   3. Warenhaus

4 Nennen Sie drei verkaufsschwache Zonen, begründen Sie die jeweilige Problematik und schlagen Sie Maßnahmen zur Aufwertung der Zonen vor.

Verkaufsschwache Zonen	Begründung	Maßnahmen zur Aufwertung

5 Untersuchen Sie den dargestellten Verkaufsraum und markieren Sie umsatzstarke Zonen mit einer (1) und umsatzschwache Zonen mit einer (0).

6 Erläutern Sie zwei Vorteile der Querplatzierung von Warenträgern im Verkaufsraum.

7 Erklären Sie den „Taucherbrilleneffekt" bei der Wahrnehmung eines Regals.

8 Unterscheiden Sie die Regalzonen nach ihrer vertikalen Wertigkeit.

9 Entwerfen Sie einen vertikalen Regalbelegungsplan für die aufgeführten Artikel aus der Elektroabteilung der Center Warenhaus GmbH. Verwenden Sie dazu die beigefügte Regalskizze. Schreiben Sie die Artikel zunächst auf Karteikarten und stellen Sie anschließend Ihren Belegungsplan vor. Begründen Sie Ihre Entscheidungen.
Artikel:
Toaster Standard zu 21,00 € – viel gekaufter Artikel, Toaster de Luxe 64,90 € – neues Produkt mit großer Handelsspanne, Toaster Kitchen zu 39,90 € – solide und gut ausgestattet,

Kaffeevollautomat 16 kg, 750,00 € – hervorragende Handelsspanne, Kaffeemaschine Standard zu 19,95 €, Kaffeemaschine Rowanta SX mit abnehmbarem Wassertank – ein Dauerbrenner bei den Kunden für 49,90 €, Waffeleisen 9,00 kg zu 32,50 €, Kaffee-/Teeautomat – neues Produkt, zum Testen für die Kunden 259,00 €, Bügeleisen Dolfi zu 24,90 € – viel gekaufter Artikel mit geringer Handelsspanne, Bügeleisen Standard 29,00 €, Dampfbügeleisen Delfini mit externem Wassertank und elektronischer Temperaturregelung für 79,90 € – sehr gute Handelsspanne, Bügeleisen Hot – mittlere Handelsspanne für 34,90 €.

Reckzone	
Sichtzone	
Greifzone	
Bückzone	

4.1.3 Verkaufskalkulation anwenden

4.1.3.1 Kalkulation des Verkaufspreises mit Einzelzuschlägen

Die Geschäftsführer der RAND OHG haben beschlossen, neben den Warengruppen Spielwaren, Haushalt/Elektro, Textilien und Schreibwaren eine weitere Warengruppe „Werbegeschenke" aufzunehmen. Alfred Maier, Prokurist der RAND OHG, wird damit beauftragt, die Verkaufspreise für diese neue Warengruppe zu kalkulieren. Er hat u. a. folgende Zahlen vorliegen:

Warengruppe 5: Werbegeschenke				
Artikelbezeichnung	Art.-Nr.	Bezugs-/ Einstandspreis in €	Handlungskostenzuschlagssatz	Gewinnzuschlagssatz
Blu-Ray-Player D-245	387B654	111,57	30 %	40 %
Armbanduhr „Bahnhof"	154B369	9,80	40 %	50 %
Modellauto Citroën 2CV „Ente"	374B132	16,21	50 %	30 %

Da Herr Maier arbeitsmäßig überlastet ist, bittet er den Auszubildenden Werner Krull, für ihn die Berechnungen vorzunehmen.

Arbeitsaufträge
- *Stellen Sie das Kalkulationsschema zur Ermittlung der Verkaufspreise auf.*
- *Berechnen Sie die Nettoverkaufspreise für den Blu-Ray-Player, die Armbanduhr und den Citroën 2CV mit den angegebenen Zuschlagssätzen.*

Da der Großhandelsbetrieb die eingekauften Waren grundsätzlich ohne Veränderung wieder verkauft, baut die Angebotskalkulation auf dem **Bezugs-/Einstandspreis** des Artikels auf. Für die Kalkulation können die Zuschlagssätze der entsprechenden Warengruppe zugrunde gelegt werden, wenn ihre Berechnung noch nicht lange zurückliegt. Haben sich die Gemeinkosten

→ LS

Lernfeld 4: Ein bedarfsgerechtes Sortiment gestalten, kalkulieren und kontrollieren

jedoch zwischenzeitlich geändert (z. B. gestiegene Löhne und Gehälter, gestiegene Kraftstoffpreise, Änderung der Telefonentgelte und Porti), müssen die Zuschlagssätze entsprechend angepasst werden. Neben der Deckung der Handlungskosten versucht der Großhändler bei der Kalkulation, einen **ausreichenden Gewinn** zu berücksichtigen.

Da alle Umsätze umsatzsteuerpflichtig sind, muss er, um den Rechnungsbetrag zu ermitteln, auch die Umsatzsteuer auf den Nettorechnungsbetrag zuschlagen. Wegen der Konkurrenzsituation jedes Großhandelsunternehmens muss bei der **Verkaufskalkulation** darauf geachtet werden, dass der übliche Marktpreis nicht überschritten wird.

Ausgangspunkt für die **Berechnung des Nettoverkaufspreises** ist der **Bezugspreis (Einstandspreis)**. Auf den Bezugs-/Einstandspreis werden die **Handlungskosten** zugeschlagen. Auf den sich daraus ergebenden **Selbstkostenpreis** rechnet der Großhändler den **Gewinn** und erhält den **Nettoverkaufspreis**. Auf den Nettoverkaufspreis muss der Händler bei Rechnungserteilung noch 19 % Umsatzsteuer hinzurechnen.

Hieraus ergibt sich folgendes Kalkulationsschema für die Berechnung des Nettoverkaufspreises:

	Vorwärtskalkulation
Bezugspreis (Einstandspreis)	
+ Handlungskosten	
Selbstkostenpreis	
+ Gewinn	
Nettoverkaufspreis	

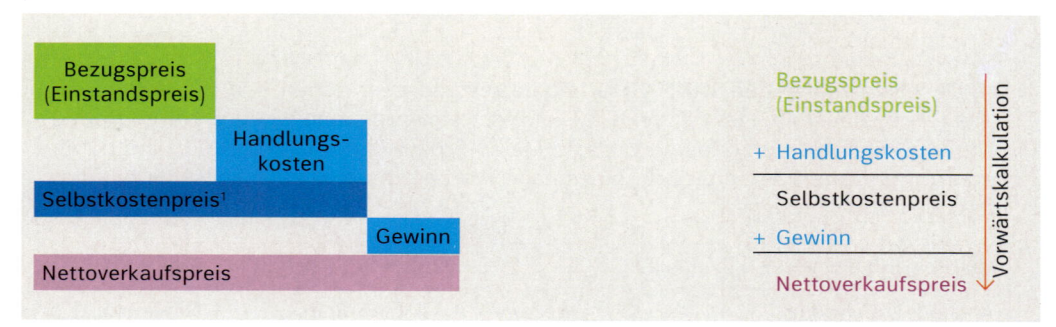

■ Vom Bezugs- oder Einstandspreis zum Nettoverkaufspreis

Einflussgrößen des Betriebserfolges

Der **Betriebserfolg (Gewinn/Verlust)** eines Unternehmens wird einerseits durch die **Umsatzerlöse**, andererseits durch die **Kosten** beeinflusst. Die Kosten setzen sich aus den Anschaffungskosten der einzelnen Artikel und den **Handlungskosten**, die Umsatzerlöse aus dem Umsatz der einzelnen Warengruppen zusammen.

Beispiele *für die RAND OHG*

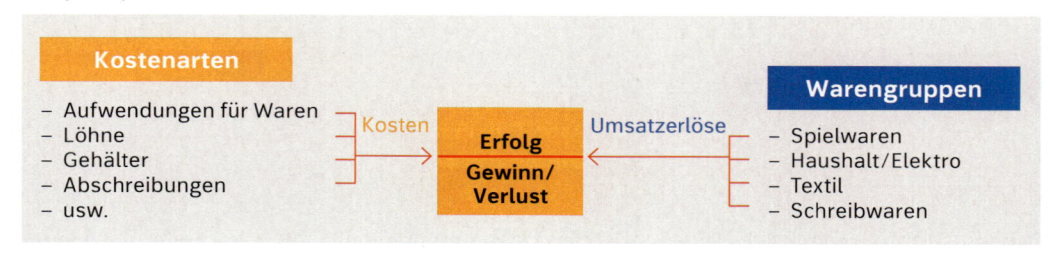

Kostenarten
- Aufwendungen für Waren
- Löhne
- Gehälter
- Abschreibungen
- usw.

→ Kosten → **Erfolg Gewinn/Verlust** ← Umsatzerlöse ←

Warengruppen
- Spielwaren
- Haushalt/Elektro
- Textil
- Schreibwaren

---

[1] Anstelle des Begriffes „Selbstkostenpreis" wird in der Praxis der abgekürzte Begriff „Selbstkosten" verwandt.

4.1 Leistungsprogrammplanung

Nehmen beispielsweise die Umsatzerlöse einer Warengruppe (z. B. Spielwaren) ab oder steigen deren Anschaffungskosten, kann der Gewinn dadurch abnehmen.

Der Unternehmer muss also laufend die Einflussgrößen des Gewinns beobachten, d. h.

- einerseits die **Umsatzerlöse** insgesamt und die Umsatzerlöse der einzelnen Warengruppen,
- andererseits die **Kosten** insgesamt und die Kosten der einzelnen Warengruppen.

Gemein- und Einzelkosten
Soll die Wirtschaftlichkeit einzelner Warengruppen betrachtet werden, sind den Umsatzerlösen der jeweiligen Warengruppe die entsprechenden Kosten gegenüberzustellen.

Das setzt voraus, dass die ermittelten Kosten den einzelnen Waren zugerechnet werden. In Unternehmen mit mehreren Warengruppen ist das jedoch nicht exakt möglich, weil zahlreiche Kostenarten **für mehrere** oder **alle Warengruppen gemeinsam** anfallen.

Gemeinkosten
Solche Kosten, die durch mehrere Warengruppen oder alle Warengruppen verursacht werden, sind **Gemeinkosten**. Sie können den einzelnen Warengruppen oder Aufträgen nur auf dem Weg besonderer Umlageverfahren zugerechnet werden.

Beispiele Gemeinkosten der RAND OHG
- Kosten der Entsorgung (Verpackung, Lösungsmittel, Altöl der Fahrzeuge)
- Brennstoffe und Energie
- Gehälter und entsprechende soziale Abgaben
- Aufwendungen für Fremdleistungen (z. B. Fremdinstandsetzungen)
- Lagermiete, Lagerreinigung
- Aufwendungen für Kommunikation (Büromaterial, Fachliteratur, Postentgelte, Werbung)
- Aufwendungen für Versicherungen
- Steuern, Gebühren

Einzelkosten
Kostenarten, die **einzelnen Warengruppen direkt** zugeordnet werden können, werden als **Einzelkosten** bezeichnet.

Beispiele
- *Entgelte für die eingesetzten Waren und deren Beschaffung (Anschaffungskosten)*
- *Ausgangsfracht für einen bestimmten Kundenauftrag*
- *Versandverpackung für einen bestimmten Kundenauftrag*
- *Kundenskonto*

Handlungskostenzuschlagssatz und Selbstkostenpreis
Durch die Lagerung, die Verwaltung und den Verkauf der Waren entstehen in jedem Unternehmen betriebliche Aufwendungen, die in der Kalkulation als **Geschäftskosten** oder **allgemeine Handlungskosten** bezeichnet werden. Hierzu zählen u. a. Miete, Gewerbesteuern, Personalkosten, Büromaterial, Werbung, Postentgelte usw.

Berechnung des Handlungskostensatzes/-zuschlagssatzes
Mithilfe der Unterlagen aus der Buchführung kann der prozentuale Anteil der Handlungskosten am Wareneinsatz (Umsatz zu Einstands- oder Bezugspreisen) festgestellt werden.

Beispiel *Die RAND OHG entnimmt ihrer Buchführung folgende Zahlenwerte: Warenumsatz 1 817 500,00 €, Handlungskosten 1 544 875,00 €*

Wie viel Prozent beträgt der Handlungskostensatz/-zuschlagssatz?

Lernfeld 4: Ein bedarfsgerechtes Sortiment gestalten, kalkulieren und kontrollieren

Lösung
② 1 817 500,00 € (Wareneinsatz)[1] = 100 %
① 1 544 875,00 € (Handlungskosten) = x

③ $x = \dfrac{1\,544\,875 \cdot 100}{1\,817\,500}$ $x = \underline{\underline{85\,\%}}$

Der Handlungskostensatz beträgt 85 %.

Hieraus ergibt sich für die Berechnung des Handlungskostensatzes/-zuschlagssatzes folgende Formel:

$$\text{Handlungskostensatz/-zuschlagssatz} = \dfrac{\text{Handlungskosten} \cdot 100}{\text{Wareneinsatz}}$$

Rechenweg
① Ermitteln Sie die Summe der Handlungskosten durch Addition aller Kosten.
② Ermitteln Sie den Wareneinsatz.
③ Berechnen Sie den Handlungskostensatz/-zuschlagssatz mithilfe des Dreisatzes oder obiger Formel.

Berechnung des Selbstkostenpreises
Der Selbstkostenpreis wird ermittelt, indem man zum Bezugs-/Einstandspreis die Geschäfts- oder Handlungskosten addiert, wobei die Geschäfts- oder Handlungskosten vom Bezugs-/Einstandspreis berechnet werden.

Beispiel Die RAND OHG kalkuliert einen neuen Artikel, dessen Bezugs-/Einstandspreis 35,00 € beträgt, mit einem Handlungskostenzuschlagssatz von 85 %. Wie viel Euro beträgt der Selbstkostenpreis?

Lösung
① Bezugs-/Einstandspreis   100 %   35,00 €
   + Handlungskosten   85 %   29,75 €
② Selbstkostenpreis   185 %   64,75 €

Der Selbstkostenpreis beträgt 64,75 €.

Rechenweg
① Stellen Sie das Kalkulationsschema vom Bezugs-/Einstandspreis zum Selbstkostenpreis auf.
② Ermitteln Sie mithilfe des Dreisatzes den Selbstkostenpreis.

Gewinnzuschlag und Nettoverkaufspreis
Jeder Großhändler will einen Gewinn erzielen, also muss er ihn einkalkulieren. Dies geschieht durch Zuschlag auf den Selbstkostenpreis mithilfe eines Prozentsatzes (Gewinnzuschlagssatz).

Der Gewinn wird in der Kalkulation prozentual von den Selbstkosten errechnet (Gewinnzuschlag) und dem Selbstkostenpreis zugeschlagen. Somit ergibt sich folgendes Kalkulationsschema:

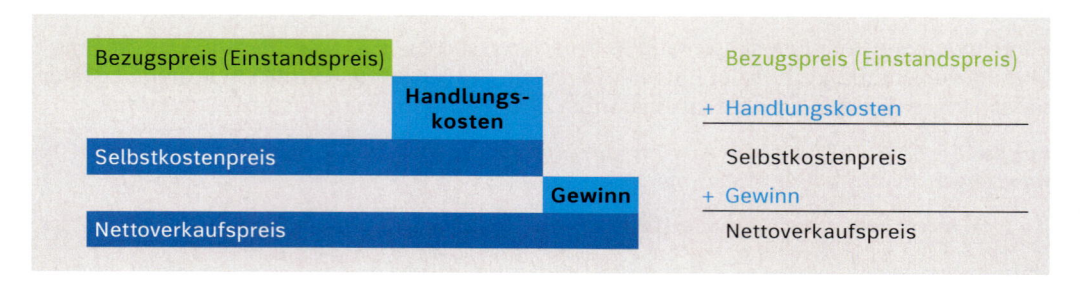

Bezugspreis (Einstandspreis)
+ Handlungskosten
Selbstkostenpreis
+ Gewinn
Nettoverkaufspreis

[1] Wareneinsatz = verkaufte Waren bewertet zum Bezugs- oder Einstandspreis

4.1 Leistungsprogrammplanung

Berechnung des Nettoverkaufspreises
Durch Addition des Gewinns zum Selbstkostenpreis ergibt sich der Nettoverkaufspreis.

Beispiel Wie viel Euro beträgt der Nettoverkaufspreis für einen neuen Artikel, dessen Bezugs-/Einstandspreis 35,00 € beträgt, wenn die RAND OHG mit einem Handlungskostenzuschlagssatz von 85 % und einem Gewinnzuschlagssatz von 6 % rechnet?

Lösung					
①	Bezugs-/Einstandspreis	100 %		35,00 €
	+ Handlungskosten	85 %		29,50 €
②	Selbstkostenpreis	185 %	100 %	64,75 €
	+ Gewinn		6 %	3,89 €
③	Nettoverkaufspreis		106 %	68,64 €

Der Nettoverkaufspreis beträgt 68,64 €

Rechenweg
① Stellen Sie das Kalkulationsschema vom Bezugs-/Einstandspreis zum Nettoverkaufspreis auf.
② Ermitteln Sie den Selbstkostenpreis.
③ Ermitteln Sie mithilfe des Dreisatzes den Nettoverkaufspreis. Der Selbstkostenpreis beträgt 100 %.

Zusammenfassung: Kalkulation des Verkaufspreises mit Einzelzuschlägen

- **Einzelkosten und Gemeinkosten**

Einzelkosten	Gemeinkosten
– Kostenarten, die dem einzelnen Artikel oder der einzelnen Warengruppe direkt zugerechnet werden können	– Kostenarten, die durch mehrere Warengruppen oder Artikel verursacht werden und somit nicht direkt zugerechnet werden können – Sie werden den einzelnen Warengruppen oder Artikeln auf dem Wege besonderer Umlageverfahren zugerechnet.

- **Schema zur Ermittlung des Nettoverkaufspreises:**

Bezugs-/Einstandspreis	100 %
+ Handlungskosten	(vom Hundert)
Selbstkostenpreis	100 %
+ Gewinn	(vom Hundert)
Nettoverkaufspreis	= 100 %

Aufgaben

1 Welche der folgenden Kosten der RAND OHG sind
a) Einzelkosten, b) Gemeinkosten?
Kosten der RAND OHG
1. Wareneinsatz „Spielwaren"
2. Stromverbrauch des Betriebes
3. Kfz-Steuer für die Betriebs-Lkw
4. Werbeanzeigen für Sonderangebote an Bürobedarf
5. Treibstoffverbrauch des Lkw
6. Transportverpackung für verkaufte Waren
7. Miete für die Verwaltungsräume
8. Lohnzahlung an die Mitarbeiter im Lager

2 Berechnen Sie für folgende Artikel den Nettoverkaufspreis.

	Bezugs-/Einstandspreis in €	Handlungskosten-zuschlagssatz in %	Gewinnzuschlagssatz in %
a)	2,60	25	12,5
b)	86,00	15	$8^{1}/_{3}$
c)	136,00	10	10
d)	422,00	$16^{2}/_{3}$	15

3 Berechnen Sie unter Berücksichtigung folgender Angaben den Handlungskostenzuschlagssatz.

	Bezugspreis (Einstandspreis) der verkauften Waren in € = Wareneinsatz	Handlungskosten in €
a)	200 800,00	50 000,00
b)	460 000,00	115 000,00
c)	733 000,00	165 000,00
d)	930 000,00	215 500,00

4 Berechnen Sie den Selbstkostenpreis nachfolgender Artikel.

	Listenein-kaufspreis in €	Liefererrabatt in %	Liefererskonto in %	Fracht in €	Handlungs-kostenzu-schlagssatz in %
a)	8,60	10	2	0,30	12,5
b)	68,00	20	2,5	5,60	15
c)	388,00	25	3	25,00	20
d)	645,00	12,5	2	45,00	10

5 Ein Artikel wird mit einem Nettoverkaufspeis von 17,25 € verkauft. Der Selbstkostenpreis betrug 15,00 €. Wie viel Prozent betrug der Gewinnzuschlagssatz?

6 Berechnen Sie den Nettoverkaufspreis für nachfolgende Waren.

	Listenein-kaufs-preis in €	Lieferer-rabatt in %	Bezugs-kosten in €	Handlungs-kosten-zuschlagssatz in %	Gewinn-zuschlags-satz in %
a)	310,00	10	12,00	20	15
b)	680,00	20	25,00	15	25
c)	6,80	5	0,30	25	30
d)	1,20	2,5	0,10	$16^{2}/_{3}$	20

7 Einem Großhändler liegen drei Angebote für eine neue Ware vor: Ermitteln Sie den Nettoverkaufspreis für jedes Angebot.

	Listenein-kaufspreis in €	Liefererrabatt in %	Bezugskosten in €	Handlungs-kostenzu-schlagssatz in %	Gewinnzu-schlagssatz in %
a)	420,00	10	12,00	20	25
b)	450,00	15	7,50	20	25
c)	400,00	5	10,00	20	25

8 Der Selbstkostenpreis einer Ware beträgt 62,50 €. Der Großhändler kalkuliert mit 25 % Handlungskosten und 4 % Gewinn.
a) Wie viel Euro beträgt der Nettoverkaufspreis?
b) Wie viel Euro betrug der Bezugs-/Einstandspreis?

9 Kalkulieren Sie den Listenverkaufspreis:

	Bezugspreis/ Einstandspreis in €	Handlungskosten- zuschlagssatz in %	Gewinnzuschlagssatz in %
a)	16,00	20	10
b)	44,00	25	15
c)	112,00	25	$16^2/_3$
d)	388,00	$33^1/_3$	25

4.1.3.2 Vereinfachte Kalkulation mit Kalkulationszuschlag und Kalkulationsfaktor

Nachdem der Auszubildende Werner Krull etwa 30 Verkaufspreise für verschiedene Werbegeschenke kalkuliert hat, beginnt er laut zu schimpfen. „Das ist ja eine Arbeit für Sträflinge. Immer wieder muss ich die gleichen Berechnungen vornehmen. Ich habe bereits zum vierten Mal bei einem Artikel 30 % Handlungskosten und 40 % Gewinnzuschlag ausrechnen müssen, um den Nettoverkaufspreis zu ermitteln. Vor lauter Zahlen sehe ich schon nichts mehr." Herr Maier, der zufällig vorbeikommt und die Äußerungen von Werner mitbekommen hat, lächelt und sagt: „Überlegen Sie doch einmal, wie Sie sich die Arbeit vereinfachen können."

Arbeitsaufträge
– *Überlegen Sie, welche Vereinfachungen Werner bei der Kalkulation der Verkaufspreise vornehmen kann.*
– *Ermitteln Sie den Kalkulationszuschlagssatz.*
– *Ermitteln Sie den Kalkulationsfaktor.*
– *Erläutern Sie den Zusammenhang zwischen Kalkulationszuschlag und Kalkulationsfaktor.*

Lernfeld 4: Ein bedarfsgerechtes Sortiment gestalten, kalkulieren und kontrollieren

■ Vereinfachungsverfahren bei der Vorwärtskalkulation

Das **Kalkulieren von Verkaufspreisen** ist normalerweise sehr zeitraubend. Deshalb wird in der Praxis nicht jeder einzelne Artikel in der bisher dargestellten Weise kalkuliert. Da für die einzelnen Warengruppen über gewisse Zeiträume die allgemeinen Geschäftskosten (Handlungskosten) der Gewinnzuschlag konstant bleiben, kann die Kalkulation vereinfacht werden, indem man die einzelnen prozentualen Zuschläge zu einem Gesamtprozentsatz, dem **Kalkulationszuschlagssatz** zusammenfasst[1]. Der Kalkulationszuschlag kann auch als Kalkulationsfaktor ausgedrückt werden.

Kalkulationszuschlagssatz

Ausgangspunkt für die Errechnung des **Kalkulationszuschlagssatzes** ist der Bezugspreis (Einstandspreis), der immer 100 % entspricht.

> *Der Kalkulationszuschlagssatz ist die Differenz zwischen Bezugs-/Einstandspreis und Nettoverkaufspreis, ausgedrückt in Prozent des Bezugs-/Einstandspreises.*

Viele gebräuchliche Kalkulationszuschläge sind in Tabellen erfasst, aus denen die Nettoverkaufspreise einfach abgelesen werden können.

Um den Kalkulationszuschlagssatz berechnen zu können, müssen entweder die einzelnen Prozentsätze für die Handlungskosten und den Gewinn bekannt sein oder Bezugspreis (Einstandspreis) und Nettoverkaufspreis einer Ware müssen gegeben sein.

Prozentsätze für die einzelnen Zuschläge sind bekannt.
Beispiel Die RAND OHG kalkuliert einen neuen Artikel mit 85 % Handlungskosten und 6 % Gewinn. Wie viel Euro beträgt der Kalkulationszuschlag und wie viel Prozent der Kalkulationszuschlagssatz?
In diesem Fall ist der Bezugspreis (Einstandspreis) nicht bekannt. Er wird daher mit 100 angesetzt.

Lösung

①		Bezugs-/Einstandspreis	100,00 €	②	100 %	
	+	Handlungskosten	85,00 €		85 %	
		Selbstkostenpreis	185,00 €		185 %	100 %
	+	Gewinn	11,10 €			6 %
③		Nettoverkaufspreis	196,10 €			106 %
		Nettoverkaufspreis				196,10 €
④	–	Bezugspreis (Einstandspreis)				100,00 €
		Kalkulationszuschlag in €				96,10 €
⑤		Kalkulationszuschlagssatz				96,10 %

In diesem Fall entspricht der Kalkulationszuschlag in Euro (96,10 €) dem Kalkulationszuschlagssatz in Prozent (96,10 %).

Rechenweg
① Stellen Sie das Kalkulationsschema auf.
② Setzen Sie den Bezugspreis gleich 100,00 € oder 100 %.
③ Ermitteln Sie den Nettoverkaufspreis.
④ Ermitteln Sie die Differenz zwischen dem Bezugspreis (Einstandspreis) und dem Nettoverkaufspreis und Sie erhalten dann den Kalkulationszuschlag.
⑤ Kalkulationszuschlag in Euro, Kalkulationszuschlag in Prozent.

---

[1] *Im Einzelhandel wird die Umsatzsteuer zusätzlich im Kalkulationszuschlagssatz berücksichtigt, weil die Preisangabenverordnung die Angabe des vergleichbaren Bruttoverkaufspreises für den Konsumenten verlangt.*

4.1 Leistungsprogrammplanung

Bezugspreis (Einstandspreis) und Nettoverkaufspreis sind bekannt.

Beispiel Der Bezugspreis (Einstandspreis) eines neuen Artikels beträgt in der RAND OHG 13,00 €. Der Artikel wird zu einem Nettoverkaufspreis von 24,90 € verkauft.
Wie hoch ist der Kalkulationszuschlagssatz?
In diesem Fall sind der Bezugspreis (Einstandspreis) und der Nettoverkaufspreis bekannt. Der Kalkulationszuschlag in Euro kann somit durch Subtraktion des Bezugspreises (Einstandspreis) vom Nettoverkaufspreis ermittelt werden. Mithilfe des Dreisatzes wird der Kalkulationszuschlagssatz berechnet.

Lösung

	Nettoverkaufspreis	24,90 €
①	− Bezugspreis (Einstandspreis)	13,00 €
	Kalkulationszuschlag in €	11,90 €
②	Bezugs-/Einstandspreis	13,00 € = 100 %
③	Kalkulationszuschlag	11,90 € = x

$$x = \frac{11{,}90 \cdot 100}{13} \qquad x = 91{,}54\,\%$$

Der Kalkulationszuschlagssatz beträgt 91,54 %.

Hieraus lässt sich für die Berechnung des Kalkulationszuschlagssatzes folgende Formel ableiten:

$$\text{Kalkulationszuschlagssatz} = \frac{(\text{Nettoverkaufspreis} - \text{Bezugs-/Einstandspreis}) \cdot 100}{\text{Bezugs-/Einstandspreis}}$$

Rechenweg
① Ermitteln Sie die Differenz zwischen Nettoverkaufspreis und Bezugspreis (Einstandspreis).
② Setzen Sie den Bezugspreis (Einstandspreis) gleich 100 %.
③ Bilden Sie den Fragesatz, indem Sie den Kalkulationszuschlag in Euro als gesuchte Größe (x) einsetzen.
④ Berechnen Sie den Kalkulationszuschlagssatz mithilfe des Dreisatzes oder benutzen Sie obige Formel.

Kalkulationsfaktor[1]

In der Praxis des Handels wird zur Vereinfachung der Ermittlung des Nettoverkaufspreises nicht nur der Kalkulationszuschlag verwendet, sondern auch der Kalkulationsfaktor. Während der Kalkulationszuschlag zum Bezugs-/Einstandspreis addiert wurde, um den Nettoverkaufspreis zu erhalten, wird der **Kalkulationsfaktor** mit dem Bezugs-/Einstandspreis multipliziert.

Da der Kalkulationsfaktor den Nettoverkaufspreis für 1,00 € Bezugspreis (Einstandspreis) darstellt, kann seine Berechnung erfolgen

1. mithilfe des Dreisatzes, wenn der Bezugspreis (Einstandspreis) und der Nettoverkaufspreis gegeben sind,
2. mithilfe des Kalkulationsschemas von 1,00 € ausgehend, wenn die Einzelzuschläge gegeben sind und der Bezugs-/Einstandspreis nicht bekannt ist.

Bezugs-/Einstandspreis und Nettoverkaufspreis sind gegeben.
Beispiel Die RAND OHG verkauft einen Artikel zum Nettoverkaufspreis von 24,90 €, der Bezugs-/Einstandspreis beträgt 13,00 €. Berechnen Sie den Kalkulationsfaktor.

---

[1] Im Einzelhandel wird die Umsatzsteuer zusätzlich im Kalkulationsfaktor berücksichtigt.

Lernfeld 4: Ein bedarfsgerechtes Sortiment gestalten, kalkulieren und kontrollieren

Lösung
Wenn man die Berechnung des Kalkulationszuschlages nicht auf 100,00 €, sondern auf 1,00 € bezieht, dann entspricht 1,00 € Bezugspreis (Einstandspreis) = $\frac{24{,}90}{13}$ = 1,9154 € Nettoverkaufspreis, denn

13,00 € *(Bezugspreis)*   = 24,90 € *(Nettoverkaufspreis)*
1,00 €   = x

$$x = \frac{24{,}90 \cdot 1}{13} \quad x = \underline{1{,}9154} \quad \text{Der Kalkulationsfaktor beträgt 1,9154.}$$

Hieraus lässt sich folgende Formel für die Berechnung des Kalkulationsfaktors ableiten:

$$\text{Kalkulationsfaktor} = \frac{\text{Nettoverkaufspreis}}{\text{Bezugspreis (Einstandspreis)}}$$

Der Kalkulationsfaktor sollte immer auf vier Stellen hinter dem Komma errechnet werden, da sonst Abweichungen auftreten können.

Der Kalkulationszuschlagssatz ist gegeben.
Wenn der Kalkulationszuschlagssatz bekannt ist, kann man den Kalkulationsfaktor folgendermaßen errechnen:

$$\text{Kalkulationsfaktor} = \frac{\text{Kalkulationszuschlagssatz} + 100}{100}$$

Beispiel Der Kalkulationszuschlagssatz eines Artikels der RAND OHG beträgt 80 %. Berechnen Sie den Kalkulationsfaktor.

Lösung
Kalkulationsfaktor = $\frac{80 + 100}{100}$ = 1,8   Der Kalkulationsfaktor beträgt 1,8.

Weitere Beispiele

Kalkulationszuschlag	Kalkulationsfaktor	Kalkulationszuschlag	Kalkulationsfaktor
20 %	1,2	200 %	3
55,5 %	1,555	260 %	3,6
100 %	2	300 %	4
143,5 %	2,435	350 %	4,5
180 %	2,8	400 %	5

Berechnung des Nettoverkaufspreises mithilfe des Kalkulationsfaktors
Wenn der Bezugspreis (Einstandspreis) und der Kalkulationsfaktor bekannt sind, kann man den Nettoverkaufspreis errechnen, indem man den Bezugs-/Einstandspreis mit dem Kalkulationsfaktor multipliziert.

$$\textbf{Nettoverkaufspreis} = \text{Bezugs-/Einstandspreis} \cdot \text{Kalkulationsfaktor}$$

Beispiel Der Bezugspreis (Einstandspreis) eines Artikels der RAND OHG beträgt 13,00 €. Der Kalkulationsfaktor ist angegeben mit 1,9154. Berechnen Sie den Nettoverkaufspreis.

Lösung
Nettoverkaufspreis = 13 · 1,9154 = $\underline{24{,}90\ €}$ Der Nettoverkaufspreis beträgt 24,90 €.

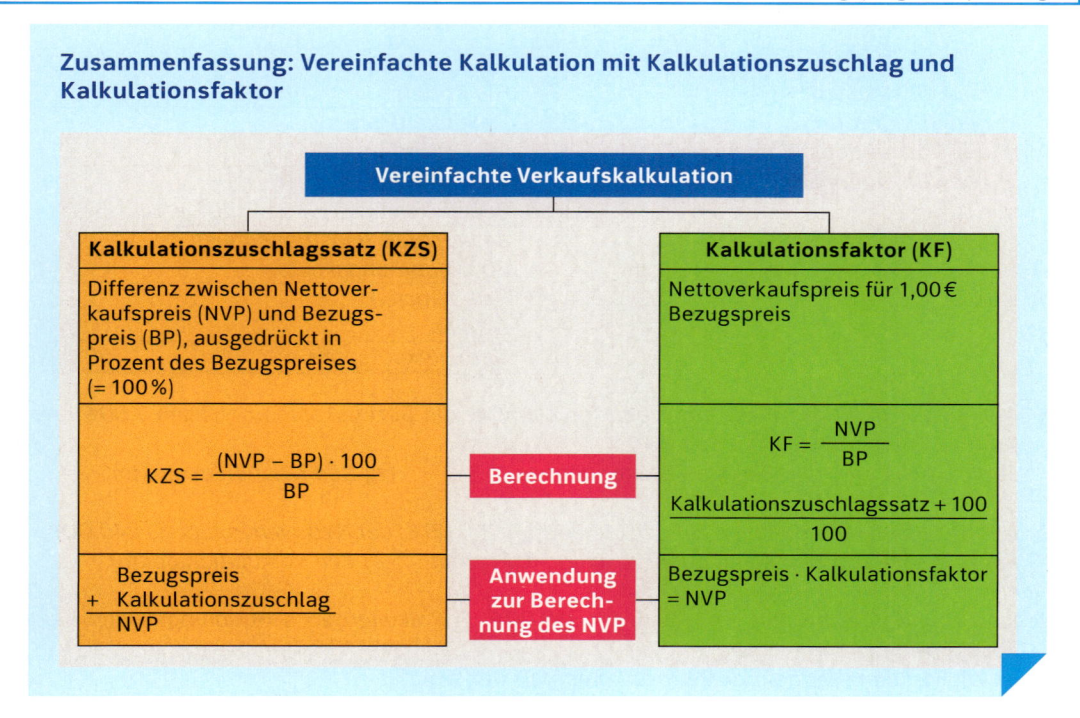

Zusammenfassung: Vereinfachte Kalkulation mit Kalkulationszuschlag und Kalkulationsfaktor

Vereinfachte Verkaufskalkulation

Kalkulationszuschlagssatz (KZS)

Differenz zwischen Nettoverkaufspreis (NVP) und Bezugspreis (BP), ausgedrückt in Prozent des Bezugspreises (= 100 %)

$$KZS = \frac{(NVP - BP) \cdot 100}{BP}$$

Bezugspreis
+ Kalkulationszuschlag
NVP

Berechnung

Anwendung zur Berechnung des NVP

Kalkulationsfaktor (KF)

Nettoverkaufspreis für 1,00 € Bezugspreis

$$KF = \frac{NVP}{BP}$$

$$\frac{\text{Kalkulationszuschlagssatz} + 100}{100}$$

Bezugspreis · Kalkulationsfaktor = NVP

Aufgaben

1 Berechnen Sie den Kalkulationszuschlagssatz und den Kalkulationsfaktor folgender Artikel.

Artikel	Bezugs-/Einstandspreis in €	Nettoverkaufspreis in €
I	278,00	619,00
II	24,80	68,19
III	846,60	1 299,00
IV	0,96	3,89

2 Berechnen Sie für folgende Artikel den Nettoverkaufspreis und den Kalkulationsfaktor.

Artikel	Bezugs-/Einstandspreis in €	Kalkulationszuschlagssatz in %
I	154,50	80,9
II	6,30	165,08
III	38,60	310
IV	2,20	33

3 Vervollständigen Sie nebenstehendes Kalkulationsschema für einen Artikel, dessen Nettoverkaufspreis und Listeneinkaufspreis vorgegeben sind.
Berechnen Sie
a) den Zieleinkaufspreis,
b) den Bareinkaufspreis,

Lernfeld 4: Ein bedarfsgerechtes Sortiment gestalten, kalkulieren und kontrollieren

c) den Bezugspreis (Einstandspreis),
d) die Selbstkosten,
e) den Reingewinn,
f) den Kalkulationsfaktor,
g) den Kalkulationszuschlag.

Listeneinkaufspreis	480,00 €
5 % Rabatt	? €
Zieleinkaufspreis	? €
3 % Skonto	? €
Bareinkaufspreis	? €
Bezugskosten	57,68 €
Bezugspreis (Einstandspreis)	? €
20 % Handlungskosten	? €
Selbstkosten	? €
Gewinn	? €
Nettoverkaufspreis	700,00 €

4 Der Bareinkaufspreis einer Ware beträgt 217,50 €, die Bezugskosten betragen 7,50 €, der Nettoverkaufspreis beträgt 450,00 €.
Ermitteln Sie   a) den Bezugs-/Einstandspreis,   b) den Kalkulationsfaktor.

5 Der Bezugs-/Einstandspreis einer Ware beträgt 150,00 €, der Nettoverkaufspreis 240,00 €.
Ermitteln Sie   a) den Kalkulationszuschlag in Prozent,   b) den Kalkulationsfaktor.

6 Ein Großhändler bezieht eine Ware für 310,00 €. Er kalkuliert 25 % Handlungskosten und 20 % Gewinn.
a) Wie viel Euro beträgt der Nettoverkaufspreis der Ware?
b) Wie viel Prozent beträgt der Kalkulationszuschlagssatz?
c) Ermitteln Sie den Kalkulationsfaktor.

7 Eine Ware, deren Bezugs-/Einstandspreis 160,00 € je 100 kg beträgt, wird mit 1,12 € je 500 g gelistet.
a) Wie viel Prozent beträgt der Kalkulationszuschlagssatz?
b) Ermitteln Sie den Kalkulationsfaktor.

4.2 Leistungsentwicklung

4.2.1 Kennziffern des Warenverkehrs berechnen

Herr Koch ist zu einer Tagung für Großhandelsunternehmen nach Essen gefahren. Dort trifft er auf Herrn Winter, den Eigentümer eines anderen Großhandelsunternehmens. Herr Koch: „Im letzten Jahr habe ich für 3 000 000,00 € Waren eingekauft, dabei habe ich immer den vom Lieferer gewährten Skonto ausgenutzt, ich bin sehr zufrieden mit meinem Geschäft." Herr Winter antwortet: „Ich habe für meinen Wareneinkauf genauso viel ausgegeben, unsere Unternehmen sind also vom Wareneinsatz her vergleichbar. Allerdings habe ich regelmäßig Probleme mit der Bezahlung meiner Verbindlichkeiten, Skonto kann ich nur selten ausnutzen, häufiger gerate ich in Zahlungsverzug. Mit fehlt einfach zusätzliches Kapital." Herr Koch antwortet daraufhin: „Wie hoch ist denn ihr Lagerbestand im Durchschnitt?" Herr Winter erwidert: „Was hat denn mein Lagerbestand mit meiner Zahlungsfähigkeit zu tun?"

4.2 Leistungsentwicklung

Arbeitsaufträge
- *Begründen Sie, warum Lagerbestände die Zahlungsfähigkeit eines Unternehmens beeinflussen können.*
- *Erläutern Sie die Umschlagshäufigkeit und die durchschnittliche Lagerdauer.*

■ Lagerbewegungsdaten

Es ist wichtig, den Lagerbestand so gering wie möglich zu halten, damit nicht zu viel Kapital durch lagernde Waren gebunden wird. Andererseits sollten soviel Waren gelagert werden, dass das Unternehmen die vom Kunden bestellten Waren liefern kann (**optimale Lagermenge**). Lagerbewegungen und Lagerkosten werden mit verschiedenen Kennziffern kontrolliert.

Umschlagshäufigkeit

Die im Lager des Großhändlers eingelagerte Ware bindet bis zum Verkauf an den Kunden Kapital. Um dieses Kapital möglichst schnell freizusetzen, ist der Großhändler darauf bedacht, die eingekaufte und gelagerte Ware wieder schnell zu verkaufen. Die Lagerdauer zwischen dem Wareneingang und dem Warenausgang verursacht zudem **Lagerkosten** durch Pflege, Miete für den Lagerraum, Kapitalbindung der gelagerten Waren, usw. Daher muss ein Kaufmann bestrebt sein, diese Kosten zu senken, und die Waren möglichst schnell umzusetzen. Die Häufigkeit des Umschlages ist deshalb zu einer wichtigen Wirtschaftlichkeitskennziffer geworden, weil damit gemessen werden kann, wie oft das in die Waren eingesetzte Kapital eine Rendite erbringt.

Beispiel *In der RAND OHG wurde in einem Jahr für 1050000,00 € Ware eingekauft (= Wareneinsatz), wobei alle eingekauften Waren auch verkauft wurden. Der durchschnittliche Lagerbestand betrug 37500,00 €. Hieraus kann abgeleitet werden, dass in einem Jahr der Lagerbestand 28-mal umgeschlagen wurde, d. h., der durchschnittliche Lagerbestand von 37500,00 € wurde 28-mal verkauft.*

$$\text{Umschlagshäufigkeit (UH)} = \frac{1\,050\,000,00\,€}{37\,500,00\,€} = \underline{\underline{28}}$$

In einem vergleichbaren Unternehmen betrug der Wareneinsatz ebenfalls 1050000,00 €. Der durchschnittliche Lagerbestand betrug aber 62500,00 €, er wurde nur 16,8-mal umgeschlagen.

$$\text{Umschlagshäufigkeit (UH)} = \frac{1\,050\,000,00\,€}{62\,500,00\,€} = \underline{\underline{16,8}}$$

Bei der RAND OHG waren im Durchschnitt nur 37500,00 € Kapital gebunden, beim zweiten Unternehmen 62500,00 €, obwohl beide wertmäßig gleich viel verkauft haben. Der RAND OHG standen also regelmäßig 25000,00 € mehr zur Verfügung. Die Kennziffern „28" bzw. „16,8" geben also an, wie häufig ein durchschnittlicher Lagerbestand (DLB) umgeschlagen wurde.

Hieraus lässt sich folgende Formel ableiten:

$$\text{Umschlagshäufigkeit (Umsatz)} = \frac{\text{Wareneinsatz}}{\text{DLB zu Bezugs-/Einstandspreisen}}$$

Der Wareneinsatz entspricht dem Umsatz zu Bezugs-/Einstandspreisen. Da zum Jahresanfang und -ende bei fast allen Artikeln Lagerbestände vorhanden sind, müssen sie bei der Berechnung des Wareneinsatzes berücksichtigt werden. Der Wareneinsatz ergibt sich, wenn zu dem Jahresanfangsbestand die Jahreseinkaufssumme (= alle Zugänge) addiert und der Jahresendbestand abgezogen wird.

Lernfeld 4: Ein bedarfsgerechtes Sortiment gestalten, kalkulieren und kontrollieren

Wareneinsatz = Anfangsbestand + Zugänge − Endbestand

Die Umschlagshäufigkeit kann auch auf den Absatz einer Ware bezogen werden, d. h., die Umschlagshäufigkeit bezieht sich auf die verkauften und gelagerten Stückzahlen einer Ware. Dies bietet sich an, wenn die Ware zu unterschiedlichen Bezugs-/Einstandspreisen beschafft wurde.

Beispiel In der RAND OHG wurden in einem Jahr 24 000 Paar Tennissocken verkauft. Im Durchschnitt waren 1 000 Paar Tennissocken auf Lager.

$$UH = \frac{24\,000 \text{ Stück}}{1\,000 \text{ Stück}} = \underline{\underline{24}} \quad \text{Die Umschlagshäufigkeit für Tennissocken beträgt somit 24.}$$

Hieraus ergibt sich folgende Formel:

$$\text{Umschlagshäufigkeit (Absatz)} = \frac{\text{Jahresabsatz (Stück)}}{\text{DLB (Stück)}}$$

Durchschnittliche Lagerdauer

Wenn die Umschlagshäufigkeit einer Ware bekannt ist, kann daraus ihre durchschnittliche Lagerdauer berechnet werden. Hieraus erkennt man den Zeitraum vom Eintreffen der Ware im Lager bis zum Verkauf an den Kunden, also wie lange die Ware durchschnittlich gelagert wurde.

Beispiel Tennissocken haben in der RAND OHG eine Umschlagshäufigkeit von 24. Das (kaufmännische) Jahr zählt 360 Tage, 360 : 24 = 15. Das bedeutet, dass der Artikel durchschnittlich 15 Tage auf Lager war.

Hieraus lässt sich folgende Formel ableiten:

$$\text{Durchschnittliche Lagerdauer} = \frac{360 \text{ (Tage)}}{\text{Umschlagshäufigkeit}}$$

Aufgaben

1 In einem Großhandelsunternehmen liegen folgende Angaben vor: Wareneinsatz: 600 000,00 €, durchschnittlicher Lagerbestand 50 000,00 €. Berechnen Sie die Umschlagshäufigkeit.

2 Die Umschlagshäufigkeit für Fernseher in einem Elektrogroßhandelsbetrieb beträgt 8. Der Jahresabsatz beträgt 320 Stück. Wie viele Geräte befanden sich im Durchschnitt auf Lager?

3 Von einem Artikel sind bekannt: Durchschnittlicher Lagerbestand 4 000,00 €, Umschlagshäufigkeit 20. Ermitteln Sie, wie hoch der Wareneinsatz war.

4 Ein Artikel hat eine Umschlagshäufigkeit von 6. Berechnen Sie die durchschnittliche Lagerdauer.

5 Das Warenbestandskonto eines Großhändlers weist folgende Werte aus: Anfangsbestand 200 000,00 €, Endbestand 280 000,00 €. Auf dem Wareneingangskonto wurden Einkäufe in Höhe von 1 280 000,00 € gebucht. Berechnen Sie
a) den Wareneinsatz in Euro,
b) den durchschnittlichen Lagerbestand in Euro,
c) die Umschlagshäufigkeit,
d) die durchschnittliche Lagerdauer.

4.2.2 Vorschläge für Sortimentsveränderungen unterbreiten

Sabine Freund, die Freundin von Oliver Rand, hat sich eine neue Bluse gekauft, ihre Freundin Kerstin Dahm fragt: *„Wo hast du denn dieses tolle Teil her, die Bluse ist ja super!"* Sabine: *„Die hab' ich in der Center Warenhaus GmbH zu einem Superpreis gekauft."* Kerstin: *„In diesem Omaladen kaufst du ein? Da kriegen mich keine zehn Pferde hinein!"* Sabine: *„Tja, hab' ich zuerst auch gedacht, aber ich musste mit meiner Mutter dahin, die brauchte ein neues Kostüm. Als ich dort war, fand ich deren Angebot gar nicht mehr so schlimm, die haben nicht mehr die ollen Klamotten, sondern richtig gute Sachen, auch für uns. Meine Mutter hat zwar gemeckert, dass die nicht mehr die piekfeinen und altmodischen Fummel haben, aber sie hat sich dann doch ein schickes Kostüm gekauft, richtig top sieht sie aus. Wenn sie nicht zwei Nummern größer als ich hätte, dann würde ich es auch tragen!"* Kerstin: *„Wie kommt es, dass ein Warenhaus wie die Center Warenhaus GmbH plötzlich ein ganz anderes Warenangebot als früher hat?"*

Arbeitsaufträge
- *Erläutern Sie einige Grundsätze, die bei der Sortimentsgestaltung zu beachten sind.*
- *Führen Sie Gründe an, weshalb sich ein Sortiment verändern kann.*
- *Erstellen Sie eine Liste aller Entscheidungen, die mit der Zusammensetzung und Gestaltung eines Sortiments verbunden sind.*

Ein **Sortiment** ist die Gesamtheit der in einem Handelsunternehmen zum Verkauf angebotenen Waren und Dienstleistungen.

■ Sortimentsbestimmende Faktoren (Sortimentskonzeptionen)

Die **Auswahl der Waren**, die in das Sortiment aufgenommen werden, richtet sich nach folgenden Grundsätzen:

Bedarfs- und Verwendungsorientierung
Hier werden Sortimente zusammengestellt, die ein bestimmtes Bedarfsbündel abdecken sollen. Merkmale sind der gleiche **Verwendungszweck**, **Verwendungsbereich** oder **Verwendungsanlass** der Waren.

Häufig wird auch ein Sortiment nach bestimmten **Bedarfsgruppen** zusammengestellt.

Beispiele Alles für den Heimwerker in der Abels Bau- und Hobbymarkt GmbH, Alles für das Baby in der Baby-Markt Verkaufs-GmbH, Alles für den Zweiradfahrer im Fahrrad-Center Mauel GmbH, Center Warenhaus GmbH

Preisorientierung
Der Einzel- oder Großhändler richtet hier sein Sortiment nach dem Preisniveau aus:

hochpreisige Sortimente – mittelpreisige Sortimente – Niedrigpreissortimente

Viele Einzel- und Großhändler betreiben aber Mischformen. Sie führen in ihrem Sortiment häufig Waren aus verschiedenen **Preisklassen**.

Beispiel Die Center Warenhaus GmbH führt Damenschuhe in verschiedenen Preisklassen.

Herkunfts- und Beschaffungsorientierung

Hier werden die Sortimente anhand bestimmter **Materialien**, bestimmter **Herkunftsgebiete** oder **Herkunftszeiten** (Epochen) oder bestimmten **Bezugsquellen** (Hersteller) zusammengestellt.

Beispiele
- *Materialien:* Wollstube, Glas- und Porzellanfachgeschäft, Fachgeschäft für Lederbekleidung
- *Herkunftsgebiete:* Schwedisches Möbelhaus, italienisches Modehaus, Abteilung für französische Weine
- *Herkunftszeiten:* Antiquitätenhandlung
- *Bezugsquellen (Hersteller):* Adidas, Puma, Benetton, Esprit

Verkaufsformorientierung

Die Einzel- und Großhändler haben die Wahl, seine Waren in **Selbstbedienung**, **Vorwahl**, **mit Bedienung oder Internet** zu verkaufen. Häufig wird nach dem Grundsatz verfahren:

So viel Bedienung wie nötig, so viel Selbstbedienung wie möglich!

Typisch für **Bedienungssortimente** sind hochwertige und erklärungsbedürftige Waren.

Beispiele Möbel (Exklusives Wohnen Waltraud Schiffer GmbH), Fotoartikel (Foto-Knirps), Herrenoberbekleidung (men-shop Bernd Kreitner GmbH), Textil-/Sport (Center Warenhaus GmbH)

Selbstbedienungssortimente bietet überwiegend der Lebensmitteleinzelhandel (Ausnahme Frischfleisch u. Ä.).

Beispiel Lebensmitteldiscount Schlegel KG

Vorwahlsortimente versuchen die Vorteile der Bedienungs- und Selbstbedienungssortimente zu vereinen. Hierzu eignen sich Waren, die nur geringen Erklärungsbedarf haben.

Beispiel Kaufland eG Supermarkt

■ Sortimentskontrolle

Mit der Sortimentskontrolle möchte ein Einzel- oder Großhändler erreichen, dass er ein **optimales Sortiment** führt. Hierbei stimmt das Sortiment mit den Kundenansprüchen überein (**Normalsortiment**, **Idealsortiment**).

Folgende **Sortimentsgefahren** sollen vermieden werden:

- **Untersortiment**: Es werden Waren von Kunden verlangt, die nicht geführt werden. Das Sortiment enthält Lücken. Dadurch werden Kundenwünsche nicht befriedigt, was letztlich zu Umsatzrückgang und Gewinneinbußen führt.

- **Übersortiment**: Das Sortiment enthält schwer verkäufliche Waren (Ladenhüter). Dies führt zu einer **zusätzlichen Kapitalbindung** und zu höheren Lagerkosten.

Renner-Penner-Liste
Sie gibt Auskunft über „Renner" (gut verkaufbare Ware) und „Penner" (schlecht verkaufbare Ware = Langsamdreher, Schleicher). Diese Liste, die regelmäßig erstellt werden sollte, gibt Aufschluss über tatsächliche Verkaufszahlen eines Artikels in einem bestimmten Zeitraum.

Beispiel

Center Warenhaus GmbH						Abteilung: Lebensmittel
Rennerliste nach Absatz: 20. Woche						
Artikelnummer EAN-/GTIN-Code	Bezeichnung	Warengruppe	Verkaufspreis netto (in €)	Absatz in Stück	Wochenumsatz netto (in €)	
4006272232121	Joghurt natur	20	0,38	2 100	798,00	
4011600001058	fr. Vollmilch 2 l	21	1,02	1 430	1 458,60	
4011600001270	fettarme Milch 2 l	21	0,98	925	906,50	
4002676300503	Frischkäse 500 g	29	1,15	83	95,45	
5000111001533	Parmesan 250 g	35	2,04	7	14,28	

Center Warenhaus GmbH						Abteilung: Lebensmittel
Rennerliste nach Umsatz: 20. Woche						
Artikelnummer EAN-/GTIN-Code	Bezeichnung	Warengruppe	Verkaufspreis netto (in €)	Absatz in Stück	Wochenumsatz netto (in €)	
4011600001058	fr. Vollmilch 2 l	21	1,02	1 430	1 458,60	
4011160001270	fettarme Milch 2 l	21	0,98	925	906,50	
4006272232121	Joghurt natur	20	0,38	2 100	798,00	
4002676300503	Frischkäse 500 g	29	1,15	83	95,45	
5000111001533	Parmesan 250 g	35	2,04	7	14,28	

■ Sortimentspolitische Entscheidungen

Um sein Sortiment den veränderten Marktbedingungen anzupassen, stehen dem Einzel- und Großhändler folgende **Maßnahmen zur Sortimentsgestaltung** zur Verfügung:

Sortimentsbereinigung: Einige Warengruppen werden aus dem Sortiment entfernt.

Beispiel Die Sportabteilung der Center Warenhaus GmbH führt ab sofort keine Artikel mehr aus dem Bereich Tennisbekleidung.

Sortimentserweiterung: Bisher nicht geführte Warengruppen werden ins Sortiment aufgenommen (**Diversifikation**) bzw. bereits vorhandene Warengruppen und Warenarten werden um weitere Artikel/Sorten ergänzt (**Differenzierung**).

Beispiele
- *Die Abels Bau- und Hobbymarkt GmbH nimmt Gartengeräte und -möbel in das bestehende Sortiment auf (**Diversifikation**).*
- *Die Center Warenhaus GmbH führte bisher nur Jeans von zwei Herstellern, jetzt soll Jeansware von sechs Herstellern geführt werden (**Differenzierung**).*

ABC-Analyse von Waren

Aufgrund der Erkenntnis, dass in den meisten Fällen eine relativ kleine Anzahl von Waren den Hauptteil des Wareneinsatzes repräsentiert, kann abgeleitet werden, dass diese Waren auch bei einer relativ geringen Anzahl von Lieferern bezogen werden. Für die Analyse von Waren kann die ABC-Analyse ein Instrument zur Ermittlung von Gütern sein, denen bei der Beschaffung besondere Aufmerksamkeit geschenkt werden muss. Sie klassifiziert die Beschaffungsobjekte eines Unternehmens nach deren mengen- und wertmäßiger Struktur. Die Mengen und Werte der in die ABC-Analyse einbezogenen Güter stehen dabei erfahrungsgemäß in folgendem Verhältnis.

Lernfeld 4: Ein bedarfsgerechtes Sortiment gestalten, kalkulieren und kontrollieren

A-Güter	geringer Mengenanteil (ca. 10%), hoher Wertanteil (ca. 70%)
B-Güter	Mittelstellung bei Menge (ca. 20%) und Wert (ca. 25%)
C-Güter	hoher Mengenanteil (ca. 70%), geringer Wertanteil (ca. 5%)

Beispiel ABC-Analyse der Warengruppe Textilien bei der Center Warenhaus GmbH

Artikel-Nr.	Preis/Stück in €	Jahresbedarf/Stück	Jahresbedarf/€	Rang	Gruppe
182 B 238	192,25	330	63 442,50	1	A
119 B 263	1,00	763	763,00	7	C
118 B 364	0,79	966	763,14	6	C
200 B 071	4,49	153	686,97	10	C
310 B 615	3,74	204	762,96	9	C
138 B 859	5,88	130	764,40	5	C
240 B 804	32,25	237	7 643,25	4	B
194 B 340	3,74	204	762,96	8	C
296 B 673	22,50	429	9 652,50	3	B
128 B 579	24,00	442	10 608,00	2	B

Aus dieser Tabelle kann z. B. abgeleitet werden, dass die Winterjacken für Damen (182B238) bereits 66,2% des Beschaffungswertes bei nur 8,6% des Mengenanteiles ausmacht. Die B-Güter sind Güter mit den Rängen 2 bis 4; sie vereinigen 29,1% des Beschaffungswertes auf sich. Die C-Güter sind lediglich mit 4,7% vertreten.

Mit der ABC-Analyse ist es möglich, das Wesentliche vom Unwesentlichen zu trennen, eine Beschaffungsstrategie zu entwickeln und Schwächen aufzudecken.

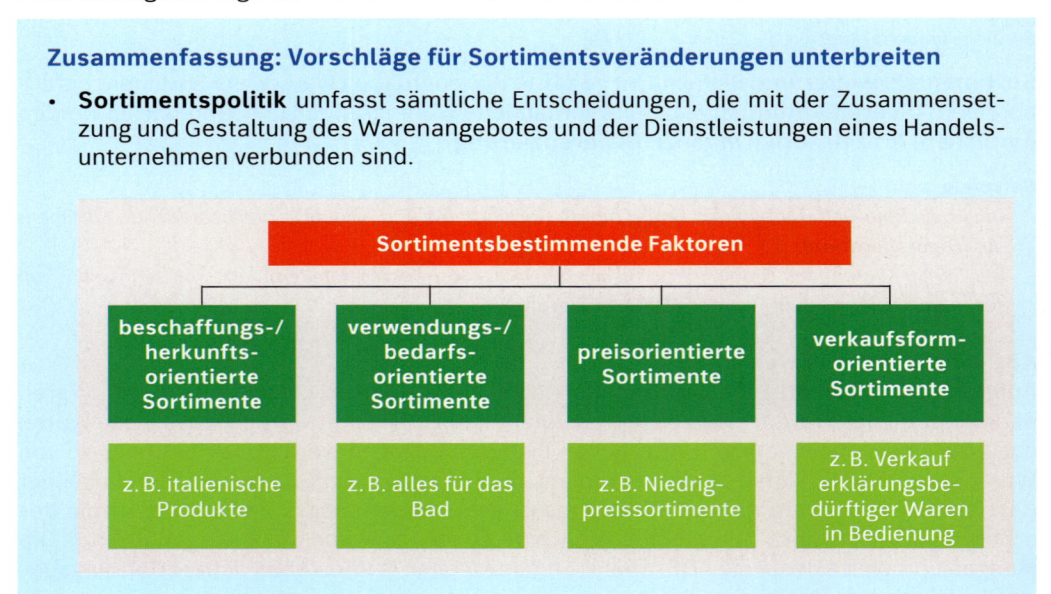

Zusammenfassung: Vorschläge für Sortimentsveränderungen unterbreiten

- **Sortimentspolitik** umfasst sämtliche Entscheidungen, die mit der Zusammensetzung und Gestaltung des Warenangebotes und der Dienstleistungen eines Handelsunternehmen verbunden sind.

Sortimentsbestimmende Faktoren

beschaffungs-/herkunftsorientierte Sortimente	verwendungs-/bedarfsorientierte Sortimente	preisorientierte Sortimente	verkaufsformorientierte Sortimente
z. B. italienische Produkte	z. B. alles für das Bad	z. B. Niedrigpreissortimente	z. B. Verkauf erklärungsbedürftiger Waren in Bedienung

4.2 Leistungsentwicklung

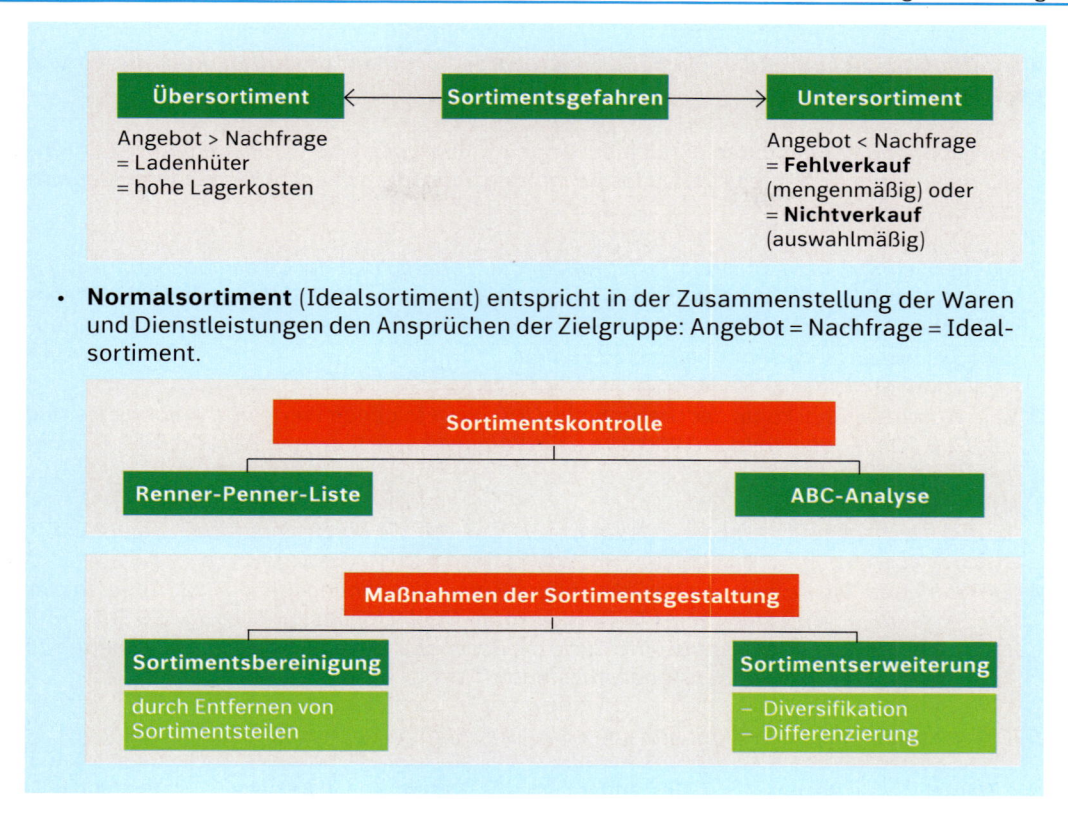

```
┌─────────────────┐      ┌──────────────────┐      ┌─────────────────┐
│  Übersortiment  │ ←──  │ Sortimentsgefahren│ ──→  │ Untersortiment  │
└─────────────────┘      └──────────────────┘      └─────────────────┘
Angebot > Nachfrage                                 Angebot < Nachfrage
= Ladenhüter                                        = **Fehlverkauf**
= hohe Lagerkosten                                  (mengenmäßig) oder
                                                    = **Nichtverkauf**
                                                    (auswahlmäßig)
```

- **Normalsortiment** (Idealsortiment) entspricht in der Zusammenstellung der Waren und Dienstleistungen den Ansprüchen der Zielgruppe: Angebot = Nachfrage = Idealsortiment.

```
                    ┌─────────────────────┐
                    │  Sortimentskontrolle │
                    └──────────┬──────────┘
          ┌────────────────────┴────────────────────┐
  ┌───────────────────┐                      ┌──────────────┐
  │ Renner-Penner-Liste│                      │  ABC-Analyse │
  └───────────────────┘                      └──────────────┘
```

```
                ┌────────────────────────────────────┐
                │  Maßnahmen der Sortimentsgestaltung │
                └──────────────────┬─────────────────┘
          ┌────────────────────────┴────────────────────────┐
  ┌────────────────────────┐                      ┌────────────────────────┐
  │ Sortimentsbereinigung  │                      │ Sortimentserweiterung  │
  ├────────────────────────┤                      ├────────────────────────┤
  │ durch Entfernen von    │                      │ – Diversifikation      │
  │ Sortimentsteilen       │                      │ – Differenzierung      │
  └────────────────────────┘                      └────────────────────────┘
```

Aufgaben

1. Bilden Sie je ein Beispiel für die folgenden Sortimentskonzeptionen:
   a) Bedarfsorientierung
   b) Preisorientierung
   c) Herkunftsorientierung
   d) Verkaufsformorientierung

2. Erläutern Sie Über- und Untersortiment.

3. Beschreiben Sie Maßnahmen zur Sortimentsgestaltung.

4. Wodurch wird die Sortimentsbildung eines Einzelhändlers beeinflusst?
   a) Jeder Einzelhändler orientiert sich beim Aufbau seines Sortiments ausschließlich am Sortiment seines größten Mitbewerbers.
   b) In das Sortiment eines Einzelhändlers werden in erster Linie Artikel mit einem hohen Wareneinsatz aufgenommen.
   c) Ausschlaggebend für alle im Sortiment erfassten Artikel sind hauptsächlich die Bezugs-/Einstandspreise.
   d) Entscheidend für die Sortimentszusammensetzung eines Einzelhändlers ist u. a. seine Verkaufs- und Betriebsform.
   e) Der Einzelhändler beachtet bei seiner Sortimentsbildung u. a. seine Lagergröße und die Altersstruktur seines Verkaufspersonals.

Lernfeld 4: Ein bedarfsgerechtes Sortiment gestalten, kalkulieren und kontrollieren

Wiederholung zu Lernfeld 4: Ein bedarfsgerechtes Sortiment gestalten, kalkulieren und kontrollieren

1 Ein Großhändler behauptet, er habe bei einer Warengruppe eine Verdoppelung seiner Umschlagshäufigkeit festgestellt. Ist das für ihn eine gute oder schlechte Feststellung? Begründen Sie Ihre Antwort.

2 Werner Schmick betreibt einen Textilgroßhandel. Er berechnet die Umschlagshäufigkeit für Sakkos. Wenn er die Warenmenge zugrunde legt, erhält er als Ergebnis die Zahl „15", bezieht er seine Berechnungen auf den Warenwert, so errechnet er die Kennziffer „13". Erläutern Sie, wie es zu diesem Unterschied kommt.

3 Das Warenbestandskonto der Grevenbrock OHG weist folgende Werte aus: Anfangsbestand 180 000,00 €, Endbestand 210 000,00 €. Die Wareneinkäufe betragen 920 000,00 €. Berechnen Sie
a) den Wareneinsatz,
b) den durchschnittlichen Lagerbestand,
c) die Umschlagshäufigkeit,
d) die durchschnittliche Lagerdauer.

4 Ein Großhandelsunternehmen berücksichtigt für eine Abrechnungsperiode 120 Tage. In dieser Zeit wurden 3 600 Stück eines Artikels verkauft. Der Meldebestand betrug 650 Stück, der durchschnittliche Lagerbestand 600 Stück, die Beschaffungszeit für diesen Artikel betrug 15 Arbeitstage. Ermitteln Sie den Mindestbestand.

5 Lösen Sie die folgenden Aufgaben unter Berücksichtigung der nachfolgenden Angaben.

Datum	Bezugs-/Einstandspreis in €	Bestand in Stück	Datum	Bezugs-/Einstandspreis in €	Bestand in Stück
01.01.	19,00	420	31.07.		377
31.01.		355	31.08.	19,00	419
28.02.		269	30.09.		321
31.03.		226	31.10.		254
30.04.	19,00	631	30.11.	19,00	440
31.05.		406	31.12.		265
30.06.	19,00	544			

a) Wie viel Stück beträgt der durchschnittliche Lagerbestand?
b) Wie viel Euro beträgt der Lagerbestand am 31.12.?

6 Wie viel Prozent beträgt der Kalkulationszuschlag bei einem Kalkulationsfaktor von 1,25?
1. 20 %
2. 25 %
3. 125 %
4. 200 %
5. 225 %

7 Errechnen Sie die in nachfolgendem Kalkulationsschema fehlenden Werte:

Kalkulationsschema:

```
  Listeneinkaufspreis              €
- 10 % Rabatt                 20,00 €
  Zieleinkaufspreis              €
- 2,5 % Skonto                   €
  Bareinkaufspreis               €
+ Bezugskosten              12,00 €
  Bezugspreis (Einstandspreis)   €
```

a) Wie viel Euro beträgt der Listeneinkaufspreis?
b) Wie viel Euro beträgt der Zieleinkaufspreis?
c) Wie viel Euro beträgt der Bareinkaufspreis?
d) Wie viel Euro beträgt der Bezugspreis (Einstandspreis)?

8 Ein Großhändler kalkuliert mit folgenden Zuschlägen: Handlungskosten 25 %, Gewinn 12,5 %.
   a) Wie viel Prozent beträgt der Kalkulationszuschlag?
   b) Wie viel Prozent beträgt der Kalkulationsfaktor?

9 Ein Elektrogerät wird in einem Großhandelsbetrieb zum Nettoverkaufspreis von 59,65 € angeboten. Der Großhändler kalkuliert mit 8 % Handlungskosten. Der Listeneinkaufspreis beträgt 44,00 €. Der Lieferer gewährt 20 % Liefererrabatt.
   Berechnen Sie den Gewinn in Euro und in Prozent.

10 Welche der unten genannten Verkaufs- bzw. Regalzonen ist verkaufsschwach?
   1. Greifzone, 2. Regalkopf, 3. Kassenzone, 4. Mittelgang, 5. Sichtzone

11 Welche der folgenden Aussagen über die Warenpräsentation sind zutreffend?
   1. Sperrige Artikel des täglichen Bedarfs werden in der Sichtzone platziert.
   2. Die mit hoher Gewinnspanne kalkulierten Artikel erhalten einen Platz in der Sichtzone.
   3. Impulsartikel werden in Kassennähe platziert.
   4. Diebstahlgefährdete Waren werden in den Ecken aufgebaut.
   5. Artikel des täglichen Bedarfs werden besonders herausgestellt.

12 Die Center Warenhaus GmbH möchte eine große Verkaufsfläche umbauen.
   1. Beschreiben Sie an zwei Beispielen, wie die Center Warenhaus GmbH die Verkaufsatmosphäre positiv beeinflussen kann.
   2. Durch die Umbaumaßnahme soll die Warenplatzierung kundenorientierter gestaltet werden. Nennen Sie vier Beispiele, wie Sie dies umsetzen können.
   3. Schlagen Sie zwei Maßnahmen vor, mit der verkaufsschwache Zonen aufgewertet werden können.
   4. Sie sollen feststellen, ob die neu gestaltete Warenplatzierung bei den Kunden erfolgreich ist. Geben Sie zwei Möglichkeiten an, wie Sie den Erfolg ermitteln können.

13 „Teile des Kernsortiments können auch in verkaufsschwachen Zonen platziert werden."
   Beurteilen Sie diese Behauptung.

Lernfeld 5: Käuferverhalten analysieren und Marketingmaßnahmen entwickeln

5.1 Absatzmarktforschung

5.1.1 Kunden- und Wettbewerbsorientierung als Grundlage des Marketings verstehen

Frau Rand ist bei der IHK zu einer Fachtagung eingeladen. Sie soll dort einen Vortrag über die Entwicklung im Groß- und Außenhandel bis zum Jahre 2017 halten. Sie bittet Werner Krull, an dieser Tagung teilzunehmen. Vorher erhält dieser das Manuskript der Rede von Frau Rand, um sich vorzubereiten. Dabei fällt ihm auf, dass sehr häufig der Begriff Marketing auftaucht. Unter anderem liest er:

„Wir sind froh, dass wir uns seit Beginn der Siebzigerjahre des 20. Jahrhunderts konsequent mit den Grundsätzen des Marketings beschäftigt haben. Marketing bedeutet, dass ein Unternehmen ‚vom Markt her' geführt wird, d. h., dass alle Maßnahmen und Entscheidungen des Unternehmens vom Marktgeschehen und von Marktdaten bestimmt werden. Zur Erreichung unserer Ziele bedienen wir uns der Instrumente im Marketing-Mix, ohne die betriebswirtschaftliches Arbeiten nicht mehr möglich ist: ..."

Werner ist wegen der vielen neuen Begriffe verwirrt. Als er Frau Rand darauf anspricht, sagt diese: „Wichtig ist nicht der Begriff des Marketings, sondern dass Sie die Bedeutung des Marketings für unser Unternehmen verstehen. Wenn Sie Fragen haben, helfe ich Ihnen gerne."

Arbeitsaufträge
- *Finden Sie heraus, was Frau Rand unter Marketing versteht, und erarbeiten Sie die Bedeutung des Marketings und seiner Instrumente im Rahmen der Absatzwirtschaft für ein Unternehmen.*
- *Erläutern Sie die Leitidee der Kundenorientierung.*

■ Marketing als Prinzip der Unternehmensführung

Unter Marketing versteht man die Konzeption einer Unternehmensführung, bei der **alle Aktivitäten konsequent auf die gegenwärtigen und künftigen Erfordernisse der Märkte ausgerichtet** werden. Dabei sind systematisch gewonnene Informationen über die Märkte die Grundlage aller Entscheidungen.

Marketing ist also ein Prinzip der Unternehmensführung, das sich an **Marktdaten** (Kunden- und Konkurrenzverhalten) orientiert. Unter **Markt** versteht man den Ort, an dem sich Angebot und Nachfrage treffen und regulieren. Jedes Unternehmen ist Teilnehmer auf mehreren Märkten.

Beispiel Die RAND OHG ist u. a. Teilnehmer auf folgenden Märkten:
- **Absatzmarkt:** Die RAND OHG bietet Waren des Randsortiments für den Lebensmittel-Einzelhandel an (Anbieter von Gütern und Leistungen).
- **Beschaffungsmarkt:** Sie kauft Elektrohaushaltsgeräte, Haushaltswaren, Spielwaren, Textilien, Schreibwaren usw. ein (Nachfrager nach Gütern und Leistungen).
- **Arbeitsmarkt:** Sie benötigt qualifizierte Mitarbeiter (Nachfrager nach Arbeitskräften).
- **Kapitalmarkt:** Sie benötigt Kapital für Investitionen in Lagereinrichtungen, Geschäftsausstattung, Gebäude, Fuhrpark usw. (Nachfrager nach Kapital). Sie sucht nach Anlagemöglichkeiten für kurz- und mittelfristiges Barvermögen (Anbieter von Kapital).

Die Marktorientierung umfasst die **Kunden-** und die **Wettbewerbsorientierung**.

Kundenorientierung	Wettbewerbsorientierung
Analyse der Wünsche, Bedürfnisse und Ansprüche der Kunden	Analyse der Wettbewerbssituation und Vergleichen eigener Leistungen mit denen der Konkurrenz
Ziel: Optimale Befriedigung der sich wandelnden Kundenansprüche	**Ziel:** Eigene Wettbewerbsvorteile pflegen und ausbauen

Marketing bezieht sich nicht nur auf den Absatzmarkt. Es umfasst auch Maßnahmen auf allen weiteren Märkten, auf denen ein Unternehmen aktiv ist.

- **Absatzmarketing:** Aktivitäten, um Produkte, Waren und Dienstleistungen abzusetzen bzw. zu verkaufen
- **Beschaffungsmarketing:** Aktivitäten, um Werkstoffe, Maschinen, Handelswaren usw. zu beschaffen bzw. einzukaufen
- **Personalmarketing:** Aktivitäten, um geeignete Mitarbeiter für ein Unternehmen zu gewinnen und zu halten
- **Finanzmarketing:** Aktivitäten, um Finanzmittel günstig zu erhalten (Kredite) und Kapital außerhalb des Unternehmens sinnvoll anzulegen

■ Marketingplanung und Marketingkonzeption

Grundlage der Marketingplanung ist das **Zielsystem der Unternehmung**. Der Marketingplan legt fest, in welchem Zeitraum die Ziele zu verwirklichen sind und welche Maßnahmen zur Zielerreichung eingesetzt werden sollen.

Beispiel Die RAND OHG hat folgenden Marketingplan als bisherige Arbeitsgrundlage:
- **kurzfristig** (ein Jahr): Festigung des Marktanteils in allen Teilmärkten, Sicherung des Qualitätsstandards der Produkte, Stabilität der Verkaufspreise bis Jahresende
- **mittelfristig** (fünf Jahre): Bekanntheitsgrad des Unternehmens auf 25 % steigern, Image des Unternehmens verbessern, Marktnischen ergründen und ausbauen
- **langfristig** (zehn Jahre): Marktanteil steigern, Absatz um 100 % erhöhen, Errichtung einer Filiale im Rhein-Main-Gebiet

Jedes Ziel wird messbar formuliert, sodass Zielabweichungen erkannt und Maßnahmen zur Zielerreichung eingeleitet werden können. Ebenso werden die Maßnahmen zur Zielerreichung konkret festgelegt.

Lernfeld 5: Käuferverhalten analysieren und Marketingmaßnahmen entwickeln

Beispiel Teilzielkatalog der RAND OHG (Auszug):

Ziele	kurzfristig (etwa ein Jahr)	mittelfristig (höchstens fünf Jahre)	langfristig (höchstens zehn Jahre)
– Erhöhung des Umsatzes bei allen Teilmärkten	– Teilmarkt Spielwaren: Steigerung des Marktanteils um 18 % **Maßnahmen:** – Einstellung von zwei zusätzlichen Mitarbeitern im Verkauf – Erhöhung des Werbeetats um 5 % vom Umsatz – Unterstützung der Maßnahmen durch Einführungsrabatte bis 30 %	– Steigerung der Marktanteile in allen Teilmärkten um durchschnittlich 15 % jährlich **Maßnahmen:** – Verstärkung des Verkaufspersonals um jährlich einen Mitarbeiter – jährliche Steigerung des Werbeetats um höchstens 7 % – stärkere Bindung des Einzelhandels an die RAND OHG durch Rabatte bis höchstens 30 %	– Steigerung der Marktanteile in allen Teilmärkten um durchschnittlich 10 % **Maßnahmen:** – intensive Marktstudien – stabile Verkaufspreise

Der Marketingplan wird unter Einsatz der **Marketing- oder absatzpolitischen Instrumente** (vgl. S. 232 f.) realisiert.

■ Marketingstrategien

Unter einer Marketingstrategie versteht man zeitlich festgelegte Verhaltensgrundsätze auf dem Markt, mit denen ein Unternehmen erfolgreich sein will.

- **Strategie der Anpassung:** Ein Unternehmen versucht, sich an seine **Konkurrenten anzupassen**.

  Beispiel Ein Mitbewerber der RAND OHG erweitert sein Sortiment um Werbegeschenke. Die RAND OHG bietet ebenfalls Werbegeschenke an.

- **Strategie der Differenzierung:** Ein Anbieter möchte sich bewusst mit seinen Produkten von seinen **Konkurrenten abheben**.

  Beispiel Die meisten Großhändler bieten Kaffeeautomaten in dezenten Farben an. Die RAND OHG möchte sich bewusst von diesem Trend absetzen und bietet Kaffeeautomaten in poppigen Farben an.

- **Strategie der Marktdurchdringung:** Ein Unternehmen möchte mit seinen vorhandenen Produkten den **bestehenden Markt** möglichst umfassend **durchdringen und beherrschen**.

  Beispiel Die RAND OHG versucht, weitere Lebensmittel-Einzelhändler als Kunden zu gewinnen.

- **Strategie der Markterschließung:** Ein Unternehmen möchte mit seinen vorhandenen Produkten **neue Märkte** erschließen.

  Beispiel Die RAND OHG bietet ihr Sortiment den Minimärkten der Tankstellen an.

- **Strategie der Marktsegmentierung:** Ein Unternehmen teilt seinen Markt in Teilmärkte auf. Dadurch können die Bedürfnisse der einzelnen Zielgruppen (Abnehmer) besser erfasst und gezielter bearbeitet werden. **Teilmärkte** oder **Marktsegmente** können nach verschiedenen Kriterien gebildet werden.

5.1 Absatzmarktforschung

- **Ziel der Marktsegmentierung** ist es, einen möglichst hohen Grad an Übereinstimmung zwischen dem Angebot des Unternehmens und den Ansprüchen der potenziellen Kunden zu erreichen.
- Marktsegmente können z. B. Warengruppen, Preisgruppen, Abnehmergruppen oder regionale Gruppen sein.

Marktsegmente	Beispiele
– **Warengruppen**	Haushalts-/Elektrogeräte, Spielwaren, Textilien, Schreibwaren
– **Preisgruppen**	Artikel des unteren, mittleren und gehobenen Preisniveaus
– **Abnehmergruppen**	Privatwirtschaft, Einzelhandel, Groß- und Kleinabnehmer
– **regionale Gruppen**	Inlandskunden, Auslandskunden

Die genannten Strategien werden in der Praxis meist nicht in reiner Form angewandt, es gibt **Mischformen**, **Kombinationen** und **betriebsindividuelle Strategien**. Ferner ist es möglich, dass für verschiedene Produkte oder Teilmärkte unterschiedliche Strategien angewandt werden.

> **Zusammenfassung: Kunden- und Wettbewerbsorientierung als Grundlage des Marketings verstehen**
>
> - **Marketing** ist eine Konzeption der Unternehmensführung, bei der alle Aktivitäten konsequent auf die gegenwärtigen und künftigen Erfordernisse der Märkte ausgerichtet sind.
> - Marketingarbeit beinhaltet die Schwerpunkte der **Kundenorientierung und der Wettbewerbsorientierung**.
> - **Marketingstrategien**
>   - **Anpassung** an die Konkurrenz
>   - **Differenzierung** von der Konkurrenz
>   - **Marktdurchdringung** (Erreichung möglichst vieler Abnehmer)
>   - **Markterschließung** neuer Märkte
>   - **Marktsegmentierung** (Aufteilung in Teilmärkte)

Aufgaben

1 Marketing ist die Grundlage der Absatzwirtschaft. Erläutern Sie, weshalb auch in anderen betrieblichen Bereichen (Beschaffung, Personalwirtschaft) Marketingarbeit geleistet werden muss.

2 Nennen Sie die Märkte, auf denen die RAND OHG tätig ist.

3 Erläutern Sie die Marketingstrategien anhand von Beispielen.

4 Ein Fahrradgroßhändler möchte die Strategie der Marktsegmentierung konsequent durchführen. Bilden Sie hierzu vier Beispiele für Marktsegmente.

5 Überprüfen Sie, welche Möglichkeiten ein Reisebüro hat, das vorwiegend Gruppenreisen für Sportvereine anbietet, mit seinem vorhandenen Angebot die Strategie der Markterschließung durchzuführen.

5.1.2 Methoden der Absatzmarktforschung vergleichen

Die RAND OHG ist bestrebt, sich ständig an den veränderten Kundenansprüchen zu orientieren. Dabei unterliegt das Angebot an Artikeln einem stetigen Wechsel. Im Handel wird zwischen einer Vielzahl von Warenbereichen und -gruppen unterschieden, u. a. in Elektro- und Haushaltsgeräte, Sportartikel, Textilien, Parfumerieartikel, Möbel, Schreibwaren, Non-Food-Artikel, Lebensmittel, Uhren und Schmuck, Baumarktartikel usw.

Die RAND OHG ist zurzeit in folgenden Teilmärkten aktiv: Haushaltswaren/Elektro, Spielwaren, Schreibwaren, Textilien. Über die Strategie, auf einer Vielzahl von Märkten aktiv zu sein, gibt es schon seit Jahren heftige Auseinandersetzungen, sowohl bei der Geschäftsleitung als auch in den Abteilungen.

So ist z. B. der Verkaufsleiter Maier folgender Ansicht: *„Wir sollten uns auf einen einzigen Teilmarkt, nämlich Haushaltswaren/Elektro, beschränken, dadurch könnten wir kostengünstiger einkaufen."* Die Einkaufsleiterin, Frau Meesters, ist anderer Ansicht: *„Wir sollten noch weitere Teilmärkte bearbeiten, z. B. Werbegeschenke und Lebensmittel."*

Arbeitsauftrag
- *Untersuchen Sie, welche Marktdaten die Geschäftsleitung der RAND OHG benötigt, um die Frage auf die Beschränkung oder Ausweitung von Teilmärkten zu beantworten, und machen Sie Vorschläge, wie sie an die erforderlichen Marktdaten gelangen kann.*

■ Ziele und Aufgaben der Marktforschung

Um die marketingpolitischen Instrumente so einzusetzen, dass die verfolgten Unternehmensziele erreicht werden, ist es erforderlich, dass über den Markt Informationen gewonnen werden. Je genauer und aktueller die Informationen sind, desto sicherer kann eine Entscheidung getroffen werden. Die **Beschaffung** und **Aufbereitung von Marktinformationen** ist Aufgabe der Marktforschung. Gegenstand ist die die Absatz- und Konkurrenzmarktforschung. Sie soll einem Unternehmen Daten liefern, die aktuell, genau und zuverlässig sind. Ferner soll die Datenbeschaffung schnell und kostengünstig erfolgen. Die Marktforschung umfasst folgende Bereiche:

- **Marktanalyse (zeitpunktorientiert):** Hier werden zu einem bestimmten **Zeitpunkt** alle Einflussfaktoren eines Marktes ermittelt.
  Beispiel Die RAND OHG stellt zum Ende des 1. Quartals fest, wie viele Konkurrenten auf den einzelnen Teilmärkten vorhanden sind, welchen Marktanteil diese haben und welche neuen Produkte diese auf den Markt bringen. Ferner untersucht sie ihre Kunden bezüglich Bestell- und Zahlungsgewohnheiten usw.

- **Marktbeobachtung (zeitraumorientiert):** Hier wird die Entwicklung des Marktes über einen **Zeitraum** untersucht. Dabei sollen Trends festgestellt werden.
  Beispiel Die RAND OHG befragt regelmäßig ihre Einzelhändler über die sich wandelnden Kundenwünsche.

- **Marktprognose (zukunftsorientiert):** Sie baut auf den Ergebnissen der Marktanalyse und der Marktbeobachtung auf. Sie soll Aussagen über künftige Marktsituationen ermöglichen.
  Beispiel Aus einer Marktanalyse hat die RAND OHG erfahren, dass einige Konkurrenten verstärkt im Teilmarkt Spielwaren Neuentwicklungen anbieten. Durch Marktbeobachtung konnte ein Trend zu

Spielwaren festgestellt werden, die aus umweltverträglichen Materialien gefertigt wurden. Es kann prognostiziert (vorausgesagt) werden, dass dieser Trend sich verstärken wird.

■ Informationsquellen der Marktforschung

Informationen für die Marktforschung können aus **betriebinternen Quellen** und **betriebsexternen Quellen** erlangt werden. Die erhobenen Daten können dabei **Sekundärdaten** oder **Primärdaten** sein.

Sekundärdaten
Sekundärdaten werden nicht speziell für Marktforschungszwecke erhoben. Es handelt sich um Daten, die für andere Zwecke erfasst wurden, z. B. für Zwecke des Rechnungswesens. Für die Marktforschung und für sonstige Entscheidungszwecke müssen sie jeweils neu aufbereitet (sortiert, selektiert, verknüpft) werden. Deshalb spricht man von Sekundärdaten (**Sekundärforschung**).

Primärdaten
Sind aus Sekundärdaten die gewünschten Informationen nicht zu gewinnen, müssen die Daten erstmalig erhoben werden (**Primärforschung**). Man spricht dann von Primärdaten.

Beispiel Die RAND OHG benötigt Informationen über die Betriebsform der Fachmärkte (z. B. Baumärkte). Da hierzu keine Sekundärdaten vorhanden sind, muss sie einen entsprechenden Fragebogen entwerfen, in dem sie ihre Fragen formuliert. Die Fragebögen müssen verschickt und nach Rücklauf ausgewertet werden.

Art der Informationsgewinnung
Für die Primärforschung, bei der neue, Marktdaten erzeugt werden, kann hinsichtlich des Umfanges des zu erforschenden Datenbestandes **in Voll- und Teilerhebungen** unterschieden werden.

Vollerhebung	Teilerhebung
Alle Erhebungsobjekte (Personen) werden einbezogen.	Nur **eine Auswahl** von Erhebungsobjekten (Personen) wird betrachtet.
– anwendbar, wenn die Anzahl der zu untersuchenden Personen klein ist – Genauigkeit der Ergebnisse – hohe Kosten, hoher Zeitaufwand	– Auswahl muss repräsentativ sein – Ergebnisse müssen mit Genauigkeitsverlust „hochgerechnet" werden – geringe Kosten, geringer Zeitaufwand
Beispiel Die RAND OHG befragt alle Kunden, die im letztem Jahr mehr als eine Reklamation hatten, hinsichtlich ihrer Wünsche über Serviceverbesserungen.	*Beispiel* Aus jeder Verkaufsregion werden nur die fünf umsatzstärksten und jeweils fünf umsatzschwache Kunden bezüglich ihrer Servicewünsche befragt.

Nachdem die Entscheidung über Voll- oder Teilerhebung getroffen ist, kann festgelegt werden, mit welcher **Methode die Erhebung** durchgeführt wird.

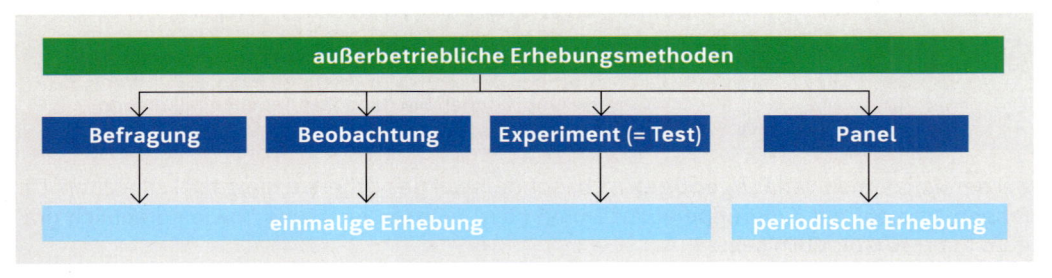

```
                    außerbetriebliche Erhebungsmethoden
         ↓               ↓              ↓              ↓
    Befragung      Beobachtung   Experiment (= Test)  Panel
         ↓               ↓              ↓              ↓
              einmalige Erhebung              periodische Erhebung
```

Befragung

Die **Befragung** dient dazu, systematisch Informationen über Einstellungen, Meinungen, Wissen und Verhaltensweisen von Menschen zu gewinnen.

Befragungen lassen sich hinsichtlich verschiedener Kriterien einteilen (**Befragungsarten**):

Kriterium	Erläuterungen
Zahl der Themen	– **Ein-Themen-Befragung:** Nur ein Aspekt, z. B. Zufriedenheit mit Serviceleistungen, wird erhoben. – **Mehr-Themen-Befragung:** Mehrere Aspekte, z. B. Ansprüche von Kunden, Investitionsplanungen von Kunden, Einschätzungen der konjunkturellen Lage usw. werden erhoben; ggf. von verschiedenen Auftraggebern gemeinsam.
Personen	– **Unternehmensbefragungen** – **Verbraucherbefragungen** (Endverbraucher) – **Expertenbefragungen** (Befragung von Spezialisten und Fachleuten)
Kommunikationsart	– **Schriftliche Befragung:** Fragebogen werden über Postweg oder Zeitungsbeilagen verteilt. Das Problem der häufig geringen Rücklaufquote kann durch Anreize gelöst werden. – **Telefonische Befragung:** I. d. R. sind nur einfache und knappe Fragestellungen möglich, jedoch kann eine gezielte Eingrenzung von Zielgruppen vorgenommen werden. – **Mündliche Befragung:** Befragungen „auf der Straße", Interview mit Fragestellungen und Fragetaktik, die individuell abgestimmt werden können. – **Onlinebefragungen:** Versenden von Fragebogen über E-Mail; Fragebogen auf einer Webseite, wobei die Antworten z. B. über CGI-Scripts gespeichert und ausgewertet werden können; Interviews in Chatrooms, Befragungen über Newsgroups
Häufigkeit	– **Einmalbefragungen:** Für ein bestimmtes Erhebungsziel werden einmalig Personen befragt. – **Mehrfachbefragungen:** Periodisch wiederkehrende Befragungen, um bestimmte Entwicklungen, Trends usw. zu erheben
Strategie	– **Standardisiertes Interview:** genau festgelegte Fragen mit konstanter Reihenfolge der Fragen – **Strukturiertes Interview:** Die Kernfragen sind festgelegt, die Reihenfolge ist beliebig, Zusatzfragen sind zugelassen. – **Freies Gespräch:** Nur das Gesprächsthema steht fest, Interviewer kann über Reihenfolge und Art von Fragen frei entscheiden.
Taktik	– **Direkte Befragungstaktik:** Durch Frage ist das Befragungsziel direkt erkennbar, z. B.: „Besitzen Sie ein Notebook?" – **Indirekte Befragungstaktik:** Die Fragen sind so formuliert, dass der Befragte nicht sofort das Ziel der Frage erkennen kann, z. B.: „Wenn Sie auf Geschäftsreise sind, können Sie dann Ihre Tabellenkalkulation einsetzen?".

Bei der Konzeption von **Fragebögen** ist besonders auf das Untersuchungsziel zu achten. Die Fragen sind auf die Zielgruppe abzustimmen und müssen eindeutig sowie sprachlich prägnant und verständlich sein.

5.1 Absatzmarktforschung

Beispiel Checkliste

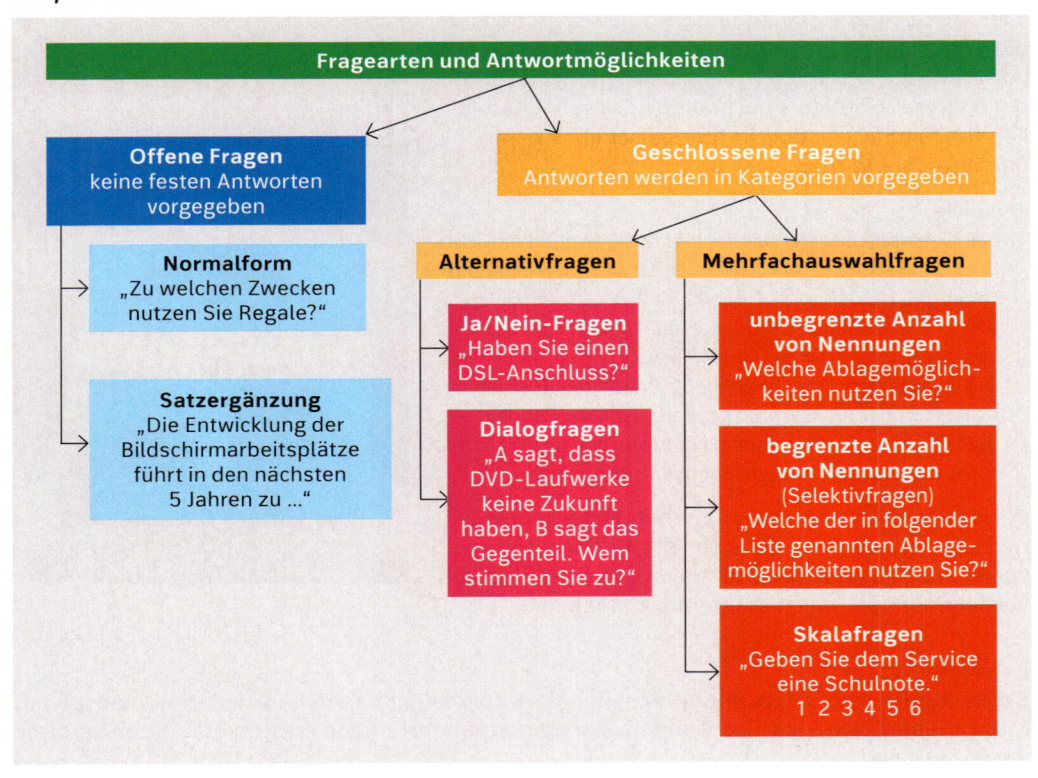

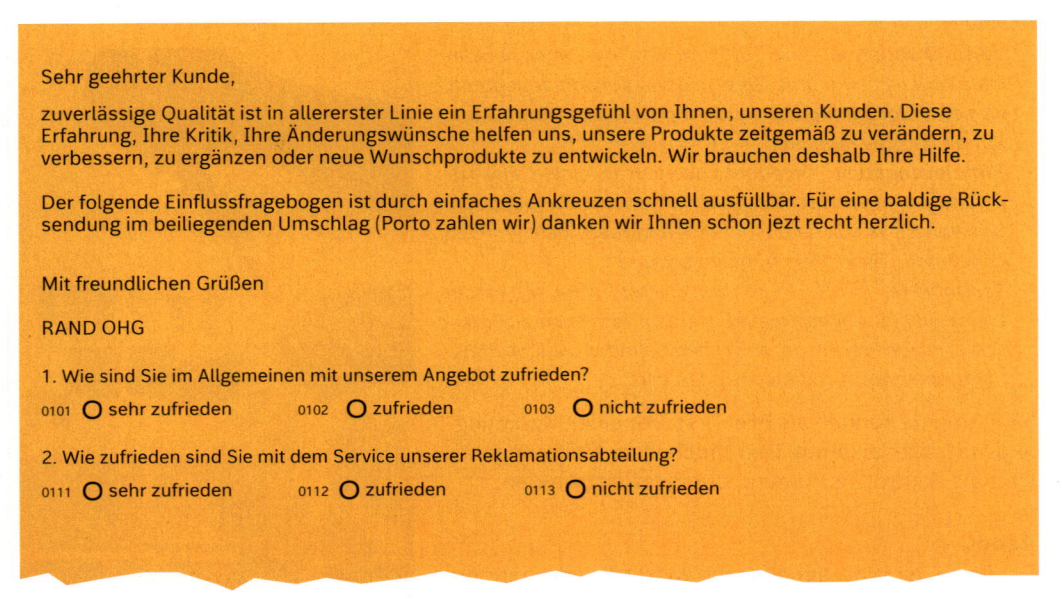

Fragearten und Antwortmöglichkeiten

Offene Fragen – keine festen Antworten vorgegeben
- **Normalform**: „Zu welchen Zwecken nutzen Sie Regale?"
- **Satzergänzung**: „Die Entwicklung der Bildschirmarbeitsplätze führt in den nächsten 5 Jahren zu …"

Geschlossene Fragen – Antworten werden in Kategorien vorgegeben

Alternativfragen
- **Ja/Nein-Fragen**: „Haben Sie einen DSL-Anschluss?"
- **Dialogfragen**: „A sagt, dass DVD-Laufwerke keine Zukunft haben, B sagt das Gegenteil. Wem stimmen Sie zu?"

Mehrfachauswahlfragen
- **unbegrenzte Anzahl von Nennungen**: „Welche Ablagemöglichkeiten nutzen Sie?"
- **begrenzte Anzahl von Nennungen** (Selektivfragen): „Welche der in folgender Liste genannten Ablagemöglichkeiten nutzen Sie?"
- **Skalafragen**: „Geben Sie dem Service eine Schulnote." 1 2 3 4 5 6

Sehr geehrter Kunde,

zuverlässige Qualität ist in allererster Linie ein Erfahrungsgefühl von Ihnen, unseren Kunden. Diese Erfahrung, Ihre Kritik, Ihre Änderungswünsche helfen uns, unsere Produkte zeitgemäß zu verändern, zu verbessern, zu ergänzen oder neue Wunschprodukte zu entwickeln. Wir brauchen deshalb Ihre Hilfe.

Der folgende Einflussfragebogen ist durch einfaches Ankreuzen schnell ausfüllbar. Für eine baldige Rücksendung im beiliegenden Umschlag (Porto zahlen wir) danken wir Ihnen schon jezt recht herzlich.

Mit freundlichen Grüßen

RAND OHG

1. Wie sind Sie im Allgemeinen mit unserem Angebot zufrieden?
   0101 ○ sehr zufrieden   0102 ○ zufrieden   0103 ○ nicht zufrieden

2. Wie zufrieden sind Sie mit dem Service unserer Reklamationsabteilung?
   0111 ○ sehr zufrieden   0112 ○ zufrieden   0113 ○ nicht zufrieden

---

Bevor ein Fragebogen zum eigentlichen Zweck eingesetzt wird, müssen die Befrager geschult worden sein und die Fragen in einer **Testbefragung** hinsichtlich Verständnis und Beitrag zum Erreichen des Untersuchungsziels überprüft werden. Ferner sind der Zeitpunkt und der Zeitraum sowie das **Kostenbudget** für die Befragung vorher festzulegen.

Beobachtung

Eine Beobachtung im Rahmen der Marktforschung ist die **planmäßige Erhebung der Verhaltensweisen von Personen**. Sie liefert insbesondere bei der Kundenanalyse wichtige Informationen. Beobachtungen können einmalig oder in periodischen Abständen durchgeführt werden.

Beispiele
- Ein Büromöbelhändler beobachtet seine Kunden hinsichtlich des Verhaltens im Ladenlokal. Erhoben werden dabei Daten über Dauer des Aufenthaltes im Geschäft, Bereitschaft, Zusatzkäufe zu tätigen, Frageverhalten an das Verkaufspersonal, Alter der Kunden usw.
- Die Bürodesign GmbH beobachtet nach der Installation neuer Kombinationsschreibtische bei einem Kunden, wie die Mitarbeiter die Büromöbel benutzen, wie sie sie kombinieren, wie oft sie die Bedienungsanleitung lesen usw.

Bei der Auswertung der erhobenen Daten muss berücksichtigt werden, ob sich der Beobachtete bewusst war, dass er beobachtet wurde, weil dadurch Verhaltensänderungen entstehen können.

Experiment (Test)

Experimente oder **Tests** im Rahmen der Marktforschung haben das Ziel, systematisch herauszufinden, wie sich das Kundenverhalten verändert, wenn bestimmte Einflussgrößen variiert werden.

Beispiele
- **Verpackungstest:** Eine Software wird mit unterschiedlicher Verpackung (Farbe, Design usw.) Kunden angeboten; es soll herausgefunden werden, auf welche Verpackung Kunden positiv reagieren.
- **Platzierungstest:** Notebooks werden in einem Elektrofachmarkt an unterschiedlichen Plätzen im Verkaufsraum präsentiert; es soll herausgefunden werden, welcher Platz von Kunden besonders frequentiert wird.
- **Testmärkte:** Ein Hersteller von Lernsoftware für Kinder bietet ein neuartiges Produkt in einem Testmarkt zu unterschiedlichen Preisen an; er will herausfinden, welche Preisobergrenze von Kunden akzeptiert wird.

Experimente können als **Pre-Test** (**vor** einer Marketingaktivität) oder als **Post-Test** (**nach** einer Marketingaktivität als Kontrollinstrument) durchgeführt werden.

Panel

Ein Panel ist eine dynamische Marktdatenerhebung, bei der ein bestimmter Personenkreis **über einen längeren Zeitraum** in periodischen Abständen befragt wird. Aus den gewonnenen Daten können Entwicklungen und Trends interpretiert werden. Panels werden wegen ihres Aufwandes häufig von Marktforschungsinstituten durchgeführt. Die Ergebnisse können von interessierten Unternehmen oft käuflich erworben werden.

Zusammenfassung: Methoden der Absatzmarktforschung vergleichen

- **Aufgabe der Marktforschung ist die Beschaffung und Aufbereitung von Marktdaten.** Sie ist Grundlage der **Marketingplanung** (kurz-, mittel-, langfristig). Sie umfasst
  - **Marktanalyse** (zeitpunktbezogen),
  - **Marktbeobachtung** (zeitraumbezogen),
  - **Marktprognose** (zukunftsbezogen).
- Sie bedient sich **betriebsinterner und -externer Quellen** und stützt sich auf
  - **Sekundärdaten** (bereits vorhandene Daten) oder gewinnt (= Sekundärforschung)
  - **Primärdaten** (erstmalige Erhebung = Primärforschung).
- **Methoden der Absatzmarktforschung im Rahmen der Primärforschung**
  - Die **Befragung** dient dazu, systematisch Informationen über Einstellungen, Meinungen, Wissen und Verhaltensweisen von Menschen zu gewinnen.
  - Eine Sonderform der Befragung ist das **Panel**, bei dem eine Gruppe von Menschen über einen längeren Zeitraum befragt wird.
  - Bei der **Beobachtung** handelt es sich um die planmäßige Erhebung der Verhaltensweisen.
  - Durch ein **Experiment** will man herausfinden, wie sich Kundenverhalten ändert, wenn man bestimmte Einflussgrößen variiert.

Aufgaben

1 Der Verband des Sortimentsgroßhandels veröffentlicht jährlich eine Statistik der Absatzzahlen seiner Branche. Erläutern Sie, wie diese Daten für die Zwecke der Marktforschung von der RAND OHG genutzt werden können.

2 Erstellen Sie eine Checkliste für die Marktforschungsabteilung der RAND OHG
   a) für betriebsinterne,
   b) für betriebsexterne Quellen.

3 Unterscheiden Sie Marktanalyse, -beobachtung und -prognose anhand von Beispielen.

4 a) Entwerfen Sie in Dreiergruppen einen Fragebogen für die Untersuchung der Kaufgewohnheiten Ihrer Mitschüler in Ihrer Schule für Schreibwaren. Stellen Sie fest, welche Produkte sie kaufen, wie oft sie diese kaufen, über welche Kaufkraft sie verfügen, bei welchen Geschäften (Fachgeschäft, Warenhaus) sie kaufen usw.
   b) Überlegen Sie sich Maßnahmen, die dazu führen, dass möglichst viele Mitschüler den Fragebogen ausfüllen (Preisausschreiben o. Ä.).
   c) Führen Sie eine Befragung durch, entscheiden Sie sich für eine Voll- oder Teilerhebung.
   d) Werten Sie die Fragebögen aus und präsentieren Sie die gewonnenen Ergebnisse.
   e) Machen Sie Vorschläge, wie die Ergebnisse für den Kiosk- und Geschäftsinhaber nutzbar gemacht werden können, und entwickeln Sie entsprechende Marketingstrategien für das Geschäft.

5 Die RAND OHG möchte wissen, ob Ihre gewerblichen Kunden mit dem Sortiment zufrieden sind. Hierzu soll eine Kundenbefragung durchgeführt werden.
   a) Erstellen Sie eine Übersicht zu den möglichen Befragungsarten und entscheiden Sie sich begründet für eine dieser Befragungsarten.
   b) Die RAND OHG entschließt sich, einen Fragebogen einzusetzen. Stellen Sie den möglichen Aufbau eines Fragebogens dar.
   c) Entwickeln Sie einen möglichen Fragebogen.

5.2 Analyse, Einsatz und Kombination absatzpolitischer Instrumente

5.2.1 Konditionen- und Servicepolitik gestalten

„Wenn wir den ‚Öko-Design-Kaffee-/Teeautomaten' in das Sortiment aufnehmen, müssen wir uns überlegen, ob wir nicht mal ganz neue Wege beschreiten. Insbesondere unsere Zahlungsbedingungen sollten wir neu gestalten. Ich denke da an eine Verlängerung des Zahlungsziels, indem wir den Kunden die Möglichkeiten bieten, die Ware sofort zu erhalten, aber erst nach fünf Monaten zu bezahlen", sagt Frau Koch. *„Halt, so geht das aber nicht!"*, ruft Herr Lunau dazwischen. *„Wir haben enorme Kosten, und die können wir nur tragen, wenn die Kunden möglichst schnell zahlen. Sollen die sich doch einen Kredit aufnehmen, wenn sie kein Bargeld haben. Außerdem beklagen wir ohnehin schon die schleppenden Zahlungseingänge unserer Kunden. Wenn wir schon die Zahlungsbedingungen ändern, dann so, dass unsere Kunden schneller zahlen müssen."*

Arbeitsaufträge
- *Erläutern Sie, welches Marketinginstrumente hier angesprochen wird.*
- *Beschreiben Sie, wie die Zahlungsbedingungen der RAND OHG gestaltet werden können, sodass sie für Kunden einen Kaufanreiz bieten und den Wunsch der RAND OHG nach schneller Zahlung erfüllen.*

■ Instrumente der Absatzpolitik (Marketing - oder absatzpolitische Instrumente)

→ LS

Zur Erreichung der Marketingziele werden vom Management Marketing- oder **absatzpolitische Instrumente** (**Marketinginstrumente**) eingesetzt. Sie wirken sich nicht nur im Bereich Absatz aus, sondern wirken in alle Unternehmensbereiche (Abteilungen) hinein.

Marketinginstrumente	Beispiele für Entscheidungen
– **Produkt-/Sortimentspolitik** (vgl. S. 187 ff.)	Welche Produkte oder Waren sollen beschafft und angeboten werden?
– **Preispolitik** (vgl. S. 201 f.)	Zu welchem Preis sollen die Produkte angeboten werden?
– **Konditionen- und Servicepolitik**	Zu welchen Liefer- und Zahlungsbedingungen sollen die Produkte angeboten werden? Welcher Service soll den Kunden angeboten werden?
– **Distributionspolitik** (vgl. S. 235 ff.)	Über welche Absatzwege sollen die Produkte angeboten werden?
– **Kommunikationspolitik** (vgl. S. 240 ff.)	Wie soll geworben werden, damit der Absatz unterstützt wird?

Die Kombination der Marketinginstrumente wird als **Marketing-Mix** bezeichnet. Alle Instrumente müssen dabei zielorientiert aufeinander abgestimmt werden.

■ Konditionenpolitik

Beim Absatz von Produkten legt ein Unternehmen **Konditionen** (Bedingungen) fest, **zu denen er seine Produkte verkaufen** möchte. Dabei ist entscheidend, dass bei der Gestaltung der Konditionen Kaufanreize gegeben werden. Diese Kaufanreize müssen sich positiv von den Konditionen anderer Anbieter unterscheiden. Häufig liegen die Verkaufspreise für Produkte durch Marktgegebenheiten fest (Konkurrenzpreise). Gerade dann bleibt meist nur noch ein Gestaltungsspielraum im Rahmen der Lieferungs- und Zahlungsbedingungen.

Lieferbedingungen
Die Gestaltung der Lieferbedingungen ist ein wichtiges Instrument des Marketings. Oft sind für Abnehmer die Produkte verschiedener Hersteller austauschbar bezüglich Preis, Ausstattung und Qualität. Die Entscheidung für einen bestimmten Lieferer hängt dann z. B. von den **Lieferkonditionen** ab.

- **Beförderungskosten:** Nach der gesetzlichen Regelung muss sich ein Käufer seine Waren beim Lieferer auf eigene Kosten abholen (§ 448 BGB). Im Rahmen der Konditionenpolitik kann jedoch ein Unternehmen seinen Kunden entgegenkommen, indem es einen Teil oder die gesamten Beförderungskosten übernimmt. Dies gilt ebenfalls für die Verpackungskosten und die Kosten für eine Transportversicherung.

  Beispiel Die RAND OHG gewährt allen Abnehmern im Umkreis von 100 km bei einem Mindesteinkaufsbetrag von 15 000,00 € die Lieferung frei Haus.

- **Lieferzeit:** Für Käufer ist häufig entscheidend, dass sie die Lieferzeit selbst bestimmen können. So wünschen manche Abnehmer, dass die Lieferung sofort, zu einem festgelegten späteren Zeitpunkt oder in bestimmten Teillieferungen erfolgen soll. Durch eine kundengerechte Gestaltung der Lieferbedingungen können Kaufentscheidungen von Abnehmern günstig beeinflusst werden.

  Beispiel Die RAND OHG vereinbart mit ihren Abnehmern flexible Lieferzeiten, bei Bedarf kann ein fester Lieferzeitpunkt gewählt werden.

Zahlungsbedingungen (vgl. S. 111 ff.)
Wenn über den Zahlungszeitpunkt im Kaufvertrag nichts ausgesagt ist, so gilt die gesetzliche Regelung, d. h., der Käufer hat **sofort bei Übergabe** der Ware zu zahlen. Auch hier kann eine großzügige Erweiterung dieser Regelung Kaufanreize bieten.

Zahlungsziel
Ein Zahlungsziel liegt vor, wenn ein Verkäufer Ware liefert und dem Käufer einräumt, erst **zu einem bestimmten späteren Zeitpunkt** zu zahlen. Dies kann beim Käufer zu erheblichen Kosteneinsparungen führen, insbesondere dann, wenn er den Kaufpreis finanzieren muss.

Rabatte (Preisnachlässe)
Preisnachlässe werden gewährt, um die Preise möglichst **flexibel auf die Abnehmer abstellen** zu können.

Rabattarten	Erläuterungen
Mengenrabatt	Bei Abnahme von großen Mengen einer Ware erhält der Käufer einen Nachlass auf den Listeneinkaufspreis. Der Käufer soll dadurch zum Kauf größerer Mengen veranlasst werden.

Rabattarten	Erläuterungen
Naturalrabatt	Dieser Rabatt ist eine Sonderform des Mengenrabattes. Er wird in Form von Waren gewährt. – **Draufgabe:** Der Käufer erhält statt zehn Artikeln einen Artikel zusätzlich ohne Berechnung. – **Dreingabe:** Der Käufer erhält zehn Artikel, es werden ihm aber nur neun berechnet.
Treuerabatt	Dieser Rabatt wird von Lieferern bei bestimmten Anlässen langjährigen Kunden gewährt, damit sollen Stammkunden an einen Lieferer gebunden werden.
Einführungsrabatt	Dieser Rabatt wird insbesondere von Herstellern den Groß- und Einzelhändlern gewährt, um die Einführungsphase eines neuen Produktes zu verkürzen.
Wiederverkäuferrabatt	Hersteller gewähren Händlern (= Wiederverkäufern) einen Preisnachlass.
Bonus	Er stellt einen nachträglich gewährten Rabatt dar, bei dem dem Käufer nach einer bestimmten Periode (Quartal, Halbjahr, Jahr) bei Erreichung eines bestimmten Mindestumsatzes ein Nachlass auf den Gesamtbetrag, z. B. in Höhe von 2 %, gewährt wird.

Finanzierung
Viele Großhandelsunternehmen bieten ihren Kunden Finanzierungshilfen an. Diese beinhalten insbesondere den **Ratenkauf** sowie den **Kauf auf Kredit**. Häufig werden die Kredite über Kreditinstitute abgewickelt, mit denen die Unternehmen zusammenarbeiten.

Beispiel *Die RAND OHG entschließt sich, neuen Kunden die Möglichkeit einzuräumen, Waren auf Kredit zu kaufen. Hierbei arbeitet sie mit der Sparkasse Aurich-Norden zusammen, die den Kunden der RAND OHG bei Bedarf Kredite zur Verfügung stellt.*

■ Servicepolitik
Maßnahmen im Rahmen der Servicepolitik sind die Garantie und Kulanz, der Service und der Kundendienst.

Garantie und Kulanz
Die Sachmängelhaftung für die Lieferung mangelfreier Produkte beträgt nach gesetzlicher Regelung zwei Jahre. Häufig verlängern Lieferer mittels **Garantie** diese Frist, um ihren Kunden entgegenzukommen und sich von dem Angebot der Konkurrenz abzuheben. Im Rahmen der **Kulanz** kann ein Unternehmen auch Leistungen erbringen, zu denen es gesetzlich oder vertraglich nicht verpflichtet ist.

Beispiel *Die ReWo eG kauft bei der RAND OHG einen Posten Polohemden. Nach einer Woche bittet die ReWo eG um Umtausch in andere Farben. Die RAND OHG ist rechtlich zu diesem Umtausch nicht verpflichtet. Im Wege der Kulanz liefert sie jedoch die neue Ware und nimmt die alte zurück.*

Service und Kundendienst
Service- und Kundendienstleistungen sind ein wichtiges Instrument des Marketings. Hierin kann für die Abnehmer ein entscheidendes Auswahlkriterium für die Wahl des Lieferers bestehen. Diese Leistungen können für die Kunden entweder kostenfrei sein oder in Rechnung gestellt werden.

Beispiele *Die RAND OHG bietet beim Verkauf ihrer Elektrohaushaltsgeräte folgende Leistungen an:*
- *Ersatzteilgarantie für zehn Jahre*
- *Rücknahme und Entsorgung von alten Elektrogeräten*
- *Serviceleistungen können dem Kunden unentgeltlich oder gegen Entgelt angeboten werden.*

Zusammenfassung: Konditionen- und Servicepolitik gestalten

- **Absatzpolitische Instrumente:** Produkt-, Sortiments-, Preis-, Konditionen-, Service-, Distributions-, Kommunikationspolitik
- **Marketing-Mix** ist die optimale Kombination der absatzpolitischen Instrumente.
- **Konditionenpolitik**
  - Lieferbedingungen
  - Zahlungsbedingungen
- **Servicepolitik**
  - Garantie und Kulanz
  - Service und Kundendienst

Aufgaben

1. Überlegen Sie sich Gründe, weshalb Lieferer ihren Kunden ein Zahlungsziel einräumen.

2. Geben Sie an, welche Vorteile die RAND OHG und einer ihrer Kunden durch die Ausnutzung von Skonto haben.

3. Ein Kunde erhält eine Rechnung über 12 000,00 €, das Zahlungsziel beträgt zwei Monate, innerhalb von zehn Tagen können 2 % Skonto in Anspruch genommen werden. Der Kunde möchte über einen Kredit (Zinssatz 9 % p. a.) von seiner Bank den Skonto ausnutzen. Berechnen Sie, ob sich dieser Entschluss lohnt.

4. Überlegen Sie sich, welche Kundendienst- und Serviceleistungen Sie als Privatverbraucher bereits in Anspruch genommen haben, und sammeln Sie die Ergebnisse in einer Liste.

5. a) Erstellen Sie eine Liste von Service- und Kundendienstleistungen, die die RAND OHG ihren Kunden anbieten kann.
   b) Formulieren Sie für die RAND OHG konkrete Konditionen für die Bezahlung und die Lieferung von Waren an ihre Kunden.

5.2.2 Distributionspolitik zur Optimierung der Absatzwege einsetzen

Ein Teil der Entscheidungen für die Aufnahme des „Öko-Design-Kaffee-/Teeautomaten" in das Sortiment der RAND OHG ist gefallen. Nun steht wieder eine Besprechung an, zu der die Geschäftsführer alle beteiligten Mitarbeiter eingeladen haben. Sonja Koch ist schon gespannt auf diesen Termin, denn sie hat – wie sie meint – eine tolle Idee für die Vermarktung ausgeklügelt. Bei der Besprechung meldet sie sich sofort zu Wort: „*Meine Damen und Herren, bisher haben wir unsere Produkte ausschließlich an den Lebensmitteleinzelhandel und an Warenhäuser verkauft. Was halten Sie davon, wenn wir die ‚Öko-Design-Produkte' den großen Warenhauskonzernen und den Einkaufszentren anbieten würden? Das wäre doch ein Knüller, wir könnten dadurch ganz neue Zielgruppen ansprechen.*"

Frau Rand antwortet sofort: *„Solange ich hier etwas zu sagen habe, kommt das gar nicht infrage! Wir sind ein seriöser Großhandel und haben einen guten Ruf zu verlieren."* Sonja Koch ist entsetzt, mit einer solchen Reaktion hatte sie nicht gerechnet. Ist ihre Idee wirklich so schlecht, wie Frau Rand meint?

Arbeitsaufträge
- **Sammeln Sie Argumente für die Standpunkte von Frau Rand und Sonja Koch.**
- **Beschreiben Sie den direkten und indirekten Absatz.**

Die Distributionspolitik (Distribution = Verteilung) beschäftigt sich mit Entscheidungen über **Absatzformen** und **Absatzwege**.

■ Absatzformen

Es werden zwei Absatzformen unterschieden:

Absatz über unternehmenszugehörige Einrichtungen: Der Absatz der Produkte wird vom **Hersteller allein**, ohne Einschaltung weiterer Unternehmen, durchgeführt. Der Hersteller steuert somit seinen Absatz, ohne die Dienstleistung anderer Unternehmen zu beanspruchen.

Beispiele Reisende (Verkäufer im Außendienst), eigene Verkaufsabteilung, Verkaufsniederlassung

Absatz über unternehmensfremde Einrichtungen: Für den Absatz seiner Produkte bedient sich der Hersteller der Dienstleistung fremder Unternehmen, mit denen er entsprechende Verträge abschließt. Hierzu gehören **Absatzmittler** und **Absatzhelfer**. Sie übernehmen für den Hersteller ganz oder teilweise den Absatz seiner Produkte an die Endverbraucher.

Beispiele Absatzmittler: Großhandel und Einzelhandel; Absatzhelfer: Handelsvertreter, Kommissionäre, Makler

■ Absatzwege

Mit Absatzwegen sind alle Wege gemeint, die die hergestellten Produkte an die Endverbraucher bringen.

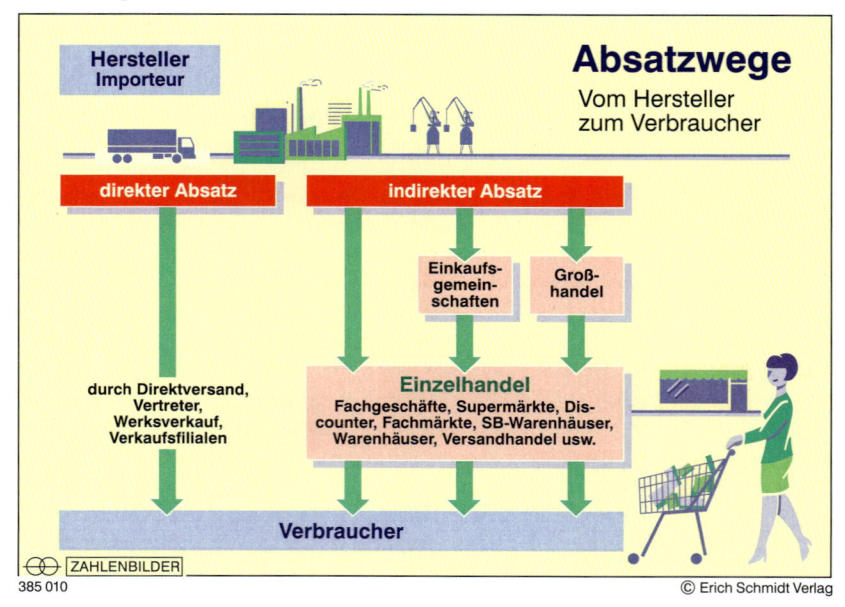

Direkter Absatz

Beim direkten Absatz beliefert ein Hersteller den **Endabnehmer direkt**. Das ist nur möglich, wenn zu den Endabnehmern auch Kontakt hergestellt werden kann. Für den Direktabsatz sind verschiedene Formen denkbar:

Verkauf über den eigenen Außendienst (Reisende)

Ein Hersteller beschäftigt Mitarbeiter (**Reisende**), die im Außendienst Kunden beraten und Vertragsabschlüsse herbeiführen. Oft erhalten sie neben einem Grundgehalt und ihren Reisekosten zusätzlich Verkaufsprovision. Sie besuchen die Kunden in deren Geschäftsräumen und präsentieren dort ihre Produkte über Kataloge, Beamer- oder DVD-Vorführungen bzw. mit Mustern oder Modellen. Der Kontakt zu den Kunden kann auf verschiedenen Wegen hergestellt werden.

Beispiele
- gezielte Werbebriefe
- Anzeigen in Fachzeitschriften, auf die Kunden mit der Aufforderung zu einem „Vertreterbesuch" reagieren können
- Anfragen von Kunden
- Versenden von Angeboten
- Kontakte auf Messen und Ausstellungen
- gezielte Anrufe bei Kunden (Telefonmarketing)
- Internet

Verkauf in betriebseigenen Einrichtungen

Um eine größere Nähe zu den Abnehmern zu erreichen, werden häufig **Verkaufsniederlassungen** (Verkaufsfilialen, -büros) errichtet. Hierbei kommt der Kunde zum Hersteller und kann Produkte betrachten, ggf. ausprobieren und nach einer Beratung auswählen.

Beispiel Die Spila GmbH hat am Sitz ihres Werkes in Oldenburg und in Berlin ein Verkaufsstudio eingerichtet. Hier wird die gesamte Kollektion der Spielwaren ausgestellt.

Indirekter Absatz

Viele Unternehmen beliefern den Endverbraucher indirekt. Sie vertreiben ihre Produkte über selbstständige Handelsunternehmen, d.h. über betriebsfremde Einrichtungen, wobei auch hier Absatzhelfer wie Kommissionäre, Handelsvertreter usw. eingesetzt werden können.

Großhandel

Großhändler beziehen bei Industrieunternehmen Güter, die sie entweder **an gewerbliche Kunden** oder an Einzelhändler weiterverkaufen.

Beispiel Die RAND OHG bezieht Waren von zwölf großen Lieferern und beliefert damit ihre Kunden im Bundesgebiet.

Einzelhandel

Einzelhändler beziehen ihre Waren entweder bei Herstellern oder bei Großhändlern und verkaufen direkt **an den Endverbraucher**. Der Facheinzelhandel beschränkt sich dabei auf eine bestimmte Warengruppe.

Beispiel Die RAND OHG beliefert sieben Kunden des Einzelhandels.

Verkauf in betriebsgebundenen Einrichtungen

Hierzu gehören Vertragshändler und das Franchising.

- **Vertragshändler:** Ein Industriebetrieb und ein Handelsbetrieb schließen miteinander einen Vertrag, in dem sich der Händler verpflichtet, die Produkte des Herstellers nach dessen Marketingkonzept anzubieten. Der Vertragshändler ist rechtlich selbstständiger Unternehmer und vertreibt seine Produkte unter eigenem Namen. Er benutzt aber seinen Kunden gegenüber die Marke des Herstellers. Deshalb wirkt er auf einige Kunden wie eine Filiale (Außenstelle) des Industriebetriebes.

Beispiel Automobilhersteller vertreiben ihre Kraftfahrzeuge häufig über Vertragshändler.

- **Franchising:** Hierbei handelt es sich um eine enge Kooperationsform, bei der der Franchisegeber (**Franchisor** = Kontraktgeber) aufgrund einer langfristigen Bindung dem Franchisenehmer (**Franchisee** = Kontraktnehmer) das Recht einräumt, bestimmte Waren oder Dienstleistungen unter Verwendung der Firma, der Marke, der Ausstattung und der technischen und wirtschaftlichen Erfahrungen des Franchisegebers zu nutzen. Der Franchisenehmer tritt seinen Kunden gegenüber nicht in eigenem Namen auf, er verwendet den Namen seines Franchisegebers. Der Franchisegeber vergibt eine Konzession für ein von ihm entwickeltes Marketingprogramm, das sich bereits im Praxiseinsatz bewährt hat. Er erhält dafür i. d. R. ein einmaliges Entgelt und/oder eine Umsatzbeteiligung. Hierdurch kann er ein Vertriebsnetz ohne großen Investitionsaufwand errichten, hohe Marktnähe erreichen und schnell expandieren.

Beispiele McDonald's (Fast-Food), Benetton (Textilien), OBI (Baumarkt), hagebau (Baumarkt), Nordsee (Fisch), Fressnapf (Tierfutter), Lekkerland (Süßwaren), dm (Drogerie), Coca Cola (Getränke), IBIS (Hotels)

Vorteile für den Franchisenehmer	Nachteile für den Franchisenehmer
– weitgehende Selbstständigkeit im Rahmen des Vertrages – Nutzung des Know-hows des Franchisegebers – Förderung des Absatzes durch einheitliche Verkaufsraumgestaltung, Werbung, Verkaufsförderung sowie ein abgerundetes Sortiment – Nutzung von Dienstleistungen des Franchisegebers, wie zentrales Rechnungswesen, Kalkulation	– langfristige Bindung an ein Sortiments- und Präsentationskonzept – keine selbstständigen Sortimentsentscheidungen – hohe Kosten durch Eintritts- oder Franchiseentgelt – Insolvenzrisiko liegt bei Franchisenehmer

Verkauf über Handelsvertreter
Ein Handelsvertreter ist ein **selbstständiger Gewerbetreibender**, der ständig damit beauftragt ist, für andere Unternehmen Kontakte zu Kunden herzustellen und Geschäfte zu vermitteln oder abzuschließen (§ 84 ff. HGB). Hierfür erhält er eine **Provision**.

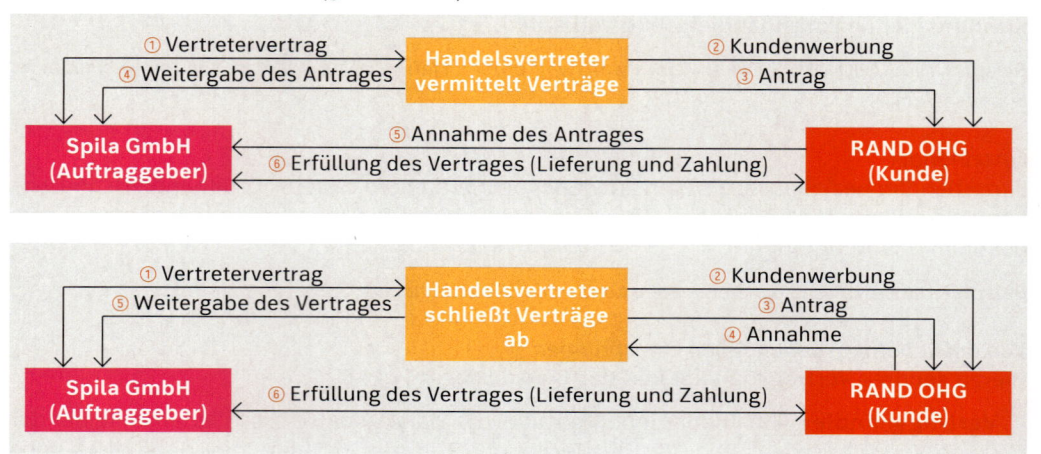

① Vertretervertrag   ② Kundenwerbung
④ Weitergabe des Antrages → **Handelsvertreter vermittelt Verträge** ③ Antrag
Spila GmbH (Auftraggeber) ⑤ Annahme des Antrages **RAND OHG (Kunde)**
⑥ Erfüllung des Vertrages (Lieferung und Zahlung)

① Vertretervertrag   ② Kundenwerbung
⑤ Weitergabe des Vertrages → **Handelsvertreter schließt Verträge ab** ③ Antrag
④ Annahme
Spila GmbH (Auftraggeber) ⑥ Erfüllung des Vertrages (Lieferung und Zahlung) **RAND OHG (Kunde)**

Verkauf über Kommissionäre

Der Kommissionär ist ein selbstständiger Kaufmann, der gewerbsmäßig Waren **auf Rechnung eines anderen im eigenen Namen** verkauft (§ 383 ff. HGB). Beim Kommissionsgeschäft schließt der Käufer (**Kommissionär**) mit seinem Lieferer einen Kommissionsvertrag ab, wobei der Lieferer (**Kommittent**) Eigentümer der Ware bleibt. Der Kommissionär wird lediglich Besitzer der Ware. Er verkauft sie in seinem Namen, d. h., sein Kunde weiß nicht, dass die Ware dem Kommissionär nicht gehört. Die verkaufte Ware rechnet der Kommissionär mit seinem Lieferer ab und behält eine Provision ein. Nicht verkaufte Ware gibt er an den Lieferer zurück.

Beispiel Die RAND OHG schließt mit dem Kommissionär EBEKA eG einen Kommissionsvertrag ab. Die RAND OHG wird dadurch zum Kommittenten. Die EBEKA eG erhält von der RAND OHG Waren, die sie erst zu bezahlen braucht, wenn sie selbst die Waren verkauft hat.

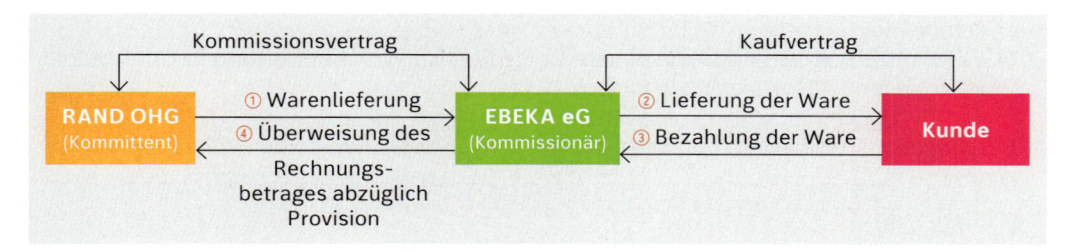

Verkauf über Makler

Ein Makler vermittelt nur von Fall zu Fall den Abschluss von Verträgen (§§ 93–104 HGB). Er erhält für seine Dienstleistung eine **Courtage** (Maklerlohn). Sie ist i. d. R. je zur Hälfte von Käufer und Verkäufer zu tragen.

Zusammenfassung: Distributionspolitik zur Optimierung der Absatzwege einsetzen

- Distributionspolitik umfasst die **Auswahl und Kombination von Absatz- oder Vertriebswegen.**
- **Absatzformen:**
  - Absatz über **unternehmenszugehörige** Einrichtungen
  - Absatz über **unternehmensfremde** Einrichtungen
- **Absatzwege:**

Direkter Absatz (Verkauf direkt an Endabnehmer)	Indirekter Absatz (Verkauf über den Handel oder Absatzmittler)
– Reisende – Verkaufsniederlassungen	– Großhandel – Einzelhandel – Vertragshändler – Franchising – Handelsvertreter – Kommissionäre – Makler

Aufgaben

1 Für viele Hersteller von Konsumartikeln (Lebensmittel, Gegenstände des täglichen Gebrauchs) ist der Einzelhandel der bedeutendste Absatzweg. Begründen Sie, weshalb die Hersteller diesen Absatzweg bevorzugen.

2 a) Beschreiben Sie die Vor- und Nachteile des Franchisingsystems aus der Sicht des Franchisegebers und -nehmers.
b) Erläutern Sie den Absatz über Handelsvertreter, und nennen Sie Vor- und Nachteile für den Hersteller.

3 a) Erläutern Sie, weshalb es für Unternehmen sinnvoll sein kann, mehrere Absatzwege zu kombinieren.
b) Erläutern Sie, welche Gesichtspunkte zu berücksichtigen sind, wenn ein Unternehmen verschiedene Absatzwege kombiniert.

4 Beschreiben Sie die Bedeutung des Großhandels für Industriebetriebe und für Endverbraucher.

5.2.3 Kommunikationspolitik zur Kundenerreichung anwenden

Die Markteinführung des „Öko-Design-Kaffee-/Teeautomaten" geht gut voran. Viele Vorüberlegungen, wie z. B. die zur Preisfestlegung, sind schon angestellt. Sonja Koch hat einen geeigneten Kaffee-/Teeautomaten beschafft und den Mitarbeitern präsentiert. Sie schwärmt: „Ökologie ist das Thema Nr. 1, dieser Artikel verkauft sich von selbst. Einfach absolute Spitzenklasse, super!" Frau Rand bremst sie in ihrer Schwärmerei: „Nun mal halblang! Kein Produkt verkauft sich von selbst, mag es noch so toll sein. Bisher weiß doch noch niemand, dass es diesen neuen Artikel überhaupt gibt. Damit unsere Kunden davon erfahren, liegt noch eine Menge Arbeit vor uns." „Genau!", meldet sich Werner Krull, „wir müssen ordentlich die Werbetrommel rühren, jeder im Lande soll davon erfahren, wir bringen Fernsehspots, wir lassen Zeppeline über ganz Deutschland fliegen, die Prospekte abwerfen, in allen Zeitungen erscheinen Anzeigen über den ‚Öko-Design-Kaffee-/Teeautomaten'." Versonnen schließt er die Augen und träumt bereits davon, in einem Werbespot selbst aufzutreten. Frau Rand holt ihn wieder in die Wirklichkeit zurück. „Das ist doch dummes Zeug! Wir engagieren eine solide Werbeagentur, die macht für uns die Arbeit, denn dort sitzen die Spezialisten." Herr Lunau aus dem Rechnungswesen mischt sich sofort ein: „Bedenken Sie aber die Kosten, wir müssen sparsam mit unseren Finanzen umgehen." Werner Krull denkt bei sich: „Der sitzt auf dem Geld, als ob es sein eigenes wäre." Frau Rand meldet sich: „Wir wissen doch alle, dass Werbung allein nicht genügt. Wir müssen unser gesamtes Unternehmen in ein positives Licht setzen und unser Image pflegen."

5.2 Analyse, Einsatz und Kombination absatzpolitischer Instrumente

Arbeitsaufträge
- *Begründen Sie, weshalb ein gutes Produkt sich nicht „von allein" verkauft und warum ein Unternehmen ein positives Image in der Öffentlichkeit braucht.*
- *Beschreiben Sie die Ziele und Arten der Werbung.*
- *Entwerfen Sie für die RAND OHG eine Werbekampagne für den „Öko-Design-Kaffee-/Teeautomaten".*

Die **Kommunikationspolitik** umfasst die Koordination der Werbung, Verkaufsförderung (Sales Promotion) und Öffentlichkeitsarbeit (Public Relations).

→ D

```
                    Kommunikationspolitik
         ┌──────────────────┼──────────────────┐
      Werbung        Verkaufsförderung    Öffentlichkeitsarbeit
                     (Sales Promotions)    (Public Relations)
```

■ Werbung

Die Werbung informiert über Produkte und Dienstleistungen eines Unternehmens. Sie ist ein **Bindeglied zwischen Anbietern und Nachfragern** von Produkten und nimmt gezielt Einfluss auf Kaufentscheidungen von Abnehmern.

Ziele der Werbung

Bekanntmachung von Produkten bei den Abnehmern
Nur durch Werbung können Abnehmer von der Existenz eines Produktes erfahren. Die Werbung informiert über den Grund- und Zusatznutzen eines Produktes bzw. einer Dienstleistung.

Dadurch können ein **bestehendes Marktpotenzial** (= die Menge aller möglichen Abnehmer eines Produktes) **ausgeschöpft** und **neue Abnehmer gewonnen** werden. Außerdem sollen bereits vorhandene Abnehmer, z. B. **Stammkunden, gehalten** werden.

Beispiele
- Die Motoren-AG in Würzburg stellt Heimwerker-Bohrmaschinen her. Ihr Marktpotenzial entspricht der Anzahl aller Haushalte in Deutschland, also etwa 50 Mio. Im letzten Jahr hat sie 650 000 Maschinen verkauft, also das Marktpotenzial nur zu 1,3 % ausgeschöpft. Einerseits benötigt nicht jeder Haushalt eine Bohrmaschine, andererseits wurden Konkurrenzprodukte gekauft. Durch Werbung möchte die Motoren-AG ihre Produkte bekannt machen, um mehr Maschinen absetzen zu können. Um dies zu erreichen, stellt sie in der Werbung z. B. heraus, dass ihre Bohrmaschinen leicht zu bedienen und geräuscharm sind, dass sie besonders preisgünstig sind, eine Garantie von drei Jahren haben usw.
- Die RAND OHG vertreibt ihre Waren u. a. über den Einzelhandel und Warenhäuser. Diese Unternehmen müssen von der RAND OHG über die Produkte informiert werden, bevor diese Endverbrauchern angeboten werden können.

Weckung von Bedürfnissen
Einen großen Teil der heute existierenden Produkte hat es vor 20 Jahren noch nicht gegeben. Das **Bedürfnis** nach ihnen wurden erst durch Werbung geweckt. Es entstand ein **Bedarf**, da ein großer Teil der Bevölkerung bereit war, für diese Produkte Teile des Einkommens auszugeben. Durch das Wecken der Bedürfnisse entsteht ein neues Marktpotenzial und eine **Nachfrage**, die von Anbietern entsprechender Produkte befriedigt werden kann.

Lernfeld 5: Käuferverhalten analysieren und Marketingmaßnahmen entwickeln

Beispiele
- **MP3-Player:** Die Unterhaltungsindustrie hat durch Werbung das Bedürfnis geweckt, jederzeit und überall, unabhängig von einer Steckdose bequem und individuell Musik hören zu können, ohne Mitmenschen durch eine Geräuschkulisse zu stören. Es entstand der Bedarf für den MP3-Player.
- **Smartphone:** Die Telekommunikationsindustrie weckte durch Werbung das Bedürfnis, schnell und kostengünstig mündliche und schriftliche Mitteilungen zu versenden und jederzeit online zu sein. Heute ist auch aus Unternehmen das Smartphone nicht mehr wegzudenken. Man wundert sich, wie noch vor 30 Jahren Menschen ohne Smartphone leben konnten.

Arten der Werbung

- **Einzelwerbung:** Werbung eines Unternehmens für seine Waren

    Beispiel Die RAND OHG wirbt für ihren Kaffee-/Teeautomaten „Öko-Design" mit einer Anzeige in einer Fachzeitschrift für den Lebensmitteleinzelhandel.

- **Sammel-, Verbundwerbung:** Mehrere Unternehmen unterschiedlicher Branchen werben gemeinsam mit Angabe ihrer Firmen.

    Beispiel In einer Anzeige werden in der Tageszeitung die Namen aller sich in einem Einkaufszentrum befindlichen Unternehmen genannt.

- **Gemeinschaftswerbung:** Mehrere Unternehmen derselben Branche werben gemeinsam für ihre Belange.

    Beispiel Im Werbefernsehen wird ein Spot mit dem Titel „Aus deutschen Landen frisch auf den Tisch" gesendet.

Grundsätze der Werbung

Die Werbebotschaften sind so zu gestalten, dass sie werbewirksam sind und zu Kaufhandlungen führen. Grundsätzlich sind solche Werbebotschaften wirksam, die nach der **AIDA-Formel** aufgebaut sind:

Attention	=	Aufmerksamkeit erzielen (z. B. Schlagzeile, Blickfang, Farbgestaltung)
Interest	=	Interesse am Produkt erwecken (z. B. entsprechende Schaufenstergestaltung)
Desire	=	Drang, Besitzwunsch auslösen (z. B. Kostproben, Vorführungen)
Action	=	Aktion, Kauf bewirken (z. B. attraktive Preisgestaltung, Sonderangebote)

Neben der Beachtung der Werbewirkung sind folgende **Werbegrundsätze** wichtig:

Wahrheit
In erster Linie soll die Werbung der sachlichen Information der Kunden dienen. Zwar wird mit einer Werbebotschaft häufig versucht, bestimmte Assoziationen beim Kunden zu erwecken oder eine Scheinwelt mit Sachinhalten zu vermischen, um ihn zu einem Kauf zu bewegen, jedoch darf die Werbung keine Unwahrheiten beinhalten. Dies würde gegen das **Gesetz gegen den unlauteren Wettbewerb (UWG)** verstoßen.

Beispiele
- In einer Zigarettenwerbung wird behauptet: „Merlbarum – Der Geschmack von Freiheit und Abenteuer!" Hier wird dem Käufer zwar eine Scheinwelt vorgespielt, jedoch keine Unwahrheit behauptet.
- Ein Möbelfachhändler wirbt: „Alle unsere Stühle sind von der Stiftung Warentest mit ‚sehr gut' bewertet worden", obwohl nie ein Test durchgeführt wurde. Hier liegt ein grober Verstoß gegen das Gebot der Wahrheit in der Werbung vor.

Klarheit
Der Werbezweck ist **eindeutig und unmissverständlich** anzustreben. Der Kunde soll eindeutig über die Vorzüge eines Produktes informiert werden.

5.2 Analyse, Einsatz und Kombination absatzpolitischer Instrumente

Beispiel Ein Spielwarengroßhändler wirbt in der Vorweihnachtszeit für Modelleisenbahnen. Es soll die Produktlinie „Mini-Trax" durch besondere Preiswürdigkeit herausgestellt werden. In einer Anzeige wird aber nur ausgesagt: „Wir bieten Ihnen ein interessantes und preiswertes Angebot von Spielzeug aller Art!" Diese Aussage ist unklar und wird ihr beabsichtigtes Ziel nicht erreichen.

Wirksamkeit
Die Art und Weise der Werbung muss **den Werbezweck unterstützen** und den Marketingzielen dienen, sie muss wirksam sein.

Beispiel Ein Käsegroßhändler in Oberammergau möchte für ein Sonderangebot an Weichkäse werben. Der Geschäftsinhaber denkt an einen Fernsehspot im ZDF. Diese Werbemaßnahme ist unwirksam, da sie den Zielkreis der Umworbenen nicht trifft (starke Streuverluste).

Wirtschaftlichkeit
Die finanziellen Aufwendungen für die Werbemaßnahmen müssen **in einem angemessenen Verhältnis zu ihrem möglichen Erfolg** stehen.

Beispiel Ein Möbelgroßhändler möchte eine neue Abteilung für Gartenmöbel einrichten und plant für das erste Jahr einen Umsatz von 1,2 Mio. €. Eine Werbeagentur gibt für eine Werbekampagne ein Angebot in Höhe von 650 000,00 € ab. Die Geschäftsleitung lehnt daraufhin das Angebot wegen Unwirtschaftlichkeit ab.

Stetigkeit, Einheitlichkeit, Einprägsamkeit
Ein Einzelhändler sollte in seiner Werbung stets einen einheitlichen Stil verfolgen. Damit sichert er sich bei seinen Kunden einen **Wiedererkennungseffekt**. Oft werden hierzu bestimmte Symbole, Farben, Figuren, Slogans usw. verwendet. Ferner erhöhen regelmäßige **Wiederholungen** der Werbebotschaft den Erfolg der Werbemaßnahme, indem sie dem Umworbenen besonders gut in Erinnerung bleiben.

Beispiel Der Supermarkt „DOLDI" wirbt jeden Mittwoch in den Tageszeitungen mit einer ganzseitigen, stets gleich aufgemachten Anzeige für seine Wochenendangebote. Alle Sonderangebote werden besonders herausgestellt mit dem Slogan: „DOLDI informiert ... Preise, über die Sie nur lachen können!"

Der Werbeplan
Es ist nicht sinnvoll, Werbung ohne sorgfältige Zielbestimmung, ohne Koordination mit den übrigen Marketinginstrumenten und ohne genaue Planung durchzuführen. In einem Werbeplan müssen deshalb **folgende Punkte** festgelegt werden:

Inhalt des Werbeplans	Beispiele
① **Streukreis** Das ist die Personengruppe, die umworben werden soll, sie kann in spezielle Zielgruppen unterteilt werden. Der Streukreis wird durch Marktforschung festgestellt. Zielgruppen und somit der Streukreis können hinsichtlich **soziografischer Merkmale** (Alter, Familienstand, verfügbares Einkommen usw.), **geografischer Merkmale** (Bundesland, Stadt, Land usw.) oder **verhaltensbezogener Merkmale** (Einstellungen, Werte, Konsumverhalten, Statusbewusstsein usw.) unterschieden werden.	– Ein Hersteller von **Routern** möchte seinen Absatz vergrößern. Sein Marktpotenzial sind alle Inhaber eines Festnetz-Telefonanschlusses. Die Anzahl ist bei den Telefongesellschaften zu erfahren. Der Streukreis der Werbung umfasst somit die Zielgruppen private Haushalte und Unternehmen. Diese beiden Zielgruppen können weiter unterteilt werden, z. B. private Haushalte mit 1, 2, 3, 4 oder mehr Personen, Haushalte mit Haupt- und Nebenanschluss usw. – Die RAND OHG hat als Marktpotenzial alle Unternehmen, die die Artikel ihres Randsortiments benötigen. Hierzu zählen alle Lebensmitteleinzelhandelsunternehmen, Warenhäuser, SB-Warenhäuser, Verbrauchermärkte. Sie hat somit einen großen Streukreis mit unterschiedlichen Zielgruppen.

Lernfeld 5: Käuferverhalten analysieren und Marketingmaßnahmen entwickeln

Inhalt des Werbeplans	Beispiele
② **Werbebotschaft** Hier wird festgelegt, **was** in der Werbung der Zielgruppe mitgeteilt werden soll. Das Produkt soll vom Nachfrager eindeutig identifiziert werden können, z. B. durch einen einprägsamen Namen, durch die Marken, ein Logo, ein Symbol usw.	– Botschaft: „Der neu entwickelte Bürostuhl der Bürodesign GmbH, berücksichtigt neben formschönem Design die ergonomischen Bedürfnisse von Menschen. Ferner besteht er vorwiegend aus Naturstoffen, die umweltverträglich sind." Als Produktname wurde „ergo-design-natur" gewählt.
Gleichzeitig muss in der Werbebotschaft der Zielgruppe ein besonderer Nutzen (Grund- und Zusatznutzen) des Produktes mitgeteilt werden. Ferner wird bestimmt, **wie** die Botschaft präsentiert wird, z. B. durch Auswahl geeigneter Sprache, Farben, Sounds, Aktionsformen usw.	– Eine Werbung für Rasierwasser für sportliche, junge, dynamische Männer könnte folgende Botschaften enthalten: „Prickelnd, erfrischend, jung, klar, echt, rein ..." – Wenn für dasselbe Produkt die Zielgruppe älterer gut verdienender Männer (Managertyp) geworben wird, könnten folgende Attribute verwendet werden: „Verführerischer Duft, exklusiv, edel ..." – Die RAND OHG wählt für die Präsentation ihres Kaffee-/Teeautomaten „Öko-Design" eine klare informative Sprache, sie stellt den ökologischen Aspekt des neuen Produktes heraus.
③ **Werbemittel** Mit Werbemitteln werden die Werbebotschaften an die Abnehmer herangetragen.	– Anzeigen, Inserate, Beilagen in Zeitungen, Internetanzeigen (Banner) – Fernseh-, Kino-, Rundfunkspots – Plakate, Prospekte, Kataloge, Flugblätter – Schaufensterwerbung, Werbegeschenke, Werbebriefe – Bandenwerbung bei Sportveranstaltungen – Product Placement (Produkte werden in Kino- oder Fernsehfilmen eingesetzt. In einer Krimi-Serie benutzt ein Detektiv immer ein Auto eines bestimmten Herstellers usw.)
④ **Werbeträger** Medien, die die Werbemittel an die Zielgruppen herantragen. Durch sie soll die in den Werbemitteln enthaltene Werbebotschaft gestreut werden.	– Zeitungen, Fachzeitschriften, Anzeigenblätter – Fernseh- und Rundfunkanstalten – Plakatwände, Litfaßsäulen, Schaufenster – Internet, Adressbücher, Datenbanken – Direktwerbung (Werbebriefe, Drucksachen, Wurfsendungen)
⑤ **Streuzeit** Hier werden Beginn und Dauer der Werbung kalendermäßig festgelegt. Meist wird in einem Ablaufplan auch bestimmt, in welchem zeitlichen Umfang die Vorbereitungsarbeiten für die Werbung stattfinden (Fristen für Anzeigen in Zeitungen, Fristen für die Erstellung von Werbespots usw.).	– Die Lebkuchenfabrik Schmitz & Co. OHG in Erlangen möchte für ihren neuen Geschenkkarton „Lebkuchen – die leckere Auswahl" im Weihnachtsgeschäft werben. Bereits im März werden hierzu Sendezeiten bei den Fernsehanstalten gebucht, die Mitte November täglich fünfmal ausgestrahlt werden sollen. Im Mai werden zusammen mit einer Werbeagentur die Werbespots gedreht. – Die RAND OHG möchte für den Kaffee-/Teeautomaten „Öko-Design" in Fachzeitschriften werben. Hierzu muss festgelegt werden, zu welchen Zeitpunkten die Anzeigen erscheinen sollen. Die Werbeabteilung entschließt sich, die Anzeigen erstmalig im Monat September zu schalten, weil die Kunden der RAND OHG zum Jahresende die neu im Sortiment aufzunehmenden Artikel festlegen.
⑥ **Streugebiet** Hier wird der geografische Raum für die Werbung festgelegt. Häufig bestimmt das Streugebiet die Auswahl der Werbemittel.	– Die RAND OHG hat bei ihrer Werbung als Streugebiet Deutschland festgelegt und wirbt hier in Fachzeitschriften mit Anzeigen. – Ein Markenhersteller von Blu-Ray-Geräten legt als Streugebiet Deutschland, Österreich, Schweiz fest. Als Werbemittel wählt er u. a. TV-Spots im jeweiligen Landesfernsehen.

Inhalt des Werbeplans	Beispiele
⑦ **Werbeintensität** Sie ergibt sich als Verhältnis der eingesetzten Werbemittel zum Streugebiet und zur Zielgruppe und legt die Häufigkeit der Werbung fest. Wenn die Auswahl der Werbemittel und -träger nicht auf das Streugebiet und die Zielgruppe abgestimmt ist, kommt es zu Streuverlusten.	– Ein Mitbewerber der RAND OHG in München inseriert einmal pro Woche in einer bundesweiten Fernsehzeitschrift. Er muss mit einem enormen Streuverlust rechnen, da die allermeisten Leser nicht im direkten Umfeld des Geschäftes ansässig sind. Eine gezielte Direktwerbung mit Werbebriefen würde zu einer höheren Werbeintensität führen.

Das Werbebudget

Das Werbebudget oder der **Werbeetat** ist der Betrag in Euro, der für Werbezwecke ausgegeben werden kann. Dieser Betrag kann für einzelne Produktgruppen oder Produkte aufgeteilt werden. Häufig wird er als Prozentanteil am Umsatz angegeben. Die Aufwendungen für Werbung werden in die Preiskalkulation der Produkte einbezogen.

Beispiel Die RAND OHG hat in den vergangenen Jahren regelmäßig etwa 4 % vom Jahresumsatz für Werbezwecke ausgegeben. Durch den Verkauf der Kaffee-/Teeautomaten werden im ersten Jahr etwa 100 000,00 € Umsatz erwartet. Da es sich um eine Neueinführung handelt, sollen die Werbeausgaben 6 % vom Umsatz betragen, also 6 000,00 €.

Die Werbeerfolgskontrolle

Mit Werbemaßnahmen und -aktionen werden wirtschaftliche Ziele angestrebt. Sie verursachen Kosten. Deshalb ist es erforderlich, diese Maßnahmen auf ihren Erfolg hin zu kontrollieren. In jedem Unternehmen kann es geschehen, dass Produktentwicklungen nicht vermarktet werden können und zu einem „**Flop**" werden. Die Ursachen hierfür können im Produkt selbst liegen, z. B. wenn kein Bedarf für dieses Produkt auf dem Markt vorhanden ist oder der Preis zu hoch angesetzt war. Es kann aber auch eine „falsche Werbung" verantwortlich sein, wenn z. B. die Zielgruppe nicht richtig angesprochen wurde.

Beispiel Ein Softwarehersteller hat ein Programm entwickelt, das alle Finanzgerichtsurteile gespeichert hat. Der Benutzer gibt ein Stichwort ein, z. B. Abschreibung auf Fuhrpark, und erhält alle dazu gesprochenen Urteile, die er sich bei Bedarf ausdrucken lassen kann. Das Softwarehaus wirbt in allen Computerzeitschriften. Das Produkt wurde ein Flop, weil die Zielgruppe der Steuerberater mit der Auswahl der Werbeträger nicht getroffen wurde.

Der wirtschaftliche Erfolg einer Werbeaktion ist durch **Umsatz-** oder **Absatzsteigerungen** messbar.

Beispiel Die RAND OHG hatte mit der Warengruppe Elektrohaushaltsgeräte einen Umsatz von 470 000,00 €. Innerhalb eines Jahres wurden in einer Aktion 200 ausgesuchte Unternehmen angeschrieben, die daraufhin Hausmessen mit den Elektrogeräten der RAND OHG durchführen. Die gesamte Aktion verursachte Kosten in Höhe von 10 000,00 € (Kosten für Schreibkräfte, Porto, Prospekte, Besuche des Außendienstes usw.). Nach einem Jahr ergab sich ein Umsatz mit Elektrohaushaltsgeräten von 567 290,00 €, also eine Umsatzsteigerung um 20,7 %.

Neben den messbaren Größen Umsatz und Absatz muss bei jeder Werbemaßnahme auch die psychologische Werbewirkung ermittelt werden. Hierzu zählt die **Erhöhung des Bekanntheitsgrades** des Unternehmens in der Öffentlichkeit.

Einschalten einer Werbeagentur

Viele Unternehmen überlassen die Werbung Spezialisten einer Werbeagentur. Sie haben i. d. R. eine höhere **Fachkompetenz** und sind **Experten** für spezielle Probleme, z. B. die Auswahl geeigneter Werbeträger, die Gestaltung von Werbemitteln usw. Außerdem haben sie gute **Kontakte zu den Medien** und arbeiten mit Marktforschungsinstituten zusammen, deren Ergebnisse sie mehrfach und somit kostengünstiger nutzen können. Sie beraten das Unternehmen in allen Fragen der Werbung gegen ein vereinbartes Honorar.

■ Verkaufsförderung (Sales Promotion)

Die Verkaufsförderungsmaßnahmen dienen der Motivation, Information und Unterstützung **aller Beteiligten am Absatzprozess**, den Verkäufern im Innen- und Außendienst, dem Groß- und dem Einzelhandel. Ferner sollen sie die Werbung unterstützen, die sich an den Endverbraucher richtet. Gemessen an den Gesamtausgaben für die Kommunikationspolitik nahmen die Ausgaben für Verkaufsförderung in den letzten Jahren erheblich zu. Die Maßnahmen der Verkaufsförderung lassen sich einteilen in Verkaufs-, Händler- und Verbraucherpromotion.

Verkaufspromotion

Diese Maßnahmen richten sich an das **Verkaufspersonal im Innen- und Außendienst**, dessen Leistungsfähigkeit und -bereitschaft verbessert werden soll.

Beispiel *Die RAND OHG lädt die Verkaufsleiter ihrer Kunden zu einer Produktpräsentation ein. Hier wird der „Öko-Design-Kaffee-/Teeautomat" vorgestellt.*

Händlerpromotion

Bei den Absatzwegen über Groß- und Einzelhandel müssen die **Händler** durch geeignete Maßnahmen bewegt werden, die vom Hersteller angebotenen Produkte in ihr Sortiment aufzunehmen und zu verkaufen. Hierzu werden folgende Promotionsaktivitäten eingesetzt:

Art der Händlerpromotion	Erläuterungen	Beispiele
Ausbildung und Information des Handels	Das Personal der Groß- und Einzelhändler wird von den Herstellern geschult und ständig mit Produktinformationen versorgt.	Spezielle Händlerzeitschriften, die vom Hersteller herausgegeben werden, Händler-Meetings oder -Tagungen, Ausbildung von Verkäufern des Händlers (Herstellerseminare mit hauseigenen Zertifikaten)
Beratung bei der Gestaltung der Verkaufsräume und der Kundenbetreuung	Der Hersteller gibt dem Händler konkrete Hilfen für den Verkauf seiner Produkte in seinen Verkaufsräumen und für seine Werbung.	Hilfen bei der Einteilung der Verkaufsfläche, der Warenplatzierung, Bereitstellen von Regalen, Vitrinen, Displays (Verkaufsständer, Poster, Schaufensterdekoration u. Ä.), Verpackungsmaterial, Druck von Prospekten und Katalogen für Händler usw.
Preis- und Kalkulationshilfen	Der Hersteller empfiehlt den Händlern Verkaufspreise.	Einführungs- und Mengenrabatte, Verkaufsaktionen mit Sonderrabatten
Motivation des Handels	Die Hersteller motivieren durch Anreize den Handel, ihre Produkte zu verkaufen.	Händlerpreisausschreiben, Händlerwettbewerbe, Produktdemonstrationen beim Händler, Ausrichten von Verkaufsshows beim Händler, Schaufensterwettbewerbe usw.

Verbraucherpromotion

Maßnahmen der Verbraucherpromotion beziehen sich **auf den Ort des Verkaufs** an den Endverbraucher, den **POS (Point of Sale)**, also den Verkaufsraum. Das Ziel besteht darin, den Verbraucher auf bestimmte Produkte des Herstellers aufmerksam zu machen, ihn mit Produkten in Kontakt zu bringen und einen Kaufanreiz zu schaffen (Verkaufsaktionen).

Beispiele Preisausschreiben für Kunden, Produktproben (z. B. Lebensmittel), Modenschauen bei Textilien, Aktionen mit Prominenten (Autogrammstunden im Warenhaus), Displays im Verkaufsraum usw.

■ Öffentlichkeitsarbeit (Public Relations)

Maßnahmen der Öffentlichkeitsarbeit (PR-Arbeit) eines Unternehmens beziehen sich nicht auf ein bestimmtes Produkt oder eine Produktreihe, sondern **auf das Bild des Unternehmens**, sein Image in der Öffentlichkeit. Sie sind getragen durch den Gedanken

> „Tue Gutes und sprich darüber!"

Wirksamkeit der PR-Arbeit

Für die PR-Arbeit wird wie für die Werbung und die Verkaufsförderung ein Etat bereitgestellt. Eine exakte **Kontrolle der Wirksamkeit ist jedoch nicht immer möglich**, da mit Öffentlichkeitsarbeit kein direkter Umsatzzuwachs bei einzelnen Produkten angestrebt wird. Jedoch kann eine gezielte PR-Arbeit auch wirtschaftliche Erfolge erzielen, wenn das Image eines Unternehmens in der Öffentlichkeit verbessert wird. Letztlich kann gute PR-Arbeit zum Überleben eines Unternehmens beitragen und seine Wettbewerbsfähigkeit stärken.

Beispiel Das Bild von Lebensversicherungen in der Öffentlichkeit war jahrelang geprägt durch Begriffe wie „Sterbegeld, Todesfall, Witwen, Waisen usw.". Umsatzzuwächse waren nur in bescheidenem Maße zu erzielen, weil Lebensversicherungen mit einem negativen Image belastet waren. Durch aktive Öffentlichkeitsarbeit verschiedener Unternehmen konnte dieses Image korrigiert werden. Heute verbindet man mit einer Lebensversicherung (wie Umfragen ergeben haben) die Begriffe „Sicherheit, Sparen für den Ruhestand, Finanzierungshilfe usw.". Dadurch konnte die Zahl der abgeschlossenen Verträge gesteigert und der Bestand der Gesellschaften verbessert werden.

Maßnahmen der PR-Arbeit

Der Katalog möglicher PR-Arbeit ist unerschöpflich, es liegt an der Kreativität des einzelnen Unternehmens, sinnvolle PR-Aktivitäten zu initiieren. Häufig sind PR-Effekte auch recht preisgünstig zu erzielen. In jedem Fall ist es aber wichtig, die **Öffentlichkeit über diese Aktivitäten zu informieren**. Deshalb sind gute Kontakte zur Presse und zu den Medien Basis jeder PR-Arbeit. Auch hierbei können sich Unternehmen der Hilfe von Experten (PR-Agenturen) bedienen.

Beispiel Die RAND OHG hat im Rahmen ihrer Öffentlichkeitsarbeit folgende Maßnahmen und Aktivitäten durchgeführt:
- Jedes Jahr wird ein **Tag der offenen Tür** durchgeführt. Eingeladen sind neben der Presse alle Nachbarn der RAND OHG. Sie werden kostenlos bewirtet und erhalten einen Unternehmensprospekt sowie einen Katalog.

- Die RAND OHG fördert einen örtlichen Fußballverein **(Sponsoring)**. Es werden Trikots mit Unternehmensaufschrift und Bälle zur Verfügung gestellt. Jährlich wird ein Fußballturnier ausgerichtet, das bereits Charakter eines kleinen Volksfestes hat. Ausgespielt wird der begehrte „Rand-Cup".
- Die Geschäftsführung der RAND OHG stiftet jährlich einen beträchtlichen Betrag für Kindergärten. Ebenfalls werden **Geld- und Sachspenden** für karitative Zwecke bereitgestellt.
- Frau Rand ist als Prüferin für die Ausbildungsberufe Kaufleute für Büromanagement bei der IHK bestellt, sie schreibt regelmäßig Artikel zur beruflichen Aus- und Fortbildung mit Nennung ihres Unternehmens **(Veröffentlichungen)**.
- Die RAND OHG legt großen Wert auf **gute Ausbildung** in ihrem Hause. Über ihre Aus- und Fortbildungsaktivitäten berichtet sie regelmäßig in der Presse. Einige Schulungsveranstaltungen sind auch für betriebsfremde Interessenten zugänglich.
- Die RAND OHG gibt Schülern die Möglichkeit zur Absolvierung von **Betriebspraktika**.
- Die RAND OHG informiert über die Presse die Öffentlichkeit, dass sie ausschließlich umweltverträgliche Produkte vertreibt, die in ökologisch vertretbaren Produktionsverfahren hergestellt worden sind **(Umweltschutz)**.

Kooperation in der PR-Arbeit
Manchmal schließen sich Unternehmen zusammen, um gemeinsam PR-Arbeit zu betreiben. Nach dem Motto **„Einigkeit macht stark!"** vertreten sie ihre Interessen in der Öffentlichkeit, obwohl sie auf dem Markt Konkurrenten sind.

■ Corporate Identity (CI)
Die Palette an Produkten und Dienstleistungen auf den Märkten wird immer größer. Gleichzeitig verwischen aber immer mehr die Unterschiede zwischen den einzelnen Produkten. Für Unternehmen, die sich auf dem Markt behaupten wollen, wird es daher zunehmend wichtiger, sich durch klare Image- und Profilgebung voneinander abzuheben.

Eine Möglichkeit, **das Unternehmen in der Öffentlichkeit als geschlossene Einheit zu präsentieren**, ist das Konzept des Corporate Identity. Hierbei handelt es sich um das Bestreben, eine eindeutige Identifizierung (Erkennung) des Unternehmens durch die Kunden, Lieferer und Mitbewerber zu ermöglichen. Corporate Identity zielt dabei auf eine Außenwirkung auf dem Markt. Dort sollen die Produkte mit dem Qualitätsmerkmal „made by ..." eindeutig erkennbar sein. Vor allem bei Konsumgütern vermitteln Image und Wertigkeit eines Produktes einen für den Verbraucher erstrebenswerten Lebensstil. Zwischen zwei gleich bekannten Unternehmen wird der Kunde i. d. R. Produkte desjenigen Unternehmens bevorzugt kaufen, welches das bessere Image hat. Die gewünschte Außenwirkung wird auch durch das **visuelle Erscheinungsbild des Unternehmens** erreicht. Hierzu gehören z. B. einheitliche Unternehmensfarben und -symbole oder -logos, die sich von der Einrichtung der Gebäude, der Kleidung der Mitarbeiter bis hin zur Gestaltung von Briefköpfen und Vordrucken erstreckt **(Corporate Design)**.

Beispiele
- Die RAND OHG präsentiert ein einheitliches Unternehmenslogo auf allen Briefen, Rechnungen, Lieferscheinen, Lkw, Visitenkarten usw.
- Die Pullmann KG hat ihre Arbeitsabläufe und Verantwortlichkeiten in einem Qualitätsmanagement-Handbuch beschrieben und durch ein Autorisierungsunternehmen[1] zertifizieren (bescheinigen) lassen **(Qualitätsaudit ISO 9002)**.

---

[1] TÜV-Cert, VDE.

Corporate Identity zielt auch auf unternehmensinterne Wirkungen. Angestrebt wird eine **Identifizierung der Mitarbeiter mit ihrem Unternehmen**. Hierzu gehören ein einheitlicher Führungsstil in allen Abteilungen und Maßnahmen der Personalförderung und -entwicklung. Gut ausgebildete und motivierte Mitarbeiter sind ein wesentlicher Wettbewerbsfaktor für Unternehmen. In den Ausbildungsstand der Mitarbeiter müssen hohe Summen investiert werden. Durch die Identifizierung der Mitarbeiter mit ihrem Unternehmen soll erreicht werden, dass sich diese Ausgaben lohnen und qualifiziertes Personal nicht zu Mitbewerbern „abwandert".

Zusammenfassung: Kommunikationspolitik zur Kundenerreichung anwenden

Kommunikationspolitik
- Werbung
- Verkaufsförderung (Sales Promotions)
- Öffentlichkeitsarbeit (Public Relations)

Werbung
- Die Werbung ist ein **Bindeglied zwischen Anbietern und Nachfragern** von Produkten. Werbung bietet **für Unternehmen** eine Möglichkeit der **Bestandssicherung** und **für Verbraucher** die Möglichkeit, sich über ein vielfältiges **Warenangebot zu informieren**.

- **Ziele der Werbung:**
  - **Ausschöpfen des bestehenden Marktpotenzials** durch Bekanntmachung von Produkten bei den Abnehmern
  - **Schaffung eines neuen Marktpotenzials** durch Weckung neuer Bedürfnisse

- Im **Werbeplan** werden festgelegt:
  1. **Streukreis**
  2. **Werbebotschaft**
  3. **Werbemittel**
  4. **Werbeträger**
  5. **Streuzeit**
  6. **Streugebiet**
  7. **Werbeintensität**

- Das **Werbebudget** legt die Höhe der Ausgaben für die Werbung fest.

- Die **Werbeerfolgskontrolle** überprüft, ob die Werbemaßnahmen das gesetzte Ziel erreicht haben.

- **Werbeagenturen** übernehmen gegen Entgelt Planung und Realisation von Werbemaßnahmen.

Verkaufsförderung (Sales Promotion)
Maßnahmen dienen der **Motivation, Information und Unterstützung** aller Beteiligten am Absatzprozess.
- **Verkaufspromotion** bezieht sich auf das eigene **Verkaufspersonal**.
  - **Schulungen** (Produktkunde und Verkaufstechnik)
  - **Motivationsmaßnahmen** (finanzielle Anreize)
  - **Verkaufsunterstützung** (Prospekte, Präsentationsmedien)

- **Händlerpromotion** richtet sich an **Groß- und Einzelhändler sowie an Handelsvertreter.**
  - Ausbildung und Information
  - Beratung bei Verkaufsraumgestaltung und Kundenbetreuung
  - Preis- und Kalkulationshilfen
  - Motivationshilfen (Verkaufswettbewerbe)
- **Verbraucherpromotion** richtet sich an den **Endverbraucher** am Ort des Verkaufsgeschehens (**POS = Point of Sale**).
  - Preisausschreiben, Displays im Verkaufsraum, Produktproben

Öffentlichkeitsarbeit (Public Relations)
Maßnahmen beziehen sich nicht auf einzelne Produkte, sondern sollen ein **positives Bild bzw. Image des Unternehmens in der Öffentlichkeit erzeugen** und verstärken.
- Maßnahmen sind z. B.: Sponsoring, Spenden, Kundenzeitschriften, Berichte über Erfolge z. B. im Bereich Nachhaltigkeit usw.

Corporate Identity
Umfasst Maßnahmen, die das Unternehmen in der Öffentlichkeit **als geschlossene Einheit** präsentieren, und hilft Mitarbeitern und Kunden, sich mit ihrem Unternehmen zu identifizieren.

Aufgaben

1 Beschreiben Sie das Marktpotenzial von Herstellern für
   a) Kühlschränke,
   b) Autoradios,
   c) Büroschreibtische,
   d) Digitalkameras,
   e) DVD-Laufwerke für Computer.

2 Zählen Sie aus Ihrem Erfahrungsbereich Marktpotenziale auf, die vor fünf Jahren noch nicht vorhanden waren, und erläutern Sie, welche neuen Bedürfnisse damit geweckt wurden.

3 Die RAND OHG benötigt für die Vermarktung ihres Kaffee-/Teeautomaten „Öko-Design" einen Werbeplan. Sie sollen dabei in Dreiergruppen behilflich sein. Als Werbebudget wird ein Betrag von 90 000,00 € zur Verfügung gestellt. Dokumentieren Sie alle Ihre Arbeiten in einer hierfür angelegten „Werbeplan-Mappe". Machen Sie sich für alle Arbeiten einen zeitlichen Ablaufplan.
   a) Legen Sie den Streukreis fest. Dabei können Sie auch verschiedene Zielgruppen bestimmen.
   b) Formulieren Sie die Werbebotschaft. Stellen Sie den Nutzen der Ware für die Zielgruppe(n) heraus, wählen Sie eine geeignete Sprache. Entwerfen Sie ein Poster.
   c) Geben Sie an, welche Werbemittel und Werbeträger ausgewählt werden sollen. Entwerfen Sie eine Anzeige in einer Fachzeitschrift.
   d) Legen Sie die Streuzeit fest.
   e) Bestimmen Sie das Streugebiet.
   f) Machen Sie Vorschläge, wie der Erfolg Ihrer Werbekampagne gemessen wird.

4 Erläutern Sie, welche Vorteile Sie durch die Einschaltung einer Werbeagentur haben.

5 Der Inhaber einer großen Werbeagentur behauptet: „Wir sind der Motor der Wirtschaft!" Sammeln Sie Argumente für und gegen diese Aussage und stellen Sie sie in einer Liste gegenüber.

6 Reisende erhalten ein festes Monatsgehalt und zusätzlich Verkaufsprovision. Zwei Möglichkeiten sind denkbar: 1. Hohes Gehalt und niedriger Provisionssatz, 2. Niedriges Gehalt und hoher Provisionssatz. Nehmen Sie Stellung zu beiden Alternativen
a) aus der Sicht eines Reisenden,
b) aus der Sicht seines Arbeitgebers.

7 Erläutern Sie den Grundgedanken der PR-Arbeit „Tue Gutes und sprich darüber!"

8 Beschreiben Sie an selbst gewählten Beispielen, weshalb der Erfolg der PR-Maßnahmen nicht exakt gemessen werden kann.

9 Untersuchen Sie den Katalog für PR-Maßnahmen der RAND OHG (vgl. S. 247 f.).
a) Welche Maßnahmen sind Ihrer Meinung nach besonders wirksam, welche sind weniger wirksam? Begründen Sie jeweils Ihre Meinung.
b) Machen Sie Vorschläge zur Ergänzung von PR-Maßnahmen, die kostengünstig, aber wirksam sind.

Wiederholung zu Lernfeld 5: Käuferverhalten analysieren und Marketingmaßnahmen entwickeln

1 Die Hage AG, ein Hersteller für Elektrohaushaltsgeräte und Lieferer der RAND OHG, plant die Einführung eines Kaffee-/Teeautomaten, der dem Anspruch nach umweltschonender Herstellung und anspruchsvollem Design genügen soll.
Das Gerät soll aus recyceltem Kunststoff hergestellt und nach Ablauf der Lebensdauer im Rahmen einer Rücknahmegarantie dem Recycling zugeführt werden. Die Gestaltung wird von einem bekannten Designer vorgenommen, der dem Gerät eine unverwechselbare Form geben soll. Das Gerät soll dem Groß- und Einzelhandel unter dem Namen „Öko-Design-Kaffee-/Teeautomat" zu einem um 10 % über dem Branchendurchschnitt liegenden Preis angeboten werden.
Als das Projekt auf einer Konferenz der Abteilungsleiter vorgestellt wird, sind diese eher skeptisch. Man ist der Meinung, der Verbraucher sei nicht bereit, einen höheren Preis für einen „Öko-Design-Kaffee-/Teeautomaten" zu zahlen. Und außerdem seien die Kunden, die auf Ökologie und anspruchsvolles Design achten, grundverschieden.
a) Die Leiterin der Marketingabteilung macht den Vorschlag, die Wünsche der Kunden im Rahmen der Marktforschung zu ermitteln. Stellen Sie fest, welche Marktdaten die Hage AG zur Neueinführung des Kaffee-/Teeautomaten benötigt, und machen Sie Vorschläge, wie die erforderlichen Daten beschafft werden können.
b) Die Geschäftsleitung legt fest, dass die Daten über den Markt im Rahmen einer Befragung von 30 Großhandelsbetrieben erhoben werden sollen. Sie erhalten den Auftrag, den erforderlichen Fragebogen zu erstellen. Formulieren Sie geeignete Fragen für diesen Fragebogen.
Die Auswertung der Befragung zeigt, dass das Thema „Umwelt" von 68 % der Befragten als wichtigstes Thema angesehen wird. 63 % sind bereit, für ein ökologisch vertretbares Produkt einen 10 % über dem Durchschnitt liegenden Preis zu zahlen. 80 % der Befragten sind der Meinung, dass ökologisch vertretbare Produkte und anspruchsvolles Design gut zusammenpassen.
c) Auf der Grundlage der Befragung entscheidet die Geschäftsleitung, dass der „Öko-Design-Kaffee-/Teeautomat" produziert werden soll. Legen Sie eine Marketingstrategie für das neue Produkt fest und erläutern Sie Ihre Entscheidung.
d) In einer weiteren Sitzung der Geschäftsleitung wird die Preisstrategie diskutiert. Der Verkaufsleiter möchte im Rahmen der „Skimmingpolitik" einen deutlich hohen Einführungspreis festlegen, der Produktionsleiter ist für die „Penetrationspolitk", d. h. einen niedrigen

Einführungspreis, um eine schnelle Markteinführung zu sichern. Sie werden aufgefordert, die Vor- und Nachteile dieser preispolitischen Strategien darzustellen und eine begründete Auswahl für eine Strategie zu treffen.
e) Im Rahmen der Konditionen- und Servicepolitik sollen Sie Vorschläge ausarbeiten, die die gewählte Preisstrategie sinnvoll unterstützen.

2 a) Die Abteilungsleiter der Hage AG diskutieren Möglichkeiten der Distributionspolitik. Die Leiterin des Rechnungswesens schlägt vor, den Einzelhandel direkt zu beliefern und den Großhandel auszuschalten. So könne man zu günstigeren Preisen anbieten als die Konkurrenz. Sammeln Sie in Dreiergruppen Argumente für die Beibehaltung der Belieferung des Großhandels. Argumentieren Sie aus der Sicht der RAND OHG.
b) Die Hage AG möchte den Verkauf der Kaffee-/Teeautomaten im Einzelhandel durch Maßnahmen der Verkaufsförderung unterstützen und bittet Sie, hierzu Vorschläge zu erarbeiten. Besuchen Sie ein Warenhaus oder einen Supermarkt und stellen Sie fest, welche Maßnahmen der Verkaufsförderung in diesen Unternehmen eingesetzt werden.
c) Erstellen Sie einen Katalog von Verkaufsförderungsmaßnahmen für die Hage AG.
d) Die Hage AG möchte die geplanten Verkaufsförderungsmaßnahmen durch Öffentlichkeitsarbeit unterstützen. Erarbeiten Sie Vorschläge für konkrete Public Relations-Maßnahmen.
e) Stellen Sie eine Liste der wettbewerbsrechtlichen Regeln zusammen, die die Hage AG bei den geplanten Maßnahmen beachten muss.

3 Was versteht man unter Marktanalyse?
a) Die methodische Untersuchung der fortlaufenden Marktentwicklung
b) Die methodische Untersuchung der Marktverhältnisse zu einem bestimmten Zeitpunkt
c) Die methodische Untersuchung der Marktverhältnisse zurückliegender Zeiträume
d) Die permanente Untersuchung der Marktverhältnisse
e) Die langfristige Vorhersage einer zu erwartenden Marktsituation

4 Ein Produkt soll auf dem direkten Absatzweg vertrieben werden. Welcher Sachverhalt beschreibt diese Art des Verkaufs?
a) Erzeuger – Einzelhandel – Endverbraucher
b) Erzeuger – Großhandel – Endverbraucher
c) Erzeuger – Reisender – Endverbraucher
d) Erzeuger – Handelsvertreter – Großhandel – Endverbraucher
e) Erzeuger – Kommissionär – Endverbraucher

5 Ein Unternehmen untersucht während eines Jahres fortlaufend den Markt für ein Produkt. Wie lautet der Fachausdruck für diese Untersuchung?
a) Markterkundung
b) Marktanalyse
c) Marktbeobachtung
d) Marketing
e) Konkurrenzbeobachtung
f) Marktprognose

6 Welche der folgenden Marketingaktivitäten gehören **nicht** zu einem Werbeplan?
a) Festlegung des Verkaufspreises
b) Bestimmung der Zielgruppe
c) Festlegung des Streukreises
d) Beseitigung eines Übersortiments
e) Entscheidungen über Werbeträger und -mittel

7 Ordnen Sie die folgenden Entscheidungen den einzelnen marketingpolitischen Instrumenten zu.
  a) Festlegung der Verkaufspreise
  b) Festlegung von Lieferbedingungen
  c) Sortimentsgestaltung
  d) Festlegung der Absatzwege
  e) Auswahl von Werbemitteln und -trägern
  1. Kommunikationspolitik   3. Preispolitik   5. Konditionenpolitik
  2. Distributionspolitik   4. Produkt- und Sortimentspolitik

8 Bei welchem Beispiel handelt es sich um Sammelwerbung?
  a) Ein Kaufmann lässt an alle Haushalte einen Werbebrief verteilen.
  b) An der Bushaltestelle werden Plakate angebracht mit der Aufschrift: „Fahr mit der Bahn".
  c) Im Werbefernsehen wird ein Spot eingeblendet mit dem Text: „Aus deutschen Landen frisch auf den Tisch".
  d) Als Anzeige werden in der Tageszeitung die Namen aller am Bau eines Einkaufszentrums beteiligten Unternehmen genannt.
  e) Auf einer Messe werden kostenlos Kosmetikbehandlungen mit Produkten eines Herstellers angeboten.

9 Die unten stehende Grafik zeigt die Netto-Werbeeinnahmen der Werbeträger und ihre Entwicklung. Diskutieren Sie, welche Konsequenzen die RAND OHG aus der Entwicklung ableiten kann.

Deutschlands Werbemarkt

Netto-Werbeeinnahmen erfassbarer Werbeträger 2016:

15,36 Milliarden Euro
(**+ 1,0 % gegenüber 2015**)
davon

Veränderung gegenüber 2015 in Prozent

Werbeträger	Mrd. Euro	Veränderung
Fernsehen	4,56	+ 3,1 %
Tageszeitungen	2,53	− 4,5
Anzeigenblätter	1,92	+ 5,9
Online und Mobile	1,52	+ 6,5
Außenwerbung	1,03	+ 2,7
Publikumszeitschriften	1,02	− 5,6
Fachzeitschriften	0,86	+ 0,3
Verzeichnismedien (Gelbe Seiten u. a.)	0,85	− 5,2
Hörfunk	0,77	+ 3,3
Wochen-/Sonntagszeitungen	0,14	− 6,8
Kinos	0,09	− 7,2
Zeitungsbeilagen	0,08	± 0

Quelle: Zentralverband der dt. Werbewirtschaft (ZAW)
© Globus 11881

Lernfeld 6: Kundenaufträge bearbeiten und die Auftragsabwicklung durchführen

6.1 Verkaufs- und Reklamationsgespräche planen und durchführen

Oliver Rand ist in der Elektroabteilung der Center Warenhaus GmbH eingesetzt und beobachtet einen Mann mittleren Alters, der vor dem Regal mit den neuen Smartphones steht und die Ware betrachtet. Oliver Rand geht zu auf den Kunden zu, lächelt diesen an und schaut ihm in die Augen.

Oliver Rand: „Hallo, wie ich sehe, schauen Sie sich unsere neuen Smartphones an. Für welches Modell interessieren Sie sich?"

Kunde: „Ach, ich suche bloß ein neues Handy, aber ob es so etwas Kompliziertes und Teures sein muss, weiß ich nicht."

Oliver Rand: „Warum suchen Sie denn ein neues Handy?"

Kunde: „Mein altes Handy hat nach etlichen Jahren den Geist aufgegeben. Nächste Woche fahre ich in den Urlaub und möchte gerne erreichbar sein und ab und zu auch Neuigkeiten aus dem Internet abrufen."

Oliver Rand: „Da sind Sie bei uns genau richtig, wir haben eine große Auswahl und unsere meisten Handy sind sehr einfach in der Bedienung. Wenn sie ein gutes Gerät zu einem fairen Preis suchen, dann kann ich Ihnen das Modell XP-3 von Samlung empfehlen (zeigt auf das Smartphone). Es ist ganz besonders einfach in der Bedienung und hat einen fast 9 cm großen Bildschirm in der Diagonale, sodass alles gut lesbar ist (gibt dem Kunden das Gerät in die Hand). Wenn Sie das obere Symbol berühren sind Sie sofort im Internet."

Kunde: (nimmt das Smartphone entgegen und beginnt es auszuprobieren) „Och, das geht ja ganz einfach ... Das habe ich mir viel schwieriger vorgestellt. Wie viel kostet denn dieses Gerät?"

Oliver Rand: „Mit diesem Smartphone erhalten Sie ein bewährtes Markengerät, das 139,90 € kostet. Im Preis inbegriffen ist neben dem normalen Ladegerät auch ein 12-Volt-Ladegerät, welches besonders bei Reisen sehr praktisch sein kann."

Kunde: „ Das hört sich ja ganz gut an, aber sind Handys mit solch großen Displays nicht besonders empfindlich?"

Oliver Rand: „Da haben Sie recht, ein solches Smartphone wirkt zunächst einmal empfindlich. Die Oberflächenmaterialien sind jedoch weitgehend kratzfest und so manch einen festen Stoß halten die Geräte heutzutage schon aus. Wenn Sie zusätzlich aber noch diese Lederschützhülle für das Smartphone nehmen, dann ist es auch geschützt, wenn es Ihnen aus Versehen mal runterfällt, und zudem erhalten Sie lange die hochwertige Optik des Gerätes." (reicht dem Kunden die Lederschutzhülle).

Kunde: (steckt das Smartphone in die Schutzhülle): *„Das ist eine gut Idee. Dann nehme ich die auch gleich noch mit."*

Oliver Rand: *„Bezahlen Sie dann bitte an der Kasse. Ich bringe Ihr neues Smartphone mit der Lederschutzhülle sofort rüber. Sie haben eine gute Wahl getroffen und werden lange Freunde mit dem neuen Smartphone haben. Auf Wiedersehen!"*

Kunde: *„Auf Wiedersehen – und vielen Dank für Ihre nette Beratung!"*

Arbeitsaufträge
- *Welche nonverbalen Formen der Kommunikation entdecken Sie in diesem Verkaufsgespräch?*
- *Unterteilen Sie das Verkaufsgespräch in verschiedene Phasen und benennen Sie diese Phasen, indem Sie nach möglichen Namen dafür suchen.*
- *Das dargestellte Verkaufsgespräch führte zu einem Verkaufsabschluss mit einem zufriedenen Kunden. Analysieren Sie das Verkaufsgespräch und zählen Sie auf, was Oliver Rand gut und richtig gemacht hat*

■ Kommunikation im Verkaufsgespräch

→ LS

Kommunikation im Verkaufsgespräch umfasst das Austauschen von Informationen zwischen Verkäufer und Kunde mit dem **Ziel der Verständigung** und läuft auf zwei Ebenen ab, **verbal**, indem man miteinander spricht, und **nonverbal** durch körpersprachliche Signale.

Die verbale Kommunikation
Die verbale Kommunikation findet über die Sprache statt. In vielen beruflichen Situationen sind gute sprachliche Fähigkeiten von zentraler Bedeutung. Ganz besonders gilt dies für Situationen im Verkauf. Wird die **Sprache** hier richtig und geschickt eingesetzt, kann sie die Beziehung zum Kunden und das Verkaufgespräch positiv beeinflussen.

Sprachelemente
Die Wirkung der Sprache hängt von Sprachelementen ab:

Aussprache:	undeutlich	--------- deutlich
Lautstärke:	leise	--------- laut
Sprechtempo:	langsam	--------- schnell
Betonung:	monoton	--------- stark variierend
Satzbau und Wortschatz:	einfach	--------- kompliziert

Das Sender-Empfänger-Modell
Wie zwischen Menschen Kommunikation funktioniert, kann mit dem **Sender-Empfänger-Modell** erklärt werden. In diesem Modell ist Kommunikation immer ein Austausch von Informationen. Ziel ist, dass die gesandten Informationen ohne Verluste beim Empfänger ankommen. Dabei kann es zu einer Reihe von **Störungen** kommen, die entweder auf den Sender (z. B. falsche Frequenz) oder auf den Empfänger (z. B. Antennen nicht ausgefahren) zurückzuführen sind.

Lernfeld 6: Kundenaufträge bearbeiten und die Auftragsabwicklung durchführen

Modell einer Kommunikation im Verkaufsgespräch

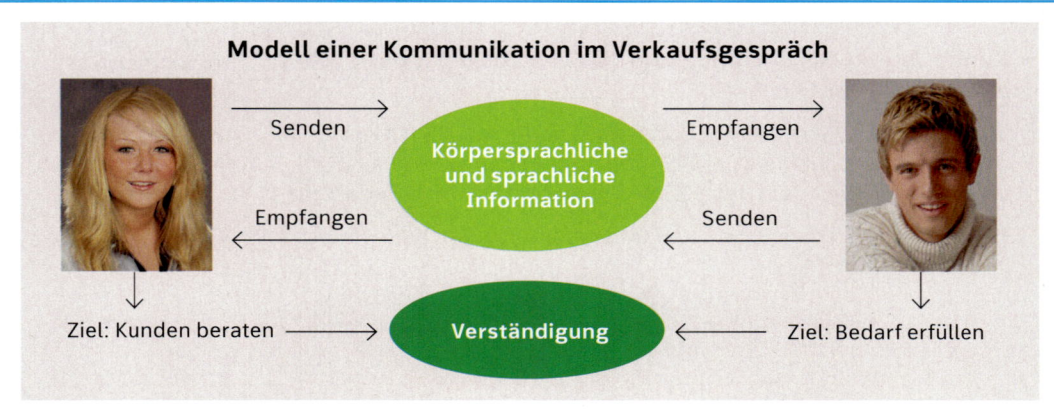

Senden → Körpersprachliche und sprachliche Information → Empfangen

Empfangen ← Körpersprachliche und sprachliche Information ← Senden

Ziel: Kunden beraten → Verständigung ← Ziel: Bedarf erfüllen

Gründe für Störungen könnten z. B. sein:
- Gleiche Worte haben bei Sender und Empfänger unterschiedliche Bedeutungen.
- Nebengeräusche oder undeutliche Aussprache stören die Informationsübertragung.
- Es wird nur das gehört, was man hören will, und nicht das, was wirklich gesagt wurde.
- Man hört nicht richtig zu, weil man mit den Gedanken woanders ist.
- Man ist nicht unbefangen genug, um sich das zu sagen, was man wirklich meint.

Gesprächsförderer
Gesprächsförderer können Gespräche mit Ihrem Gegenüber **positiv unterstützen**, indem Sie Interesse und Aufmerksamkeit signalisieren.

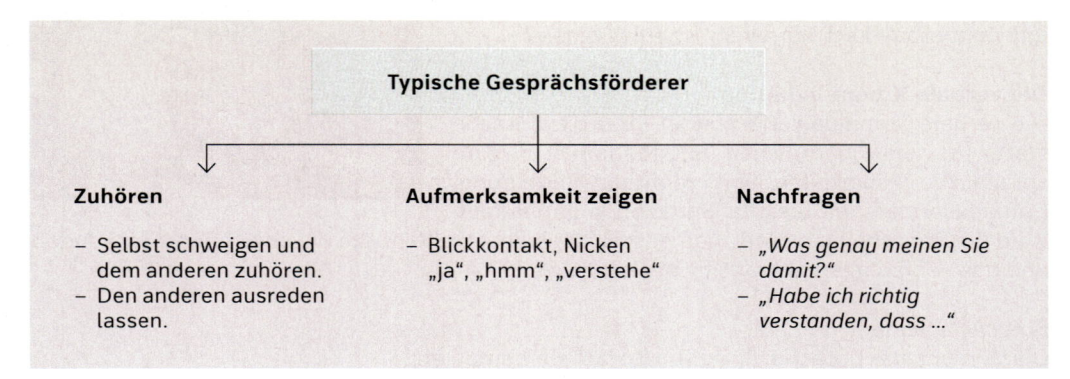

Typische Gesprächsförderer

Zuhören
- Selbst schweigen und dem anderen zuhören.
- Den anderen ausreden lassen.

Aufmerksamkeit zeigen
- Blickkontakt, Nicken „ja", „hmm", „verstehe"

Nachfragen
- „Was genau meinen Sie damit?"
- „Habe ich richtig verstanden, dass …"

Die nonverbale Kommunikation

Anders als beim gesprochenen Wort kommunizieren wir **nonverbal** zumeist unbewusst. Auf diese Art und Weise drücken wir Gefühle, Befindlichkeiten und Einstellungen über unsere **Körpersprache** aus. Über die Körpersprache gelingt es kaum, sich zu verstellen. Deshalb gilt die nonverbale Kommunikation über die Körpersprache als eine sehr „ehrliche" Form der Kommunikation. Sowohl das Senden der nonverbalen Informationen als auch das Aufnehmen und Interpretieren geschehen fast immer unbewusst.

Wichtige Bereiche der nonverbalen Kommunikation durch die Körpersprache sind:

Körpersprache

Blickkontakt
Augenkontakt zwischen Kunde und Verkäufer

Beispiel Offener, dem Kunden zugewandter Blick = Interesse

Mimik
Gesichtsbewegungen mit Auge, Mund und Nase

Beispiel Geöffneter Mund = Erstaunen

Gestik
Bewegungen mit Händen, Armen, Kopf und Beinen

Beispiel Gekreuzte Arme = Ablehnung

Körperhaltung
Bewegungen des Kopfes, des Oberkörpers und der Beine

Beispiel Oberkörper weit zurückgelehnt = Ablehnung

Um die verbale Kommunikation durch die nonverbale Kommunikation zu **unterstützen**, sollten Sie

- während eines Gesprächs Blickkontakt zum Kunden halten,
- durch Gestik die Aussagen Ihrer Worte verstärken,
- auf eine offene Körperhaltung achten, indem Sie Ihren Kunden zugewandt sind und Körperhaltungen wie verschränkte Arme oder Hände in den Hosentaschen vermeiden.

■ Kundenorientierung und kundenfreundliches Verhalten als Grundlage für erfolgreiche Verkaufsgespräche

Handelsunternehmen können nur dann erfolgreich sein, wenn sie sich an den Wünschen und Bedürfnissen ihrer Kunden vor, während und nach dem Kauf orientieren. Tun sie dies, handeln sie im Sinne der **Kundenorientierung**, die in Handelsunternehmen durch mehrere Maßnahmen erreicht wird:

- Ein kundengerechtes **Sortiment**. Auf neue und veränderte Kundenwünsche muss das Unternehmen schnell, flexibel und zuverlässig eingehen.
- **Freundlichkeit** und Kundennähe sowie ein gepflegtes **Erscheinungsbild** der Verkäufer.
- **Einfühlungsvermögen** der Verkaufsmitarbeiter. Diese müssen in der Lage sein, die Kundenwünsche und -bedürfnisse zu erfassen, um ihren Kunden entsprechende Lösungen anzubieten.
- Probleme der Kunden sind zügig und **kulant** zur Zufriedenheit der Kunden zu lösen. Dies gilt insbesondere bei Reklamationen.
- **Serviceleistungen** des Unternehmens: Lieferungen, Reparaturen, verschiedene Zahlungsweisen, Montage, Parkplätze, usw.

Kundenbefragungen zeigen, dass das **Verhalten des Verkaufspersonals** besonders wichtig ist, um sich positiv von Mitbewerbern abzusetzen. Wichtige Begriffe für die Gestaltung einer solchen positiven Beziehung zum Kunden sind:

Lernfeld 6: Kundenaufträge bearbeiten und die Auftragsabwicklung durchführen

Freundlichkeit wird vom Kunden mit den Adjektiven hilfsbereit, verständnisvoll, zugewandt, liebenswürdig beschrieben. Eine besonders positive Wirkung wird dem **„echten Lächeln"** des Verkäufers zugeschrieben. Mit diesem einfachen körpersprachlichen Signal wird eine positive Grundlage für ein anschließendes Verkaufsgespräch geschaffen.

Ehrlichkeit ist die Grundlage für eine **faire und vertrauensvolle** Kunde-Verkäufer-Beziehung. Der Kunde erwartet, dass ein Verkäufer als fairer Berater und Problemlöser handelt, der nicht nur den Kaufabschluss im Blick hat.

Höflichkeit bezeichnet die Umgangsform mit dem Kunden. Gute Manieren des Verkaufspersonals sind bei allen Kunden sehr gefragt und haben unmittelbare Auswirkung auf den Erfolg eines Verkaufsgesprächs. Sie wirken dann höflich, wenn Sie dem Kunden Ihre Aufmerksamkeit schenken, ihn freundlich begrüßen und verabschieden, ihn ausreden lassen und Sie ihm gut zuhören.

Identifikation ist ein weiterer Schlüsselbegriff, der Auswirkungen auf die positive Beziehung zum Kunden hat. Sie wirken nur dann überzeugend, wenn Sie sich mit Ihrem Beruf, dem Unternehmen und der Ware identifizieren.

Die **Phasen des Verkaufsgesprächs** sind die Kontaktphase, die Bedarfsermittlung, die Angebotsphase, die Abschlussphase, das Angebot von Ergänzungsartikeln und die Verabschiedung des Kunden.

■ Kontaktphase

Die erste Phase eines Verkaufsgesprächs ist die Kontaktphase. Je **persönlicher** sich die Kunden von Ihnen angesprochen fühlen, desto größer sind die Chancen für Sie, eine **positive Beziehung** zueinander aufzubauen und ein erfolgreiches Verkaufsgespräch zu führen. Dabei spielt die **Körpersprache** mit Blick, Gestik, Mimik und Körperhaltung eine ganz besondere Rolle. Deshalb ist es so wichtig, dass Sie in dieser Phase **Ge**sprächs**be**reitschaft für ein anstehendes Verkaufsgespräch **si**gnalisieren (**Gebesi**). Zumeist geschieht dies über körpersprachliche Signale.

Gebesi
Gesprächs**be**reitschaft **si**gnalisieren

Blickkontakt und **Lächeln** signalisieren dem Kunden – Freundlichkeit – Kommunikationsbereitschaft und – Sympathie	Achten Sie auf eine **offene Körperhaltung** und wenden Sie sich ihren Kunden zu!	**Gehen Sie, wenn möglich, auf Ihre Kunden zu.** Eine aufrechte Körperhaltung strahlt dabei Selbstvertrauen aus.	Begrüßen Sie die Kunden mit einem freundlichen **„Guten Tag!"**. Dabei sind bekannte Kunden mit **Namen** anzusprechen!	Wahren Sie eine **angemessene räumliche Distanz** zu Ihren Kunden, damit sich diese nicht bedrängt fühlen.

■ Bedarfsermittlung

Die **Bedarfsermittlung** ist die zweite Phase eines Verkaufsgespräches. In dieser Phase wird der Kontakt zu Ihren Kunden ausgeweitet und es gilt herauszufinden, was die Kunden wirklich möchten. Erst wenn Sie die **Bedürfnisse** und Wünsche der Kunden kennen, können Sie diese auch gut beraten. Wünsche und Bedürfnisse Ihrer Kunden werden dabei durch deren **Kaufmotive** beeinflusst. Unterschieden wird zwischen rationalen und emotionalen Kaufmotiven. Meistens sind dabei die emotionalen Kaufmotive kaufentscheidend.

rationale Kaufmotive	emotionale Kaufmotive
– Preis – Technische Eigenschaften – Qualität – Umweltverträglichkeit	– Aussehen – Prestige, Image und Marke – Spaß und Erlebnis – Vertrauen

Es gibt immer wieder Verkaufssituationen in denen die Kunden bereits **einen konkreten Verkaufswunsch** haben, weil sie z. B. als gewerbliche Kunden selbst sehr gut vorinformiert sind und sie genau wissen, was sie benötigen. In solchen Fällen kann eine Bedarfermittlung weitgehend entfallen. In den meisten Fällen ist die jedoch anders. Private Kunden haben oft nur eine ungefähre Vorstellung von dem, was Sie benötigen.

Beispiel In der Elektroabteilung der Center Warenhaus GmbH möchte sich eine Kundin nach einem Drucker erkundigen. Sie weiß nicht, welcher Drucker für sie der richtige ist.

In solchen Situationen müssen Sie aktiv werden und den Bedarf des Kunden ermitteln. Dies können Sie direkt erreichen, indem Sie **Fragen stellen** oder indirekt, indem Sie probeweise ein **Testangebot** unterbreiten.

Direkte Bedarfsermittlung	Indirekte Bedarfsermittlung
Durch offene Fragen versucht der Verkäufer, die genauen Wünsche seiner Kunden zu erfahren. Häufig werden offene Fragen mit W-Worten eingeleitet. *Beispiele* • „Wie viele Seiten drucken Sie?" • „Wer benutzt diesen Drucker?" • „Was möchten Sie drucken?" • „Welchen Drucker hatten Sie bisher?" • …	Alternativ können Sie den Kunden auch ein „Testangebot" vorlegen und ihre Reaktion beobachten. Dies setzt voraus, dass der Kunde Sie schon mit einem möglichst konkreten Wunsch angesprochen hat. Oftmals signalisieren dann nur kleine nonverbale Zeichen Zustimmung oder Abneigung zum vorgelegten Artikel. *Beispiel* Kunde nickt und greift nach dem vorgestellten Artikel → Zustimmung des Kunden

Lernfeld 6: Kundenaufträge bearbeiten und die Auftragsabwicklung durchführen

Für die direkte Bedarfsermittlung gilt zudem:

- Vermeiden Sie Fragen nach dem Preis, der Marke und der Farbe! Dies sind **Killerfragen**, welche die Artikelauswahl unnötig einschränken.
- **Alternativfragen** (z. B. *„Möchten Sie einen Tintenstrahl- oder Laserdrucker?"*) überfordern viele Kunden, weil Sie die Artikelunterschiede allenfalls oberflächlich kennen.

In dieser Phase ist es von besonderer Bedeutung, dass Sie ein **guter Zuhörer** sind:

- Lassen Sie Ihre Kunden aussprechen und **unterbrechen Sie** sie **nicht**.
- Senden Sie **Aufmerksamkeitsreaktionen** (Blickkontakt, Nicken, *„Wirklich?"*).
- **Hinterfragen** Sie, wenn Sie etwas nicht verstanden haben oder etwas unklar ist.
- **Merken** Sie sich alle wichtigen Informationen.
- Suchen Sie bereits jetzt nach **Ansatzpunkten** für die anschließende Argumentation.

Auf die in der Bedarfsermittlung ermittelten Kundenwünsche wird in der folgenden Angebotsphase eingegangen, indem dann die dafür passenden Verkaufsargumente ausgewählt werden.

■ Die Angebotsphase

Die Angebotsphase bildet das **Zentrum des Verkaufsgespräches**. Die Kunden benötigen in dieser Phase die intensive Unterstützung des Verkaufspersonals.

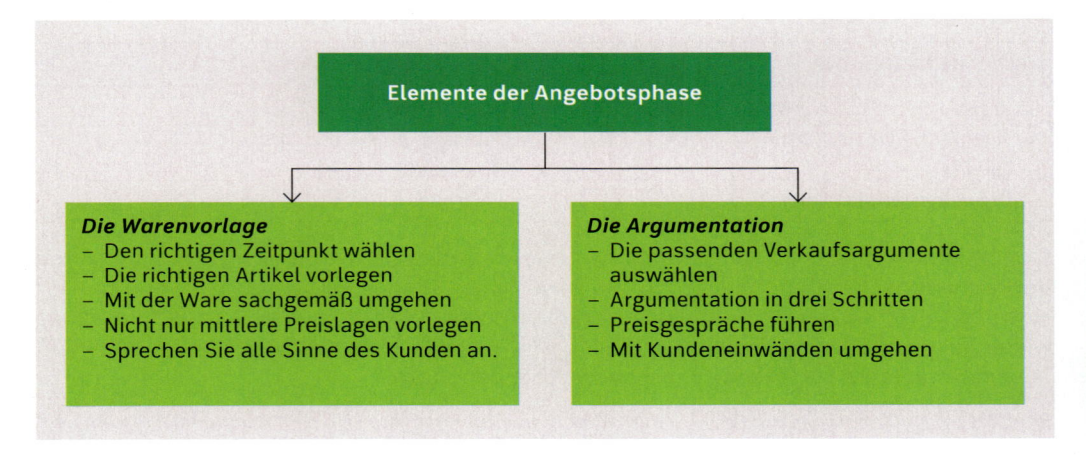

Elemente der Angebotsphase

Die Warenvorlage
- Den richtigen Zeitpunkt wählen
- Die richtigen Artikel vorlegen
- Mit der Ware sachgemäß umgehen
- Nicht nur mittlere Preislagen vorlegen
- Sprechen Sie alle Sinne des Kunden an.

Die Argumentation
- Die passenden Verkaufsargumente auswählen
- Argumentation in drei Schritten
- Preisgespräche führen
- Mit Kundeneinwänden umgehen

Die Warenvorlage
So verschiedenartig die Verkaufsgespräche sind, die in der Praxis geführt werden, so lassen sich dennoch **bestimmte Grundsätze** für die Warenvorlage ableiten, die für das Verkaufspersonal Hilfe und Orientierung zugleich sein können.

Grundsatz 1 – Den richtige Zeitpunkt wählen
Im Falle einer **direkten Bedarfsermittlung** sollte diese immer **abgeschlossen** sein, bevor Sie zur Warenvorlage übergeben. Äußert ein Kunde einen direkten Kaufwunsch, dann legen Sie die Ware unmittelbar vor.

Grundsatz 2 – Mit der Ware sachgemäß umgehen
Sie sollten die Artikel so vorlegen, dass der **Wert** des Produktes in bestem Licht erscheint. So ist es selbstverständlich, dass nur **einwandfreie und saubere** Artikel vorgelegt werden.

6.1 Verkaufs- und Reklamationsgespräche planen und durchführen

Grundsatz 3 – Die richtigen Artikel vorlegen

Ausgehend von den Kundenwünschen ist es nun Ihre Aufgabe, aus der Vielzahl Artikel des Sortiments diejenigen her **auszufiltern**, die mit den Ansprüchen des Kunden übereinstimmen. Dazu müssen Sie die Kundenansprüche mit den Wareneigenschaften abgleichen. Dies setzt voraus, dass Sie sowohl die Ansprüche Ihrer Kunden, als auch Ihr Sortiment und die jeweiligen Eigenschaften ihrer Ware kennen.

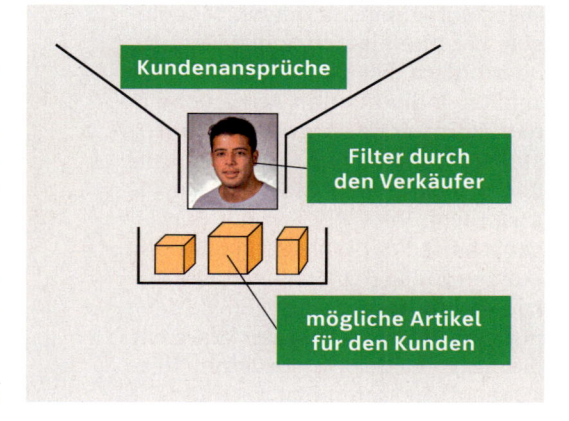

Grundsatz 4 – Nicht nur mittlere Preislagen vorlegen

Mit welcher Preislage sollten Sie bei der Warenvorlage beginnen? Dies ist für viele Verkäufer eine schwierige Entscheidung.

Möglichkeit 1	Möglichkeit 2
Sie wählen Artikel in der mittleren Preislage.	Sie beziehen auch Artikel der höheren Preislage mit in die Warenvorlage ein.
Begründung: Sie eröffnen sich die Chance, aufgrund der Kundenreaktionen auf untere oder obere Preislagen auszuweichen.	**Begründung:** Viele Kaufmotive liegen auf der emotionalen Ebene (z. B. Prestige, Neugier auf Neues oder Vertrauen). Für die Befriedigung dieser emotionalen Motive sind die Kunden oft bereit, mehr Geld auszugeben.

Grundsatz 5 – Sprechen Sie alle Sinne des Kunden an

Geben Sie Ihren Kunden die Möglichkeit, die vorgelegten Artikel „**zu begreifen**"! Für alle Kunden gilt: Werden die verschiedenen Sinne der Kunden angesprochen, so wächst der Besitzwunsch und der Artikel verkauft sich leichter. Dies geschieht immer dann besonders gut, wenn der Artikel mit möglichst **vielen Sinnen** wahrgenommen werden kann.

Beispiel Der Hersteller HT hat einen neu entwickelten Laserdrucker auf den Markt gebracht. In einem Verkaufsgespräch mit einer Kundin führt Oliver Rand den Drucker vor:

SINNE					
	Sehen: Aussehen des Druckers	**Hören:** Geräusch beim Drucken und Bedienen der Funktionstasten	**Fühlen:** Gefühl beim Bedienen der Funktionstasten	**Riechen:** Funktionsgeruch bei Betrieb des Gerätes	**Schmecken** –

Die Argumentation

Argumentatieren im Verkaufsgespräch bedeutet, dass Sie versuchen, Ihren Kunden mithilfe von **Verkaufsargumenten** von den Vorteilen der angebotenen Artikel zu überzeugen.

Die passenden Verkaufsargumente auswählen

Für jeden Artikel lassen sich zahlreiche Verkaufsargumente finden. Würden Sie diese alle aufgreifen, müssten Sie viele Wareneigenschaften erläutern, die für die betreffenden Kunden nicht interessant sind.

Lernfeld 6: Kundenaufträge bearbeiten und die Auftragsabwicklung durchführen

Dies führt dann zu langen Monologen, die Ihre Kunden langweilen und überfordern. Für die meisten Kunden sind die **individuellen Ansprüche in das Zentrum der Argumentation** zu stellen. Diese kennen Sie durch die Bedarfsermittlung. Gleichen Sie die Ansprüche Ihrer Kunden mit den Eigenschaften der Ware ab, die Sie den Kunden vorlegen möchten. In die Verkaufsargumentation bringen Sie dann nur die **Eigenschaften der Ware** ein, die sich mit den **Ansprüchen** Ihrer Kunden **überschneiden**. Achten Sie bei Ihren Erklärungen zur Ware auf eine einfache Sprache und vermeiden Sie Fachausdrücke, die den Kunden nicht bekannt sind.

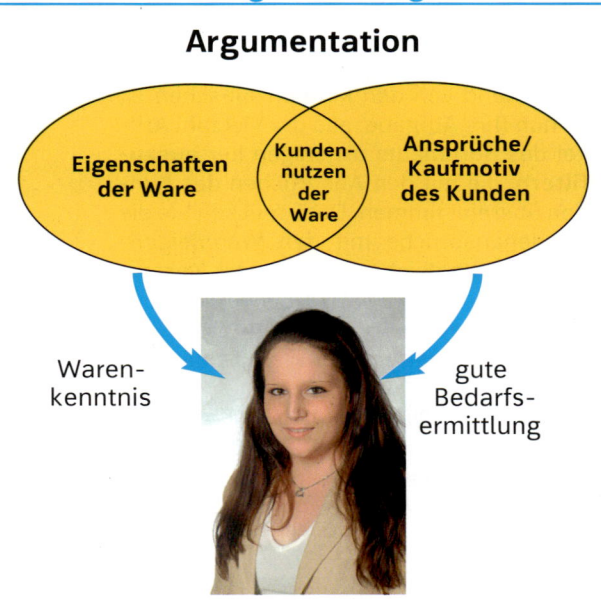

Argumentation

- Eigenschaften der Ware
- Kundennutzen der Ware
- Ansprüche/Kaufmotiv des Kunden

Warenkenntnis → ← gute Bedarfsermittlung

Argumentation in drei Schritten

Die Kunden kaufen eine Ware wegen des persönlichen **Nutzens**, den sie aus ihr ziehen. Deshalb muss dieser Nutzen für die Kunden im Rahmen der Verkaufsargumentation deutlich werden. Für die **Verkaufsargumentation** hat sich ein Vorgehen in drei Schritten bewährt:

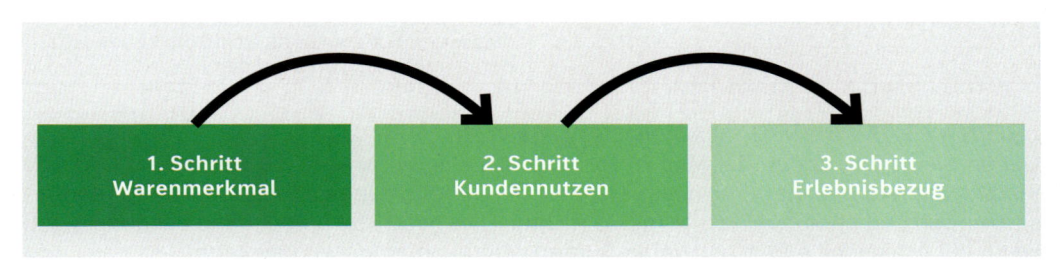

| 1. Schritt Warenmerkmal | → | 2. Schritt Kundennutzen | → | 3. Schritt Erlebnisbezug |

Beispiele

Artikel	1. Schritt Warenmerkmal	2. Schritt Kundennutzen	3. Schritt Erlebnisbezug
Kaffeemaschine 	Timerfunktion	„Die Kaffeemaschine lässt sich im Voraus programmieren."	„Sie werden in Zukunft morgens vom Duft Ihres frisch gebrühten Kaffees geweckt."
Inlineskates 	Stützmanschette im Gelenkbereich	„Die Stützmanschette sorgt beim Inlineskaten für seitliche Stabilität und Verwindungssteifigkeit."	„Beim Skaten gibt Ihnen dies einen sicheren Halt im Schuh und schützt Sie insbesondere bei plötzlichen Unebenheiten auf der Straße."

6.1 Verkaufs- und Reklamationsgespräche planen und durchführen

Preisgespräche führen

Der Preis der Ware spielt in vielen Verkaufsgesprächen eine wichtige Rolle. Fragen Kunden während des Verkaufsgespräches nach dem Preis, sollten die folgenden Regeln beachtet werden:

- Niemals ist nur der „nackte Preis" zu nennen.

    Beispiel „199,00 €"

- Ideal ist es, wenn dem Kunden die eigene Kosten-Nutzen-Relation bewusst wird und die Preisnennung wie in einem „Sandwich" mit den Kundenvorteilen verbunden wird.

    Beispiel „Diese Spülmaschine hat eine hervorragende Spülqualität, kostet nur 699,00 € und arbeitet nahezu geräuschlos."

Mit Kundeneinwänden umgehen

Nicht immer führt das Verkaufsgespräch auf direktem Weg zum Kaufabschluss. Manchmal kommen bei den Kunden **Bedenken** auf, die sie in Form von **Einwänden** vorbringen, die in vier Kategorien eingeteilt werden können.

Einwand	Beispiel
Artikeleigenschaften	„Der Bildschirm ist sehr klein!"
Unternehmen	„Bei Ihnen dauert die Lieferung sehr lange."
Verkaufssituation	„Können Sie das nicht einfacher erklären?"
allgemeiner Art	„Haben Sie auch etwas anderes?"

Grundsätzlich sollten Sie auf Kundeneinwände gelassen reagieren. Oft sind Kundeneinwände sogar eine echte Chance, um zum Kaufabschluss zu gelangen. So hat es sich bewährt, dem Kunden zunächst **Verständnis zu signalisieren**, bevor der Einwand **entkräftet** wird.

Beispiel

Kundeneinwand	1. Schritt: Verständnis signalisieren	2. Schritt: Einwand entkräften
„Der Bildschirm des Notebooks ist sehr klein."	„Da haben Sie völlig recht. Er ist kleiner als bei den meisten anderen Notebooks ..."	„... dafür ist das Gerät auf Reisen wesentlich handlicher und gewährleistet aufgrund seiner besonderen Grafikkarte dennoch ein brillantes Bild."

■ Die Abschlussphase

Jedes Verkaufsgespräch ist ein **zielgerichtetes Gespräch**, bei dem Sie den **Kaufabschluss** fest im Blick haben sollten. Häufig signalisieren Ihnen die Kunden durch körpersprachliche oder verbale Signale, dass sie unmittelbar vor der Kaufentscheidung stehen. Als Verkäufer sollten Sie diese **Kaufsignale** erkennen, um dann über entsprechende Hilfestellungen zum Kaufabschluss zu gelangen.

Lernfeld 6: Kundenaufträge bearbeiten und die Auftragsabwicklung durchführen

Mögliche Kaufsignale:

- direkt geäußerter Kaufwunsch
- Der Kunde vermittelt den Eindruck, als wäre die Kaufentscheidung bereits gefallen.

    Beispiel Fragen nach Service oder Zahlungsmodalitäten

- Der Kunde beschäftigt sich intensiv mit Details, Zubehör, Ausstattung und Preis.
- Der Kunde formuliert immer öfter Zustimmung und zeigt bereits eine starke Identifizierung mit dem Artikel.

    Beispiel „Mit dem Drucker kann ich …"

- Frage nach Bewährung und Referenzen
- Der Kunde sendet körpersprachliche Signale.

    Beispiel Der Kunde greift immer wieder zum Artikel.

Wenn Sie Kaufsignale des Kunden wahrnehmen können Sie durch **Abschlusstechniken** versuchen, den Kaufabschluss herbeizuführen. Dabei erwarten insbesondere unentschlossene Kunden klare Entscheidungshilfen vom Verkaufspersonal.

Abschlusstechniken	
Zusammenfassung Die während des Gespräches mit Zustimmung begleiteten Argumente werden noch einmal in konzentrierter Form zusammengefasst. Die stärksten Argumente stehen am Schluss.	**Die Ja-Straße** Die bereits erreichten Positivebenen werden noch einmal genannt und unterstrichen. So wird eine positive Ja-Stimmung erzeugt. *Beispiel* „Sie wollen doch einen schnellen Drucker?"
Alternativfrage Zwei positive Alternativen werden zur Wahl gestellt. *Beispiel* „Möchten Sie die Ware gleich mitnehmen oder sollen wir sie Ihnen liefern?"	**Ausschluss** Eine Alternative wird durch ein gewolltes „Nein" ausgeschlossen. *Beispiel* „Sie wollen doch nicht ein Produkt, das …"

■ Ergänzungsartikel anbieten

Bei den meisten Verkaufsgesprächen ist es sinnvoll, neben dem **Hauptkauf** noch **Ergänzungsartikel** anzubieten, die den Hauptkauf sinnvoll ergänzen. Dies erspart dem Kunden unnötige Wege, Zeit und Geld und für das Geschäft ist dies ein zusätzlicher Umsatz. Somit profitieren beide davon.

Beispiele

Ergänzungsangebote …	Ergänzungsangebote sind **sinnvoll**, denn sie …	**Zusatzartikel** sind **sinnvoll**, denn sie …
sind **notwendig** – MP3-Player – Batterien – DVD-Recorder – DVD – Bohrmaschine – Bohrer – Staubsauger – Staubsaugerbeutel	**erhalten den Gebrauchswert** – Sportschuhe – Pflegemittel – Laptop – Transporttasche – Tiefkühlkost – Kühltüte – Ski – Skisack	**steigern den Kundennutzen** – Fernseher – Sound-System – Grillfleisch – Saucen – Skianzug – Mütze, Schal – Bohrmaschine – Polierteller

6.1 Verkaufs- und Reklamationsgespräche planen und durchführen

Ist die Entscheidung für den Hauptkauf gefallen, ist ein passender Moment für das Angebot eines Ergänzungsartikels. Hat der Kunde bezahlt, ist es zu spät für ein Ergänzungsangebot.

■ Die Verabschiedung des Kunden

Das **Ende des Verkaufsgesprächs** bietet noch einmal die Chance, einen zufriedenen Stammkunden zu gewinnen bzw. zu behalten. Der **letzte Eindruck**, den der Kunde aus dem Geschäft mitnimmt, bleibt in seinem Gedächtnis haften, und deshalb sollten Sie zur Verabschiedung noch einmal Ihre ganze Aufmerksamkeit für den Kunden aufbringen. Seien Sie ebenso **freundlich, höflich und aufmerksam** wie bei der Begrüßung des Kunden.

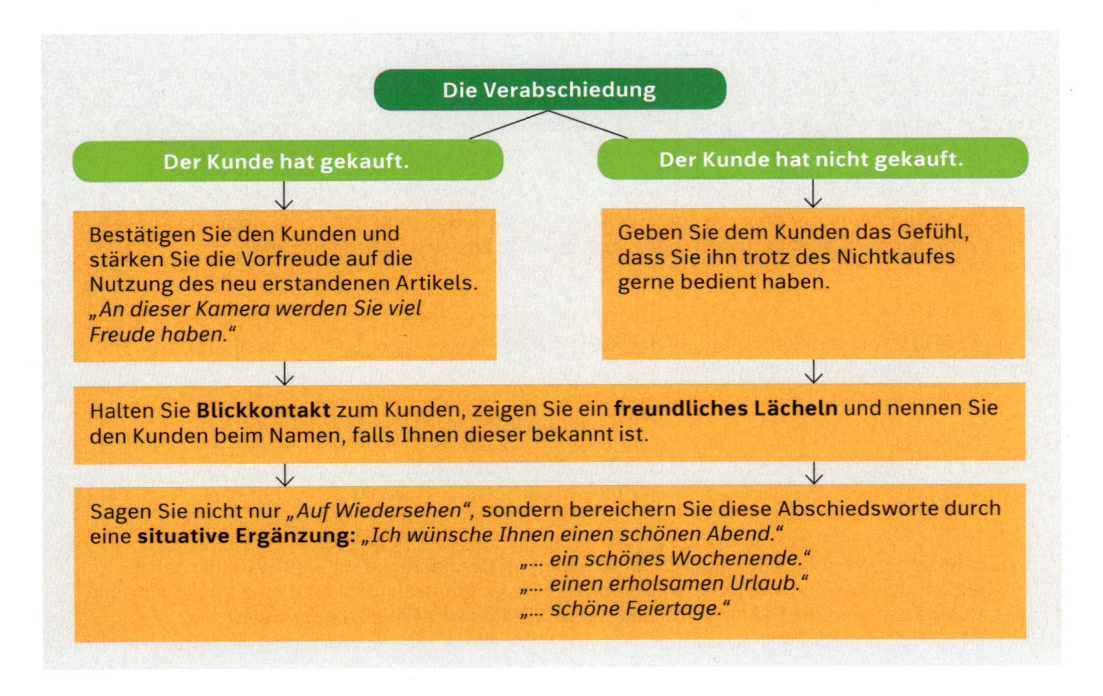

Die Verabschiedung

Der Kunde hat gekauft.	Der Kunde hat nicht gekauft.
Bestätigen Sie den Kunden und stärken Sie die Vorfreude auf die Nutzung des neu erstandenen Artikels. „An dieser Kamera werden Sie viel Freude haben."	Geben Sie dem Kunden das Gefühl, dass Sie ihn trotz des Nichtkaufes gerne bedient haben.

Halten Sie **Blickkontakt** zum Kunden, zeigen Sie ein **freundliches Lächeln** und nennen Sie den Kunden beim Namen, falls Ihnen dieser bekannt ist.

Sagen Sie nicht nur „Auf Wiedersehen", sondern bereichern Sie diese Abschiedsworte durch eine **situative Ergänzung**: „Ich wünsche Ihnen einen schönen Abend."
„… ein schönes Wochenende."
„… einen erholsamen Urlaub."
„… schöne Feiertage."

■ Reklamationsgespräche führen

Nach einem erfolgreichen Verkaufsabschluss kann es immer wieder einmal passieren, dass Kunden eine Ware reklamieren, weil diese **fehlerhaft** oder **unvollständig** ist, ihre eine **zugesicherte Eigenschaft fehlt** oder aber die **Aufbau- und Montageanleitung fehlt** bzw. **fehlerhaft** ist. In diesen Fällen hat der Kunde das Recht auf **Nacherfüllung** (vgl. S. 164)

Reklamationen sind für das Verkaufspersonal Situationen, die ein besonderes Fingerspitzengefühl verlangen. Die Kunden sind enttäuscht oder sogar verärgert und erwarten eine schnelle und unkomplizierte Lösung. Dies haben viele Händler erkannt und versuchen sich durch eine besonders **kundenfreundliche Reklamationsbearbeitung** positiv von ihren Mitbewerbern abzuheben. Werden Reklamationen hingegen nicht zur Zufriedenheit des Kunden bearbeitet, besteht für den Händler die Gefahr, den Kunden zu verlieren.

Lernfeld 6: Kundenaufträge bearbeiten und die Auftragsabwicklung durchführen

Deshalb sollte jede Reklamation sehr ernst genommen und möglichst zügig bearbeitet werden. Dabei ist nach Lösungen zu suchen, welche den Kunden zufriedenstellen. Viele Geschäfte haben deshalb im Rahmen ihres **Beschwerdemanagements** feste Regeln und Abläufe festgelegt, wie im Falle von Reklamationen zu verfahren ist.

Einige **Regeln und Abläufe bei Reklamationsgesprächen** sollten beachtet werden.

Sorgen Sie dafür, dass das Gespräch an einer **ruhigen Stelle** stattfindet. Suchen Sie dazu ruhige Zonen im Verkaufsraum auf, gehen Sie in einen Nebenraum oder ein Büro.

↓

Lassen Sie den Kunden sein Problem in Ruhe schildern. Hören Sie Ihm dabei aufmerksam und aktiv zu.

↓

Signalisieren Sie den Kunden gegenüber Verständnis für ihren Ärger und ihre Enttäuschung und entschuldigen Sie sich für die Unannehmlichkeiten, die mit der Reklamation verbunden sind.

↓

Suchen Sie mit dem Kunden nach Lösungen, die ihn zufriedenstellen. Dazu können Sie entweder den Kundenwunsch direkt erfragen oder aber von sich aus eine Lösung anbieten.

↓

Prüfen Sie erst jetzt die Berechtigung der Reklamation (Kassenbon, Sachmängelhaftung, Garantie, Fristen).

↓

Erfüllen Sie bei einer berechtigen Reklamation den Kundenwunsch.

↓

Ist die Reklamation unberechtigt (z. B. Verschulden für die Reklamation liegt im fehlerhaften Umgang mit der Ware), wird auf dem Kulanzweg eine kundenfreundliche Lösung gesucht. Nur in Ausnahmefällen wird die Reklamation abgelehnt, dies ist sorgfältig zu begründen.

Zusammenfassung: Verkaufs- und Reklamationsgespräche planen und durchführen

- Die **Kommunikation** mit Kunden geschieht sowohl **verbal** als auch **nonverbal**.
- Ein Verkaufsgespräch hat vier Phasen.
    1. Kontaktphase
        - In der **Kontaktphase** sollten Sie ihre Kunden freundlich begrüßen und **Ge**sprächs**be**reitschaft **si**gnalisieren – (Gebesi).
        - Durch die **direkte** oder **indirekte Bedarfsermittlung** können Sie die Kundenansprüche ermitteln. In dieser Phase sollten Sie ein guter Zuhörer sein.

2. **Angebotsphase**
   - Die **Angebotsphase** beinhaltet die **Warenvorlage** und die **Argumentation**.
   - Bei der **Warenvorlage** sollten Sie die gewünschten **Artikel vorlegen**, mit diesen **sachgemäß umgehen** und möglichst **viele Sinne** ihrer Kunden ansprechen.
   - In der **Argumentation** bringen Sie nur die **Wareneigenschaften** mit ein, die sich mit den Kundenansprüchen überschneiden.
   - **Argumentieren Sie im Dreischritt:** 1. Warenmerkmal → 2. Kundennutzen → 3. Erlebnis-/Verwendungsbezug.
   - Verbinden Sie die **Preisnennung** mit dem Nutzen des Artikels für den Kunden.
   - Bei **Einwänden** sollten Sie **ruhig und gelassen** bleiben und die Einwände erst dann entkräften, wenn Sie dem Kunden vorher ihr **Verständnis signalisiert** haben.
3. **Abschlussphase**
   - In der **Abschlussphase** sollten Sie einen Kaufabschluss anstreben. Wenn Sie **Kaufsignale** ihrer Kunden wahrnehmen, können Sie durch den Einsatz von **Abschlusstechniken** zum Kaufabschluss gelangen.
   - Denken Sie an **Ergänzungskäufe**. Diese nutzen sowohl dem Kunden als auch dem Unternehmen.
4. **Verabschiedung**
   - Hinterlassen Sie mit einer freundlichen **Verabschiedung** einen letzten positiven Eindruck bei Ihren Kunden.

- Suchen Sie bei **Reklamationen** nach Lösungen, die Ihre Kunden zufriedenstellen.

Aufgaben

1 Formulieren Sie fünf Merksätze, die zu einer gelungenen Kontaktaufnahme führen.

2 Erstellen Sie für die nachfolgenden Produkte so viele sinnvolle Fragen zur Bedarfsermittlung, wie Ihnen einfallen.
a) Bohrmaschine
b) Kaffeemaschine
c) Smartphone

3 Rollenspiel
a) Planen Sie Rollenspiele, in denen mit der direkten Bedarfsermittlung die Kundenwünsche für die Produkte aus Aufgabe 4 ermittelt werden.
b) Erstellen Sie für die Rollenspiele einen Beobachtungsbogen (fünf Kriterien).
c) Führen Sie die Rollenspiele durch und werten Sie diese aus.

4 Suchen Sie sich fünf Artikel aus und notieren Sie, auf welche Weise Sie während der Warenvorlage möglichst viele Sinne ansprechen können.

5 Wählen Sie **fünf Artikel** aus und formulieren Sie in tabellarischer Form für jeden Artikel ein **Warenmerkmal**, den allgemeinen **Kundennutzen** sowie einen möglichen **Erlebnis-/Verwendungsbezug**.

Artikel	1. Schritt Warenmerkmal	2. Schritt Kundennutzen	3. Schritt Erlebnisbezug

6 Reagieren Sie in wörtlicher Rede auf die folgenden Einwände, indem Sie, wenn möglich, die Einwände entkräftigen, nachdem Sie dem Kunden Ihr Verständnis signalisiert haben.
   a) „Dieser Schreibtisch hat aber einen Kratzer an der Seite."
   b) „Dieses TV-Gerät hat einen sehr unangenehmen Pfeifton im Stand-by-Betrieb."

7 Eine Verkäuferin hat eine Kundin schon längere Zeit beraten, die sich jedoch nicht zwischen zwei Laufshirts entscheiden kann.
   Kundin: „Also, dieses Orange hier gefällt mir gut, aber auch das gelbe Shirt ist toll."
   Verkäuferin: „Ja, Sie haben recht, beide sind sehr schön."
   Kundin: „Ach, die gefallen mir beide, ich weiß nicht welches ich nehmen soll."
   Verkäuferin: „ Da kann ich Ihnen auch nicht weiter helfen, das müssen Sie schon selbst wissen."
   a) Beurteilen Sie das Verhalten der Verkäuferin.
   b) Beschreiben Sie eine Methode der Abschlusstechnik, welche die Verkäuferin einsetzen könnte.
   c) Formulieren Sie eine verkaufsaktive Antwort zum Kaufabschluss in wörtlicher Rede.

8 Im Rahmen einer Mitarbeiterschulung werden Sie auf die Bedeutung von Ergänzungsangeboten aufmerksam gemacht.
   a) Beschreiben Sie an einem selbst gewählten Beispiel mit wörtlicher Rede, wie Sie ein Ergänzungsangebot unterbreiten.
   b) Begründen Sie, warum zu frühes oder auch zu spätes Unterbreiten eines Zusatzangebotes problematisch ist.
   c) Beschreiben Sie zwei Vorteile von Zusatzangeboten für den Kunden.
   d) Beschreiben Sie zwei Vorteile von Zusatzangeboten für das Unternehmen.

6.2 Rechtsgeschäfte, Willenserklärungen und Vertragsarten darstellen

Die RAND OHG benötigt zur Erweiterung ihrer Lagerkapazitäten einen zusätzlichen Lagerraum. Bei Durchsicht der Rubrik „Mietangebote für gewerbliche Lagerräume" der Ostfriesenzeitung findet Sonja Koch, die von Renate Rand mit der Suche nach einem geeigneten Lagerraum beauftragt wurde, eine Anzeige. Aus Sorge, dass ihr ein anderer Mieter zuvorkommen könnte, teilt sie dem Vermieter Klaus Lage nach Besichtigung des Lagerraums telefonisch mit, dass die RAND OHG den Lagerraum zu den vereinbarten Konditionen mieten möchte. Einen Tag später wird der Mietvertrag mit einer Laufzeit von fünf Jahren unterschrieben, wobei eine Miete von 1 500,00 € pro Monat vereinbart wird. Zwei Tage später erhält Sonja Koch von einem Immobilienmakler ein wesentlich günstigeres Angebot. Umgehend schreibt sie dem Vermieter Lage, dass sie kein Interesse mehr an dem Lagerraum habe, da ihr ein wesentlich günstigeres Angebot eines anderen Vermieters vorliege. Der Vermieter besteht aber auf der Einhaltung des Mietvertrages.

6.2 Rechtsgeschäfte, Willenserklärungen und Vertragsarten darstellen

Arbeitsaufträge
- *Überprüfen Sie, ob die RAND OHG von der getroffenen Mietvereinbarung zurücktreten kann, um das günstigere Angebot des Immobilienmaklers anzunehmen.*
- *Stellen Sie fest, welche Verträge Sie bisher abgeschlossen haben.*

■ Willenserklärungen und Rechtsgeschäfte

→ LS

Rechtsgeschäfte, z. B. Mietverträge, kommen durch Willenserklärungen einer oder mehrerer Personen zustande. Unter einer **Willenserklärung** versteht man die rechtlich wirksame Äußerung einer geschäftsfähigen Person, durch welche bewusst eine Rechtsfolge herbeigeführt werden soll.

Beispiel

Mietvertrag

1. Willenserklärung
Vermieter: „Ich will diesen Lagerraum für 1 500,00 € pro Monat vermieten."

Bei Übereinstimmung = Mietvertrag

2. Willenserklärung
Mieter: „Ich will diesen Lagerraum für 1 500,00 € pro Monat mieten."

Willenserklärungen können
- schriftlich,
- mündlich,
- durch elektronische Medien, z. B. das Internet, oder
- durch schlüssiges Handeln abgegeben werden.

Beispiel Kauf einer Zeitung am Kiosk, ohne dass Käufer und Verkäufer miteinander reden.

■ Arten von Rechtsgeschäften

Man unterscheidet **einseitige und zweiseitige Rechtsgeschäfte**.

Einseitige Rechtsgeschäfte

Bei den **einseitigen Rechtsgeschäften** ist die Willenserklärung **einer** Person erforderlich.

Beispiele Abfassung eines Testaments, Mahnung, Kündigung eines Arbeitsvertrages

Einseitige Rechtsgeschäfte können empfangsbedürftig oder nicht empfangsbedürftig sein.

- Zu den **nicht empfangsbedürftigen Rechtsgeschäften** zählen die Aufgabe eines Eigentumsanspruchs und das Testament. Die Willenserklärung einer Person ist hier gültig, ohne dass sie einer anderen Person zugegangen sein muss.

Beispiel Als beim Tennisschläger von Oliver Rand mehrere Saiten reißen, lässt er den Schläger in einem Mülleimer auf dem Tennisplatz zurück. Heinz, der dies sieht, nimmt den Tennisschläger an sich und lässt ihn neu bespannen. Später sieht Oliver den reparierten Schläger und wirft Heinz vor, er habe sich sein Eigentum angeeignet. Er verlangt den Schläger zurück. Heinz lehnt dies ab, da Oliver in dem Moment seinen Eigentumsanspruch an den Schläger aufgegeben hatte, als er ihn in den Mülleimer warf.

- Zu den **empfangsbedürftigen Rechtsgeschäften** zählen die Kündigung eines Arbeitsvertrages und die Mahnung. Die Willenserklärung wird erst dann wirksam, wenn sie einer anderen Person zugeht.

Beispiel *Eine Auszubildende möchte innerhalb der Probezeit ihren Ausbildungsvertrag bei der RAND OHG kündigen. Sie muss dafür Sorge tragen, dass ihrem Arbeitgeber die Kündigung auch tatsächlich zugeht, da es sich um ein empfangsbedürftiges Rechtsgeschäft handelt. Es empfiehlt sich deshalb, die Kündigung per Einschreiben zu versenden.*

Zwei- oder mehrseitige Rechtsgeschäfte (Verträge)

Hier sind die Willenserklärungen zweier oder mehrerer Personen erforderlich. Verträge werden nur durch **übereinstimmende Willenserklärungen** aller beteiligten Personen rechtswirksam (§ 151 BGB).

Alle Verträge haben gemeinsam, dass sie durch **Antrag und Annahme** zustande kommen. Die zuerst abgegebene Willenserklärung heißt Antrag, wobei sie von jedem Vertragspartner ausgehen kann. Die zustimmende Willenserklärung nennt man Annahme. Im Vertragsrecht gilt der **Grundsatz: Verträge müssen eingehalten werden**.

Beispiel *Sonja Koch hat für die RAND OHG einen verbindlichen Mietvertrag über Lagerräume abgeschlossen. Die OHG kann von diesem Mietvertrag nur dann zurücktreten, wenn sie dem Vermieter einen anderen Mieter vermittelt, der den abgeschlossenen Mietvertrag übernimmt.*

Folgende **zweiseitige Rechtsgeschäfte** (Verträge), die im Wirtschaftsleben eine wichtige Rolle spielen, können unterschieden werden:

Vertragsart	Vertragsgegenstand	Beispiele	Gesetzliche Regelung
Kaufvertrag	entgeltliche Veräußerung und Kauf von Sachen und Rechten, hierzu zählt auch der Kauf von Waren im Internet (Internethandel)	Die RAND OHG verkauft an die ReWo eG 500 Trainingsanzüge.	BGB §§ 433–514
Mietvertrag	entgeltliche Überlassung von Sachen zum Gebrauch	Die RAND OHG mietet Lagerräume.	BGB §§ 535–580
Leihvertrag	unentgeltliche Überlassung von beweglichen Sachen oder Grundstücken zum Gebrauch; Rückgabe derselben Sachen	Die RAND OHG überlässt für zwei Wochen der COLO AG Warenhaus einen Verpackungsbehälter.	BGB §§ 598–605
Pachtvertrag	entgeltliche Überlassung von Sachen zum Gebrauch und Fruchtgenuss	Die RAND OHG pachtet ein Grundstück für die Abstellung des betriebseigenen Fuhrparks. Die sich auf dem Grundstück befindenden Obstbäume dürfen von der RAND OHG abgeerntet werden.	BGB §§ 581–597
Arbeitsvertrag	entgeltliche Leistung von Arbeitnehmern	Die RAND OHG stellt einen neuen Mitarbeiter für das Lager ein.	BGB §§ 611–630
Berufsausbildungsvertrag	Ausbildung in einem anerkannten Ausbildungsberuf	Die RAND OHG stellt eine Auszubildende für die Ausbildung zur Kauffrau für Büromanagement ein.	BBiG §§ 10–23

Vertragsart	Vertragsgegenstand	Beispiele	Gesetzliche Regelung
Werkvertrag	Herstellung eines Werkes gegen Vergütung, zu dem der Besteller das Material liefert	Die Wollmann OHG stellt 300 Polohemden mit Werbedruck für die RAND OHG her, zu denen die RAND OHG den Baumwollstoff liefert.	BGB § 633ff.
Werklieferungsvertrag[1]	Herstellung eines Werkes gegen Vergütung, zu dem der Hersteller das Material liefert.	Die Stricker AG Textilherstellung stellt Polohemden aus den von ihr beschafften Materialien her.	BGB § 651 BGB § 442ff.
Darlehensvertrag (Kreditvertrag)	entgeltliche oder unentgeltliche Überlassung von vertretbaren Sachen zum Verbrauch; Rückgabe gleichartiger Sachen	Die RAND OHG nimmt gegen Zahlung von 5 % Zinsen ein Darlehen für ein Jahr bei der Bank auf. Renate Rand „leiht" sich bei ihrer Nachbarin zum Backen vier Eier. Am nächsten Tag bringt sie vier andere Eier zurück.	BGB §§ 607–610

Zusammenfassung: Rechtsgeschäfte, Willenserklärungen und Vertragsarten darstellen

Rechtsgeschäfte kommen durch Willenserklärungen zustande.

Willenserklärungen können schriftlich, mündlich, durch elektronische Medien oder stillschweigend abgegeben werden.

Einseitige Rechtsgeschäfte kommen durch die Willenserklärung einer Person zustande.

Zweiseitige Rechtsgeschäfte (Verträge) kommen durch übereinstimmende Willenserklärungen von zwei oder mehr Personen zustande (Antrag und Annahme).

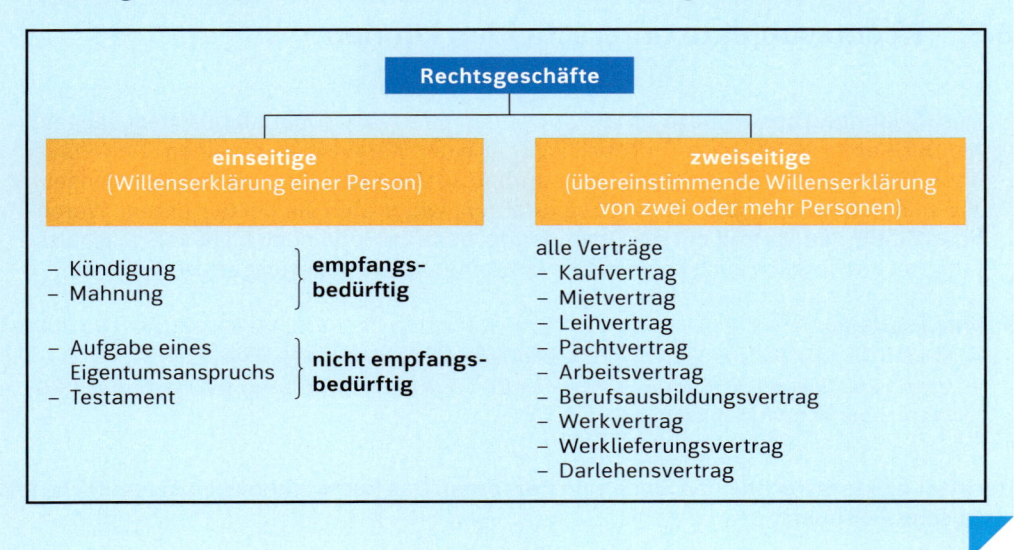

```
                        Rechtsgeschäfte
                       /               \
              einseitige              zweiseitige
    (Willenserklärung einer Person)   (übereinstimmende Willenserklärung
                                       von zwei oder mehr Personen)

  – Kündigung      } empfangs-       alle Verträge
  – Mahnung        } bedürftig       – Kaufvertrag
                                     – Mietvertrag
                                     – Leihvertrag
  – Aufgabe eines  } nicht empfangs- – Pachtvertrag
    Eigentumsanspruchs  bedürftig    – Arbeitsvertrag
  – Testament                        – Berufsausbildungsvertrag
                                     – Werkvertrag
                                     – Werklieferungsvertrag
                                     – Darlehensvertrag
```

---

[1] Der Begriff „Werklieferungsvertrag" wird im § 651 BGB nicht mehr genannt, wird aber hier weiter verwendet, da sich inhaltlich nichts geändert hat.

Lernfeld 6: Kundenaufträge bearbeiten und die Auftragsabwicklung durchführen

Aufgaben

1 Beschreiben Sie am Beispiel des Kaufes einer DVD, wie ein Vertrag zustande kommt.

2 Erklären Sie a) Kauf-, b) Leih-, c) Miet-, d) Pacht-, e) Werkvertrag.

3 Beurteilen Sie folgende Fälle danach, um welche Vertragsarten es sich handelt.
   a) Eva Rost „leiht" sich für zwei Tage gegen Zahlung von 1,50 € in der „Cinemathek" eine DVD.
   b) Ein Küchenmöbelstudio verarbeitet beim Einbau einer Küche Eichenbalken, die der Kunde gestellt hat.
   c) Ein Schneider stellt für eine Kundin ein Hochzeitskleid her und stellt den dazugehörigen Stoff zur Verfügung.
   d) Der Auszubildende Werner Krull erwirbt am Kiosk die neueste Ausgabe der Zeitschrift „Hardrock".

4 Auf welche Art können Willenserklärungen abgegeben werden? Geben Sie jeweils ein Beispiel an.

5 Nennen Sie Beispiele für einseitige Rechtsgeschäfte.

6 Begründen Sie, warum das Testament zu den nicht empfangsbedürftigen Rechtsgeschäften zählt.

7 Sonja Koch besucht den Verbrauchermarkt „Preiskauf". Da sie nur wenig Zeit hat, stellt sie drei leere Pfandflaschen an der Leergutannahme auf dem Boden ab, da ihr die Warteschlange vor der Annahmestelle zu lang ist. Am nächsten Tag erscheint Sonja wieder bei der Leergutannahme und verlangt die Herausgabe des Pfandbetrages. Begründen Sie, ob Sonja einen Rechtsanspruch auf die Herausgabe des Pfandbetrages hat.

6.3 Rechtssubjekte unterscheiden können

Der 15-jährige Thomas Bach erhält von seinen Eltern im Monat 50,00 € Taschengeld. Mit der Center Warenhaus GmbH schließt er einen Kaufvertrag für einen DVD-Player über 350,00 € ab. Thomas zahlt den Kaufbetrag von seinem gesparten Taschengeld. Als seine Eltern von dem Kaufvertrag erfahren, widerrufen sie bei der Center Warenhaus GmbH den Vertrag mit der Begründung, dass ihr Sohn noch nicht voll geschäftsfähig sei und folglich auch keine rechtswirksame Willenserklärung abgeben könne.

Arbeitsaufträge
- Stellen Sie fest, welche Stufen der Geschäftsfähigkeit unterschieden werden.
- Überprüfen Sie, ob die Center Warenhaus GmbH den Kaufpreis nach Rückgabe des DVD-Players herausgeben muss.

Rechtssubjekte im rechtlichen Sinne sind **Personen**. Das Recht unterscheidet natürliche und juristische Personen.

■ Natürliche Personen

Alle Menschen sind natürliche Personen im Sinne des § 1 BGB. Sie sind rechtsfähig und – abgesehen von Ausnahmen – mit dem Erreichen bestimmter Altersstufen unbeschränkt oder beschränkt geschäftsfähig.

Rechtsfähigkeit

ist die **Fähigkeit von Personen, Träger von Rechten und Pflichten zu sein**.

Beispiele Recht, ein Vermögen zu erben; Pflicht, Steuern zu zahlen

Alle **natürlichen Personen** sind mit Vollendung der Geburt bis zum Tod (§ 1 BGB) rechtsfähig.

Geschäftsfähigkeit

ist die **Fähigkeit von Personen, Rechtsgeschäfte wirksam abschließen** zu können, somit Rechte zu erwerben und Pflichten einzugehen. Der Gesetzgeber hat wegen der unterschiedlichen Einsichtsfähigkeit in die Rechtsfolgen von Willenserklärungen **drei Stufen der Geschäftsfähigkeit** vorgesehen.

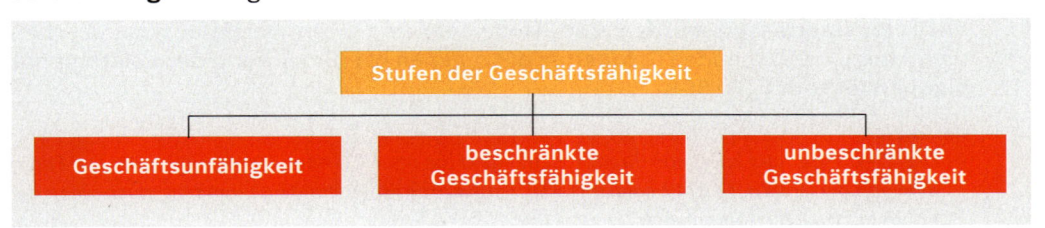

```
                    Stufen der Geschäftsfähigkeit
        ┌───────────────────────┼───────────────────────┐
 Geschäftsunfähigkeit      beschränkte           unbeschränkte
                         Geschäftsfähigkeit      Geschäftsfähigkeit
```

Geschäftsunfähigkeit
- **Geschäftsunfähig** (§ 104 BGB) sind:
  - alle natürlichen Personen unter sieben Jahren,
  - Personen mit dauerhafter, krankhafter Störung der Geistestätigkeit.

Die Willenserklärungen geschäftsunfähiger Personen sind unwirksam (**nichtig**), folglich kann ein Geschäftsunfähiger auch keine rechtswirksamen Verpflichtungen eingehen. Für die Geschäftsunfähigen handelt ein gesetzlicher Vertreter (bei Kindern unter sieben Jahren meistens die Eltern, für alle anderen ein Betreuer; vgl. S. 274).

Beispiele
- Ein 5-jähriges Mädchen „kauft" eine Tüte Bonbons.
- Der 20-jährige Edmund, dessen Geistestätigkeit dauernd krankhaft gestört ist, „kauft" eine DVD.

In beiden Fällen ist kein Vertrag zustande gekommen.

Geschäftsunfähige können im Auftrag des gesetzlichen Vertreters für diesen Geschäfte **als Bote** wirksam abschließen, der Bote ist in diesem Fall Erfüllungsgehilfe des Auftraggebers.

Beispiel Der 6-jährige Klaus wird von seiner Mutter zum Bäcker geschickt, um 20 Brötchen zu holen. Die Mutter gibt Klaus abgezähltes Geld mit. Da Klaus im Auftrag der Mutter als Bote handelt, kommt zwischen der Mutter und dem Bäcker ein Kaufvertrag über 20 Brötchen zustande.

Lernfeld 6: Kundenaufträge bearbeiten und die Auftragsabwicklung durchführen

Beschränkte Geschäftsfähigkeit

- **Beschränkt geschäftsfähig** (§ 106 BGB) sind alle Personen vom vollendeten 7. bis zum vollendeten 18. Lebensjahr.

Beschränkt Geschäftsfähige können Rechtsgeschäfte mit Einwilligung des gesetzlichen Vertreters abschließen. Ihre Rechtsgeschäfte sind bis zur Zustimmung des gesetzlichen Vertreters **schwebend unwirksam**, d. h., ein von einem beschränkt Geschäftsfähigen abgeschlossener Vertrag wird erst durch die nachträgliche Genehmigung des gesetzlichen Vertreters, die auch stillschweigend erfolgen kann, rechtskräftig. Wenn der gesetzliche Vertreter die ausdrückliche Zustimmung verweigert, ist der Vertrag nichtig (§ 108 BGB).

Beispiel Die 16-jährige Angelika kauft für 190,00 € einen DVD-Player, ohne dass sie ihre Eltern um Erlaubnis gefragt hat. Als die Eltern vom Kauf des DVD-Players erfahren, erheben sie keine Einwände. Somit ist der Kaufvertrag durch die stillschweigende Billigung der Eltern zustande gekommen.

Die **Zustimmung des gesetzlichen Vertreters ist in folgenden Fällen nicht erforderlich:** Der beschränkt Geschäftsfähige

- bestreitet den Kauf **mit Mitteln, die ihm zur freien Verfügung vom gesetzlichen Vertreter überlassen worden sind,** wobei man von einem normalerweise üblichen dem Alter entsprechenden Geldbetrag auszugehen hat (**Bewirkung der Leistung mit eigenen Mitteln** § 110 BGB),

    Beispiele
    - *Die 15-jährige Julia kauft von ihrem Taschengeld die neue CD einer Hardrockgruppe. Die Eltern sind von diesem Kauf nicht begeistert. Der Kaufvertrag ist zustande gekommen, auch wenn die Eltern nicht einverstanden sind.*
    - *Der 15-jährige Thomas Bach kauft von seinem Taschengeld einen DVD-Player für 350,00 €. Da der Betrag von 350,00 € weit über das monatliche Taschengeld von 50,00 € hinausgeht, ist die Zustimmung der Eltern für das Zustandekommen des Kaufvertrages erforderlich.*

- erlangt durch das Rechtsgeschäft **nur einen rechtlichen Vorteil** (§ 107 BGB),

    Beispiel Der 13-jährige Frank erhält von seiner Tante ein Geldgeschenk über 3 000,00 €. Die Eltern von Frank lehnen dieses Geschenk der Tante ab, weil sie seit Jahren mit der Tante zerstritten sind. Frank kann das Geld auch gegen den Willen der Eltern annehmen.

- schließt **Geschäfte im Rahmen eines Dienst- oder Arbeitsverhältnisses** ab, die der gesetzliche Vertreter genehmigt hat (§ 113 BGB, **Pauschalzustimmung**).

    Beispiel Die 17-jährige Diana Schmitz ist noch Schülerin und schließt mit Einwilligung der Eltern für die Sommerferien einen Arbeitsvertrag über vier Wochen mit der RAND OHG ab. Diana darf jetzt ohne Zustimmung der gesetzlichen Vertreter Arbeitskleidung kaufen oder ein Gehaltskonto bei einem Geldinstitut eröffnen, da sie zur Erfüllung aller sich aus dem Arbeitsverhältnis ergebenden Verpflichtungen ermächtigt worden ist. Nach dem Gesetz gilt diese Regelung nicht für Ausbildungsverhältnisse.

Unbeschränkte Geschäftsfähigkeit

- **Unbeschränkt geschäftsfähig** sind **alle natürlichen Personen ab 18 Jahren**, sofern sie nicht zum Personenkreis der Geschäftsunfähigen gehören.

Für volljährige Personen kann vom Familiengericht ein **Betreuer** bestellt werden (§ 1896 BGB). **Voraussetzungen** für die Bestellung des Betreuers sind

- Vorliegen einer psychischen Krankheit oder einer körperlichen, geistigen oder seelischen Behinderung **und**
- Unfähigkeit zur Besorgung eigener Angelegenheiten **und**
- Notwendigkeit einer Betreuung.

Der Betreuer ist gesetzlicher Vertreter des Betreuten.

- Der Betreute ist im Regelfall voll geschäftsfähig, d.h., er ist **ohne Einwilligungsvorbehalt** des Betreuers zur Abgabe rechtswirksamer Willenserklärungen berechtigt.
  Beispiel Der 54-jährige Michael Lenz hat einen Schlaganfall erlitten, wodurch er halbseitig gelähmt und dauernd bettlägrig ist. Hieraus ergibt sich die Notwendigkeit der Betreuung. Das Familiengericht bestellt einen Betreuer, der für ihn rechtswirksam Willenserklärungen abschließen kann.

- Wenn es für die Abwendung einer erheblichen Gefahr für die Person oder das Vermögen des Betreuten erforderlich ist, kann das Familiengericht anordnen, dass die Willenserklärungen des Betreuten der Einwilligung des Betreuers bedürfen (**Einwilligungsvorbehalt**). In diesem Fall hat der Betreute den **Status eines beschränkt Geschäftsfähigen**.
  Beispiel Der 35-jährige Dieter ist aufgrund jahrelangen übermäßigen Alkoholkonsums und der sich daraus ergebenden Verwirrtheit nicht mehr in der Lage, mit dem ihm zur Verfügung stehenden Geld umzugehen. Sobald er Bargeld in Händen hält, verschenkt er dieses an zufällig vorbeigehende Passanten. Er erhält vom Familiengericht einen Betreuer und darf Rechtsgeschäfte nur noch mit Einwilligung des Betreuers abschließen.

■ Juristische Personen

Juristische Personen

des Privatrechts

Beispiele
- Gesellschaft mit beschränkter Haftung (GmbH, vgl. S. 39)
- eingetragene Vereine (e. V.)

des öffentlichen Rechts

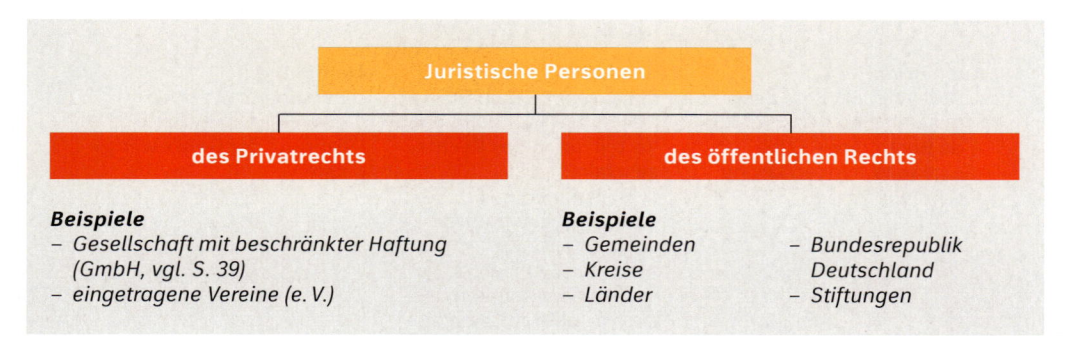

Beispiele
- Gemeinden
- Kreise
- Länder
- Bundesrepublik Deutschland
- Stiftungen

Juristische Personen (§ 21 ff. BGB) werden vom Gesetz **wie natürliche Personen behandelt**. Sie haben volle Handlungsfreiheit, d.h., sie sind rechts- und unbeschränkt geschäftsfähig. Zu den juristischen Personen zählen die juristischen Personen des öffentlichen Rechts und des Privatrechts.

Bei juristischen Personen beginnt die Rechtsfähigkeit mit der **Eintragung in das jeweilige Register** (z.B. Handels-, Vereinsregister) und endet mit Löschung in diesem Register.

Juristische Personen sind immer über ihre **Organe** (z.B. bei der GmbH durch Geschäftsführer) geschäftsfähig. Sie handeln durch die Organe, die in der Satzung oder in der jeweiligen Rechtsvorschrift festgelegt sind.

Beispiel Bei der Robert Blusch GmbH handelt der Geschäftsführer, Robert Blusch, für die GmbH.

Zusammenfassung: Rechtssubjekte unterscheiden können

Rechtssubjekte sind **natürliche und juristische Personen**.

Rechtsfähigkeit ist die Fähigkeit, Träger von Rechten und Pflichten zu sein. Sie beginnt bei natürlichen Personen mit der Geburt und endet mit dem Tod.

Geschäftsfähigkeit ist die Fähigkeit von Personen, Rechtsgeschäfte wirksam abschließen zu können.

Geschäftsfähigkeit

Geschäftsunfähigkeit

unter 7 Jahren
außerdem
- Personen mit andauernder, krankhafter Störung der Geistestätigkeit

Eigene Willenserklärungen **sind nichtig**.

Ausnahme:
- Auftreten als Bote des gesetzlichen Vertreters, da Botengänge keine eigene Willenserklärung darstellen

beschränkte Geschäftsfähigkeit

7 bis 18 Jahre
außerdem
- Betreute mit Einwilligungsvorbehalt

Eigene Willenserklärungen sind **schwebend unwirksam**, bis gesetzlicher Vertreter zustimmt. Bei Ablehnung durch gesetzlichen Vertreter ist das Rechtsgeschäft nichtig (= ungültig).

Ausnahmen:
- Beschränkt Geschäftsfähiger hat nur rechtlichen Vorteil durch das Rechtsgeschäft (z. B. Schenkung)
- Kauf einer Leistung mit eigenen Mitteln
- Abschluss von Rechtsgeschäften im Rahmen des Dienst- oder Arbeitsverhältnisses

volle Geschäftsfähigkeit

ab 18 Jahre

Eigene Willenserklärungen **sind rechtsverbindlich**.

Ausnahme:
- Personen mit andauernder, krankhafter Störung der Geistestätigkeit

---

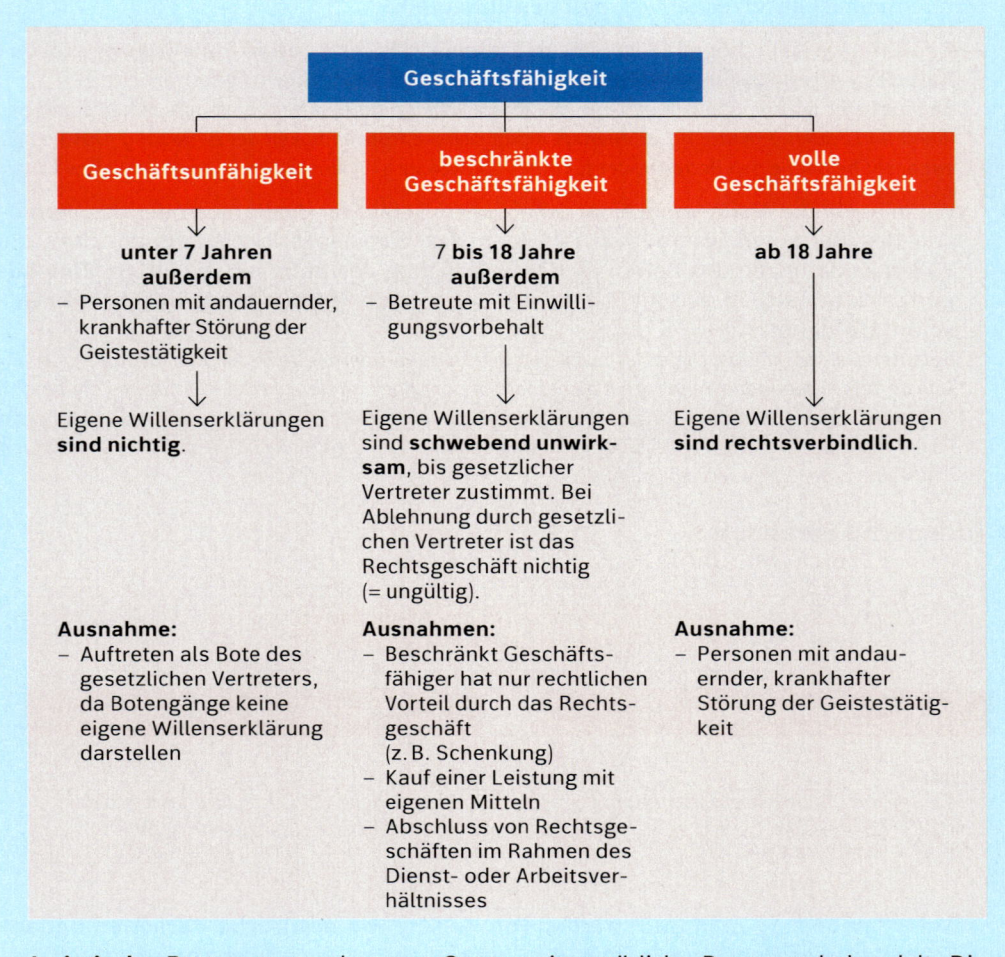

Juristische Personen werden vom Gesetz wie natürliche Personen behandelt. Die Rechtsfähigkeit beginnt mit der Eintragung in das Register beim Amtsgericht und endet mit der Löschung daraus.

Aufgaben

1 Die 12-jährige Christina bekommt von ihrem Onkel einen DVD-Player geschenkt. Ihre Eltern verbieten ihr die Annahme des Gerätes, da sie seit Jahren mit dem Onkel zerstritten sind. Begründen Sie, ob Christinas Eltern ihrer Tochter die Annahme des Geschenkes verwehren können.

2 Erläutern Sie, warum unter Umständen auch Erwachsene beschränkt geschäftsfähig oder geschäftsunfähig sein können.

3 Erläutern Sie den Begriff der Rechtsfähigkeit.

4 Der 6-jährige Wolfgang kauft ohne Wissen der Eltern im benachbarten Schreibwarengeschäft von seinem Taschengeld ein Malbuch. Die Eltern sind mit dem Kauf des Malbuches nicht einverstanden und verlangen vom Einzelhändler die Herausgabe des Kaufpreises. Muss der Einzelhändler unter Beachtung der gesetzlichen Bestimmungen das Buch zurücknehmen und den Kaufpreis erstatten? Nehmen Sie zu den folgenden Aussagen Stellung.
a) Nein, denn das Buch ist bereits bemalt worden und daher nicht mehr verkäuflich.

b) Nein, mit sechs Jahren ist der Junge beschränkt geschäftsfähig. Er kann im Rahmen des Taschengeldes ohne Einwilligung der Erziehungsberechtigten rechtswirksam Rechtsgeschäfte abschließen.
c) Nein, denn die Eltern hätten im Rahmen ihrer Sorgfaltspflicht verhindern müssen, dass das Kind allein das Schreibwarengeschäft aufsucht.
d) Ja, denn es ist kein Kaufvertrag abgeschlossen worden.
e) Ja, denn erst ab sieben Jahren ist man geschäftsfähig.
f) Ja, denn Kinder unter sieben Jahren sind noch nicht rechtsfähig.

5 Die 75-jährige Elfriede Bütt hat in ihrem Testament als Alleinerben ihren 10-jährigen Pudel eingesetzt. Begründen Sie, ob man Tieren nach deutschem Recht etwas vererben kann.

6 Ein 14-jähriger Junge kauft sich von seinem Taschengeld in einer Tierhandlung einen Hundewelpen. Begründen Sie, ob ein Kaufvertrag zustande gekommen ist.

7 Ordnen Sie die folgenden Aussagen zur Geschäftsfähigkeit den unten stehenden Rechtsgeschäften zu.
   1. Trotz beschränkter Geschäftsfähigkeit eines Vertragspartners wirksam
   2. Wegen beschränkter Geschäftsfähigkeit eines Vertragspartners schwebend unwirksam
   3. Trotz der Geschäftsunfähigkeit eines Kindes wirksam
   4. Wegen Geschäftsunfähigkeit eines Vertragspartners unwirksam
   a) Der 16-jährige Stefan kauft ohne Wissen seiner Eltern von seinen Ersparnissen ein Mofa für 350,00 €.
   b) Der Großvater schenkt seinem zwölfjährigen Enkel ohne Einwilligung der Eltern einen DVD-Player.
   c) Die sechsjährige Julia kauft ein Spielzeugauto. Sie zahlt mit dem Geld, das ihr ihre Eltern als Taschengeld überlassen haben.
   d) Der sechsjährige Robert kauft am Kiosk mit abgezähltem Geld eine Zeitschrift. Der Verkäufer weiß, dass Robert im Auftrag des Vaters handelt.

6.4 Rechtsobjekte unterscheiden können

Der Auszubildende Werner Krull verleiht sein Lehrbuch „Ausbildung im Groß- und Außenhandel" an seinen Klassenkameraden Roland Weiß. Nach einer Woche verlangt Werner das Buch von seinem Klassenkameraden zurück, da er es selbst zur Vorbereitung auf eine Klassenarbeit benötigt. Roland lehnt die Herausgabe des Buches mit der Begründung ab, er sei noch nicht fertig mit den Aufgaben, die er machen wollte, und außerdem habe Werner bei der Übergabe des Buches keinen Termin für die Rückgabe genannt.

Arbeitsaufträge
− Stellen Sie fest, ob Werner die sofortige Herausgabe des Buches verlangen kann.
− Überprüfen Sie, worin der Unterschied zwischen Besitz und Eigentum besteht.

Sachen und Rechte

Rechtsobjekte im rechtlichen Sinne sind Sachen und Rechte.

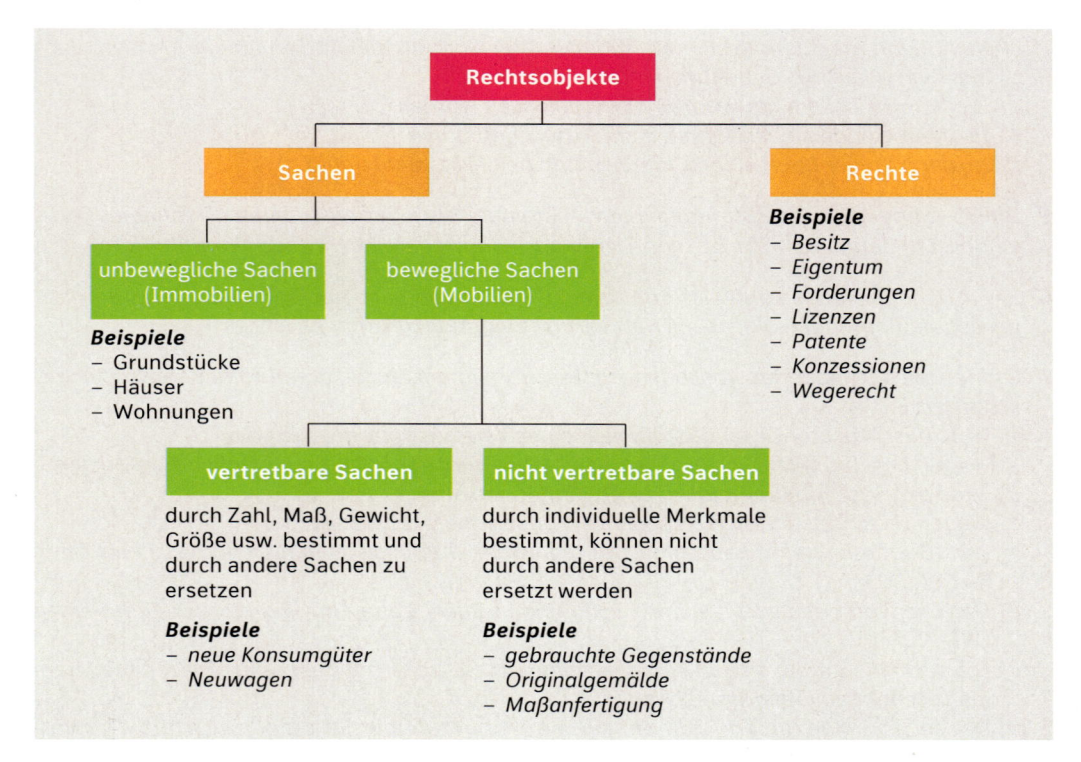

```
                          Rechtsobjekte
                         /             \
                      Sachen           Rechte
                     /      \          Beispiele
                                       – Besitz
   unbewegliche Sachen   bewegliche Sachen    – Eigentum
      (Immobilien)         (Mobilien)          – Forderungen
   Beispiele                                   – Lizenzen
   – Grundstücke                               – Patente
   – Häuser                                    – Konzessionen
   – Wohnungen                                 – Wegerecht

              vertretbare Sachen    nicht vertretbare Sachen
              durch Zahl, Maß,      durch individuelle Merkmale
              Gewicht, Größe usw.   bestimmt, können nicht
              bestimmt und durch    durch andere Sachen
              andere Sachen zu      ersetzt werden
              ersetzen
              Beispiele             Beispiele
              – neue Konsumgüter    – gebrauchte Gegenstände
              – Neuwagen            – Originalgemälde
                                    – Maßanfertigung
```

Als **Rechtsobjekte** bezeichnet man die Gegenstände des Rechtsverkehrs. Hierbei unterscheidet man körperliche Rechtsobjekte (Sachen) und nichtkörperliche Rechtsobjekte (Rechte). **Sachen** werden in unbewegliche (Immobilien) und bewegliche (vertretbare und nicht vertretbare Sachen) unterschieden. **Vertretbare Sachen** sind untereinander austauschbar, **nicht vertretbare Sachen** können nicht durch andere ersetzt werden (z. B. ein Originalbild von Picasso). Im Vertragsleben spielt diese Unterscheidung eine große Rolle, weil in Fällen der Unmöglichkeit der Leistung die vertretbare Sache durch eine artgleiche ausgetauscht werden kann.

■ Besitz und Eigentum als Rechte

Zu den nichtkörperlichen Rechtsobjekten zählen die Rechte Besitz und Eigentum. **Besitz ist die tatsächliche Herrschaft über eine Sache (§ 854 BGB).**

Beispiel Roland Weiß hat das Buch „Ausbildung im Groß- und Außenhandel".

Eigentum ist die rechtliche Herrschaft über eine Sache. Dem Eigentümer gehört die Sache, er kann damit nach Belieben verfahren (§ 903 BGB).

Beispiel Obwohl Roland Weiß das Buch „Ausbildung im Groß- und Außenhandel" hat (Besitz), gehört es Werner Krull (Eigentum).

Beispiele	Besitzer ist der ...	Eigentümer ist der ...
– Miete eines Autos – Leihe eines Buches – Pacht eines Grundstückes – Kauf einer DVD	Mieter Leiher Pächter Käufer	Vermieter Verleiher Verpächter Käufer

6.4 Rechtsobjekte unterscheiden können

Die **Eigentumsübertragung** ist bei beweglichen und unbeweglichen Sachen unterschiedlich geregelt.

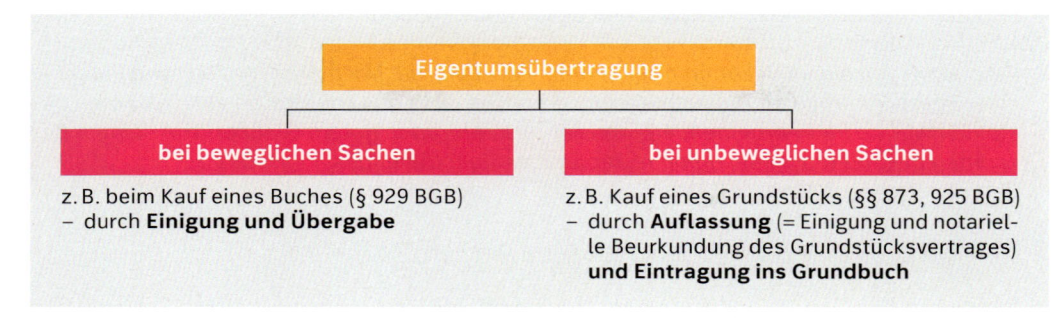

```
                    Eigentumsübertragung
                    ┌────────┴────────┐
         bei beweglichen Sachen      bei unbeweglichen Sachen
```

bei beweglichen Sachen
z. B. beim Kauf eines Buches (§ 929 BGB)
– durch **Einigung und Übergabe**

bei unbeweglichen Sachen
z. B. Kauf eines Grundstücks (§§ 873, 925 BGB)
– durch **Auflassung** (= Einigung und notarielle Beurkundung des Grundstücksvertrages) **und Eintragung ins Grundbuch**

Beispiel Ein Kunde kauft in der Center Warenhaus GmbH einen Trainingsanzug. Der Verkäufer übergibt dem Kunden den Anzug. Im Moment der Übergabe ist das Eigentum an dem Anzug von der Center Warenhaus GmbH auf den Kunden übergegangen.

Im **Ausnahmefall** kann man auch Eigentümer einer Sache werden, die dem Verkäufer nicht gehört. Voraussetzung ist, dass **der Käufer in gutem Glauben gehandelt hat (§ 932 BGB)**. Unter gutgläubig ist zu verstehen, dass man den Verkäufer den Umständen nach für den Eigentümer halten darf.

Beispiel Der Auszubildende Roland Weiß hat seit einem halben Jahr ein Surfbrett von Werner Krull geliehen. Werner bietet seinem Freund Roland dieses Surfbrett zum Kauf an. Zum Beweis, dass er Eigentümer ist, legt er eine gut gefälschte Kaufquittung vor. Roland, der nicht wusste, dass das Surfbrett nicht Eigentum von Werner Krull ist, zahlt den gewünschten Kaufpreis und wird Eigentümer des Surfbrettes, da er in gutem Glauben gehandelt hat.

Ein **Dieb kann i. d. R. kein Eigentümer einer gestohlenen Sache werden**, sondern nur dessen Besitzer. An gestohlenen Sachen kann i. d. R. kein Eigentum erworben werden, selbst wenn der Käufer die gestohlene Sache in gutem Glauben gekauft hat. Normalerweise kann also nur der Eigentümer einer Sache das Eigentum auf eine andere Person übertragen.

Zusammenfassung: Rechtsobjekte unterscheiden können

- Zu den Rechtsobjekten zählen **Sachen** und **Rechte**.

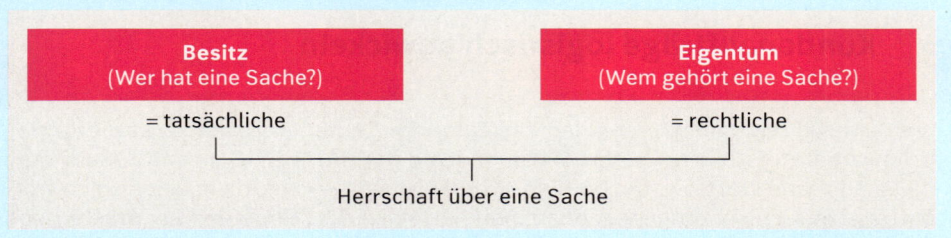

Besitz (Wer hat eine Sache?)	**Eigentum** (Wem gehört eine Sache?)
= tatsächliche	= rechtliche

Herrschaft über eine Sache

- Die **Eigentumsübertragung** erfolgt bei beweglichen Sachen durch Einigung und Übergabe, bei unbeweglichen Sachen durch Auflassung und Eintragung.
- An **gestohlenen Sachen** kann man **i. d. R. kein Eigentum** erwerben.

Aufgaben

1 Erläutern Sie den Unterschied zwischen Besitz und Eigentum.

2 Peter kauft von einem Bekannten ein gebrauchtes Fahrrad. Nach zwei Wochen wird Peter bei einer Polizeikontrolle darauf aufmerksam gemacht, dass das Fahrrad vor zwei Monaten gestohlen wurde. Peter argumentiert, dass er das Fahrrad in gutem Glauben von seinem Bekannten gekauft hat, er sei damit rechtmäßiger Eigentümer des Fahrrades.
Begründen Sie, ob Peter recht hat.

3 Erläutern Sie die Eigentumsübertragung bei unbeweglichen Sachen.

4 Die Bürodesign GmbH überlässt einem Kunden für drei Tage probeweise einen Schreibtischstuhl. Nach drei Tagen ruft der Kunde an und teilt der Bürodesign GmbH mit, dass er den Stuhl kaufen wolle, da ihm dieser sehr gut gefalle. Am nächsten Tag kommt der Kunde in das Verkaufsstudio der Bürodesign GmbH und zahlt den geforderten Kaufpreis.
a) Erläutern Sie die Besitz- und Eigentumsverhältnisse am Stuhl bis zum Anruf des Kunden.
b) Beschreiben Sie, wie im obigen Fall die Eigentumsübertragung stattfindet.
c) Erklären Sie, wann der Kunde Eigentümer des Stuhls wird.

5 Stellen Sie in den unten stehenden Fällen fest, welche Person
1. nur Eigentümer ist,
2. nur Besitzer ist,
3. Eigentümer und Besitzer ist,
4. weder Eigentümer noch Besitzer ist.
a) Ein Kfz-Händler verkauft im Kundenauftrag einen Pkw an Wilhelm Straub.
b) Die Hans Krämer OHG mietet für ein Jahr von einem Büromaschinenhersteller vier Fotokopierer.
c) Eine Kundin kauft in einem Textilfachgeschäft ein Halstuch. Auf dem Nachhauseweg verliert sie das Halstuch, ein Spaziergänger findet es.
d) Ein Kunde kauft in einem Radio- und Fernsehgeschäft einen DVD-Player, den der Hersteller dem Einzelhändler zu Vorführzwecken leihweise überlassen hatte.
e) Eine Industriekauffrau schließt mit ihrem Nachbarn einen nicht notariell beurkundeten Kaufvertrag über ein Grundstück ab.

6 Erläutern Sie, welche Rechtsobjekte sich unterscheiden lassen, und nennen Sie jeweils drei Beispiele.

6.5 Kundenaufträge logistisch abwickeln

Werner Krull hat Klaus Berger, den Einkäufer der Center Warenhaus GmbH für Haushaltswaren/Elektro, am Telefon. Dieser möchte der RAND OHG einen Großauftrag für Haushalts- und Elektrowaren erteilen. Werner ist sehr nervös, da er einen solch großen Auftrag bisher nicht entgegengenommen hat. Nach dem Ende des Gesprächs geht er aufgeregt zu Frau Rand und erzählt ihr von seinem Telefonat. „Lieber Herr Krull, es wird ja jetzt einmal Zeit, dass Sie sich mit der Auftragsabwicklung von der Auftragsannahme bis zur Lieferung der Waren an den Kunden vertraut machen", sagt Frau Rand zu Werner.

> *„Überprüfen Sie doch bitte einmal, welche Arbeiten von welchen Abteilungen in unserem Unternehmen erledigt werden müssen. Erstellen Sie mir bitte dazu bis morgen bitte ein kleines Referat."* Werner ist sauer, denn statt eines Lobs für den Großauftrag bekommt er Hausaufgaben.
>
> *Arbeitsaufträge*
> - *Überprüfen Sie, welche Arbeiten bei einer Auftragsbearbeitung anfallen.*
> - *Erläutern Sie die verschiedenen Formen der Verpackung in einem Unternehmen.*

Erteilt ein Kunde einem Unternehmen einen Auftrag, erfolgt die **Auftragsbearbeitung** in den Schritten:

- Auftragserfassung
  - Bestandskorrektur
  - Erstellung von Lieferschein
- Auftragsbestätigung und Ausgangsrechnung
  - Kommissionierung
  - Verpackung der Ware
  - Warenausgang
  - Versand der Ware
  - Kontrolle des Zahlungseingangs

■ Auftragserfassung

Eingabe der Daten zum Auftrag in die Bildschirmmaske des Warenwirtschaftssystems (WWS):

- **Auftragsnummer:** Sie wird im WWS automatisch vergeben oder fortlaufend eingegeben. Mit der Auftragsnummer wird ein unverwechselbarer Code festgelegt. Alle informationswirtschaftlichen Vorgänge, die mit der Bearbeitung dieses Auftrags zusammenhängen, nehmen diese Auftragsnummer als Bezugsgröße auf.
- **Kundennummer:** Mit ihr werden automatisch Name, Anschrift und evtl. eingeräumte Sonderkonditionen aus der Kundendatei abgerufen. Bei DV-gestützter Auftragsbearbeitung werden mit der Eingabe der Kundennummer die Kundenstammdaten mit dem Auftrag verknüpft.
- **Datum:** Tag der Auftragsbearbeitung
- **Artikelnummer** und **Artikelbezeichnung:** Letztere wird im WWS automatisch mit der Eingabe der Artikelnummer aus der Waren- oder Artikeldatei abgerufen.
- **Menge** lt. Auftrag
- **Einzelpreis, Rabatt**
- **Rechenoperationen** (Menge · Einzelpreis – Rabatt, Umsatzsteuer und Gesamtwert des Auftrags) werden durch das Programm durchgeführt.
- evtl. **Liefertermin**
- Ist der Auftrag eines **Neukunden** zu bearbeiten, muss zuerst die Stammdatei des Kunden angelegt werden: Kundennummer, Kundenname, Anschrift, Kreditlimit.

Die **Stammdaten** wie Kundennummer, Artikelnummer usw. können über **einen Matchcode** (= **Schlüsselbegriff**) gesucht werden, da sie bereits im Programm vorhanden sind und über bestimmte Tastenkombinationen abgerufen werden können. Berechnungen wie

"(Menge · Nettoverkaufspreis) – Rabatt, Umsatzsteuer und Gesamtauftragswert" werden vom Programm durchgeführt. Die meisten Softwareprogramme zur Auftragsbearbeitung führen gleichzeitig eine **Lagerbestandsrechnung** durch. Falls der **Lagerbestand zu niedrig** wird, erfolgt automatisch eine Abfrage, ob der Artikel in die **Bestellvorschlagsliste** übernommen werden soll. So kann täglich festgestellt werden, welche Artikel nachbestellt werden müssen (**Bedarfsmeldeschein**). Ferner kann der voraussichtliche Liefertermin beim Lieferer z. B. telefonisch erfragt werden.

Beispiel

RAND OHG	Bestellvorschlagsliste		Datum: 12.09.20..	
Nummer	Artikelbezeichnung Zusatz	Lieferer	Bestand Bestell- vorschlag	bereits bestellt am
0100	Kaffeemaschine „Milano"	75012	200 300	0.000
1300	Schreibtischlampe „Tolomio"	71002	100 400	0.000
0200	Gemüsereibe „Profi"	75011	0.000 600	0.000
0300	Besteckgarnitur „Silence"	71003	0.000 300	0.000

Abschließend erhält der Kunde bei Annahme des Auftrages eine **Auftragsbestätigung** mit dem voraussichtlichen Liefertermin, die von der DV-gestützten Warenwirtschaftssystemsoftware automatisch ausgedruckt wird.

▪ Bestandskorrektur

Im WWS wird der Lagerbestand automatisch korrigiert und die bestellte Menge für den Auftrag reserviert.

▪ Lieferschein (Warenbegleitpapier), Auftragsbestätigung, Ausgangsrechnung

Sie werden aufgrund der eingegebenen Daten automatisch durch das Programm erstellt. Alle drei haben jeweils besondere informationswirtschaftliche Bedeutung:

- **Lieferschein:** Er wird an das Lager geleitet oder bei Vernetzung vom Rechner im Lager ausgedruckt. Je nach WWS werden dazu für jede Warenposition und -einheit Klebeetiketten für die Kommissionierung ausgedruckt.
- **Auftragsbestätigung:** Sie wird dem Kunden zugeschickt.
- **Ausgangsrechnung:** Sie wird an die **Finanzbuchhaltung** weitergeleitet. Nach Überprüfung wird das Original dem Kunden zugeschickt, die Kopie (Durchschrift) wird in der Haupt- und Nebenbuchhaltung (**Debitorenbuchhaltung**) erfasst. Die Fälligkeitsüberwachung wird über das Finanzbuchhaltungsprogramm oder das WWS geleistet.

▪ Kommissionierung

Mithilfe des Lieferscheins wird die Ware lt. Auftrag im Lager zusammengestellt. Dabei erhält jede Lieferscheinposition und -einheit eine Klebeetikette (Ausgangskontrolle).

Beispiel Kommissionierung bei der RAND OHG

6.5 Kundenaufträge logistisch abwickeln

Absender	Ihr Bestellung vom
Spila GmbH Spielwaren	20.01.20..
Neuer Weg 27	Ihre Bestell-Nr./-Abtlg.
26135 Oldenburg	1760
Empfänger	Versandart
RAND OHG	Spedition
Dieselstraße 10	Frei/Unfrei
26605 Aurich	Unfrei
	Gepackt am von
	22.01.20.. Wolf
	Kontrolle
	Müller

Lieferschein Nr. 486		Datum 23.01.20..
100	Modelautos „Viererpack"	1000
200	Puppe „Pia"	0900
200	Stoffbär „Fynn"	0800
	Waren angenommen	
	Werner Krul	

Vermerke des Absenders (bitte nicht durchschreiben)

Die gelieferte Ware bleibt bis zur vollständigen Bezahlung Eigentum des Lieferanten.

■ Verpackung der Ware

Kartons
Sie bilden eine preiswerte Möglichkeit der Verpackung. Die Belastbarkeit ist jedoch gering. Die Gefahr der Beschädigung des Versandgutes durch Stapeldruck, Nässe und Kontakt mit anderen Ladegütern durch Erschütterungen ist relativ groß. Andererseits ergeben sich geringe Probleme bei der Entsorgung, ein kostenaufwendiger Austausch bzw. Rücktransport entfällt.

Kisten
Sie werden meist individuell nach den Wünschen des Versenders aus Holz gefertigt und den Abmessungen des Versandgutes angepasst. Der Einsatz von Kisten ist dann notwendig, wenn das Versandgut ein größeres Gewicht aufweist und Beschädigungen durch Stapeldruck vermieden werden sollen.

Collis
Als Collis (Abkürzung für Collico) bezeichnet man Metallfaltkisten mit einem Volumen bis 440 Liter Inhalt. Collis durchlaufen meist den gesamten Transportkreislauf. Sie wandern von der Warenannahme über ein automatisches Behälterlager, dann durch die Produktion, das Fertigerzeugnislager und enden wieder im Versand.

■ Warenausgang

Nach der Kommissionierung der Waren werden die Kommissionen zum Warenausgang transportiert. Die einzelnen Kommissionen dürfen das Lager erst dann verlassen, wenn die Warenentnahme durch **Bestätigung auf Kommissionierbelegen** (z. B. Entnahmeschein, Packzettel) festgehalten worden ist. Vor der Übergabe an den Frachtführer werden die ausgelagerten Kommissionen zu bedarfsgerechten Transporteinheiten verpackt und zum Verladen bereitgestellt. Dazu sind die erforderlichen Lieferscheine (Warenbegleitpapier) und Transportpapiere zu erstellen.

Lernfeld 6: Kundenaufträge bearbeiten und die Auftragsabwicklung durchführen

■ Versand der Ware

Für die Warenzustellung kann ein Unternehmen auf eigene Fahrzeuge und Mitarbeiter (**firmeneigener Werkverkehr**) und auf die Dienste gewerbsmäßiger Unternehmer des Güterverkehrs (**firmenfremde Zustellung**) zurückgreifen.

- **Werkverkehr (Eigenlieferung):** Werkverkehr ist Güterkraftverkehr für eigene Zwecke eines Unternehmens. Er ist erlaubnisfrei. Mittlere und große Unternehmen unterhalten oft eine **eigene Versandabteilung** mit Fuhrpark. In manchen Branchen ist es üblich, dass die betriebseigenen Fahrzeuge nach einem genau festgelegten Fahrplan bestimmte Routen abfahren, um die Waren den Kunden „frei Haus" zu liefern. Hierdurch erhöhen sich die Handlungskosten des Betriebes, sie sind daher bei der Kalkulation des Nettoverkaufspreises zu berücksichtigen.

  Die Ware wird dem Kunden mit einem **Lieferschein** ausgehändigt. Der Kunde muss auf einer Kopie des Lieferscheins mit seiner Unterschrift bescheinigen, dass ihm die Ware ordnungsgemäß zugestellt wurde. Der **Verkäufer haftet für Verlust und Beschädigung der Ware bis zur Übergabe an den Kunden**.

  Bei firmeneigener Warenzustellung ergeben sich **Vor- und Nachteile für den Verkäufer:**

Vorteile	Nachteile
– Kunden können schnell und flexibel beliefert werden – Fahrzeuge können für speziellen Bedarf ausgerüstet werden – Verbesserung des Unternehmensimages durch geschultes Personal (z. B. bei Aufstellung, Installation, Montage) – zusätzliche Werbewirkung durch Einsatz eigener, mit Unternehmenswerbung versehener Fahrzeuge	– erhöhte Handlungskosten für Kosten des Fuhrparks, Personal usw. – höheres Risiko durch Haftung für Verlust und Beschädigung der Ware bis zur Warenübergabe – bei Lieferung auf Lieferschein erhöhtes Forderungsausfallrisiko

- **Gewerblicher Güterverkehr (Fremdlieferung):** Wenn ein Unternehmen die Ware nicht selbst zustellen kann oder will, kann es dem Kunden die Ware durch die Dienste von Fuhrunternehmen des gewerblichen Güterkraftverkehrs zukommen lassen. Er ist die geschäftsmäßige oder entgeltliche Beförderung von Gütern mit Kraftfahrzeugen ab einem Gesamtgewicht von 3,5 Tonnen. Er ist erlaubnispflichtig (Erlaubnis wird für fünf Jahre von der jeweiligen Erlaubnisbehörde eines Bundeslandes erteilt).

■ Kontrolle des Zahlungseingangs

Damit eine geordnete Terminüberwachung erreicht wird, müssen organisatorische Maßnahmen ergriffen werden, um Zahlungseingänge zu kontrollieren. Es gibt verschiedene Möglichkeiten, den Zahlungseingang von Kunden zu überwachen. Die Forderungen an Kunden werden als offene Posten bezeichnet. Die Kontrolle der Zahlungseingänge von Kunden wird mithilfe von **Offenen-Posten-Dateien** durchgeführt. Hierbei werden die Rechnungsbeträge mit ihren Fälligkeitsterminen gespeichert und täglich abgeglichen. Bei einer Überschreitung des Zahlungsziels wird das kaufmännische Mahnverfahren (vgl. S. 287) eingeleitet.

Zusammenfassung: Kundenaufträge logistisch abwickeln

Prozessschritte der Auftragsbearbeitung

1. Auftragserfassung
2. Bestandskorrektur
3. Erstellung von Lieferschein
4. Auftragsbestätigung und Ausgangsrechnung
5. Kommissionierung
6. Verpackung der Ware
7. Warenausgang
8. Versand der Ware
9. Kontrolle des Zahlungseingangs

Aufgaben

1 Erstellen Sie eine Checkliste zur Auftragsbearbeitung und zur Bearbeitung einer Kundenanfrage
   a) bei Neukunden,
   b) bei Stammkunden.
   Präsentieren Sie diese Checkliste in einem Referat mittels Kopie, Beamer oder Folie.

2 Beschreiben Sie die verschiedenen Möglichkeiten der Verpackung von Waren für den Warentransport.

3 Erläutern Sie Eigen- und Fremdlieferung.

4 Geben Sie an, wie der ordnungsgemäße Zahlungseingang von Kunden überprüft werden kann.

5 Ein Neukunde hat einen Auftrag im Gesamtwert von 50 000,00 €, ein anderer Neukunde einen Auftrag in Höhe von 350,00 € erteilt.
   a) Erläutern Sie drei Bedingungen, von denen die Annahme der Aufträge von Neukunden abhängt.
   b) Erläutern Sie die Notwendigkeit und den Gegenstand der Kreditwürdigkeitsprüfungen von Neukunden.

6.6 Nicht-rechtzeitig-Zahlung als Störung des Kaufvertrages kennenlernen und das Mahnwesen bei Nicht-rechtzeitig-Zahlung anwenden

Durch ein Versehen eines Mitarbeiters der Tempelmann GmbH & Co. KG wurde eine Eingangsrechnung der RAND OHG, die am 10. Januar 20.. fällig war, nicht bezahlt. Am 20. Februar erhält die Tempelmann GmbH & Co. KG eine Mahnung mit der Aufforderung, den Rechnungsbetrag zuzüglich 11 % p. a. Verzugszinsen zu bezahlen. Wütend ruft Herr Tempelmann bei der RAND OHG an und erklärt, er werde nur den Rechnungsbetrag begleichen, auf die Verzugszinsen habe die RAND OHG keinen Anspruch, da es sich um ein Versehen gehandelt habe.

Trotz mehrfacher Mahnungen durch die RAND OHG hat die Tempelmann GmbH & Co. KG den ausstehenden Rechnungsbetrag über 34 800,00 € nicht bezahlt. An Mahnkosten sind bisher 23,00 € und an Verzugszinsen 350,90 € entstanden. Sonja Koch ist sich nicht sicher, wie sie sich verhalten soll.

Arbeitsaufträge
- *Begründen Sie die Notwendigkeit der Überwachung von Zahlungsterminen.*
- *Stellen Sie fest, ob die Voraussetzungen des Zahlungsverzuges gegeben sind.*
- *Überprüfen Sie, ob die Tempelmann GmbH & Co. KG den Rechnungsbetrag einschließlich der Verzugszinsen bezahlen muss.*
- *Machen Sie Vorschläge, welche Möglichkeiten die RAND OHG hat, wenn mehrere Mahnungen bei einem Kunden keine Wirkung gezeigt haben.*

Zahlt ein Käufer nicht oder nicht rechtzeitig, gerät er in **Zahlungsverzug** (§ 286 ff. BGB).

■ Voraussetzung der Nicht-rechtzeitig-Zahlung (Zahlungsverzug)

Voraussetzung für den Eintritt des Zahlungsverzuges ist die **Fälligkeit der Zahlung**. Der Schuldner kommt bei einem unbestimmten Zahlungstermin **30 Tage nach dem Erhalt einer Rechnung** automatisch in Verzug – ohne weitere Mahnung (§ 286 III BGB). Die 30-Tage-Frist beginnt mit der Zustellung der Rechnung. Den ordnungsgemäßen Zugang der Rechnung hat im Streitfall der Gläubiger zu beweisen. Diese Regelung gilt gegenüber einem Schuldner, der Verbraucher ist, nur wenn der Verbraucher auf diese Folgen in der Rechnung oder Zahlungsaufstellung besonders hingewiesen worden ist. Ist der Zeitpunkt des Zugangs der Rechnung unsicher, kommt der Schuldner beim einseitigen Handelskauf spätestens 30 Tage nach Fälligkeit und Empfang der Waren in Verzug. Ist ein fester Termin zur Zahlung des Kaufpreises vereinbart, kommt der Käufer sofort in Verzug, wenn er nicht bis zum vereinbarten Termin zahlt (§ 286 II BGB). Der Zahlungsverzug tritt nur dann ein, wenn die vom Verkäufer geschuldete Leistung bereits vertragsgemäß erbracht wurde. Das **Verschulden des Käufers ist** für den Eintritt des Zahlungsverzuges erforderlich. Der Schuldner gerät aber nur in Verzug, wenn die Zahlung infolge eines Umstandes unterbleibt, den er verschuldet hat.

■ Rechte des Verkäufers aus der Nicht-rechtzeitig-Zahlung (Zahlungsverzug)

Der Verkäufer kann zuerst nur Nacherfüllung verlangen, d. h., er kann

- **auf verspäteter Zahlung bestehen**, d. h., der Käufer zahlt nach dem Zahlungstermin und der Verkäufer stellt keine weiteren Ansprüche, oder

- **auf verspäteter Zahlung bestehen und Schadenersatz wegen Verzögerung der Leistung verlangen.** Der Schadenersatz (Ersatz des Verzugsschadens) kann die entgangenen Zinsen und den Kostenersatz (Mahnentgelte) umfassen. Die Verzugszinsen betragen lt. Gesetz (§ 353 HGB, § 288 BGB) beim einseitigen Handelskauf 5 % über dem Basiszinssatz für Kredite vom Tag des Verzugs an, beim zweiseitigen Handelskauf 9 % über dem Basiszinssatz.

Wenn die Nacherfüllung durch den Käufer **nach einer Mahnung mit Fristsetzung** nicht erfolgt, dann kann der Verkäufer

- **die Zahlung ablehnen und vom Vertrag zurücktreten (= Rücktritt),** d. h., der Verkäufer verlangt seine Waren zurück. Dieses ist besonders sinnvoll beim Verkauf unter Eigentumsvorbehalt oder bei großen Zahlungsschwierigkeiten des Käufers und/oder
- **die Zahlung ablehnen und Schadenersatz statt der Leistung verlangen.** Der Verkäufer wird dieses Recht in Anspruch nehmen, wenn der Verkaufspreis der Waren inzwischen gesunken ist und er beim Verkauf an einen anderen Kunden einen geringeren Verkaufserlös erzielt. Der Schaden ist in Höhe der Differenz zwischen dem ursprünglichen und dem jetzt erzielten Verkaufspreis entstanden. Für die Inanspruchnahme dieses Rechts ist ein Verschulden des Käufers erforderlich.

Beispiel

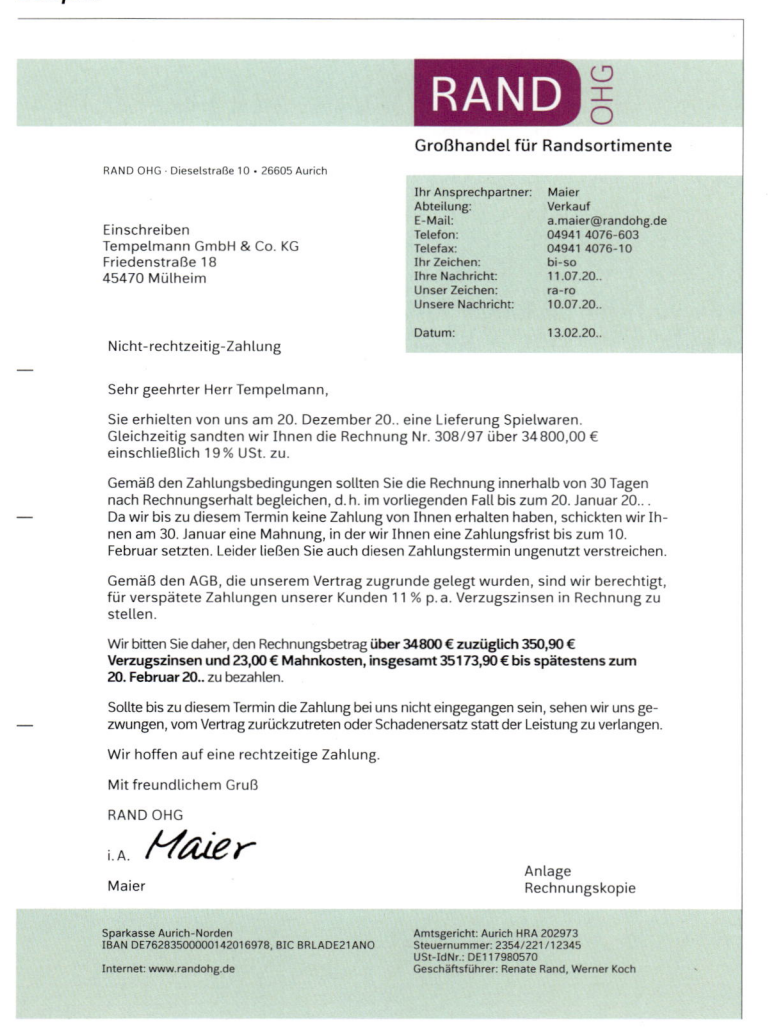

RAND OHG
Großhandel für Randsortimente

RAND OHG · Dieselstraße 10 · 26605 Aurich

Einschreiben
Tempelmann GmbH & Co. KG
Friedenstraße 18
45470 Mülheim

Ihr Ansprechpartner:	Maier
Abteilung:	Verkauf
E-Mail:	a.maier@randohg.de
Telefon:	04941 4076-603
Telefax:	04941 4076-10
Ihr Zeichen:	bi-so
Ihre Nachricht:	11.07.20..
Unser Zeichen:	ra-ro
Unsere Nachricht:	10.07.20..
Datum:	13.02.20..

Nicht-rechtzeitig-Zahlung

Sehr geehrter Herr Tempelmann,

Sie erhielten von uns am 20. Dezember 20.. eine Lieferung Spielwaren. Gleichzeitig sandten wir Ihnen die Rechnung Nr. 308/97 über 34 800,00 € einschließlich 19 % USt. zu.

Gemäß den Zahlungsbedingungen sollten Sie die Rechnung innerhalb von 30 Tagen nach Rechnungserhalt begleichen, d. h. im vorliegenden Fall bis zum 20. Januar 20.. . Da wir bis zu diesem Termin keine Zahlung von Ihnen erhalten haben, schickten wir Ihnen am 30. Januar eine Mahnung, in der wir Ihnen eine Zahlungsfrist bis zum 10. Februar setzten. Leider ließen Sie auch diesen Zahlungstermin ungenutzt verstreichen.

Gemäß den AGB, die unserem Vertrag zugrunde gelegt wurden, sind wir berechtigt, für verspätete Zahlungen unserer Kunden 11 % p. a. Verzugszinsen in Rechnung zu stellen.

Wir bitten Sie daher, den Rechnungsbetrag **über 34 800 € zuzüglich 350,90 € Verzugszinsen und 23,00 € Mahnkosten, insgesamt 35 173,90 € bis spätestens zum 20. Februar 20..** zu bezahlen.

Sollte bis zu diesem Termin die Zahlung bei uns nicht eingegangen sein, sehen wir uns gezwungen, vom Vertrag zurückzutreten oder Schadenersatz statt der Leistung zu verlangen.

Wir hoffen auf eine rechtzeitige Zahlung.

Mit freundlichem Gruß

RAND OHG

i. A. *Maier*

Maier

Anlage
Rechnungskopie

Sparkasse Aurich-Norden
IBAN DE76283500000142016978, BIC BRLADE21ANO
Internet: www.randohg.de

Amtsgericht: Aurich HRA 202973
Steuernummer: 2354/221/12345
USt-IdNr.: DE117980570
Geschäftsführer: Renate Rand, Werner Koch

■ Außergerichtliches (kaufmännisches) Mahnverfahren

Man spricht von einem **außergerichtlichen oder kaufmännischen Mahnverfahren**, wenn der Verkäufer **ohne Einschaltung des Gerichts** versucht, seine ausstehenden Forderungen einzutreiben. Eine Mahnung sollte aber immer mit sehr viel „**Fingerspitzengefühl"** vorgenommen werden, da durch zu harte und ungeschickte Formulierungen Kunden verärgert werden können. Die Mahnung sollte einen Hinweis auf den fälligen Betrag und den überfälligen Zahlungstermin enthalten. **Aus Beweissicherungsgründen** sollte sie **schriftlich** abgefasst werden.

Ein kaufmännisches Mahnverfahren kann **z. B. in folgenden Schritten** durchgeführt werden:

- **Zahlungserinnerung:** Der Schuldner erhält 14 Tage nach Überschreiten des Fälligkeitstages in höflicher Form eine Rechnungskopie oder einen Kontoauszug.
- **1. Mahnung:** Nochmalige Zusendung einer Rechnungskopie oder eines Kontoauszuges nach weiteren 14 Tagen, wobei ein nachdrücklicher Ton angeschlagen wird.
- **2. Mahnung:** Nach weiteren 14 Tagen wird eine Mahnung mit Fristsetzung an den Kunden gesandt, wobei nachdrücklich auf die Fälligkeit, den Betrag und die Folgen der Nichtzahlung hingewiesen wird.

> **Formulierung:** „Sehr geehrte Damen und Herren, zu unserem großen Bedauern haben wir festgestellt, dass Sie auch auf unsere zweite Mahnung vom … nicht reagiert haben, da wir bis heute keinen Zahlungseingang von Ihnen feststellen konnten. Wir bitten Sie daher um unverzügliche Begleichung des ausstehenden Rechnungsbetrages über 9 000,00 €, anderenfalls werden wir ein Inkassoinstitut mit dem Einzug der Forderungen beauftragen."

- **3. Mahnung:** Es wird nach acht Tagen ein letzter Termin gesetzt und der Mahnbescheid (gerichtliche Mahnung) angedroht.

■ Gerichtliches Mahnverfahren

Wenn ein säumiger Kunde nicht auf die Maßnahmen des außergerichtlichen (kaufmännischen) Mahnverfahrens reagiert, kann ein Lieferer bei einem Amtsgericht[1] oder Landgericht einen Antrag auf Erlass eines **Mahnbescheides** stellen. Dadurch wird das gerichtliche Mahnverfahren (§ 688 ff. ZPO) eingeleitet. Der Mahnbescheid stellt eine Mahnung von Amts wegen dar, wodurch der Schuldner aufgefordert wird, den ausstehenden Betrag binnen einer Frist von zwei Wochen zu zahlen oder Widerspruch zu erheben.

Der Antrag muss im **Onlineverfahren** dem Amtsgericht übermittelt werden.

Das Amtsgericht erlässt den Mahnbescheid, wobei nicht überprüft wird, ob der Anspruch zu Recht besteht oder nicht. Der Mahnbescheid wird dem Schuldner vom Gericht zugestellt.

Im extremsten Fall kann der Gläubiger gegen den Schuldner die Zwangsvollstreckung beantragen.

Bei einer **Zwangsvollstreckung** dürfen nicht alle verwertbaren Gegenstände gepfändet werden. Nicht pfändbar sind Gegenstände, die für eine bescheidene Lebensführung benötigt werden.

Beispiele Kleidungsstücke, Einrichtungsgegenstände, Radiogerät

---

[1] Aus Rationalisierungsgründen werden alle Mahnbescheide zentral je nach Bundesland bei einigen Amtsgerichten bearbeitet, rechtliche Wirkung hat der Antrag erst mit Eingang beim zuständigen Amtsgericht.

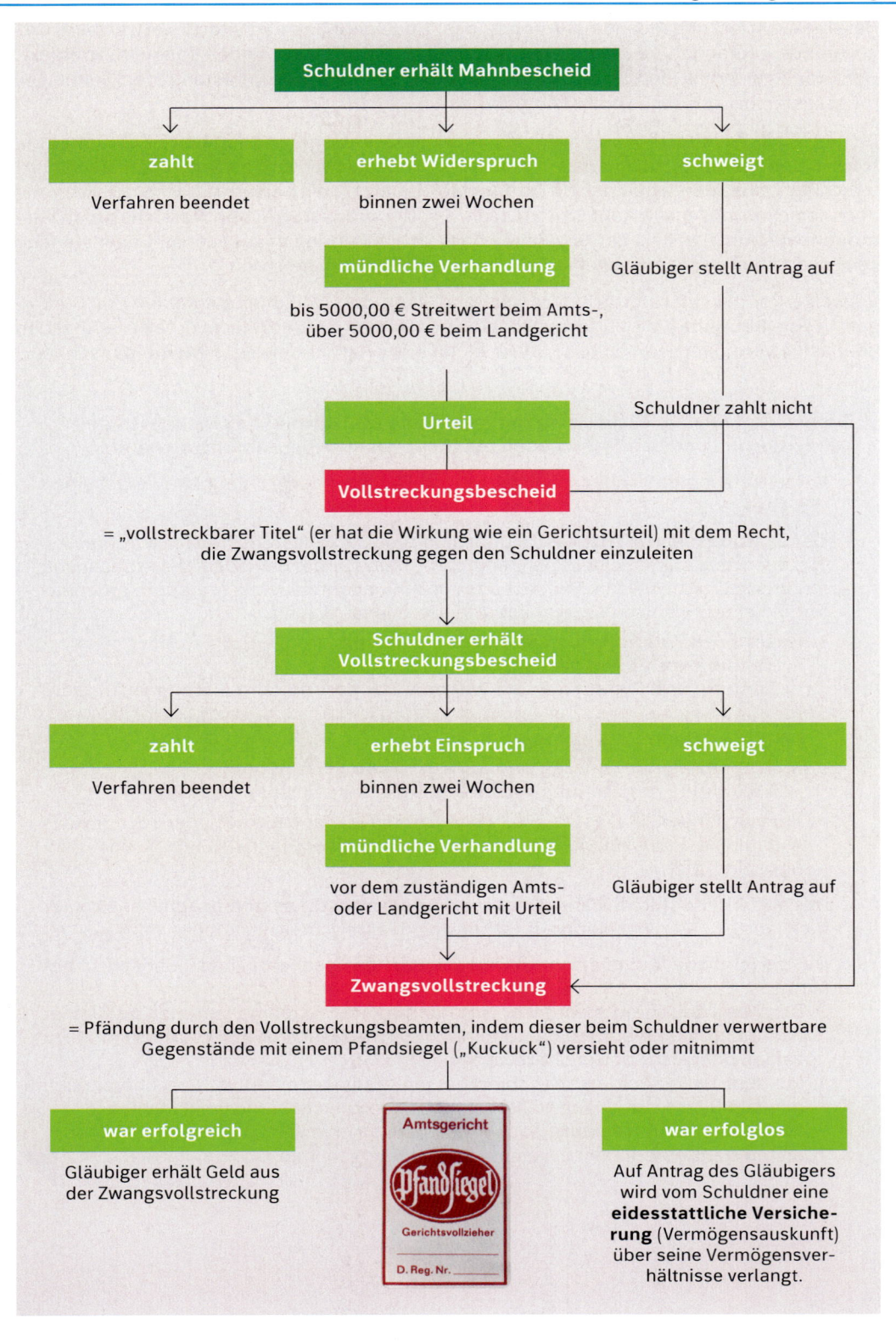

6.6 Nicht-rechtzeitig-Zahlung als Störung

```
                    ┌─────────────────────────────┐
                    │ Schuldner erhält Mahnbescheid│
                    └─────────────────────────────┘
                     ↓              ↓              ↓
              ┌─────────┐   ┌──────────────────┐  ┌──────────┐
              │  zahlt  │   │ erhebt Widerspruch│  │ schweigt │
              └─────────┘   └──────────────────┘  └──────────┘
           Verfahren beendet   binnen zwei Wochen
                                      ↓                ↓
                            ┌──────────────────┐  Gläubiger stellt Antrag auf
                            │mündliche Verhandlung│
                            └──────────────────┘
                        bis 5000,00 € Streitwert beim Amts-,
                        über 5000,00 € beim Landgericht
                                      ↓
                            ┌──────────┐            Schuldner zahlt nicht
                            │  Urteil  │ ←──────────────────────────┐
                            └──────────┘                            │
                                      ↓                             │
                         ┌──────────────────────┐                   │
                         │ Vollstreckungsbescheid│ ←────────────────┘
                         └──────────────────────┘
```

= „vollstreckbarer Titel" (er hat die Wirkung wie ein Gerichtsurteil) mit dem Recht, die Zwangsvollstreckung gegen den Schuldner einzuleiten

```
                    ┌─────────────────────────────┐
                    │     Schuldner erhält        │
                    │   Vollstreckungsbescheid    │
                    └─────────────────────────────┘
                     ↓              ↓              ↓
              ┌─────────┐   ┌──────────────────┐  ┌──────────┐
              │  zahlt  │   │  erhebt Einspruch │  │ schweigt │
              └─────────┘   └──────────────────┘  └──────────┘
           Verfahren beendet   binnen zwei Wochen
                                      ↓
                            ┌──────────────────┐
                            │mündliche Verhandlung│
                            └──────────────────┘
                         vor dem zuständigen Amts-       Gläubiger stellt Antrag auf
                         oder Landgericht mit Urteil
                                      ↓                        ↓
                         ┌──────────────────────┐
                         │  Zwangsvollstreckung │ ←────────────┘
                         └──────────────────────┘
```

= Pfändung durch den Vollstreckungsbeamten, indem dieser beim Schuldner verwertbare Gegenstände mit einem Pfandsiegel („Kuckuck") versieht oder mitnimmt

war erfolgreich	war erfolglos
Gläubiger erhält Geld aus der Zwangsvollstreckung	Auf Antrag des Gläubigers wird vom Schuldner eine **eidesstattliche Versicherung** (Vermögensauskunft) über seine Vermögensverhältnisse verlangt.

Amtsgericht – Pfandsiegel – Gerichtsvollzieher – D. Reg. Nr.

Hat der Vollstreckungsbeamte auf Antrag des Gläubigers beim Schuldner verwertbare Gegenstände gepfändet, werden diese nach einer Schonfrist von sieben Tagen **versteigert**. Der Gläubiger erhält den Erlös der Versteigerung abzüglich der entstandenen Versteigerungskosten bis zur Höhe seiner Forderungen.

Ist eine **Zwangsvollstreckung mangels verwertbarer Gegenstände beim Schuldner erfolglos** und hat der Gläubiger das Gefühl, dass der Schuldner verwertbare Gegenstände unterschlägt, muss der Schuldner auf Antrag des Gläubigers eine eidesstattliche Versicherung über seine Vermögensverhältnisse ablegen. Bei der **eidesstattlichen Versicherung (Vermögensauskunft)** erklärt der Schuldner, dass sich außer den angegebenen Gegenständen keine weiteren Vermögensgegenstände in seinem Eigentum befinden.

Verweigert er die eidesstattliche Versicherung, kann der Schuldner auf Kosten des Gläubigers in eine **Beugehaft** bis zu sechs Monaten genommen werden. Macht er falsche Angaben über seine Vermögensverhältnisse, muss er mit einer Haftstrafe wegen **Meineids** rechnen.

Zusammenfassung: Nicht-rechtzeitig-Zahlung als Störung des Kaufvertrages kennenlernen und das Mahnwesen bei Nicht-rechtzeitig-Zahlung anwenden

- Voraussetzung des Zahlungsverzuges sind Fälligkeit der Zahlung und Verschulden des Käufers.
- Der **Zahlungsverzug tritt ein** bei unbestimmten Zahlungsterminen nach Ablauf von 30 Tagen seit Zugang einer Rechnung. Der Gläubiger hat den Zugang der Rechnung im Streitfall zu beweisen. Bei bestimmten Zahlungsterminen kommt der Käufer sofort in Verzug, wenn er zum vereinbarten Termin nicht zahlt.
    - **Rechte des Verkäufers ohne Nachfristsetzung**
        - **Zahlung verlangen** oder
        - **Zahlung und Schadenersatz wegen Verzögerung der Leistung verlangen**
    - Erfolgt durch den Käufer nach **einer Mahnung mit Fristsetzung** keine Nacherfüllung, hat der Verkäufer folgende Rechte:
        - **Ablehnung der Zahlung und Rücktritt vom Vertrag** oder
        - **Ablehnung der Zahlung und Schadenersatz statt der Leistung.**
    - **Verzugszinsen** lt. Gesetz 5 % beim einseitigen Handelskauf über dem jeweils gültigen Basiszinssatz für Kredite, beim zweiseitigen Handelskauf 9 % über dem Basiszinssatz.
- Das **außergerichtliche Mahnverfahren** wird angewandt, wenn von säumigen Schuldnern fällige Forderungen **ohne Einschaltung des Gerichts** eingetrieben werden.
- Das **gerichtliche Mahnverfahren** wird beim zuständigen Amts- oder Landgericht beantragt.
    - Der **Mahnbescheid** stellt eine Aufforderung des Gläubigers an den Schuldner dar, innerhalb einer bestimmten Frist die vom Gläubiger geforderte Summe zu zahlen oder sich vor Gericht zu verteidigen.
    - Mit dem **Vollstreckungsbescheid** hat ein Gläubiger einen vollstreckbaren Titel mit dem Recht, die Zwangsvollstreckung gegen den Schuldner einzuleiten.
    - Die **Zwangsvollstreckung** ist ein Verfahren, um mithilfe eines Vollstreckungsbeamten Geldforderungen bei einem Kunden einzutreiben.

6.6 Nicht-rechtzeitig-Zahlung als Störung

Aufgaben

1 Geben Sie einige Gründe an, aus denen eine Zahlung verspätet erfolgen kann.

2 Erläutern Sie die Konsequenzen, die sich aus einer verspäteten Zahlung
a) für den Zahlungspflichtigen,
b) für den Zahlungsempfänger ergeben können.

3 Erläutern Sie die Voraussetzungen der Nicht-rechtzeitig-Zahlung und die jeweiligen Rechte des Verkäufers.

4 Die RAND OHG hat der COLO AG Warenhaus am 20. September ordnungsgemäß eine Lieferung Waren per Lkw zugesandt. Die Rechnung wurde der AG am 21. September zugestellt.
a) Überprüfen Sie, wann die AG in Verzug gerät.
b) Die COLO AG befindet sich im Zahlungsverzug. Erläutern Sie, wovon die RAND OHG die Ausübung der einzelnen Rechte bei der Nicht-rechtzeitig-Zahlung abhängig machen wird.

5 Schriftverkehr: Schreiben Sie anhand nachfolgender Angaben einen Brief für die RAND OHG.
Die Lebensmitteleinzelhandlung ARI, Albert Richmann e. K., Viktoriastraße 3, 45468 Mülheim an der Ruhr hat bei der RAND OHG Waren im Wert von 41 890,00 € gekauft. Fünf Wochen nach Ablauf des Zahlungstermins hat die Lebensmitteleinzelhandlung noch nicht bezahlt.

6 Erklären Sie die Schritte beim außergerichtlichen Mahnverfahren.

7 Erläutern Sie, wovon es abhängen kann, in welcher Form und wie oft ein Unternehmen einen säumigen Käufer mahnt.

8 Beschreiben Sie den Ablauf des gerichtlichen Mahnverfahrens.

Wiederholung zu Lernfeld 6: Kundenaufträge bearbeiten und die Auftragsabwicklung durchführen

1 Stellen Sie in den folgenden Fällen fest, ob ein
1. Werkvertrag,
2. Werklieferungsvertrag,
3. Kaufvertrag,
4. Mietvertrag,
5. Leihvertrag,
6. Pachtvertrag
abgeschlossen wird.
a) Ein Unternehmer zahlt für die Dauer der Reparatur seines Geschäftsautos für ein ihm überlassenes Ersatzfahrzeug 50,00 € am Tag.
b) Eine Näherei fertigt 5000 Mäntel an. Der Stoff wird vom Besteller – einer Textilfabrik – geliefert.
c) Ein Großhändler erhält vom Hersteller eine bestellte Lieferung Waschmaschinen.
d) Die Auszubildende Gerda erwirbt für 14,00 € eine DVD.
e) Die Bürodesign GmbH erstellt für einen Kunden ein Regal für dessen Arbeitszimmer, wobei der Kunde das erforderliche Massivholz liefert.
f) Ein Landwirt überlässt einem Betonwerk eine Kiesgrube zur gewerblichen Nutzung gegen Entgelt.

2 Bei welcher der nachstehenden Vertragsarten handelt es sich nicht um ein zweiseitiges Rechtsgeschäft?
a) Berufsausbildungsvertrag
b) Kaufvertrag
c) Mietvertrag
d) Testament
e) Kündigung eines Ausbildungsvertrages
f) Pachtvertrag

3 Ein Großhändler ließ seinem Kunden einen Mahnbescheid vom zuständigen Amtsgericht zustellen, auf den der Schuldner nicht reagiert. Was muss der Großhändler tun, um sein Geld zu erhalten?
a) Der Großhändler muss jetzt einen Mahnbescheid beim Landgericht beantragen.
b) Der Großhändler muss innerhalb von sechs Monaten beim zuständigen Amtsgericht einen Vollstreckungsbescheid beantragen.
c) Der Großhändler muss nichts unternehmen, da es ohnehin zu einer Gerichtsverhandlung kommt.
d) Der Großhändler kann einen Vollstreckungsbeamten mit der Durchführung einer Pfändung beim Schuldner beauftragen.

4 Welche Aussage über Besitz und Eigentum ist richtig?
a) Eigentumsübertragung ist immer mit der Übergabe der Sache verbunden.
b) Eigentum ist die tatsächliche Gewalt über eine Sache, Besitz die rechtliche Gewalt über eine Sache.
c) Der gutgläubige Käufer erwirbt i. d. R. das Eigentumsrecht an gestohlenen Waren.
d) Die Eigentumsübertragung an beweglichen Sachen erfolgt i. d. R. durch Einigung und Übergabe.
e) Bei unbeweglichen Sachen erfolgt die Eigentumsübertragung durch die Einigung zwischen Käufer und Verkäufer.

5 Stellen Sie fest, ob nachfolgende Rechtssubjekte
1. natürliche, 2. juristische Personen sind.
a) Stadtsparkasse Emden GmbH
b) Möbeleinzelhandel Josef Klein e. K.
c) Warenhaus AG
d) Einkaufsgenossenschaft Ostfriesland/Papenburg e. G.
e) Sportverein e. V. Aurich
f) Dr. Hans Hahn, Steuerberater

Lernfeld 7: Personal beschaffen und einstellen

7.1 Instrumente der Personalbestands- und Personalbedarfsplanung anwenden

Karin Schmitz ist Abteilungsleiterin Verwaltung der RAND OHG. Sie sitzt über der Personalplanung ihrer Abteilung für das kommende Jahr. Im Rahmen der Personalbestandsplanung hat sie festgestellt, wie sich der aktuelle Personalbestand darstellt. Für die Personalbedarfsplanung liegen ihr folgende Daten vor: Der Abteilung ist ein Soll-Personalbestand von sieben Vollzeitkräften zugewiesen worden. Frau Schmitz weiß, dass eine Sachbearbeiterin in Rente geht und ihre Stellvertreterin, Claudia Alt, zum Jahresbeginn in Elternzeit geht. Zwei Sachbearbeiterinnen wollen nur noch halbtags arbeiten. Die Abteilung ist zurzeit mit sechs Vollzeitkräften besetzt. Karin Schmitz trägt die Werte in eine Tabelle ein und erhält so den Wert für den erforderlichen Personalbedarf.

Personalbedarfsplan	Abteilung Rechnungswesen
Ist-Personalbestand am Anfang des Jahres	6
− voraussichtliche Personalabgänge	3
+ erwartete Personalzugänge	0
= Zwischensumme	− 3
Soll-Personalbestand	7
erforderlicher Personalbedarf/-abbau	+ 4

Als sie das Ergebnis der Geschäftsführerin Renate Rand vorlegt, ist diese erschrocken. *„Vier Fachkräfte für den Bereich Verwaltung werden wir am Arbeitsmarkt schwer finden"*, sagt sie zweifelnd, *„da müssen wir im Rahmen der Personaleinsatzplanung wohl Umsetzungen vornehmen." „Was nutzt mir ein Lagerarbeiter im Rechnungswesen?"*, erwidert Frau Schmitz empört. *„Und wenn wir jemand aus dem Verkauf umsetzten, fehlt er da!"* Mit den Worten: *„Ich erwarte Ihre Vorschläge"*, beendet Frau Rand das Gespräch.

Arbeitsaufträge
- *Erarbeiten Sie gemeinsam mit Ihren Mitschülern Lösungsvorschläge für das Problem der RAND OHG.*
- *Diskutieren Sie neben den Möglichkeiten im Rahmen der Personaleinsatzplanung auch die Einstellung anderer Arten von Arbeitnehmern.*

■ Personalbestandsplanung

→ LS

Im Rahmen der **Personalbestandsplanung** wird zunächst der aktuelle Personalbestand (Ist-Personalbestand) erhoben. Dabei sind die **Arten der Arbeitnehmer** und die **Personalveränderungen** zu berücksichtigen.

Lernfeld 7: Personal beschaffen und einstellen

Arten der Arbeitnehmer

Grundlage der Personalplanung ist der **aktuelle Personalbestand**. Bei seiner Erfassung müssen folgende **Arten von Arbeitnehmern** unterschieden werden:

- **Vollzeitbeschäftigte**, d. h. Mitarbeiter, die mit der tariflich vorgesehenen Stundenzahl eingesetzt sind
  Beispiel Die Arbeitnehmer der RAND OHG arbeiten nach Tarif 37,5 Stunden in der Woche.

- **Teilzeitbeschäftigte**, d. h. Mitarbeiter, die nur eine begrenzte Stundenzahl im Unternehmen beschäftigt sind
  Beispiel Marion Marx ist alleinerziehende Mutter. Vormittags ist ihr Kind im Kindergarten. In dieser Zeit arbeitet sie als Buchhalterin in einer Gärtnerei.

- **Jobsharing-Mitarbeiter**, d. h. Mitarbeiter, die sich einen Arbeitsplatz teilen
  Beispiel Die Sachbearbeiterstelle im Einkauf ist auf zwei Mitarbeiter aufgeteilt. Vormittags sitzt Herr Schneider, nachmittags Frau Wolter am Schreibtisch.

- **Leiharbeitnehmer**, d. h. Arbeitnehmer, die von Personalleasing-Unternehmen bereitgestellt werden
  Beispiel Während einer Grippewelle im Frühjahr sind fünf von acht Auslieferungsfahrern erkrankt. Der Personalchef beschafft drei Fahrer bei einem Personalleasing-Unternehmen.

Personalveränderungen

Der Personalbestand eines Unternehmens ist ständigen **Veränderungen** unterworfen. Man unterscheidet dabei zwischen autonomen und initiierten Personalveränderungen.

- **Autonome Personalveränderungen** sind Veränderungen, auf die das Unternehmen keinen oder nur bedingten Einfluss hat.
  Beispiel Zugänge durch Rückkehr von Mitarbeitern aus der Elternzeit und Abgänge durch Kündigung vonseiten der Arbeitnehmer

- **Initiierte Personalveränderungen** sind Veränderungen, die vom Unternehmen ausgehen.
  Beispiel Übernahme eines Auszubildenden oder Kündigung eines Arbeitnehmers durch den Arbeitgeber

■ Personalbedarfsplanung

Die **Personalbedarfsplanung** verfolgt den Zweck, den mittel- und langfristigen Personalbedarf eines Unternehmens quantitativ und qualitativ zu ermitteln, d. h., sie soll festlegen, wie viele Mitarbeiter mit welcher Qualifikation benötigt werden. Dieser zukünftige Personalbedarf kann mithilfe der Stellenplanmethode oder der Kennzahlenmethode ermittelt werden.

- Bei der **Stellenplanmethode** werden die benötigten Stellen (Stellenbestand) dem tatsächlichen Personalbestand gegenübergestellt.

Stellenplan				Personalabteilung	
Stellenart	Tarifgruppe	Personalbestand	Stellenbestand	Differenz
Abteilungsleiter/-in	T4	1	1	–
stellvertr. Abteilungsleiter/-in	T3	1	1	–
Sachbearbeiter/-in	T2	1	2	-1

Im **Stellenbesetzungsplan** werden die verfügbaren Stellen den Mitarbeitern zugeordnet.

- Bei der **Kennzahlenmethode** wird ebenfalls vom aktuellen Personalbestand ausgegangen. Dieser wird in Beziehung zu bestimmten betrieblichen Kennzahlen, wie z. B. Umsatz oder Zeitbedarf, gesetzt.

7.1 Instrumente der Personalbestands- und Personalbedarfsplanung anwenden

Beispiele
- *Die Pullmann KG hat im vergangenen Jahr mit 25 Mitarbeitern einen Umsatz von 5,1 Mio. € erzielt. Für das kommende Geschäftsjahr ist eine Umsatzsteigerung von 15 % geplant. Bei unveränderten Bedingungen steigt der Personalbedarf ebenfalls um 15 %.*
- *In der Fertigung der Robert Blusch GmbH werden 1 500 Kunststoffformteile hergestellt. Der Zeitbedarf pro Stück beträgt 1 Stunde. Geht man von einer monatlichen Arbeitsstundenzahl pro gewerblichem Mitarbeiter von 150 Stunden aus, werden 1 500 Fertigungsstunden : 150 Arbeitsstunden = 10 gewerbliche Mitarbeiter benötigt.*

Die Personalbedarfsplanung legt aber nicht nur die Zahl der Mitarbeiter fest, sondern auch deren erforderliche **Qualifikation**.

Hilfsmittel hierfür ist die **Stellenbeschreibung**, die alle wesentlichen Merkmale einer Stelle genau festlegt. Sie ermöglicht es der Personalabteilung, bei der Stellenbesetzung Qualifikationen des Mitarbeiters und Anforderungen der Stelle optimal aufeinander abzustimmen.

Beispiel Stellenbeschreibung für den Abteilungsleiter/die Abteilungsleiterin Personalwesen der RAND OHG

Beispiel Stellenbeschreibung	
Stellenbezeichnung:	Abteilungsleiterin/-leiter der Abteilung Personalwesen
Stelleneinordnung:	
– Unterstellung	Abteilungsleiterin/-leiter Verwaltung
– Überstellung	Stellvertr. Leiterin/Leiter Personal Sachbearbeiterin/Sachbearbeiter Personal
Stellenaufgabe:	Fachliche und disziplinarische Leitung der Personalabteilung
Stellenziele:	Personalplanung Personalbeschaffung Personalkostenberechnung
Stellenbefugnisse:	Handlungsvollmacht gemäß den Richtlinien für Gruppenleiter
Stellenverantwortung:	gemäß den Richtlinien für Gruppenleiter
Stellenvertretung:	stellvertretende Gruppenleiterin/Gruppenleiter der Abteilung Personal
Stellenanforderungen:	
– Ausbildung	Kaufmannsgehilfenprüfung Prüfung gemäß Ausbildereignungs-VO
– Erfahrung	fünf Jahre Betriebszugehörigkeit oder fünf Jahre Tätigkeit im Personalbereich
– Kenntnisse	EDV-Anwendung im Personalwesen

■ Personaleinsatzplanung

Die Personaleinsatzplanung verfolgt den Zweck, **den kurzfristigen Personaleinsatz zu regeln**. Ziel ist es, unter Berücksichtigung der geplanten Ziele den wirtschaftlichen Einsatz der vorhandenen Mitarbeiter sicherzustellen.

Der **Personaleinsatzplan** enthält die Namen der Mitarbeiter, die Wochentage, den geplanten Einsatz und vorhersehbare Fehlzeiten, wie Urlaub, Freizeitausgleich oder Berufsschultage. Oft ist noch eine Mindestbesetzung vorgegeben.

Beispiel Frau Duman, Gruppenleiterin der Fertigung der Robert Blusch GmbH, plant die zweite Dezemberwoche. Sie hat zwei Vollzeitkräfte, eine Teilzeitkraft und eine Auszubildende zur Verfügung: ihre Stellvertreterin, Frau Heine, Herr Horn, Frau Keller und die Auszubildende Frau Nohl. Es sind folgende vorhersehbare Fehlzeiten bekannt:
- *Frau Duman ist am Donnerstag ganztägig auf der Messe.*
- *Frau Heine ist Montag und Dienstag in Urlaub.*
- *Herr Horn muss am Dienstag um 8:00 Uhr zum Arzt und wird um 12:00 Uhr zurück sein.*

Lernfeld 7: Personal beschaffen und einstellen

- Frau Keller bekommt am Donnerstag ab 14:00 Uhr ihren Freizeitausgleich.
- Die 17-jährige Auszubildende Nohl hat Mittwoch von 08:00 bis 11:30 und Donnerstag von 08:00 Uhr bis 13:00 Uhr Berufsschule.

Die Werkstatt muss zu folgenden Zeiten besetzt sein:
- Montag bis Donnerstag 07:30 Uhr bis 16:30 Uhr
- Freitag bis 14:30 Uhr
- von 12:00 bis 13:00 Uhr ist Mittagspause

Die Wochenarbeitszeit beträgt lt. Tarifvertrag 37 Stunden. Frau Keller steht als Teilzeitkraft 19 Stunden zur Verfügung. Produktionsbedingt ist eine Mindestbesetzung von drei Arbeitnehmern vorgeschrieben. Frau Duman oder ihre Stellvertreterin muss ständig anwesend sein. Der Personaleinsatzplan der Fertigung könnte folgendermaßen aussehen:

Personaleinsatzplan Fertigung Robert Blusch GmbH						50. Woche
Name	Montag	Dienstag	Mittwoch	Donnerstag	Freitag	Summe
Duman	8	8	6	8A	7	37
Heine	8U	8U	8	8	5	37
Horn	8	4 K+4	8	6	7	37
Keller	8	4	–	4+2, 5F	–	19
Nohl	8	8	3, 5B+4, 5	8B	5	37

A = betrieblich außer Haus, U = Urlaub, K = Krankheit, F = Freizeitausgleich, B = Berufsschule

> **Zusammenfassung: Instrumente der Personalbestands- und Personalbedarfsplanung anwenden**
>
> - Grundlage der **Personalbestandsplanung** ist der aktuelle Personalbestand. Bei seiner Ermittlung sind die verschiedenen Arten von Arbeitnehmern und die Personalveränderungen zu berücksichtigen.
> - Die **Personalbedarfsplanung** verfolgt den Zweck, den mittel- und langfristigen Personalbedarf eines Unternehmens quantitativ und qualitativ zu ermitteln. Hilfsmittel sind der Stellenplan, der Stellenbesetzungsplan und die Stellenbeschreibung.
> - Im Rahmen der **Personaleinsatzplanung** wird der kurzfristige Personaleinsatz geregelt.

Aufgaben

1 Suchen Sie in den Stellenanzeigen der Wochenendausgabe Ihrer Tageszeitung nach Beispielen für die unterschiedlichen Arten von Arbeitnehmern und stellen Sie die Ergebnisse in der Klasse vor.

2 Erläutern Sie Möglichkeiten der Ermittlung des zukünftigen Personalbedarfs.

3 Erstellen Sie eine Stellenbeschreibung für eine Gruppenleiterin Marketing der RAND OHG.

4 Recherchieren Sie auf der Homepage der Arbeitgeberverbänden oder Gewerkschaften, in welchem Ausmaß in Ihrer Region Arbeitnehmer in Teilzeitarbeit, Jobsharing und als Leiharbeitnehmer beschäftigt werden. Stellen Sie die Ergebnisse z. B. als Kreis- oder Balkendiagramm grafisch dar, erläutern Sie diese in der Klasse und diskutieren Sie Unterschiede zwischen Ihrem Ergebnis und den Ergebnissen Ihrer Mitschüler.

7.2 Die Berufsausbildung im Dualen System beschreiben

Karin Schmitz, Abteilungsleiterin Verwaltung, sitzt zu einem weiteren Gespräch mit Renate Rand zusammen. „Mir liegt eine Initiativbewerbung vor. Es handelt sich um eine ausgebildete Bilanzbuchhalterin. Darüber hinaus können wir eine Versetzung aus der Einkaufsabteilung realisieren. Zwei weitere Kräfte müssen wir auf dem Stellenmarkt suchen." „Der Fachkräftemangel wird durch die demografische Entwicklung deutlich zunehmen", führt Renate Rand aus, „wir sollten verstärkt in die Berufsausbildung investieren." „Das ist eine gute Idee", erwidert Karin Schmitz, „so bilden wir unsere Fachkräfte von morgen selbst aus." „Als ersten Schritt sollten wir das Duale System an unseren Partnerschulen bekannter machen. Selbst unsere Praktikantinnen Sabine Sommer und Bülent Özdemir haben mir erzählt, dass sie nach der Berufsfachschule Wirtschaft in die Fachoberschule Wirtschaft und von dort ins Studium wollen." „Die Schülerinnen und Schüler kennen die Chancen der Karriere mit Lehre viel zu wenig", ergänzt Karin Schmitz.

Arbeitsaufträge
- *Erläutern Sie das System der dualen Berufsausbildung am Beispiel des Ausbildungsberufes Kaufmann/Kauffrau im Einzelhandel. Fassen Sie die Ergebnisse in Form eines Informationsblattes zusammen.*
- *Erstellen Sie eine Liste der Wunschberufe in Ihrer Klasse. Unter www.bibb.de können Sie Ausbildungsprofile aller Ausbildungsberufe im dualen System einsehen. Drucken Sie die Profile der Wunschberufe Ihrer Klasse aus und hängen Sie diese in der Klasse auf.*
- *Führen Sie eine Internetrecherche durch und stellen Sie fest, wie hoch die Ausbildungsvergütung in den jeweiligen Wunschberufen ist.*

■ Berufliche Handlungskompetenz

Die Welt, in der wir leben, unterliegt einem immer schnelleren **Wandel**. Insbesondere im Bereich der Informations- und Kommunikationstechniken haben sich in den letzten Jahren Veränderungen ergeben, die eine Anpassung der schulischen und betrieblichen Ausbildung erforderlich machten.

Um die Auszubildenden zu befähigen, auf neue Entwicklungen flexibel reagieren zu können, steht neben der **fachlichen Qualifikation** der Erwerb **Schlüsselqualifikationen** im Vordergrund.

Schlüsselqualifikationen sind fachübergreifende Qualifikationen, die den Auszubildenden befähigen, auch in veränderten Situationen sachgerecht, persönlich durchdacht und verantwortlich zu handeln.

Sie sind somit der Schlüssel zur Lösung der Aufgaben von morgen.

Wer über Schlüsselqualifikationen verfügen will, muss folgende Kompetenzen erwerben:

- **Fachkompetenz** bezeichnet die Bereitschaft und Fähigkeit, auf der Grundlage fachlichen Wissens und Könnens Aufgaben und Probleme zielorientiert, sachgerecht, methodengeleitet und selbstständig zu lösen und das Ergebnis zu beurteilen.

Lernfeld 7: Personal beschaffen und einstellen

Beispiel Im nächsten Kapitel werden Sie die Rechtsgrundlagen der Berufsausbildung kennenlernen. Wesentliche Regelungen, z. B. aus dem Berufsbildungsgesetz (BBiG), müssen Auszubildende kennen. Sie gehören zum Fachwissen eines Kaufmanns.

- **Sozialkompetenz** bezeichnet die Bereitschaft und Fähigkeit, soziale Beziehungen zu leben und zu gestalten, Zuwendungen und Spannungen zu erfassen und zu verstehen sowie sich mit anderen rational und verantwortungsbewusst auseinanderzusetzen und zu verständigen. Hierzu gehört insbesondere auch die Entwicklung sozialer Verantwortung und Solidarität.

  Beispiel Kaum eine der Aufgaben, die Auszubildende lösen müssen, werden Sie allein bewältigen können. Sie müssen mit Ihren Kolleginnen und Kollegen partnerschaftlich in der Gruppe zusammenarbeiten. Nur so können z. B. Rechte der Auszubildenden aus dem BBiG im Rahmen einer Jugend- und Auszubildendenvertretung (JAV) durchgesetzt werden.

- **Personalkompetenz** bezeichnet die Bereitschaft und Fähigkeit, als individuelle Persönlichkeit die Entwicklungschancen, Anforderungen und Einschränkungen in Familie, Beruf und öffentlichem Leben zu klären, zu durchdenken und zu beurteilen, eigene Begabungen zu entfalten sowie Lebenspläne zu fassen und fortzuentwickeln. Sie umfasst personale Eigenschaften wie Selbstständigkeit, Kritikfähigkeit, Selbstvertrauen, Zuverlässigkeit, Verantwortungs- und Pflichtbewusstsein.

  Beispiel Im BBiG sind Rechte und Pflichten des Auszubildenden aufgeführt. Das Abwägen zwischen dem Einfordern dieser Rechte und dem bewussten Verzicht darauf erfordert eine positive Einstellung zum Beruf und zum Ausbildungsbetrieb und die selbstbewusste Wahrnehmung der eigenen Interessen.

- Fach-, Sozial- und Personalkompetenz werden durch die **Methodenkompetenz** ergänzt. Hierbei handelt es sich um die Fähigkeit, Aufgaben selbstständig, fachlich richtig und methodengerecht zu bearbeiten und das Ergebnis zu beurteilen.

Nur der Erwerb aller vier Kompetenzbereiche sichert **berufliche Handlungskompetenz**. Sie muss durch **lebenslanges Lernen** ständig aktualisiert werden. Ist der Auszubildende dazu bereit, kann er kreativ und selbstbewusst im Team Aufgaben lösen. Er hat Freude am Beruf und als guter Mitarbeiter einen sicheren Arbeitsplatz im Einzelhandel als einem zukunftsträchtigen Bereich der Wirtschaft.

■ Das System der Dualen Berufsausbildung

Auszubildende werden in der Bundesrepublik Deutschland an **zwei Lernorten** ausgebildet: im Ausbildungsbetrieb und in der Berufsschule. Da zwei Einrichtungen bei der Berufsausbildung zusammenwirken, bezeichnet man diese Art der Ausbildung als „**Duales Berufsausbildungssystem**".

- **Ausbildungsbetrieb:** Im Ausbildungsbetrieb findet die fachpraktische Ausbildung statt. Hier gelten folgende bundeseinheitliche Rechtsvorschriften:
  - z. B. Verordnung über die Berufsausbildung zum/zur Kaufmann/Kauffrau im Einzelhandel, zum Verkäufer, zur Verkäuferin, (**Ausbildungsordnung**)
  - **Berufsbildungsgesetz** (BBiG)
- **Berufsschule:** In der Berufsschule werden den Auszubildenden berufsübergreifende und berufsbezogene Inhalte vermittelt. Rechtsgrundlage sind hier der **Rahmenlehrplan** und die **Richtlinien und Lehrpläne** der Kultusminister der Länder.

7.2 Die Berufsausbildung im Dualen System beschreiben

Der Rahmenlehrplan für die Ausbildungsberufe im Dualen System ist in fächerübergreifende **Lernfelder** gegliedert, die sich an konkreten beruflichen Aufgabenstellungen und Handlungsabläufen orientieren.

Der **Berufsschulunterricht** kann in Teilzeitform oder als Blockunterricht erteilt werden.

- Beim **Teilzeitunterricht** besuchen die Auszubildenden an ein oder zwei Tagen in der Woche die Berufsschule. An den anderen Arbeitstagen werden sie im Betrieb ausgebildet.

  Beispiel Die Auszubildenden des 1. Ausbildungsjahres der RAND GmbH besuchen die Berufsschule Montag von 07:45 bis 13:05 Uhr und Donnerstag von 07:45 bis 11:05 Uhr.

- Beim **Blockunterricht** besuchen sie z. B. drei Monate hintereinander die Berufsschule und arbeiten anschließend neun Monate im Betrieb, ohne in dieser Zeit die Berufsschule zu besuchen.

Die Qualität der Ausbildung
Von je 100 befragten Auszubildenden in Deutschland beurteilen die fachliche Qualität der ...

Ausbildung im Betrieb als ...
- sehr gut: 29
- gut: 43
- befriedigend: 19
- ausreichend: 7
- mangelhaft: 3

Berufsschule als ...
- sehr gut: 9
- gut: 47
- befriedigend: 30
- ausreichend: 10
- mangelhaft: 5

repräsentative Befragung von 18 627 Auszubildenden aus den 25 am stärksten besetzten Ausbildungsberufen von Sept. 2014 bis April 2015
Quelle: Deutscher Gewerkschaftsbund (Ausbildungsreport 2015), rundungsbedingte Differenzen © Globus 10509

Schülerinnen und Schüler, die die Berufsschule erfolgreich besucht haben, erhalten das **Abschlusszeugnis der Berufsschule**. Die im Berufsschulzeugnis ausgewiesenen Noten werden im Abschlusszeugnis zu einer Durchschnittsnote zusammengefasst.

Übersicht über die Lernfelder für den Ausbildungsberuf Verkäufer/Verkäuferin, Kaufmann/Kauffrau im Einzelhandel				
Lernfelder		Zeitrichtwerte in Stunden		
Nr.		1. Jahr	2. Jahr	3. Jahr
1	Das Einzelhandelsunternehmen repräsentieren	80		
2	Verkaufsgespräche kundenorientiert führen	80		
3	Kunden im Servicebereich Kasse betreuen	80		
4	Waren präsentieren	40		
5	Werben und den Verkauf fördern	40		
6	Waren beschaffen		60	
7	Waren annehmen, lagern und pflegen		60	
8	Geschäftsprozesse erfassen und kontrollieren		60	
9	Preispolitische Maßnahmen vorbereiten und durchführen		40	
10	Besondere Verkaufssituationen bewältigen		60	

Lernfeld 7: Personal beschaffen und einstellen

Übersicht über die Lernfelder für den Ausbildungsberuf Verkäufer/Verkäuferin, Kaufmann/Kauffrau im Einzelhandel

Lernfelder		Zeitrichtwerte in Stunden		
Nr.		1. Jahr	2. Jahr	3. Jahr
11	Geschäftsprozesse erfolgsorientiert steuern			80
12	Mit Marketingkonzepten Kunden gewinnen und binden			60
13	Personaleinsatz planen und Mitarbeiter führen			60
14	Ein Unternehmen leiten und entwickeln			80
	Summe (insgesamt 880 Std.)	320	280	280

Der **Berufsschulabschluss** ist in Niedersachsen

- **dem Sekundarabschluss I – Realschulabschluss gleichwertig**, wenn der Berufsschulabschluss erworben und eine Berufsausbildung in einem dreijährigen Ausbildungsberuf erfolgreich abgeschlossen wurde oder der Berufsschulabschluss mit einem Notendurchschnitt von 3,0 erworben und ein zweijähriger Ausbildungsberuf erfolgreich abgeschlossen wurde.
- **dem Erweiterten Abschluss der Sekundarstufe I gleichwertig**, wenn der Schüler die Berufsabschlussprüfung bestanden hat, einen berechneten Notendurchschnitt von mindestens 3,0 sowie im Fach Deutsch/Kommunikation, in einer fortgeführten Fremdsprache und dem berufsbezogenen Lernbereich – Theorie jeweils mindestens befriedigende Leistungen erreicht hat.

Die **Berufsschulpflicht** regeln die Kultusminister der Länder.

Niedersächsisches Schulgesetz (NSchG) in der Fassung vom 3. März 1998

§ 65 Dauer der Schulpflicht

(1) Die Schulpflicht endet grundsätzlich zwölf Jahre nach ihrem Beginn.

(2) Auszubildende sind für die Dauer ihres Berufsausbildungsverhältnisses berufsschulpflichtig.

Finanziert wird die betriebliche Ausbildung durch die Ausbildungsbetriebe. Die Kosten der schulischen Ausbildung tragen die Schulträger und die Länder.

Beispiel *Die Auszubildenden der RAND OHG besuchen die Berufsbildende Schule 1 in Aurich. Schulträger ist der Landkreis Aurich. Der Kreis trägt die Kosten für das Gebäude, die Ausstattung, die Hausmeister und das Sekretariat. Die Gehälter der Lehrerinnen und Lehrer werden vom Land Niedersachsen gezahlt.*

Gemeinsames Ziel von Ausbildungsbetrieb und Berufsschule ist es, den Auszubildenden die Fertigkeiten und Kenntnisse zu vermitteln, die zum Erreichen des Ausbildungszieles erforderlich sind.

Zusammenfassung: Die Berufsausbildung im Dualen System beschreiben

Ziel der Berufsausbildung: Erwerb von beruflicher **Handlungskompetenz**

Fachkompetenz
In beruflichen Situationen sach- und fachgerecht, persönlich durchdacht verantwortungsvoll handeln

Personalkompetenz
Als Individuum Entwicklungschancen in Beruf und Privatleben beurteilen und eigene Lebenspläne entwickeln

Sozialkompetenz
Soziale Beziehungen und Interessenlagen erfassen sowie Spannungen und Konflikte bewältigen

Methodenkompetenz
Aufgaben selbstständig, fachlich richtig und methodengerecht bearbeiten und das Ergebnis beurteilen

Hierbei ergänzen sich die **Lernorte des Dualen Systems**:

Berufsschule
- Ausbildung in Lernfeldern (berufsbezogene und berufsübergreifende Inhalte)
- Kontakt zu Auszubildenden anderer Betriebe und Branchen
- Grundlage: Schulgesetze der Länder, Richtlinien und Lehrpläne

Berufsschulabschluss

Ausbildungsbetrieb
- Fachpraktische Ausbildung und Anwendung
- Kontakt zu Kollegen und Kunden
- Grundlage: Berufsausbildungsgesetz, Ausbildungsordnung, Berufsausbildungsvertrag

Berufsabschluss

Aufgaben

1 Ordnen Sie die folgenden Qualifikationen den Kompetenzbereichen zu: Logisches Denken, Entscheidungsfähigkeit, Kritikfähigkeit, Kommunikationsfähigkeit, Fairness, wirtschaftliches Denken, Identifikation mit der Arbeit, Sprachkenntnisse, Planungsfähigkeit, Toleranz, Mobilität.

2 Erläutern Sie, unter welchen Voraussetzungen der mittlere Bildungsabschluss im Rahmen einer Berufsausbildung erworben werden kann.

Lernfeld 7: Personal beschaffen und einstellen

3 Die Rechtsgrundlagen der Berufsausbildung sind für die gesamte Dauer Ihrer Ausbildung wichtige Nachschlagewerke. Beschaffen Sie für die Wunschberufe Ihrer Klasse die Ausbildungsordnung, das Berufsbildungsgesetz, das Jugendarbeitsschutzgesetz und den Lehrplan und legen Sie einen Ordner mit diesen Unterlagen an.

4 Der Berufsschulunterricht kann als Teilzeitunterricht oder als Blockunterricht stattfinden. Diskutieren Sie Vor- und Nachteile der unterschiedlichen Regelungen aus der Sicht der Auszubildenden und aus der Sicht der Betriebe. Befragen Sie dazu Mitschülerinnen und Mitschüler aus der Berufsschule.

7.3 Den Ausbildungsvertrag vor dem Hintergrund der gesetzlichen Rahmenbedingungen erklären

„Das Informationsblatt über das Duale System haben wir", erläutert Karin Schmitz in einer Besprechung ihrer Abteilung. „Wir sollten als nächsten Schritt für potenzielle Bewerber ein Profil erstellen. Also eine Aufstellung, welche Anforderungen die RAND OHG an ihre zukünftigen Auszubildenden stellt, unsere Erwartungen an die zukünftigen Mitarbeiter."

Arbeitsaufträge
- *Erstellen Sie ein Anforderungsprofil für einen kaufmännischen Auszubildenden der RAND OHG. Berücksichtigen Sie dabei die Informationen aus den Ausbildungsprofilen, dem Datenkranz der RAND OHG und die Eindrücke, die Sie bis jetzt von Ihrem Modellunternehmen haben.*
- *Stellen Sie ihre eigenen Wünsche und Vorstellungen dem Anforderungsprofil der RAND OHG gegenüber. Stellen Sie fest, wo Übereinstimmungen und wo Widersprüche bestehen.*
- *Versetzen Sie sich in die Rolle von Karin Schmitz. Würden Sie sich als Auszubildenden einstellen?*

Die berufliche Ausbildung, Fortbildung und Umschulung ist im **Berufsbildungsgesetz** geregelt.

Hier sind insbesondere die Inhalte des Berufsausbildungsvertrages und die Rechte und Pflichten der Auszubildenden festgelegt.

■ Der Ausbildungsvertrag

Vor Beginn der Ausbildung muss zwischen Ausbildendem und Auszubildendem ein **Ausbildungsvertrag** abgeschlossen werden.

- **Auszubildender** ist derjenige, der ausgebildet wird. Minderjährige Auszubildende benötigen zum Abschluss des Ausbildungsvertrages die Zustimmung des gesetzlichen Vertreters.

  Beispiel Werner Krull hat einen Ausbildungsvertrag mit der RAND OHG abgeschlossen. Er ist Auszubildender. Da er zum Zeitpunkt des Vertragsabschlusses noch nicht volljährig war, haben auch Vater und Mutter als Erziehungsberechtigte unterschrieben.

7.3 Den Ausbildungsvertrag vor dem Hintergrund der gesetzlichen Rahmenbedingungen erklären

- **Ausbildender** ist derjenige, der einen anderen zur Berufsausbildung einstellt.

  Beispiel Werner wird von der RAND OHG ausgebildet. Die RAND OHG ist Ausbildender.

- **Ausbilder** ist derjenige, der vom Ausbildenden mit der Durchführung der Ausbildung betraut ist.

  Beispiel Werner wird zunächst in der Personalabteilung eingesetzt. Hier wird er von Frau Schmitz ausgebildet, die bei der IHK die Ausbildereignungsprüfung abgelegt hat. Frau Schmitz ist Ausbilderin.

Der **Ausbildungsvertrag** muss vor Beginn der Ausbildung schriftlich niedergelegt werden. Hierfür wird in der Praxis meist ein Vordruck der Industrie- und Handelskammer (IHK) oder der Handwerkskammer (HWK) verwendet. Der Vertrag muss folgende **Mindestangaben** enthalten:

1. Art, sachliche und zeitliche Gliederung sowie Ziel der Berufsausbildung
2. Beginn und Dauer der Berufsausbildung
3. Ausbildungsmaßnahmen außerhalb der Ausbildungsstätte
4. Dauer der täglichen Ausbildungszeit
5. Dauer der Probezeit
6. Zahlung und Höhe der Vergütung
7. Dauer des Urlaubs
8. Voraussetzungen, unter denen der Vertrag gekündigt werden kann

Der Ausbildungsvertrag muss der Industrie- und Handelskammer bzw. der Handwerkskammer zur Eintragung in das **Verzeichnis der Berufsausbildungsverhältnisse** vorgelegt werden.

Mit Abschluss des Ausbildungsvertrages übernehmen Ausbildender und Auszubildender Pflichten, die gleichzeitig die Rechte der anderen Vertragspartei sind.

■ Pflichten des Ausbildenden

- Der Ausbildende hat dafür zu sorgen, dass den Auszubildenden die **Fertigkeiten und Kenntnisse** vermittelt werden, die zum Erreichen des Ausbildungszieles erforderlich sind.

  Beispiel Der Ausbildungsrahmenplan für den Beruf Kaufmann/Kauffrau für Büromanagement sieht vor, dass die Auszubildenden rechtliche Vorschriften der Berufsausbildung kennenlernen. Laut betrieblichem Ausbildungsplan wird Werner Krull die ersten drei Monate seiner Ausbildung in der Personalabteilung eingesetzt.

- Die Ausbildung muss entweder **vom Ausbildenden selbst oder von persönlich und fachlich geeigneten Ausbildern** durchgeführt werden.

  Beispiel Als Ausbilder setzt der Ausbildende den zuständigen Abteilungsleiter ein. Alle Abteilungsleiter haben vor der Industrie- und Handelskammer eine Prüfung als Ausbilder abgelegt.

- Den Auszubildenden müssen die **Ausbildungsmittel** kostenlos zur Verfügung gestellt werden.

  Beispiele Berichtshefte, Fachbücher und Schreibmaterial für die Ausbildung im Ausbildungsbetrieb (nicht in der Schule)

  Vorgeschriebene Berufskleidung, z. B. „Blaumann" oder Kittel, werden vom Ausbildenden ebenfalls zur Verfügung gestellt.

- Die Auszubildenden sind zum **Besuch der Berufsschule** und zum Führen der **Berichtshefte** anzuhalten. Das ordnungsgemäß geführte Berichtsheft ist Voraussetzung für die Zulassung zur Abschlussprüfung.

  Beispiel Werner Krull muss sein Berichtsheft einmal im Monat dem jeweiligen Abteilungsleiter vorlegen.

Lernfeld 7: Personal beschaffen und einstellen

- Der Ausbildende muss dafür sorgen, dass dem Auszubildenden nur **Tätigkeiten** übertragen werden, **die dem Ausbildungszweck dienen** und seinen körperlichen Kräften angemessen sind.

  Beispiel Werner Krull ist als Auszubildender der RAND OHG in der Abteilung Allgemeine Verwaltung/Personalwesen eingesetzt. Alle hier anfallenden Arbeiten hat er auszuführen. Als Herr Lunau aus der Abteilung Rechnungswesen ihn auffordert, für ihn private Besorgungen zu erledigen, schreitet Frau Schmitz ein und teilt Herrn Lunau mit, dass Werner nur Tätigkeiten übertragen werden dürfen, die dem Ausbildungszweck dienen.

- Die Auszubildenden müssen für die **Teilnahme am Berufsschulunterricht und an Prüfungen freigestellt** werden. Dies gilt auch für andere schulische Veranstaltungen.

  Beispiel Die Berufsbildende Schule in Aurich führt einmal im Jahr einen Wandertag durch. Frau Schmitz ist der Meinung, dies habe nichts mit der Ausbildung zu tun. Frau Schmitz ist im Irrtum; der Wandertag ist eine schulische Veranstaltung, für die sie ihre Auszubildenden freistellen muss.

- Den Auszubildenden muss bei Beendigung des Ausbildungsverhältnisses ein **Zeugnis** ausgestellt werden. Die Auszubildenden können dabei zwischen dem einfachen Arbeitszeugnis und dem qualifizierten Arbeitszeugnis wählen.

  Beispiel Das einfache Arbeitszeugnis enthält Angaben über Art, Dauer und Ziel der Berufsausbildung sowie die erworbenen Fertigkeiten und Kenntnisse. Das qualifizierte Arbeitszeugnis enthält zusätzlich Angaben über Führung, Leistung und besondere fachliche Fähigkeiten.

- Den Auszubildenden ist eine angemessene **Ausbildungsvergütung** zu zahlen.

  Die Vergütung muss spätestens am letzten Arbeitstag des Monats gezahlt werden. Eine über die regelmäßige Ausbildungszeit hinausgehende Beschäftigung ist besonders zu vergüten. Erkrankt der Auszubildende, wird die Vergütung bis zur Dauer von sechs Wochen durch den Ausbildenden weitergezahlt, danach erhält er von der zuständigen Krankenversicherung **Krankengeld**.

■ Pflichten der Auszubildenden

- Die Auszubildenden haben sich zu bemühen, die **Fertigkeiten und Kenntnisse zu erwerben**, die zur Erreichung des Ausbildungsziels erforderlich sind.

  Beispiel Kirsten Schorn, Auszubildende zur Kauffrau für Büromanagement bei der Hage AG, besucht regelmäßig die Berufsschule, macht die Hausaufgaben und arbeitet im Unterricht mit. Trotzdem ist das Ergebnis der Zwischenprüfung in allen drei Fächern mangelhaft. Ihr Ausbilder droht daraufhin mit Kündigung. Eine Kündigung ist in diesem Fall nicht zulässig, da die Auszubildende sich bemüht hat, das Ziel der Ausbildung zu erreichen.

Was Azubis verdienen

Durchschnittliche monatliche Ausbildungsvergütungen (alle Ausbildungsjahre) in Euro

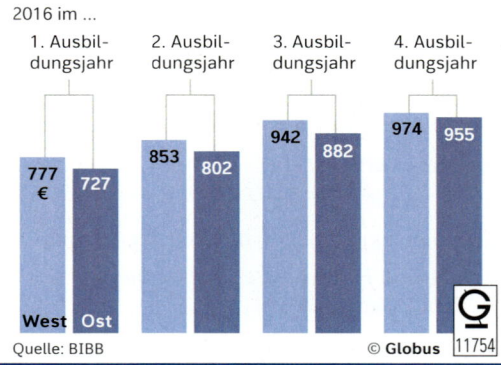

	1996	2006	2016
West	539 €	629	859
Ost	487	536	807

2016 im ...

	1. Ausbildungsjahr	2. Ausbildungsjahr	3. Ausbildungsjahr	4. Ausbildungsjahr
West	777 €	853	942	974
Ost	727	802	882	955

Quelle: BIBB © Globus 11754

- Die Auszubildenden müssen alle ihm im Rahmen der Ausbildung aufgetragenen **Tätigkeiten sorgfältig ausführen**.

7.3 Den Ausbildungsvertrag vor dem Hintergrund der gesetzlichen Rahmenbedingungen erklären

Beispiel Kirsten Schorn verliert den ihr vom Betrieb zur Verfügung gestellten Taschenrechner. Sie ist zum Ersatz des Schadens verpflichtet, da sie gegen die Sorgfaltspflicht verstoßen hat.

- Die Auszubildenden müssen an **Ausbildungsmaßnahmen**, für die sie freigestellt sind, **teilnehmen**.

  Beispiel Eine Auszubildende schwänzt mehrfach die Berufsschule. Hierbei handelt es sich um eine grobe Pflichtverletzung der Auszubildenden, die zu einer Kündigung führen kann.

- **Weisungen**, die ihm im Rahmen der Berufsausbildung erteilt werden, müssen die Auszubildenden **befolgen**.

  Beispiel Kirsten ist im Rahmen ihrer Ausbildung in der Verkaufsabteilung eingesetzt, in der auch Kunden empfangen werden. Kirstens Ausbilderin erteilt ihr die Weisung, nicht in Jeans oder Turnschuhen in den Betrieb zu kommen. Kirsten muss diese Weisung befolgen, da ein solches Erscheinungsbild von den Kunden nicht akzeptiert würde und geschäftsschädigende Folgen hätte.

- Die für die Ausbildungsstätte geltende **Ordnung ist zu beachten**.

  Beispiel In allen Räumen des Ausbildungsbetriebes gilt striktes Rauchverbot. Hieran muss sich jeder Auszubildende halten.

- Werkzeuge, Maschinen und Einrichtungen sind **pfleglich zu behandeln**.

  Beispiel Die Auszubildende Kirsten benutzt eine vom Betrieb überlassene Schere zum Öffnen einer Getränkeflasche. Die Schere bricht ab. Kirsten muss das Werkzeug ersetzen.

- Über Betriebs- und Geschäftsgeheimnisse ist **Stillschweigen** zu wahren (**Schweigepflicht**).

  Beispiel Kirstens Freund ist kaufmännischer Angestellter in einem Konkurrenzbetrieb. Sie berichtet ihm von der bevorstehenden Einführung eines neuen Produktes. Damit verstößt sie gegen die ihr auferlegte Schweigepflicht.

■ Beginn und Beendigung der Ausbildung

- Das Berufsausbildungsverhältnis beginnt mit der **Probezeit**. Sie muss mindestens einen Monat und darf höchstens vier Monate betragen. In der Probezeit prüft der Auszubildende, ob ihm der Beruf gefällt, und der Ausbildende, ob der Auszubildende für den Beruf geeignet ist.

- Das **Ausbildungsverhältnis endet mit Ablauf der Ausbildungszeit**. Besteht der Auszubildende die Prüfung zu einem früheren Zeitpunkt, so endet das Ausbildungsverhältnis mit Bestehen der Abschlussprüfung.

  Beispiel Kirstens Ausbildungsvertrag endet am 31. August. Am 15. Juni schließt sie vor dem Prüfungsausschuss der Industrie- und Handelskammer erfolgreich die Kaufmannsgehilfenprüfung ab. Mit diesem Tag endet das Ausbildungsverhältnis und ihr steht im Falle der Übernahme das entsprechende Tarifgehalt zu.

- Eine **Kündigung** des Ausbildungsverhältnisses ist in folgenden Fällen möglich:
  - **während der Probezeit** jederzeit ohne Einhaltung einer Frist und Angabe von Gründen. Die Kündigung muss schriftlich erfolgen.

    Beispiel Silke, Auszubildende bei der Center Warenhaus GmbH, stellt während der Probezeit fest, dass ihr die Ausbildung zur Verkäuferin nicht zusagt. Sie teilt dies ihrem Chef mit und kündigt das Ausbildungsverhältnis.

  - **nach der Probezeit aus einem wichtigen Grund** ohne Einhaltung einer Kündigungsfrist. Die **fristlose Kündigung** muss spätestens zwei Wochen nach Bekanntwerden des Grundes erfolgen.

    Beispiel Ein Auszubildender wird bei einem Diebstahl ertappt. Der Chef kündigt ihm fristlos.

- vom Auszubildenden **mit einer Frist von vier Wochen**,
  - wenn sie die Berufsausbildung aufgeben will.

    Beispiel Silke wird schwanger. Sie möchte heiraten und Hausfrau und Mutter sein. Mit einer Frist von vier Wochen kann sie ihren Ausbildungsvertrag kündigen.

  - wenn er sich für einen anderen Beruf ausbilden lassen will.

    Beispiel Ein Jahr nach Beginn der Ausbildung zum Kaufmann für Büromanagement kann ein Auszubildender eine Ausbildung in seinem Traumberuf als Goldschmied antreten. Er kündigt mit einer Frist von vier Wochen.

Die Kündigung muss **schriftlich und unter Angabe der Kündigungsgründe** erfolgen.

■ Einhaltung des Berufsbildungsgesetzes

Die Kammern (**Industrie- und Handelskammer, Handwerkskammer**) überwachen als zuständige Stellen den betrieblichen Teil der Berufsausbildung und nehmen die Abschlussprüfung ab. Zur Überwachung der Ausbildung und Beratung der an der Ausbildung Beteiligten stehen bei den Kammern **Ausbildungsberater** zur Verfügung. Zur Beilegung von Streitigkeiten, die sich aus dem Ausbildungsverhältnis ergeben, haben die Kammern paritätisch besetzte **Schlichtungsstellen** eingerichtet. Diese können von den Auszubildenden bzw. ihren Erziehungsberechtigten sowie den Ausbildenden angerufen werden.

Zusammenfassung: Den Ausbildungsvertrag vor dem Hintergrund der gesetzlichen Rahmenbedingungen erklären

- **Auszubildender** ist derjenige, der ausgebildet wird.
- **Ausbildender** ist derjenige, der einen anderen zur Berufsausbildung einstellt.
- **Ausbilder** ist derjenige, der vom Ausbildenden mit der Durchführung der Ausbildung betraut ist.
- Der Berufsausbildungsvertrag muss **schriftlich** abgeschlossen werden und bestimmte **Mindestangaben** enthalten.

Pflichten des Ausbildenden	Pflichten der Auszubildenden
– Ausbildungspflicht – Freistellung der Auszubildenden zum Besuch der Berufsschule – Bereitstellung von Arbeitsmitteln – Zeugnispflicht – Vergütung	– Lernpflicht – Besuch der Berufsschule – Gehorsamspflicht – Sorgfaltspflicht – Einhaltung der Betriebsordnung – Schweigepflicht

- Die **Probezeit** muss mindestens einen Monat und darf höchstens vier Monate betragen.

Aufgaben

1 Während einer Grippewelle fällt die Hälfte der Mitarbeiter der RAND OHG aus. Die Abteilungsleiterin verbietet dem Auszubildenden Werner Krull daraufhin den Besuch der Berufsschule und fordert ihn auf, stattdessen im Betrieb auszuhelfen. Ist dieses Verhalten zulässig? Begründen Sie Ihre Entscheidung.

2 Werner soll eine Schreibmaschine in einen Nebenraum tragen. Auf dem Weg dorthin stolpert er über ein Kabel und die Maschine fällt zu Boden. Begründen Sie, ob er den Schaden ersetzen muss.

3 Markus Rother beginnt seine Ausbildung zum Kaufmann für Büromanagement in einem Großhandelsbetrieb. Nachdem ihn der Ausbildungsleiter durch die Abteilungen geführt hat, erklärt er ihm, dass er als jüngster Auszubildender in der Frühstückspause für alle Kaffee zu kochen habe. Markus ist empört. Er ist der Meinung, dass er als Kaufmann für Büromanagement und nicht als Kaffeekoch ausgebildet wird. Führen Sie das Gespräch des Ausbildungsleiters mit dem Auszubildenden in Form eines Rollenspiels.

4 a) Erstellen Sie eine Übersicht mit den Rechten und Pflichten des Auszubildenden. Schlagen Sie dazu im Berufsbildungsgesetz nach. Fertigen Sie die Übersicht auf einem großen Bogen Papier an und hängen Sie diesen in der Klasse auf.
b) In § 14 Abs. 3 Berufsbildungsgesetz heißt es: „Auszubildenden dürfen nur Aufgaben übertragen werden, die dem Ausbildungszweck dienen und ihren körperlichen Kräften angemessen sind." Befragen Sie Ihre Mitschüler einer Unterstufenklasse der Berufsschule, welche Tätigkeiten sie in der vergangenen Woche ausgeführt haben, die dem Ausbildungszweck dienen, und welche Tätigkeiten nicht im Sinne der Ausbildung waren. Diskutieren Sie, warum es sinnvoll sein könnte, auch die eine oder andere Tätigkeit auszuführen, die nicht im Sinne der Regelung des Berufsbildungsgesetzes ist.

5 Werner Krulls Freund Jan ist seit einem Jahr Auszubildender im Beruf Kaufmann im Groß- und Außenhandel in der Papiergroßhandlung Schneider. Als er eine Lehrstelle in seinem Traumberuf als Fotograf angeboten bekommt, will er das Ausbildungsverhältnis kündigen.
a) Erarbeiten Sie die Möglichkeiten der Kündigung eines Ausbildungsverhältnisses.
b) Stellen Sie fest, unter welchen Bedingungen Jan seinen Ausbildungsvertrag kündigen kann.

7.4 Beschaffungswege für das Personal nachvollziehen und ein Stellenangebot formulieren

Karin Schmitz hat die Informationsblätter fertiggestellt. Darin wird das Anforderungsprofil für kaufmännische Auszubildende dargestellt und es wird über die Berufsausbildung im dualen System informiert. Als sie diese in der wöchentlichen Besprechung der Abteilungsleiter vorstellt, meldet sich Alfred Maier, der Abteilungsleiter Verkauf, zu Wort. „Auszubildende einzustellen ist sicher eine gute Idee für die Zukunft, aber ich habe ein aktuelles Problem. Der Umsatz im Bereich Spielwaren ist um 30 % eingebrochen und ich brauche dringend einen Spezialisten für Verkaufsförderungsmaßnahmen." Frau Rand ist einverstanden. „Wir schreiben die Stelle eines Sachbearbeiters für Verkaufsförderung aus. Die langfristigen Aktivitäten zur Gewinnung von Auszubildenden laufen aber weiter."

Arbeitsaufträge
- Stellen Sie fest, welche Möglichkeiten es gibt, den gesuchten Sachbearbeiter für Verkaufsförderung zu gewinnen.
- Formulieren Sie den Text einer Stellenanzeige.
- Machen Sie Vorschläge, in welchen Medien die Stellenanzeige erscheinen könnte.

Lernfeld 7: Personal beschaffen und einstellen

■ Beschaffungswege

Die **Personalbeschaffung** befasst sich mit der **Bereitstellung der für das Unternehmen erforderlichen Mitarbeiter**. Um die erforderlichen Mitarbeiter in qualitativer und quantitativer Hinsicht bereitstellen zu können, kann sich ein Unternehmen interner und externer Beschaffungswege bedienen.

Interne Personalbeschaffung

Interne Personalbeschaffung bedeutet, dass Stellen mit Mitarbeitern **aus dem Unternehmen** besetzt werden. Dies kann auf folgende Weise erfolgen:

- **Innerbetriebliche Stellenausschreibung**
  Gemäß § 93 BetrG kann der Betriebsrat verlangen, dass Arbeitsplätze vor ihrer Besetzung innerhalb des Betriebes ausgeschrieben werden.

  Beispiele Aushang am schwarzen Brett, Veröffentlichung in der Hauszeitschrift

- **Versetzung** auf einen anderen Arbeitsplatz im selben Unternehmen.

  Beispiel Eine Sachbearbeiterin aus dem Rechnungswesen wird in die Personalabteilung versetzt.

- **Mehrarbeit** bei kurzzeitigem Personalmehrbedarf

  Beispiel Um einen Großauftrag fristgerecht abliefern zu können, werden nach Rücksprache mit dem Betriebsrat Überstunden geleistet.

- **Fort- und Weiterbildung im Rahmen der Personalentwicklung**

  Beispiel Ein kaufmännischer Angestellter besucht eine Fachschule für Wirtschaft. Nach erfolgreicher Prüfung wird er als stellvertretender Gruppenleiter eingesetzt.

Die interne Personalbeschaffung kann die Änderung des bestehenden Arbeitsverhältnisses im Wege einer **Änderungskündigung** erfordern. Dies kann durch die Umwandlung eines Teilzeitarbeitsverhältnisses in ein Vollzeitarbeitsverhältnis, durch die Umwandlung von befristeten in unbefristete Arbeitsverhältnisse oder andere Maßnahmen erfolgen.

Beispiel Die Personalabteilung der Center Warenhaus GmbH bietet einem Aushilfsverkäufer eine Vollzeitbeschäftigung an.

Externe Personalbeschaffung

Die externe Personalbeschaffung bezieht sich auf den Teil des Arbeitsmarktes, der **außerhalb des Unternehmens** liegt. Hierbei können folgende Vermittler eingeschaltet werden:

- **Arbeitsvermittlung:** Die Arbeitsvermittlung wird in der Bundesrepublik Deutschland i. d. R. von der **Agentur für Arbeit** wahrgenommen. Um möglichst wirkungsvoll beraten und vermitteln zu können, ist es für die Arbeitsagenturen wichtig, die Unternehmen möglichst genau zu kennen. Aus diesem Grund sollten die Unternehmen möglichst engen Kontakt zu den örtlichen Arbeitsagenturen halten.

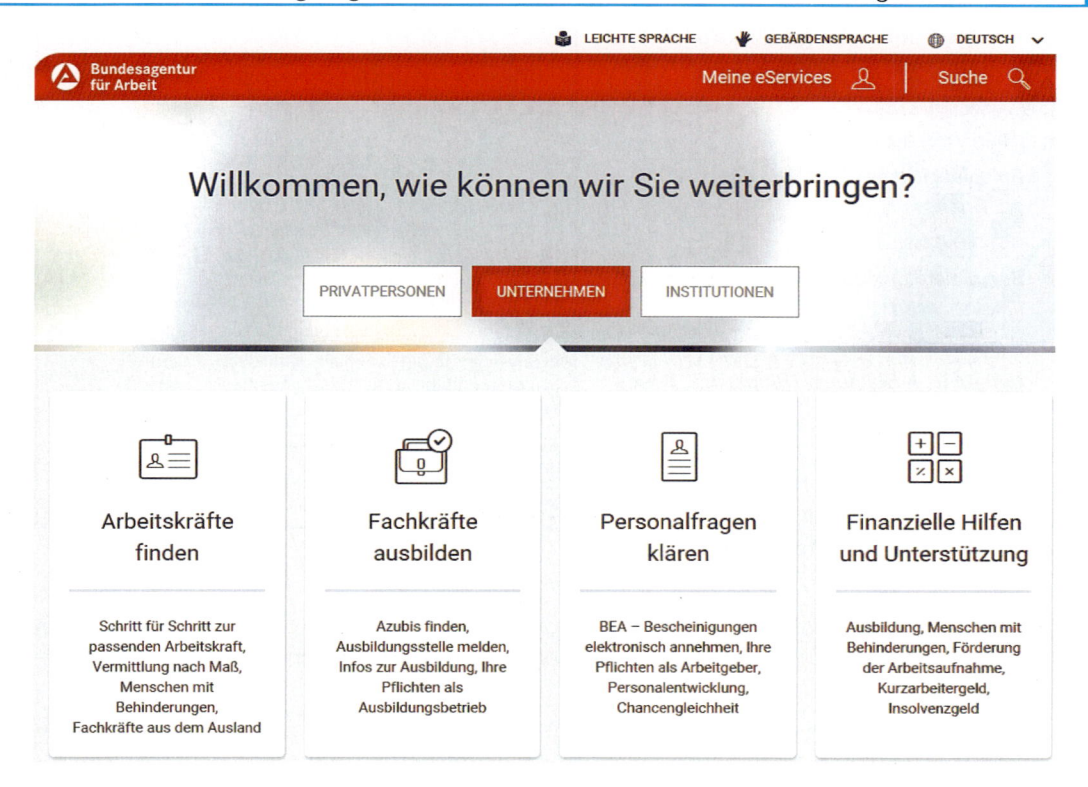

7.4 Beschaffungswege für das Personal nachvollziehen und ein Stellenangebot formulieren | 309

- **Stellenanzeigen:** Die meisten Unternehmen versuchen, ihr Personal durch Stellenanzeigen zu beschaffen. Voraussetzung für den Erfolg dieser Maßnahme ist, dass der geeignete Werbeträger ausgewählt wird, die Anzeige zum richtigen Termin erscheint und Aufmachung und Inhalt ansprechend sind.
- **Personalleasing:** Personalleasing- oder Zeitarbeits-Unternehmen verleihen bei ihnen beschäftigte Arbeitnehmer an ein Unternehmen. Diese Form der Personalbeschaffung eignet sich immer dann, wenn Arbeitnehmer kurzfristig eingesetzt werden sollen, also z. B. im Saisongeschäft, in der Urlaubszeit oder bei Krankheit.
- **E-Recruiting:** Unter E-Recruiting versteht man die Unterstützung der Personalbeschaffung durch elektronische Systeme, vor allem durch das Internet.

    Beispiele Stellenausschreibungen auf der Webseite des Unternehmens, Stellenausschreibungen bei Social Communities (z. B. Facebook) oder Business Communities (z. B. Xing), Inanspruchnahme von Onlinejobbörsen
- **Sonstige Beschaffungswege:** z. B. Kontakte mit Schulen, die zu Betriebsbesichtigungen eingeladen werden, oder Vermittlung durch eigene Mitarbeiter, die über den Personalbedarf informiert werden.

■ **Das Stellenangebot**

Der häufigste Weg der externen Personalbeschaffung durch Unternehmen ist die Suche von Mitarbeitern durch eine **Stellenanzeige**.

➜ D

Der **Inhalt** der Anzeige sollte klar und informativ sein. Sie sollte Aussagen über folgende Punkte enthalten:

- das Unternehmen

  Beispiele Name des Unternehmens, Standort, Größe

- die freie Stelle

  Beispiele Aufgabenbeschreibung, Entwicklungschancen

- die Anforderungsmerkmale

  Beispiele Ausbildung, Fähigkeiten, Berufserfahrung

- die Leistungen

  Beispiele Hinweis auf Lohn- und Gehaltshöhe, Sozialleistungen

- die Bewerbungsunterlagen

  Beispiele Lebenslauf, Zeugnisse, persönliches Vorstellungsgespräch

> ▸ Können Sie mehr, als Sie bisher zeigen durften?
> ▸ Fühlen Sie sich beruflich eingeengt?
> ▸ Haben Sie es satt, immer nur die zweite Geige zu spielen?
>
> Dann machen Sie jetzt Karriere bei der Center Warenhaus GmbH als
>
> **stellvertretende/-r Abteilungsleiter/-in**
>
> in unserer Filiale, Emder Str. 125, 26605 Aurich.
>
> Wir erwarten gute Fachkenntnisse, Verkaufserfahrung und die Fähigkeit, Mitarbeiter zu führen. Wir bieten überdurchschnittliches Gehalt und eine selbstständige Tätigkeit.
>
> Bei der Wohnungsbeschaffung sind wir behilflich.
>
> Zuschriften erbeten an Center Warenhaus GmbH, Emder Str. 125, 26605 Aurich.

In ihrer **Gestaltung** sollte die Stellenanzeige Aufmerksamkeit wecken und sich von anderen Anzeigen abheben. Zur Gestaltung von Stellenanzeigen wird i. d. R. eine Werbeagentur eingeschaltet.

Bei der **Formulierung** der Stellenanzeige und bei der Auswahl der zukünftigen Mitarbeiter müssen die rechtlichen Rahmenbedingungen beachtet werden. So stellt z. B. das **Allgemeine Gleichbehandlungsgesetz (AGG)** sicher, dass niemand aus Gründen der Rasse oder wegen der ethnischen Herkunft, wegen des Geschlechts, der Religion oder Weltanschauung, einer Behinderung, des Alters oder der sexuellen Identität benachteiligt wird (§ 1 AGG). Es dürfen im Rahmen der Personalbeschaffung demnach keine Einschränkungen z. B. hinsichtlich des Geschlechts oder des Alters vorgenommen werden. Bei Verstoß gegen das AGG besteht ein Rechtsanspruch auf Entschädigung.

Bei der Formulierung von Stellenanzeigen ist das AGG besonders zu beachten. So sollten Stellenausschreibungen neutral formuliert werden und keine Hinweise auf bevorzugte Altersgruppen, das Geschlecht oder die Muttersprache enthalten. **Bewerbungsgespräche** sollten aus Beweissicherungsgründen möglichst **im Team** geführt werden und Entscheidungen für oder gegen einen Bewerber dürfen keine Hinweise auf die oben genannten Merkmale enthalten.

Beispiel Der Text der Stellenanzeige für einen Sachbearbeiter/eine Sachbearbeiterin für Messen wird erörtert. Karin Schmitz macht den Vorschlag, die Stelle für eine junge Kollegin auszuschreiben, diese passe besser in das vorhandene Team. Frau Rand weist Karin Schmitz darauf hin, dass ein solcher Text gegen das AGG verstoßen würde und grundsätzlich geschlechts- und altersneutral auszuschreiben sei.

Werbeträger

Für Stellenanzeigen stehen folgende **Werbeträger** zur Verfügung:

- regionale Tageszeitungen

  Beispiel Ostfriesische Nachrichten

- überregionale Tageszeitungen

  Beispiel Frankfurter Allgemeine Zeitung

- überregionale Wochenzeitungen

  Beispiel Die Zeit

- Fachzeitschriften

  Beispiele Absatzwirtschaft

- Homepage der Unternehmen

- soziale Netzwerke

  Beispiele Social Communities (z. B. Facebook) oder Business Communities (z. B. Xing)

7.4 Beschaffungswege für das Personal nachvollziehen und ein Stellenangebot formulieren

Leitende Mitarbeiter oder Spezialisten sucht man vorzugsweise über überregionale Tages- oder Wochenzeitungen und in Fachzeitschriften. **Arbeitskräfte der unteren bis mittleren Hierarchie-Ebene** werden überwiegend in regionalen Tageszeitungen gesucht. **Arbeitskräfte mit Spezialkenntnissen** werden über Fachzeitschriften angesprochen. Die Ausschreibung in sozialen Netzwerken ergänzt die Maßnahmen.

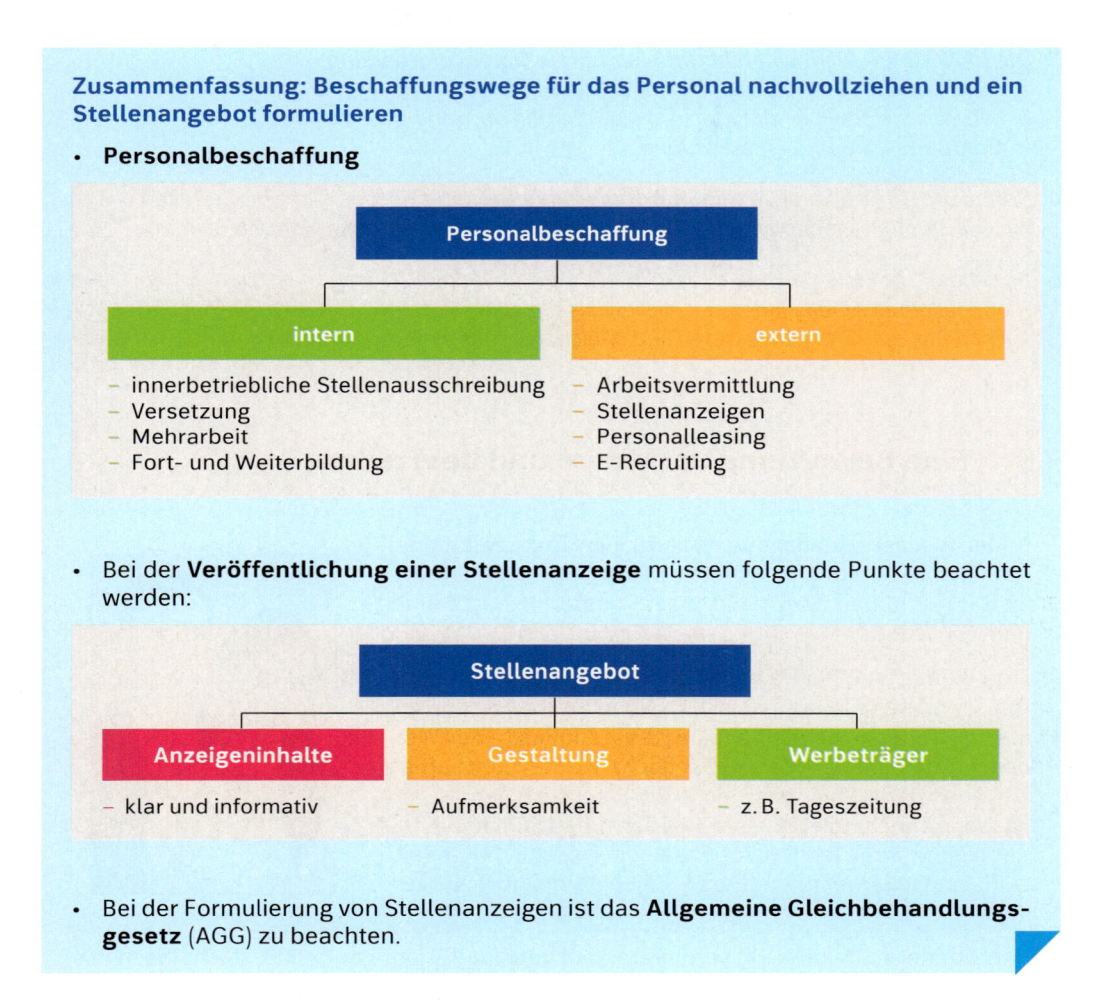

Zusammenfassung: Beschaffungswege für das Personal nachvollziehen und ein Stellenangebot formulieren

- **Personalbeschaffung**

    Personalbeschaffung
    - **intern**
        - innerbetriebliche Stellenausschreibung
        - Versetzung
        - Mehrarbeit
        - Fort- und Weiterbildung
    - **extern**
        - Arbeitsvermittlung
        - Stellenanzeigen
        - Personalleasing
        - E-Recruiting

- Bei der **Veröffentlichung einer Stellenanzeige** müssen folgende Punkte beachtet werden:

    Stellenangebot
    - **Anzeigeninhalte**
        - klar und informativ
    - **Gestaltung**
        - Aufmerksamkeit
    - **Werbeträger**
        - z. B. Tageszeitung

- Bei der Formulierung von Stellenanzeigen ist das **Allgemeine Gleichbehandlungsgesetz** (AGG) zu beachten.

Aufgaben

1 Unter welchen Voraussetzungen ist die Besetzung einer Stelle
  a) nach innerbetrieblicher Stellenausschreibung,
  b) bei Versetzung,
  c) bei Mehrarbeit,
  d) nach durchgeführter Fort- und Weiterbildung
  sinnvoll?

Lernfeld 7: Personal beschaffen und einstellen

2 Beschaffen Sie sich Informationsmaterial eines Personalleasing-Unternehmens. Stellen sie die Vor- und Nachteile dieser Form der Personalbeschaffung
   a) für den Arbeitnehmer,
   b) für den Arbeitgeber
   gegenüber. Tragen Sie die Ergebnisse in der Klasse vor.

3 Die RAND OHG sucht einen Mitarbeiter für die Datenverarbeitung.
   a) Formulieren Sie einen Text für eine Stellenanzeige.
   b) Wählen Sie einen geeigneten Anzeigentermin und einen Werbeträger für die Anzeige aus. Begründen Sie Ihre Entscheidung.

4 Sammeln Sie Stellenanzeigen aus Tageszeitungen und Fachzeitschriften. Stellen Sie fest, welche Qualifikationen gefragt sind, und versuchen Sie, diese zu systematisieren.

5 Sammeln Sie Stellenanzeigen, mit denen Auszubildende gesucht werden. Richten Sie eine „Lehrstellenbörse" ein, indem Sie die jeweils aktuellen Anzeigen in der Klasse aushängen. Versuchen Sie, auch Mitschülerinnen und Mitschüler anderer Klassen für diese Idee zu gewinnen.

7.5 Eine Bewerbung verfassen und beurteilen

In der Wochenendausgabe der örtlichen Tageszeitung erscheint die Stellenanzeige der RAND OHG. Von den Bewerbern kommen zwei in die engere Auswahl: Frau Blümel und Herr Eberle.

Frau Blümel ist 23 Jahre alt, ledig und gelernte Werbekauffrau. Ihre Ausbildung hat sie in einer Werbeagentur gemacht. Danach war sie bei einem Warenhaus, einer Werbeagentur und der Messegesellschaft Köln beschäftigt. Sie weist darauf hin, dass sie flexibel sei, sich schnell anpassen könne und eine rasche Auffassungsgabe habe. Die Kündigung ihrer letzten Arbeitsstelle erfolgte „in gegenseitigem Einvernehmen". Frau Blümel steht sofort zur Verfügung.

Herr Eberle ist 35 Jahre alt, verheiratet und hat eine 12-jährige Tochter. Nach Abschluss der Ausbildung als Bürokaufmann in einem großen Möbelhaus war er noch fünf Jahre in seinem Ausbildungsbetrieb tätig. Seit neun Jahren ist Herr Eberle Einkäufer in einem Kunststoff verarbeitenden Betrieb, der Formteile für Bürostühle herstellt. Sein letzter Arbeitgeber bescheinigt ihm, dass er „stets zu seiner vollsten Zufriedenheit" gearbeitet habe und besonders zuverlässig sei.

Arbeitsaufträge
- *Einigen Sie sich in der Gruppe auf Kriterien, anhand derer Sie die Bewerber vergleichen wollen.*
- *Stellen Sie in einer Liste die Profile der Bewerber anhand der festgelegten Kriterien gegenüber*
- *Formulieren Sie einen begründeten Vorschlag für die Auswahl eines Bewerbers.*

➔ D Grundlage jeder Personalauswahl sind die **Bewerbungsunterlagen**. Hierzu gehören das Bewerbungsschreiben, der Lebenslauf und die Zeugnisse.

■ Das Bewerbungsschreiben

Das **Bewerbungsschreiben** sollte folgende Fragen beantworten:
- Aus welchem Grund erfolgt die Bewerbung?
- Welche Qualifikationen sind vorhanden?
- Welche besonderen Kenntnisse und Erfahrungen hat der Bewerber?
- Wann steht der Bewerber frühestens zur Verfügung?

Die **Form** des Bewerbungsschreibens sollte der **DIN 5008** entsprechen. Der **Stil** soll zeigen, wie der Bewerber sich einschätzt, was er will und wie er von anderen gesehen werden möchte.

■ Der Lebenslauf

Der Lebenslauf gibt Auskunft über die **persönliche und berufliche Entwicklung** des Bewerbers. Er kann tabellarisch oder in Aufsatzform verfasst und mit der Hand oder dem Computer geschrieben werden. Er sollte folgende Angaben enthalten:

- Name und Vorname
- Wohnort und Straße
- Geburtsdatum und Geburtsort
- Familienstand
- Berufstätigkeit
- berufliche Ausbildung
- schulische Ausbildung
- Prüfungen
- berufliche Fähigkeiten, Weiterbildungen
- Ort, Datum und Unterschrift

Der Lebenslauf soll zeitlich lückenlos sein. Er kann Ereignisse hervorheben, die für die angestrebte Stelle von Wichtigkeit sind. Dem Lebenslauf kann ein **Lichtbild** beigelegt werden.

■ Zeugnisse

Schulzeugnisse sind in beglaubigter Kopie beizufügen. Dabei sind das jeweils letzte Zeugnis und die Zeugnisse, mit denen Abschlüsse erworben wurden (z. B. die Fachoberschulreife), beizulegen.

Arbeitszeugnisse sind die Zeugnisse der vorherigen Arbeitgeber. Es kann sich hierbei um ein einfaches oder ein qualifiziertes Arbeitszeugnis handeln.

- Das **einfache** Arbeitszeugnis enthält Angaben über die Person des Arbeitnehmers sowie Art und Dauer der Beschäftigung.
- Das **qualifizierte** Arbeitszeugnis wird auf Wunsch des Arbeitnehmers erstellt und enthält zusätzlich Angaben über Führung und Leistung.

Die **Zeugnisse der Abschlussprüfungen**, wie z. B. der Kaufmannsgehilfenbrief oder das Zeugnis des schulischen Teils der Fachhochschulreife, sind in Kopie beizufügen. Eine Beglaubigung der Kopien ist nur auf Verlangen erforderlich.

Alle arbeitsrechtlich zulässigen Fragen müssen **wahrheitsgemäß** beantwortet werden. Falsche Antworten können zu einer fristlosen Kündigung führen.

Aufgrund der eingereichten Bewerbungsunterlagen wird eine Vorauswahl getroffen. Viele Unternehmen führen bei Auszubildenden eine zusätzliche **Eignungsfeststellung (Test)** durch. Zunehmend werden zur Vorbereitung der Bewerberauswahl auch Internetrecherchen, z. B. in **sozialen Netzwerken**, durchgeführt.

Beispiel einer Bewerbung

Michael Evers
Strackholter Weg 77
26441 Jever
Tel. 04461 417118

20. .-02-15

RAND OHG
Dieselstraße 10
26605 Aurich

**Unser Gespräch auf der Ausbildungsmesse am 13. Februar 20..
Bewerbung um einen Ausbildungsplatz als Kaufmann im Groß- und Außenhandel**

Sehr geehrte Frau Schmitz,

durch unser Gespräch auf der Ausbildungsmesse des Berufsinformationszentrums habe ich interessante Informationen über die RAND OHG erhalten.

Das Sortiment und der von Ihnen erläuterte kooperative Führungsstil haben mir so gut gefallen, dass ich mich hiermit um einen Ausbildungsplatz als Großhandelskaufmann in Ihrem Unternehmen bewerbe.

Zurzeit besuche ich die Einjährige Berufsfachschule Wirtschaft mit dem Schwerpunkt Handel an der Berufsbildenden Schule in Jever, die ich im Juni des Jahres erfolgreich abschließen werde. Meinen Interessen und Fähigkeiten entsprechend interessiert mich der Beruf des Großhandelskaufmanns besonders. Ich habe im Unterricht vertiefend mit dem der ERP-Software SAP gearbeitet und wirke aktiv im Redaktionsteam unserer Schülerzeitung mit. Verstärkt wurde mein Interesse am Beruf des Großhandelskaufmanns durch ein Praktikum bei der Eisenwarengroßhandlung Boewe GmbH in Aurich.

Es würde mich freuen, wenn meine Bewerbung Ihr Interesse findet. Zu einem persönlichen Gespräch stehe ich jederzeit zur Verfügung.

Mit freundlichen Grüßen

Evers

Evers

Anlagen
Lebenslauf
Lichtbild
Zeugniskopien

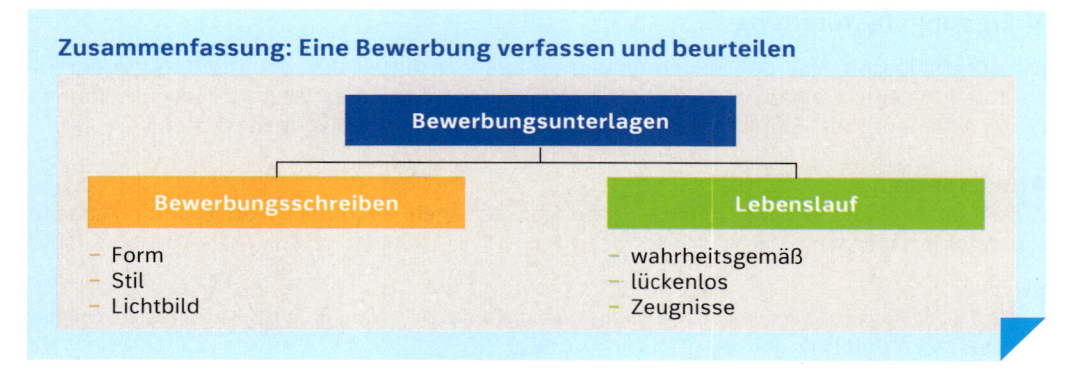

Zusammenfassung: Eine Bewerbung verfassen und beurteilen

Bewerbungsunterlagen

- **Bewerbungsschreiben**
  - Form
  - Stil
  - Lichtbild
- **Lebenslauf**
  - wahrheitsgemäß
  - lückenlos
  - Zeugnisse

Aufgaben

1. Verfassen Sie Ihren Lebenslauf
   a) in tabellarischer Form,
   b) in Aufsatzform.

2. Suchen Sie sich eine Stellenanzeige für einen Ausbildungsplatz Ihrer Wahl und verfassen Sie ein Bewerbungsschreiben.

3. Tauschen Sie die Bewerbungsschreiben in der Klasse aus. Versetzen Sie sich in die Rolle des Personalchefs. Beurteilen Sie das Bewerbungsschreiben Ihres jeweiligen Mitschülers und begründen Sie ihm Ihre Entscheidung.

4. Wählen Sie eine Stellenanzeige für alle Schülerinnen und Schüler der Klasse aus. Bilden Sie zwei Gruppen.
   a) Die Gruppe „Bewerber" schreibt Bewerbungen auf die Stellenanzeige.
   b) Die Gruppe „Personalabteilung" stellt Kriterien für die Auswahl der Bewerber auf und wählt drei Kandidaten aus.
   Die Auswahlentscheidung ist zu begründen.

5. Einige Kreditinstitute bieten Material zum Thema „Die erfolgreiche Bewerbung" an. Beschaffen Sie dieses Material und stellen Sie es in der Klasse vor.

7.6 Die Eignungsfeststellung planen und ein Vorstellungsgespräch nachvollziehen

Karin Schmitz legt Renate Rand die Bewerbungen der beiden Interessenten für die Stelle eines Sachbearbeiters/einer Sachbearbeiterin für Verkaufsförderung vor. „Jeder hat seine Vorteile", stellt Renate Rand fest, „ich denke wir sollten beide zu einem Vorstellungsgespräch einladen. Nur so können wir ihre Eignung feststellen." Karin Schmitz macht sich an die Arbeit.

Arbeitsaufträge
- *Wählen sie geeignete Verfahren zur Feststellung der Eignung der Bewerber aus.*
- *Planen Sie das Vorstellungsgespräch. Sie können sich dabei an den auf Lehrbuch S. 317 dargestellten Phasen orientieren.*

Lernfeld 7: Personal beschaffen und einstellen

■ Eignungsfeststellung

Die sorgfältige Analyse der Bewerbungsunterlagen vermittelt den Mitarbeitern der Personalabteilung eine Vielzahl von Erkenntnissen über den Bewerber. Weitere Hinweise können durch Arbeitsproben, Eignungstests oder situative Verfahren gewonnen werden.

Arbeitsproben
Arbeitsproben können mit den Bewerbungsunterlagen eingereicht oder unter Aufsicht durchgeführt werden.

Beispiele
- Ein Tischlermeister legt seinen Bewerbungsunterlagen die Zeichnung für ein besonders aufwendiges Werkstück als Arbeitsprobe bei.
- Die Bewerberin für eine Stelle als Schreibkraft wird aufgefordert, ein Stenogramm nach Diktat aufzunehmen und eine Reinschrift am PC anzufertigen.

Psychologische Eignungstests
Psychologische Eignungstests sollten nur von dafür ausgebildeten Diplom-Psychologen durchgeführt werden. Sie sind nur zulässig, wenn der Bewerber seine Zustimmung gegeben hat. Im Rahmen der Personalbeschaffung werden sie als Fähigkeits- und Persönlichkeitstests eingesetzt:

- Mithilfe von **Fähigkeitstests** können Intelligenz, Merkfähigkeit, Konzentration, Geschicklichkeit oder technisches Verständnis gemessen werden. Hier sind i. d. R. bestimmte Aufgaben in einer begrenzten Zeit zu lösen. Um die Aussagekraft zu erhöhen, werden meist mehrere Tests nebeneinander (**Testbatterien**) eingesetzt.

    Beispiel Eine Reihe von Zahlen ist in einer bestimmten Weise angeordnet. Diese Regel soll herausgefunden werden. Dann soll die Zahl gefunden werden, die als Nächste kommen würde.
    Aufgabe: 1   3   6   10   15   21   28   Lösung: A = 29   B = 34   C = 36

- Mithilfe von **Persönlichkeitstests** können soziale Verhaltensweisen oder charakterliche Eigenschaften festgestellt werden.

    Beispiel Aussage: „Auf Partys stehe ich gern im Mittelpunkt"
    Trifft zu   O   Trifft nicht zu   O   Weiß nicht   O

Situative Verfahren, Assessment-Center
Situative Verfahren simulieren Situationen, die der späteren Tätigkeit des Bewerbers nahekommen. Diese werden auch als **Assessment-Center** (AC) bezeichnet. Ein Assessment-Center (to assess = beurteilen), ist ein Verfahren, bei dem unter mehreren Bewerbern diejenigen ermittelt werden, die den Anforderungen eines Unternehmens und einer zu besetzenden Stelle am besten entsprechen. Hierzu werden die Bewerber vor Aufgaben gestellt, die der späteren Tätigkeit entsprechen und im Umgang mit diesen bewertet. Ein AC kann von der Personalabteilung eines Unternehmens oder durch ein externes Beratungsunternehmen durchgeführt werden.

Beispiel Die Bewerber für die Stelle eines Sachbearbeiters/einer Sachbearbeiterin für Verkaufsförderung werden gemeinsam eingeladen und zur Diskussion über ein bestimmtes Thema aufgefordert. Frau Rand und Herr Koch beobachten das Verhalten der Kandidaten und ziehen Schlüsse zur Auffassungsgabe, Redefähigkeit, Durchsetzungsvermögen usw.

➔ D ### ■ Das Vorstellungsgespräch

- **Ziel** des Vorstellungsgespräches ist es, die in den Bewerbungsunterlagen gegebenen Informationen zu bestätigen, zu ergänzen und abzurunden. Darüber hinaus soll ein persönlicher Eindruck des Bewerbers gewonnen werden.

7.6 Die Eignungsfeststellung planen und ein Vorstellungsgespräch nachvollziehen

- Um das Gespräch erfolgreich durchführen zu können, ist eine sorgfältige **Vorbereitung** erforderlich. So ist z. B. festzulegen, wer an dem Gespräch teilnimmt, wo Lücken oder Unklarheiten in den Bewerbungsunterlagen vorliegen, welche Anforderungen an die zu besetzende Stelle zu stellen sind usw.

- Das Vorstellungsgespräch sollte als Dialog möglichst im Team geführt werden. Die **Durchführung** kann anhand eines Leitfadens erfolgen.

    Beispiel Um Vorstellungsgespräche rationeller führen zu können, hat die RAND OHG einen Gesprächsleitfaden entwickelt:

Phase 1:	Begrüßung des Bewerbers z. B. Vorstellung der Bewerber, Dank für die Bewerbung
Phase 2:	Persönliche Situation z. B. Herkunft, Elternhaus, Familie, Wohnort
Phase 3:	Bildungsgang z. B. schulischer Werdegang, Weiterbildungsaktivitäten und -pläne
Phase 4:	Berufliche Entwicklung z. B. erlernter Beruf, berufliche Tätigkeiten, berufliche Pläne
Phase 5:	Information über das Unternehmen z. B. Unternehmensdaten, Unternehmensorganisation, Abteilung, Arbeitsplatz
Phase 6:	Vertragsverhandlungen z. B. bisheriges Einkommen, erwartetes Einkommen, sonstige Unternehmensleistungen
Phase 7:	Abschluss des Gespräches z. B. Hinweis auf Benachrichtigung, Dank, Verabschiedung

Im Interesse aller Beteiligten sollte nach dem Vorstellungsgespräch eine **schnelle Entscheidung** erfolgen.

Zusammenfassung: Die Eignungsfeststellung planen und ein Vorstellungsgespräch nachvollziehen

- **Eignungsfeststellung**
    - Verfahren: Arbeitsproben, Eignungstests, situative Verfahren (Assessment-Center)
- **Vorstellungsgespräch**
    - Ziel: Gewinnung eines persönlichen Eindrucks vom Bewerber
    - Durchführung: sollte sich an einem Gesprächsleitfaden orientieren

---

Aufgaben

1 Immer mehr Unternehmen gehen dazu über, bei der Einstellung von Auszubildenden Eignungstests durchzuführen. Diskutieren Sie die Ursache für diese Entwicklung.

2 Erläutern Sie Arbeitsproben, Eignungstests und situative Verfahren anhand je eines Beispiels.

3 Planen Sie ein Vorstellungsgespräch in Form eines Rollenspiels.
   a) Beschreiben Sie die zu besetzende Stelle möglichst genau und formulieren Sie den Text für eine Stellenanzeige.
   b) Teilen Sie die Klasse in zwei Gruppen, die Bewerber und die Personalchefs. Jede Gruppe legt Kriterien für ihre Arbeit fest. Bewerber und Personalchef werden ausgewählt.

c) Führen Sie drei Bewerbungsgespräche anhand des Gesprächsleitfadens durch.
d) Die Personalchefs wählen einen Bewerber aus und begründen ihre Entscheidung. Falls es an Ihrer Schule eine Digitalkamera gibt, nehmen Sie die Gespräche mit der Digitalkamera auf und werten Sie diese anschließend aus.

Wiederholung zu Lernfeld 7: Personal beschaffen und einstellen

1 Der Elektrohaushaltsgeräte-Hersteller Hage AG sucht einen Außendienstmitarbeiter für den Verkauf.
   a) Erläutern Sie die grundsätzlichen Möglichkeiten der Personalbeschaffung.
   b) Der Personalchef macht sich Gedanken über die Anforderungen, die an einen guten Außendienstmitarbeiter zu stellen sind.
      – Erläutern Sie die Anforderungen an einen Außendienstmitarbeiter aus der Sicht der
      – Elektrogerätefabrik.
      – Erläutern Sie die Anforderungen aus der Sicht der Kunden der Hage AG.
      – Formulieren Sie die Stellenbeschreibung für die Funktion des Außendienstmitarbeiters.
   c) Die Personalabteilung entschließt sich, eine Stellenanzeige zu veröffentlichen.
      – Welche Inhalte sollten bei der Gestaltung berücksichtigt werden?
      – Formulieren Sie den Text der Stellenanzeige.
      – Wählen Sie einen geeigneten Werbeträger aus und erläutern Sie, welche Überlegungen bei der Wahl des Erscheinungstermins zu beachten sind.
   d) Welche Grundsätze sollte ein Bewerber bei der Abfassung eines Bewerbungsschreibens beachten?
   e) Nennen Sie Anlagen, die einer Bewerbung beiliegen sollten.

2 Beurteilen Sie folgende Sachverhalte vor dem Hintergrund der Regelungen des Berufsbildungsgesetzes:
   a) Eine Auszubildende wird von ihrem Chef aufgefordert, seiner Frau im Haushalt zu helfen.
   b) Der Ausbildungsbetrieb schreibt die Anschaffung eines Fachbuches vor. Der Ausbilder ist der Meinung, die Kosten müssten selbstverständlich vom Auszubildenden getragen werden.
   c) Eine Auszubildende weigert sich, das Berichtsheft zu führen.
   d) An der Berufsschule werden die Wahlen zum Schülerrat durchgeführt. Werner Krull ist als Klassensprecher hierzu eingeladen. Sein Ausbilder weigert sich, ihn dafür freizustellen.
   e) Eine Auszubildende zur Kauffrau für Bürokommunikation kündigt fristgerecht, um eine Ausbildung als Goldschmiedin zu beginnen. Ihr Chef ist darüber so erbost, dass er die Ausstellung eines Zeugnisses verweigert.
   f) Werner Krull erkrankt ernsthaft. Er macht sich Sorgen, dass der Betrieb die Ausbildungsvergütung kürzen könnte.

3 Diskutieren Sie die Wahl des/der von Ihnen und ihren Mitschülern angestrebten Ausbildungsberufe vor dem Hintergrund der Abbildung „Top 10 der beliebtesten Ausbildungsberufe".

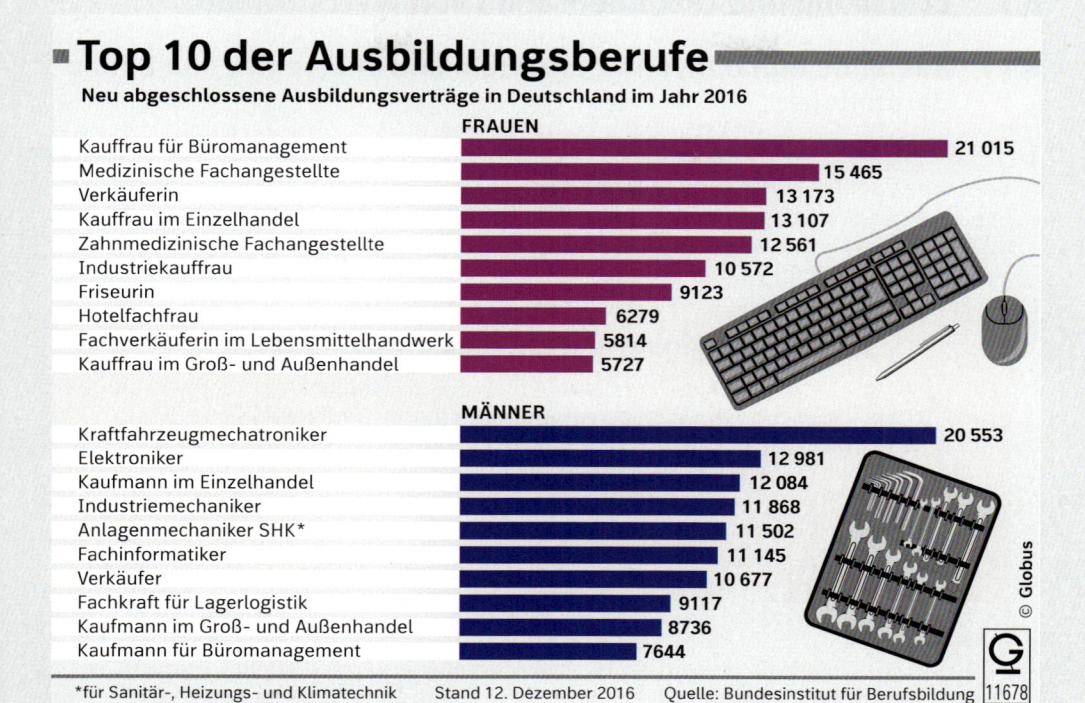

Top 10 der Ausbildungsberufe
Neu abgeschlossene Ausbildungsverträge in Deutschland im Jahr 2016

FRAUEN

Beruf	Anzahl
Kauffrau für Büromanagement	21 015
Medizinische Fachangestellte	15 465
Verkäuferin	13 173
Kauffrau im Einzelhandel	13 107
Zahnmedizinische Fachangestellte	12 561
Industriekauffrau	10 572
Friseurin	9123
Hotelfachfrau	6279
Fachverkäuferin im Lebensmittelhandwerk	5814
Kauffrau im Groß- und Außenhandel	5727

MÄNNER

Beruf	Anzahl
Kraftfahrzeugmechatroniker	20 553
Elektroniker	12 981
Kaufmann im Einzelhandel	12 084
Industriemechaniker	11 868
Anlagenmechaniker SHK*	11 502
Fachinformatiker	11 145
Verkäufer	10 677
Fachkraft für Lagerlogistik	9117
Kaufmann im Groß- und Außenhandel	8736
Kaufmann für Büromanagement	7644

*für Sanitär-, Heizungs- und Klimatechnik   Stand 12. Dezember 2016   Quelle: Bundesinstitut für Berufsbildung

© Globus 11678

4 Die Center Warenhaus GmbH sucht eine stellvertretende Abteilungsleiterin für die Abteilung Lebensmittel.
   a) Erläutern Sie die grundsätzlichen Möglichkeiten der Personalbeschaffung.
   b) Die Personalchefin Maria Meys macht sich Gedanken über die Anforderungen, die an eine gute stellvertretende Abteilungsleiterin zu stellen sind.
      – Erläutern Sie die Anforderungen aus der Sicht der Center Warenhaus GmbH.
      – Erläutern Sie die Anforderungen aus der Sicht der Kunden.
      – Formulieren Sie die Stellenbeschreibung für die Funktion der stellvertretenden Abteilungsleiterin.
   c) Frau Meys entschließt sich, eine Stellenanzeige zu veröffentlichen.
      – Erläutern Sie, welche Inhalte bei der Gestaltung berücksichtigt werden sollten.
      – Formulieren Sie den Text der Stellenanzeige.
      – Wählen Sie einen geeigneten Werbeträger aus und erläutern Sie, welche Überlegungen bei der Wahl des Erscheinungstermins zu beachten sind.
   d) Diskutieren Sie, welche Grundsätze die Bewerberin bei der Abfassung des Bewerbungsschreibens beachten sollte.
   e) Nennen Sie die Anlagen, die einer Bewerbung beiliegen sollten.
   f) Schreiben Sie eine Bewerbung auf die Stellenanzeige.

Lernfeld 8: Wertströme erfassen, dokumentieren, aufbereiten und auswerten

8.1 Erfassung und Dokumentation von Wertströmen

8.1.1 Bestände durch Inventur ermitteln und in Inventar und Bilanz darstellen

Herr Maier, der Prokurist der RAND OHG, wurde von Frau Rand beauftragt, die diesjährige Inventur zu planen. Vor einigen Tagen hat sich Frau Rand bereits mit dem Betriebsrat über einen Termin verständigt, sodass die Betriebsvereinbarung heute am Schwarzen Brett ausgehängt werden konnte.

Betriebsvereinbarung zur diesjährigen Inventur

Unsere diesjährige Inventur findet am
Samstag, **dem 21. Dezember, von 9.00–15.00 Uhr** und
am Sonntag, **dem 22. Dezember, von 10.00–13.00 Uhr** statt.
Wir bitten Sie, sich für diese Zeit bereitzuhalten.

Geschäftsleitung   Betriebsrat
Rand   Koch   *Stein*

Arbeitsaufträge
- *Nennen Sie Gründe für die Durchführung der Inventur im oben genannten Zeitraum.*
- *Erstellen Sie gemeinsam mit Ihrem Sitznachbarn eine Checkliste, die Ihnen hilft, an alle notwendigen Vorarbeiten zu denken, wenn Sie eine Inventur planen.*
- *Machen Sie Vorschläge für eine Gliederung und Ordnung der aufgenommenen Bestände.*
- *Leiten Sie in Gruppen aus dem Inventar eine verkürzte und übersichtlichere Gegenüberstellung von Vermögen und Schulden ab.*

■ Eine Inventur planen und durchführen

→ LS

Gesetzliche Grundlagen der Inventur

Im Rahmen der **Inventur** muss die RAND OHG wie auch jedes andere Unternehmen **mindestens einmal jährlich** ihre **Vermögenswerte** nach Art, Menge und Wert aufnehmen sowie alle **Forderungen und Schulden** erfassen. Dazu müssen Zahlungsmittel und Erzeugnisse gezählt und noch nicht bezahlte Rechnungen zusammengestellt werden. Diese Aufnahme nach Art und Menge wird als Inventur bezeichnet. Neben der mengenmäßigen **Erfassung** des **Vermögens und der Schulden** müssen auch deren **Werte** nach gesetzlichen Vorschriften ermittelt werden. Erst dann kann ein vollständiges Bestandsverzeichnis, **das Inventar**, erstellt werden. Dieses wiederum ist die Grundlage für die **Bilanz**, die mit Spannung erwartet wird, weil mit einem Vergleich der aktuellen Bilanz mit vorherigen Bilanzen festgestellt werden kann, ob das vergangene Geschäftsjahr ein erfolgreiches Jahr für das Unternehmen war.

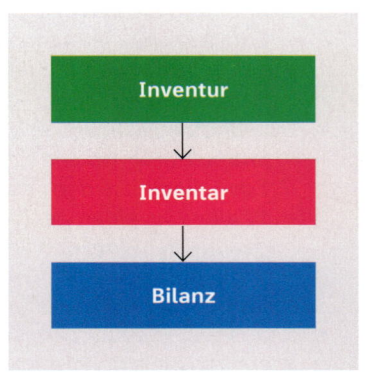

Inventur → Inventar → Bilanz

8.1 Erfassung und Dokumentation von Wertströmen

Die Durchführung der Inventur ist für Kaufleute gesetzlich vorgeschrieben (**§ 240 HGB**) und muss zu bestimmten Anlässen und Zeiten erfolgen:

- zu **Beginn der Betriebstätigkeit** (Neugründung oder Übernahme)
- am **Ende eines jeden Geschäftsjahres** (12 Monate, die nicht mit dem Kalenderjahr übereinstimmen müssen)
- bei **Aufgabe der Betriebstätigkeit** (Verkauf oder Auflösung)

Die Inventur dient zur Ermittlung der **Ist-Bestände** und liefert somit eine Kontrolle der **Soll-Bestände**.

Diebstahl, Schwund, Verderb und Beschädigungen sowie Fehler bei der Erfassung von Zu- und Abgängen können **Abweichungen** zwischen Ist- und Soll-Bestand verursachen.

■ Inventurarten

Inventur nach der Art der Aufnahme

Bei der Inventur ist zwischen der **körperlichen Inventur** und der **Buchinventur** zu unterscheiden – beide ergänzen sich.

Körperliche Inventur	Buchinventur
Die Inventur der Vermögenswerte, die greifbar, also **körperlich** sind, erfolgt durch **Zählen, Messen, Wiegen** oder in Ausnahmen auch durch **Schätzen**. Die erfassten Bestände werden in Inventurlisten eingetragen und anschließend in Euro bewertet.	Hier erfolgt die Bestandsaufnahme der Wirtschaftsgüter durch die Überprüfung von Aufzeichnungen der Buchhaltung, Dokumenten und Belegen. Voraussetzung dafür ist jedoch, dass aufgrund von Aufzeichnungen eine ordnungsgemäße Erfassung möglich ist.
Beispiele • *Im Lager der RAND OHG werden am Aufnahmetag 475 Stück des Artikels „0800 – Stoffbär Knuddel" gezählt und mit einem Bezugspreis von 1,90 € bewertet. Somit ergibt sich ein Inventurbestand von 902,50 €.*	*Beispiele* • *Die Forderungen an Kunden werden durch Addieren der Ausgangsrechnungen ermittelt. Das Debitorenkonto des Kunden weist zum 31.12. einen offenen Posten von 37 700,00 € aus.*

D24005 ReWo eG, Nelkenstraße 3, 50733 Köln

Datum	Beleg	Text	Soll	Haben
02.01.		Saldovortrag: AR 4104	10 440,00	
10.01.	BA 0009	Überweisung AR 4104		10 440,00
16.03.	AR 0810	Zielverkauf von Waren	17 980,00	
30.03.	BA 0066	Überweisung AR 5810		17 980,00
18.12.	AR 3610	Zielverkauf von Waren	37 700,00	
31.12.		**Saldo: AR 83610**		37 700,00
			66 120,00	66 120,00
02.01		Saldovortrag: AR 83610	**37 700,00**	

Lernfeld 8: Wertströme erfassen, dokumentieren, aufbereiten und auswerten

Körperliche Inventur	Buchinventur
• Bei der Kassenabrechnung ergibt sich am Aufnahmestichtag ein Bestand von 1 480,00 €.	• Das Bankguthaben wird mithilfe von Kontoauszügen ermittelt. Der Bankkontoauszug weist am 22.12. ein Guthaben von 225 400,00 € aus. **Beleg 5**

Beleg 5:

SEPA-Girokonto IBAN: DE76283500000142016978 Kontoauszug 118
BIC: BRLADE21ANO Blatt 1
Sparkasse Aurich-Norden UST-ID DE110260423

Datum	Erläuterungen		Betrag
	Kontostand in € am 09.06.20.., Auszug Nr. 117		231 900,00+
06.01.	Überweisung STRICKER AG, LUENEN, KDNR 1928	Wert: 22.12.20.. RG-NR. 33396, V. 19.12.20..	6 500,00 −

Kontostand in € am 22.12.20.., 10:30 Uhr 225 400,00+
Ihr Dispositionskredit 80 000,00 €

RAND OHG

Inventurarten nach dem Zeitpunkt der Inventur

Stichtaginventur	Inventurvereinfachungsverfahren	
	Zeitnahe Inventur	Permanente Inventur
Bei der **Stichtaginventur** handelt es sich um eine Bestandsaufnahme genau am **Inventurstichtag** (Bilanzstichtag). Dies ist der Tag, an dem das **Geschäftsjahr** endet. Die Aufnahme an einem Tag ist insbesondere wegen der Vielzahl an Artikeln (in manchen Großhandlungen über 200 000 Artikel) nicht möglich.	Eine ordnungsgemäße Bestandsaufnahme darf auch innerhalb von **zehn Tagen vor oder nach** dem **Inventurstichtag** (Bilanzstichtag) durchgeführt werden. Bestandsveränderungen zwischen dem Tag der Bestandsaufnahme und dem Stichtag sind mengen- und wertmäßig zu berücksichtigen.	Ein Großhandelsunternehmen erfasst alle Lagerbestände mittels Computer oder Lagerlisten, die laufend fortgeschrieben werden. Dadurch ist es in der Lage, jederzeit Bestandslisten zu erstellen. Dies ist eine Voraussetzung der **permanenten Inventur**. Dabei ist zu beachten, dass zu einem beliebigen Zeitpunkt, **mindestens einmal im Geschäftsjahr**, der Buchbestand durch **körperliche Bestandsaufnahme** zu überprüfen ist.

Der Gesetzgeber fordert die Inventur für den Schluss des Geschäftsjahres, z. B. zum 31.12.20.. (**Inventurstichtag**). Um es den Unternehmen zu ermöglichen, die Arbeiten in Zeiten durchzuführen, in denen die Arbeitskräfte ohne erhebliche Probleme von anderen Tätigkeiten freigestellt werden können und der normale Betriebsablauf so wenig wie möglich gestört wird, räumt der Gesetzgeber den Unternehmen Freiräume ein, sodass der Zeitraum der Inventur flexibler und eigenständiger gestaltet werden kann.

■ Planung einer Inventur

Die Inventur ist u. a. die Grundlage für die korrekte Vermögens- und Schuldenermittlung des Unternehmens. Deshalb sollten die Planungen und Vorbereitungen einer Inventur mit **großer Gewissenhaftigkeit** erfolgen. Als **wesentliche Planungsbausteine** einer Inventur gelten:

Zeitplanung	Personalplanung	Hilfsmittelplanung

Durchführung einer Inventur
Um die Inventur ohne wesentliche Störungen durchführen zu können, sind die Planungen zur Vorbereitung der Inventur umzusetzen.

Erfassung der Bestände
Im Handelsgesetzbuch und in der Abgabenordnung sind die wesentlichen Vorschriften für eine ordnungsgemäße Inventurdurchführung festgelegt.

- Belege und/oder sonstige Unterlagen sind durchzunummerieren.
- Aufzeichnungen sind in einer lebenden Sprache vorzunehmen.
- Die Aufzeichnung darf nicht so verändert werden, dass der ursprüngliche Inhalt nicht mehr feststellbar ist, d. h. Kugelschreiber oder Drucker verwenden, aber keinen Bleistift.
- Es darf nicht radiert oder Tipp-Ex verwendet werden.
- Korrekturen sind abzuzeichnen.

Bewertung
Weitaus **schwieriger** als die mengenmäßige Erfassung von Vermögen und Schulden ist deren **korrekte Bewertung** – insbesondere der Vermögensgegenstände.

Das Handelsgesetzbuch (HGB) gibt hierfür einen Rahmen vor. Nach **§ 252 HGB** stellen die **Anschaffungskosten** die Wertobergrenze der Vermögensgegenstände dar. Es muss jedoch ein niedrigerer Wert angesetzt werden, wenn der Vermögensgegenstand seit der Anschaffung an Wert verloren hat. Man spricht vom **Niederstwertprinzip**.

Beispiele Während der Inventur der RAND OHG wurden die folgenden Vermögensgegenstände erfasst:

Vermögensgegenstand	Bewertungsansatz
Fuhrpark: Kleintransporter Ducata	Der Kleintransporter mit einem Anschaffungspreis von 30 000,00 € wird auf der Grundlage einer Nutzungsdauer von 6 Jahren und einem über die Jahre gleichmäßigen Wertverlust bewertet. Er verliert somit jedes Jahr $1/6$ seines Wertes, also 5 000,00 €. Sein Inventurwert beträgt nach zwei Jahren Nutzung demnach nur noch **20 000,00 €**.
Waren: *Beispiel* **100 Trainingsanzüge Sprint**	Die Trainingsanzüge haben einen Einkaufswert von 10,70 € pro Stück. Zwischenzeitlich ist der Bezugs-/Einstandspreis auf 11,00 € gestiegen. In einem solchen Fall sind Waren höchstens mit ihren Anschaffungs- oder Bezugs-/Einstandspreisen anzusetzen. Dies bedeutet, dass sich für die Trainingsanzüge ein Inventurwert von 1 070,00 € ergibt.

Nachbereitung der Inventur
Wurden das Vermögen und die Schulden eines Unternehmens erfasst, so sind in der Folge noch etliche Nacharbeiten nötig. Hauptaufgaben in dieser Phase sind:

- die Bewertung von Vermögensgegenständen und Schulden,
- Aufsummieren von Einzelwerten und Inventurlisten,
- Erstellen des Inventars.

Lernfeld 8: Wertströme erfassen, dokumentieren, aufbereiten und auswerten

■ Die Ergebnisse der Inventur in einem Inventar darstellen

Gliederung des Inventars

Mit den Ergebnissen der Inventur wird das Inventar erstellt. Das Inventar besteht in seiner Grundstruktur aus drei Teilen, die hintereinander dargestellt werden (Staffelform).

A. Vermögen I : Anlagevermögen II: Umlaufvermögen	Zieht man vom Gesamtwert der Vermögensteile die Summe der betrieblichen Schulden ab, erhält man das Eigenkapital (Reinvermögen):
B. Schulden I : langfristige Schulden II: kurzfristige Schulden	**A. Vermögen – B. Schulden = C. Eigenkapital** Das Eigenkapital zeigt somit den Wert der Vermögensteile an, die mit eigenen Mitteln (Eigenkapital) finanziert worden sind.
C. Errechnung des Eigenkapitals (= Reinvermögen)	

Vermögen

Der Gesetzgeber fordert vom Kaufmann die Gliederung seines Vermögens in Anlage- und Umlaufvermögen (§ 247 Abs. 1 HGB).

Anlagevermögen

Zum Anlagevermögen zählen die Vermögensgegenstände, die dauernd dem Geschäftsbetrieb dienen. Das Anlagevermögen bildet daher die **Grundlage der Betriebstätigkeit**. Mit seiner Hilfe können die eigentlichen Aufgaben eines Großhandelsbetriebes wie Einkauf, Lagerung und Verkauf erst durchgeführt werden.

Beispiel Zum Anlagevermögen der RAND OHG gehören Grundstücke und Gebäude, Lagereinrichtung, Büroeinrichtung sowie ein Fuhrpark und verschiedene Computer.

Umlaufvermögen

Vermögensgegenstände, die dem Unternehmen nur vorübergehend dienen, werden dem Umlaufvermögen zugeordnet. Das Umlaufvermögen wird i. d. R. in einem einmaligen Vorgang verbraucht (z. B. Zahlung einer Rechnung mit Bargeld oder Verkauf einer Ware). Zum Umlaufvermögen zählen:

Vorräte	Forderungen	Liquide Mittel
Waren	Forderungen aus Lieferungen und Leistungen	Kassenbestand, Bankguthaben

Forderungen aus Lieferungen und Leistungen entstehen, wenn der Großhändler Waren gegen Ausgangsrechnung an einen Kunden verkauft und diesem ein Zahlungsziel (z. B. 30 Tage) gewährt. Der Kunde bezahlt den Rechnungsbetrag nicht bei Aushändigung der Ware, sondern erst nach der eingeräumten Frist (Ziel). In der Regel handelt es sich um Wiederverkäufer (z. B. Einzelhändler) und Großverbraucher wie Stadtverwaltungen, Krankenhäuser, Schulen, Kantinen u. a., denen ein Zahlungsziel gewährt wird. Nach Ablauf des Zahlungsziels hat der Kunde die Ausgangsrechnung auszugleichen.

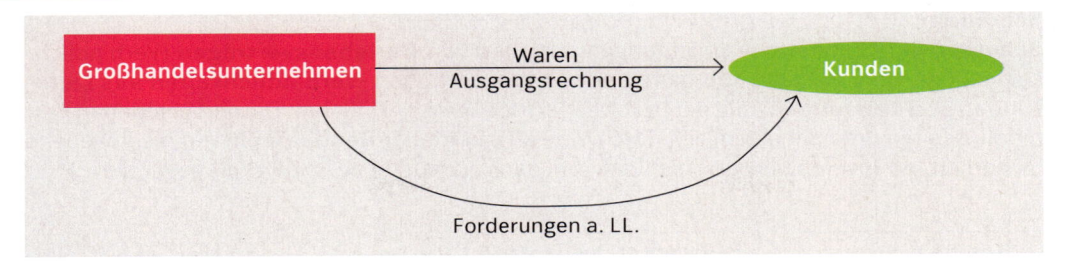

8.1 Erfassung und Dokumentation von Wertströmen

```
Großhandelsunternehmen --Waren/Ausgangsrechnung--> Kunden
                       <--Forderungen a. LL.--
```

Liquide (flüssige) Mittel sind **Bargeldbestände in der Kasse** oder **Bankguthaben (Buchgeld)**. Sie können jederzeit zum Einkauf von Waren oder Anlagen (Investitionen) oder zur Tilgung von Schulden eingesetzt werden.

Im Gegensatz zum Anlagevermögen wird das **Umlaufvermögen** durch die betrieblichen Tätigkeiten **ständig verändert und umgewandelt**. Das Umlaufvermögen bildet mit den Waren den eigentlichen **Gewinnträger**.

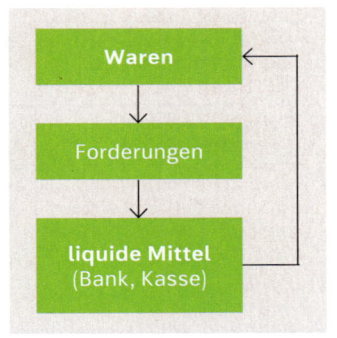

Kreislauf: Waren → Forderungen → liquide Mittel (Bank, Kasse) → Waren

---

Anlagevermögen + Umlaufvermögen = Summe des Vermögens des Unternehmens

---

Anordnung der Vermögensteile
Im Inventar werden die Gegenstände des Vermögens nach zunehmender Geldnähe (Liquidität) geordnet:

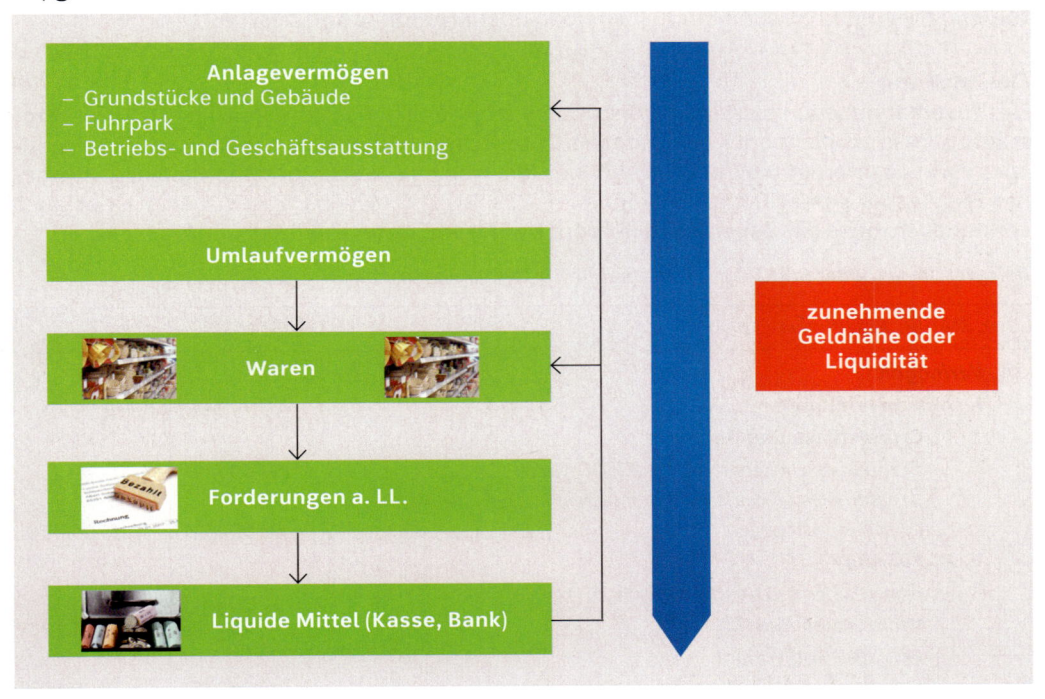

Anlagevermögen
- Grundstücke und Gebäude
- Fuhrpark
- Betriebs- und Geschäftsausstattung

Umlaufvermögen
- Waren
- Forderungen a. LL.
- Liquide Mittel (Kasse, Bank)

→ zunehmende Geldnähe oder Liquidität

Schulden

Schulden sind Zahlungsverpflichtungen aufgrund von **Darlehensverträgen** (Verbindlichkeiten gegenüber Banken) oder aufgrund von Kaufverträgen (**Verbindlichkeiten aus Lieferungen und Leistungen**), die der Vertragspartner bereits erfüllt hat. Die verschiedenen Verbindlichkeiten unterscheiden sich durch die **Fälligkeit** oder **Restlaufzeit** und die gegebene Sicherheit. Im Inventar werden die Schulden nach zunehmender **Fälligkeit** gegliedert.

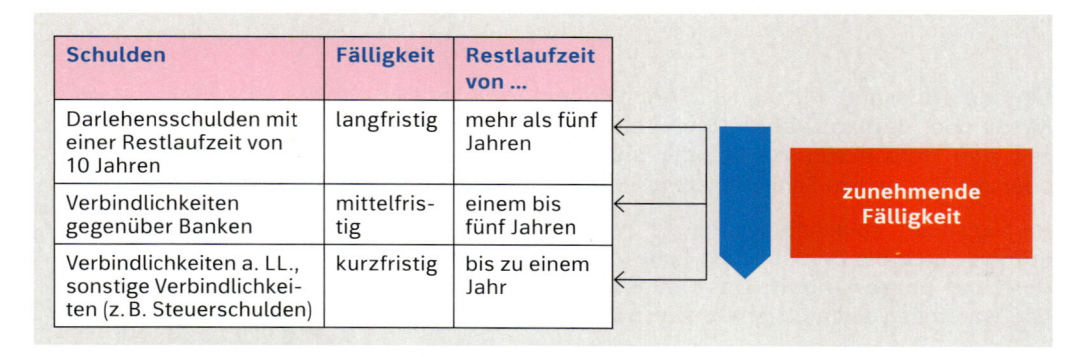

Schulden	Fälligkeit	Restlaufzeit von ...
Darlehensschulden mit einer Restlaufzeit von 10 Jahren	langfristig	mehr als fünf Jahren
Verbindlichkeiten gegenüber Banken	mittelfristig	einem bis fünf Jahren
Verbindlichkeiten a. LL., sonstige Verbindlichkeiten (z. B. Steuerschulden)	kurzfristig	bis zu einem Jahr

→ zunehmende Fälligkeit

Errechnung des Reinvermögens (Eigenkapital)

Die Differenz zwischen Vermögenswerten und Schulden ergibt das Reinvermögen (Eigenkapital):

Beispiel

	Summe der Vermögenswerte	500 000,00 €
−	Summe der Schulden	200 000,00 €
=	Reinvermögen (Eigenkapital)	300 000,00 €

Das Reinvermögen zeigt den Wert der Vermögensteile, die mit eigenen Mitteln (**Eigenkapital**) und nicht mit fremden Mitteln (Schulden oder **Fremdkapital**) beschafft worden sind.

Das Inventar

Das Inventar mit allen zu seinem Verständnis erforderlichen Unterlagen darf auch auf **Bildträgern** (Mikrokopien) oder auf **anderen Datenträgern** (z. B. CDs, DVDs, Festplattenspeicher usw.) angefertigt bzw. aufbewahrt werden, wenn sie bei Bedarf innerhalb angemessener Frist lesbar gemacht werden können (§ 239 HGB, § 147 Abs. 2 AO). Daher ist es auch verständlich, dass das **Inventar nicht vom Kaufmann unterzeichnet** werden muss.

Beispiel Inventar der RAND OHG, Dieselstraße 10, 26605 Aurich, zum 31. Dezember 20..

Art, Menge, Einzelwert	€	€
A. Vermögen		
I. Anlagevermögen		
1 Grundstücke und Gebäude		
Grundstück Dieselstraße 10, 26605 Aurich	100 000,00	
Verwaltungsgebäude auf oben bezeichnetem Grundstück, einschließlich Lager	175 000,00	275 000,00
2 Fuhrpark		
Lkw, DB 12 t zul. Gesamtgewicht, Kennzeichen AUR-RA 187	8 750,00	
Pkw, VW-Golf Variant, Kennzeichen AUR-DH 183	11 250,00	20 000,00

3 **Betriebs- und Geschäftsausstattung** (lt. Verzeichnis 1)		30 000,00
II Umlaufvermögen		
1 **Waren** (lt. Verzeichnis 2)		95 000,00
2 **Forderungen a. LL.** (lt. Verzeichnis 3)		30 000,00
3 **Bankguthaben**		
Sparkasse Aurich-Norden	40 000,00	
Postbank Dortmund	10 000,00	50 000,00
Gesamtvermögen		500 000,00
B. Schulden		
I. Langfristige Schulden		
Darlehen der Sparkasse Aurich-Norden		150 000,00
II. Kurzfristige Schulden		
Verbindlichkeiten a. LL.		50 000,00
Gesamtschulden		200 000,00
C. Errechnung des Eigenkapitals		
Gesamtvermögen		500 000,00
− Gesamtschulden		200 000,00
Eigenkapital = Reinvermögen		300 000,00

Erfolgsermittlung durch Eigenkapitalvergleich

Das Inventar gibt dem Kaufmann einen Überblick über den **Stand seines Vermögens und seiner Schulden zu einem bestimmten Stichtag**.

Durch Vergleich der Inventare zweier aufeinanderfolgender Jahre wird die Entwicklung der Bestände an Vermögen und Schulden erkennbar. Die Beobachtung des Eigenkapitalbestands, der sich erhöht oder vermindert haben kann, verdeutlicht, mit welchem Erfolg ein Unternehmen im Geschäftsjahr gearbeitet hat.

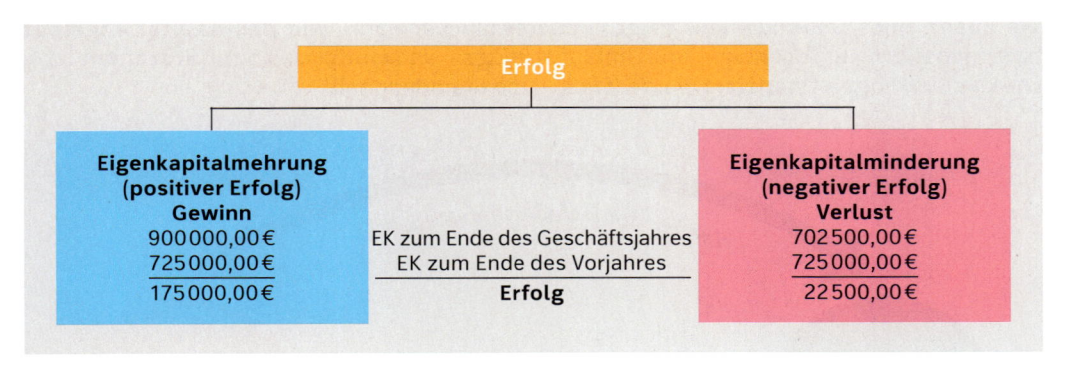

Erfolg

Eigenkapitalmehrung (positiver Erfolg) **Gewinn**		Eigenkapitalminderung (negativer Erfolg) **Verlust**
900 000,00 €	EK zum Ende des Geschäftsjahres	702 500,00 €
725 000,00 €	EK zum Ende des Vorjahres	725 000,00 €
175 000,00 €	**Erfolg**	22 500,00 €

■ Die Bilanz aus dem Inventar ableiten

Inhalt und Struktur der Bilanz

Aus dem Inventar ersieht der Kaufmann die **genaue Zusammensetzung** der einzelnen Vermögensteile und Schulden. Dadurch wird das Inventar jedoch unübersichtlich. Eine bessere **Übersicht** als das Inventar vermittelt die Bilanz.

Lernfeld 8: Wertströme erfassen, dokumentieren, aufbereiten und auswerten

> **§ 242 Abs. 1 Satz 1 HGB**
> Der Kaufmann hat zu Beginn seines Handelsgewerbes und für den Schluss eines jeden Geschäftsjahres einen das Verhältnis seines Vermögens und seiner Schulden darstellenden Abschluss (Eröffnungsbilanz, Bilanz) aufzustellen.

- In der Bilanz wird auf jede **mengenmäßige Darstellung des Vermögens und der Schulden verzichtet**.
- Sie enthält lediglich die **Gesamtwerte gleichartiger Posten** (z. B. den Gesamtwert der Waren).
- **Vermögen und Kapital werden in einem T-Konto gegenübergestellt.**

Beispiel Gegenüberstellung in T-Kontenform von Vermögen und Kapital in der Bilanz zum Inventar auf S. 324 f.

Aktiva	Bilanz der RAND OHG zum 31. Dezember 20..		Passiva
I. Anlagevermögen		I. Eigenkapital	300 000,00
1. Grundstücke	100 000,00	II. Schulden	
2. Gebäude	175 000,00	1. Verbindlichkeiten gegenüber	
3. Fuhrpark	20 000,00	Kreditinstituten	150 000,00
4. Betriebs- und		2. Verbindlichkeiten a. LL.	50 000,00
Geschäftsausstattung	30 000,00		
II. Umlaufvermögen			
1. Waren	95 000,00		
2. Forderungen	30 000,00		
3. Banken	50 000,00		
	500 000,00		500 000,00

Aurich, 31. Dezember 20..   *Renate Rand*   *Werner Koch*

Diese Bilanzdarstellung entspricht den Mindestgliederungsvorschriften des § 247 HGB.

Der **Jahresabschluss** – dazu gehört neben der **Bilanz** auch eine **Gewinn-und-Verlust-Rechnung** (vgl. S. 355 f.) – ist unter Angabe des Datums vom Kaufmann zu **unterzeichnen** (§ 245 HGB).

Die Bilanz eines Unternehmens zeigt in übersichtlicher Form, **wie das Kapital angelegt** bzw. **investiert** wurde (Anlage- und Umlaufvermögen) und **woher das Kapital stammt** bzw. **wie das Vermögen finanziert** wurde (Eigen- und Fremdkapital).

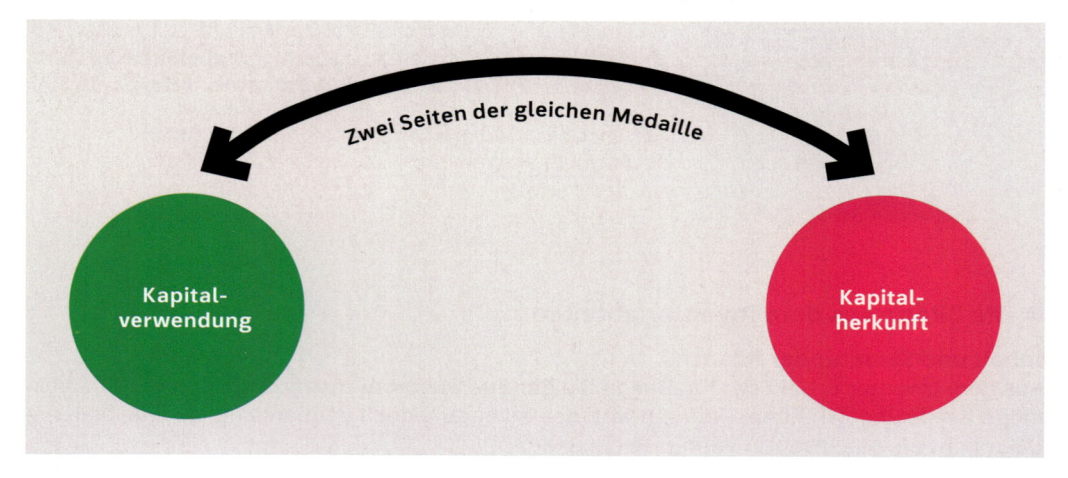

Zwei Seiten der gleichen Medaille

Kapitalverwendung ← → **Kapitalherkunft**

8.1 Erfassung und Dokumentation von Wertströmen

Vermögen oder Aktiva	Bilanz	Kapital oder Passiva
Anlagevermögen + Umlaufvermögen = **Vermögen des Unternehmens**		Eigenkapital + Schulden (Fremdkapital) = **Kapital des Unternehmens**
↑ Diese Seite erfasst die Formen des Vermögens, d. h. die **Mittelverwendung (Investition)**.		↑ Diese Seite erfasst die Quellen des Kapitals, d. h. die **Mittelherkunft (Finanzierung)**.

Aus dieser Tatsache heraus lässt sich die folgende **Bilanzgleichung** ableiten:

Das Eigenkapital kann immer aus der Differenz zwischen Vermögen und Schulden (Fremdkapital) errechnet werden.

$$\text{Eigenkapital} = \text{Vermögen} - \text{Schulden}$$

Zusammenfassung: Bestände durch Inventur ermitteln und in Inventar und Bilanz darstellen

- **Inventur:** Aufnahme aller Vermögensteile nach Art, Menge und Einzelwerten und aller Schulden zu einem bestimmten Zeitpunkt (Stichtag)
- **Zeitpunkte der Inventur:** bei Beginn oder Übernahme des Betriebes, zum Schluss jedes Geschäftsjahres oder bei Auflösung oder Veräußerung des Betriebes

Inventurarten nach der Art der Bestandsaufnahme

Körperliche Inventur	Buchinventur
Die Vermögensteile werden gezählt, gemessen, gewogen oder geschätzt.	Vermögensteile oder Schulden werden anhand schriftlicher Unterlagen ermittelt.

Inventurarten nach dem Zeitpunkt der Bestandsaufnahme

Stichtaginventur	Zeitnahe Inventur	Permanente Inventur
Aufnahme aller Vermögensteile und Schulden am Inventurstichtag	Aufnahme innerhalb einer Frist von 10 Tagen vor bis 10 Tagen nach dem Stichtag	– Erfassung der Zu- und Abgänge mittels Lagerdatei – Ermittlung von Soll-Beständen anhand dieser Datei – Körperliche Inventur mindestens einmal im Jahr

- **Inventurplanung**
  Sie umfasst die Zeitplanung, die Personalplanung und die Hilfsmittelplanung, wie vorbereitete Inventurlisten und Aufnahmegeräte.
- Bei der **Bewertung** der Vermögensgegenstände sind
  - das Anschaffungskostenprinzip und
  - das Niederstwertprinzip zu berücksichtigen.

- Die Ergebnisse der Inventur in einem **Inventar** darstellen
  - Verzeichnis aller Vermögensteile (Art, Menge, Einzelwerte) und Schulden zum Abschlussstichtag in Staffelform
  - Errechnung des Reinvermögens
  - Erfolgsermittlung durch Vergleich des Eigenkapitals zweier Jahre

A. Vermögen	Ordnung nach zunehmender Liquidität
I. Anlagevermögen	• Vermögensgegenstände, die dazu bestimmt sind, dauernd dem Geschäftsbetrieb zu dienen • Grundlage der Betriebs- und Absatzbereitschaft
II. Umlaufvermögen	• Vermögensgegenstände, die veräußert und nur einmalig genutzt werden • Gewinnträger des Unternehmens
B. Schulden	Ordnung nach abnehmenden Restlaufzeiten

I. Verbindlichkeiten gegenüber Kreditinstituten (Darlehensschulden)
II. Verbindlichkeiten aus Lieferungen und Leistungen
	• Fremdkapital
	• nach **Restlaufzeiten** zu gliedern:
	  – langfristige Schulden mit mehr als fünf Jahren
	  – mittelfristige Schulden von einem bis fünf Jahre
	  – kurzfristige Schulden bis zu einem Jahr

C. Errechnung des Reinvermögens	
Vermögen – Schulden = **Reinvermögen**	• Gegenüberstellung von Vermögen und Schulden • Differenz ist das Reinvermögen, das dem Unternehmen nach Abzug aller Schulden verbleibt (Betriebsvermögen).

- Die Bilanz wird aus dem Inventar abgeleitet.
  - Die **Bilanz** ist eine Gegenüberstellung von Vermögen und Kapital in Kontenform.
  - Die Bilanz zeigt **Kapitalquellen** und **Kapitalverwendung** und erteilt Auskunft über das Verhältnis einzelner Vermögens- und Kapitalteile zueinander.
  - Inventare und Bilanzen müssen **zehn Jahre** aufbewahrt werden (§ 257 HGB, § 147 AO).

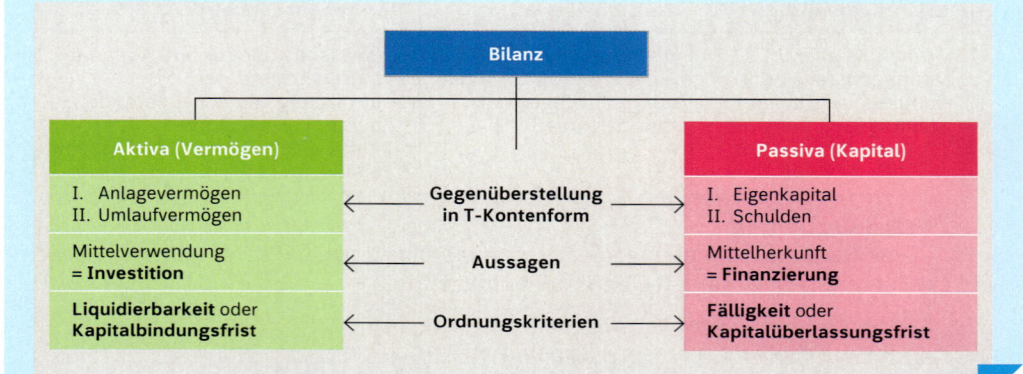

Bilanz

Aktiva (Vermögen)		Passiva (Kapital)
I. Anlagevermögen II. Umlaufvermögen	← Gegenüberstellung in T-Kontenform →	I. Eigenkapital II. Schulden
Mittelverwendung = Investition	← Aussagen →	Mittelherkunft = Finanzierung
Liquidierbarkeit oder **Kapitalbindungsfrist**	← Ordnungskriterien →	**Fälligkeit** oder **Kapitalüberlassungsfrist**

Aufgaben

1 Viele Großhandelsunternehmen schließen am Ende des Jahres wegen Inventur.
   a) Begründen Sie dies.
   b) Stellen Sie Nachteile der Schließung der Großhandelsunternehmen während der Inventur fest.

2 Erstellen Sie ein Kurzreferat über Vorbereitungsarbeiten der Inventur in einem Großhandelsbetrieb.

3 Nach der Art der Inventurdurchführung sind „Buchinventur" und „Körperliche Inventur" zu unterscheiden. Nennen Sie die jeweils zweckmäßige Inventurart für folgende Wirtschaftsgüter: Kassenbestand, Bankguthaben, Forderungen aus Lieferungen und Leistungen, Warenbestand, Verbindlichkeiten aus Lieferungen und Leistungen.

4 Herr Peter Klein, Textilgroßhändler, will bei seinen Warenbeständen (Herrenanzüge, Herrenmäntel, Damenkleider, Kinderbekleidung) die Inventur so gestalten, dass der Arbeitsaufwand möglichst gering ist und Betriebsstörungen sich nicht so stark auswirken. Machen Sie einen Vorschlag zur Inventur, indem Sie die Inventurart nennen, die dazu erforderlichen Voraussetzungen angeben und die sich ergebenden Vorteile erläutern.

5 Erläutern Sie die Aufgaben der Inventur.

6 Entscheiden Sie auf welche dieser Inventurverfahren folgende Aussagen zutreffen.
   Inventurverfahren
   (1) zeitnahe Inventur   (2) Stichtaginventur   (3) permanente Inventur

   Aussagen
   a) Die körperliche Bestandsaufnahme kann bis zu 10 Tagen vor oder nach dem Inventurstichtag erfolgen.
   b) Bestände sind jederzeit während des Geschäftsjahres aus den Büchern abrufbar.
   c) Körperliche Bestandsaufnahmen erfolgen über das ganze Geschäftsjahr verteilt.
   d) Sie ist eine vereinfachte Stichtaginventur.
   e) Soll- und Ist-Bestand aller Vermögensgegenstände werden wenigstens einmal im Geschäftsjahr verglichen, Abweichungen werden festgehalten.
   f) Sie setzt eine laufende Erfassung der Zu- und Abgänge voraus.
   g) Sie macht eine mengen- und wertmäßige Fortschreibung oder Rückrechnung erforderlich.

7 Der Lebensmittelgroßhändler Felix Roth e. K., Köln, machte für den 31. Dezember Inventur. Dabei stellte er folgende Werte fest:

	€	€
Gebäude		45 000,00
Fuhrpark lt. Verzeichnis		60 000,00
Geschäftsausstattung lt. Verzeichnis		12 000,00
Waren lt. Warenliste		75 000,00
Forderungen lt. Verzeichnis		
Alois Hausmann e. K., Köln	2 100,00	
Ludwig Sommer e. K., Siegburg	1 950,00	
Peter Dick e. K., Euskirchen	3 270,00	
Guthaben bei der		
Handelsbank, Köln	3 185,00	
Sparkasse KölnBonn	7 430,00	
Postbank Köln	2 865,00	

Bargeld...	2 487,00
Verbindlichkeiten gegenüber der Bank für Handel und Gewerbe	18 000,00
Verbindlichkeiten a. LL. lt. Verzeichnis	
Schmitz & Co. KG, Aachen..........................	4 600,00
König AG, Stuttgart.................................	3 200,00
Werner Lind e. K., Hamburg.........................	5 100,00

Stellen Sie das Inventar auf.

8 Ordnen Sie die unten angegebenen Posten eines Lebensmittelgroßhandelsbetriebes in eine Tabelle mit folgender Gliederung ein.

Anlage-vermögen	Umlauf-vermögen	Eigenkapital	Langfristige Schulden	Kurzfristige Schulden

Posten:
1. Vorräte an Fleischkonserven
2. EDV-Anlage
3. Verbindlichkeiten gegenüber einem Lieferer
4. Bankguthaben
5. Darlehen mit sechsjähriger Laufzeit
6. Transportbänder im Lager
7. Geschäftshaus
8. Guthaben bei einem Kunden
9. Weinabfüllanlage
10. Vorräte an Spirituosen
11. Kassenbestand
12. Regale in den Lagerräumen
13. Gabelstapler
14. Reinvermögen
15. Rührmaschine
16. Geschäfts-Pkw
17. Geschäftsparkplatz
18. Lagerhalle

9 Der Elektrogroßhändler Friedrich Lemke e. K., Berlin, stellte bei der Inventur am 31. Dezember des Vorjahres und am 31. Dezember des Berichtsjahres folgende Werte fest:

	€	€
Waren: Lampen lt. Verzeichnis........................	20 000,00	30 000,00
Kühlschränke, Waschmaschinen,		
Herde lt. Verzeichnis........................	130 000,00	120 000,00
Fernseh- und Radiogeräte lt. Verzeichnis.........	64 000,00	170 000,00
Zubehör- und Ersatzteile lt. Verzeichnis..................	34 000,00	30 000,00
Bargeld...	4 200,00	6 100,00
Verbindlichkeiten a. LL. lt. Verzeichnis...................	40 000,00	66 000,00
Forderungen a. LL. lt. Verzeichnis......................	35 000,00	38 000,00
Guthaben bei der Stadtsparkasse.......................	18 000,00	24 000,00
Verbindlichkeiten gegenüber der Commerzbank Berlin	100 000,00	200 000,00
Gebäude, Bismarckstraße 18–20	120 000,00	218 000,00
Fuhrpark lt. Verzeichnis...............................	60 000,00	45 000,00
Geschäftsausstattung lt. Verzeichnis....................	20 000,00	32 000,00

a) Stellen Sie die Inventare für beide Jahre in der bekannten Ordnung auf.
b) Vergleichen Sie die Bestände der beiden Jahre.
c) Wie erklären Sie die Änderungen des Vermögens?
d) Vergleichen Sie das Kapital der beiden Jahre.

10 Untersuchen Sie folgende Aussagen über die Bilanz und stellen Sie eventuelle Fehler heraus.
   a) Die Aktivseite der Bilanz gibt Auskunft über die Verwendung des Kapitals.
   b) Die Passivseite wird nach zunehmender Fälligkeit der Kapitalien geordnet.
   c) Zum Anlagevermögen zählen beispielsweise Grundstücke, Gebäude, Fuhrpark, Forderungen a. LL., Geschäftsausstattung.
   d) Das Anlagevermögen ist das Haftungskapital des Unternehmens.
   e) Das Umlaufvermögen ist stärkeren Veränderungen unterworfen als das Anlagevermögen.
   f) Das Eigenkapital in der Bilanz stimmt wertmäßig mit dem Reinvermögen im Inventar zum Schluss des Geschäftsjahres überein.
   g) Die Bilanz ist eine Gegenüberstellung von Vermögen und Schulden in Kontenform.
   h) Die Bilanz wird jeweils zu Beginn des Geschäftsjahres aufgestellt.

11 Aus dem Inventar zum 31. Dezember 20.. der Holzgroßhandlung Franz Klein e. K., Siegburg, gehen folgende Gesamtwerte in Euro hervor:

Bankguthaben	570 000,00	Betriebs- und Geschäftsausstattung	60 000,00
Bebaute Grundstücke	870 000,00	Kasse	7 000,00
Darlehensschulden, Restlaufzeit 4 Jahre	500 000,00	Gebäude	800 000,00
Forderungen a. LL.	900 000,00	Hypothekenschulden, Restlaufzeit 8 Jahre	600 000,00
Maschinen	150 000,00		
Waren	1 600 000,00	Fuhrpark	700 000,00
Verbindlichkeiten a. LL.	1 170 000,00		

Stellen Sie eine ordnungsgemäße Bilanz zum 31. Dezember 20.. auf.
Tag der Fertigstellung: 14. Januar 20..

8.1.2 Geschäftsfälle in einer ordnungsgemäßen Buchführung erfassen

Am ersten Tag nach den Weihnachtsferien zeigt Herr Lunau dem Auszubildenden Werner Krull die Bilanz. „Jetzt müssen wir die Auswirkungen aller Geschäftsfälle auf diese Bilanz genau verfolgen und festhalten. Sie können sich das heute am Beispiel folgender vereinfachter Bilanz und folgender Geschäftsfälle aufgrund vorliegender Belege einmal klarmachen."

Aktiva	Bilanz der RAND OHG zu Beginn des Geschäftsjahres		Passiva
I. Anlagevermögen		**I. Eigenkapital**	300 000,00
1. Grundstücke	100 000,00	**II. Schulden** (Fremdkapital)	
2. Gebäude	175 000,00	1. Verbindlichkeiten gegenüber Kreditinstituten	150 000,00
3. Fuhrpark	20 000,00	2. Verbindlichkeiten a. LL.	50 000,00
4. Betriebs- und Geschäftsausstattung	30 000,00		
II. Umlaufvermögen			
1. Waren	95 000,00		
2. Forderungen a. LL.	30 000,00		
3. Bankguthaben	50 000,00		
	500 000,00		500 000,00

Beleg 1 in Verbindung mit Beleg 2

Computer-Willi KG
Hard- und Software

RAND OHG
Dieselstraße 10
26605 Aurich

Bleichstraße 12
26605 Aurich
04941 44404-0
04941 44401
info@computer-willi.de
www.computer-willi.de

Rechnung

Kunden-Nr.	Rechnung Nr.	Datum
8462	0017	04.01.20..

Bei Zahlung bitte angeben

Artikel-Nr.	Artikelbezeichnung	Menge	Einzelpreis in €	Gesamtpreis in €
9992	Laptop für Außendienstmitarbeiter	2	1 000,00	2 000,00

Warenwert, netto in €	Verpackung in €	Fracht in €	Nettoentgelt in €	Bruttoentgelt in €
2 000,00	–	–	2 000,00	2 000,00

Der Betrag wird von Ihrem Konto abgebucht.
Bankverbindung: Sparkasse Aurich-Norden
IBAN: DE19283500000190447211   **BIC:** BRLADE21ANO
Steuernummer: 103/3831/4854   USt-IdNr.: DE273284914

Beleg 2 in Verbindung mit Beleg 1

Computer-Willi KG
Bleichstraße 12
26605 Aurich

TERMINAL-ID: 54000843
04.01.20..   10:03

Kartenzahlung
Girocard
Zahlung 2 000 €

IBAN: DE19283500000190447211
BIC: BRLADE21ANO
Karte 5 gültig bis 12/20..
STEUERNR 103/3831/4854
USTID DE273284914

Zahlung erfolgt

Beleg 3

Sparkasse Aurich-Norden

RAND OHG
Dieselstraße 10
26605 Aurich

Marktplatz 11-15
26603 Aurich
Tel +49 800 28350000
Fax +49 4941 99998888
servicecenter@sparkasse-aurich-norden.de

05.01.20..

Ihre Darlehenanfrage

Sehr geehrte Frau Rand,

Gerne gewähren wir Ihnen ein Darlehen über 25 000,00 € zur Tilgung einer fälligen Verbindlichkeit gegenüber dem Lieferer Pullmann KG, Ruhrstr. 198, 45219 Essen.

Wir haben die entsprechende Bereitstellung durch sofortige Überweisung an Ihren Lieferer, Pullmann KG, vorgenommen.

Für die Vorfinanzierung über sechs Monate berechnen wir Ihnen 5 % Zinsen p. a.

Mit freundlichen Grüßen

Stadtsparkasse Aurich-Norden

Kollmann

Anlage; Vertragskopie

Beleg 4

BUERO-CENTER
ERICH SCHOLLE e.K.

Bürocenter Erich Scholle e. K., Burgstr. 3, 26603 Aurich

RAND OHG
Dieselstraße 10
26605 Aurich

Burgstr. 3
26605 Aurich
Tel. 04941 564702
Fax. 04941 563782
info@buero-center-scholle.de
www.buero-center-scholle.de

Rechnung

Kunden-Nr.	Rechnungs-Nr.	Datum
4857	00088	06.01.20..

Bei Zahlung bitte angeben

Artikel-Nr.	Artikelbezeichnung	Menge	Einzelpreis in €	Gesamtpreis in €
338723	PC inkl. Drucker und Bildschirm	2	2 500,00	5 000,00

Zahlung: binnen 30 Tagen netto
Bankverbindung: Sparkasse Aurich-Norden
IBAN: DE29283500000290447221   BIC: BRLADE21ANO
Bei Zahlung bitte Rechnungs- und Kunden-Nr. angeben
Steuernummer: 131/1230/9384   USt-IdNr.: DE758403928

Beleg 5

SEPA-Girokonto	IBAN: DE76283500000142016978	Kontoauszug	4
	BIC: BRLADE21ANO	Blatt	1
Sparkasse Aurich-Norden	UST-ID DE117375017		

Datum	Erläuterungen		Betrag
Kontostand in € am 05.01.20.., Auszug Nr. 3			60 000,00+
06.01.	Überweisung HAGE AG, MÜNCHEN, KD-NR. 2732,	Wert: 06.01.20.. RG-NR. 28490, V. 27.12.20..	8 000,00–
06.01.	Kartenzahlung COMPUTER-WILLI KG, Aurich EC 54000843 0401110845150C3	Wert: 05.01.20..	2 000,00–
Kontostand in € am 07.01.20.., 10:30 Uhr			50 000,00+
Ihr Dispositionskredit 80 000,00 €			
			RAND OHG

Arbeitsaufträge
- *Erläutern Sie die Informationen, die aus den einzelnen Belegen hervorgehen und die Auswirkungen der einzelnen Geschäftsfälle auf die Bilanz.*
- *Erläutern Sie mindestens zwei Vorteile, wenn man zu den einzelnen Bilanzpositionen jeweils eigene Konten führt, auf denen Veränderungen (Zugänge und Abgänge) erfasst werden.*
- *Erläutern Sie, welche Informationen Herr Krull beim jetzigen Kenntnisstand benötigt, um die Belege richtig zu erfassen.*
- *Erläutern Sie mit eigenen Worten, welche Arbeitsschritte zur systematischen Erfassung von Belegen anfallen.*

■ Wertveränderungen in der Bilanz anhand von Belegen erläutern

Geschäftsfälle und Belege

Durch **Geschäftsprozesse** eines Unternehmens werden dessen Vermögen und Schulden fortlaufend verändert. Alle Geschäftsprozesse, die zu einer Änderung einzelner Vermögensteile und/oder der Kapitalstruktur führen, werden in der Buchführungssprache als **Geschäftsfälle**[1] bezeichnet. Geschäftsfälle[1] werden immer durch **Belege** dokumentiert.

Beispiele lt. Handlungssituation oben:
- *Beleg 1 in Verbindung mit Beleg 2: Einkauf von 2 Laptops für 2 000,00 € gegen Zahlung mit Bankcard*
- *Beleg 3: Die Hausbank bewilligt der RAND OHG ein Darlehen über 25 000,00 € für den Ausgleich einer fälligen Liefererrechnung.*
- *Beleg 4: Kauf von zwei PCs auf Ziel: 5 000,00 €*
- *Beleg 5: Ausgleich einer Liefererrechnung per Banküberweisung 8 000,00 €*

---

[1] *In § 238 ff. HGB wird die Bezeichnung Geschäftsvorfall genutzt.*

Lernfeld 8: Wertströme erfassen, dokumentieren, aufbereiten und auswerten

Auswirkung der Geschäftsfälle auf die Bilanz: Bilanzveränderungen

Die Bilanz ist eine Aufstellung des Vermögens und der Schulden zu einem bestimmten Zeitpunkt. Durch die Geschäftstätigkeit werden die Vermögens- und Kapitalbestände aber laufend verändert. Damit ändern sich die Bestände einzelner Positionen. Alle Änderungen werden durch Belege[1] **angezeigt** und nachgewiesen.

Aus den Belegen gehen unentbehrliche Angaben für die Buchungen hervor: Zeitpunkt, Art, Ursache und Höhe der Wertveränderungen. Die Buchhaltung muss alle in den Belegen verbrieften Vermögensänderungen lückenlos und zeitnah erfassen. Umgekehrt sind die Belege lückenlos und geordnet zum Nachweis der ordnungsgemäßen Buchführung aufzubewahren.

Folgende vier **Wertbewegungen** in der Bilanz sind zu unterscheiden:

Aktivtausch
Der Geschäftsfall betrifft nur die Aktivseite der Bilanz. Die Bilanzsumme bleibt unverändert. Es werden flüssige Mittel in weniger liquide umgewandelt oder umgekehrt.

Beispiel
Belege 1 und 2: ER/Girocard-Beleg   Einkauf von zwei Laptops 2 000,00 €
  Betriebs- und Geschäftsausstattung   + 2 000,00 €
  Bankguthaben   − 2 000,00 €

Aktiva	Bilanz		Passiva
I. Anlagevermögen		**I. Eigenkapital**	300 000,00
1. Grundstücke	100 000,00	**II. Schulden**	
2. Gebäude	175 000,00	1. Verbindlichkeiten gegenüber	
3. Fuhrpark	20 000,00	Kreditinstituten	150 000,00
4. Betriebs- und		2. Verbindlichkeiten a. LL.	50 000,00
Geschäftsausstattung	32 000,00		
II. Umlaufvermögen			
1. Waren	95 000,00		
2 Forderungen	30 000,00		
3. Bankguthaben	48 000,00		
	500 000,00		500 000,00

Passivtausch
Der Geschäftsfall betrifft nur die Passivseite der Bilanz. Die Bilanzsumme bleibt unverändert. Inhaltlich werden kurzfristige in längerfristige Verbindlichkeiten umgewandelt.

Beispiel
Beleg 3: Vertragskopie   Eine kurzfristige Verbindlichkeit a. LL. wird in eine Verbindlichkeit
  gegenüber Kreditinstituten umgewandelt 10 000,00 €
  Verbindlichkeiten a. LL.   − 25 000,00 €
  Verbindlichkeiten gegenüber Kreditinstituten
  (Darlehensschulden)   + 25 000,00 €

---

[1] AR = Ausgangsrechnung, BA = Bankauszug, ER = Eingangsrechnung, KB = Kassenbeleg/Quittung, PBA = Postbankauszug

8.1 Erfassung und Dokumentation von Wertströmen

Aktiva	Bilanz		Passiva
I. Anlagevermögen		**I. Eigenkapital**	300 000,00
1. Grundstücke	100 000,00	**II. Schulden**	
2. Gebäude	175 000,00	1. Verbindlichkeiten gegenüber	
3. Fuhrpark	20 000,00	Kreditinstituten	175 000,00
4. Betriebs- und		2. Verbindlichkeiten a. LL.	25 000,00
Geschäftsausstattung	32 000,00		
II. Umlaufvermögen			
1. Waren	95 000,00		
2. Forderungen	30 000,00		
3. Bankguthaben	48 000,00		
	500 000,00		**500 000,00**

Aktiv-Passiv-Mehrung (Bilanzverlängerung)

Der Geschäftsfall betrifft Aktiv- und Passivseite der Bilanz. Ein Posten der Aktiv- und ein Posten der Passivseite vermehren sich um den gleichen Betrag. Die Bilanzsummen nehmen um den gleichen Betrag zu. Die Bilanzgleichung bleibt erhalten. Inhaltlich zeigt die Passivseite eine Mehrung des Kapitals und die Herkunft dieses Kapitals an. Die Veränderung auf der Aktivseite zeigt die Verwendung des neuen Kapitals an.

Beispiel
Beleg 4: ER   Kauf von 2 PCs auf Ziel: 5 000,00 €
                         Betriebs- und Geschäftsausstattung   + 5 000,00 €
                         Verbindlichkeiten a. LL.   + 5 000,00 €

Aktiva	Bilanz		Passiva
I. Anlagevermögen		**I. Eigenkapital**	300 000,00
1. Grundstücke	100 000,00	**II. Schulden**	
2. Gebäude	175 000,00	1. Verbindlichkeiten gegenüber	
3. Fuhrpark	20 000,00	Kreditinstituten	175 000,00
4. Betriebs- und		2. Verbindlichkeiten a. LL.	30 000,00
Geschäftsausstattung	37 000,00		
II. Umlaufvermögen			
1. Waren	95 000,00		
2. Forderungen	30 000,00		
3. Bankguthaben	48 000,00		
	505 000,00		**505 000,00**

Aktiv-Passiv-Minderung (Bilanzverkürzung)

Ein Posten der Aktiv- und ein Posten der Passivseite werden um den gleichen Betrag vermindert. Die Bilanzsummen verringern sich um den gleichen Betrag. Die Bilanzgleichung bleibt erhalten. Inhaltlich wurde befristet überlassenes Kapital zurückgezahlt. Die Änderung auf der Passivseite zeigt, welches Kapital zurückgezahlt wurde, die Änderung auf der Aktivseite zeigt, mit welchen Mitteln die Tilgung erfolgte.

Beispiel
Beleg 5: BA   Ausgleich einer Liefererrechnung 8 000,00 € durch Banküberweisung
                         Verbindlichkeiten a. LL.   − 8 000,00 €
                         Bankguthaben   − 8 000,00 €

Lernfeld 8: Wertströme erfassen, dokumentieren, aufbereiten und auswerten

Aktiva		Bilanz		Passiva
I. Anlagevermögen		**I. Eigenkapital**		300 000,00
1. Grundstücke	100 000,00	**II. Schulden**		
2. Gebäude	175 000,00	1. Verbindlichkeiten gegenüber		
3. Fuhrpark	20 000,00	Kreditinstituten		175 000,00
4. Betriebs- und		2. Verbindlichkeiten a. LL.		22 000,00
Geschäftsausstattung	37 000,00			
II. Umlaufvermögen				
1. Waren	95 000,00			
2. Forderungen	30 000,00			
3. Bankguthaben	40 000,00			
	497 000,00			**497 000,00**

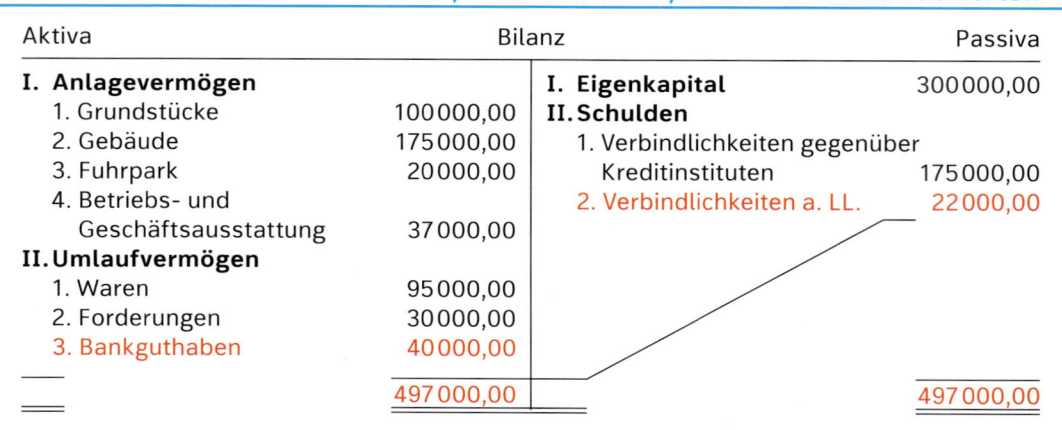

Alle Belege enthalten wichtige **Informationen**, die für die weitere buchhalterische Erfassung von zentraler Bedeutung sind (u. a. Zeitpunkt, Art, Ursache und Höhe). Aufgabe der Buchhaltung ist es, alle durch Geschäftsfälle ausgelösten Vermögens- und Kapitaländerungen **lückenlos und zeitnah** zu erfassen. Nur mithilfe von Belegen kann letztendlich die korrekte und somit **ordnungsmäßige Buchführung** nachgewiesen werden. Deshalb sind alle Belege lückenlos und geordnet aufzubewahren. Ein wichtiger **Grundsatz** der Buchführung lautet:

■ *„Keine Buchung ohne Beleg."*

■ Wertveränderungen auf Bestandskonten buchen

Auflösung der Bilanz in Bestandskonten

Konten und deren Aufbau
Um die Güter- und Geldströme in den Bestandskonten zu erfassen, muss ein Unternehmen entsprechende Konten einrichten. Formal können diese entweder in **T-Kontenform** oder in **Reihenform** dargestellt werden. Für **Schulbücher** hat sich die Darstellung in der **T-Form** durchgesetzt, weil diese übersichtlich ist und das Üben und Darstellen erleichtert. Finanzbuchführungsprogramme hingegen stellen die Konten immer in Reihenform dar.

T-Konto			Reihenkonto			
S	BuG	H	**Betriebs- und Geschäftsausstattung (BuG)**			
			Datum	Text	Soll	Haben

Kontenarten aus der Bilanz ableiten
Den Seiten der Bilanz entsprechend werden Aktiv- und Passivkonten unterschieden. Ihre Seiten tragen die Bezeichnung **„Soll" (links)** und **„Haben" (rechts)**. Aus der Bilanz am Anfang eines Abrechnungszeitraumes, der **Eröffnungsbilanz**, übernehmen die Konten die **Anfangsbestände** (AB). Deshalb werden die Aktiv- und Passivkonten auch als **Bestandskonten** bezeichnet.

Bestandskonten

Aktivkonten
Konten für Vermögenspositionen
(Anlage- und Umlaufvermögen)
Aktivseite der Bilanz

Passivkonten
Kapitalkonten
(Eigenkapital und Schulden)
Passivseite der Bilanz

Regeln zur Einrichtung von Bestandskonten:

1. Jedes Konto wird immer durch einen **Kontennamen** bezeichnet.
2. Jedes Konto hat **zwei Spalten**. Die linke Spalte wird mit **Soll** und die rechte Seite mit **Haben** bezeichnet.
3. Zum **Beginn eines Jahres** werden die Bestandskonten eröffnet. Aus der Eröffnungsbilanz werden die Bestände als **Anfangsbestände (AB)** in die Konten übernommen.

Die **Aktivkonten** werden durch Auflösung der Aktiv- oder Vermögensseite der Bilanz abgeleitet.
Bei ihnen wird der **Anfangsbestand auf der Soll-Seite** gebucht, weil er in der Bilanz auch auf der linken Seite steht.

Die **Passivkonten** werden aus der Passiv- oder Kapitalseite der Bilanz abgeleitet.
Bei ihnen wird der **Anfangsbestand auf der Haben-Seite** gebucht, weil er in der Bilanz auch auf der rechten Seite steht.

Buchung der Bilanzveränderungen auf Bestandskonten

Jeder Geschäftsfall ruft Veränderungen auf mindestens zwei Konten hervor.

Vor jeder Buchung sind folgende Überlegungen anzustellen:

- Welche **Konten** werden berührt?
- Um welche **Kontenart** handelt es sich?
- Wie **wirkt** sich der Geschäftsfall **auf den Bestand** der Konten aus?
- Auf welcher **Kontenseite** wird gebucht?

Es muss genau überlegt werden, ob es sich um ein Aktiv- oder Passivkonto handelt, da auf beiden Kontenarten unterschiedlich gebucht wird.

> *– Bei Aktivkonten werden Mehrungen zum Anfangsbestand auf der Soll-Seite, Minderungen auf der Haben-Seite gebucht.*
> *– Bei Passivkonten ist es folglich umgekehrt: Mehrungen stehen auf der Haben-Seite unter dem Anfangsbestand, Minderungen auf der Soll-Seite.*

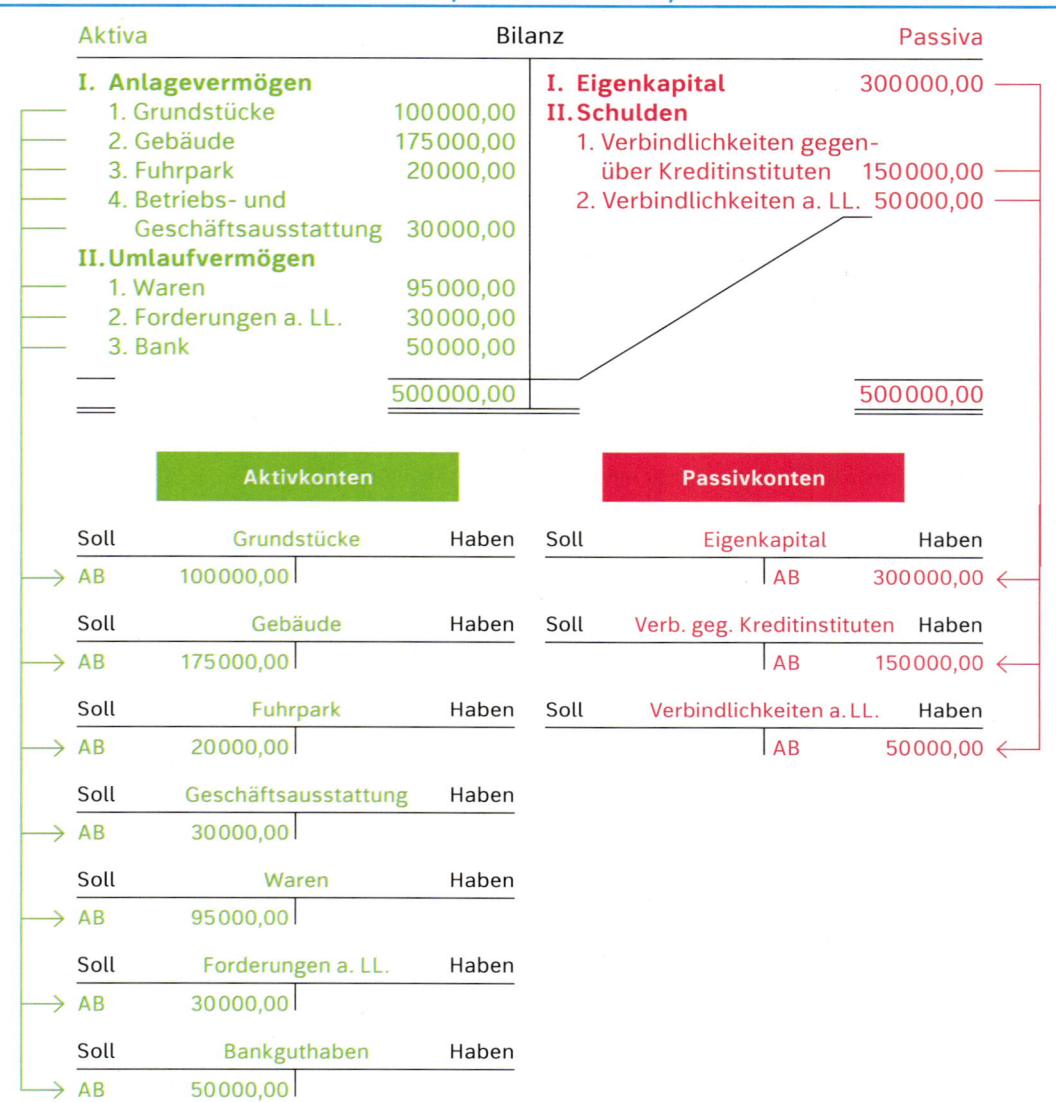

Lernfeld 8: Wertströme erfassen, dokumentieren, aufbereiten und auswerten

Aktiva	Bilanz		Passiva
I. Anlagevermögen		**I. Eigenkapital**	300 000,00
1. Grundstücke	100 000,00	**II. Schulden**	
2. Gebäude	175 000,00	1. Verbindlichkeiten gegen-	
3. Fuhrpark	20 000,00	über Kreditinstituten	150 000,00
4. Betriebs- und		2. Verbindlichkeiten a. LL.	50 000,00
Geschäftsausstattung	30 000,00		
II. Umlaufvermögen			
1. Waren	95 000,00		
2. Forderungen a. LL.	30 000,00		
3. Bank	50 000,00		
	500 000,00		**500 000,00**

Aktivkonten

Soll	Grundstücke	Haben
AB	100 000,00	

Soll	Gebäude	Haben
AB	175 000,00	

Soll	Fuhrpark	Haben
AB	20 000,00	

Soll	Geschäftsausstattung	Haben
AB	30 000,00	

Soll	Waren	Haben
AB	95 000,00	

Soll	Forderungen a. LL.	Haben
AB	30 000,00	

Soll	Bankguthaben	Haben
AB	50 000,00	

Passivkonten

Soll	Eigenkapital	Haben
	AB	300 000,00

Soll	Verb. geg. Kreditinstituten	Haben
	AB	150 000,00

Soll	Verbindlichkeiten a. LL.	Haben
	AB	50 000,00

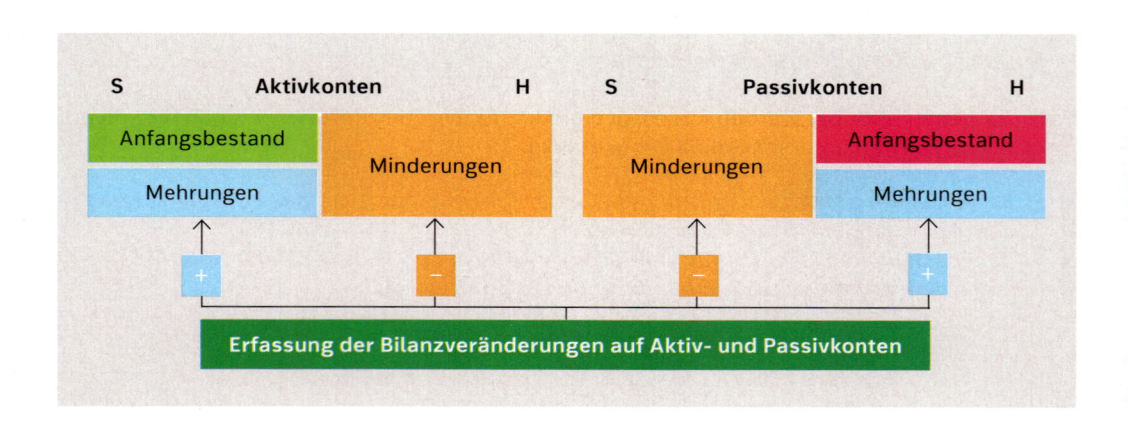

S	Aktivkonten	H	S	Passivkonten	H
Anfangsbestand	Minderungen		Minderungen	Anfangsbestand	
Mehrungen				Mehrungen	
+	−		−	+	

Erfassung der Bilanzveränderungen auf Aktiv- und Passivkonten

8.1 Erfassung und Dokumentation von Wertströmen

Beispiel 1 ER/BA: Einkauf von zwei Laptops gegen Zahlung mit der Girocard 2 000,00 €

Auswirkung	Buchung	
Mehrung der Betriebs- und Geschäftsausstattung	Betriebs- und Geschäftsausstattung (Aktivkonto) Soll	2 000,00
Minderung des Bankguthabens	Bankguthaben (Aktivkonto) Haben	2 000,00

Beispiel 2 Darlehensvertrag: Umwandlung einer Verbindlichkeit a. LL. in ein Darlehen 25 000,00 €

Auswirkung	Buchung	
Minderung der Verbindlichkeiten a. LL.	Verbindlichkeiten a. LL. (Passivkonto) Soll	25 000,00
Mehrung der Darlehensschulden	Darlehensschulden (Passivkonto) Haben	25 000,00

Beispiel 3 ER: Zieleinkauf von zwei PCs 5 000,00 €

Auswirkung	Buchung	
Mehrung der Betriebs- und Geschäftsausstattung	Betriebs- und Geschäftsausstattung (Aktivkonto) Soll	5 000,00
Mehrung der Verbindlichkeiten a. LL.	Verbindlichkeiten a. LL. (Passivkonto) Haben	5 000,00

Beispiel 4 Bankkontoauszug: Ausgleich einer Liefererrechnung 8 000,00 €

Auswirkung	Buchung	
Minderung der Verbindlichkeiten a. LL.	Verbindlichkeiten a. LL. (Passivkonto) Soll	8 000,00
Minderung des Bankguthabens	Bankguthaben (Aktivkonto) Haben	8 000,00

Damit die Ursachen der Veränderung der Anfangsbestände erkennbar sind, wird bei der Buchung in den Konten vor die Beträge das **Gegenkonto geschrieben**.

Beispiel Aus dem Konto Betriebs- und Geschäftsausstattung geht durch Angabe des Gegenkontos „Bankguthaben" hervor, dass die Laptops per Bank bezahlt wurden. Auf dem Konto Bankguthaben wird durch die Angabe des Gegenkontos „Betriebs- und Geschäftsausstattung" erkennbar, wofür die Ausgabe entstand.

Aktiva		Bilanz		Passiva
I. Anlagevermögen		**I. Eigenkapital**		300 000,00
1. Grundstücke	100 000,00	**II. Schulden**		
2. Gebäude	175 000,00	1. Verbindlichkeiten gegenüber Kreditinstituten		150 000,00
3. Fuhrpark	20 000,00	2. Verbindlichkeiten a. LL.		50 000,00
4. Betriebs- und Geschäftsausstattung	30 000,00			
II. Umlaufvermögen				
1. Waren	95 000,00			
2. Forderungen	30 000,00			
3. Bankguthaben	50 000,00			
	500 000,00			500 000,00

Lernfeld 8: Wertströme erfassen, dokumentieren, aufbereiten und auswerten

Aktivkonten (+ / −)

Soll	Grundstücke	Haben
AB 100 000,00		

Soll	Gebäude	Haben
AB 175 000,00		

Soll	Fuhrpark	Haben
AB 20 000,00		

Soll	Betriebs- und Geschäftsausstattung	Haben
AB 30 000,00		
(1) BA 2 000,00		
(3) Verb. 5 000,00		

Soll	Waren	Haben
AB 95 000,00		

Soll	Forderungen a. LL.	Haben
AB 30 000,00		

Soll	Bankguthaben	Haben
AB 50 000,00	(1) BuG 2 000,00
	(4) Verb. 8 000,00

Passivkonten (− / +)

Soll	Eigenkapital	Haben
	AB 300 000,00

Soll	Verb. geg. Kreditinstituten	Haben
	AB 150 000,00
	(2) Verb. a. LL. 25 000,00

Soll	Verbindlichkeiten a. LL.	Haben
(2) Darl. 25 000,00	AB 50 000,00
(4) BA 8 000,00	(3) BuG 5 000,00

Fortsetzung des Beispiels S. 333 unter Berücksichtigung der Belege 1 bis 5 S. 334 f.

(1) Beleg 1 in Verbindung mit Beleg 2:
ER/BA Kauf von Laptops mit Girocard-Zahlung 2 000,00 €
(2) Beleg 3: Vertragskopie
Umwandlung einer kurzfristigen Verbindlichkeit in ein längerfristiges Darlehen 25 000,00 €
(3) Beleg 4: ER auf Ziel
Kauf von zwei PCs 5 000,00 €
(4) Beleg 5: BA
Ausgleich einer Liefererrechnung 8 000,00 €

Aktivkonto	
AB (Anfangsbestand)	Abgänge
Zugänge	

Passivkonto	
Abgänge	AB (Anfangsbestand)
	Zugänge

Bestandskonten abschließen

Doppelte Buchführung

Zur Ermittlung der vorhandenen Bestände (in der Praxis monatlich, quartalsmäßig, jährlich) werden die Konten abgeschlossen. Dazu wird der Saldo = Schlussbestand (SB) auf jedem Konto errechnet.

Ausgangspunkt der doppelten Buchführung eines Geschäftsjahres ist die **Bilanz** auf Grundlage der vorangegangenen Inventur des vergangenen Geschäftsjahres. Durch die Geschäftstätigkeit werden die Vermögens- und Kapitalbestände laufend verändert. In der **Buchführung** werden diese Veränderungen durch Belege angezeigt und durch entsprechende Buchungen laufend dokumentiert. So kann zur Ermittlung der **Soll-Bestände** jederzeit auf die entsprechenden Konten zugegriffen werden. Diese müssen jedoch nicht immer mit den **Ist-Beständen** übereinstimmen.

Beispiel *Frau Koch ruft in der Lagerbuchhaltung den aktuellen Bestand an der Spielesammlung Joker ab. Das Programm meldet einen Bestand von 3 000 Stück. Der tatsächliche Ist-Bestand beträgt jedoch nur 350 Stück, da durch einen Wasserschaden 2 650 Stück der Spielesammlung unverkäuflich sind. Dieser Schaden wurde jedoch noch nicht in der Lagerbuchhaltung erfasst.*

Ob die Soll-Bestände wirklich vorhanden sind, muss daher durch die Inventur ermittelt werden.

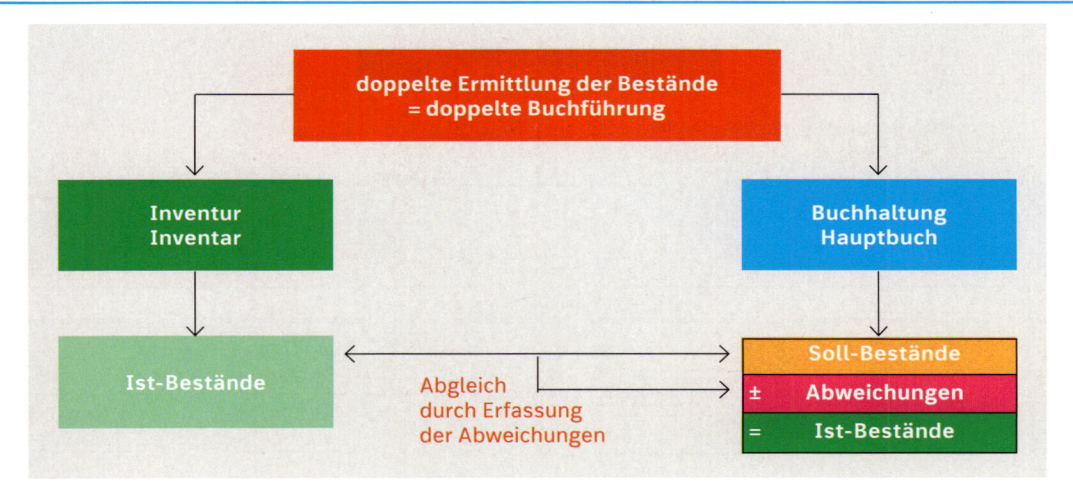

8.1 Erfassung und Dokumentation von Wertströmen

```
                    doppelte Ermittlung der Bestände
                         = doppelte Buchführung
         ↓                                              ↓
    Inventur                                      Buchhaltung
    Inventar                                       Hauptbuch
         ↓                                              ↓
                                                  Soll-Bestände
    Ist-Bestände  ←→  Abgleich                  ± Abweichungen
                      durch Erfassung             = Ist-Bestände
                      der Abweichungen
```

Vorgehensweise beim Abschluss der Bestandskonten

Zur Ermittlung der vorhandenen Bestände (in der Praxis monatlich, quartalsmäßig, jährlich) werden die Konten abgeschlossen. Dazu wird der Saldo = Schlussbestand (SB) auf jedem Konto errechnet und im **SBK (Schlussbilanzkonto)** erfasst.

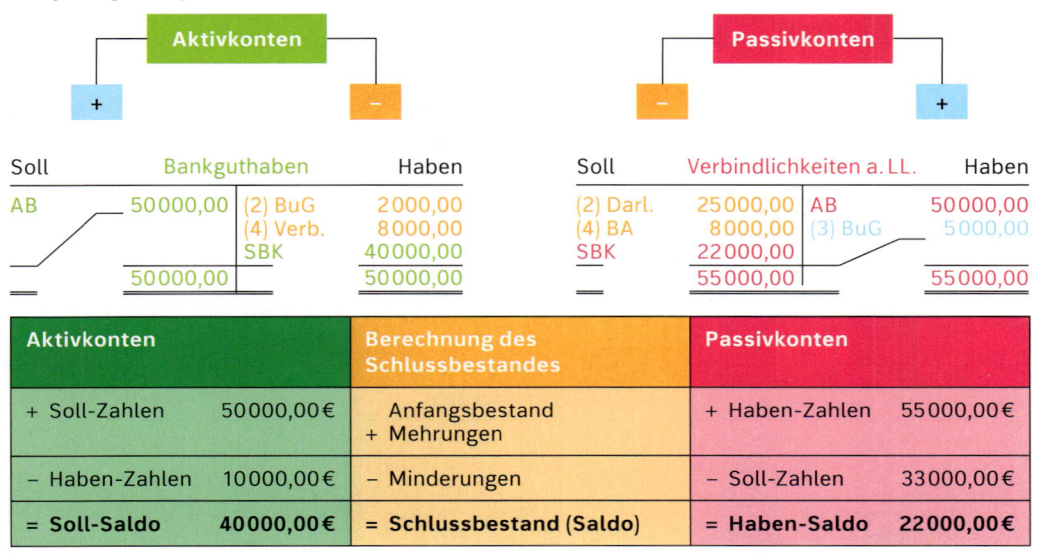

Beispiel Vgl. Beispiel S. 342

Soll	Bankguthaben		Haben	Soll	Verbindlichkeiten a. LL.		Haben
AB	50000,00	(2) BuG	2000,00	(2) Darl.	25000,00	AB	50000,00
		(4) Verb.	8000,00	(4) BA	8000,00	(3) BuG	5000,00
		SBK	40000,00	SBK	22000,00		
	50000,00		50000,00		55000,00		55000,00

Aktivkonten		Berechnung des Schlussbestandes	Passivkonten	
+ Soll-Zahlen	50000,00 €	Anfangsbestand + Mehrungen	+ Haben-Zahlen	55000,00 €
− Haben-Zahlen	10000,00 €	− Minderungen	− Soll-Zahlen	33000,00 €
= **Soll-Saldo**	40000,00 €	= Schlussbestand (Saldo)	= **Haben-Saldo**	22000,00 €

Die so **festgestellten Schlussbestände (Soll-Bestände)** müssen mit den durch Inventur (vgl. S. 320 ff.) ermittelten Beständen **(Ist-Bestände)** der Bilanz am Ende des Jahres (= Schlussbilanz) übereinstimmen.

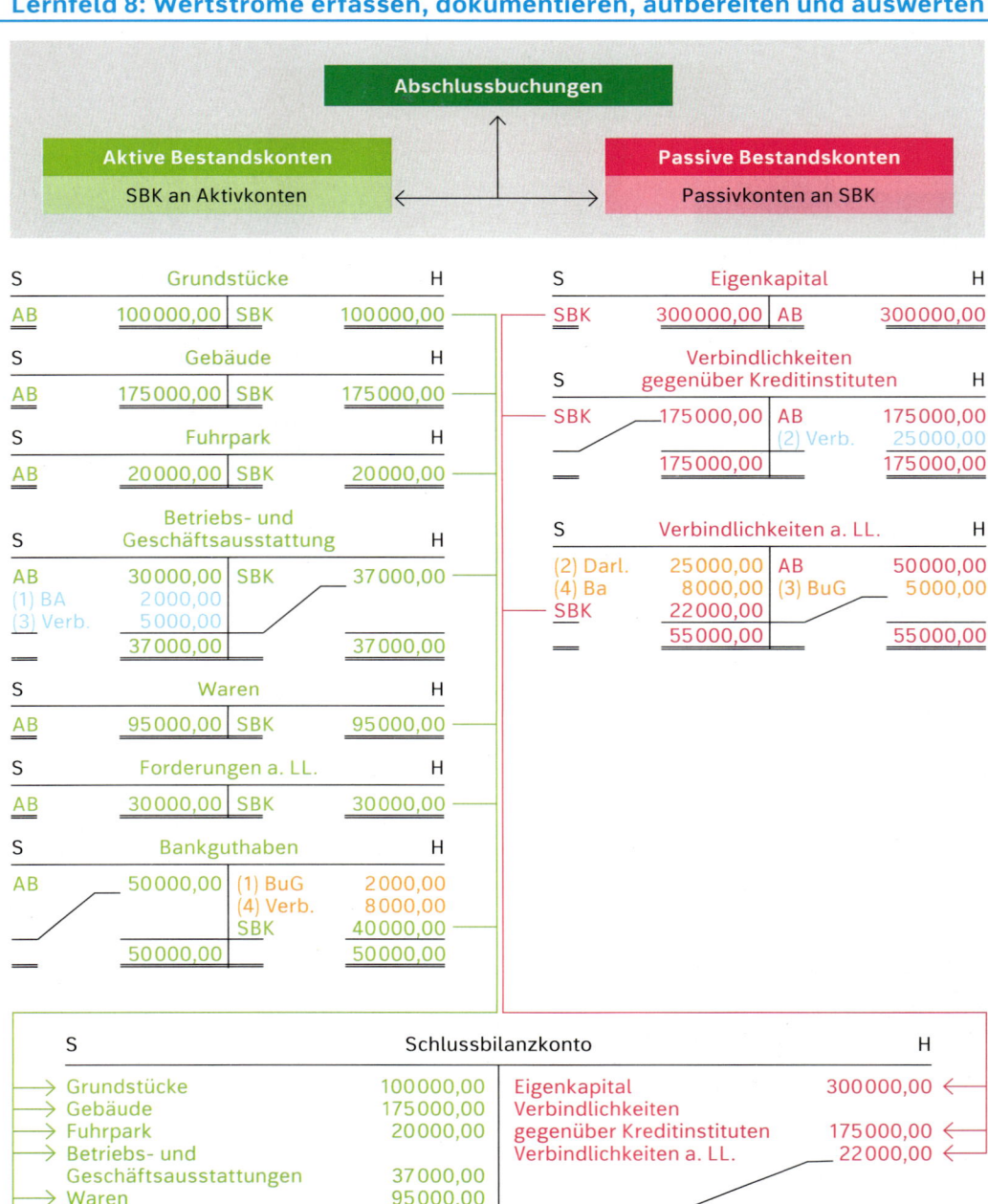

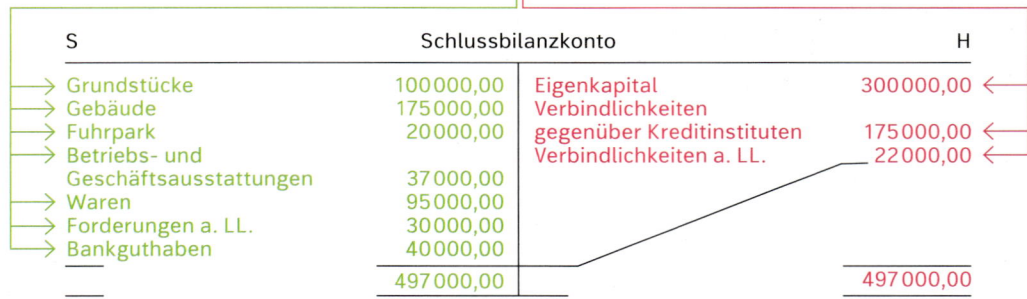

Lernfeld 8: Wertströme erfassen, dokumentieren, aufbereiten und auswerten

Abschlussbuchungen

Aktive Bestandskonten
SBK an Aktivkonten

Passive Bestandskonten
Passivkonten an SBK

S	Grundstücke		H
AB	100 000,00	SBK	100 000,00

S	Gebäude		H
AB	175 000,00	SBK	175 000,00

S	Fuhrpark		H
AB	20 000,00	SBK	20 000,00

S	Betriebs- und Geschäftsausstattung		H
AB	30 000,00	SBK	37 000,00
(1) BA	2 000,00		
(3) Verb.	5 000,00		
	37 000,00		37 000,00

S	Waren		H
AB	95 000,00	SBK	95 000,00

S	Forderungen a. LL.		H
AB	30 000,00	SBK	30 000,00

S	Bankguthaben		H
AB	50 000,00	(1) BuG	2 000,00
		(4) Verb.	8 000,00
		SBK	40 000,00
	50 000,00		50 000,00

S	Eigenkapital		H
SBK	300 000,00	AB	300 000,00

S	Verbindlichkeiten gegenüber Kreditinstituten		H
SBK	175 000,00	AB	175 000,00
		(2) Verb.	25 000,00
	175 000,00		175 000,00

S	Verbindlichkeiten a. LL.		H
(2) Darl.	25 000,00	AB	50 000,00
(4) Ba	8 000,00	(3) BuG	5 000,00
SBK	22 000,00		
	55 000,00		55 000,00

S	Schlussbilanzkonto		H
Grundstücke	100 000,00	Eigenkapital	300 000,00
Gebäude	175 000,00	Verbindlichkeiten gegenüber Kreditinstituten	175 000,00
Fuhrpark	20 000,00	Verbindlichkeiten a. LL.	22 000,00
Betriebs- und Geschäftsausstattungen	37 000,00		
Waren	95 000,00		
Forderungen a. LL.	30 000,00		
Bankguthaben	40 000,00		
	497 000,00		497 000,00

8.1 Erfassung und Dokumentation von Wertströmen

■ Buchhaltung organisieren und Organisationshilfen nutzen

Kontrollieren ↓	Selbstverständlich muss jeder Beleg zunächst auf seine **sachliche** und **rechnerische Korrektheit** überprüft werden.	
	Beispiel Werner Krull kontrolliert die Eingangsrechnung für den Drucker, indem er die Rechnung mit der vorausgegangenen Bestellung vergleicht. Zufrieden stellt er fest, dass der richtige Drucker zum vereinbarten Preis geliefert wurde.	
Sortieren ↓ **Nummerieren** ↓	Damit Belege auf keinen Fall doppelt gebucht und sie zudem rasch gefunden werden können, erhalten sie eine **Bezeichnung** der Belegart (ER, AR, BA, KB etc.) und werden **sortiert** sowie fortlaufend **nummeriert**.	
	Beispiel Werner Krull schreibt auf die Eingangsrechnung für den Drucker „ER 0009", da es sich um die neunte Eingangsrechnung in diesem Jahr handelt.	
Vorkontieren ↓	Schließlich erhält jeder Beleg einen **Kontierungsstempel** (Buchungsstempel). Hier wird der Buchungssatz sachlich richtig vermerkt, sodass die weitere Bearbeitung des Beleges nur noch Routinearbeit darstellt:	
Buchen (siehe unten) ↓	Konto	Soll	Haben
Ablegen **Aufbewahren**	Gebucht:	
	Buchungsbelege, wie Eingangs- und Ausgangsrechnungen, Quittungen, Bankbelege etc., sind wie Buchführungsbücher (siehe unten) 10 Jahre aufzubewahren.	

Der Buchungssatz – Die SMS[1] der Finanzbuchhaltung

Einfacher Buchungssatz

Eine Anweisung für die Buchung eines Beleges, z. B. einer Eingangsrechnung über Betriebsmittel (PCs, vgl. S. 341) könnte wie folgt lauten:

„Der Betrag von 5 000,00 € ist auf dem Konto Betriebs- und Geschäftsausstattung im Soll zu buchen.

Außerdem ist der Betrag von 5 000,00 € im Haben des Kontos Verbindlichkeiten a. LL. zu buchen."

Diese Anweisung ist lang und unübersichtlich. Deshalb gibt es in der Buchführung eine **Kurzanweisung – den Buchungssatz**. Dieser gibt die Buchungsanweisung in der kürzesten Form wieder und benötigt dazu nur eine Regel:

Die **Soll-Buchung** wird **vor** der **Haben-Buchung** genannt. Der Seitenwechsel wird mit dem Wort „an" eingeleitet.

> Soll an Haben

Betriebs- und Geschäftsausstattung 5 000,00   an Verbindlichkeiten a. LL.   5 000,00

Zusammenfassend lässt sich festhalten:

- *Jeder Geschäftsfall betrifft mindestens zwei Konten.*
- *Jeder Geschäftsfall bewirkt zumindest eine Soll- und eine Haben-Buchung.*
- *Bei einem Buchungssatz wird die Soll-Buchung vor der Haben-Buchung genannt.*

---
[1] SMS = Short Message Service – Telekommunikationsdienst für kurze Textnachrichten

Soll-Buchung = Haben-Buchung
auf dem Konto BuG   auf dem Konto Verbindlichkeiten a. LL.

Zusammengesetzter Buchungssatz

Beim einfachen Buchungssatz ruft der zugrunde liegende Geschäftsfall nur auf zwei Konten Wertveränderungen hervor. Beim zusammengesetzten Buchungssatz werden mehr als zwei Konten berührt.

Beispiel

	€	€
Ausgleich einer Lieferrechnung		
durch Banküberweisung	1 100,00	
und bar	400,00	1 500,00

	Soll	Haben
Buchungssatz:		
Verbindlichkeiten a. LL.	1 500,00	
an Bank		1 100,00
an Kasse		400,00

Buchung:

S	Bank (Ba)	H		S	Verbindlichkeiten a. LL. (Vb)	H
AB	4 000,00	Vb 1 100,00	← →	Ba, Ka 1 500,00	AB	8 000,00

S	Kasse (Ka)	H
AB	2 500,00	Vb 400,00 ←

Soll-Buchung = Haben-Buchung
auf dem Konto Verbindlichkeiten a. LL.   auf den Konten Bank und Kasse

Systematische Aufzeichnung der Geschäftsfälle in Grundbuch, Hauptbuch (Systembücher) und in den Nebenbüchern

Sind die Belege vorkontiert, kann in Grund- und Hauptbuch gebucht werden. Diese beiden Bücher sind nach unterschiedlichen **Prinzipien** aufgebaut:

Grundbuch

Im **Grundbuch**, auch **Journal** genannt, werden alle Buchungssätze in **zeitlicher Reihenfolge (chronologische Ordnung)** festgehalten. Daneben werden zur besseren Kontrolle und Übersicht Buchungsdatum, Belegnummer, Buchungstext, Kontierung und Buchungsbetrag erfasst.

Beispiel Siehe Handlungssituation S. 345 ff.

RAND OHG					
Grundbuch 20.. (Auszug)					Seite 1
Lfd.-Nr.	Buchungs-datum	Beleg	Buchungstext	Soll	Haben
1	04.01.20..	ER 0017	Betriebs- und Geschäftsausstattung an 2800 Bank	2 000,00	2 000,00
2	05.01.20..	Vertrags-kopie	Verbindlichkeiten a. LL. an Verb. gegenüber Kreditinstituten	25 000,00	25 000,00
3	06.01.20..	ER 00088	Betriebs- und Geschäftsausstattung an Verbindlichkeiten a. LL.	5 000,00	5 000,00
4	07.01.20..	BA 1	Verbindlichkeiten a. LL. Bank	8 000,00	8 000,00

Da in diesem Buch alle Geschäftsfälle fortlaufend und lückenlos gebucht werden, bildet es die Grundlage bei **Prüfungen** durch die Behörden (z. B. Finanzamt). Gleichzeitig ist das Grundbuch die Basis für die Buchung der Geschäftsfälle auf den Konten.

Hauptbuch

Um einen Überblick über die Veränderungen der einzelnen Vermögens- und Kapitalposten zu haben, werden alle Geschäftsfälle auf den Konten gebucht (**sachliche Ordnung**). Die Konten befinden sich im Hauptbuch:

Beispiel

RAND OHG						
Hauptbuch 20..						
S	Betriebs- und Geschäftsausstattung		H	S	Verbindlichkeiten gegenüber Kreditinstituten	H
AB (1) BA (3) Verb.	40 000,00 2 000,00 5 000,00				AB (2) Verb.	150 000,00 25 000,00
S	Bank		H	S	Verbindlichkeiten a. LL.	H
AB	60 000,00	(1) BuG (4) Verb.	2 000,00 8 000,00	(2) Darl. (4) BA	25 000,00 AB 8 000,00 (3) BuG	50 000,00 5 000,00

Zusammenfassung: Geschäftsfälle in einer ordnungsgemäßen Buchführung erfassen

- Alle Geschäftsfälle werden durch **Belege** abgebildet und in der Buchhaltung festgehalten. Daraus ergibt sich ein zentraler Grundsatz der Buchführung:
- **Keine Buchung ohne Beleg!**
- Damit der Kaufmann jederzeit einen **Überblick** über seinen Vermögens- und Schuldenstand erhält, müssen alle Belege lückenlos in der Buchhaltung erfasst werden.
- **Geschäftsfälle** in einem Unternehmen verändern die Bestände an Vermögen und Schulden. Diese Bestände stehen in der **Bilanz** auf der Aktiv- und Passivseite.
- Jeder Geschäftsfall hat Auswirkungen auf zumindest **zwei Positionen** der Bilanz.
- Nach der inhaltlichen Auswirkung sind vier strukturelle Veränderungsmöglichkeiten der Bilanz zu unterscheiden:
    - **Aktivtausch:** **Mehrung** eines Postens auf der **Aktivseite** der Bilanz
      Minderung eines anderen Postens auf der **Aktivseite** der Bilanz um denselben Betrag
    - **Passivtausch:** **Mehrung** eines Postens auf der **Passivseite** der Bilanz
      Minderung eines anderen Postens auf der **Passivseite** der Bilanz um denselben Betrag
    - **Aktiv-Passiv-Mehrung:** **Mehrung** eines Postens der **Aktivseite** und eines Postens der **Passivseite** um denselben Betrag
    - **Aktiv-Passiv-Minderung:** **Minderung** eines Postens der **Aktivseite** und eines Postens der **Passivseite** um denselben Betrag

- Wertveränderungen **auf Bestandskonten buchen**

Aktivkonten		Passivkonten	
Anfangsbestand	Minderungen	Minderungen	Anfangsbestand
Mehrungen			Mehrungen

- Vor Abschluss der Konten müssen bei Abweichungen die **Soll-Bestände** der Buchführung an die **Ist-Bestände** der Inventur angepasst werden.
- Die Salden der Bestandskonten werden zum Jahresende auf dem **Schlussbilanzkonto** gesammelt bzw. gegengebucht.

- Buchhaltung organisieren und Organisationshilfen nutzen
  - Die **Kurzanweisung** für Buchungen heißt **Buchungssatz**. Dabei wird die **Soll-Buchung stets vor der Haben-Buchung genannt**: SOLL an HABEN.
  - Der Seitenwechsel wird mit dem Wort „**an**" eingeleitet.

- **Belege** (ER, AR, BA, KB etc.) sortieren, nummerieren, vorkontieren

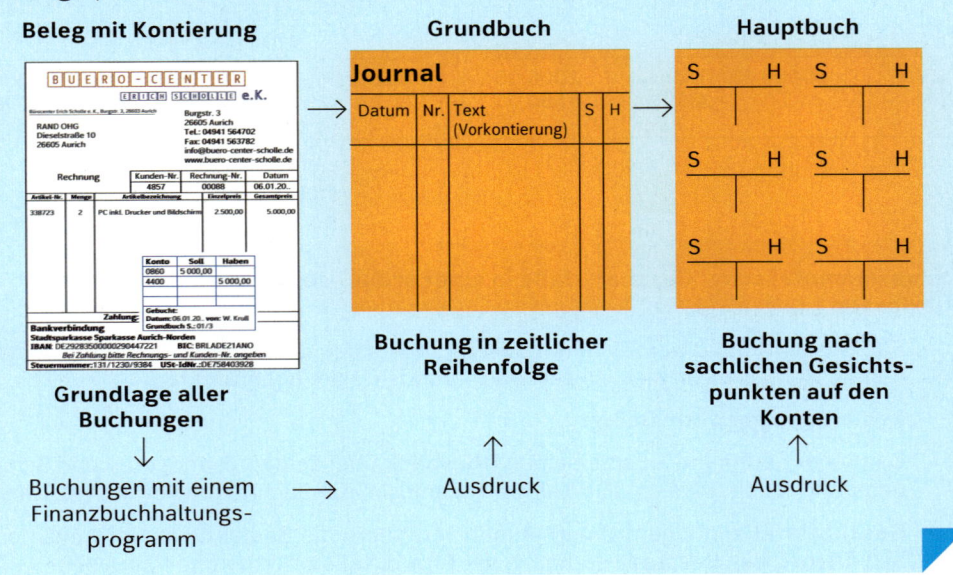

Beleg mit Kontierung	Grundbuch	Hauptbuch
Grundlage aller Buchungen	Buchung in zeitlicher Reihenfolge	Buchung nach sachlichen Gesichtspunkten auf den Konten
↓	↑	↑
Buchungen mit einem Finanzbuchhaltungsprogramm →	Ausdruck	Ausdruck

Aufgaben

1 Bestände lt. Inventur:

	€		€
Maschinen	400 000,00	Kasse	15 000,00
Geschäftsausstattung	100 000,00	Eigenkapital	450 000,00
Forderungen a. LL.	35 000,00	Darlehensschuld	210 000,00
Bank	200 000,00	Verbindlichkeiten a. LL.	90 000,00

Geschäftsfälle: €

1. **Quittungsdurchschlag:** Kunde bezahlte fällige Ausgangsrechnung bar .. 2 000,00
2. **Bankauszug:** Kauf einer Abfüllanlage 50 000,00
3. **Vertragskopie:** Lieferer stundet Rechnungsbetrag auf sechs Jahre 20 000,00
4. **Ausgangsrechnung:** Zielverkauf eines gebrauchten Gabelstaplers 5 000,00
5. **Bankauszug:** Überweisung der Tilgungsrate für unser Darlehen 10 000,00

Stellen Sie bei jedem Geschäftsfall die Auswirkungen auf die Bilanz fest. Kennzeichnen Sie die Wertveränderungen mit dem zutreffenden Begriff und erstellen Sie nach dem 5. Geschäftsfall die veränderte Bilanz.

2

Karl Bunz e.K. Schreibwaren

Karl Bunz e.K., Rheinstr. 25, 35260 Stadtallendorf — Für Sie immer erreichbar!

RAND OHG
Dieselstraße 10
26605 Aurich

Rheinstr. 25
35250 Stadtallendorf
Tel. 06429 774021
Fax. 06429 774029
info@bunz-schreibwaren.de
www.bunz-schreibwaren.de

RECHNUNG

Artikel-Nr.	Artikel-bezeichnung	Menge in St.	Preis pro St. in €	Gesamt-preis €
1100	Schreibset „Duo"	250	3,40	850,00
1400	Kugelschreiberset „Favorit"	280	0,43	120,40
				970,40

Zahlung: sofort netto
Bankverbindung: Postbank Hannover
IBAN: DE48250100300042378145   BIC: PBNKDEFF250
Steuernummer: 316/775/30947   USt-IdNR: DE835324543

HaWa AG   Haushaltswaren

HaWa AG, Mainzer Landstr. 75, 60329 Frankfurt a. M.

RAND OHG
Dieselstraße 10
26605 Aurich

Mainzer Landstr. 75
60329 Frankfurt am Main
Tel.: 069 62875
Fax: 069 62879
info@hawa-haushaltswaren.de
www.hawa-haushaltswaren.de

Ihre Bestellung v.	Unser Zeichen	Kunden-nummer	Lieferdatum	Rechnungs-datum
10.04.20..	I. S.	16348	17.04.20..	17.04.20..

Rechnung Nr. 2904

Artikel-Nr.	Artikel-bezeichnung	Menge in St.	Preis pro St. in €	Gesamt-preis €
0300	Besteckgarnitur „Silence"	20	24,00	480,00

Zahlung sofort ohne Abzug
Bankverbindung: Commerzbank Frankfurt
IBAN: DE97500400000501057820   BIC: COBADEFFXXX
Steuernummer: 012/751/84562   USt-IdNR: DE119922345

SEPA-Girokonto   IBAN: DE76283500000142016978   **Kontoauszug   83**
BIC: BRLADE21ANO   **Blatt   1**

Sparkasse Aurich-Norden UST-ID DE117375017

Datum	Erläuterungen		Betrag
	Kontostand in € am 19.04.20.., Auszug Nr. 82		47 339,40+
20.04.	Überweisung KARL BUNZ AG, STADTALLENDORF, KD-NR. 11111,	Wert: 21.04.20.. RG-NR. 12605, V. 15.04.20..	970,40–
20.04.	Überweisung HAWA AG, FRANKFURT A. M., KD-NR 16348,	Wert: 05.01.20.. RG-NR 2904, V. 17.04.20..	480,00–
	Kontostand in € am 21.04.20.., 09:10 Uhr		45 889,00+

Ihr Dispositionskredit 80 000,00 €

RAND OHG
Dieselstraße 10, 26605 Aurich

---

a) Listen Sie sämtliche Informationen auf, die Sie den drei Belegen entnehmen.
b) Beschreiben Sie, welcher Geschäftsprozess jeweils zugrunde liegt.
c) Erläutern Sie, wie Vermögen und Kapital der RAND OHG durch den Geschäftsprozess jeweils verändert werden.
d) Benennen Sie die Bilanzpositionen, die durch die Geschäftsfälle verändert werden.

3 Beantworten Sie zu den Geschäftsfällen folgende Fragen:
a) Welche Posten der Bilanz werden berührt?
b) Handelt es sich um Posten der Aktiv- oder Passivseite der Bilanz?
c) Wie wirkt sich der Geschäftsfall auf die Posten aus?
d) Um welche der vier Bilanzveränderungen handelt es sich?

Geschäftsfälle: €
1. **Eingangsrechnung:** Barkauf eines PC 1 000,00
2. **Vertragskopie:** Umwandlung einer Verbindlichkeit in ein Darlehen 6 000,00
3. **Eingangsrechnung:** Zielkauf eines Gabelstaplers für das Lager 15 000,00
4. **Quittungsdurchschlag:** Kunde bezahlte fällige Ausgangsrechnung bar 2 000,00
5. **Bankauszug:** Barabhebung vom Postbankkonto 5 000,00
6. **Ausgangsrechnung/Quittung:** Barverkauf eines gebrauchten PC 150,00
7. **Bankauszug:** Tilgungsrate für unsere Darlehensschuld 10 000,00
8. **Bankauszug:** Ausgleich einer Liefererrechnung 20 000,00
9. **Bankauszug:** Bareinzahlung auf das Bankkonto 8 000,00
10 **Eingangsrechnung:** Einkauf einer Bohrmaschine für die
   Reparaturwerkstatt gegen Banküberweisung 12 000,00

4 Stellen Sie die Bilanz auf. Richten Sie die Bestandskonten ein und übernehmen Sie die Anfangsbestände. Buchen Sie die Geschäftsfälle auf den Konten bei Angabe der Nummer des Buchungsfalles und des Gegenkontos.

Anfangsbestände: € €
Fuhrpark .... 430 000,00   Eigenkapital 540 000,00
Forderungen a. LL. .... 115 000,00   Darlehensschulden 100 000,00
Bank .... 225 000,00   Verbindlichkeiten a. LL. 140 000,00
Kasse 10 000,00

Geschäftsfälle: €
1. **Bankauszug:** Kunde bezahlt fällige Ausgangsrechnung durch
   Banküberweisung 15 000,00
2. **Eingangsrechnung:** Zielkauf eines Pkw 30 000,00
3. **Bankauszug:** Banküberweisung an Lieferer für fällige
   Eingangsrechnung 37 000,00
4. **Bankauszug:** Bareinzahlung auf das Bankkonto 4 000,00
5. **Ausgangsrechnung:** Verkauf eines gebrauchten Lkw auf Ziel 28 000,00
6. **Kassenbeleg:** Barzahlung einer Tilgungsrate für die Darlehensschuld .. 2 000,00

5 Stellen Sie die Bilanz auf. Richten Sie die Bestandskonten ein und übernehmen Sie die Anfangsbestände. Buchen Sie die Geschäftsfälle auf den Konten bei Angabe der Nummer des Buchungsfalles und des Gegenkontos.

Anfangsbestände: € €
Grundstücke und Gebäude .. 1 400 000,00   Kasse 15 000,00
Geschäftsausstattung ...... 270 000,00   Eigenkapital 2 240 000,00
Fuhrpark .... 430 000,00   Darlehensschuld 320 000,00
Forderung a. LL. .... 275 000,00   Verbindlichkeiten a. LL. 280 000,00
Banken 450 000,00

Geschäftsfälle: €
1. **Eingangsrechnung:** Zielkauf einer Lagersteuerungsanlage............. 14 000,00
2. **Bankauszug:** Banküberweisung der Tilgungsrate für die
   Darlehensschuld 25 000,00
3. **Bankauszug:** Kunde bezahlte fällige AR mit Banküberweisung 20 000,00
4. **Ausgangsrechnung:** Zielverkauf eines gebrauchten Pkw 12 000,00
5. **Bankauszug:** Aus der Geschäftskasse werden auf das Bankkonto
   bar eingezahlt 8 000,00

6. **Vertrag:** Lieferer stundet eine fällige ER auf sechs Jahre 20 000,00
7. **Vertrag, Bankauszug:** Kauf einer Lagerhalle gegen Banküberweisung . 120 000,00
8. **Eingangsrechnung:** Zielkauf eines Pkw 45 000,00
9. **Bankauszug:** Banküberweisung an Lieferer für fällige ER 14 000,00
10. **Ausgangsrechnung:** Verkauf eines gebrauchten Kopiergerätes auf Ziel 1 000,00

6 Erläutern Sie zu folgenden Buchungen den Geschäftsfall:

		€				€
1. Bank	Soll	600,00	5. Betriebs- und			
Forderungen a. LL.	Haben	600,00	Geschäftsausstattung	Soll	900,00	
2. Betriebs- und			Kasse	Haben	900,00	
Geschäftsausstattung	Soll	900,00	6. Verbindl. a. LL.	Soll	750,00	
Verbindl. a. LL.	Haben	900,00	Bank	Haben	750,00	
3. Kasse	Soll	1 500,00	7. Kasse	Soll	450,00	
Bank	Haben	1 500,00	Forderungen a. LL.	Haben	450,00	
4. Darlehensschulden	Soll	2 000,00	8. Bank	Soll	1 200,00	
Bank	Haben	2 000,00	Kasse	Haben	1 200,00	

7 Bilden Sie die Buchungssätze zu folgenden Geschäftsfällen. €
 1. Bareinzahlung auf das Bankkonto...................................... 1 300,00
 2. Barabhebung vom Bankkonto 600,00
 3. Ein Kunde begleicht eine Rechnung durch Banküberweisung 350,00
 4. Kauf eines PC bar 760,00
 5. Zieleinkauf eines Schreibtisches 830,00
 6. Tilgung einer Darlehensschuld durch Banküberweisung 900,00
 7. Ausgleich einer Liefererrechnung durch Banküberweisung 850,00
 8. Einkauf eines Pkw gegen Banküberweisung 20 000,00
 9. Aufnahme eines Darlehens bei unserer Hausbank, das auf unser Bank-
    konto gutgeschrieben wird 1 500,00
 10. Zahlung an einen Lieferer durch Banküberweisung 950,00
 11. Verkauf eines gebrauchten Pkw bar 450,00
 12. Kauf eines Grundstücks gegen Banküberweisung 5 500,00

8 Formulieren Sie zu folgenden Geschäftsfällen die Buchungssätze:

	€	€
1. Einkauf eines Aktenschranks		
bar	200,00	
auf Ziel	750,00	950,00
2. Ausgleich einer Liefererrechnung		
bar	180,00	
durch Banküberweisung	1 020,00	1 200,00
3. Rechnungsausgleich des Kunden		
bar	80,00	
durch Banküberweisung	700,00	780,00
4. Einkauf eines Druckers		
bar	250,00	
gegen Banküberweisung	430,00	680,00
5. Tilgung einer Darlehensschuld		
durch Banküberweisung	800,00	
bar	200,00	1 000,00

9 Richten Sie ein Grundbuch nach dem Beispiel auf S. 346 ein und erfassen Sie dann folgende Geschäftsfälle:

				€
1. **ER 250** vom	**25.07.:**	Einkauf eines Computers auf Ziel...............		1 800,00
2. **BA 110** vom	**27.07.:**	Ausgleich der AR 406		8 000,00
3. **ER 251** vom	**28.07.:**	Kauf eines Lkw auf Ziel.......................		100 000,00
4. **BA 111** vom	**30.07.:**	Tilgungsrate eines aufgenommenen Darlehens		15 000,00
5. **BA 112** vom	**03.08.:**	Ausgleich der ER 251 (Geschäftsfall 3)		100 000,00
6. **AR 507**				
BA 113 vom	**07.08.:**	Verkauf eines gebrauchten Pkw gegen Banküberweisung.....................		7 500,00
7. **ER 252**				
BA 114 vom	**09.08.:**	Kauf eines Regals für das Personalbüro gegen Banküberweisung.....................		1 200,00
8. **BA 115** vom	**10.08.:**	Ausgleich der ER 250 (Geschäftsfall 1)		1 800,00

8.1.3 Auf Erfolgskonten buchen und den Erfolg ermitteln

Werner Krull kommt in Herrn Lunaus Büro, der dort gerade mit Frau Rand zusammensitzt. Es herrscht eine gute Stimmung. Frau Rand berichtet von einem Auftrag der Colo AG Warenhaus, Dortmund, über 300 Jeans-Westen und 600 Paar Socken. Frau Rand ergänzt: „Gott sei Dank konnte unser Lieferer sofort liefern, sodass die Ware morgen bereits unser Haus verlassen kann. Hier haben Sie bereits die Eingangsrechnung der Stricker AG."

Werner Krull: „Dann kann ich die Rechnungen ja direkt auf dem Bestandskonto buchen."

Herr Lunau: „Nein, nein, bitte nicht!"

Stricker AG · Textilwaren

Stricker AG · Nelkenweg 5 · 44532 Lünen

RAND OHG
Dieselstraße 10
26605 Aurich

Stricker AG
Nelkenweg 5
44532 Lünen
Tel: 02306 285400
Fax: 02306 285470
info@stricker-textilherstellung.de
www.stricker-textilherstellung.de

Kundennummer	Rechnungsnummer	Datum
1928	2039	08.01.20..

Rechnung

Artikel-Nr.	Artikelbezeichnung	Liefermenge in Stück/Paar	€ pro Stück/Paar	Gesamtpreis in €
5830	Jeans-Weste Marlies	300	8,70	2 610,00
5967	Socken Jeanslook	600	1,10	660,00
				3 270,00

Zahlbar sofort ohne Abzug

Bankverbindung:
Sparkasse Lünen IBAN: DE2844152370441008264 BIC: WELADED1LUN
Steuernummer: 317/6514/6543 USt-IdNr.: DE195768432

8.1 Erfassung und Dokumentation von Wertströmen

RAND OHG

Großhandel für Randsortimente

RAND OHG · Dieselstraße 10 · 26605 Aurich

ReWo eG
Nelkenstr. 3
50733 Köln

Ihr Ansprechpartner:	Karin Schmitz
Abteilung:	Verwaltung
E-Mail:	k.schmitz@randohg.de
Telefon:	04941 4076-0
Telefax:	04941 4076-10
Ihr Zeichen:	ka-rt
Ihre Nachricht:	09.01.20..
Unser Zeichen:	ks
Unsere Nachricht:	
Datum:	15.01.20..

Rechnung

Ihre Bestellung vom: 10.01.20..
Lieferdatum: 13.01.20..

Kunden-Nr. 24005
Rechnungs-Nr. 3583
Bei Zahlung bitte angeben

Artikel-Nr.	Artikelbezeichnung	Menge	Einzelpreis in €	Gesamtpreis in €
1610	Jeans-Weste Marlies	300	12,30	3 690,00
1515	Jeans-Socken	600	1,65	990,00
				4 680,00

Bei Rücksendung der Verpackung schreiben wir Ihnen 80 % des Wertes gut.

Zahlbar innerhalb 30 Tagen netto, innerhalb 14 Tagen abzügl. 3 % Skonto

Sparkasse Aurich-Norden
IBAN DE76283500000142016978, BIC BRLADE21ANO
Internet: www.randohg.de

Amtsgericht: Aurich HRA 202973
Steuernummer: 2354/221/12345
USt-IdNr. DE117980570
Geschäftsführer: Renate Rand, Werner Koch

Arbeitsaufträge
- *Erläutern Sie die betriebswirtschaftlichen Prozesse anhand des Schaubildes auf S. 354.*
- *Erläutern Sie, welche Ziele die RAND OHG mit dem Kauf und Verkauf von Artikeln des Randsortiments verfolgt.*
- *Machen Sie Vorschläge für die Erfassung der beiden Belege in der Buchhaltung.*

■ Die Auswirkungen von Aufwendungen und Erträgen auf das Eigenkapital beschreiben

Aufwendungen und ihre Auswirkungen auf das Eigenkapital erfassen

Um Waren zu verkaufen, muss das Großhandelsunternehmen diese Waren bei Herstellern (Lieferer) einkaufen. Da die Ware i. d. R. nicht sofort an den Kunden weiterverkauft wird, muss sie gelagert und zeitweilig gepflegt werden. Für den Verkauf müssen Kunden angeworben werden, Kunden beraten und geschult werden und die Mengeneinheiten durch Umpacken zu kundengerechten Verpackungseinheiten werden. Darin und in der kundengerechten Sortimentsbildung besteht im Leistungsprozess die besondere Wertschöpfung des Großhandelsunternehmens.

Um diese Leistung zu erbringen, muss das Großhandelsunternehmen Betriebsmittel (Fuhrpark, Lagerraum, Verkaufsräume, Betriebs- und Geschäftsausstattung), Personal und die eingekaufte Ware als Input in den Leistungsprozess einsetzen.

RAND OHG

Beschaffungsmarkt

Die RAND OHG kauft Waren von ihren Lieferern sowie Betriebsmittel und stellt Personal ein

Hauptprozesse

Beschaffung | Lagerung Bereitstellung Pflege | Absatz

Finanzierungsprozesse

Ausgaben | Einnahmen

Absatzmarkt

Die RAND OHG verkauft Waren an ihre Kunden

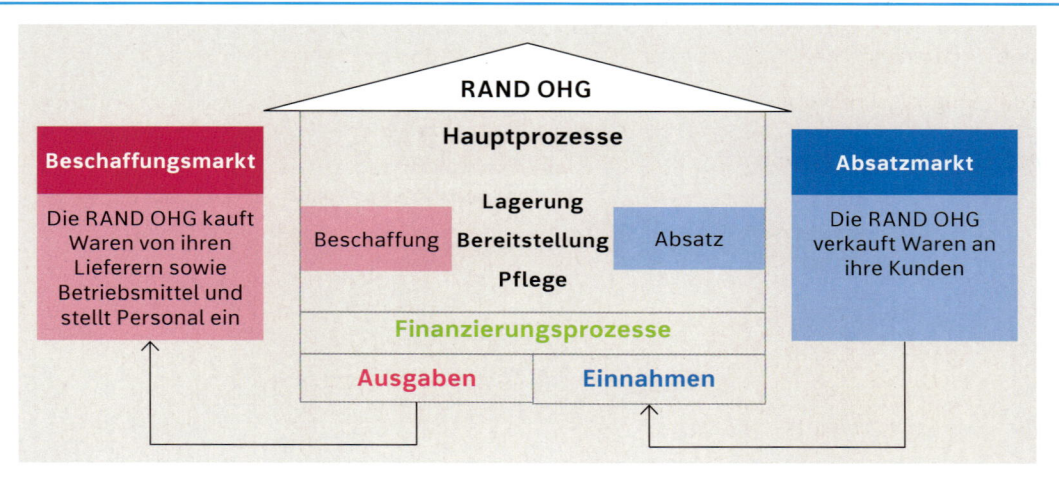

Dieser **Einsatz** der genannten **Produktionsfaktoren** in Euro ausgedrückt stellt **Aufwendungen** dar, die der Großhandelskaufmann vorfinanzieren muss. Da diesem Einsatz **zunächst** einmal keine Einnahmen gegenüberstehen, liegt das Risiko für den Verkauf der Waren und Dienstleistungen allein beim Unternehmer. Deshalb mindert der Einsatz der Produktionsfaktoren das Eigenkapital.

„**Zunächst**" bedeutet, dass ein Großhandelsunternehmen bestrebt ist, durch den Absatz von Waren und Dienstleistungen den Werteverbrauch zuzüglich eines Gewinnes zu erwirtschaften (Wertschöpfung). In der Buchführung wird dieser Werteverbrauch als **Aufwand** erfasst.

Beispiel Die RAND OHG beschafft Waren, die in ein Handelsgeschäft einfließen. Zur Abwicklung dieses Geschäftes ist zudem die Arbeitsleistung von den Mitarbeitern der RAND OHG notwendig.

Alle Ausgaben für die eingesetzten Produktionsfaktoren wie
- Ausgaben für Waren (Wareneinkäufe),
- Mietzahlungen für Betriebsmittel und
- Lohn- und Gehaltszahlungen für die Arbeitsleistungen

sind für den Wertschöpfungsprozess unerlässlich, mindern aber zunächst einmal das Eigenkapital.

Erträge und ihre Auswirkungen auf das Eigenkapital erläutern

Das Großhandelsunternehmen hat die Ware eingekauft, um sie an seine Kunden weiterzuverkaufen. Dabei ist es sein Ziel, alle vorfinanzierten Einsätze von Produktionsfaktoren über den Verkaufspreis wieder hereinzuholen. Außerdem möchte jedes Unternehmen zu seiner eigenen und zur privaten Existenzsicherung einen Gewinn erwirtschaften, der ebenfalls in die Verkaufspreise einkalkuliert wird. Mit dem Verkauf der Ware erzielt das Unternehmen Erträge, die das Eigenkapital mehren.

Aufwendungen und Erträge auf Unterkonten des Eigenkapitalkontos buchen

Aufwendungen und Erträge könnten direkt über das Eigenkapitalkonto erfasst werden. Wegen des besonderen Interesses des Unternehmens an Informationen über die Änderungen des Eigenkapitals werden die Aufwendungen und Erträge auf entsprechenden Unterkonten erfasst.

Aufwendungen auf den Aufwandskonten buchen

Aufwendungen mindern das Eigenkapital. Sie könnten somit direkt auf der Soll-Seite des Eigenkapitalkontos erfasst werden. Um jedoch eine Übersicht über einzelne Aufwandsarten zu ermöglichen, werden für die einzelnen Aufwandsarten Unterkonten des Eigenkapitalkontos eingerichtet, die stellvertretend für das Eigenkapitalkonto den Aufwand aufnehmen; somit sind die Ursachen der Eigenkapitalveränderung besser zu erkennen und zu analysieren.

Beim Eingang der Waren wird unterstellt, dass sie sofort verkauft werden und somit eingesetzt werden, also das Lager nicht berühren. Sie werden daher sofort beim Eingang auf dem Aufwandskonto **„Aufwendungen für Waren"** erfasst.

```
                        Aufwandskonten
              ┌──────────────┴──────────────┐
     betriebliche Aufwendungen        weitere Aufwendungen
     – Aufwendungen für Waren         – Gewerbesteuer
     – Gehälter                       – Zinsaufwendungen
     – Soziale Aufwendungen           – …
     – …
```

Um die Wirtschaftlichkeit eines Unternehmens zu kontrollieren, ist es notwendig, dass die Entwicklung der jeweiligen Aufwandskonten stets im Blick behalten wird. So kann Fehlentwicklungen rechtzeitig begegnet werden, um den Gewinn zu sichern und um Verluste zu vermeiden.

Beispiel *In der RAND OHG sind durch steigende Energiepreise die Aufwendungen für Strom und Gas in den vergangenen Jahren stark gestiegen. Die Geschäftsführung beauftragt daraufhin einen Umweltbeauftragten, Vorschläge zu entwickeln, wie durch ein modernes Energiemanagement die Aufwendungen für Strom und Gas reduziert werden können.*

Da Aufwandskonten Unterkonten des passiven Bestandskontos „Eigenkapital" sind, werden **Aufwendungen – als Eigenkapitalminderungen – im Soll gebucht**. Ihr gemeinsamer Anfangsbestand steht auf dem Konto „Eigenkapital".

■ *Aufwandskonten haben keinen Anfangsbestand.*

Beispiel *Die Eingangsrechnung der Stricker AG Textilwaren wird wie folgt erfasst:*

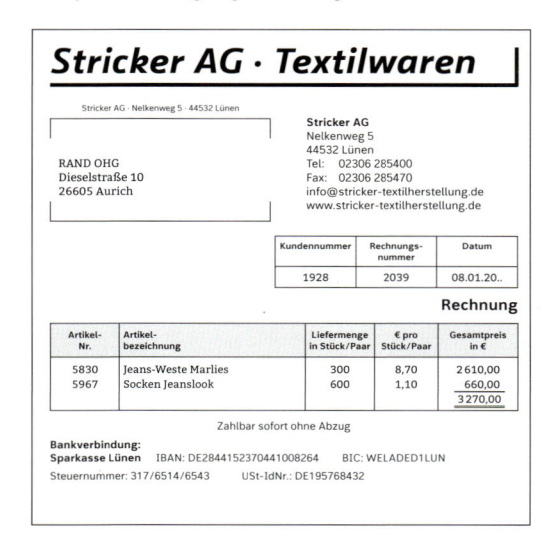

Aufwendungen für Waren	3 270,00
an Verb. a. LL.	3 270,00

S	Aufwendungen für Waren		H
Verb. a. LL.	3 270,00		

S	Verbindlichkeiten a. LL.		H
		AB	10 000,00
		Aufw. für Waren	3 270,00

Erträge auf den Ertragskonten buchen

Als Ergebnis des Wertschöpfungsprozesses verlassen Waren das Groß- und Außenhandelsunternehmen. Sie werden auf dem Absatzmarkt verkauft und erzielen so Umsatzerlöse.

Lernfeld 8: Wertströme erfassen, dokumentieren, aufbereiten und auswerten

Diese fließen in Form von Forderungen, Banküberweisungen oder Barzahlungen als Einnahmen in das Unternehmen zurück. Diesen Wertezuwachs bezeichnet man als **Ertrag**. Durch die Erträge wird das **Vermögen** des Unternehmens **erhöht**. Folglich führen Erträge zu einer **Mehrung** des **Eigenkapitals**.

Ähnlich wie bei den Aufwandskonten werden für die betreffenden Ertragsarten **Unterkonten** des **Eigenkapitalkontos** eingerichtet. Diese nehmen stellvertretend für das Eigenkapitalkonto den jeweiligen Ertrag auf.

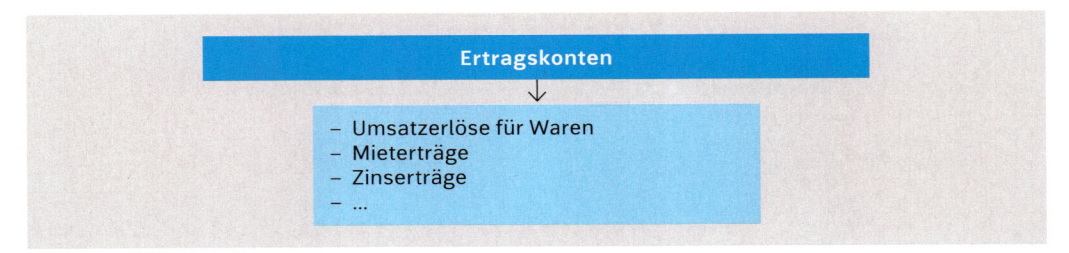

Ertragskonten
↓
– Umsatzerlöse für Waren
– Mieterträge
– Zinserträge
– ...

Auch **Ertragskonten sind Unterkonten des passiven Bestandskontos „Eigenkapital"** und werden deshalb **als Eigenkapitalmehrung im Haben gebucht**. Ertragskonten haben wie Aufwandskonten **keinen Anfangsbestand**.

Beispiel Die Ausgangsrechnung an die ReWo eG wird wie folgt erfasst:

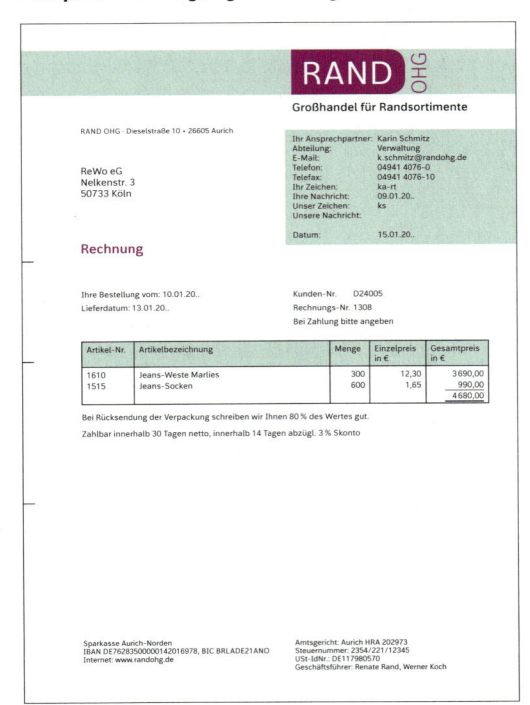

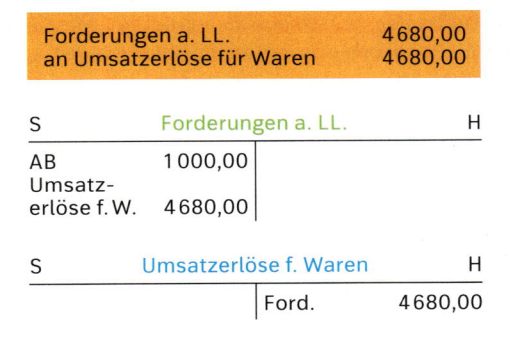

Forderungen a. LL.	4 680,00
an Umsatzerlöse für Waren	4 680,00

S	Forderungen a. LL.		H
AB	1 000,00		
Umsatz-erlöse f. W.	4 680,00		

S	Umsatzerlöse f. Waren		H
		Ford.	4 680,00

Ein Großhandelsunternehmen versucht, die Aufwendungen, die mit dem Verkauf von Waren und Dienstleistungen verbunden sind, auf die Kunden abzuwälzen und somit über die Umsatzerlöse eine Erstattung des Aufwands zu erreichen und darüber hinaus dem Unternehmen einen **Gewinn** zu bringen.

> *Damit dieses Ziel erreicht wird, müssen die Umsatzerlöse größer als der gesamte Einsatz an Produktionsfaktoren sein.*

■ Den Erfolg (das Ergebnis) des Leistungsprozesses durch Gegenüberstellung von Aufwendungen und Erträgen im Gewinn- und Verlustkonto ermitteln

Abschluss der Erfolgskonten über das Gewinn- und Verlustkonto

Am Ende des Geschäftsjahres werden die Konten abgeschlossen. Aufwendungen und Erträge werden gesammelt und gegenübergestellt, um den **Erfolg** (**Gewinn** oder **Verlust**) festzustellen.

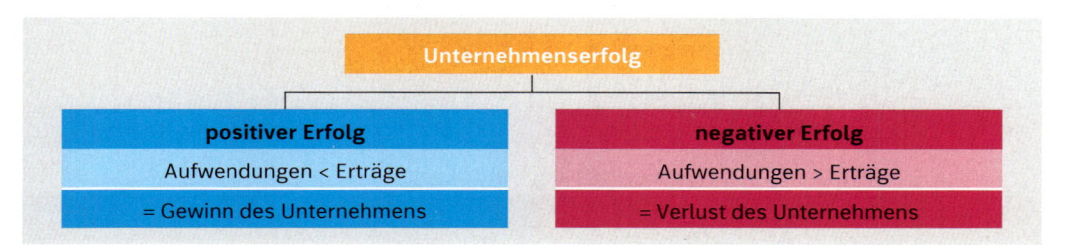

```
                    Unternehmenserfolg
            ┌───────────────┴───────────────┐
      positiver Erfolg                negativer Erfolg
     Aufwendungen < Erträge          Aufwendungen > Erträge
    = Gewinn des Unternehmens      = Verlust des Unternehmens
```

In einem Großhandelsunternehmen entstehen sehr viele unterschiedliche **Aufwandsarten** und **Ertragsarten**, die auf den jeweiligen Konten festgehalten werden. So kann festgestellt werden, wie hoch die einzelnen Aufwendungen und Erträge in dem betrachteten Zeitraum waren und sich im **Zeitvergleich** entwickelt haben. Zur **Erfolgsermittlung** ist die Betrachtung der einzelnen Konten jedoch zu unübersichtlich und daher unbrauchbar. Daher werden sämtliche Aufwendungen und Erträge auf einem **Sammelkonto, dem GuV-Konto**, gegenübergestellt, sodass sehr rasch ermittelt werden kann, ob ein Gewinn oder Verlust entstanden ist.

Beispiel *Die Erfolgskonten der RAND OHG nach ihrem Abschluss zum Ende des Geschäftsjahres*

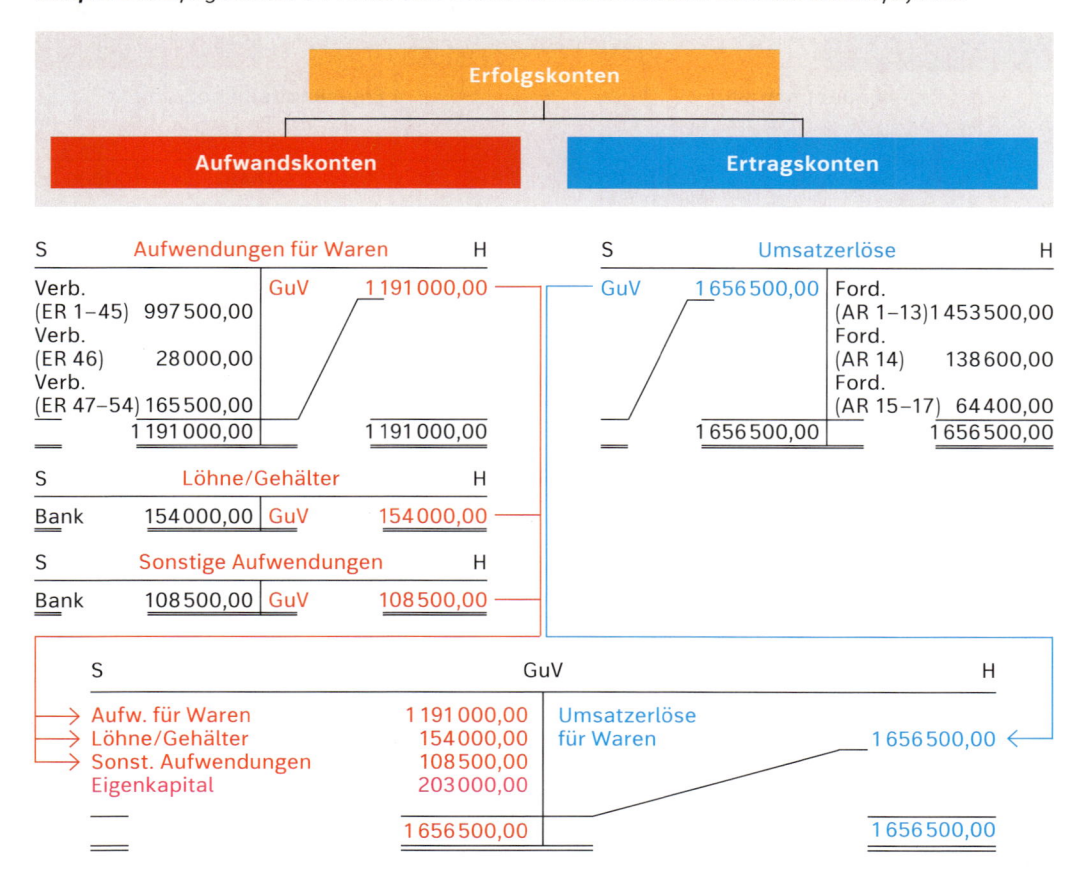

```
                    Erfolgskonten
            ┌───────────┴───────────┐
       Aufwandskonten          Ertragskonten
```

S	Aufwendungen für Waren		H
Verb. (ER 1–45)	997 500,00	GuV	1 191 000,00
Verb. (ER 46)	28 000,00		
Verb. (ER 47–54)	165 500,00		
	1 191 000,00		1 191 000,00

S	Umsatzerlöse		H
GuV	1 656 500,00	Ford. (AR 1–13)	1 453 500,00
		Ford. (AR 14)	138 600,00
		Ford. (AR 15–17)	64 400,00
	1 656 500,00		1 656 500,00

S	Löhne/Gehälter		H
Bank	154 000,00	GuV	154 000,00

S	Sonstige Aufwendungen		H
Bank	108 500,00	GuV	108 500,00

S	GuV		H
Aufw. für Waren	1 191 000,00	Umsatzerlöse für Waren	1 656 500,00
Löhne/Gehälter	154 000,00		
Sonst. Aufwendungen	108 500,00		
Eigenkapital	203 000,00		
	1 656 500,00		1 656 500,00

Lernfeld 8: Wertströme erfassen, dokumentieren, aufbereiten und auswerten

■ Abschluss des Gewinn- und Verlustkontos über das Konto Eigenkapital

Auch der Gesetzgeber verlangt von den Unternehmen, dass sie am Jahresende eine Gewinn- und Verlustrechnung erstellen (§ 242 Abs. 2 HGB). Diese bildet zusammen mit der **Bilanz** den **Jahresabschluss**. Die Aufwands- und Ertragskonten werden zu diesem Zweck über das GuV-Konto abgeschlossen. Die Buchungssätze lauten:

	GuV	an alle Aufwandskonten
	alle Ertragskonten	an GuV

S	Aufwandskonten	H	S	Ertragskonten	H
Aufwendungen	Saldo GuV		Saldo GuV	Erträge	

S	Gewinn- und Verlustkonto	H
Salden Aufwandskonten	Salden Ertragskonten	

Das Gewinn- und Verlustkonto wird letztendlich über das Eigenkapitalkonto abgeschlossen, indem der Gewinn oder Verlust als endgültige Eigenkapitaländerung auf das Konto Eigenkapital übertragen wird.

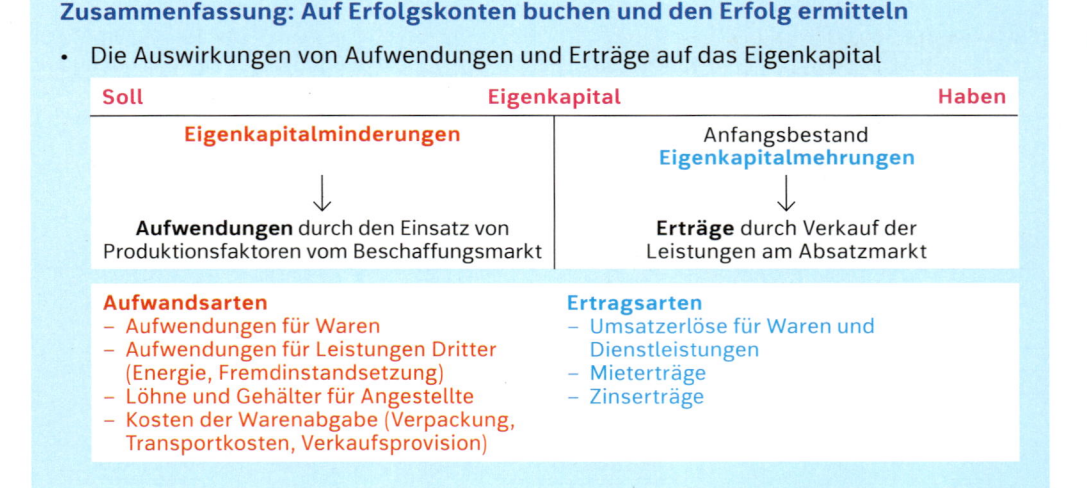

Beispiel 1

S	GuV (bei Gewinn)	H
Aufwendungen 708 000,00	Erträge 858 000,00	
Gewinn 150 000,00		

Eigenkapitalmehrung

S	Eigenkapital	H
	AB 600 000,00	
	Gewinn 150 000,00	

Abschlussbuchungssatz bei Gewinn:
GuV 150 000,00 an Eigenk. 150 000,00

Beispiel 2

S	GuV (bei Verlust)	H
Aufwendungen 720 000,00	Erträge 670 000,00	
	Verlust 50 000,00	

Eigenkapitalminderung

S	Eigenkapital	H
Verlust 50 000,00	AB 700 000,00	

Abschlussbuchungssatz bei Verlust:
Eigenk. 50 000,00 an GuV 50 000,00

Zusammenfassung: Auf Erfolgskonten buchen und den Erfolg ermitteln

- Die Auswirkungen von Aufwendungen und Erträge auf das Eigenkapital

Soll	Eigenkapital	Haben
Eigenkapitalminderungen		Anfangsbestand **Eigenkapitalmehrungen**
↓		↓
Aufwendungen durch den Einsatz von Produktionsfaktoren vom Beschaffungsmarkt		**Erträge** durch Verkauf der Leistungen am Absatzmarkt

Aufwandsarten	**Ertragsarten**
– Aufwendungen für Waren – Aufwendungen für Leistungen Dritter (Energie, Fremdinstandsetzung) – Löhne und Gehälter für Angestellte – Kosten der Warenabgabe (Verpackung, Transportkosten, Verkaufsprovision)	– Umsatzerlöse für Waren und Dienstleistungen – Mieterträge – Zinserträge

- **Buchung der Aufwendungen und Erträge** auf Unterkonten des Eigenkapitalkontos
  - Damit die Unternehmensleitung die Ursachen der Eigenkapitalveränderungen erkennt, werden **Aufwendungen** und **Erträge** getrennt auf **Unterkonten des Eigenkapitalkontos** gebucht (**Erfolgskonten**).
  - **Aufwandskonten** erfassen die **Eigenkapitalminderungen, Ertragskonten** die **Eigenkapitalmehrungen**.
  - Sind die Erträge größer als die gesamten Aufwendungen, erzielt das Unternehmen einen Gewinn.

- Erfolgsermittlung durch Gegenüberstellung der Aufwendung und Erträge im **Gewinn- und Verlustkonto**
  - Zur Ermittlung des Erfolges (Gewinn oder Verlust) werden die Aufwands- und Ertragskonten über das GuV-Konto abgeschlossen.
  - Der **Saldo** (Gewinn oder Verlust) wird auf das **Eigenkapitalkonto** übertragen.
  - Die **Gewinn-und-Verlust-Rechnung** bildet **zusammen mit** der **Bilanz** den **Jahresabschluss**, der vom Kaufmann unter Angabe des Datums zu unterzeichnen ist (§ 245 HGB).

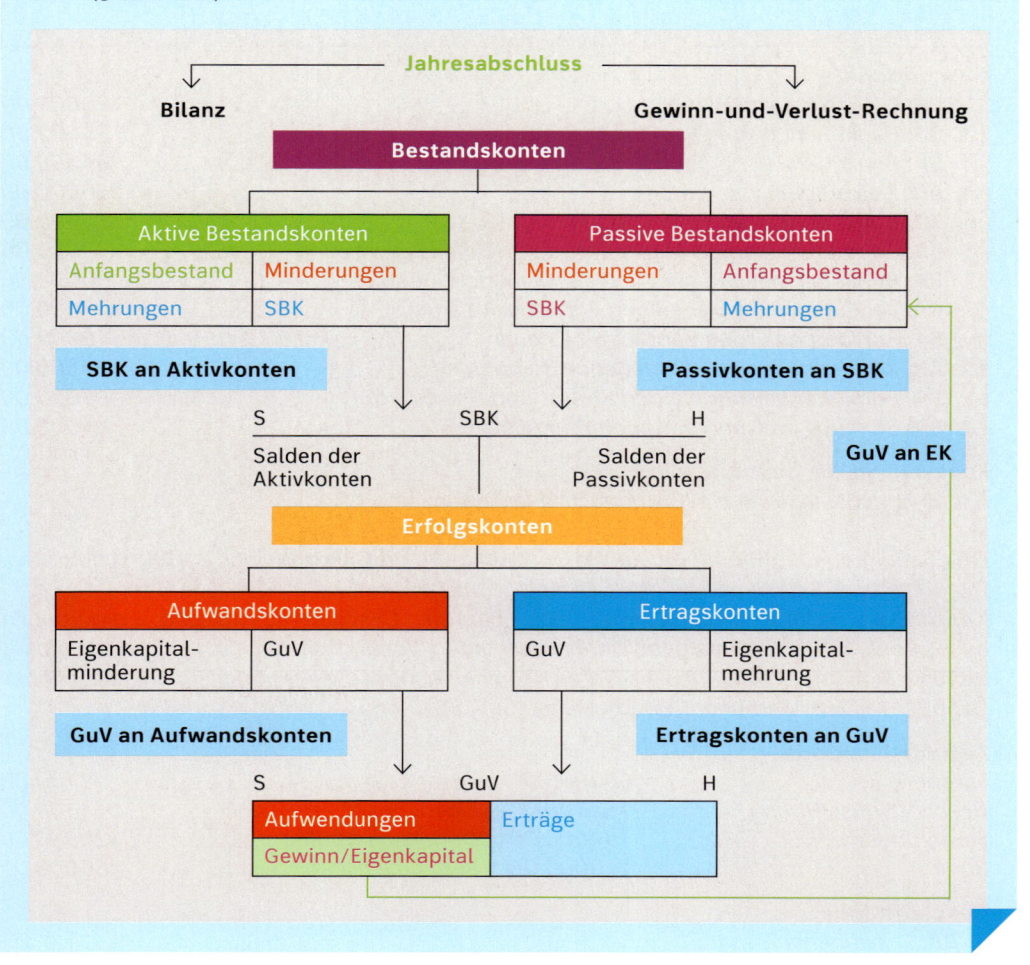

Jahresabschluss

Bilanz — **Gewinn-und-Verlust-Rechnung**

Bestandskonten

Aktive Bestandskonten		Passive Bestandskonten	
Anfangsbestand	Minderungen	Minderungen	Anfangsbestand
Mehrungen	SBK	SBK	Mehrungen

SBK an Aktivkonten — **Passivkonten an SBK**

SBK: S — Salden der Aktivkonten | Salden der Passivkonten — H

GuV an EK

Erfolgskonten

Aufwandskonten		Ertragskonten	
Eigenkapital-minderung	GuV	GuV	Eigenkapital-mehrung

GuV an Aufwandskonten — **Ertragskonten an GuV**

GuV: S — Aufwendungen | Erträge — H
Gewinn/Eigenkapital

Aufgaben

1 Erläutern Sie anhand von Beispielen die Buchungen auf
a) Bestandskonten,
b) Erfolgskonten.

2 Erstellen Sie eine allgemeine Übersicht über Bestands- und Erfolgskonten zur Präsentation vor Ihrer Klasse.

3 Bilden Sie die Buchungssätze zu folgenden Geschäftsfällen und erläutern Sie ihre Auswirkung auf das Eigenkapital. Wählen Sie zur Darstellung Ihrer Lösung folgenden Tabellenkopf:

Geschäftsfall	Buchungssatz				Auswirkung auf das Eigenkapital
	Soll		Haben		
	Konto	€	Konto	€	

Geschäftsfälle €
1. **ER:** Zieleinkauf von Waren 86 000,00
2. **BA:** Banküberweisung von Kunden für fällige AR 35 000,00
3. **BA:** Banküberweisung der Löhne an Lagerarbeiter 164 000,00
4. **AR:** Zielverkäufe von Waren 336 000,00
5. **BA:** Banküberweisung von Kunden für fällige AR 280 000,00
6. **BA:** Gehaltszahlung an Angestellte durch Banküberweisung 172 000,00
7. **BA:** Banküberweisung der Miete für gemietete Gebäude 60 000,00
8. **BA:** Verkäufe von Waren gegen Banküberweisung 325 000,00
9. **BA:** Banküberweisung der Gewerbesteuer 40 000,00
10. **AR, KB:** Verkäufe von Waren gegen Barzahlung 600,00
11. **BA:** Banküberweisung für den Strom- und Gasverbrauch 19 000,00
12. **BA:** Banküberweisung an Lieferer für fällige ER 94 000,00

Kontieren Sie die Geschäftsfälle vor.
Alle Buchungssätze sind im Grundbuch zu erfassen.

4 Eine Schulmöbelgroßhandlung kaufte und verkaufte im Geschäftsjahr 20 000 Schultische. Die dabei angefallenen Geschäftsfälle sind zu buchen.
Konten der Schulmöbelgroßhandlung: Fuhrpark, Geschäftsausstattung, Forderungen a. LL., Bank, Kasse, Eigenkapital, Darlehnsschulden, Verbindlichkeiten a. LL., Umsatzerlöse/Warenverkauf, Aufwendungen für Waren/Wareneingang, Aufwendungen für Energie, Löhne/Gehälter, Mieten, Werbung, Gewerbesteuer, GuV, SBK.

Anfangsbestände	€		€
Fuhrpark	650 000,00	Kasse	4 100,00
Geschäftsausstattung	162 000,00	Eigenkapital	1 054 100,00
Forderungen a. LL.	184 000,00	Darlehnsschulden	420 000,00
Bank	740 000,00	Verbindlichkeiten a. LL. ...	266 000,00

Geschäftsfälle: € €
1. **BA:** Banküberweisungen
   a) Lohn- und Gehaltszahlungen 175 000,00
   b) Gewerbesteuer an die Stadtkasse 28 400,00

   c) Mieten für gemietete Betriebsgebäude 25 000,00
   d) Tilgungsrate einer Darlehensschuld................. <u>30 000,00</u> 258 400,00
2. **ER:** Zielkauf eines Lkw 60 000,00
3. **ER:** Zieleinkauf von 1 450 Schultischen à 175,00 € 253 750,00
4. **AR, KB, BA:** Verkäufe von 1 400 Schultischen
   à 385,00 €
   a) bar: zwei Stück 770,00
   b) gegen Banküberweisung: 565 Stück 217 525,00
   c) auf Ziel (30 Tage): 833 Stück .... <u>320 705,00</u> 539 000,00
5. **ER, BA:**
   a) Einkauf von 550 Schultischen gegen Banküberweisung 96 250,00
   b) Banküberweisung an Lieferer für fällige ER.......... <u>85 100,00</u> 181 350,00
6. **AR, KB, BA:** Verkauf von 600 Schultischen
   a) bar: 1 Stück 385,00
   b) gegen Banküberweisung: 229 Stück................ 88 165,00
   c) auf Ziel: 370 Stück .... <u>142 450,00</u> 231 000,00
7. **BA:** Banküberweisungen
   a) Strom- und Gasverbrauch 36 200,00
   b) Werbemaßnahmen „Aktion Schultische"............ <u>47 000,00</u> 83 200,00

Eröffnen Sie die Konten, buchen Sie die Geschäftsfälle und führen Sie den Abschluss durch. Alle Buchungen sind im Grundbuch und im Hauptbuch zu erfassen.

5 **Konten:** Grundstücke und Gebäude, Geschäftsausstattung, Forderungen a. LL., Bank, Kasse, Eigenkapital, Verbindlichkeiten a. LL., Umsatzerlöse/Warenverkauf, Aufwendungen für Waren/Wareneingang, Löhne/Gehälter, Büromaterial, Versicherungsbeiträge, Gewerbesteuer, GuV, SBK.

Anfangsbestände	€		€
Grundstücke		Bank	150 000,00
und Gebäude	300 000,00	Kasse	10 000,00
Geschäftsausstattung	140 000,00	Eigenkapital	600 000,00
Forderungen a. LL.	60 000,00	Verbindlichkeiten a. LL.	60 000,00

Geschäftsfälle: €   €
1. **BA:** Kunden bezahlten fällige Ausgangsrechnungen
   durch Banküberweisung 41 200,00
2. **BA, ER:** Einkäufe von Waren gegen
   a) Banküberweisung 48 000,00
   b) Zielgewährung von 50 Tagen .... <u>15 200,00</u> 63 200,00
3. **BA:** Banküberweisung der Miete für ein vermietetes
   Lagergebäude...................................... 2 500,00
4. **BA:** Banküberweisungen an
   a) Arbeiter wegen Lohnzahlung 40 000,00
   b) Schreibwarenhandlung wegen Büromaterialien 3 500,00
   c) Computerhandel GmbH wegen PC-Kaufs für
      Verkaufsbüro 4 500,00
   d) Versicherungs-AG wegen Gebäudefeuerversicherung <u>1 300,00</u> 49 300,00
5. **AR:** Verkäufe von Waren gegen Zielgewährung von
   30 Tagen 132 500,00

Führen Sie die Finanzbuchhaltung zur Ermittlung des Jahresabschlusses durch.

8.1.4 Die Umsatzsteuer bei Einkauf und Verkauf errechnen und buchen

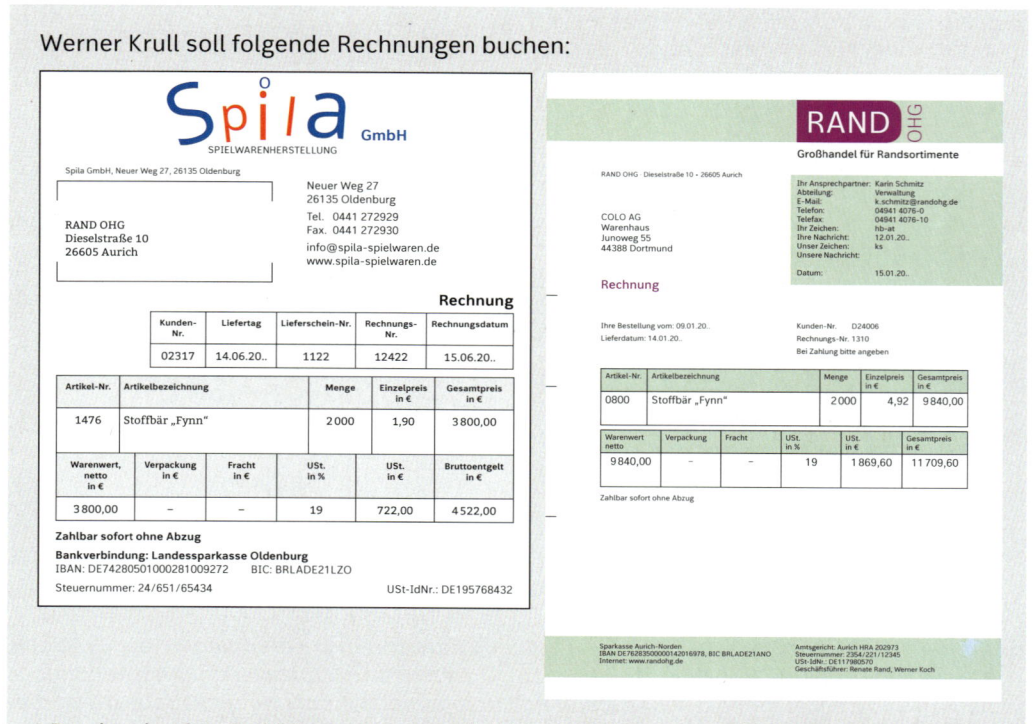

Werner Krull soll folgende Rechnungen buchen:

Rechnung Spila GmbH an RAND OHG:

Spila GmbH, SPIELWARENHERSTELLUNG
Spila GmbH, Neuer Weg 27, 26135 Oldenburg

RAND OHG
Dieselstraße 10
26605 Aurich

Neuer Weg 27
26135 Oldenburg
Tel. 0441 272929
Fax. 0441 272930
info@spila-spielwaren.de
www.spila-spielwaren.de

Rechnung

Kunden-Nr.	Liefertag	Lieferschein-Nr.	Rechnungs-Nr.	Rechnungsdatum
02317	14.06.20..	1122	12422	15.06.20..

Artikel-Nr.	Artikelbezeichnung	Menge	Einzelpreis in €	Gesamtpreis in €
1476	Stoffbär „Fynn"	2000	1,90	3 800,00

Warenwert, netto in €	Verpackung in €	Fracht in €	USt. in %	USt. in €	Bruttoentgelt in €
3 800,00	–	–	19	722,00	4 522,00

Zahlbar sofort ohne Abzug
Bankverbindung: Landessparkasse Oldenburg
IBAN: DE74280501000281009272   BIC: BRLADE21LZO
Steuernummer: 24/651/65374   USt-IdNr.: DE195768432

Rechnung RAND OHG an COLO AG:

RAND OHG – Großhandel für Randsortimente
RAND OHG Dieselstraße 10 – 26605 Aurich

COLO AG
Warenhaus
Junoweg 55
44388 Dortmund

Ihr Ansprechpartner: Karin Schmitz
Abteilung: Verwaltung
E-Mail: k.schmitz@randohg.de
Telefon: 04941 4076-0
Telefax: 04941 4076-10
Ihr Zeichen: hb-at
Ihre Nachricht: 12.01.20..
Unser Zeichen: ks
Unsere Nachricht:
Datum: 15.01.20..

Rechnung

Ihre Bestellung vom: 09.01.20..   Kunden-Nr. D24006
Lieferdatum: 14.01.20..   Rechnungs-Nr. 1310
Bei Zahlung bitte angeben

Artikel-Nr.	Artikelbezeichnung	Menge	Einzelpreis in €	Gesamtpreis in €
0800	Stoffbär „Fynn"	2000	4,92	9 840,00

Warenwert netto	Verpackung	Fracht	USt. in %	USt. in €	Gesamtpreis in €
9 840,00	–	–	19	1 869,60	11 709,60

Zahlbar sofort ohne Abzug

Sparkasse Aurich-Norden
IBAN DE76283500001420169678, BIC BRLADE21ANO
Internet: www.randohg.de
Amtsgericht: Aurich HRA 202973
Steuernummer: 2354/221/12345
USt-IdNr.: DE117980570
Geschäftsführer: Renate Rand, Werner Koch

„Das ist aber komisch", brummt er vor sich hin, *„das Finanzamt verlangt sowohl auf Einkäufe als auch auf Verkäufe Umsatzsteuer. Das wird den Gewinn der RAND OHG aber ganz schön schmälern."*

Arbeitsaufträge
- Erläutern Sie die beiden Belege.
- Überprüfen Sie die Aussage von Werner Krull auf ihre Richtigkeit.
- Erklären Sie am Beispiel der beiden Belege das Umsatzsteuersystem.

Das System der Umsatzsteuer erläutern

Der Gesetzgeber erhebt auf die Umsätze der Unternehmen Umsatzsteuer. Umsätze im Sinne des Umsatzsteuergesetzes sind Lieferungen und sonstige Leistungen. Dabei sind zu unterscheiden:

Beispiele

Verkauf von **Artikeln** des Randsortiments	Verkauf von **Dienstleistungen**. Die RAND OHG bietet ihren Kunden z. B. Wartungs- und Servicearbeiten sowie Mitarbeiterschulungen an.	Verkauf von Gegenständen der **Geschäftsausstattung**

Die Höhe der Umsatzsteuer richtet sich nach dem **vereinbarten Entgelt (= Bemessungsgrundlage)**. Entgelt ist alles, was der Unternehmer als Gegenleistung für seine Lieferungen oder sonstigen Leistungen mit seinem Vertragspartner in einem Vertrag vereinbart hat.

Der **Regelsteuersatz** beträgt zurzeit **19 %** des Umsatzes, also der Bemessungsgrundlage.

Beispiel *Die RAND OHG schuldet dem Finanzamt aufgrund der ausgeführten Lieferung an den Kunden COLO AG Warenhaus 1 869,60 € Umsatzsteuer lt. AR Nr. 1310.*

Für verschiedene Umsätze gilt der **ermäßigte Steuersatz von 7 %**.

Beispiele *Grundnahrungsmittel für Endverbraucher (Milch, Milcherzeugnisse, Mehl, Brot u. Ä.), Bücher, Zeitungen, Blumen, Kunstgegenstände und Beherbungsleistungen (nur die Inanspruchnahme von Wohn- und Schlafraum; der Verzehr von Speisen und Getränken unterliegt dem Regelsteuersatz von 19 %)*

Darüber hinaus hat der Gesetzgeber verschiedene Umsätze aus sozial-, kultur- oder wirtschaftspolitischen Gründen von der Umsatzsteuer befreit.

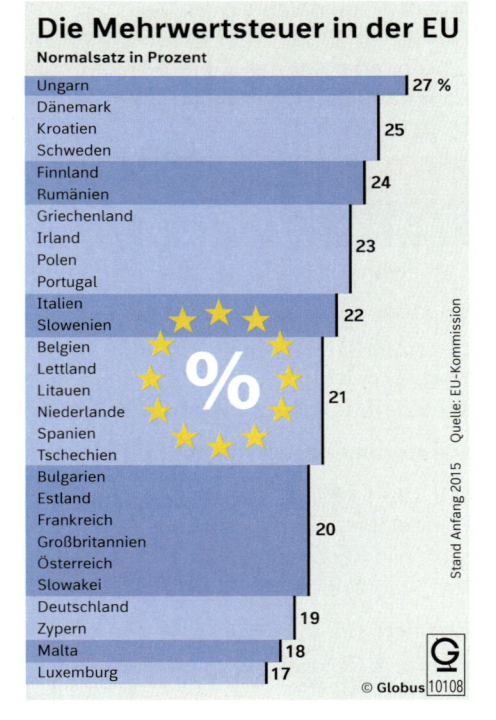

Die Mehrwertsteuer in der EU
Normalsatz in Prozent

Land	%
Ungarn	27
Dänemark	25
Kroatien	25
Schweden	25
Finnland	24
Rumänien	24
Griechenland	23
Irland	23
Polen	23
Portugal	23
Italien	22
Slowenien	22
Belgien	21
Lettland	21
Litauen	21
Niederlande	21
Spanien	21
Tschechien	21
Bulgarien	20
Estland	20
Frankreich	20
Großbritannien	20
Österreich	20
Slowakei	20
Deutschland	19
Zypern	19
Malta	18
Luxemburg	17

Quelle: EU-Kommission, Stand Anfang 2015, © Globus 10108

Beispiele *Umsätze der Ärzte, Zahnärzte, Heilpraktiker, Krankengymnasten, Krankenhäuser, Altenheime, Museen, Büchereien, botanischen und zoologischen Gärten u. Ä.*

Die **Umsatzsteuer lt. Ausgangsrechnung** ist eine **Verbindlichkeit gegenüber dem Finanzamt**.

Jeder Unternehmer wälzt die abzuführende Umsatzsteuer auf den Kunden ab. Daher schreibt der Gesetzgeber vor, dass die **Umsatzsteuer** offen in der **Ausgangsrechnung** ausgewiesen werden muss.

Vorumsatz und Vorsteuer
Um den Umsatz erbringen zu können, muss ein Großhandelsunternehmen Lieferungen und Leistungen anderer Unternehmen in Anspruch nehmen (**Vorumsatz**).

Beispiel *Die RAND OHG kauft Artikel des Randsortiments, wie Haushalts- und Elektroartikel, Spiel-, Schreib- und Textilwaren sowie Gegenstände der Betriebs- und Geschäftsausstattung oder nimmt Dienstleistungen anderer Unternehmen in Anspruch (Fremdinstandsetzung, Strom, Transport durch Spediteure und Frachtführer).*

Die Eingangsrechnungen weisen daher neben dem vereinbarten Entgelt für die Waren oder Dienstleistungen die Umsatzsteuer aus. Aus der Sicht des beschaffenden Unternehmens wird **die Umsatzsteuer auf Eingangsrechnungen** als **Vorsteuer** bezeichnet.

Die Vorsteuer ist **eine Forderung gegenüber dem Finanzamt**, weil sie eine Vorleistung auf die zu zahlende Umsatzsteuer darstellt. Sie kann bei der Umsatzsteueranmeldung mit der geschuldeten Umsatzsteuer verrechnet werden.

Beispiel *Aufgrund der Eingangsrechnung Nr. 12422 der Spila GmbH hat die RAND OHG eine Forderung von 722,00 € gegenüber dem Finanzamt, die sie mit der Umsatzsteuerschuld aufgrund des Warenverkaufs lt. Ausgangsrechnung Nr. 1310 in Höhe von 1 869,60 € verrechnen kann.*

Lernfeld 8: Wertströme erfassen, dokumentieren, aufbereiten und auswerten

Mehrwert und Mehrwertsteuer

Der wertmäßige Unterschied zwischen dem Umsatz mit den Kunden und der Summe der Vorumsätze mit den Lieferern stellt den **Mehrwert** oder die **Wertschöpfung** dar, die das Großhandelsunternehmen zum Wert der verkauften Waren und Dienstleistungen selbst beigetragen hat.

Umsatz	Ausgangsrechnung Nr. 1310	9 840,00 €	Lieferung an einen Kunden
Vorumsatz	Eingangsrechnung Nr. 12422	3 800,00 €	Lieferung von einem Lieferer
Mehrwert		6 040,00 €	Wertschöpfung des Unternehmens

Die Unternehmen der einzelnen Wirtschaftsstufen erzeugen einen Mehrwert, der mit 19 % besteuert wird. Dies wird dadurch erreicht, dass die einzelnen Unternehmen von der geschuldeten Umsatzsteuer die zu fordernde Vorsteuer abziehen.

Die zu zahlende Restschuld wird als Umsatzsteuerzahllast bezeichnet.

Wie die folgende Tabelle zeigt, bekommt der Verbraucher vom letzten Unternehmen der Handelskette die Summe aller Mehrwerte und die gesamte Umsatzsteuer aller Wirtschaftsstufen in Rechnung gestellt. Er trägt also die gesamte Umsatzsteuer. Dies ist vom Gesetzgeber so gewollt, weil die Umsatzsteuer eine Verbrauchssteuer ist.

Beispiel

Wirtschaftsstufen	Umsatz (Entgelt)	Vorumsatz	Mehrwert	Umsatzsteuer = Vb geg. FA	Vorsteuer = Fo an FA	Zahllast
I. Wolleerzeuger	1 250,00	–	1 250,00	237,50	–	237,50
II. Spielwarenhersteller	3 800,00	1 250,00	2 550,00	722,00	237,50	484,50
III. Großhandel	9 840,00	3 800,00	6 040,00	1 869,60	722,00	1 147,60
IV. Einzelhandel	15 728,00	9 840,00	5 888,00	2 988,32	1 869,60	1 118,72
Private Haushalte (Konsumenten)	15 728,00	⟷	15 728,00	19 % des privaten Verbrauchs ⟷		2 988,32

Die Umsatzsteuer buchen

Buchung der Umsatzsteuer

Die Umsatzsteuer lt. Ausgangsrechnung stellt eine Verbindlichkeit gegenüber dem Finanzamt dar. Sie wird deshalb auf dem **passiven Bestandskonto „Umsatzsteuer"** gebucht.

Buchung der Ausgangsrechnung von S. 362:

Forderungen a. LL. 11 709,60 an Umsatzerlöse für Waren/WV 9 840,00
                                an Umsatzsteuer 1 869,60

Buchung der Vorsteuer

Die bei Beschaffungsvorgängen zu zahlende Vorsteuer lt. Eingangsrechnung ist eine Forderung an das Finanzamt. Sie wird auf dem **aktiven Bestandskonto „Vorsteuer"** gebucht.

Buchung der Eingangsrechnung von S. 362:

Aufwendungen für Waren 3 800,00
Vorsteuer 722,00 an Verbindlichkeiten a. LL. 4 522,00

8.1 Erfassung und Dokumentation von Wertströmen

Ermittlung und Zahlung der Umsatzsteuerzahllast
Um die **Umsatzsteuerzahllast** zu ermitteln, muss der Saldo des Kontos „Vorsteuer" mit der Umsatzsteuer verrechnet werden. Buchungstechnisch wird diese Verrechnung durch Übertragung oder Umbuchung der Vorsteuer auf das Konto **„Umsatzsteuer"** durchgeführt. Die für den vergangenen Monat ermittelte Umsatzsteuerzahllast ist jeweils bis zum 10. eines Monats an das Finanzamt zu überweisen.

Umbuchung der Vorsteuer zum Monatsende:
Umsatzsteuer   722,00   an Vorsteuer   722,00

Buchung der Banküberweisung der Umsatzsteuerzahllast am 10. d. Monats:
Umsatzsteuer   1 147,60   an Bank   1 147,60

Darstellung auf Konten:

S	Aufwendungen für Waren/WE	H
Verb.	3 800,00	

S	Umsatzerlöse für Waren/WV	H
		Ford. 9 840,00

S	Vorsteuer	H
Verb. 722,00	USt. 722,00	

S	Umsatzsteuer	H
VSt. 722,00 Bank 1 147,60	Ford. 1 869,60	

S	Verbindlichkeiten a. LL.	H
	WE VSt. 4 522,00	

S	Forderungen a. LL.	H
WV USt. 11 709,60		

Passivierung der Umsatzsteuerzahllast
Wird die Umsatzsteuerzahllast für den letzten Monat des Geschäftsjahres ermittelt, dann ist die ermittelte Zahllast über das „Schlussbilanzkonto" abzuschließen (**Passivierung der Zahllast**).

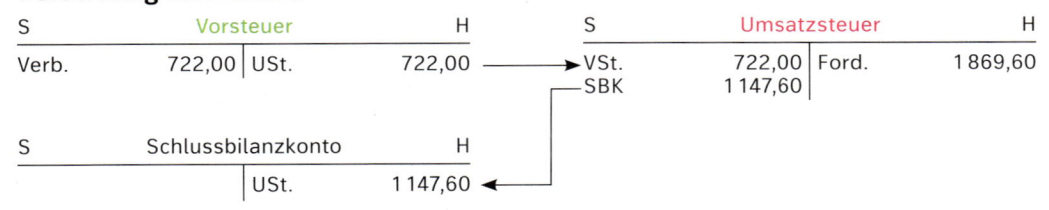

Darstellung auf Konten:

S	Vorsteuer	H
Verb. 722,00	USt. 722,00	

S	Umsatzsteuer	H
VSt. 722,00 SBK 1 147,60	Ford. 1 869,60	

S	Schlussbilanzkonto	H
	USt. 1 147,60	

Vorsteuerüberhang
Ein Vorsteuerüberhang entsteht, wenn die Vorsteuer eines Monats größer ist als die Umsatzsteuer. Ursachen für einen Vorsteuerüberhang können sein:

- große Vorratskäufe aufgrund von Sonderangeboten oder wegen erwarteter Preissteigerungen,
- Geschäftseröffnung,
- Investitionskäufe.

Im Falle eines Vorsteuerüberhangs besteht ein **Erstattungsanspruch** gegenüber dem Finanzamt. Dieser wird im Rahmen der Umsatzsteuererklärung geltend gemacht. Ergibt sich im letzten Monat des Geschäftsjahres der Vorsteuerüberhang, ist dieser über das Schlussbilanzkonto abzuschließen (**Aktivierung des Vorsteuerüberhangs**).

Lernfeld 8: Wertströme erfassen, dokumentieren, aufbereiten und auswerten

Beispiel *Stand der Konten Vorsteuer und Umsatzsteuer zum 31. Dezember*

S	Vorsteuer		H
Su	290 000,00	Su	250 000,00
		USt.	18 000,00
		SBK	22 000,00
	290 000,00		290 000,00

S	Umsatzsteuer		H
Su	462 000,00	Su	480 000,00
VSt.	18 000,00		
	480 000,00		480 000,00

Umbuchung der Umsatzsteuer zur Ermittlung des Vorsteuerüberhangs:
Umsatzsteuer 18 000,00 an Vorsteuer 18 000,00

Abschlussbuchung: Aktivierung des Vorsteuerüberhangs:
SBK 22 000,00 an Vorsteuer 22 000,00

Zu Beginn des folgenden Geschäftsjahres beträgt der Anfangsbestand auf dem Konto „Vorsteuer" 22 000,00 €. Dieser Betrag ist eine Forderung gegenüber dem Finanzamt.

Buchung der Banküberweisung des Vorsteuerüberhangs durch das Finanzamt:
Bank 22 000,00 an Vorsteuer 22 000,00

Zusammenfassung: Die Umsatzsteuer bei Einkauf und Verkauf errechnen und buchen

Umsatzsteuer	−	Vorsteuer	=	Umsatzsteuerzahllast
– Steuer vom Umsatz lt. Ausgangsrechnungen – **Verbindlichkeiten** gegenüber dem Finanzamt – Buchung auf dem **passiven Bestandskonto** „Umsatzsteuer"		– Steuer vom Vorumsatz lt. Eingangsrechnungen – **Forderung** an das Finanzamt – Buchung auf dem **aktiven Bestandskonto** „Vorsteuer"		– Steuer vom Mehrwert – **Restschuld** gegenüber dem Finanzamt – **Ermittlung:** Umsatzsteuer − Vorsteuer – **Passivierung der** USt.-Zahllast

- Ist die **Vorsteuer größer** als die **Umsatzsteuer**, entsteht ein **Vorsteuerüberhang**, der zu aktivieren ist.

- Bei **Kleinbetragsrechnungen** bis zu 150,00 € wird in der Praxis der Rechnungsbetrag brutto ausgewiesen. In diesen Fällen muss der Umsatzsteuersatz angegeben sein, damit der Umsatzsteueranteil herausgerechnet werden kann.

- Die Unternehmen müssen bis zum 10. eines Monats für den Vormonat (**Voranmeldungszeitraum**) auf dem amtlich vorgeschriebenen Vordruck eine Umsatzsteuervoranmeldung abgeben.

- Wurde eine **Zahllast** ermittelt, ist diese gleichzeitig an das Finanzamt zu entrichten (Vorauszahlung auf die Umsatzsteuer des Kalenderjahres).

Aufgaben

1 Bilden Sie zu folgenden Geschäftsfällen die Buchungssätze.

		€	€
1.	**ER:** Zieleinkauf von Waren, netto	5 000,00	
	+ 19 % Umsatzsteuer	950,00	5 950,00
2.	**AR:** Zielverkauf von Waren, netto	15 000,00	
	+ 19 % Umsatzsteuer	2 850,00	17 850,00
3.	**ER, KB:** Barkauf von Waren, netto	400,00	
	+ 19 % Umsatzsteuer	76,00	476,00
4.	**AR, KB:** Barverkauf von Waren, netto	1 300,00	
	+ 19 % Umsatzsteuer	247,00	1 547,00
5.	**AR, KB:** Barverkauf von Waren, brutto		190,40
	Im Rechnungsbetrag sind 19 % USt. enthalten.		
6.	**AR, KB:** Barverkauf von Waren, brutto		145,18
	Im Rechnungsbetrag sind 19 % USt. enthalten.		
7.	**AR, BA:** Verkauf von Waren gegen Banküberweisung, netto .	13 200,00	
	+ 19 % Umsatzsteuer	2 508,00	15 708,00
8.	**ER, BA:** Einkauf von Waren gegen Banküberweisung, netto .	6 400,00	
	+ 19 % Umsatzsteuer	1 216,00	7 616,00

2 Bilden Sie zu den folgenden Geschäftsfällen eines Werkzeugmaschinengroßhändlers die Buchungssätze.

Kontenplan: Geschäftsausstattung, Forderungen a. LL., Vorsteuer, Bank, Kasse, Verbindlichkeiten a. LL., Umsatzsteuer, Umsatzerlöse für Waren, Aufwendungen für Waren, Aufwendungen für Energie, Fremdinstandsetzung, Büromaterial.

Geschäftsfälle:		€	€
1.	**ER, BA:** Einkauf von Werkzeugmaschinen gegen Banküberweisung, netto	60 000,00	
	+ 19 % Umsatzsteuer	11 400,00	71 400,00
2.	**ER, KB:** Bareinkauf von Büromaterial einschl. 19 % Umsatzsteuer		166,60
3.	**AR, BA:** Eine verkaufte Werkzeugmaschine wurde beim Kunden installiert. Der Kunde bezahlte Anschlusskosten durch Banküberweisung, netto	1 400,00	
	+ 19 % Umsatzsteuer	266,00	1 666,00
4.	**AR:** Zielverkauf einer Werkzeugmaschine, netto	34 000,00	
	+ 19 % Umsatzsteuer	6 460,00	40 460,00
5.	**ER, BA:** Lkw-Inspektion wird mit Girocard bezahlt, netto	1 400,00	
	+ 19 % Umsatzsteuer	266,00	1 666,00
6.	**ER, KB:** Ausgaben bar		
	a) Diesel für Lkw, brutto einschl. 19 % Umsatzsteuer	136,85	
	b) Bezahlung einer fälligen Liefererrechnung	1 856,00	
	c) Kauf eines Schreibtisches, netto	2 100,00	
	+ 19 % Umsatzsteuer	399,00	4 491,85

3 Bilden Sie zu folgenden Geschäftsfällen einer Maschinengroßhandlung die Buchungssätze und ermitteln Sie
a) die Umsatzsteuer,   b) die Vorsteuer,   c) die Umsatzsteuerzahllast.

Geschäftsfälle: €   €
1. **ER:** Zieleinkauf von Schlagbohrmaschinen netto 65 000,00
   + 19 % Umsatzsteuer 12 350,00   77 350,00
2. **ER, BA:** Banküberweisung an eine Werbeagentur
   für die Durchführung einer Werbeaktion, netto 4 000,00
   + 19 % Umsatzsteuer   760,00   4 760,00
3. **AR, KB:** Barverkauf einer Schlagbohrmaschine, netto   520,00
   + 19 % Umsatzsteuer   98,80   618,80
4. **ER, KB:** Kauf von Diesel für den Lkw einschl.
   19 % Umsatzsteuer.   133,28
5. **AR:** Zielverkauf einer Werkzeugmaschine, netto 130 000,00
   + 19 % Umsatzsteuer 24 700,00   154 700,00
6. **ER:** Einkauf von Standbohrmaschinen, netto 25 600,00
   + 19 % Umsatzsteuer 4 864,00   30 464,00

4 Bilden Sie zu den folgenden Geschäftsfällen einer Großhandlung die Buchungssätze.
Konten: BuG, Forderungen a. LL., Vorsteuer, Bank, Kasse, Eigenkapital, Verbindlichkeiten a. LL., Umsatzsteuer, Umsatzerlöse für Waren, Aufw. für Waren/WE, Energie, Löhne, Gehälter, Mieten, Büromaterial, Steuern, SBK, GuV

Anfangsbestände: €   €
Geschäftsausstattung ......   600 000,00   Eigenkapital 1 039 900,00
Forderungen a. LL. ....   66 700,00   Verbindlichkeiten a. LL. 71 300,00
Bank ....   460 000,00   Umsatzsteuer 18 700,00
Kasse 3 200,00

Geschäftsfälle: €   €
1. **ER vom 01.12.:** Zieleinkäufe von Waren netto 220 000,00
   + 19 % Umsatzsteuer 41 800,00   261 800,00
2. **BA vom 10.12.:** Banküberweisungen für
   a) Umsatzsteuer an das Finanzamt 18 700,00
   b) Miete für gemietete Gebäude 24 000,00
   c) Ausgleich einer Lieferrechnung für Waren 62 640,00   105 340,00
3. **AR vom 23.12.:** Zielverkauf von Waren, netto 560 000,00
   + 19 % Umsatzsteuer 106 400,00   666 400,00
4. **ER, BA vom 15.12.:** Einkauf von Waren gegen Banküberweisung,
   netto 42 800,00
   + 19 % Umsatzsteuer 8 132,00   50 932,00
5. **AR, BA vom 17.12.:** Verkauf von Waren gegen Banküberweisung,
   netto 360 000,00
   + 19 % Umsatzsteuer 68 400,00   428 400,00
6. **BA vom 21.12.:** Banklastschriften
   a) Lohnzahlung an die Lagerarbeiter 147 000,00
   b) Gehaltszahlung an die Angestellten 101 000,00
   c) Gewerbesteuer an die Stadt 18 000,00   266 000,00
7. **ER, KB vm 22.12.:** Barkauf von Büromaterial, brutto
   einschl. 19 % Umsatzsteuer   149,94

8. **AR, KB vom 12.12.:** Barverkauf von Waren netto 1 200,00
   + 19 % Umsatzsteuer 228,00   1 428,00
9. **BA vom 29.12.:**
   Lastschriften
   a) Abbuchung durch das Energiewerk für Stromverbrauch,
      netto 18 600,00
      + 19 % Umsatzsteuer 3 534,00
   b) Kauf vom Gabelstaplern für das Lager, netto 84 000,00
      + 19 % Umsatzsteuer 15 960,00
   c) Ausgleich einer fälligen Liefererrechnung 53 360,00   175 454,00
   Gutschrift
   Banküberweisungen von Kunden 440 800,00

Führen Sie die Buchungen von der Eröffnung bis zum Abschluss im Grundbuch und im Hauptbuch durch.

5 a) Berechnen Sie den Umsatzsteueranteil aus dem Beleg der City-Tankstelle.
   b) Kontieren Sie die beiden Belege vor.

CITY-TANKSTELLE
Inh. Bernd Krämer e.K.
Bahnhofstraße 34
40489 Düsseldorf
Tel. 0211 543463

SUPER BLEIFREI   107,21 €
ZP 5   43,00 LTR

MWST-BRUTTOUMSATZ   107,21 €
IM BETRAG SIND
19 % UST. ENTHALTEN

TOTAL   107,21 €

69022   02.07.20..   13:53
VIELEN DANK UND GUTE FAHRT

Steuernr.: 215/1913/2431
USt-IdNr.: DE241328951

Zum Anker

Zum Anker, Deichtorstraße 24, 20095 Hamburg

RAND OHG
Frau Rand
Dieselstraße 10
26605 Aurich

HOTEL-RESTAURANT
Eigentümer Friedrich Himmelreich

Deichtorstraße 24
20095 Hamburg
Telefon 040 248594

Rechnung

Rechnungs-Nr	Tisch-Nr	Kellner	Personen	Datum
4823	21	02	1	01.07.20..

	Einzelpreis in €	USt-Anteil %	Bruttopreis in €
1 Einzelzimmer	100,00	7	100,00
1 Frühstück	10,00	19	10,00
1 Abendessen	35,00	19	35,00
			145,00

BETRAG per Girocard beglichen Hamburg, den 01.07.20.. F. Himmelreich

Steuernummer: 224/241/21994   USt-IdNr.: DE278163806   Vielen Dank für Ihren Besuch!

8.1.5 Anlagen anschaffen und linear abschreiben

LKW-Handel

LKW-Handel
Andreas JOOST e. K.
Wodanstraße 15
51107 Köln
Telefon: 02 21 78 57 46
Telefax: 02 21 78 57 48

info@lkw-handel-joost.de
www.lkw-handel-joost.de

RAND OHG
Dieselstraße 10
26605 Aurich

Betriebs-Nr.: 13246833
Auftrags-Nr.: 00597
Datum: 26.01.20..
Kunden-Nr.: 32788

Rechnung-Nr. 00126

Amtl. Kennz.	Typ/Modell	Fahrzeug-Ident-Nr.	Zulassungstag	km-Stand
K-PR-111	443 PH 5	44FA053238	26.01.20..	0

		€
443 PH 5	Kombi Condor GKAT 3000	60 000,00
	+ 19 % Umsatzsteuer	11 400,00
		71 400,00

Zahlbar sofort ohne Abzug

Bankverbindung: Deutsche Bank Köln · IBAN: DE95370700600057461759 · BIC: DEUTDEDKXXX

Steuer-Nr.: 218/7606/7767   USt-IdNr.: DE106739042

Die RAND OHG hatte am 26. Januar des Geschäftsjahres einen Lkw angeschafft und hierfür die oben abgebildete Rechnung erhalten. Werner Krull hatte damals die Rechnung vorkontiert.

Bei Durchsicht der Bücher zur Vorbereitung des Jahresabschlusses ist er erstaunt darüber, dass der Lkw noch mit den Anschaffungswert von 60 000,00 € auf dem Konto der Fuhrpark steht, obwohl der Lkw schon fast ein ganzes Jahr zur Abholung von Waren bei Lieferern und zur Zustellung von Waren zu Kunden genutzt wurde.

Arbeitsaufträge
- *Erläutern Sie, auf welche Posten der Bilanz sich dieser Kauf auswirkt.*
- *Bilden Sie den Buchungssatz.*
- *Begründen Sie, warum der Lkw keine 60 000,00 € mehr wert ist.*
- *Suchen Sie Möglichkeiten, den wirklichen Wert des Lkw festzustellen.*
- *Bilden Sie den Buchungssatz für die Abschreibung.*

➔ LS ■ Ermittlung der Anschaffungskosten und deren Buchung

Neben der menschlichen Arbeitskraft setzt die Großhandelsunternehmung **Betriebsmittel** im Rahmen der Warenbeschaffung, der Lagerung, des Absatzes und der Verwaltung ein, z. B. **Fahrzeuge** für die Warenabholung von Lieferern und für die Warenzustellung zu Kunden, **Einrichtungen** zur Lagerung und Präsentation der Waren in Lager- und Verkaufsräumen (Regale, Kühltheken), Einrichtungen zur Verwaltung und Kontrolle (Kassen, Wachanlagen, Sicherungsanlagen) usw. Zu den Betriebsmitteln zählen auch **Gebäude** und **Grundstücke**.

Betriebsmittel zählen zum Anlagevermögen. Im Unterschied zum Umlaufvermögen ist das **Anlagevermögen** dazu bestimmt, der Unternehmung **dauernd** oder über einen längeren Zeitraum **zu dienen**.

■ Anschaffungskosten

Beim Kauf werden die Anlagen mit ihren Anschaffungskosten auf den entsprechenden Anlagenkonten erfasst. Unter **Anschaffungskosten** ist der Wert zu verstehen, den das Unternehmen aufwenden muss,

- um das **Anlagegut zu beschaffen** und
- um es **in einen betriebsbereiten Zustand** zu bringen (§ 255 HGB).

Die **Anschaffungskosten** werden folgendermaßen berechnet:

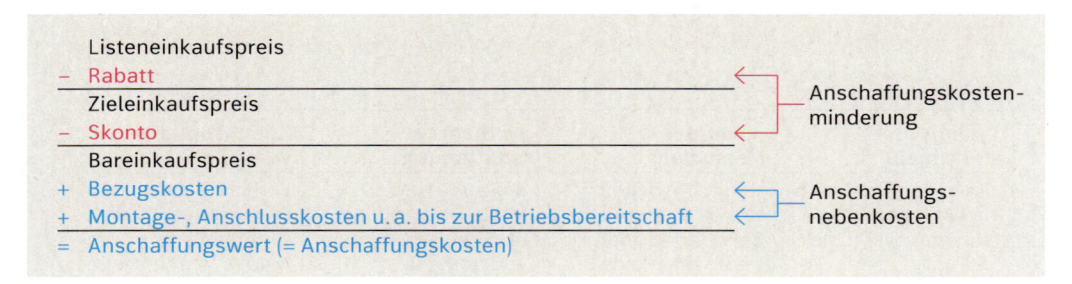

```
  Listeneinkaufspreis
- Rabatt                                              ┐
  Zieleinkaufspreis                                   ├ Anschaffungskosten-
- Skonto                                              ┘ minderung
  Bareinkaufspreis
+ Bezugskosten                                        ┐ Anschaffungs-
+ Montage-, Anschlusskosten u. a. bis zur Betriebsbereitschaft ┘ nebenkosten
= Anschaffungswert (= Anschaffungskosten)
```

Typische Anschaffungsnebenkosten bei der Beschaffung von beweglichen Anlagegütern		
Transportkosten	Fundamentierungskosten	Montagekosten
Beispiele Überführungskosten Transportversicherung	*Beispiele* Befestigung – von Transportbändern – von Rolltreppen	*Beispiele* Aufbau Anschluss TÜV-Abnahme

Nicht zu den Anschaffungskosten zählen die **Kosten der Geldbeschaffung** (z. B. Zinsen) und die **absetzbare Vorsteuer**.

■ Buchung der Anlagenkäufe

Beim Kauf werden die Anschaffungskosten auf den entsprechenden Anlagenkonten erfasst. Entstehen Anschaffungskostenminderungen und Anschaffungsnebenkosten nachträglich, werden diese zur Korrektur des Wertes direkt auf dem Anlagekonto erfasst.

Beispiel
Buchung (vgl. Eingangsrechnung S. 370)
Fuhrpark	60 000,00		
Vorsteuer	11 400,00	an Verbindlichkeiten a. LL.	71 400,00

Beispiel mit nachträglichen Anschaffungsnebenkosten
1. ER 83: Kauf von 5 Kühltheken zum Listenpreis von 24 000,00 € abzüglich 10 % Rabatt + 19 % USt.
2. ER 99: Für Elektroanschluss werden der Einzelhandelsunternehmung vom Elektromeister Karl Klein nachträglich 750,00 € + 19 % USt. in Rechnung gestellt.

Buchung
1. Geschäftsausstattung	21 600,00		
Vorsteuer	4 104,00	an Verbindlichkeiten a. LL.	25 704,00
2. Geschäftsausstattung	750,00		
Vorsteuer	142,50	an Verbindlichkeiten a. LL.	892,50

Anschaffungsnebenkosten vergrößern die Anschaffungskosten. Sie werden daher im Soll des entsprechenden Anlagekontos gebucht.

Lernfeld 8: Wertströme erfassen, dokumentieren, aufbereiten und auswerten

■ Anschaffungskosten berechnen und buchen

Notwendigkeit der Abschreibungen

Gegenstände des Anlagevermögens sind dazu bestimmt, dem Unternehmen **dauernd** zu dienen. Die Nutzung der meisten Anlagegüter ist jedoch zeitlich begrenzt, da sie abgenutzt werden (**abnutzbares Anlagevermögen**). Sie unterliegen einem ständigen Werteverfall und müssen von Zeit zu Zeit durch neue Anlagegüter ersetzt werden.

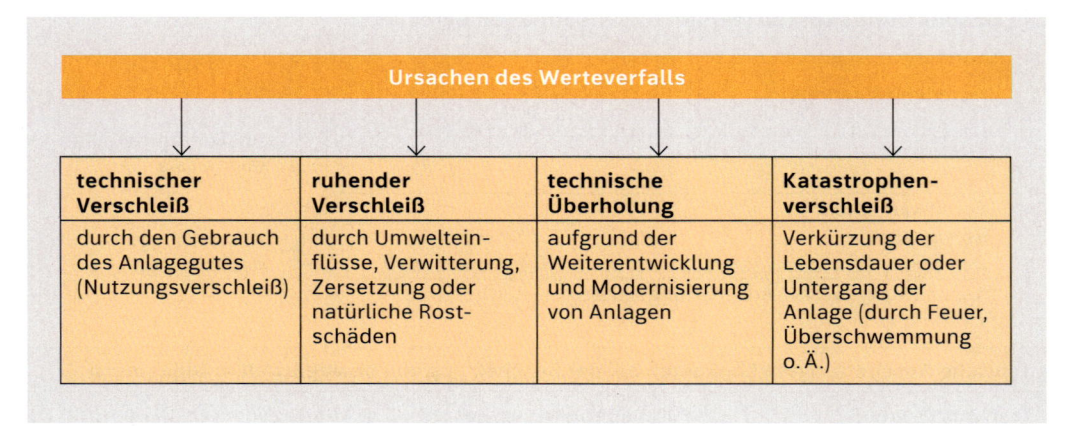

Ursachen des Werteverfalls			
technischer Verschleiß	**ruhender Verschleiß**	**technische Überholung**	**Katastrophenverschleiß**
durch den Gebrauch des Anlagegutes (Nutzungsverschleiß)	durch Umwelteinflüsse, Verwitterung, Zersetzung oder natürliche Rostschäden	aufgrund der Weiterentwicklung und Modernisierung von Anlagen	Verkürzung der Lebensdauer oder Untergang der Anlage (durch Feuer, Überschwemmung o. Ä.)

Dieser **Werteverfall** mindert das Anlagevermögen. Weil er einen **Aufwand** für das Unternehmen darstellt, mindert er auch das Eigenkapital. Der Werteverfall ist jährlich mittels **Abschreibungen** zu erfassen.

- Die **buchmäßige Erfassung** der **Wertminderung** des Anlagevermögens wird als Abschreibung bezeichnet. Das Steuerrecht nennt diese Abschreibung **Absetzung für Abnutzung** (**AfA**).

- Über die Buchung der Abschreibung werden die **Anschaffungskosten** nach und nach als **Aufwand** auf die Jahre der Nutzung **verteilt**. Das Handelsrecht nennt diesen Aufwand **planmäßige Abschreibung**.

> § 253 Abs. 3 HGB: Bei Vermögensgegenständen des Anlagevermögens, deren Nutzung zeitlich begrenzt ist, sind die Anschaffungs- oder Herstellungskosten um planmäßige Abschreibungen zu vermindern. Der Plan muss die Anschaffungs- oder Herstellungskosten auf die Geschäftsjahre verteilen, in denen der Vermögensgegenstand voraussichtlich genutzt werden kann.

Abschreibungsplan

Für jeden Gegenstand des abnutzbaren Anlagevermögens sollte ein Abschreibungsplan aufgestellt werden, der alle Daten über das Anlagegut enthält.

Daten des Abschreibungsplanes	Beispiel
Bezeichnung des Anlagegutes: Tag der Anschaffung des Anlagegutes: Höhe der Anschaffungskosten: voraussichtliche Nutzungsdauer: Abschreibungsmethode:	Lkw Condor GKAT 3000-443 PH 5 26. Januar 20.. 60 000,00 € acht Jahre lineare Abschreibung

Bereits im Jahre der Anschaffung des Anlagegutes ist die Zeit der betrieblichen Nutzung des Anlagegutes (**Nutzungsdauer**) zu schätzen.

Auszug aus der allgemeinen AfA-Tabelle

Anlagegüter	Nutzungsdauer in Jahren
Gebäude	33
Ladeneinbauten, Schaufenstereinbauten	9
Wirtschaftsgüter der Ladeneinrichtungen	8
– Registrierkassen	6
– Panzerschränke, Tresore	23
– Waagen	11
Büromaschinen und Organisationsmittel	
– Personalcomputer, Workstations; Notebooks und deren Peripheriegeräte (Drucker, Scanner, Bildschirme)	3
Lastkraftwagen	9
Personenkraftwagen	6

Alle wesentlichen Daten für den Abschreibungsplan ergeben sich i. d. R. aus der **Anlagendatei** der Anlagenbuchhaltung, die eine Nebenbuchhaltung darstellt.

Beispiel

Anlagendatei — RAND OHG

Gegenstand: Lkw Condor		Fahrzeug-Nr. 45 K 84 300			
Fabrikat: GKAT 3000		Lieferer: Lkw-Handel Andreas Joost, Köln			
Nutzungsdauer: acht Jahre		Anschaffungskosten: 60 000,00 €			
Konto: Fuhrpark		AfA-Satz: 12,5 %		AfA-Methode: linear	
Datum	Vorgang	Zugang in €		Abgang/AfA in €	Bestand in €
26.01.20..	ER 00126	60 000,00			
31.12.20..	Umbuchung 23: AfA			7 500,00	52 500,00

Ermittlung der Abschreibungsbeträge bei linearer Abschreibung
Bei der linearen Abschreibung werden die Anschaffungskosten gleichmäßig auf die Jahre der Nutzung verteilt.

Beispiel *Lineare Abschreibung*
Anschaffungskosten: 60 000,00 €
Nutzungsdauer: 8 Jahre
Abschreibungssatz: 12,5 %

Formel	Berechnung
$\dfrac{\text{Anschaffungskosten}}{\text{Nutzungsdauer}}$ = **Jahresabschreibungsbetrag**	$\dfrac{60\,000}{8} = \underline{\underline{7\,500{,}00\,\text{€}}}$
$\dfrac{100}{\text{Nutzungsdauer}}$ = **Abschreibungssatz**	$\dfrac{100}{8} = \underline{\underline{12{,}5\,\%}}$
Berechnung der AfA mit AfA-Satz: Anschaffungskosten $\cdot \dfrac{\text{Abschreibungssatz}}{100}$	$60\,000 \cdot \dfrac{12{,}5}{100} = \underline{\underline{7\,500{,}00\,\text{€}}}$

Lernfeld 8: Wertströme erfassen, dokumentieren, aufbereiten und auswerten

Darstellung der Abschreibungsrate

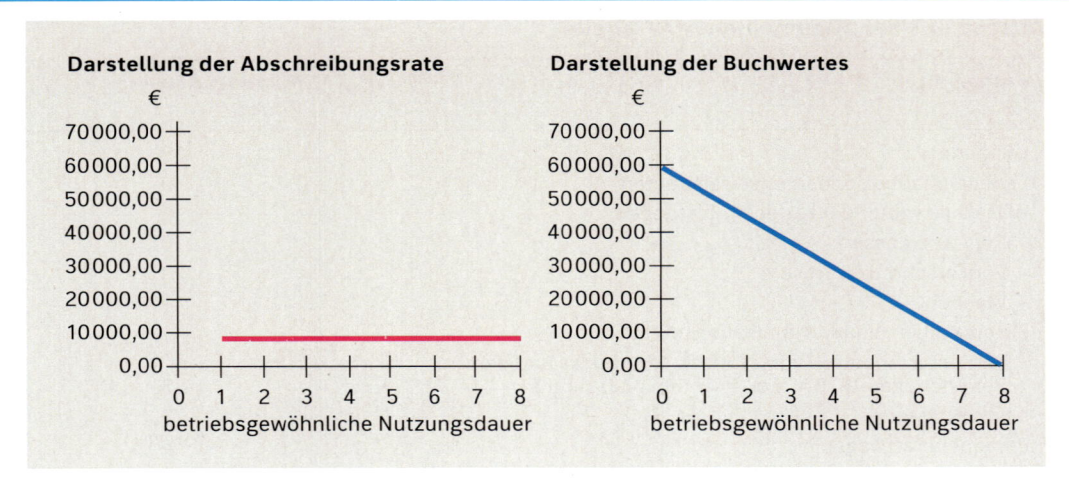

Darstellung des Buchwertes

Buchwert und Erinnerungswert: Durch die jährliche Abschreibung wird der Wert der Anlage vermindert, der in der Bilanz ausgewiesen wird (**Buch-** oder **Restwert**). Am Ende der Nutzungsdauer wird der **Nullwert** erreicht. Befindet sich das Anlagegut nach Ablauf der geschätzten Nutzungsdauer noch im Betriebsvermögen, wird es mit einem Erinnerungswert von zurzeit 1,00 € im Vermögensverzeichnis geführt.

Anlagegut: Lkw Fabrikat: Condor Nutzungsdauer: 8 Jahre	lineare AfA 12,5 % der Anschaffungskosten
Anschaffungskosten – Abschreibung des 1. NJ	60 000,00 7 500,00
Buchwert nach dem 1. NJ – Abschreibung des 2. NJ	52 500,00 7 500,00
Buchwert nach dem 2. NJ – Abschreibung des 3. NJ	45 000,00 7 500,00
Buchwert nach dem 3. NJ – Abschreibung des 4. NJ	37 500,00 7 500,00
Buchwert nach dem 4. NJ – Abschreibung des 5. NJ	30 000,00 7 500,00
Buchwert nach dem 5. NJ – Abschreibung des 6. NJ	22 500,00 7 500,00
Buchwert nach dem 6. NJ – Abschreibung des 7. NJ	15 000,00 7 500,00
Buchwert nach dem 7. NJ – Abschreibung des 8. NJ	7 500,00 7 499,00
Erinnerungswert	1,00

Buchung der Abschreibung
Abschreibungen auf das abnutzbare Anlagevermögen sind Aufwendungen, die im Soll des Aufwandskontos „**Abschreibungen auf Sachanlagen**" und im Haben des entsprechenden Anlagekontos als Minderung des Anlagevermögens gebucht werden. Das Anlagekonto weist dann nach der durchgeführten Abschreibung am Jahresende den Buchwert aus.

Beispiel **Buchung des Abschreibungsbetrages am Ende des 1. Jahres bei linearer Abschreibung**
Abschlussangaben: 12,5 % lineare Abschreibungen auf Fuhrpark
Buchung: Abschreibungen auf Sachanlagen 7 500,00 an Fuhrpark 7 500,00

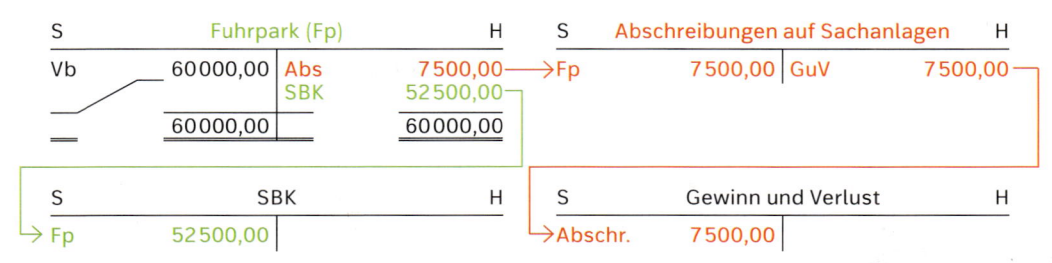

S	Fuhrpark (Fp)		H
Vb	60 000,00	Abs	7 500,00 → Fp
		SBK	52 500,00
	60 000,00		60 000,00

S	Abschreibungen auf Sachanlagen	H
→ Fp	7 500,00	GuV 7 500,00

S	SBK	H
→ Fp	52 500,00	

S	Gewinn und Verlust	H
→ Abschr.	7 500,00	

Nach acht Jahren ist der Wagen abgeschrieben. Soll er dem Großhändler über die geschätzte Nutzungsdauer von acht Jahren dienen, so muss er mit dem Erinnerungswert von 1,00 € im Inventar erscheinen. Am Ende des 8. Jahres dürfen dann nur 7 499,00 € abgeschrieben werden.

Auswirkung der Abschreibung in der Finanzbuchführung

Durch die Abschreibung werden die Anschaffungskosten vermindert. Der verbleibende **Restwert in der Bilanz** wird als Buchwert bezeichnet. In der **GuV-Rechnung** erscheint die **Abschreibung als Aufwand** und somit als Minderung des Gewinnes. Durch die Verteilung der Anschaffungskosten über die Jahre der Nutzung dient die Abschreibung der **richtigen und periodengerechten Erfolgsermittlung**.

Im folgenden Schaubild wird verdeutlicht, wie sich die Abschreibungen auswirken:

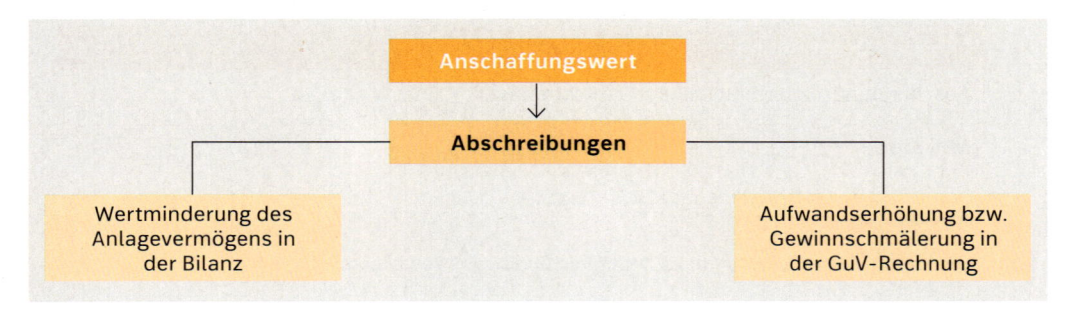

Anschaffungswert
↓
Abschreibungen
- Wertminderung des Anlagevermögens in der Bilanz
- Aufwandserhöhung bzw. Gewinnschmälerung in der GuV-Rechnung

Auswirkung der Abschreibung in der Kalkulation

Abschreibungen werden als Teil der Handlungskosten in die Verkaufspreise einkalkuliert. Über die Umsatzerlöse werden sie dadurch zur Finanzierung der Anschaffungskosten wieder hereingeholt (Refinanzierung).

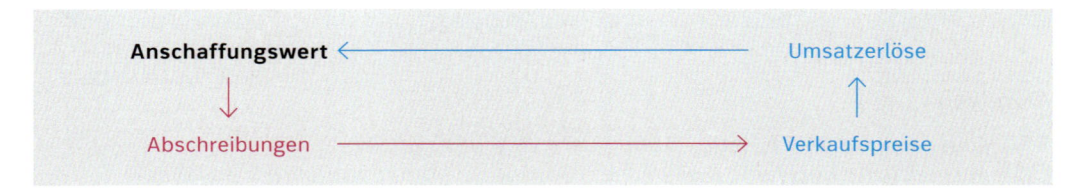

Anschaffungswert ← Umsatzerlöse
↓ ↑
Abschreibungen → Verkaufspreise

Zusammenfassung: Anlagen anschaffen und linear abschreiben

- Anlagegüter werden beim Kauf mit ihren **Anschaffungskosten** erfasst.
- Anschaffungskosten setzen sich zusammen aus dem Anschaffungspreis abzüglich sofortiger oder nachträglicher **Anschaffungskostenminderungen** und zuzüglich der **Anschaffungsnebenkosten**.
- Die **abzugsfähige Vorsteuer** zählt nicht zu den Anschaffungskosten.

Anschaffungskosten bei Anlagekäufen		
Anschaffungskosten-minderungen	Anschaffungsneben-kosten	Berechnung der Anschaffungskosten
– Sofortrabatte – Skonto	– Transportkosten – Zölle – Montagekosten **beim Immobilienkauf:** – Notariats- und Gerichtskosten – Grunderwerbsteuer	Listenpreis – Sofortrabatt Zieleinkaufspreis – Skonto Bareinkaufspreis + Anschaffungsnebenkosten Anschaffungskosten

- Durch die Abschreibungen werden **Wertminderungen der abnutzbaren Sachanlagen** erfasst.
- Die **Höhe der Abschreibungsbeträge** wird nach der **linearen Abschreibungsmethode** berechnet. Dabei wird eine betriebsgewöhnliche (durchschnittliche) Nutzungsdauer lt. AfA-Tabelle zugrunde gelegt.

Lineare Abschreibung

Abschreibung in gleichbleibenden Jahresbeträgen:

$$\text{AfA-Satz} = \frac{100}{\text{ND}}$$

$$\text{AfA-Betrag} = \frac{\text{Anschaffungskosten} \cdot \text{AfA-Satz}}{100}$$

Die lineare Abschreibung unterstellt gleichmäßigen Werteverschleiß.

- Bei der Buchung der Abschreibung erfolgt die **Soll-Buchung** auf dem Aufwandskonto „Abschreibungen auf Sachanlagen", die **Haben-Buchung** auf dem **Anlagenkonto**.
- Die Bilanz weist den berichtigten Wert, den **Buch- oder Restwert**, aus.
- Die **Gewinn-und-Verlust-Rechnung** stellt die Abschreibung als **Aufwand** und Minderung des Gewinns dar.

Aufgaben

1 1. Kauf einer Kühltheke, netto 25 000,00 € + 19 % USt. auf Ziel.
2. Ausgleich der Rechnung (Fall a) durch Banküberweisung abzüglich 3 % Skonto.
3. Nachträglich werden der Großhandelsunternehmung für Elektroanschluss 550,00 € + 19 % USt. berechnet.
Ermitteln Sie den Anschaffungswert der Kühltheke. Lesen Sie dazu nochmals das Kapitel „Ermittlung der Anschaffungskosten und deren Buchung", S. 370 ff.

2 Kauf eines Lkw 104 000,00 € lt. Liste, Überführungskosten 1 600,00 €, Sonderrabatt 3 % vom Listenpreis, 2 % Skonto vom Zieleinkaufspreis, Zulassungsgebühr 203,60 €, Nummernschilder 34,00 €. Der Vertragshändler stellt zudem 19 % USt. in Rechnung.
Berechnen Sie den Anschaffungswert.

3 Ein Großhandelsunternehmen richtet 20 Scanner-Kassen zu folgenden Bedingungen des Herstellers ein:
Listenpreis 12 000,00 € je Kasse, 10 % Mengenrabatt, 2 % Skonto binnen 10 Tagen, Fracht insgesamt 400,00 €, Transportversicherung insgesamt 220,00 € und 19 % USt.
Berechnen Sie den Anschaffungswert je Kasse.

4 Ein Anlagegut der Betriebs- und Geschäftsausstattung, das mit 20 % linear abgeschrieben wird, hat nach zwei Nutzungsjahren einen Buchwert von 5 250,00 €.
a) Berechnen Sie den jährlichen Abschreibungsbetrag.
b) Ermitteln Sie den Anschaffungswert.
c) Geben Sie den Buchungssatz an zur Erfassung der Abschreibung am Ende des dritten Nutzungsjahres.

5 In der folgenden Tabelle sind Anschaffungs- und Buchwert zweier Anlagen in aufeinanderfolgenden Jahren dargestellt:

	Anschaffungswert	Buchwert nach dem 1. Nutzungsjahr	Buchwert nach dem 2. Nutzungsjahr
Kühltheke	38 000,00	33 250,00	28 500,00
Computerkassen	120 000,00	96 000,00	72 000,00

a) Bestimmen Sie in beiden Fällen die Höhe des Abschreibungssatzes.
b) Ermitteln Sie die Nutzungsdauer für die Kühltheke und die Computerkasse.
c) Bilden Sie die Buchungssätze in beiden Fällen für die Abschreibung am Ende des dritten Jahres.

6

Gegenstand	Anschaffungspreis	Anschaffungsnebenkosten	Nutzungsdauer
1. Tischrechner	380,00 €	–	5
2. Locher	40,00 €	–	10
3. Kleintransporter	31 000,00 €	1 000,00 €	8
4. Scanner-Kasse	11 500,00 €	500,00 €	6

a) Nennen Sie die Buchungssätze bei Anschaffung gegen Banküberweisung unter Berücksichtigung von 19 % USt.
b) Berechnen Sie, mit welchem Betrag die einzelnen Gegenstände am Jahresende zu bilanzieren sind, wenn grundsätzlich die lineare Abschreibung gewählt wurde.
c) Geben Sie an, welche Buchungen sich am Jahresende zur Erfassung der Abschreibung ergeben.

7 Konten: Fuhrpark, Abschreibungen auf Sachanlagen, GuV, SBK
Fuhrpark (Buchwert): 112 000,00 €
Schreiben Sie 10 % vom Anschaffungswert 160 000,00 € ab.
Schließen Sie die Konten ab.

8 Bilden Sie die Buchungssätze zu folgenden Geschäftsfällen: €
1. Kauf von Vordrucken für die Kassenabrechnung einschl. 19 % USt. bar .. 44,03
2. Kauf von 8 Lochern einschl. 19 % USt. bar 77,35
3. Barkauf eines Notebooks für das Büro, netto 380,00
   + 19 % USt. 72,20

9 Berechnen Sie die Abschreibungssätze für die lineare Abschreibung bei einer betriebsgewöhnlichen Nutzungsdauer von 5, 6, 8, 10, 12, 15, 16 und 20 Jahren.

10 Der Anschaffungswert einer Transportanlage im Lager beträgt 25 000,00 €. Die betriebsgewöhnliche Nutzungsdauer beläuft sich auf zehn Jahre: Die Transportanlage soll linear abgeschrieben werden.
   a) Stellen Sie mithilfe eines Tabellenkalkulationsprogramms einen Abschreibungsplan für die ersten vier Nutzungsjahre nach der linearen Methode auf (vgl. AfA-Tabelle S. 373).
   b) Stellen Sie die Entwicklung von Abschreibungsbetrag und Buchwert in einem Liniendiagramm dar.

11 Die RAND OHG hat am 8. Januar einen Pkw angeschafft und hierfür neben stehende Eingangsrechnung erhalten:
   a) Ermitteln Sie
      aa) den Anschaffungswert des Pkw (Zugang in Euro),
      ab) den Abschreibungsbetrag für das erste Nutzungsjahr (AfA in Euro) lt. Anlagendatei,
      ac) den Buchwert zum 31. Dezember des ersten Nutzungsjahrs (Bestand in Euro).
   b) Bilden Sie die Buchungssätze
      ba) zur Erfassung der Eingangsrechnung,
      bb) zur Erfassung der Abschreibung,
      bc) zum Abschluss des Kontos „Abschreibungen",
      bd) zum Abschluss des Kontos „Fuhrpark".

MOTOR RABECK GMBH

Motor Rabeck GmbH, Birker Allee 17, 26605 Aurich

RAND OHG
Dieselstraße 10
26605 Aurich

Geschäftsräume:
Birker Allee 17
26605 Aurich
Tel.: 04941 685943
Fax: 04941 685922
info@rabeck.de
www.rabeck.de

Betriebsnummer	Auftrag-Nr.	KD-NR	Datum
13246833	33388	3872	08.01.20..

Rechnung Nr. 3857

		€
999 PW 1	Pkw HAWA 725 GTI	49 000,00
	+ Überführungskosten	875,00
	+ Zulassungsgebühren	45,00
		49 920,00
	+ 19 % Umsatzsteuer	9 484,80
		59 404,80

Zahlbar sofort ohne Abzug

Bankverbindung: Sparkasse Aurich-Norden
IBAN: DE2928350000000076765   **BIC:** BRLADE21ANO

Steuernummer: 133/6435/9933   **USt-IdNr.:** DE987345633

In der Anlagenbuchhaltung wurde aufgrund der Eingangsrechnung folgende Datei für den Pkw angelegt:

Anlagendatei				RAND OHG
Gegenstand: Pkw **Lieferer:** Motor Rabeck GmbH, Aurich				
Fabrikat: HAWA 725 GTI		**Anschaffungskosten:**		
Datum	Vorgang	Zugang in €	Abgang/AfA in €	Bestand in €
08.01.20..	ER 3857			

8.2 Aufbereitung und Auswertung von Wertströmen

Die RAND OHG hat einen Kredit über 250 000,00 € zur Finanzierung einer weiteren Lagerhalle bei der Sparkasse Aurich-Norden beantragt. Auf Verlangen des Kreditsachbearbeiters haben Frau Rand und Herr Koch dem Antrag nachstehende Bilanz und Gewinn-und-Verlust-Rechnung des Berichtsjahres beigefügt.

Der Kreditsachbearbeiter befasst sich intensiv mit der Zusammensetzung des Vermögens und des Kapitals, mit den liquiden Mitteln und den kurzfristigen Schulden sowie dem Verhältnis der Erträge zu den Aufwendungen.

Bilanz des Berichtsjahres der RAND OHG

Aktiva		Bilanz der RAND OHG		Passiva
I. Anlagevermögen		**I. Eigenkapital**		420 000,00
1. Grundstücke	125 000,00	**II. Schulden**		
2. Gebäude	150 000,00	1. Verbindlichkeiten gegen-		
3. Fuhrpark	60 000,00	über Kreditinstituten		100 000,00
4. Betriebs- und		2. Verbindlichkeiten a. LL.		60 000,00
Geschäftsausstattung	75 000,00	3. Sonstige Verbindlichkeiten		
II. Umlaufvermögen		(USt-Zahllast)		20 000,00
1. Warenbestand	110 000,00			
2. Forderungen a. LL.	40 000,00			
3. Bankguthaben	40 000,00			
	600 000,00			600 000,00

Gewinn-und-Verlust-Rechnung des Berichtsjahres der RAND OHG

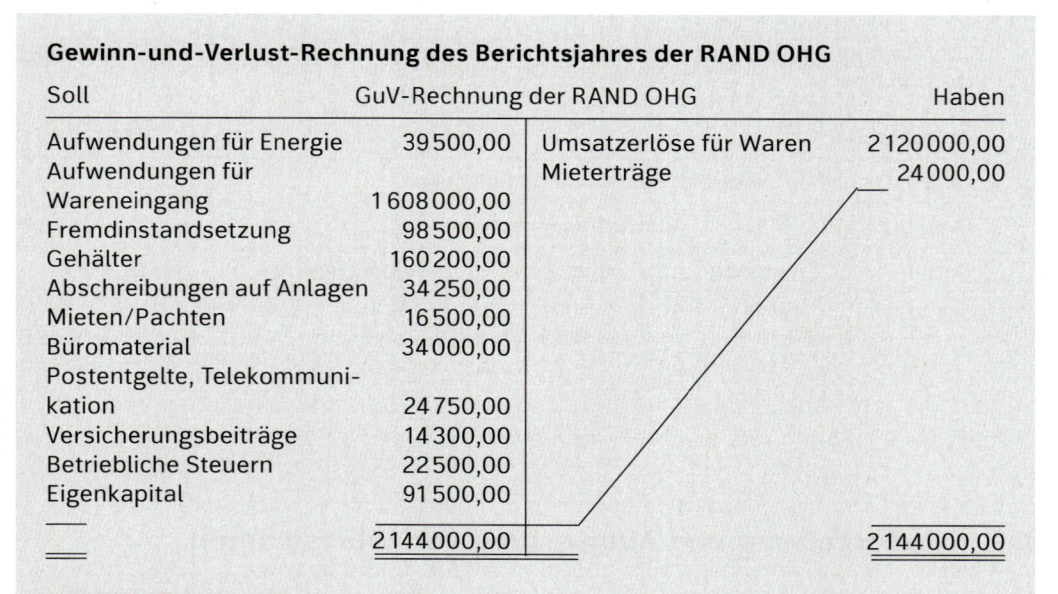

Soll	GuV-Rechnung der RAND OHG		Haben
Aufwendungen für Energie	39 500,00	Umsatzerlöse für Waren	2 120 000,00
Aufwendungen für Wareneingang	1 608 000,00	Mieterträge	24 000,00
Fremdinstandsetzung	98 500,00		
Gehälter	160 200,00		
Abschreibungen auf Anlagen	34 250,00		
Mieten/Pachten	16 500,00		
Büromaterial	34 000,00		
Postentgelte, Telekommunikation	24 750,00		
Versicherungsbeiträge	14 300,00		
Betriebliche Steuern	22 500,00		
Eigenkapital	91 500,00		
	2 144 000,00		2 144 000,00

Arbeitsaufträge
- *Stellen Sie Gründe zusammen, weshalb der Kreditsachbearbeiter die Vorlage der Bilanz und der Gewinn-und-Verlust-Rechnung verlangt hat.*
- *Begründen Sie das besondere Interesse des Kreditsachbearbeiters für die Zusammensetzung des Vermögens und des Kapitals, für die liquiden Mittel und die kurzfristigen Schulden sowie für das Verhältnis der Erträge zu den Aufwendungen.*
- *Überprüfen Sie, ob Sie nach Auswertung der Bilanz und der Gewinn-und-Verlust-Rechnung den beantragten Kredit bewilligen würden.*

■ Notwendigkeit der Auswertung

Bilanz und **Gewinn-und-Verlust-Rechnung** vermitteln einen Überblick über den Vermögensstand und den Erfolg am Ende des Geschäftsjahres. Der **Vergleich** mit den Ergebnissen früherer Jahre (**Zeitvergleich**) und anderer Betriebe (**Branchenvergleich**) gibt Auskunft über die Entwicklung einzelner Posten der Bilanz und der Gewinn-und-Verlust-Rechnung.

Gerade die Vergleiche liefern Anregungen für betriebliche Verbesserungsmaßnahmen, z. B. Erweiterungen, Werbemaßnahmen, Änderungen des Warensortiments.

Die Ergebnisse sind für Geschäftsleitung und auch

- für interessierte Außenstehende, wie Gläubiger – Lieferer oder Geldgeber – von großer Bedeutung,
- bei Prüfung der Zahlungsfähigkeit und der Kreditwürdigkeit,
- vor einer Beteiligung am Unternehmen durch Investoren.

In diesem Zusammenhang wird beispielsweise erörtert, ob

- die **flüssigen Mittel** reichen, kurzfristige Schulden zu tilgen,
- der **Gewinn** eine Beteiligung sinnvoll erscheinen lässt.

Die Auswertungsunterlagen dürfen daher keine Zahlen enthalten, die über die wirkliche Vermögens- und Erfolgslage des Unternehmens hinwegtäuschen.

Eine Bilanz mithilfe ausgewählter Bilanzkennzahlen auswerten

Absolute Zahlen sind wenig geeignet zur Auswertung einer Bilanz. Deshalb werden Prozentzahlen gebildet, die z.B. zeigen, wie hoch das Eigenkapital im Verhältnis zum Gesamtkapital ist. Diese Prozentzahlen zur Auswertung einer Bilanz werden **Bilanzkennzahlen** genannt.

Vermögensaufbau
Der Vermögensaufbau ergibt sich aus der Aktivseite der Bilanz, die das Anlage und Umlaufvermögen ausweist.

Das **Anlagevermögen** bildet die Grundlage der Betriebsbereitschaft. Es verursacht gleich bleibend hohe fixe Kosten, wie Abschreibungen, Instandhaltung, Zinsen, Versicherungsprämien. Dies kann sin in Krisenzeiten besonders negativ auswirken. Daher ist mit dem Anlagevermögen ein großes Risiko verbunden.

Auf der anderen Seite kommen Teile des Anlagevermögens als Sicherheiten für aufgenommene Kredite in Frage. Kreditgeber untersuchen daher, wie weit diese Vermögensteile bereits belastet sind (z. B. mit Hypotheken oder Grundschulden).

Das **Umlaufvermögen** ist der eigentliche Gewinnträger. Durch Verkauf der waren fließen Geldwerte in die Unternehmung (Aufwand und Gewinn) zurück, die zum Zwecke der Wiederbeschaffung, Rationalisierung und Erweiterung eingesetzt werden können.

Zum Vergleich mit anderen Unternehmen werden die Anteile des Anlage- und Umlaufvermögens in Prozentsätze des Gesamtvermögens ausgedrückt, die die Bedeutung des jeweiligen Vermögens veranschaulichen. Der Anteil des Anlagevermögens (AV) am Gesamtvermögen wird als **Anlagevermögensintensität** der Anteil des Umlaufvermögens (UV) am Gesamtvermögen als **Umlaufvermögensintensität** bezeichnet.

Beispiel

		Berichtsjahr
Anlagevermögensintensität =	$\dfrac{AV \cdot 100}{Gesamtvermögen}$	$\dfrac{410\,000 \cdot 100}{600\,000} = \underline{\underline{68,3\,\%}}$
Umlaufvermögensintensität =	$\dfrac{UV \cdot 100}{Gesamtvermögen}$	$\dfrac{190\,000 \cdot 100}{600\,000} = \underline{\underline{31,7\,\%}}$

Die Vermögensstruktur ist in erster Linie abhängig von der Art und Zielsetzung des Betriebes. So haben Großhandelsunternehmen häufig ein großes Umlaufvermögen (Waren, Forderungen a. LL.), während Unternehmen der Großindustrie sehr anlageintensiv sind.

Kapitaufbau
Die Passivseite gibt wichtige Informationen über die Finanzierung eines Unternehmens. Sie gibt Auskunft über die Herkunft des Kapitals durch den getrennten Ausweis von Eigen- und Fremdkapital (Schulden). Entsprechend dieser Gliederung der Kapitalien können auch für die Passivseite der Bilanz Bilanzkennzahlen berechnet werden.

Beispiel

		Berichtsjahr
Eigenkapitalintensität (Eigenkapitalquote) =	$\dfrac{EK \cdot 100}{Gesamtvermögen}$	$\dfrac{420\,000 \cdot 100}{600\,000} = \underline{\underline{70,0\,\%}}$
Fremdkapitalintensität (Anspannungskoeffizient) =	$\dfrac{FK \cdot 100}{Gesamtvermögen}$	$\dfrac{180\,000 \cdot 100}{600\,000} = \underline{\underline{30,0\,\%}}$

- **Eigenkapitalintensität (Eigenkapitalquote)**

  Die Eigenkapitalintensität oder -quote besagt, in welchem Umfang sich der Unternehmer selbst bzw. die Gesellschafter an der Finanzierung des Unternehmens und dem damit verbundenen Risiko beteiligen und wie hoch der Anteil des Haftungs- oder Garantiekapitals ist.

  Je höher der Eigenkapitalanteil ist, desto größer ist die finanzielle Stabilität, weil das Eigenkapital zeitlich unbegrenzt zur Verfügung steht. Entsprechend wird die Abhängigkeit der Unternehmen von Gläubigern mit zunehmendem Eigenkapital verringert. Andererseits ist jedoch zu beachten, dass mit der Aufnahme neuer Gesellschafter zum Zwecke der Eigenfinanzierung die Rechte und damit die Aktionsfähigkeit der bisherigen Geschäftsführer eingeschränkt werden können.

- **Fremdkapitalintensität (Anspannungskoeffizient)**

  Die **Fremdkapitalintensität (Anspannungskoeffizient)** gibt Auskunft über die Kapitalanspannung, die durch das Fremdkapital hervorgerufen wird. Besondere Nachteile des Fremdkapitals sind die regelmäßigen Liquiditätsbelastungen durch Zins- und Rückzahlungen ohne Bezug zur Ertragslage.

  Je höher diese Quote ist, desto stärker wird die Verfügbarkeit über Vermögensteile eingeschränkt, weil Vermögensteile an die Gläubiger als Sicherheiten verpfändet oder übereignet werden mussten. Mit der Abnahme der anzubietenden Sicherheiten verschlechtert sich folglich die Kreditwürdigkeit.

Liquidität

Da das im Anlagevermögen investierte Kapital grundsätzlich langfristig gebunden bleibt, müssen fällige Schulden aus dem Umlaufvermögen getilgt werden. Unpünktliche Erfüllung der Zahlungsverpflichtungen kann zum Verlust der Kreditwürdigkeit führen.

Anhaltende Zahlungsunfähigkeit führt sogar zur Einstellung der Geschäftstätigkeit. Daher sollte ein Unternehmen immer in der Lage sein, seinen Verpflichtungen nachzukommen. Um zu wissen, ob ein Unternehmen dieser Verpflichtung kurzfristig nachkommen kann, vergleicht der Bilanzleser die liquiden Mittel mit den kurzfristigen Verbindlichkeiten (Liquidität 1. Grades oder Barliquidität).

Wie die mangelhafte Liquidität bringt auch eine zu hohe Liquidität wirtschaftliche Nachteile mit sich: z. B. Zinsverlust und damit Minderung der Rentabilität.

> *Zur Beurteilung der Liquidität sind den Verbindlichkeiten (Zahlungsverpflichtungen) die liquiden Mittel gegenüberzustellen. Nach den Kriterien „Flüssigkeit und Fälligkeit" werden liquide Mittel und Verbindlichkeiten 1. und 2. Ordnung unterschieden (siehe unten) und in einzelnen Liquiditätskennziffern berücksichtigt.*

Beispiel

		Berichtsjahr
Liquidität 1. Grades (= Barliquidität)	$= \dfrac{\text{Liquide Mittel}}{\text{Kurzfr. Verbindl.}} \cdot 100$	$\dfrac{40000}{80000} \cdot 100 = \underline{50{,}0\,\%}$
Liquidität 2. Grades (= einzugsbedingte Liquidität)	$= \dfrac{\text{(Liquide Mittel + Kurzfr. Ford.)}}{\text{Kurzfr. Verb.}} \cdot 100$	$\dfrac{(40000 + 40000)}{80000} \cdot 100 = \underline{100{,}0\,\%}$

8.2 Aufbereitung und Auswertung von Wertströmen

> **Liquidität ist die Fähigkeit des Unternehmens, seinen Verbindlichkeiten fristgemäß nachzukommen.**
>
> **Ist das Unternehmen dazu in der Lage, befindet es sich im finanziellen Gleichgewicht. Es wird als liquide bezeichnet.**
>
> **Ist die Zahlungsfähigkeit größer als der Zahlungsmittelbedarf, liegt Überliquidität vor.**

Die so gewonnenen Liquiditätskennziffern sollten, selbst wenn sie größer als 100 % sind, mit Vorsicht beurteilt werden. Sie gelten nur für den Bilanzstichtag und geben somit einen Stand an, der sich schnell verändern kann. Aussagen für die nächste Zukunft können nur bei Kenntnis der Fälligkeitsdaten der Verbindlichkeiten einerseits, der Einkaufsplanungen, der Liquidierbarkeit der Posten des Umlaufvermögens, der Umsatzentwicklung, der Marktlage und Zahlungsgepflogenheiten der Kunden andererseits gemacht werden.

■ Eine Gewinn-und-Verlust-Rechnung mithilfe ausgewählter Kennzahlen auswerten

Beurteilung der Aufwendungen und Erträge

Die Gewinn-und-Verlust-Rechnung ergänzt die Bilanz, indem sie die Posten „Gewinn" und „Verlust" erläutert, d.h., der Unternehmer sieht den Anteil der einzelnen Aufwands- und Ertragsarten und deren Einfluss auf den Gesamterfolg.

Unternehmer und Außenstehende beobachten besonders die betrieblichen Aufwendungen und Erträge und deren Entwicklung, weil von diesen langfristig die Existenz und Beurteilung einer Unternehmung abhängig sind. In diesem Zusammenhang werden die wichtigsten Erträge als Anteile der gesamten Erträge und die wichtigsten Aufwendungen als Anteile der gesamten Aufwendungen ausgedrückt.

Wirtschaftlichkeit

Letztendlich beobachten Unternehmer und Investoren im Vergleich zu anderen Anlagemöglichkeiten, ob der Gesamtertrag die gesamten Aufwendungen deckt, d. h., ob der Einsatz der Produktionsfaktoren wirtschaftlich sinnvoll war.

Die Wirtschaftlichkeit gibt somit das Verhältnis der Erträge zum Gesamtaufwand an. Sie gibt Auskunft darüber, in welchem Maß das ökonomische Prinzip verwirklicht wurde:

- einen bestimmten Ertrag mit möglichst wenig Aufwand zu erzielen oder
- mit gegebenem Aufwand einen möglichst hohen Ertrag zu erwirtschaften.

Die Wirtschaftlichkeit wird berechnet, indem man das Verhältnis der Gesamterträge zu den Gesamtaufwendungen berechnet.

Beispiel

	Berichtsjahr
Wirtschaftlichkeit = $\dfrac{\text{Gesamterträge}}{\text{Gesamtaufwendungen}}$	$\dfrac{2\,144\,000}{2\,052\,500} = \underline{\underline{1{,}04}}$

Mit einem Einsatz (Aufwand) von 1,00 € erzielt das Unternehmen einen Ertrag von 1,04 €, d.h., die Wirtschaftlichkeit gibt den Ertrag im Beispiel von 1,04 € für einen 1,00 € Aufwand an.

Ziel muss es immer sein, knappe Mittel in Maßnahmen zu lenken, die den größeren Ertrag versprechen.

Rentabilität

Legt der Kaufmann Kapital an, z.B. bei einer Bank oder in einem Unternehmen, erwartet er eine **Rendite**. Die Anlage seines Kapitals bei einer Bank bringt ihm Zinsen, für die Bereitstellung als Eigenkapital im Unternehmen erhält er einen Anteil am Gewinn. Zum Vergleich rechnet er daher den absoluten Gewinn aus jeder Anlage in eine Rendite des investierten Kapitals um. Dadurch erhält er eine vergleichbare Aussage zur Ertragskraft des im Betrieb angelegten Kapitals.

Die **Ertragskraft** des Kapitals, das in einem Unternehmen eingesetzt wird, kann nur dann mit Erträgen möglicher anderer Anlageformen (z.B. Aktien etc.) verglichen werden, wenn man zuvor den Gewinn des Unternehmens denjenigen Größen gegenüberstellt, die diesen Gewinn hervorgebracht haben: Bei diesen Größen handelt es sich um das **eingesetzte Eigenkapital** und um den erzielten **Umsatz**.

Zu unterscheiden sind also:

- Eigenkapitalrentabilität
- Umsatzrentabilität

Eigenkapitalrentabilität

Die Eigenkapitalrentabilität ist ein Maßstab, mit welchem Erfolg das Eigenkapital eingesetzt wurde. Sie wird durch das prozentuale Verhältnis des Gewinns zum Eigenkapital ausgedrückt. Bei der Berechnung wird in der Praxis vielfach das Anfangskapital[1] zugrunde gelegt.

$$\text{Eigenkapitalrentabilität} = \frac{\text{Gewinn} \cdot 100}{\text{Eigenkapital am Jahresanfang}}$$

Beispiel (Fortsetzung von S. 379 f.)

$$\frac{91\,500 \cdot 100}{420\,000} = \underline{21{,}8\,\%}$$

Die Eigenkapitalrentabilität von 21,8 % besagt, dass sich das eingesetzte Eigenkapital in der RANG OHG mit diesem Zinssatz verzinst hat.

Es ist allerdings zu bedenken, dass der Gewinn neben der **Verzinsung des Eigenkapitals**, das **Arbeitsentgelt für den Unternehmer** (Unternehmerlohn) und eine **Risikoprämie** für das übernommene Unternehmerwagnis enthält.

Eine geringe Eigenkapitalrentabilität (z.B. unter dem Zinssatz für langfristiges Fremdkapital) lässt auf niedrige Gewinnerzielung und -ausschüttung schließen.

In Kapitalgesellschaften (AG, GmbH) führen niedrige Eigenkapitalrentabilitäten dazu, dass Gesellschafter ihre Anteile veräußern und der Börsenkurs fällt. Gleichzeitig lässt das Interesse möglicher Anleger nach.

Umsatzrentabilität

Die Umsatzrentabilität gibt den prozentualen Anteil des Gewinns am Umsatzerlös für Waren an:

$$\text{Umsatzrentabilität} = \frac{\text{Gewinn} \cdot 100}{\text{Umsatzerlöse für Waren}}$$

Beispiel (Fortsetzung von S. 380 ff. oben)

$$\frac{91\,500 \cdot 100}{2\,120\,000} = \underline{4{,}3\,\%}$$

Mit 100,00 € Umsatz erwirtschaftet die RAND OHG eine Rendite von 4,32 €.

Die Umsatzrentabilität drückt den Gewinnanteil je 100,00 € Umsatzerlös aus, der für Investitionen oder Ausschüttungen verwendet werden kann.

---

[1] Oder häufig auch das durchschnittliche Eigenkapital: $\dfrac{\text{Anfangsbestand} + \text{Endbestand}}{2}$

Zusammenfassung: Aufbereitung und Auswertung von Wertströmen

- **Notwendigkeit der Auswertung**
  - Kontrolle und Beurteilung der Geschäftsentwicklung
  - Beurteilung der Kreditwürdigkeit
- **Auswertung der Bilanz**
  - Vermögensaufbau
    - Anlagevermögensintensität
    - Umlaufvermögensintensität
  - Kapitalaufbau
    - Eigenkapitalintensität (Eigenkapitalquote)
    - Fremdkapitalintensität (Anspannungskoeffizient)
  - Liquidität
    - Liquidität 1. Grades (Barliquidität)
    - Liquidität 2. Grades (einzugsbedingte Liquidität)
- **Auswertung der Gewinn-und-Verlust-Rechnung**
  Mithilfe der Gewinn-und-Verlust-Rechnung werden die Einflussfaktoren des Erfolges verdeutlicht.
  - Wirtschaftlichkeit
  - Eigenkapitalrentabilität (Unternehmensrentabilität)
  - Umsatzrentabilität

Aufgaben

1 Gegeben ist die Bilanz eines Großhandelsbetriebes in Tausend €:

Aktiva	Bilanz		Passiva
I. Anlagevermögen		**I. Eigenkapital**	2 200
1. Bebaute Grundstücke	400	**II. Schulden (Fremdkapital)**	
2. Gebäude	600	1. Hypothekenschulden	500
3. Maschinen	450	2. Darlehensschulden	100
4. Fuhrpark	350	3. Verbindlichkeiten a. LL.	1 200
5. Betriebs- und Geschäftsausstattung	200		
II. Umlaufvermögen			
1. Waren	930		
2. Forderungen a. LL.	945		
3. Kasse	7		
4. Bank	118		
	4 000		4 000

Ermitteln Sie die folgenden Bilanzkennzahlen:

a) Anlagevermögensintensität
b) Umlaufvermögensintensität
c) Eigenkapitalintensität
d) Fremdkapitalintensität
e) Liquidität 1. Grades
f) Liquidität 2. Grades

Lernfeld 8: Wertströme erfassen, dokumentieren, aufbereiten und auswerten

2 a) Erklären Sie, warum die Finanzierung in unserem Beispiel auf S. 381 als gut bezeichnet werden kann.
b) Erläutern Sie, wie das Verhältnis Eigenkapital : Fremdkapital noch verbessert werden kann.
c) Beschreiben Sie, wodurch eine Verschlechterung eintreten kann.
d) Beurteilen Sie das Verhältnis von Eigenkapital : Fremdkapital = 3 : 4.
e) Die Kennziffer über den Vermögensaufbau änderte sich gegenüber dem Vorjahr von 35 % auf 48 % bei etwa gleich bleibendem Umlaufvermögen. Begründen Sie diese Entwicklung.

3 Sie werden beauftragt, in einer Arbeitsgruppe die unten stehenden Bilanzen eines Großhandelsbetriebes auszuwerten.

Aktiva	1	2	Passiva	1	2
I. Anlagevermögen			**I. Eigenkapital**	270000,00	350000,00
1. Grundstücke	20000,00	20000,00	**II. Fremdkapital**		
2. Gebäude	25000,00	24000,00	1. Hypothekenschulden über 5 Jahre	40000,00	40000,00
3. Maschinen	15000,00	55000,00			
4. Fuhrpark	60000,00	120000,00	2. Darlehensschulen über 1 Jahr	120000,00	120000,00
5. Geschäftsausstattung	30000,00	26000,00			
II. Umlaufvermögen			3. Verbindlichkeiten a. LL.	170000,00	190000,00
1. Waren	209700,00	280300,00			
2. Forderungen a. LL.	140600,00	96100,00			
3. Kasse	9300,00	6200,00			
4. Bank	90400,00	72400,00			
	600000,00	700000,00		600000,00	700000,00

Bilden Sie eine Gruppe mit drei bis vier Mitschülern und ermitteln Sie für beide Jahre die Kennzahlen:
a) zum Vermögensaufbau
   aa) Anlagevermögensintensität
   ab) Umlaufvermögensintensität
b) zur Finanzierung
   ba) Eigenkapitalintensität
   bb) Fremdkapitalintensität
c) zur Liquidität
   ca) Liquidität 1. Grades
   cb) Liquidität 2. Grades
Beurteilen Sie die Entwicklung des Unternehmens anhand der Kennzahlen in einem Bericht zur Bilanz.

4 Zur Beurteilung der Rentabilitätsentwicklung legt ein Handelsbetrieb folgende Werte der letzten vier Jahre vor:

	Jahr 1	Jahr 2	Jahr 3	Jahr 4
Eigenkapital in Tausend €	8000	8200	8800	9000
Jahresüberschuss in Tausend €	800	1000	1100	720
Umsatz in Tausend €	20000	32800	40000	45000

Errechnen Sie für die vier Jahre die Eigenkapitalrentabilität.

5 a) Errechnen Sie aus folgenden Angaben (in Mio. €) für die letzten beiden Geschäftsjahre eines Großhandelsbetriebes
   aa) die Eigenkapitalrentabilität,
   ab) die Umsatzrentabilität,
   ac) die Wirtschaftlichkeit:

	Jahr 1	Jahr 2
Gewinn	18	12
Eigenkapital	180	180
Umsatz	500	600

b) Geben Sie Gründe für die wesentlichen Veränderungen an.

6 Das GuV-Konto der Baustoffgroßhandlung Karl Klein e. K. (Daten in Tausend €) ist abzuschließen und auszuwerten:

Soll	Gewinn- und Verlustkonto der Baustoffgroßhandlung Karl Klein e. K.		Haben
Energie	600	Umsatzerlöse für Waren	27 450
Aufwendungen für Waren	12 200		
Ausgangsfrachten	170		
Personalaufwand	7 250		
Abschreibungen auf Sachanlagen	500		
Mieten/Leasing	2 000		
Büromaterial, Postentgelte	250		
Werbung	1 250		
Versicherungsbeiträge	300		
Betriebliche Steuern	1 100		
	?		?

Soll	Eigenkapital		Haben
		Anfangsbestand	15 000

Ermitteln Sie
a) den Rohgewinn in Tausend €,
b) den Reingewinn in Tausend €, bezogen auf das Eigenkapital am Jahresanfang,
c) das Eigenkapital zum Jahresende in Tausend €,
d) die Eigenkapital- oder Unternehmerrentabilität.

Wiederholung zu Lernfeld 8: Wertströme erfassen, dokumentieren, aufbereiten und auswerten

1 Die Bilanz eines Unternehmens weist am Ende des Geschäftsjahres folgende Werte in Euro aus:

Anlagevermögen .... 4 800 000,00   Eigenkapital 5 600 000,00
Umlaufvermögen .... 3 200 000,00   Schulden 2 400 000,00

Berechnen Sie, wie viel Prozent der Bilanzsumme
a) das Anlagevermögen,
b) das Umlaufvermögen,
c) das Eigenkapital,
d) das Fremdkapital (Schulden) beträgt.

Lernfeld 8: Wertströme erfassen, dokumentieren, aufbereiten und auswerten

2 Die Möbelgroßhandlung Hans Lewen e. K., Mainz, machte am 31. Dezember 20.. (Auf-
3 gabe 17) und am 31. Dezember des folgenden Jahres (Aufgabe 18) Inventur.

	17 €	18 €
Sie stellte folgende Werte fest:		
Betriebs- und Geschäftsausstattung lt. Verzeichnis	188 500,00	167 650,00
Waren lt. Verzeichnis..................................	119 360,00	117 920,00
Forderungen a. LL.		
Herbert Berg e. K., Wiesbaden	11 850,00	11 970,00
Fritz Maas e. K., Bingen	12 370,00	–
Kurt Schorn e. K., Mainz..............................	13 640,00	13 640,00
Hermann Feld e. K., Mainz	21 760,00	
Bankguthaben	76 060,00	96 230,00
Kassenbestand.......................................	1 750,00	2 810,00
Verbindlichkeiten a. LL.		
Karl Huber e. K., Stuttgart	22 670,00	30 720,00
Ernst Klein e. K., Berlin...............................	33 620,00	20 100,00
F. Merz OHG, Frankfurt	14 100,00	8 530,00

a) Stellen Sie Inventar und Bilanz für beide Zeitpunkte auf. Tag der Fertigstellung:
Aufgabe 17: 15. Februar 20.. **Aufgabe 18**: 28. Februar des folgenden Jahres
b) Ermitteln Sie den Erfolg durch Eigenkapitalvergleich.

4 Bilden Sie die Buchungssätze zu den folgenden Geschäftsfällen und ermitteln Sie die Höhe der Zahllast bzw. des Vorsteuerüberhangs.

a) Bareinkauf von Büromaterial einschl. 19% Umsatzsteuer			66,64
b) Verkauf von Waren gegen Banküberweisung, netto	8 600,00		
+ 19 % Umsatzsteuer	1 634,00	10 234,00	
c) Ausgleich einer Lieferrrechnung		4 650,00	
d) Banküberweisung der Tilgungsrate einer Darlehensschuld		1 700,00	
e) Pkw-Inspektion wird mit girocard bezahlt, netto	320,00		
+ 19 % USt.	60,80	380,80	
f) Zieleinkauf von Waren, netto	5 200,00		
+ 19 % Umsatzsteuer	988,00	6 188,00	

5 Ein Großhändler kauft am 12. Januar des Geschäftsjahres einen neuen Geschäfts-Pkw. ER vom 21.01.:

Listenpreis des Pkw	52 000,00	
– 10 % Rabatt	5 200,00	46 800,00
+ 19 % Umsatzsteuer		8 892,00
		55 692,00

Die betriebsgewöhnliche Nutzungsdauer des Pkw beträgt sechs Jahre.

a) Geben Sie den Buchungssatz für diesen Geschäftsfall an.
b) Berechnen Sie bei linearer Abschreibung
 ba) den Abschreibungsbetrag,
 bb) den Abschreibungssatz,
 bc) den Buchwert nach dem 2. Nutzungsjahr.

6 Von einem Großhandelsunternehmen liegen die folgenden Angaben vor:

Fuhrpark		Darlehen	90 000,00
4 Lkw 130 000,00		Bankguthaben bei	
1 Pkw 25 000,00	155 000,00	der Commerzbank	20 000,00
Kasse	2 000,00	Grundstück	82 000,00
Forderungen a. LL.	78 000,00	Gebäude	
Verbindlichkeiten a. LL.	89 000,00	Tannenweg 15–17	150 000,00
Waren	82 000,00	Hypothekenschulden bei	
Betriebs- u.		der Bausparkasse BHW	100 000,00
Geschäftsausst.	92 000,00		

a) Stellen Sie mithilfe dieser Angaben eine ordnungsgemäße Bilanz auf.
b) Berechnen Sie die Eigenkapitalquote sowie die Liquidität 1. und 2. Grades.
c) Erläutern Sie Ihre Ergebnisse.

Bildquellenverzeichnis

Umschlag:
Vordergrund: istockphoto.com, Calgary (Goodluz)
Hintergrund (unten rechts): istockphoto.com, Calgary (Nikada)
Hintergrund (oben rechts): fotolia.com, New York (Kurt Kleemann)
Innenteil:
Behrla/Nöhrbaß GbR, Foto Stephan, Köln/ BV 1: S. 164_1, 197_1, 256_1, 256_2, 259_1, 261_1, 262_1, 265_1, 269_1
Bergmoser + Höller Verlag AG, Aachen: S. 236_1
Bildungsverlag EINS GmbH, Köln: S. 71_1, 73_1, 84_1, 109_5, 202_1, 277_1
Bundesagentur für Arbeit, Nürnberg: S. 309_1
Bundesinstitut für Berufsbildung (BIBB), Bonn: S. 23_1
Deichmann SE, Essen: S. 109_2
Deutsche Postbank AG, Bonn: S. 109_1, 153_1, 153_2, 157_1, 157_2, 159_1
Digital Grafik, Bad Homburg v. d. Höhe/ BV1: S. 157_3, 195_1, 195_2, 196_1, 196_2, 198_1, 200_1
EHI Retail Institute GmbH, Köln: S. 83_1, 85_3
Elisabeth Galas, Bad Breisig: S. 9_1
EURO Kartensysteme GmbH, Frankfurt/Main: S. 158_1, 158_2
Europäische Union, Brüssel: S. 110_1
Evelyn Neuss, Hannover: S. 8_1, 8_2, 10_1, 10_2, 19_1, 27_1, 33_1, 35_1, 39_1, 44_1, 50_1, 55_1, 61_1, 74_1, 95_1, 117_1, 132_1, 142_1, 150_1, 190_1, 207_1, 212_1, 215_1, 174_1, 178_1, 222_1, 226_1, 232_1, 240_1, 268_1, 293_1, 297_1, 302_1, 307_1, 312_1, 315_1
fotolia.com, New York: S. 22_1 (m.schuckart), 25_1 (N-Media-Images), 69_1 (Mirko), 70_1 (Rawpixel.com), 73_1 (fotomek), 75_1 (cirquedesprit), 79_1 (momius), 84_2 (THesIMPLIFY), 86_1 + 86_2 + 86_4 + 86_5 (derKranich.com), 87_3 (Al-Ma-Ga-Mi), 87_4 (monsterdruck). 90_1 (momius), 96_1 (sangiovese), 111_1 (Thaut Images), 113_1 (hercher), 123_1 (Stockpics), 130_1 (Marco2811), 142_2 (drubig-photo), 148_1 (adoleo), 159_2 (Cobalt), 159_3 (sizta), 159_4 (Donets), 164_2 (Klaus Eppele), 171_1 (markus_marb), 174_2 (Anatoly Vartanov), 179_1 (volff), 179_2 (Eisenhans), 181_1 (Binkski), 182_1 + 182_2 + 182_3 + 182_4 (T.Michel), 191_1 (sorayut), 191_2 (contrastwerkstatt), 192_1 (tournee), 192_3 (r.classen), 192_4 (Erwin Wodicka), 192_5 (Photocreo Bednarek), 193_1 (Photocreo Bednarek), 198_2 (Mtomicic), 199_1 (Maksim Samasiuk), 216_1 (Kurhan), 216_2 (gui yong nian), 223_1 (Oliver Boehmer – bluedesign), 228_1 (Oleg Dubas), 237_1 (tm-photo.de), 254_1 (Oleksiy Mark), 255_1 (Robert Kneschke), 256_3 (contratwerkstatt), 261_2 (DigitalGenetics), 262_2 (toolklickit), 266_1 (Gina Sanders), 300_1 (Gina Sanders), 308_1 (Marco2811), 308_2 (kasto), 314_1 (Robert Kneschke), 321_1 (Julie Marie), 323_1 (schaltwerk), 323_2 (BEAUTYoLIFE), 324_1 + 325_1 + 325_2 (Vladimir Voronin), 334_1 (300dpi)
giropay GmbH, Frankfurt/Main: S. 87_2
Google Inc., Mountain View, USA: S. 24_1
Henkel AG & Co. KGaA, Düsseldorf: S. 109_3, 109_4
Hohenstein Institute, Bönnigheim: S. 110_2
imu-Infografik, Duisburg: S. 21_1, 317_1
iStockphoto.com, Calgary: S. 63_1 (Igphotography), 84_3 (fotosipsak), 86_3 (sdominick)
Metro AG, Düsseldorf: S. 179_3, 301_2
MEV Verlag GmbH, Augsburg: S. 48_1, 98_1, 110_3, 112_1, 114_1, 124_1, 150_2, 160_1, 170_1, 192_2, 176_1, 230_1, 230_2, 247_2, 257_1, 258_1, 262_3, 263_1, 273_1, 279_1, 283_1, 289_1, 298_1, 301_1, 322_1, 324_2, 324_3, 325_3, 325_4
Nova Development Corporation, Calabasas, USA: S. 166_1, 194_1
PAYBACK GmbH, München: S. 156_1
PayPal (Europe) S.à r.l. et Cie, S.C.A., Luxemburg: S. 87_1
Picture-Alliance GmbH, Frankfurt a. M.: S. 26_1, 152_1, 253_1, 299_1, 304_1, 319_1, 363_1 (dpa – Globus Infografik)
Project Photos GmbH & Co. KG, Walchensee: S. 46_1, 247_1
Trusted Shops GmbH, Köln: S. 85_1
TÜV SÜD Management Service GmbH, München: S. 85_2

Gesetzesabkürzungen

Allgemeines Gleichbehandlungsgesetz	AGG
Abgabenordnung	AO
Berufsbildungsgesetz	BBiG
Betriebsverfassungsgesetz	BetrVG
Bildschirmarbeitsplatzverordnung	BildschirmarbV
Bundesurlaubsgesetz	BUrlG
Bundesdatenschutzgesetz	BDSG
Bürgerliches Gesetzbuch	BGB
Einkommensteuergesetz	EStG
Gewerbeordnung	GewO
GmbH-Gesetz	GmbHG
Grundgesetz	GG
Handelsgesetzbuch	HGB
Jugendarbeitsschutzgesetz	JArbSchG
Kreislaufwirtschaftsgesetz	KrWG
Kündigungsschutzgesetz	KSchG
Markengesetz	MarkenG
Mutterschutzgesetz	MuSchG
Niedersächsiches Schulgesetz	NSchG
Preisangabenverordnung	PAngV
Strafgesetzbuch	StGB
Tarifvertragsgesetz	TVG
Umsatzsteuergesetz	UStG
Gesetz gegen den unlauteren Wettbewerb	UWG

Sachwortverzeichnis

A
ABC-Analyse 217
Ablauforganisation 53
Absatzform 236
Absatzweg 236
Abschlussphase 263
Abschreibung 372
Abschreibungsplan 372
Abschreibungssatz 373
AfA-Tabelle 373
After-Sales-Phase 81
Agentur für Arbeit 308
AIDA-Formel 242
Aktivierung des Vorsteuerüberhang 365
Aktivkonto 339
Aktiv-Passiv-Mehrung 337
Aktiv-Passiv-Minderung 337
Aktivtausch 336
Allgemeine Geschäftsbedingung 138
Allgemeine Handlungsvollmacht 58
Allgemeines Gleichbehandlungsgesetz (AGG) 310
Amt für Gewerbeschutz 22
Anfrage 101
Angebot 102
Angebotsphase 260
Angebotsvergleich 129
Anlagevermögen 324
Anlagevermögensintensität 381
Anpreisung 102
Anrede 106
Anschaffungskosten 323, 370
Anschaffungskostenminderung 371
Anschaffungsnebenkosten 371
Anschriftfeld 103
Anspannungskoeffizient 382
Anspruchsgruppe 56
Arbeitsprobe 316
Arbeitsvermittlung 308
Arbeitsvertrag 270
Arbeitszeugnis 313
Arenaprinzip 195
arglistig verschwiegener Mangel 164
Art der Ware 109

Artikel 187
Artvollmacht 58
Aufbauorganisation 50
Aufgaben der Lagerhaltung 178
Aufgabensynthese 51
Aufgabenzerlegung 50
Auftragsabwicklung 254
Auftragsbearbeitung 281
Auftragsbestätigung 136, 282
Auftragserfassung 281
Aufwandskonto 355
Aufwendung 353
Ausbildender 303
Ausbilder 303
Ausbildungsbetrieb 298
Ausbildungsmittel 303
Ausbildungsordnung 298
Ausbildungsvergütung 304
Ausbildungsvertrag 302
Ausgangsrechnung 282
Auslaufsortiment 188
Auswirkung der Abschreibung 375
Auszubildender 302
autoritativer Führungsstil 62

B
B2A – Business to Administration 80
B2B – Business to Business 80
B2C – Business to Consumer 80
Banküberweisung 154
Bareinkaufspreis 123
Bargeld 150
bargeldlose Bezahlung 154
Bargeldtransfer 87
Bar(geld)zahlung 150
Bedarf 21
Bedarfsermittlung 96, 259
Bedienung 193
Beförderungsbedingung 112
Beispiele 309
Beleg 335
Bemessungsgrundlage 363
Berichtsheft 303
berufliche Handlungskompetenz 297
Berufsabschluss 301

Berufsausbildungsvertrag 270
Berufsbildungsgesetz 302
Berufsgenossenschaft 22
Berufsschulabschluss 301
Berufsschule 298
Berufsschulpflicht 300
Beschaffungsabwicklung 132
Beschaffungsmarktforschung 95
Beschaffungsorientierung 216
Beschaffungsplanung 95
beschränkte Geschäftsfähigkeit 274
Besitz 278
Bestandskonto 338
Bestellrückstandsliste 175
Bestellung 135
Bestellungsannahme 136
Bestellvorschlagsliste 282
Betreff 106
Betreuer 274
Betrieb 27
Beugehaft 290
Bewerbungsschreiben 313
Bewerbungsunterlagen 312
Bewertung 323
Bezugskalkulation 122
Bezugspreis 123
Bezugsquellenanalyse 99
Bezugszeichen 105
Bilanz 327, 380
Bilanzkennzahl 381
Blockunterricht 299
Briefkopf 103
Briefschluss 106
Bringschuld 111
brutto für netto 111
Buchinventur 321
Buchung der Abschreibung 374
Buchungssatz 345
Buchwert 374
Bundesdatenschutzgesetz 89
bürgerlicher Kauf 133
Business Communities 310

C
Chipkarte 158
Corporate Design 248
Corporate Identity (CI) 248

D

Darlehensvertrag 271
Datenschutz 89
Dauerauftrag 155
deklaratorisch 30
Differenzierung 217
DIN 5008 313
direkter Absatz 237
Dispositionskredit 151
Distributionspolitik 235
Diversifikation 217
doppelte Buchführung 342
duales Berufsausbildungssystem 298
durchschnittliche Lagerdauer 214
durchschnittlicher Lagerbestand 147

E

E-Business 70
E-Commerce 71
E-Community 70, 72
E-Company 70, 72
EDI 101
eidesstattliche Versicherung 290
Eigenkapital 326
Eigenkapitalintensität 382
Eigenkapitalquote 382
Eigenkapitalrentabilität 384
Eigenkapitalvergleich 327
Eigentum 278
Eignungsfeststellung 313
Eignungstest 316
einfache Bezugskalkulation 123
Einliniensystem 52
Einstandspreis 123
Einwilligungsvorbehalt 275
Einzelhandel 237
Einzelkosten 203
Einzelprokura 59
Einzelunternehmung 33
Einzelvertretungsmacht 36
Einzelvollmacht 58
Einzelwerbung 242
Electronic-Banking-System 157
elektronischer Handel 69
E-Marketplace 70, 72
Empfängerbezeichnung 105
E-Payment 86, 87
EPK (ereignisgesteuerte Prozessketten) 53
E-Procurement 70, 71
E-Recruiting 309
ereignisgesteuerte Prozesskette 54
Erfolgsermittlung 327, 357
Erfolgskonto 352
Erfüllungsgeschäft 133
Erfüllungsort 113
Ergänzungsartikel 264
Erinnerungswert 374
Erlebnisbezug 262
ERP-System 71
Ersatzlieferung 164
Ertrag 354
Ertragskonto 356
E-Shop 70, 71
externe Informationsquelle 99
externe Personalbeschaffung 308

F

Fachkompetenz 297
Fälligkeit 326
Falschlieferung 163
Fantasiefirma 28
Feedback 49
Fernabsatzrecht 91
Filialprokura 59
Finanzamt 22
Finanzierung 22
Firma 27
Firmenausschließlichkeit 29
Firmenbeständigkeit 29
Firmengrundsatz 28
Firmenkern 28
Firmenklarheit 28
Firmenöffentlichkeit 29
Firmenwahrheit 28
Firmenzusatz 28
Fixkauf 110, 171
Fördermöglichkeit 25
Forderungen 324
Formkaufmann 40
Franchising 238
Fremdkapital 326
Fremdkapitalintensität 382
fristlose Kündigung 305
Führungsebene 56
Führungstechnik 62

G

Garantie 166, 234
Gefahrenübergang 113
Gehaltsforderung 313
Geldersatzmittel 150
Geldhandy 87
GeldKarte 158
Gemeinkosten 203
Gemeinschaftswerbung 242
gemischte Firma 28
Genossenschaftsregister 29
gerichtliches Mahnverfahren 288
Gerichtsstand 114
Gesamtprokura 59
Gesamtvertretungsmacht 37
geschäftsfähig 22
Geschäftsfähigkeit 273
Geschäftsfall 335
Geschäftsführungsbefugnis 34
Geschäftsidee 19
Geschäftsunfähigkeit 273
Gesellschafterversammlung 41
Gesellschaft mit beschränkter Haftung 39
Gesellschaftsvertrag 18
gesetzlicher Sachmängelhaftungsanspruch 164
Gesundheitsamt 22
Gewerbefreiheit 20
Gewerbeordnung 20
Gewerbeschein 22
gewerblicher Güterverkehr 284
Gewichtsabzug 123
Gewinnkonto 357
Gewinnmaximum 20
Gewinn- und Verlustrechnung 380
Gewinnzuschlag 204
Giralgeld 150
girocard 157
girocard-System 157
GiroPay 87
Großhandel 237
Grundbuch 346
Grundgesetz 20
Grundwert 117
Grußformel 106
Güte der Ware 109
Güteklasse 109
Gütezeichen 110

Sachwortverzeichnis

H
haftungsbeschränkte Unternehmergesellschaft 40
halbbare Zahlung 151
Handelskauf 133
Handelsregister 22, 29
Handelsverbot 37
Handelsvertreter 238
Händlerpromotion 246
Handlungsbevollmächtigter 58
Handlungskostenzuschlagssatz 203
Hauptbuch 347
Höchstbestand 146
Holschuld 112
Homebanking 159

I
indirekter Absatz 237
Industrie- und Handelskammer 22
Inhalt des Angebots 108
innerbetriebliche Stellenausschreibung 308
Insolvenzverfahren 41
interne Informationsquelle 99
interne Personalbeschaffung 308
Internet 22
Internet Explorer 23
Internetkauf 160
Inventar 324, 326
Inventur 320
Inventurart 321, 322
Ist-Bestand 343

J
Jahresabschluss 328
Jobsharing-Mitarbeiter 294
juristische Person 275, 40

K
Kalkulationsfaktor 209
Kalkulationsschema 123
Kalkulationszuschlag 207
Kalkulationszuschlagssatz 208
Kannibalisierungseffekt 77
Kapitalgesellschaft 39
Kapitalverzinsung 20
Kapitaufbau 381
Kassenzettel 150
Kauf auf Abruf 111

kaufmännisches Mahnverfahren 287
Kaufmotiv 259
Kaufsignal 264
Kaufvertrag 132, 270
Kaufvertragsstörung 162
Kennzahlenmethode 294
Kommissionar 239
Kommissionierung 282
Kommunikation 255
Kommunikationspolitik 240
Kommunikationsregel 44
Konditionenpolitik 233
konstitutiv 30
Kontaktphase 258
Kontoauszug 151
Kontokorrentkredit 151
Konventionalstrafe 172
kooperativer Führungsstil 62
körperliche Inventur 321
Körpersprache 257
Kostenart 202
Krankengeld 304
Krankenkasse 22
Kreditkarte 86, 155
Kreditvertrag 271
Kulanz 166, 234
Kundenauftrag 280
Kundendienst 234
Kundeneinwand 263
Kundenkarte 156
Kundenlauf 193
Kundenleitsystem 195
Kundennutzen 262
Kundenorientierung 257
Kündigung 305

L
Lagerart 179
Lagerbestandsdaten 146
Lagerbestandsführung 176
Lagerbewegungsdaten 213
Lagergrundsatz 180
Lagerkennziffer 146
Lagerplan 145
Lagerplatzverwaltung 176
Längsplatzierung 196
Lastschriftverfahren 86, 155
lebenslanges Lernen 298
Lebenslauf 313
Lehrplan 298
Leiharbeitnehmer 294

Leihvertrag 270
Leistungsentwicklung 212
Leistungserbringung 174
Leistungsprogrammplanung 187
Lieferant 22
Lieferbedingung 233
Lieferschein 282
Lieferungsverzug 169
Lieferzeit 110
lineare Abschreibung 373
Liquidität 325, 382
Listeneinkaufspreis 123
Logistik 132
Lohnnebenkosten 22
Lower-Management 57

M
Mahnbescheid 288
Mahnung 286
Makler 239
Management by Delegation 63
Management by Exception 62
Management by Objectives 63
Management-Pyramide 57
Mängelart 163
Mängelrüge 163
Marke 109
Marketinginstrument 232
Marketinginstrumente 232
Marketing-Mix 232
Marktchance 21
Medien 47
Mehrarbeit 308
Mehrliniensystem 52
Mehrwert 364
Mehrwertsteuer 364
Meldebestand 147
Mengenplanung 97
Methodenkompetenz 298
Middle-Management 56
Mietvertrag 270
Minderung des Kaufpreises 165
Mindestbestand 146
Montagefehler 164
Mustergesellschaftsvertrag 40

N
Nachbesserung 164
Nacherfüllung 164
Nachlass 123

Sachwortverzeichnis

Nachnahme 86
Nachschusszahlungen 40
Natürliche Person 273
Nennbetrag der
  Geschäftsanteile 40
Nettoverkaufspreis 202
Nichterfüllungsschaden 171
Nicht-rechtzeitig-Lieferung 169
Nicht-rechtzeitig-Zahlung 285
Niederstwertprinzip 323
nonverbale Kommunikation 256
Nutzungsdauer 372

O

offene Handelsgesellschaft 35
Offene-Posten-Datei 284
Offener Mangel 164
Öffentlichkeitsarbeit 247
Öffentlichkeitswirkung 30
Offlinerecherche 100
Onlinebanking 159
Onlinebezahldienste 160
Onlinegütesiegel 85
Onlinerecherche 100
Onlinehandel 69
Onlineshop 71
optimale Bestellhäufigkeit 97
optimale Bestellmenge 97
Organigramm 51

P

Pachtvertrag 270
Passivierung der Zahllast 365
Passivkonto 339
Passivtausch 336
Paydirekt 87
PayPal 87
permanente Inventur 322
Personal 22
Personalbedarfsplanung 294
Personalbeschaffung 308
Personalbestandsplanung 293
Personaleinsatzplanung 295
Personalführung 62
Personalkompetenz 298
Personalleasing 309
Personalveränderung 294
Personenfirma 28
Personengesellschaft 35
Pflichtprüfung 41
PIN 157
Plastikgeld 155

Platzierungsordnung 191
Platzierungsstrategie 194
Platzkauf 113
POS (Point of Sale) 247
ppa. 59
Präsentation 46
Präsentationsvorbereitung 45
Preisgespräch 263
Preisorientierung 215
Preisplanung 99
Prepaidkarte 87
Probesortiment 188
Probezeit 305
Promillerechnung 117
Prozentrechnen 117
Prozentsatz 117
Prozentwert 117
Prüfung der Warensendung
  144
Public Relations 247

Q

Quantitätsmangel 163
Querplatzierung 196
Quittung 150

R

Rabattart 233
Rahmensortiment 188
Randsortiment 188
Recht 278
Rechtsfähigkeit 273
Rechtsgeschäft 268
Rechtsmangel 164
Rechtsobjekt 277
Rechtssubjekt 272
Regalzone 198
Reisende 237
Reklamationsgespräch 265
Rendit 384
Renner-Penner-Liste 216
Rentabilität 384
Reservelager 179
Retouren 77
Risikoprämie , 20
Rücktritt vom Kaufvertrag 165

S

Sache 278
Sachfirma 28
sachgerechte Lagerung 178
Sachkundenachweis 21

Sales Promotion 246
Sammelwerbung 242
Satzung 40
Schadenersatz statt der
  Leistung 165
Schadensberechnung 171
Schadensprotokoll 143
Schlechtleistung 162
Schlussbilanzkonto 343
Schlüsselqualifikation 297
Schrägplatzierung 196
Schriftverkehr 103
Schulden 326
Schweigepflicht 305
Selbstinverzugsetzung 169
Selbstkostenpreis 202
Sender-Empfänger-Modell 255
SEPA-Verfahren 152
Service 234
Servicepolitik 234
Sicherheit 181
Sicherheitsprotokoll 84
Smartphone 160
Social Communities 310
Soll-Beständ 343
Sorte 187
Sortiment 11, 187
Sortimentsaufbau 188
Sortimentsbereinigung 188,
  217
Sortimentsbreite 188
Sortimentserweiterung 188,
  217
Sortimentskontrolle 216
Sortimentskonzeption 215
Sortimentsplanung 96
Sortimentspolitik 187, 188
Sortimentspyramide 187
Sortimentstiefe 188
Sortimentsumfang 188
Sortimentsveränderung 215
Sozialkompetenz 298
SSL-Zertifikat 84
Stabliniensystem 53
Stabsstelle 53
Stakeholder 56
Stammkapital 40
Standort 9, 22
Stellenanzeige 309
Stellenbeschreibung , 51
Stellenbesetzungsplan 294
Stellenplanmethode 294

Sachwortverzeichnis

Stichtaginventur 322
Streugebiet 244
Streukreis 243
Streuzeit 244
Suchmaschine 24

T

Tara 111
Tatbestandsaufnahme 143
Teilzeitbeschäftigte 294
Teilzeitunterricht 299
Telefonbanking 160
Terminkauf 110
Top-Management 56
Trusted Shops 85

U

Überschuldung 41
Übersortiment 188, 216
Umformung 179
Umlaufvermögen 324
Umlaufvermögensintensität 381
Umsatzrentabilität 384
Umsatzsteuer 362
Umsatzsteuerzahllast 365
Umschlagshäufigkeit 213
unbeschränkte Geschäftsfähigkeit 274
Unfallschutz 182
Unternehmensführung 50, 62
Unternehmensgründung 8
Unternehmensorganisation 50
Unternehmensregister 29, 30
Unternehmer 57
Unternehmerlohn 20, 37
Unternehmerrückgriff 166
Untersortiment 188, 216
Untervollmacht 58

V

verbale Kommunikation 255
Verbindlichkeiten 326
Verbraucherpromotion 247
Verbrauchsgüterkauf 133
Verbundwerbung 242
Veredelung 179
Verkaufsargument 261
Verkaufsargumentation 262
Verkaufsdatenanalyse 96
Verkaufsförderung 246
Verkaufsformorientierung 216
Verkaufskalkulation 201
Verkaufslager 179
Verkaufspromotion 246
Verkaufsraumgestaltung 189
Verlustkonto 357
Vermögensaufbau 381
Verpackung 283
Verpackungskosten 111
Verpflichtungsgeschäft 133
Verschuldensprinzip 113
Versendungsform 105
Versetzung 308
versteckter Mangel 164
Vertrag 270
Vertragshändler 237
Vertretungsbefugnis 34
Verwendungsorientierung 215
Verzeichnis der Berufsausbildungsverhältnisse 303
Visualisierung 47
Vollstreckungsbescheid 289
Vollzeitbeschäftigte 294
Vorauszahlung 112
Vorratslager 179
Vorstellungsgespräch 316
Vorsteuer 363
Vorsteuerüberhang 365
Vortrag 46
Vorwahl 193

W

Warenausgang 283, 176
Warenbereich 187
Wareneingang 174
Wareneingangsbuch 145, 175
Wareneingangserfassungsprotokoll 175
Wareneingangskontrolle 142
Wareneingangsschein 175
warengerechte Lagerung 180
Warengruppe 187
Warenlager 179
Warenmerkmal 262
Warenpflege 182
Warenplatzierung 190
Warenpräsentation 189, 190
Warenträger 196
Warenvorlage 260
Warenwirtschaftssystem (WWS) 174
Webbrowser 23
Webshop 71
Weiterbildung 308
Werbeagentur 245
Werbebotschaft 244
Werbebudget 245
Werbeerfolgskontrolle 245
Werbeintensität 245
Werbemittel 244
Werbeplan 243
Werbeträger 310
Werbung 241
Werklieferungsvertrag 271
Werkvertrag 271
Wertveränderung 335
Wettbewerbsverbot 37
Willenserklärung 132, 268
Wirtschaftlichkeit 383

Z

Zahlschein 153
Zahlungsbedingung 111, 233
Zahlungsvereinfachung 154
Zahlungsverkehr 150
Zahlungsverzug 286
Zahlungsziel 112
zeitnahe Inventur 322
Zeitplanung 98
Zeugnis 304
Zeugnis der Abschlussprüfung 313
Ziel der Unternehmung 20
Zieleinkaufspreis 123
Zug-um-Zug-Geschäft 150
zusammengesetzte Bezugskalkulation 125
zusammengesetzter Buchungssatz 346
Zusatzlager 180
Zusendung unbestellter Ware 103
Zwangsvollstreckung 288
Zweckkauf 169
zweiseitiger Handelskauf 134